龙岩年鉴

2019

中共龙岩市委员会　龙岩市人民政府　主办
中共龙岩市委党史和地方志研究室　主编

方志出版社
Publishing House of Local Records

图书在版编目(CIP)数据

龙岩年鉴.2019 / 中共龙岩市委党史和地方志研究室编. —北京：方志出版社，2019.12

ISBN 978-7-5144-4032-4

Ⅰ.①龙… Ⅱ.①中… Ⅲ.①龙岩-2019-年鉴 Ⅳ.①Z525.73

中国版本图书馆 CIP 数据核字(2019)第 300541 号

龙岩年鉴(2019)

编　　者：	中共龙岩市委党史和地方志研究室
责任编辑：	王　娜
出 版 者：	方志出版社
	地址　北京市朝阳区潘家园东里 9 号(国家方志馆 4 层)
	邮编　100021
	网址　http://www.fzph.org
发　　行：	方志出版社图书经销中心
	电话 (010) 67110500
经　　销：	各地新华书店
印　　刷：	龙岩市日升彩印有限公司
开　　本：	889×1194　1/16
印　　张：	14 张
字　　数：	838 千字
版　　次：	2019 年 12 月第 1 版　2019 年 12 月第 1 次印刷
印　　数：	0001~1000 册

ISBN 978-7-5144-4032-4　　**定价：** 285.00 元

《龙岩年鉴》总编室

编 辑 说 明

一、《龙岩年鉴》是中共龙岩市委员会、龙岩市人民政府主办，中共龙岩市委党史和地方志研究室编纂的综合性年刊，是对外集中展示龙岩市年度发展概况的综合性资料文献。1992年创刊，每年出版一卷。2019卷为总第二十七卷。

二、《龙岩年鉴(2019)》以马克思列宁主义、毛泽东思想、邓小平理论、"三个代表"重要思想、科学发展观、习近平新时代中国特色社会主义思想为指导，坚持辩证唯物主义和历史唯物主义的立场、观点和方法，全面、客观、系统地记载2018年度龙岩市经济和社会发展情况，宣传闽西，服务社会。

三、《龙岩年鉴(2019)》框架结构由类目、分目、条目组成，个别层次较多的在分目下设子分目。增加"数知龙岩"内容，突出市域"三大战略"、市域"三大战役"、生态建设、客家文化等时代主题鲜明、区域特色突出的部类。将政治板块调整到经济、文化、社会之前，并对相关类目进行调整。具体为：特载，大事记，龙岩概貌，市域"三大战略"，市域"三大战役"，生态建设，客家文化，中共龙岩市委员会，龙岩市人民代表大会，龙岩市人民政府，政协龙岩市委员会，纪检、监察，民主党派、工商联，群众团体，法治，军事，外事、侨务、台港澳事务，经济管理，财政、税务，金融，城乡建设与环保，农业农村，工业经济，产业园区，交通运输，信息业，商贸、物流，对外经贸及对港澳台经贸，教育、科技，文化、旅游，卫生、体育，社会生活，县(市、区)概况，人物、先进集体，附录35个类目，178个分目，44个子分目，1728个条目，全书计95万字。

四、彩页、内文插图除注明供图者之外，均由《闽西通讯》提供。

五、《龙岩年鉴(2019)》的检索系统包括目录和索引。目录在卷首，分列中文目录和英文目录。索引在卷末，主要采用主题分析索引的方法，并对附表和随文图照列有辅助索引。

六、《龙岩年鉴(2019)》所刊载的文字内容和数据，均由市直各部门(机构)、各县(市、区)和部分中央、省驻龙岩市单位提供，并经各供稿单位领导审核。国民经济和社会发展主要数据以龙岩市统计局公布的为准。

目　录

特　载

大事记

龙岩概貌

市域“三大战略”

市域“三大战役”

生态建设

客家文化

中共龙岩市委员会

龙岩市人民代表大会

龙岩市人民政府

政协龙岩市委员会

纪检　监察

民主党派　工商联

群众团体

法　治

军　事

外事　侨务　台港澳事务

经济管理

财政　税务

金　融

城乡建设与环保

农业农村

工业经济

产业园区

交通运输

信息业

商贸　物流

对外经贸及对港澳台经贸

教育　科技

文化　旅游

卫生 体育

社会生活

县(市、区)概况

人物　先进集体

附　录

CONTENTS

Special Reports

Records of Major Events

Overview of Longyan

Three Strategies

Three Battles

Ecological Construction

Hakka Culture

Longyan Municipal Committee of the Communist Party of China

Longyan Municipal People's Congress

Longyan Municipal People's Government

Longyan Municipal Committee of the Chinese People's Political Consultative Conference

Longyan Municipal Disciplinary Committee and Supervision Bureau

Democratic Parties and Association of Industry and Commerce

People's Organizations

Rule of Law

Military Affairs

Foreign Affairs, Overseas Chinese Affairs Taiwan, Hong Kong and Macao Affairs

Economic Management

Finance and Taxation

Finance

Construction of Town and Country and Environmental Protection

Agriculture and Rural Areas

Industrial Economy

Industrial Parks

Transportations

Information Industry

Commerce and Logistics

Foreign Trade and Trade with Hong Kong, Macau and Taiwan

Education, Science and Technology

Culture and Tourism

Public Health and Physical Education

Social Life

Overview of Counties and Districts

Personages and Advanced Groups

Appendixes

(Translated by: Zhang Huizhong)

数知龙岩 2018年

Knowing Longyan through Numbers

土地面积 19028平方千米
年末总人口 318.67万人
常住人口 264万人
设 2 区 1 市 4 县
地区生产总值 2393.3亿元
人均GDP 90655元
财政收入 296.80亿元
城镇化水平 57%
农林牧渔业总产值 421.35亿元
粮食总产量 82万吨
肉蛋奶产量 65.25万吨
生猪存栏数 233.39万头
水泥产量 2943.06万吨
发电量 84.33亿千瓦时
卷烟 90.1万箱
原煤产品 644.04万吨
工业增加值 891.67亿元
拥有1个国家级经济技术开发区、7个省级工业园区
中国驰名商标 17件
地理标志商标 42件
国家地理标志保护产品 6个
规模以上工业企业实现利税 295.99亿元
铁路通车里程 615千米
公路通车总里程 14561千米，其中高速公路662千米
航空旅客吞吐量 20.74万人次
航空货邮吞吐量 1056吨
森林覆盖率 78.93%
国家级自然保护区 梅花山、梁野山、汀江源
城乡固定电话总数 64.26万户
移动电话用户总数 282.67万户
社会消费品零售总额 907.42亿元
实际利用外商直接投资 2.98亿美元
外贸出口总额 25.55亿美元
城镇居民人均可支配收入 35759元
农民人均可支配收入 17154元
城乡居民人民币储蓄存款余额 883.24亿元
城镇居民人均居住面积 52.6平方米
农村居民人均住房建筑面积 69.3平方米
城镇基本养老保险参保人数 38.29万人
参加城乡居民社会养老保险人数 136.18万人
养老机构总床数 1.67万张
城市享受最低生活保障救助 2764人
农村享受最低生活保障救助 4.14万人
全社会R&D经费内部支出 40.5亿元
各类高校在校生 18486人
各类中等职业教育在校生 20099人
幼儿园 654所，在园幼儿15.64万人
小学 400所，在校学生20.77万人
初中 128所，在校生8.37万人
普通高中学校 43所，在校学生4.57万人
青壮年识字率 99.74%
各类艺术表演团体 7个
影剧院 17个
群众艺术馆（文化馆） 8个
公共图书馆 7个，书藏量196万册
博物馆 14个
广播综合人口覆盖率 98.06%
电视人口综合覆盖率 98.88%
各类卫生计生机构 646个，其中医院46个
卫生机构床位 18324张

（数据来自《2018年龙岩市国民经济和社会发展统计公报》）

龙岩市地图

江
西
省
广
东
省
武
夷
山
瑞金市
会昌县
寻乌县
平远县
蕉岭县
长汀县
(汀州镇)
古城镇
大同镇
新桥镇
铁长
馆前镇
童坊镇
河田镇
南山镇
三洲镇
濯田镇
策武镇
四都镇
涂坊镇
宣成
连城县
(莲峰镇)
林坊镇
宣和
朋口镇
新泉镇
庙前镇
蛟洋镇
武平县
(平川街道)
城厢镇
东留镇
万安镇
中山镇
民主
下坝
中赤镇
岩前镇
十方镇
武东镇
桃溪镇
大禾镇
湘店镇
永平镇
中堡镇
红山
上杭县
(临江镇)
临城镇
湖洋镇
象洞镇
庐丰畲族乡
中都镇
下都镇
稔田镇
太拔镇
蓝溪镇
茶地镇
白砂镇
旧县镇
才溪镇
通贤镇
南阳镇
官庄畲族乡
珊瑚
洋境
仙师镇
峰市镇
金砂
洪山
大隘岭
梅山顶
刘郎寨
大顶崠
老虎嶂
乳姑山
鸡公崠
日东水库
石壁坑水库
石黄峰水库
棉花滩水库
黄田水库
长潭水库
梅花水库
G76厦蓉
G323
G206
S217
S325
S50古武
G357
G35济广
S327
G358
G25长深
G205
S332
S223
S226
S221
G534
G319
赣龙
漳龙

审图号:闽S〔2019〕97号　福建省制图院　编制

【聚焦龙岩】

2018年1月7日，龙岩市第五届人民代表大会第二次会议在龙岩人民会堂开幕

2018年1月6日，中国人民政治协商会议第五届龙岩市委员会第二次会议在龙岩人民会堂开幕

2018年7月16日，龙岩市委召开全市领导干部会议，宣布福建省委关于龙岩市委主要领导任职的决定，省委决定，许维泽(右)任中共龙岩市委委员、常委、书记

2018年1月11日，龙岩市监察委员会挂牌成立。图为市委副书记、市长、市深化监察体制改革试点工作小组第一副组长林兴禄（右）和市委常委、市纪委书记、市监委主任李成荣（左）共同为龙岩市监察委员会揭牌

2018年2月8日，市委中心组专题学习中共十九大精神

2018年6月28日，召开全市深入学习宣传贯彻习近平新时代中国特色社会主义思想推进会

2018年6月29日，举办中央苏区发展大讲堂暨闽西红色故事汇报展演

2018年8月23日，举办习近平新时代中国特色社会主义思想学习汇报会 （王毅 摄）

2018年1月1日，龙岩市市级统一的网上公共服务平台——“e龙岩”上线。平台具有网上办事中心、政民互动中心、资讯服务中心、资料共享中心四大功能。2018年，“e龙岩”获得中国政府信息化管理创新奖、全省机关体制机制创新优秀案例一等奖，并在全省推广。图为“e龙岩”操作页面

在“6•18”现场宣传推介“e龙岩”

【产业发展】

2018年，龙岩市抓住机遇，秉承新的发展理念，进一步优化提升烟草、纺织、建材等传统产业，推进有色金属、机械装备、文旅康养、新材料新能源、数字、特色现代农业等六大特色产业发展，持续推动经济综合实力的增强。2018年，龙岩市地区生产总值2393.30亿元，财政总收入296.80亿元

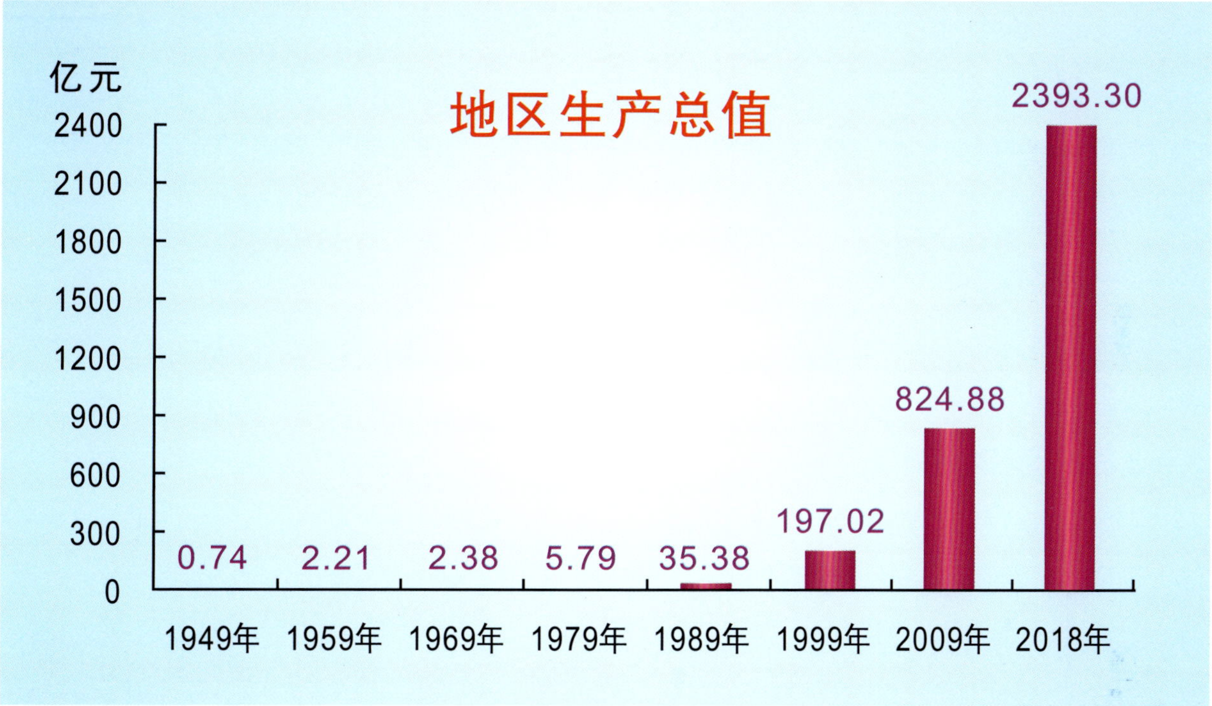

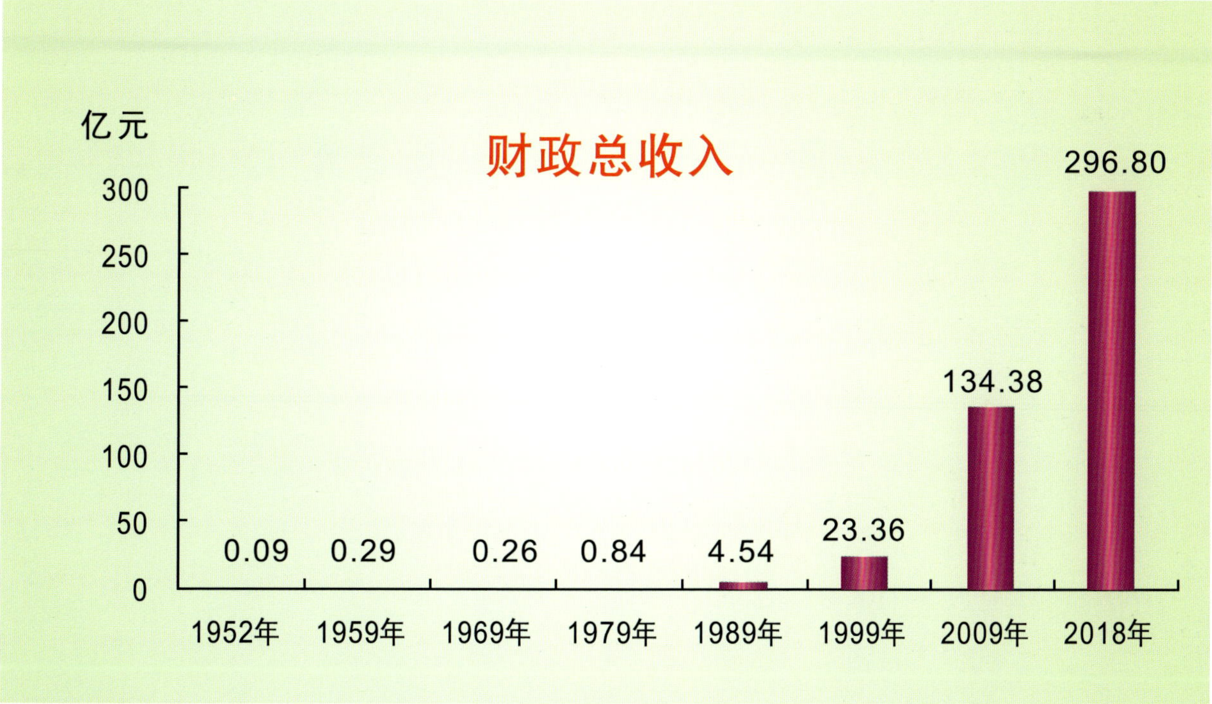

2018年8月10日，龙岩市开展新时代新担当新作为“大督查大落实”工作动员电视会议在龙岩人民会堂召开

2018年9月21日，举行武平县项目集中开竣工仪式

2018年9月13日，市委书记许维泽赴上杭检查“大督查大落实”工作

2018年9月21日，举行新罗区项目集中签约仪式　　（王毅　摄）

龙工集团生产车间 （赖志研 摄）

福龙马环卫装备股份有限公司生产的洗扫车

2018年8月25日，“绿色出行 智慧生活”暨龙岩美团旅游目的地馆上线仪式在龙岩举办。奥运冠军何雯娜（左三）、张湘祥（右三）为家乡代言

福建紫金生产车间（王毅 摄）

龙净环保中巴经济走廊660兆瓦机组除尘设备

新龙马汽车公司总装车间

海德馨应急电源车

2018年1月26日，“西气东输”红坊门气站技术人员在测试（郑秋生 摄）

2018年12月6日，漳平市为台胞杨咏安颁发全国首本台胞林权不动产证书（傅长盛 摄）

2018年11月8日，第九届海峡两岸机械产业博览会暨第十一届中国龙岩投资项目洽谈会在龙岩会展中心开幕。图为龙岩会展中心航拍场面（傅长盛 摄）

1

2

3

1 第九届海峡两岸机械产业博览会暨第十一届中国龙岩投资项目洽谈会开幕式现场 （王毅 摄）

2 第九届海峡两岸机械产业博览会现场启动仪式 （陈律全 摄）

3 2018年11月8日，中国机械工业联合会授予福建龙岩“中国专用汽车名城”称号 （陈律全 摄）

2018年6月18日，第十六届中国•海峡项目成果交易会在福州海峡国际会展中心开幕。图为省委书记于伟国（前排左三）到龙岩馆参观指导

2018年9月8日，第二十届中国国际投资贸易洽谈会在厦门会议展览中心举办，龙岩市现场签约41个合同项目及2个战略框架协议

2018年1月24—26日，塞尔维亚前总统托米斯拉夫·尼科利奇（右七）考察紫金矿业集团

（紫金矿业 提供）

2018年11月3日，市长林兴禄与澳大利亚伍龙岗市市长戈登·布拉贝利签署深化合作备忘录

（陈宗钰 摄）

龙岩南部新城发展迅速

2018年10月1日，中心城区龙津湖公园对外开放 (傅长盛 摄)

2018年12月3日，龙岩火车站北站房站前高架桥实现贯通，高架候车室完成封顶，为南三龙铁路通车奠定基础　　（傅长盛 摄）

2018年11月30日，南三龙铁路开通试运行　　（陈律全 摄）

2018年12月29日，南三龙铁路开通运营，首趟动车到达漳平西站，从此漳平进入“动车时代”。图为漳平西站　（陈律全 摄）

2019年1月23日，厦蓉高速公路改扩建工程实现全线通车。图为乌石山隧道长下坡路段改造后实景图　（傅长盛 摄）

2018年，龙岩中心城区实施“三桥一路”改造工程项目，包括罗桥、西兴桥、九一桥及龙川路拓宽改造。图为竣工通车的九一桥　　（傅长盛 摄）

莲东滨河绿道

2018年，龙岩市以“红土地上容不得任何黑恶毒瘤”的鲜明态度和政治自觉，精心组织开展扫黑除恶专项斗争。全年破获黑恶势力犯罪案件362起，刑拘黑恶势力团伙成员379名；立案审查调查涉黑涉恶腐败问题8件8人、党员干部充当“保护伞”问题23件27人、问责14件15人。

2018年10月14日，龙岩市推进扫黑除恶治乱再动员誓师大会在人民广场举行

1 2018年9月2日，中央扫黑除恶第四督导组在龙岩听取工作汇报

2 2018年1月10日，漳平市公安局开展扫黑除恶宣传活动

3 2018年2月11日，龙岩市新罗区中城派出所民警与“四小员”、草根大妈开展扫黑除恶宣传

2018年2月28日，《龙岩市红色文化遗存保护条例》新闻发布会召开。3月1日，该条例实施，为全国第一部由设区市制订的保护红色文化遗存的地方性法规　　　　（陈少龙 摄）

2018年6月29日，闽西红色故事演讲展演颁奖现场

2018年8月18日，《古田会议——党和军队建设史上的里程碑》展览在西藏昌都市开展

中央苏区第一个红色兵工厂——新罗区江山镇山塘兵工厂旧址　　（傅长盛 摄）

2018年，龙岩市进一步做大红古田品牌。图为改造后的吴地红军小镇

2018年3月12—14日，福建省委党校、省行政学院第8期新任厅级干部党内法规研讨班在永定开展伯公凹红色文化现场教学活动

2018年4月11日，红色史诗电影《古田军号》在上杭苏家坡开机。2019年8月1日上映，获第二十八届中国金鸡百花电影节“最佳男配角”和“最佳音乐奖”。 图为《古田军号》宣传海报　（市委宣传部 提供）

2019年10月30日，红色文艺轻骑兵走进新罗区东新社区演出舞蹈《盛世腾飞》（郑秋生 摄）

2018年10月19日，龙岩市举办第十二届“书香龙岩”全民读书月启动仪式
（市文化和旅游局 提供）

2018年3月30日，第四届中国“互联网+”大学生创新创业大赛“青年红色筑梦之旅”活动启动仪式在龙岩市上杭古田举行

2018年11月10日，首届冠豸山国际半程马拉松赛在连城县举行　　　　　　（黄水林 摄）

【生态建设】

2018年，龙岩市生态环保攻坚成果显著。扎实抓好中央、省环保督察反馈意见整改，集中整治环境突出问题。落实河（湖）长制，加强水污染防治，主要流域Ⅰ—Ⅲ类水质比例95.5%，消除小流域劣Ⅴ类水质，城市内河、县级以上集中式水源地、重点湖库水质达标率均为100%，小溪河水质持续稳定达标。开展大气污染企业专项整治行动，中心城市空气质量优良天数比例98.9%，居全省第二，空气质量综合指数排名全省第二。全市森林覆盖率78.9%，保持全省第一。通过创建国家现代林业科技示范园区评审。武平县获评全国森林旅游示范县。

汀江国家湿地公园

1 漳平永福樱花公园（陈秀容 摄）

2 武平特色林下经济产品——紫灵芝
（武平县委党史方志研究室 提供）

武平梁野山森林步道 （林剑德 摄）

永定湖坑镇国家级特色小镇　　（陈军 摄）

永定南溪土楼沟美丽乡村景观带　　（苏建强 摄）

习近平总书记再次对捷文村群众来信作出重要指示

2018 年 1 月 15 日，中共中央办公厅向福建省委办公厅转达习近平总书记对武平县捷文村群众来信的重要指示，强调要“保护好绿水青山，发展好林下经济、乡村旅游，把村庄建设得更加美丽，让日子越过越红火。”这是习近平总书记再次对捷文村群众来信作出重要指示。2017 年 5 月 23 日，习近平总书记对福建、武平林改作出重要指示，要求“继续深化集体林权制度改革，更好实现生态美、百姓富的有机统一。”

武平是习近平总书记亲手抓起、亲自主导的集体林权制度改革的发源地。2002 年 6 月，在武平林改的关键时刻，时任福建省省长的习近平到武平调研，作出了“集体林权制度改革要像家庭联产承包责任制那样从山下转向山上”历史性决定。随后，武平林改实践模式逐步推向福建，进而上升为国家决策，后来被形象地称为林改“武平经验”。武平也由此被誉为“全国林改第一县”，走出了一条持续深化农村集体产权制度改革、解放农村生产力之路，一条生态立县、绿色崛起的强县富民之路。

支树平到龙岩调研质检工作

2018 年 1 月 27 日上午，国家质检总局局长支树平带领总局质量管理司司长黄国梁等总局有关部门负责人一行，到龙岩市调研质检工作。福建检验检疫局局长、党组书记宇方成，副市长王建生陪同调研。

支树平一行瞻仰古田会议会址，参观古田会议纪念馆、共和国质检摇篮展览馆，对闽西苏区高度重视质量、大力开展红色质检工作实践表示赞叹，称赞展览馆传承红色基因、弘扬革命文化，很好地展示质检历史和质检精神，对全系统干部职工不忘初心、牢记质检事业历史使命和现实责任具有特别意义。支树平强调，闽西是苏区、老区和圣地，在这个地方工作使命光荣、责任重大，要践行“人民质检、质检为民”的核心价值观，忠诚履职，守好这片红色土地，把革命文化、苏区精神、质检精神发扬光大，为全系统树榜样、作表率、当先锋。随后，支树平一行与龙岩市党委政府、企业座谈，专门听取连城兰花产业灾后重建及建设出口国兰质量安全示范区情况汇报，鼓励连城县把兰花产业做得越来越好，深化示范区建设，提升质量、提升品牌，不仅将连城国兰销往全国各地，也销往越来越多的国家和地区，打造国兰出口重要基地。

支树平要求，福建质检部门要深入贯彻落实党的十九大、中央经济工作会议和中央农村工作会议精神，继续发挥职能技术优势，真情帮扶闽西老区、苏区产业供给侧质量提升，扶持更多产品出口，促进地方经济高质量发展，助力脱贫攻坚战役取得更大成效。

李小鹏到龙岩调研

2018 年 11 月 12—13 日，交通运输部部长李小鹏率调研组到龙岩市，就“四好农村路”建设、交通脱贫攻坚和高速公路建设等工作开展调研。

农村公路是农村的产业路，农民的致富路、幸福路。沿着一条通畅的水泥路进入青山环抱的上杭县古田镇吴地村，车行村中，一路尽是美景。这个过去偏远的小山村，现已成为远近闻名的红色旅游小镇。在吴地村察看观光农村路的过程中，李小鹏认真听取龙岩市综合交通发展特别是农村公路建设情况的汇报，强调要认真贯彻落实习近平总书记关于推进“四好农村路”建设的重要指示精神，真正把农村公路建设好、管理好、养护好、运营好，为打赢脱贫攻坚战、实施乡村振兴战略提供坚强支撑。

吸纳贫困群众当养路工，有助于实现就近就业增收。来到吴地村贫困户罗连招家中，李小鹏与她亲切交谈。得知一份养路工的工作有效帮助这个贫困家庭增加收入、改善生活，李小鹏非常高兴，他勉励罗连招“好好工作。你养护公路，既是用劳动为自己增收脱贫，也是在服务群众。”

老区发展，交通先行。2012年，龙岩市在全省率先实现“县县通高速”。调研中，李小鹏十分关心闽西老区高速公路建设，他来到厦蓉高速扩建工程古田模坑施工现场，察看工程建设情况，看望业主、建设、施工、监理等单位工作人员，要求大家齐心协力，保质保量，保证安全，早日使扩建工程建成通车，有效缓解厦蓉高速公路的交通压力。副省长李德金，省交通运输厅厅长黄祥谈陪同调研。

于伟国到上杭县才溪镇调研

2018年1月15—16日，福建省委书记于伟国到上杭县才溪镇，进村入户与基层干部群众面对面交流，学习宣传党的十九大精神，共商实施乡村振兴战略。

于伟国强调，要认真学习贯彻习近平新时代中国特色社会主义思想，大力弘扬和践行才溪乡调查精神，深刻认识实施乡村振兴战略的重大意义，坚定不移走中国特色社会主义乡村振兴道路，让农业成为有奔头的产业，让农民成为有吸引力的职业，让农村成为安居乐业的美丽家园。

毛泽东才溪乡调查旧址

85年前，毛泽东同志在闽西领导革命斗争期间，深入当年的中央苏区模范乡才溪乡调查，写出经典著作《才溪乡调查》，提出“没有调查就没有发言权”的著名论断，体现我们党实事求是、重视调查研究、密切联系群众的优良作风。党的十八大以来，习近平总书记多次对加强调查研究工作作出重要指示。党的十九大后，中央政治局首次全体会议就对全党改进调查研究进行部署，习近平总书记在《寻乌扶贫调研报告》上作出重要指示，对于全党深入学习贯彻党的十九大精神、坚持实事求是作风、大力开展调查研究，具有重要的指导意义。

走进下王村，于伟国直接来到94岁的“五老”刘启隆家中。坐在刘启隆家门前，于伟国紧紧拉着老人家的手，亲切询问他的身体和家庭情况。听说于书记来，村里的一些老年人陆续赶来，围坐在一起，拉起家常。“大家一起说说，现在村里发展还有什么问题？生活上还有什么困难？”从产业发展到村财收入，从村容村貌到村风村俗，从医保教育到一日三餐……于伟国问得仔细，乡亲们畅所欲言，气氛十分融洽。接着，于伟国来到毛泽东同志当年亲自改名的“发坑村”，和村里的前后任村主干一路走一路说。在村头廊桥，在农家庭院，于伟国与乡村干部和群众探讨如何做好乡村规划，如何发展新兴产业，如何走出一条适合当地实际的发展路子。“于书记，我们村环境好、名气大，发展红色旅游有优势，现在急需的是把道路拓宽，吸引更多人来消费！”新老两位村支书不约而同地提出建议。“乡村要振兴，群众要富裕，就要打基础、破难点、兴产业、善规划、谋发展！村主干要知道群众想什么盼什么，不仅要争取党委、政府的支持，还要发扬老区革命精神，充分发挥积极性、主动性、创造性，带着大家撸起袖子加油干！”于伟国鼓励大家用好党的惠民政策，结合自身实际发展特色产业，把村庄建得更美，让群众安居乐业。

于伟国说，习近平总书记在党的十九大报告中提出实施乡村振兴战略，体现对“三农”的高度重视、对广大农民的深切关怀。我们要贯彻落实习近平总书记考察福建时提出的“切实加快特色现代农业建设”的要求，按照产业兴旺、生态宜居、乡风文明、治理有效、生活富裕的总要求，突出福建的生态优势，深入推进农业供给侧结构性改革，创新体制机制，积极发展乡村旅游和现代特色农业，激发乡村内生活力。要加强基础设施建设，科学规划乡村建筑，持续改善人居环境。要强化公共文化建设，开展移风易俗，培育文明乡风、良好家风、淳朴民风。要精准扶贫精准脱贫，做到一户一策、不漏一人，确保贫困户稳定脱贫。

于伟国指出，乡村振兴，基层党组织是关键。村级党组织要突出政治功能，充分发挥战斗堡垒和先锋模范作用，提振干事创业的精气神，遇事多与群众商量，多想致富门路、多做致富实事，形成村主干带头示范、广大村民共同参与的良好氛围，把乡村振兴蓝图化为实实在在的发展成效。

于伟国要求，全省各级各有关部门要大兴调查研究之风，深入实际、深入基层、深入群众，把影响和制约乡村振兴的困难和问题了解清楚，找到破解问题的方法和路径，努力推动全省农业农村现代化发展。

唐登杰到龙岩新罗、上杭、长汀等地调研

2018年6月23—24日，省长唐登杰带领省直有关部门负责人到龙岩新罗、上杭、长汀等地调研，与老区人民共同学习近平新时代中国特色社会主义思想，共商加快老区高质量发展的对策。

龙岩是革命老区，为中国革命胜利作出巨大贡献。进入新时代，老区人民过得怎么样？唐登杰十分关心。在新罗区小池镇培斜村，他与村干部、村企创业青年深入交流，希望当地坚持发展特色产业、生态旅游、电子商务，加快二产、三产融合，在乡村振兴中作出示范。在森宝食品工业园，他详细询问正大、容和盛等企业参与扶贫情况，希望坚持“公司+基地+农户”模式，完善利益联结机制，带动更多贫困户脱贫致富。长汀县策武镇麻陂集中安置区是全省最大的贫困户异地扶贫搬迁安置区。看到这里390户1580名群众搬入新房、住进新社区、过上新生活，唐登杰十分高兴。他走进群众中，与大家亲切攀谈，关切询问就业、生活等情况，叮嘱当地要管理好社区，深入了解群众需求，多渠道解决就业问题，让搬迁群众生活更安心更舒心。

落实“河湖长制”、保护绿水青山，是此次调研又一重点。在长汀水土保持科教园，唐登杰栽下一棵香樟树，了解水土流失治理情况及下一阶段治理重点。他强调，要牢记习近平总书记“进则全胜、不进则退”的重要指示，继续开展水土流失治理的科学研究，矢志不移、久久为功，让福建的山更绿、水更清。在汀江三洲镇段，唐登杰沿江察看安全生态水系项目，要求当地认真落实“河湖长制”，加强源头治理、综合治理，继续探索“生态驳岸、生态水系”等有效治理方式，让汀江长治久清。他强调，要树立一盘棋思想，健全完善生态补偿机制，加大重点流域补偿力度，持续提高全省流域水质。

在龙净环保、长汀金龙稀土公司，唐登杰深入车间生产线，了解企业生产、销售等情况，希望企业加大研发投入，依靠人才、依靠创新增强市场竞争力，打造品牌企业。

调研期间，唐登杰还前往毛泽东才溪乡调查旧址、纪念馆和福建省苏维埃政府旧址，重温闽西原中央苏区革命历史，缅怀革命前辈的丰功伟绩，接受革命精神和革命传统的教育洗礼。

（龙岩市委党史和地方志研究室）

改革开放以来龙岩经济社会发展综述

1978年，党的十一届三中全会作出改革开放的伟大历史抉择，开启中国经济社会发展的历史新时期。40年来，在中央战略决策的指引下，闽西人民把一项项改革设想变成现实，展示老区人民紧跟党中央、开拓创新、与时俱进的精神风貌。改革开放的40年，是龙岩历史上国民经济和社会发展变化最大的一个时期，实现人民生活由温饱不足向总体小康的历史性跨越，龙岩经济社会面貌发生巨大的变化，全市综合实力大大增强，经济结构不断优化，产业升级取得明显成效，民生条件持续改善，社会事业快速发展，谱写改革开放和现代化建设的崭新篇章。

一、国民经济迈上新台阶，综合经济实力显著增强

1.国民经济呈现跨越式增长。自1994年龙岩市经济总量突破百亿，达到102.75亿元；2011年突破千亿元，达到1242.15亿元；2017年，全市实现生产总值2167.49亿元，是1978年的70.7倍，年均增长11.5%，实现跨越式的增长。

人均GDP稳步提高，突破8万元，由1978年的245元增加到2017年的82258元，年均增长10.9%。从按美元计算的人均GDP来看，2014年首次突破1万美元大关，与全省同步迈入1万美元时代，2017年达到12183美元，按照世界银行的划分标准，已进入中等偏高收入地区。

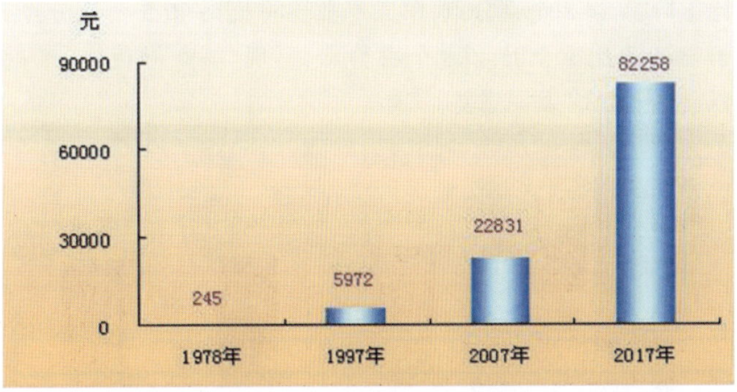

人均地区生产总值

2.财政实力持续增强。经济的快速发展和规模的扩大，带来龙岩财力的不断增加。40年来，龙岩市积极推行各项财税体制改革，不断完善财税体制，确立以分税制改革为核心的财政体制框架，财政收入大幅增加，为基础设施建设、社会事业发展及各项制度改革提供重要保障。全市财政收入从改革前夕1978年的8714万元一路增加，1980年突破亿元，达1.04亿元，此后，1994年全市财政收入突破10亿元，达到12.21亿元，2008年跨越百亿元大关，达118.49亿元，到2017年，全市财政收入达274.24亿元，比1978年增长313.7倍，年均增长15.9%。财力的增加对促进经济发展、加强经济和

社会的薄弱环节、切实改善民生、为有效应对各种风险和自然灾害的冲击提供有力的资金保障。

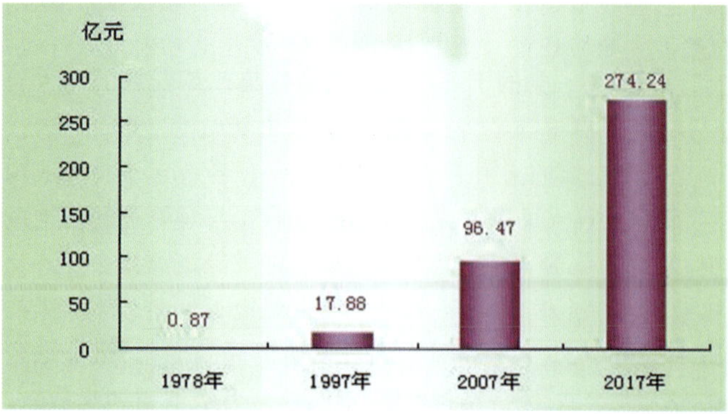

财政总收入

二、结构调整优化，经济发展的协调性增强

改革开放以来的40年，是龙岩市经济结构调整不断深化的40年，也是经济发展的全面性、协调性和可持续性不断增强的40年。

1.产业结构进一步优化。40年来，随着经济发展方式转变和产业转型升级的加快推进，龙岩三次产业在调整中日趋合理，农业基础地位不断强化，工业实现持续快速发展，服务业迅速发展壮大。1979—2017年，第一、二、三产业增加值年均分别增长5.9%、13.7%和13.6%。三次产业增加值在国内生产总值中所占的比例由1978年的45.3:34.4:20.3调整到2017年的10.5:51.9:37.6。与1978年相比，2017年第一产业比重降低34.8个百分点，第二产业比重提高17.5个百分点，第三产业比重上升17.3个百分点，呈现“一产做优、二产做强、三产做大”发展态势。

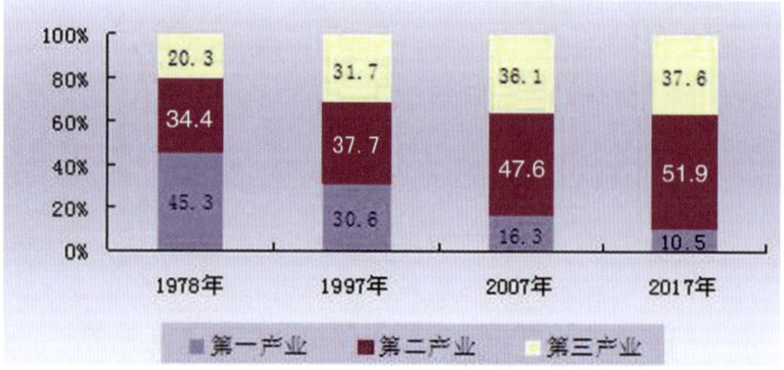

三次产业比重变动情况

种植结构优化，高附加值农业壮大。改革开放四十年来，全市粮食生产保持稳定，非粮农作物播种面积大幅增加，优质早稻、烤烟、名特优水果和蔬菜正从规模化种植走向产业化经营。经济作物面积比重大幅提高，粮食作物播种面积与经济作物播种面积比由1978年的10.37:1调整为2017年的4.99:1，蔬菜瓜果面积比重由11.9%上升为25.7%。附加值较高的牧业产值比重由1978年的11.0%提高到2017年的37.3%。随着经济体制改革的进一步深化，龙岩经济呈现出“以公有制为主体，多种所有制经济竞相发展”的新格局。40年来，非公有制经济发展迅猛，异军突起，逐步成为龙岩经济发展的生力军。特别是1995—2005年，全市非公有制经济以16%的速度增长，比公有制经济增速高出近5个百分点。民营经济在GDP中所占比重不断提高，并于2002年超过公有制经济，到2017年约占66.2%。其中，个体私营经济已基本占据龙岩经济的半壁江山，是改革开放以来最为活跃的所有制类型。继2000年龙净环保股份有限公司通过改制发行股票成为龙岩首家上市公司，2003年紫金矿业在香港成功上市，2005年龙工机械在香港成功上市，2006年卓越新能源发展有限公司在英国成功上市，股份制经济为龙岩经济注入新的活力，2008年4月紫金股份回归A股在上海证券交易所挂牌。截至2017年底，全市已有12家上市公司。

2.城镇化步伐明显加快，基本实现由城乡分割向城乡协调发展的转变。改革开放以来，国务院批复永定撤县设区，全市有40个乡撤乡设镇和街道、龙岩高新区升级为国家级高新区、古田镇列入国家首批特色小镇试点，124个“美丽乡村”和133个省级“千村整治、百村示范”工程全部开工建设，城镇化加快发展，40年来，城镇化水平由1982年的9.3%上升到2017年的55.7%，上升46.4个百分点，年平均上升1.33个百分点。城镇总人口年平均增加3.6万人，乡村总人口年平均减少2.51万人。随着经济的发展和工业化进程的加快，城镇吸纳就业的能力不断增强，1978—2017年，城镇就业人员占全市的比重从1978年的20.9%上升到2017年的33.3%。与此同时，城镇就业岗位带动乡村劳动力不断向城镇转移，使乡村就业人员占全市就业总量的比重从1978年的79.1%下降到2017年的66.7%。大量乡村人口由农村向城镇转移，促进城乡经济的协调发展。

三、农村经济稳定发展，逐步实现从传统农业向特色现代农业转变

改革开放初期，以家庭联产承包责任制和统分结合的双层经营体制为主要内容的农村经济体制改革，极大地解放农村劳动生产力，农民生产积极性空前高涨，农村经济开始由单一经营向多种经营的方向发展。1998年以来，龙岩大力实施“农业稳市”战略，围绕农业增效、农民增收、农业稳定三大任务，加快农业结构调整，推进产业化进程，重点发展畜牧业。2001年开展集体林权制度改革试点，2002年扩大试点后在全市铺开，成为全国率先启动集体林权制度改革的地市。“八大珍、八大鲜”、林下经济、花卉苗木、优质果蔬等特色农业加快发展，重点推进槐猪、长汀河田鸡、连城白鸭等地方特色养殖业。同时通过“互联网+”，以信息进村入户为基础，充分发挥手机农务通，推进农业信息发布及时化，应用农产品电子商务平台，购销农产品，推进农产品营销网络化，农产品电子商务交易额迅速扩大。2017年，全市实现农林牧渔业总产值385.22亿元，比1978年增长7.9倍，年均增长5.8%。全市市级以上龙头企业145家，其中，国家级2家、省级46家。粮食总产量109.24万吨，年均增长0.99%；肉蛋奶产量52.65万吨，比1985年增长9.08倍，年均增长7.5%，龙岩已成为福建最重要的生猪生产基地。

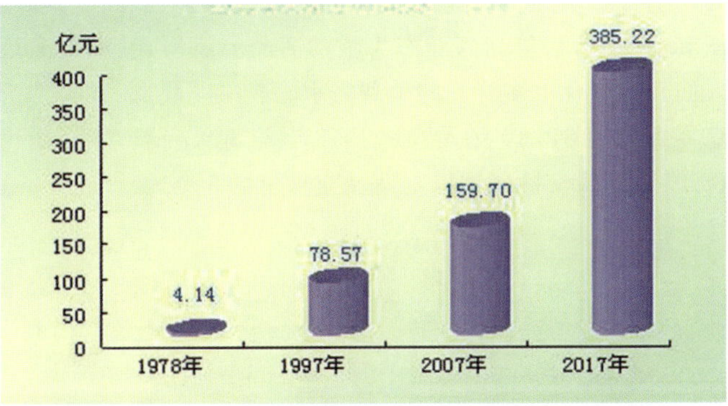

农林牧渔业总产值

四、工业化进程稳步推进，产业主导地位加强

改革开放前，龙岩处于农业社会。1984年，龙岩地委、行署提出"吃饱饭，上工业"的战略决策，从此，龙岩工业化进程全面启动，1986年，龙岩成为半工业化地区。1998年实施的"工业立市"发展战略，把推进工业化进程作为提升区域经济综合竞争力的着力点来抓，2003年，龙岩市迈入工业化初期阶段。2005年，龙岩全面启动"10+3"产业发展规划，深入实施项目带动、品牌带动、园区带动，工业综合实力明显增强。2010—2015年间龙岩围绕构建产业集群，建设大项目、培育大企业、发展大产业、持续实施"百家千户"培育工程，深入实施"百亿产业推进计划"，重点发展"1+2"主导产业，龙岩步入工业化中期阶段。2015年以来，龙岩壮大主导产业，改造提升传统特色产业，大力培育战略新兴产业，抓住"中国制造2025"等重大战略机遇，推动制造业平台化、智能化、网络化、服务化，促进工业由规模增长向创新增效转型升级。工业增加值在2004年突破百亿元的基础上，于2017年跃升到900亿元，达到901.01亿元。工业增加值占GDP的比重41.6%，比改革开放初期提高约13个百分点。以有色金属、机械制造、烟草、纺织、建材、主导的产业体系基本形成，光电与新材料、生物医药产业等新兴产业正迅速壮大，2017年，全市拥有百亿元产业8个，规模以上"365"重点产业实现总产值2338.46亿元，总量首次突破2000亿元，增长17.9%，对规模以上工业增长的贡献率达96.6%。一大批企业在改革开放中不断做大做强。至2017年底，全市规模以上工业企业数达1186家，比1998年增加821家，其中大型工业企业8家、中型工业企业96家，年产值上亿元以上企业442家，年产值10亿元以上企业21家，年产值达百亿元以上工业企业3家。园区工业日益壮大，全市拥有1个国家级经济技术开发区、7个省级工业园区，入园规模以上工业企业395家。品牌效应逐步显现，产品竞争力不断提高。截至2017年底，全市17件商标被认定为中国驰名商标，233件商标被认定为福建省著名商标，320件商标被认定为龙岩市知名商标。全市拥有地理标志商标31件。全市拥有"福建省名牌"88家98项，国家地理标志保护产品4个。主要工业产品产量大幅增长，2017年规模以上工业企业原煤产量783.59万吨，比1978年增长2.82倍；卷烟88.31万箱，比1978年增长7.8倍；发电量75.59亿千瓦时，比1978年增长16.7倍；水泥3772万吨，比1978年增长226.78倍。40年来，随着国有企业改制工作的完成以及现代企业制度的稳步推进，龙岩全面实现国有企业脱困的阶段性目标，工业企业盈利水平大幅提高。2017年，全市规模以上工业企业实现利税282.29亿元，创历史最高水平。

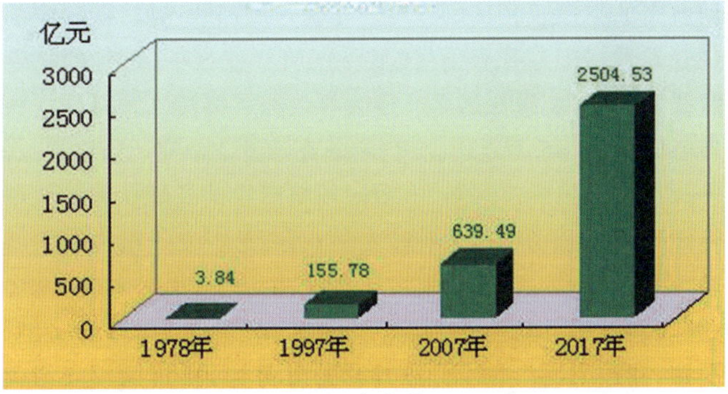

工业总产值

五、交通基础设施建设加强，经济发展的支撑条件改善

改革开放以来的40年，龙岩基础设施和基础产业发展取得质的飞跃，能源、交通、通信等瓶颈制约不断缓解，逐步建立较为完善的基础设施和基础产业体系。1997年撤地建市后，龙岩市努力改善投资环境，以交通、通讯、能源、城市设施、住房、农林水利和环境保护等为重点的大规模基础设施建设得到加强。特别是近年来，通过实施项目带动战略工作，固定资产投资规模迅速扩大，为增强经济发展后劲奠定坚实的基础。2017年全市固定资产投资完成2519.19亿元，年均递增24.4%。

现代综合交通体系基本形成，城市综合承载加强。四十年间，龙岩市在不断改造国道、省道的基础上，大力发展高速公路，加快乡村公路建设。1999年漳龙高速公路的建设掀起龙岩高速公路建设的序幕，2002年2月漳龙高速公路龙岩段的建成通车结束闽西没有高速公路的历史。2003年12月龙长高速公路建设掀起龙岩高速公路建设高潮，2012年实现县县通高速公路后，进一步加快高速公路网络建设。2018年，厦蓉高速扩容天宝至蛟洋段、永定至上杭高速公路等项目正积极推进。2017年底，全市公路通车里程14421千米，其中高速公路通车里程 662 千米。

改革开放前，龙岩只有 1957 年鹰厦干线贯通漳平，标志着闽西铁路运输的开始。改革开放后特别是二十一世纪以来，伴随经济的快速发展和国家大力推进高速铁路建设的春风，龙岩铁路建设进入一个快速发展时期，2000 年 7 月梅坎铁路和 2005 年 4 月赣龙铁路的建成通车，完善闽西铁路交通网，2006 年 1 月 12 日，直通北京的“海西号”列车开通，成为第二个开通进京列车的革命老区市。2012 年 6 月 29 日，龙厦铁路正式开通，标志着龙岩动车时代的开始，进一步缩短龙岩到厦门的距离。2018 年，龙岩正加快推进南三龙铁路、浦梅铁路建宁到冠豸山段等铁路项目建设，至 2017 年底，全市铁路营业长度 486 千米。

2002 年 5 月 1 日连城冠豸山机场正式动工建设，2004 年 4 月 25 日正式通航，相继开通“连城—深圳”“连城—厦门”和“连城—福州”“连城—上海”的往返航线，填补龙岩民用航空的空白。2016 年，开通“连城—成都”“连城—桂林”的往返航线，2017 年，开通“连城—昆明”“连城—南京”的往返航线。至此，航空旅客吞吐量大幅增加，2017 年，龙岩航空旅客吞吐量 14.45 万人次，航空货邮吞吐量 797 吨。

城市面貌焕然一新，山水园林城市建设成效显著。改革开放以来，尤其是1997 年撤地设市后，龙岩市不断加快中心城市建设步伐，经过二十多年的努力，新建龙岩大道、人民路、龙腾路、华莲路、莲西路，改造或拓宽中山路、城东路、罗龙路；建成人民广场、街心广场等，完成主要街道的夜景工程和主要地段的绿化等一大批公共服务设施。中心城区形成商务、商贸物流和人居“三大板块”，城市立体交通体系建成，拓展城市空间，基本形成“一主三卫”的城市发展格局。2017 年，龙岩森林覆盖率 77.91%，持续多年保持福建省首位。循环经济加快发展，污染综合整治取得实效，全市空气质量状况优良。城市污水、垃圾无害化处理能力不断提升，生态环境质量名列全省前茅。有梅花山、梁野山、汀江源 3 个国家级自然保护区，4 个国家级森林公园，成功创建国家园林城市、国家森林城市、第五届全国文明城市、全国首批创建生态文明典范城市。

邮电通信业迅速崛起。工业化、城市化、市场化以及信息化的发展催生对通信基础网络的需求，邮电通信业成为改革开放以来发展最快的基础产业之一。2017 年末，已建成覆盖全国、技术先进、业务全面的信息通信基础网络，城乡固定电话总数达到 57.12 万户，相当于 1978 年的 114 倍，固定电话普及率由 1978 年的 0.2 部/百人上升到 2017 年的 21.6 部/百人；移动电话用户从无到有，自 1992 年投入使用，到1998 年已达 4.55 万户，2000 年达 21.1 万户，2017 年，移动电话用户总数已达 258.56 万户。

六、商品市场繁荣活跃，新兴业态快速发展

龙岩各类市场蓬勃发展，逐步形成以龙岩中心城市为核心，以县城为中心，以批发市场、边贸市场、乡镇集贸市场为依托的具有多种经济成份、多种流通渠道、多种流通业态、多种经营方式互补的商品市场体系。市场主体形式多样，商品日益丰富，设施日臻完善，市场规模和容量不断扩大，形成以大中型百货店为主，购物中心、仓储式商店、连锁店、专卖店、便利店、平价店等新兴业态为辅的商品流通模式，不断满足人们日益变化的多样化的消费需求。至 2017 年底，社会消费品零售总额 813.19 亿元，是 1978 年的 369.7 倍，年均增长 16.4%。年成交额亿元以上商品交易市场 5 个。

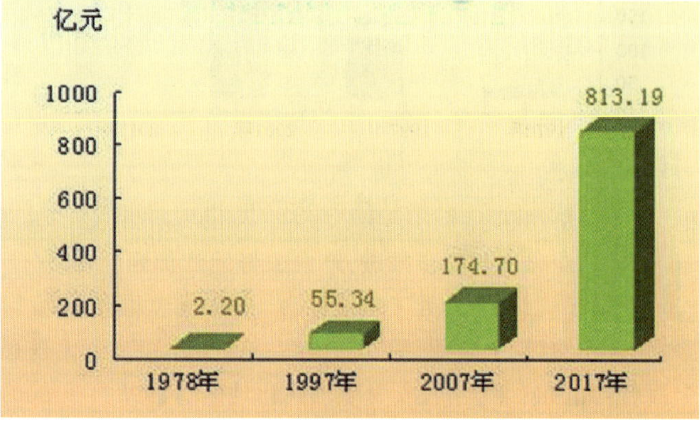

社会消费品零售总额

电子商务蓬勃发展。电子商务从无到有，作为一种新兴业态迅速发展，逐渐成为新的消费增长点。2017 年，全市限额以上通过公共网络实现商品销售的企业数有 90 家，比 2014 年增加 51 家，限额以上批零业法人企业实现网上零售额 10.03 亿元，年均增长 43.7%。电子商务零售业态从过去主要的百货商店和超市，逐步发展成大型超市、专卖店、家居建材商店、购物中心、网上商店等；商品类别也扩大到农副产品、服装鞋帽、化妆品、家具家电等。同时，以商业、娱乐、消费、商务、高端居住等设施为一体的城市商业综合体出现并快速发展。2017 年龙岩万达广场和万宝广场 2 家商业综合体累计实现商品销售额达 6.02 亿元。

七、投资环境不断改善，利用外资大幅增长

改革开放以来，龙岩致力于投资环境的改善，在不断完善交通、通信等投资硬环境的同时，充分发掘区位优势、人文优势、资源状况，制定一系列促进外向型经济发展的政策和措施，投资环境大为改善，吸引越来越多的外商来龙岩投资兴业。在党的改革开放方针政策指引下，龙岩市对外经济从无到有，从小到大，特别是 1997 年撤地设市、2001 年中国加入 WTO 以来，龙岩相继出台一系列鼓励和发展外向型经济的政策措施。2017 年，新签利用外商直接投资合同金额达 3.03 亿美元；实际利用外商直接投资 2.96 亿美元，是 1985

年的339倍；外贸出口总额23.3亿美元，是1990年的267倍。

八、城乡居民收入显著提高，民生条件持续改善

改革开放四十年来，龙岩市委市政府高度重视民生的改善，千方百计扩大就业，深化分配制度改革，努力实现居民收入增长和经济发展同步，劳动报酬增长和劳动生产率提高同步，确保城乡居民收入和财富的快速增长。全市城镇居民人均可支配收入从1978年的334元增加到2017年的33022元，年均增长12.50%；农民人均纯收入从1978年的134元增加到2012年的9396元，年均增长13.32%；农民人均可支配收入从2013年的10842元增加到2017年的15698元，年均增长9.69%。城乡居民拥有财富显著增加。2017年末，城乡居民人民币储蓄存款余额851.52亿元，比1978年末增长1717倍，年均增长21.2 %。股票、债券等金融资产规模不断扩大。城镇居民拥有的财产性收入从无到有，2017年占人均全部年收入比重上升到10.6%。城乡居民生活水平明显改善，城镇居民食品消费支出比重由1978年的73.1%下降到2017年的34.6%；农村居民食品消费支出比重由1983年的63.5%下降到2017年的39.0%。城镇居民人均居住面积由1990年的10.49平方米增加到2017年的51.5平方米；农村居民人均住房建筑面积由1983年的12.12平方米增加到2017年的68.4平方米。

四十年来，龙岩市不断完善就业再就业扶持政策，社会保障工作不断得到加强。建立国有企业下岗职工基本生活保障、失业保险、城市居民最低生活保障制度等三条保障线，多次提高三条保障线发放标准，增加企业退休人员基本养老金，养老、失业、医疗、工伤、生育“五大保险”稳步扩面，城乡低保基本实现应保尽保，弱势群体的生产生活得到关注。特别是十八大以来，龙岩稳步提高社会保障水平，覆盖城乡居民的社会保障体系不断健全。2017年全市一般公共预算支出中社会保障和就业支出22.56亿元，比2006年增加16.76亿元，年均增长13.1%。2017年末城乡居民基本养老保险参保人数45.7万人，参加城乡居民社会养老保险人数132.34万人。全市养老机构总床数1.22万张，每千名老人拥有养老床位25.18张。全市城市有3023人享受最低生活保障救助，农村有3.75万人享受最低生活保障救助。

九、社会事业全面发展，从滞后转向协调发展

改革开放前，与经济发展的落后相比，龙岩社会事业更加滞后。40年来，随着经济实力的不断增强，社会事业发展开始得到重视，特别是党的十八大以来，社会事业呈现加快发展态势。

科技事业成果显著。改革开放四十年来，龙岩秉承科学技术是第一生产力的理念，大力发展科技事业，促进全市经济发展和科技进步取得良好效果，高新技术企业从无到有，并不断增加，全市高新技术企业从1996年的3家发展到2017年的948家。全市拥有科技机构的企业138家，工程技术研究中心31家，省级重点实验室6家。全市“福建省名牌”88家98项，国家地理标志保护产品4个。1978—2017年，全市累计获得国家、省、市科学技术奖892项，其中获国家奖1项，省(部)级奖136项，获地(市)级奖755项。2008—2017年全市累计取得省部级以上应用科技成果545项，市级科技成果254项。这些科技成果中，达到国际先进水平45项，达到国内先进水平以上430项。成功创建全国科技进步先进市、国家知识产权试点城市。

教育事业蓬勃发展。改革开放四十年来，龙岩市不断深化教育体制改革，积极推进义务教育，努力提高教学质量，在全面落实农村贫困家庭子女义务教育阶段“两免一补”、“国家助学金”政策基础上，先后免除对农村义务教育学杂费和城市义务教育学杂费，基础教育基本实现“高水平、高质量”和普及九年义务教育的目标，教育资源得到有效整合。在全力推进“两基”工作的同时，高度重视高中阶段各类教育的协调发展和高等教育档次的提升。四十年来，创办龙岩学院，组建闽西职业技术学院。2017年全市各类高校招生4780人，在校生17313人，毕业后5130人。各类中等职业教育招生7620人，在校生21471人，毕业生7641人。普通高中招生14678人，在校生46268人，毕业生14495人。

文化事业繁荣发展。改革开放四十年来，龙岩文化事业在以人为本的和谐旋律中健康繁荣发展。先后建成龙岩博物馆、龙岩图书馆等一批文化设施，福建(土楼)列入“世遗”，“海峡客家”品牌影响力进一步提升。2017年末共有各类艺术表演团体6个，影剧院11个，群众艺术馆(文化馆)8个，公共图书馆7个，书藏量149.56万册，博物馆14个。文化系统各类艺术表演团体艺术演出474场，观众57.28万人次；实现村村通广播电视，数字电视进龙岩。全市广播综合人口覆盖率97.96%；电视人口综合覆盖率98.63%；有线电视用户35万户。

卫生事业持续加强。改革开放四十年来，龙岩市卫生事业持续加强，步入科学发展、和谐发展的道路，基础设施明显改善，医疗水平不断提高。2017年末，全市年末共有各类卫生计生机构(包括门诊部、卫生所、医务室、诊所)3028个，其中医院47个，卫生院115个，社区卫生服务中心(站)30个；年末全市共有卫生机构床位17519张，其中医院和卫生院床位16168张。年末全市卫生计生机构人员总数24642人，其中卫生技术人员18842人，其中执业(含助理)医师6158人，注册护士8666人；全市村卫生所2428个，乡村医生和卫生员2663人。全面推开新型农村合作医疗和农村医疗救助。医药卫生体制改革推向深入，公立医院改革全面启动，基层医改“长汀模式”在全国、全省推广。

体育事业成果辉煌。改革开放四十年来，龙岩不断加大对体育事业的投入，全民健身运动广泛开展，竞技体育水平不断提高，近年来涌现出石智勇、张湘祥、林丹、何文娜等多名享誉世界的运动员。承办第十三届省运会和第七届省老运会取得圆满成功，在第十三届省运会上，龙岩市代表团共夺得116枚金牌，居全省第4位，金牌总数超过前12届总和。新建市体育中心、体育公园等一批体育场馆，体育基础设施建设跨入全省先进行列。

改革开放40年来，闽西大地经济社会面貌发生历史性巨变，改革成果丰硕，社会事业快速发展。这一笔笔统计数据正是最好的见证。取得的成就已成为过去，更加艰巨的任务正摆在面前。党确立"两个百年"的奋斗目标，党的十九大确定未来的改革蓝图，但当前经济形势依然存在较多不确定因素，发展的道路上仍有不少困难和问题：经济总量依然较小，发展后劲仍显不足，与沿海地区的发展差距较大，产业结构不尽合理，工业化和城镇化水平有待进一步提高，农村基础设施建设存在不少薄弱环节。今后，龙岩将认真贯彻落实习近平新时代中国特色社会主义思想和党中央、国务院的决策部署，始终坚持改革开放的正确方向，为决胜全面建成小康社会，加快建设机制活、产业优、百姓富、生态美的新龙岩而不懈奋斗。

（市统计局）

在市委五届八次全会上的报告

中共龙岩市委书记　许维泽

（2019年1月4日）

这次全会的主要任务，是深入学习贯彻习近平总书记在庆祝改革开放40周年大会上的重要讲话精神，全面贯彻落实省委十届七次全会的决策部署，认真总结龙岩市改革开放40周年取得的成就和经验，进一步动员全市干部群众以习近平新时代中国特色社会主义思想和党的十九大精神为指引，坚持高质量发展落实赶超，解放思想，锐意进取，攻坚克难，砥砺奋进，奋力开启龙岩新时代改革开放新征程。

2019年1月4日，中共龙岩市委五届八次全会在龙岩人民会堂召开

根据市委常委会的意见，我讲四个方面工作。

一、深入学习领会习近平总书记在改革开放40周年大会的重要讲话精神和省委全会精神，坚定不移地把龙岩市改革开放事业推向前进

习近平总书记在庆祝改革开放40周年大会的重要讲话，着眼实现中华民族伟大复兴的历史使命，全面回顾改革开放40年的光辉历程和伟大成就，特别是党的十八大以来党和国家事业发生的历史性变革、取得的历史性成就，用"十个始终坚持"高度概括党引领人民创造的人间奇迹。深刻总结改革开放40年来积累的宝贵经验，用"九个必须坚持"浓缩提炼党和人民弥足珍贵的精神财富，揭示40年来取得巨大成就的根本原因，概括坚持和发展中国特色社会主义的重要规律，明确新时代改革开放的努力方向。郑重宣示将改革开放进行到底的信心决心，不忘初心，牢记使命，在新时代创造中华民族新的更大奇迹。习近平总书记的重要讲话高屋建瓴、气势磅礴、催人奋进，是新时代改革开放再出发的宣言书、动员令，为推进改革开放指明前进方向、提供根本遵循。

去年12月26日，省委召开十届七次全会，对贯彻落实习近平总书记在庆祝改革开放40周年大会上的重要讲话精神作全面部署。会上，于伟国书记认真总结我省改革开放40年来取得的辉煌成就和宝贵经验，提出我省对标一流奋力争先，在更高起点上推动新时代改革开放再出发的总体要求以及"五个奋力先行""一个毫不动摇"的工作要求和具体举措。唐登杰省长对省委、省政府《关于进一步深化改革扩大开放的若干措施》作说明。于伟国书记的讲话和全会审议通过的《若干措施》，是指导我省继续推进改革开放事业的行动指南，吹响全省在更高起点上推动新时代改革开放再出发的集结号。

全市各级各部门和广大党员干部群众一定要提升政治站位、强化政治担当，切实肩负起学习好、宣传好、贯彻好习近平总书记在庆祝改革开放40周年大会上的重要讲话精神的重大政治任务，全面贯彻落实省委十届七次全会的决策部署，把推进龙岩新时代改革开放事业与增强"四个意识"、坚定"四个自信"、践行"两个维护"紧密结合起来，与坚持高质量发展落实赶超的目标任务紧密结合起来，进一步解放思想、开拓创新，以更坚决的态度、更有力的举措，努力开创龙岩新时代改革开放新局面。

二、认真总结龙岩市改革开放40年的辉煌成就和宝贵经验，为开启新时代改革开放新征程增添强大动力

改革开放40年来，党中央、省委省政府始终高度重视、关心关怀闽西老区的改革开放事业，特别让我们倍感亲切、

深受鼓舞的是，习近平总书记先后20次到闽西考察指导工作，并多次作出重要指示、批示，亲自指导和亲身参与闽西改革开放现代化建设。1999年，习总书记在长汀发出“滴水穿石、人一我十”的号召，全面拉开长汀大规模水土流失治理的序幕；2011年、2012年，又连续两次对长汀水土流失治理作出重要指示，指出“长汀县水土流失治理正处在一个十分重要的节点上，进则全胜，不进则退，应进一步加大支持力度”，全面开启龙岩水土流失治理的新篇章；2002年，到武平考察调研时，指出“集体林权制度改革要像家庭联产承包责任制那样，从山下转向山上”“林改的方向是对的，要脚踏实地向前推进”，为武平林改“一锤定音”；2014年在古田主持召开全军政治工作会议期间，强调“要一如既往地支持老区建设，包括经济的、社会的、人民生活改善的各项工作，我们的各级党委政府，很多事业要向老区倾斜”；早在2001年，在龙岩考察期间，指出“在革命历史上，闽西人民走在前列，在新时期加强改进作风建设中也要起带头作用”。习近平总书记在闽西大地上作出的改革开放、经济社会发展和党的建设的指示要求，引领闽西改革开放各项事业始终沿着正确的方向前进，是闽西改革开放40年来最宝贵的精神财富。

在党中央亲切关怀和省委、省政府的坚强领导下，龙岩历届班子始终牢记嘱托、接续奋斗，团结带领全市人民大胆探索，勇于实践，开拓进取，奋发图强，龙岩面貌发生翻天覆地的变化。经济社会持续健康发展，全市经济总量突破2000亿元，年均增长11.5%；人均GDP突破8万元，年均增长10.9%，提前完成国民经济和社会发展两步走的战略目标，实现从贫困到基本温饱，再到总体小康的历史性跨越。体制机制活力明显增强，各领域改革不断突破，投资、金融、财税、价格等体制改革稳步推进，土地、人才、技术、资金等要素市场不断完善。城乡面貌日新月异，城镇化水平由1982年的9.3%上升到2017年的55.7%。人民生活显著改善，全市城镇居民人均可支配收入年均增长12.5%，农民人均纯收入年均增长13.32%。

40年的改革开放历程，龙岩人民立足市情实际，充分把握历史机遇，走出一条富有时代特征和龙岩特点的发展道路。

40年改革开放，我们坚持不懈把发展作为第一要务，发展理念实现大转变。探索提出建设闽粤赣边生态型经济枢纽、海峡西岸经济区重要增长极、创新型工贸旅游强市等一系列发展思路和举措，经济结构从以农业经济为主转变到以工业经济和现代服务业相互融合的发展模式。全市的发展从全省的落后状况，跻身全省中上游位置。

40年改革开放，我们坚持不懈实施创新驱动，发展体制机制实现大变革。创新驱动能力不断提升，成功创建国家可持续发展实验区和国家可持续发展产业基地，成为全国科技进步先进市。创新园区发展体制机制，成功创建国家级经济技术开发区、高新技术园区。农村发展活力进一步增强，在全国开创新型职业农民培育“龙岩模式”。政府职能有效转变，行政服务“龙岩标准”走在全国前列。

40年改革开放，我们坚持不懈扩大发展空间，发展格局实现大开放。对外开放通道不断拓宽，先后实施建设高速公路、快速铁路、机场等一批重大项目，联结国家交通主动脉的网络布局基本形成，在全省率先实现“县县通高速”，在山区市中率先实现建制村“村村通水泥路”。城市基础设施和公共服务设施不断完善，城市形象稳步提升，成功创建国家园林城市、国家森林城市、第五届全国文明城市。对外交流合作不断加强，主动融入“一带一路”建设，连续8年被评为“中国外贸百强城市”。

40年改革开放，我们坚持不懈推进统筹协调发展，人民生活实现大改善。教育事业蓬勃发展，基本实现“高水平、高质量”和普及九年义务教育目标。医疗水平不断提高，公立医院改革全面启动，长汀基层医改经验在全国推广。社会保障水平明显提升，在全国率先推出“三农”综合保险，在全省率先实现新农保全覆盖。精准脱贫成效显著，贫困人口基本实现脱贫，“九措到户”做法得到国家部委的充分肯定。“平安龙岩”建设不断深化，“323”平安工作机制、“三个10%”平安惠民政策在省内外推广。

40年改革开放，我们坚持不懈保护环境和节约资源，发展质量实现大提升。生态环境不断改善，水土流失治理成效显著，“长汀经验”在全国推广。林权制度改革纵深推进，武平成为全国林改“第一县”，全市森林覆盖率连续39年位居全省首位。流域保护机制不断健全，在全省率先启动河长制，推动建立跨省流域(汀江—韩江)水环境生态补偿机制，境内汀江、闽江、龙津河水质100%达标。

40年改革开放，我们坚持不懈夯实发展基石，党的建设全面加强。大力传承红色基因，打造“红土先锋”“红土清风”“红土同心”党建品牌。“党员e家”、在职党员进社区经验在全国推广。作风建设“闽西实践”深入推进，新修订的《中国共产党纪律处分条例》吸纳龙岩市对违规为他人吸收存款行为实施党纪处分的做法。民主法治建设不断加强，在全国设区市率先制定红色文化遗存保护地方性法规。

40年的改革开放，全市人民付出辛勤汗水，夯实坚实的发展基础，也积累宝贵的经验。这些经验概括起来就是习近平总书记在庆祝改革开放40周年大会上提出的“九个必须坚持”：必须坚持党对一切工作的领导，不断加强和改善党的领导；必须坚持以人民为中心，不断实现人民对美好生活的向往；必须坚持马克思主义指导地位，不断推进实践基础上的理论创新；必须坚持走中国特色社会主义道路，不断坚持和发展中国特色社会主义；必须坚持完善和发展中国特色社会主义制度，不断发挥和增强我国制度优势；必须坚持以发展为第一要务，不断增强我国综合实力；必须坚持扩大开放，不断推动共建人类命运共同体；必须坚持全面从严治党，不断提高党的创造力、凝聚力、战斗力；必须坚持辩证唯物主义和历史唯物主义世界观和方法论，正确处理改革发展稳定关系。这“九个必须坚持”是弥足珍贵的精神财富，也是继续推进改革开放事业的强大动力，我们要在实践中不断丰富和发展。

三、砥砺奋进，攻坚克难，全面开启龙岩市新时代改革开放新征程

站在新的历史起点上，龙岩承载着更为光荣的责任使命，面临的机遇前所未有，面临的挑战也前所未有。必须积极应变、主动求变，化机遇为挑战，变压力为动力，继续把改革开放事业推向前进，全面开启龙岩新时代改革开放新征程。

继续把改革开放推向前进是中央和省赋予龙岩新时代光荣的政治任务和历史使命。习近平总书记在庆祝改革开放40周年大会上的重要讲话，对在新时代继续把改革开放推向前进发出动员令，省委全会谋划新时代福建深化改革、扩大开放的宏伟蓝图。我们深切感受到使命在肩，责任重大。唯有牢记习总书记的谆谆嘱托，在改革开放上拿出更多先行举措，争取更大突破，才能不辜负中央和省委的殷切期望。

继续把改革开放推向前进是实现龙岩高质量发展落实赶超的强大动力。实现高质量发展落实赶超，龙岩仍然面临结构性矛盾，产业优势不够凸显，发展空间不够拓展，发展体制机制不够完善等一系列问题。唯有坚定不移把改革开放推向前进，在改革中求新求变，在开放中求宽求广，以改革开放破解发展难题，才能集聚改革开放的强大力量，努力实现龙岩高质量发展落实赶超。

继续把改革开放推向前进是实现龙岩人民美好生活需要的必然要求。当前，正处在全面建成小康社会的决胜期，人民对美好生活的向往愈加强烈，龙岩市目前的教育、医疗卫生、民生就业、社会保障、城乡居民收入等领域工作与人民的期待仍有差距。唯有在改革开放中破解更多的民生难题，取得更大的改革成效，让更多改革成果与人民共享，才能解决人民日益增长的美好生活需要和不平衡不充分的发展之间的矛盾。

新时代新征程，推进龙岩市改革开放总的要求是：坚持以习近平新时代中国特色社会主义思想和党的十九大精神为指引，坚持党对一切工作的领导，坚持统筹推进“五位一体”总体布局、协调推进“四个全面”战略布局，坚持稳中求进工作总基调，坚持新发展理念，坚持以供给侧结构性改革为主线，紧紧围绕高质量发展落实赶超，解放思想，锐意进取，攻坚克难，砥砺奋进，继续全面深化改革、全面扩大开放，全面推进产业发展、城乡建设、社会文化事业、生态文明建设和党的建设，努力成为闽粤赣边区域经济协同联动发展的先行区，践行生态文明思想的实验区，军民融合产业发展的示范区，政治坚定作风优良的模范区，为建设“机制活、产业优、百姓富、生态美”的新龙岩作出新的更大贡献。

提交这次全会讨论的《进一步深化改革扩大开放的若干措施》，提出七个方面80条改革措施，明确龙岩市改革开放的主要领域和重点任务。全市各级各部门要按照全会的部署，不折不扣抓好落实。

根据改革开放的总体要求，立足龙岩区位优势、资源禀赋、产业基础等实际，今后一个时期，我们要按照“一市两区三组团”“五基地六产业七景区”的发展思路，推进城市区域发展和产业发展。

“一市两区”主要是按照“一市两区”的格局推动“新罗、永定同城一体化”要求，加快统筹产业发展和公共基础设施、城乡区域建设，不断完善市区协作、联动发展机制，推动永定区加快融入中心城市发展，做大龙岩中心城区，打造龙岩的政治、经济、文化中心；“三组团”主要是建设龙雁组团、高坎组团、古蛟组团，拉开城市发展框架，拓展区域发展空间，构建大龙岩都市区，辐射带动特色县域城市发展。

“五基地六产业七景区”主要是构建产业发展载体，完善产业发展体系，做大做强产业集群，为坚持高质量发展落实赶超奠定坚实基础。按照“一基地多园区”“一园区多基地”，基地与园区有机结合的发展模式，发挥园区的产业聚集引领优势，依托基地的区域联动辐射功能，建设金铜产业基地、国家专用车与应急产业示范基地、稀土产业绿色发展基地、国家新型工业化产业军民融合示范基地、数字经济产业基地“五基地”；在改造提升传统产业的基础上，重点发展有色金属产业、机械装备产业、文旅康养产业、新材料新能源产业、数字产业、特色现代农业“六产业”；围绕构建全域旅游新格局和打造国际旅游目的地，突出“红色文化、生态文化、客家文化”三大主题，注重“一县一特色”，重点打造上杭古田红色文化旅游区、永定客家土楼文化旅游区、长汀历史文化名城旅游区、连城冠豸山绿色生态旅游区、新罗龙岩洞文化旅游区、漳平台创园休闲农业旅游区、武平梁野山生态旅游区“七景区”。

（一）坚持以创新驱动增强高质量发展落实赶超的新动能。深入实施创新驱动战略，进一步调整优化产业布局，健全完善有利于实现高质量发展落实赶超目标的体制机制和政策环境，全力推动质量变革、效率变革、动力变革。

一要打造现代产业体系。按照“五基地六产业”产业布局，加强一二三产业互动融合，努力形成优势明显、特色鲜明的现代产业体系。要着力打造产业基地，集中优势力量、优势资源，加快建设“五个基地”，促进产业聚集发展、集约发展，产生“洼地效应”“虹吸效应”。要调整优化龙岩经济技术开发区（龙岩高新区）、厦龙山海协作经济区的管理体制和运行机

制，鼓励各县（市、区）与经开区、厦龙合作区开展跨区域合作，做强做大产业发展平台。要全力推进千亿产业，推动以金铜和稀土为重点的有色金属产业，延伸拓展上下游产业链，努力打造全产业链条；推动以工程机械、环保机械、专用汽车为核心的机械装备产业，推进“智造”升级和主辅分离，推广发展产品+服务、提供整体解决方案等“制造+服务”新模式；推动文旅康养产业与其他相关产业深度融合，开发一批形式多样、互动互补的复合型文化旅游和养生养老产品，催生一批新业态。要大力发展重点产业，高起点布局发展新材料新能源产业、数字产业、特色现代农业。推进稀土、锂电池材料、新型建材、高端纺织材料等产业深度拓展；推进“数字龙岩”建设，深化数据开发运用，促进数字经济与实体经济相互融合，推动云计算、大数据、物联网、电子商务等数字产业加快发展；加快现代农业产业园区建设，构建特色现代农业产业体系。与此同时，要加快现代物流、金融服务和总部经济等现代服务业发展。通过提升烟草工业、建材、建筑等传统优势产业核心竞争力和产品的附加值，增强传统产业发展后劲。

二要加快创新要素集聚。围绕创建国家创新型试点城市，建立和完善政府科技投入稳定增长、产教融合等机制，推动创新链、产业链、资金链、价值链、人才链有机融合。要深化投融资体制改革，建立多元化、多渠道的融资方式，进一步扩大直接融资的比重，完善多层次资本市场，提升金融服务实体经济能力。要稳妥推进国资国企改革，继续调整优化国有资本布局，加快国有企业战略性、专业化重组，促进资源、人才、技术等要素向优势企业集中，提高国资国企运行质量效益，在龙岩市经济社会发展中“当先锋、打头阵”。要加强科研平台建设，探索市场化建设新型研发机构，建设一批“国字号”高端研发平台，建立健全企业创新成果共享机制，推动实现大中型工业企业研发机构全覆盖。要强化人才培育引进，深入实施“人才强市”战略，推进“人才+资本+项目”要素融合，完善人才基金运行机制，为“高精尖缺”人才提供全链条、“一站式”服务，着力打造“人才洼地”。

三要全力激发市场活力。清理废除妨碍统一市场和公平竞争的规定做法，激活生产要素，不断激发市场主体的创新创造活力。要提高政务服务水平，持续深化“放管服”改革，不断提升“e龙岩”功能，完善“互联网+政务服务”集成模式，深化工程建设项目审批制度全流程全覆盖改革，实行招商引资项目评估模式，提升行政审批服务水平。要放大政策激励效应，加快建立激励企业主动创新的利益驱动机制，在人才、技术、资本、信息等方面给予精准支持。要进一步优化营商环境，进一步放宽服务业、制造业、采矿业等领域外资准入限制，逐步扩大医疗、教育、养老、金融等领域开放，认真落实降本减负松绑、投融资、保护企业家人身和财产安全等政策举措，大力弘扬企业家精神，构建“亲清”新型政商关系。

（二）坚持以协同联动统筹区域协调发展。城乡不平衡、区域不协调是龙岩发展的突出问题。要加快建立城乡区域协调发展新机制，融入区域发展框架，拓展城市发展空间，加快促进乡村振兴。

一要以“双融入”对接发展新通道。紧紧抓住建设闽西南协同发展区和粤港澳大湾区的战略机遇，在空间布局优化、基础设施对接、产业协同发展、区域资源整合、公共服务共享等方面创新突破。要加快基础设施互联互通，推进永定至上杭高速、厦蓉高速东联络线等重点项目建设，争取双龙铁路、龙岩新机场早日开工建设，积极推进厦蓉高速上杭蛟洋至长汀扩容工程等项目前期工作。要加强优势产业强强合作，重点推进龙岩市“六产业”与厦漳泉、粤港澳优势产业融合互补、协同发展。要依托龙岩的地缘、商缘、情缘和人缘优势，加强与两大发展区先进的体制机制、人才、技术、资本等对接，实现资源共享、错位发展。

二要拓展城市发展空间。按照“一市两区三组团”的发展思路，推动规划先行，结合新一轮城市规划总体修编，实施“多规合一”，加快完成中心城市各片区、各组团的总规、详规，完善城市主体功能。要加强项目策划和实施运作，市、区两级要结合城市组团发展实际，抓紧梳理、策划生成、启动实施一批适应城市发展的产业和基础设施配套项目，增强城市发展支撑。要大力筹措发展资金，统筹政府和社会力量，创新资金投入方式，形成多元化资金投入机制，保障城市发展资金需求。创新城市管理方式，建立数字城管系统，提升城市管理科学化、精细化、智能化水平，加快推进智慧城市建设。要通过龙岩都市区的辐射带动，促进县域产业聚集、人口集中，精心打造具有地域特征、现代内涵和人文特色的县域城市。

三要大力实施乡村振兴战略。积极探索乡村经济发展可持续模式，加快发展设施农业、休闲观光农业、特色农产品加工等特色农业。创新村级集体经济发展模式，推进涉农资金“大专项+任务清单”管理模式，实行涉农资金综合奖补；建立健全科技特派员制度；持续深化农村集体产权制度改革，全面激活农村各类资源。要推广上杭才溪下王村发展模式，大力开展农村人居环境整治，深入推进“一革命四行动”，切实破解“有新房无新村”问题，并形成长效机制；要大力弘扬闽西优秀传统文化，加大农村公共文化服务供给，建设农村文明乡风。

四要深化对台对外交流合作。深化国家级台湾青年创业基地建设，完善基础设施，创新金融服务，确保漳平台创园建设水平继续走在全国前列。发挥客家和侨乡优势，依托海峡论坛、海峡两岸机械产业博览会等经贸展会平台，深化与港澳台海外重要工商团体、行业协会、企业的对接机制，加强经贸、文化等领域的交流合作。要积极复制推广自贸区政策，促进贸易和投资自由化便利化。要完善陆地港服务功能，推进跨境电商监管中心建设，搭建对外开放服务平台。创新招商引资机制，推行公司化招商、产业链招商，以市场化、企业化、专业化运作方式，提升招商实效。

（三）坚持以补齐民生短板让人民共享改革成果。始终坚持以人民为中心的发展理念，多谋民生之利、多解民生之忧，采取针对性更强、覆盖面更大、作用更直接、效果更明显的改革举措，提升民生服务供给质量，让龙岩人民有更多的获得感、幸福感。

一要大力增进民生福祉。优化教育资源配置，统筹推进学前教育、基础教育、职业教育领域改革，教育规划布局要与城市发展同步推进，突出加快中心城区应急性基础教育项目建设，增强教育资源的应急调配能力。要纵深推进医疗卫生、养老服务改革，深化医保支付方式改革，推广长汀基层医改经验，提升基层医疗卫生技术水平；深入推进全国第二批居家和社区养老服务改革试点，积极构建医养结合养老模式。要创新社会保障服务体系，落实企业职工基本养老保险省级统筹、基金中央调剂制度，推进电子社保卡跨部门、跨行业、跨地区使用。加快建立多主体供给、多渠道保障、租购并举的住房制度，构建房地产市场健康发展长效机制，确保人民群众住有所居。

二要创新社会治理体系。坚持发展和稳定两手抓、两手都要硬，把社会治理融入经济社会发展全过程，纵深推进扫黑除恶治乱，打好涉麻制毒、电信诈骗、农村赌博重点整治攻坚战。坚持发展新时代“枫桥经验”，提升“e治理”“联访联调”“双争双做”等品牌效应，突出前置防线、前瞻治理、前端控制、前期处置，深化“矛盾纠纷积案化解、特殊人群服务管理、重点领域集中整治、重点部位安全防范、区域性突出问题排查整治”五个专项治理，提高预测预警预防能力。要完善社会治安防控体系，重点推进“雪亮工程”、“四情”社会稳定指数信息系统和基层综治中心建设，夯实维稳基层基础。要深化“平安县乡村三级联创活动”“城市平安工程”，推进自治、法治、德治相结合的乡村、社区治理体系建设，打造共建共治共享的社会治理格局。要加大安全生产监管力度，严格执行安全生产和职业健康“三同时”制度，大力推进企业安全生产标准化建设；严格落实企业主体责任，严格落实安全生产“一票否决”制度；严格高危行业领域安全准入条件，建立完善安全风险评估与论证机制；全面厘清安全生产综合监管与行业监管的关系，按“三个必须”原则建立安全生产责任清单；抓紧完善应急协调联动机制，提升安全生产应急救援水平。

三要深度发力精准脱贫。坚持产业发展与稳定增收、能力开发与兜底保障、限时脱贫与防范返贫相结合，稳定和深化产业就业扶贫政策，探索发挥生态优势助推脱贫路径。要整合各类资源、资产、资金，拓展交通、水利、网络等扶贫渠道，提升扶贫资金使用效益。要完善医疗救助、精准扶贫医疗叠加保险政策，建立集保险、救助、帮扶等一体的综合保障体系，逐步形成稳定脱贫长效机制，解决好群众因病致贫、因病返贫问题，确保“不漏一村、不落一人”。

（四）坚持以融合发展繁荣活跃闽西文化。坚持文化融合发展，全面提升闽西红色文化、生态文化、客家文化的影响力，促进文化大发展大繁荣。

一要探索文化与旅游融合发展新模式。围绕构建全域旅游和打造国际旅游目的地的要求，打造“七景区”，推动文化要素与旅游业态相互融合。要着力提升“红古田”品牌，实施“红色+”，大力发展红色旅游、红色培训、红色文创、红色文艺等红色产业，构建集参观、培训、旅游、体验为一体的红色全产业链，打造“红色文化之都”。要充分发挥永定客家土楼文化、长汀历史文化名城等资源，推动旅游与客家文化有机结合，让广大游客汲取客家文化营养精髓。要发挥连城冠豸山、新罗龙岩洞、漳平台创园休闲农业、武平梁野山等绿色生态资源，探索旅游产业与生态文化有机融合的新路子，着力打造全域旅游品牌。

二要探索文化与文艺融合发展新模式。闽西文化资源丰富，要通过创新文艺发展投资方式，运用众筹、合资、独资等投融资形式，打造一批实景演出和舞台剧目，将闽西特色文化融入电影、电视剧等艺术中。要建立文化人才培养机制，依托龙岩学院、闽西职业技术学院、市委党校（古田干部学院）、龙岩技师学院等院校培养一批红色文化理论研究、艺术创作的名师和传播管理的技师。要探索建立文化资源题材库，推动闽西文化资源进入全国文艺创作者视野，广泛传播闽西特色文化。

三要探索媒体融合发展模式。健全党管媒体把握舆论导向的体制机制，以“龙岩全媒体新闻中心”为龙头和枢纽，全面打通闽西日报社、龙岩广播电台、龙岩电视台三大主流媒体的相互融合通道，全面打通市级媒体与县级融媒体中心、省级以上媒体的相互融合通道，全面推进组织架构、业务流程、平台渠道和管理机制改革，构建新闻生产“策采编发评”一体化流程和“一次采集、多种生成、多元传播”的内容生产、业务融合管理机制，实现“全媒体采集、全品类生成、全终端传播”的融媒体新格局。

（五）坚持以绿色发展提升生态文明建设水平。深入践行“绿水青山就是金山银山”的理念，持续打好生态环境保护攻坚战役。

一要建立绿色发展机制。打通资源变资产、资产变资本的通道，建立健全资源有偿使用制度。加快自然资源产权制度改革，建成自然资源产权交易平台、自然空间监管平台，推进水权交易、排污权交易等制度建设，逐步构建起生态产品价值实现制度体系。强化资源环境倒逼机制，建立空间、总量、项目准入“三位一体”的环境准入制度和绿色发展的激励机制，加快淘汰落后产能，实施集约化、智能化、高端化的环保技改，开展生态电价改革试点，依托蛟洋循环工业园区、龙岩经济技术开发区、龙雁省级循环经济园区，加快发展循环经济产业，全力推动绿色发展。

二要构建系统化防治机制。全力打好污染防治攻坚战，实施源头管控和有效治理，推动环境治理常态化、常效化，着力构建环境防控和治理体系。要加强源头管控，以“控制线”“责任线”双线实施管控，进一步完善国土空间规划体系，推进市县“多规合一”，全面完成生态保护红线、永久基本农田、城镇开发边界三条控制线划定工作，严格空间管制、容量管控和环境准入；完善生态文明建设目标评价考核体系，开展绿色发展年度评价，全面实施领导干部自然资源资产离任审计制度，压实环境保护责任线。要突出立体治理，实施精准治理，对污染源排放实行清单管理，全面落实“河长制”“湖长制”，实施“一河一策”“一溪一案”，完善环境保护执法与刑事司法联动协调机制。要深化生态损害赔偿制度改革，健全环境保护与治理恢复共同责任机制，创新废弃矿山生态修复综合治理新模式，实现治理修复与开发利用“双赢”。

三要拓展提升龙岩两大生态建设品牌。大力提升水土流失治理“长汀经验”，创新水土流失治理投入机制，推动社会力量参与水土流失治理，持续推动浊水荒山改造成绿水青山；实施“生态+产业”“生态+旅游”项目，不断释放水土流失治理的生态红利。大力提升林改“武平经验”，创新林业流转和经营模式，分类采取折股量化、转包、出租、入股等形式，推动产权变“活权”；深化林业经营体制改革，引导社会资本和金融资本投入林业产业，推广股权共有、经营公管、资本共享、收益共赢“四共一体”等合作经营模式，推动林农分享更多增值收益。

（六）坚持全面加强党的领导。以纪念古田会议90周年和全军政治工作会议5周年为契机，进一步深入贯彻落实新时代党的建设总要求，树牢“四个意识”，坚定“四个自信”，践行“两个维护”，不断提高党委把方向、谋大局、定政策、促改革的能力。

一要持续深化党的建设创新。着眼激发基层组织活力，以提升组织力为重点，突出政治功能，创新基层组织设置和活动方式，探索建立机关党建“清单+评议+考评”立体式整治模式，着力打造党建引领城市基层治理的“龙岩模式”，推广“在职党员进社区”“兼合式”党组织经验，建设“红土幸福小区”；积极推动农村党建与脱贫攻坚、乡村振兴有机结合，不断提升基层党组织的战斗力、凝聚力、向心力。要坚持好干部标准，建立健全素质培养、知事识人、选拔任用、从严管理、正向激励等干部工作“五大体系”。要增强全面从严治党政治定力，持续推进纪检监察体制改革，建立廉政建设长效机制，持之以恒落实中央八项规定及实施细则精神、岩委〔2015〕2号文件精神，弘扬“马上就办、真抓实干”优良传统，扎实开展机关作风整治，推进机关作风转变。

二要充分调动各方的积极性和创造性。健全人大组织制度和工作制度，不断创新人大开展依法监督和人大代表履职的途径和办法，总结提升“三联一述”代表工作制度，探索建立龙岩特色的地方立法工作机制，充分发挥人大地方立法权在改革开放中的推进作用，推动更多改革典型经验转化为地方性法规。要完善政府决策程序，健全重大问题向党委请示报告制度，推动政府科学决策。正确把握中国特色社会主义新时代政协工作新方位新使命，创新政协民主协商和监督机制，探索建立专项民主监督方法，推进民主监督制度化规范化程序化。健全党委和政府各部门与各民主党派、无党派人士联系制度，充分发挥人民团体和群团组织作用，凝聚发展合力。

四、主动作为，强化担当，凝聚推进新时代改革开放新征程的强大合力

新时代新征程，改革使命更光荣，任务更艰巨，挑战更严峻，全市人民要坚韧不拔，勇立潮头，担当起推进新时代改革开放新征程的伟大历史使命。

践行新思想，进一步激活发展活力。解放思想无止境，观念更新无穷时。40年来龙岩之所以能够推动经济社会破浪前进，关键在于始终坚持改革开放的正确方向和道路。面对新形势新任务，要以习近平新时代中国特色社会主义思想为指导，不断顺应时代发展潮流，大力破除制约发展的体制机制障碍，以思想大解放、理念大转变推动龙岩改革开放迈出新步伐。

展现新风采，进一步主动担当作为。敢于担当、主动作为体现的是闽西红土地上新时代干部精气神，展现的是闽西红土地上新时代干部新风采。推进改革要敢想敢干，敢闯敢拼，敢抓敢管，敢于担责，绝不能瞻前顾后，畏惧不前。要坚持以新时代新担当新作为“大督查大落实”为抓手，从小处着眼、从细处入手，全力推进各项改革开放事业相继落地、全面开花，确保龙岩市改革开放事业蹄疾步稳、富有成效。

营造好氛围，进一步凝聚发展力量。充分凝聚方方面面的智慧和力量，充分调动社会各界的积极性和主动性，积极营造和谐稳定的良好发展环境。要加强正面宣传舆论引导，及时发布事关民生大计的重大改革事项，广泛宣传改革开放带来的实惠，大力宣传改革开放先进人物、先进事迹，充分发挥先锋模范示范引领作用，激励广大干部群众更加自觉投身龙岩改革开放事业。

同志们，改革开放是当代中国最鲜明的特色，改革开放只有进行时，没有完成时。让我们更加紧密地团结在以习近平同志为核心的党中央周围，深入学习领会习近平新时代中国特色社会主义思想，以奋发有为的姿态投身新时代改革开

放大潮，把改革开放的项目落在坐标上、实绩写在大地上，不断书写龙岩改革发展新篇章，以优异成绩迎接新中国成立七十周年！

名词解释

城市发展“一市两区”：一市就是龙岩中心城市，“两区”就是新罗区和永定区。总的发展方向和思路就是围绕“新罗永定同城一体化”要求，加快统筹产业发展和公共基础设施、城乡区域建设，不断完善市区协作、联动发展机制，推动永定区加快融入中心城市发展，做大龙岩中心城区，打造龙岩的政治、经济、文化中心，构建大龙岩都市区的目标。“一市两区”的核心区包括新罗区中城、东城、南城、西城、北城、曹溪、西陂、东肖、红坊等乡镇街道及经济开发区、龙洲工业园区，主要发展总部经济、楼宇经济以及数字经济、高新技术、现代物流、现代商务、金融服务等产业，重点强化行政办公、教育科研、医疗保健、养生养老等公共服务功能。

城市发展“三组团”：龙雁组团、高坎组团、古蛟组团。结合推进新一轮城市总体规划修编和“多规合一”成果运用，通过进一步增强中心城市的辐射带动能力，推动中心城市核心区和三个组团产城融合，基础设施联通，公共服务功能链接。

龙雁组团：主要包括新罗区雁石、白沙、苏坂等区域。重点打造装备制造产业园区，加快建设闽西南协同发展区新兴产业转移区，加快新材料、新能源产业建设和农特产品加工等产业转型提质。

高坎组团：主要包括永定区高陂、坎市、培丰区域。重点打造高端制造业集聚区、高新技术园区、军民融合产业园区、临港工业园区和物流集散地。

古蛟组团：主要包括上杭的古田、蛟洋、步云等区域。重点打造金铜、新材料、新能源、红色旅游培训等产业。

产业发展“五基地”：即金铜产业生产基地、国家专用车应急产业生产示范基地、稀土产业绿色发展基地、新型工业化产业军民融合示范基地、数字经济产业发展基地。

金铜产业生产基地：依托上杭金铜产业资源优势，以上杭紫金矿业、蛟洋循环工业园，重点发展金铜产业上下游精深加工，大力发展形成产业链。

国家专用车与应急产业生产示范基地：依托经开区、龙州工业区，以建设“中国专用汽车名城”为契机，重点发展环卫、应急保障、新型物流等各类专用车。以龙州工业园区为平台，大力发展应急排水、应急环保、自然灾害监测、矿山救援、应急医疗处置装备等应急现场保障各类应急产品。

稀土产业绿色发展基地：以福建（龙岩）稀土工业园区为载体，推动节能环保，大力发展稀土永磁材料、发光材料、储氢材料、催化材料、特种合金材料等稀土功能材料及下游应用产业，推动稀土产业绿色发展。

新型工业化产业军民融合示范基地：依托经开区，实施“一基地多园区”发展模式，持续深化部队央企对接合作，推动一批军工技术产业落地，加快打造具有时代特点、龙岩特色的军民融合产业发展新格局，力争成为全国军民融合产业深度发展典范。

数字经济产业发展基地：以龙州工业园区为重点，借助闽西籍互联网精英资源优势，紧跟云计算、大数据、移动互联网、人工智能、区块链等新技术发展趋势，推进电子产品制造、电子商务、互联网内容审核和创作、公共服务和公共安全大数据以及产业物联网等建设。

“六产业”：有色金属产业、机械装备产业、文旅康养产业、新材料新能源产业、数字产业、特色现代农业。

有色金属产业：充分发挥紫金矿业、紫金铜业、太阳铜业、金龙稀土等龙头企业的引领作用，以金铜和稀土为重点，推动精深加工，培育发展金银首饰加工等衍生产品，提升做大铜冶炼相关循环经济产业。加强稀土开采、分离及深加工绿色技术应用，延伸稀土材料下游深加工产业发展。

机械装备产业：以龙工、龙净、龙马环卫等企业为龙头，以工程机械、环保机械、专用汽车为重点，推进传统装备企业向高端延伸。引进一批专用车、智能装备、应急装备项目。积极推动新产品开发，拓展冷链物流车、智能化和节能化等高端装备制造业发展。

文旅康养产业：主要支持市文旅集团、上杭古田建设公司等龙头企业，策划开发新项目、培育新业态。实施建设一批延伸和拓展产业链上下游项目，重点推进新罗奇迈健康小镇、红炭山健康养老基地等项目建设，通过完善园区功能布局、丰富园区业态和公共服务平台建设，推动文旅康养产业集聚发展。

新材料新能源产业：主要发展稀土新材料、锂电新能源材料、保温隔热材料、硬质合金材料、氟化工新材料产业。推进新能源产业基地一批重点项目建设。深化产学研合作，推动一批技术成果项目落地孵化。策划引入稀土功能材料、高性能合金材料、石墨烯等一批新材料研发及生产项目。

数字产业：主要加快建设新一代信息网络、龙岩公共服务云计算平台等信息基础设施，深入推进智慧城市项目建设，通过“集约化”建设和“平台化”“本地化”运营服务，支持本市软件和信息技术服务业发展。大力发展机械制造、金铜产业、文化旅游等产业数字化服务平台，推动企业“上云上平台”“机器换人”，实现传统产业的数字化转型。

特色现代农业：主要发展提升龙岩七大优势特色农业和“八大珍八大鲜”等农产品特色品牌，加强现代农业产业园区建设，推进农业产业聚集发展。大力发展农村电子商务，建设农业物联网应用示范点，着力培育发展现代休闲农业，加快构建特色现代农业产业体系。

“七景区”：上杭古田红色文化旅游区、永定客家土楼文化旅游区、长汀历史文化名城旅游区、连城冠豸山绿色生态旅游区、新罗龙岩洞文化旅游区、漳平台创园休闲农业旅游区、武平梁野山生态旅游区。

政府工作报告

——2019 年 1 月 8 日在龙岩市第五届人民代表大会第三次会议上

龙岩市人民政府市长　林兴禄

一、2018 年工作回顾

过去一年，在省委、省政府和市委的正确领导下，龙岩市各级政府深入学习贯彻习近平新时代中国特色社会主义思想和党的十九大精神，按照中央、省经济工作会议部署，认真贯彻落实市委五届七次全会精神，坚持新发展理念，坚持高质量发展落实赶超，按照市委新时代新担当新作为“大督查大落实”要求，统筹推进稳增长、促改革、调结构、惠民生、防风险，经济社会发展取得新成效。

——全力稳增长，经济质量有新提升。完善落实工业 21 条、服务业 20 条、“一业一策”“一企一策”等政策措施，出台提升营商环境实施细则，全力推动经济发展提质增效。预计全市生产总值 2386 亿元、增长 7.6%左右。第三产业增加值突破 1000 亿元，比重由“十二五”末的 35.8%提升至 42%。公共预算总收入 297 亿元、增长 6.4%，地方一般公共预算收入 151 亿元、增长 9%，地方税性收入占 72.4%、比上年同期提高 5.3 个百分点。预计城镇居民人均可支配收入 35800 元、增长 8.4%，农村居民人均可支配收入 17100 元、增长 9.3%。规模工业增加值增长 9%，近七成企业产值实现两位数增长，企业利润总额增长 35%以上。规模工业经济效益综合指数为 420%，保持全省第一。高技术产业增加值增长18%，研发经费占 GDP 比重达 1.62%，新增 22 家国家级、55 家省级高新技术企业，入选国家创新型城市建设名单。上杭被评为全省县域经济实力十强县，长汀、连城、武平被评为全省县域经济发展十佳县。

2019 年 1 月 8 日，龙岩市第五届人民代表大会第三次会议在龙岩人民会堂召开

——强力促改革，发展增添新活力。以利企便民促发展为导向，推出一批改革新举措，努力破解影响高质量发展的难题，疏通事关百姓切身利益的痛点堵点。

“放管服”改革力度加大。以“e 龙岩”为抓手倒逼政务服务效能提升，手机端网办事项 327 项，“随手拍”受理诉求 7.5 万件、群众满意率达 99%，在全国率先实现电子社保卡支付购药功能。“e 龙岩”获得中国政府信息化管理创新奖、全省机关体制机制创新优秀案例一等奖，并在全省推广。由龙岩市主导制定的全省“一趟不用跑”“最多跑一趟”政务服务规范标准发布实施。企业开办时间压缩至 3 个工作日以内。社会投资项目审批压缩至法定时限的 40%以内。

重点领域改革取得突破。机构改革有序推进，部门设置、人员转隶工作基本完成。进一步加强和规范工程招投标、政府采购、财政投资评审管理。长汀水土保持综合治理模式被列为全国生态保护与修复工作典型。林权抵押贷款“惠林卡”模式在全国推广。完成农村土地确权登记颁证和农村集体产权制度改革清产核资。在全省率先开展农村实用人才职称评审。以担当作为精神解决中心城市 1 万多户房屋和土地登记历史遗留问题，得到自然资源部肯定并向全国推广。不动产登记中心被评为全国百佳不动产登记便民利民示范窗口。基本完成市属国有企业重组整合，组建市招商公司。代表福建省参与全国公立医院综合改革效果评价考核获得第一名。

——加快调结构，发展动能有新积蓄。集中优势资源，培育做大支柱产业，开展服务业“三比一看”竞赛活动，持续扩大有效投资，经济发展新动能加速成长。

“双培育”成效明显。有色金属、机械装备产业产值分别达到 700 亿元、430 亿元，文旅康养产业总收入 770 亿元、游客超过 4600 万人次，建筑业产值突破 1000 亿元。50 家重点培育的工业龙头企业产值增长 19.8%，61 家“一企一策”签约工业企业增长 21.3%。龙净环保、龙马环卫入选“2018 中国环境企业 50 强”。龙岩市被授予“中国专用汽车名城”称号。

新产业新业态加快培育。“红古田”品牌影响力不断扩大，古田干部学院列入中组部第二批全国党员教育培训示范基地，红色教育培训超过 19 万人次。今日头条创作空间、内容质量中心落地龙岩，“跟着抖音游龙岩”反响热烈，与美团点评合作实施旅游生活化、智慧出行、食品安全监管等项目。成功创建国家新型工业化产业军民融合示范基地，军民融合项目新开工 24 个、新竣工 13 个，当年完成投资 38 亿元，民品参军 26 亿元。

投资后劲持续增强。固定资产投资增长 13.5%，工业投资增长 20%。“五个一批”“重中之重”项目均超额完成年度投资任务。全年新签约项目 285 个、总投资 915 亿元。上杭太阳铜业连铸连轧、龙工挖掘机产能回归等一批项目竣工投产，长汀闪烁与激光晶体、万安溪引水工程等一批项目开工建设，南龙铁路、厦蓉高速扩容顺利通车，双龙铁路龙岩段可研获批，龙岩机场、漳平钢铁等重大项目前期取得突破性进展。

——突出惠民生，社会建设有新进步。持续加大投入，全市公共财政 80%以上用于民生支出，28 项为民办实事项目基本完成，就学、出行等问题得到较好缓解，群众获得感更加充实。

乡村振兴扎实推进。制定实施乡村振兴十条措施。以“质量提升年”为抓手，持续脱贫攻坚，创建激励性产业扶贫模式并在全省推广，建档立卡贫困人口基本脱贫，1 个省级扶贫开发工作重点县、14 个市级扶贫开发重点乡镇和 264 个贫困村可如期摘帽。扶持特色现代农业发展，七大优势产业全产业链产值突破 700 亿元。特色小镇和美丽乡村建设有序推进，在全省率先开展高标准农田“整乡整村”推进试点。加快“四好农村路”建设，完成农村路网改造 355 千米，配备 352 名乡村道路专管员。

城市面貌明显变化。持续实施中心城市畅通工程，新建及改造道路 15 千米，金鸡路三期、犀牛路二期等建成通车，龙岩大桥主塔桩基及承台已完成；打通 8 个交通拥堵节点，九一桥通行率提高 2 倍，西兴桥、罗桥通行率提高 60%。全市新增公共停车位 6400 多个、人行天桥 6 座。持续实施中心城市园林绿化提升工程，落实城市绿化导则，新建成 4 处公园和 41 千米绿道，市民休闲健身增加许多新去处，龙津湖公园成为深受市民喜爱的城市网红新景观。注重文脉传承，恢复新罗第一泉、罗经泉，实施龙岩洞修复保护，开展龙津湖大家唱。

完成 400 多个无物业小区治理，整治搬迁韭菜园马路市场，解决多年想解决而没有解决的难题。完善文明建设常态长效机制，推动文明行为促进条例立法和实施。上杭被列为全国新时代文明实践中心试点县。

社会事业不断提升。落实加强基础教育工作十条措施，组建专业化教育投资建设公司，启动应急工程项目管理机制，推进中心城市基础教育扩容项目建设。全市新改扩建中小学 34 所、新增学位 1.8 万个，新建公办幼儿园 20 所、新增学位 7000 多个。全年新增儿科床位 150 张、产科床位 100 张。基层医改深入推进，县域就诊率达到 79%，“互联网+分级诊疗”列入科技部惠民项目。在省运会上获得 64 枚金牌。闽西现代汉剧《伯公灯》获省第七届艺术节一等奖。城镇登记失业率 2.6%。城乡居民基础养老金提高至每人每月 143 元，惠及 41 万人。

与此同时，双拥、国防动员和后备力量建设进一步加强，妇女儿童、青少年、老年人、残疾人、社会福利、慈善和防灾减灾、对台事务、外事侨务、民族宗教、人防、地方志、档案、经济普查等各项事业取得新成绩。

——有效防风险，发展稳定有新保障。坚持精准施策，盯紧主要问题，强化综合治理，维护社会安定稳定，为高质量发展落实赶超提供坚实保障。

生态环保攻坚成果显著。扎实抓好中央、省环保督察反馈意见整改，集中整治环境突出问题。落实河（湖）长制，加强水污染防治，主要流域Ⅰ—Ⅲ类水质比例达 95.5%，全部消除劣五类水质小流域，城市内河、县级以上集中式水源地、重点湖库水质达标率均为 100%，小溪河水质持续稳定达标。开展大气污染企业专项整治行动，城市空气优良天数比例达 98.9%，居全省前列。全市森林覆盖率达 78.9%，保持全省第一。顺利通过创建国家现代林业科技示范园区评审。武平获评全国森林旅游示范县。环境治理工作获国务院大督查激励表扬。

金融运行稳健。发挥“政银司”协调机制作用，积极推动“增贷化险”，不良贷款率处于全省较低水平，金融机构贷款余额增速保持全省首位，信贷资产质量居全省前列。规范政府举债融资，市本级政府债务率连年下降。房地产市场保持平稳健康发展。

平安龙岩建设深入推进。扫黑除恶专项斗争取得阶段性成果，共侦办涉黑案件 8 起，打掉恶势力犯罪集团 13 个、恶势力犯罪团伙 25 个。涉麻制毒、电信诈骗、农村赌博和中心城区盗窃“三车”及电瓶专项整治成效明显，成功入围全国首批禁毒示范创建城市，长汀县摘掉全国涉麻制毒重点关注地区帽子。对安全隐患实行红、橙、黄、蓝分级管理、精准整治，安全生产形势总体稳定。食品安全全链条可追溯程度进一步提高。

打铁必须自身硬。我们坚持以习近平新时代中国特色社会主义思想为指导，坚持以党的政治建设为统领，树牢“四个意识”，坚定“四个自信”，坚决做到“两个维护”，全力推动中央、省和市委决策部署落地生根见效。坚持在市委统一领导下开展工作，按照新时代新担当新作为“大督查大落实”要求，强化“主责人、主办人”意识，提振干事创业精气神。开展机关作风整治，推动正向激励和逆向惩戒常态化，全面实行市直单位内部二级绩效考评，通过“e 龙岩”让群众直接评价政务服务，提高政府工作效能。“七五”普法和宪法学习宣传深入开展。省委巡视反馈问题逐项整改落实。审计监督、效能督查持续深化。政府系统党风廉政建设和反腐败工作扎实推进。

各位代表，市政府及其各部门自觉接受市人大及其常委会的监督、市政协民主监督、社会监督，加强与人大、政协工作联系，主动向市人大及其常委会报告工作，重大事项及时和人大、政协沟通，认真执行人大决议决定，听取采纳人大代表建议和政协委员提案，由市政府领导牵头办理重点建议、重点提案，不断改进和推动政府工作。一年来，我们共办理人大代表建议345件、政协委员提案423件，办理质量进一步提升。按月抵冲住房公积金贷款、征迁安置小区不动产登记、扶持中小微企业发展等建议，已转化落实为具体政策措施，推动解决一批群众关切的“民生大事”，更好推动高质量发展。

各位代表，过去一年取得的成绩，是坚持以习近平新时代中国特色社会主义思想为指引的结果，是省委、省政府和市委正确领导的结果，是全市人民凝心聚力、攻坚克难和各方面大力支持的结果。我代表龙岩市人民政府，向全市人民，向人大代表、政协委员，向各民主党派、各人民团体和各界人士，向中央和省直驻岩机构、驻岩部队和武警官兵，向关心支持龙岩发展的港澳台同胞、海外乡亲和国际友人，向为我们打下良好工作基础的老领导、老同志，表示诚挚感谢！

同时，我们更加清醒地看到存在的困难和问题，主要是：经济转型升级的动力仍然不足，重点产业规模不大、层次不高、龙头不强，大项目好项目较少，新的财源点不多，一些企业生产经营困难；群众最关切的操心事、烦心事尚未得到根本解决，基本公共服务和社会保障短板仍然较多，优质教育资源不够均衡，就医环境有待改善，城乡、区域发展不平衡不协调，乡村振兴基础较弱，平安建设、安全生产、生态环保等方面还存在重大薄弱环节；政府工作还有许多不足，服务能力和水平有待提高，一些政策措施没有落到实处，机关作风“六大方面”问题在政府系统中仍然存在。对此，我们决不能回避，必须勇于担当、砥砺攻坚，不断提升政府工作，全力以赴推动高质量发展落实赶超。

二、2019年工作安排

2019年是新中国成立70周年，是古田会议召开90周年和全军政治工作会议召开5周年，是决胜全面建成小康社会的关键之年，也是坚持高质量发展落实赶超的关键之年。习近平总书记高度重视、十分关心闽西发展，先后20次到闽西考察指导工作，从经济社会发展、人民群众生活、生态文明建设、全面从严治党等各方面亲自关心、指导、推动闽西苏区的建设与发展。习近平总书记强调“我们永远不要忘记老区、永远不要忘记老区人民”，并多次作出重要指示批示，高度肯定水土流失治理“长汀经验”和林改“武平经验”并要求在全国推广。习近平总书记对闽西发展寄予殷切期望，充分体现对闽西人民的深厚感情，更为我们推进闽西各项事业发展提供根本遵循。中央进一步加大力度支持原中央苏区振兴发展，省委作出坚持高质量发展落实赶超和进一步深化改革扩大开放的重大部署。这些为龙岩市加快发展指明方向，提供新机遇，增添新动力。

我们必须坚持以习近平新时代中国特色社会主义思想为指导，深入贯彻党的十九大精神，按照“五位一体”总体布局和“四个全面”战略布局，坚持稳中求进工作总基调，坚持新发展理念，坚持以供给侧结构性改革为主线，贯彻“巩固、增强、提升、畅通”方针，落实“六稳”工作要求，紧紧围绕高质量发展落实赶超，认真贯彻落实市委五届七次、八次全会精神，进一步深化改革扩大开放，持续打好三大攻坚战，扎实开展“产业发展项目建设年”活动，着力壮大产业，着力项目攻坚，着力民生民忧，着力城乡协同，着力改革创新，加快建设机制活、产业优、百姓富、生态美的新龙岩。

全年经济社会发展主要预期目标是：全市生产总值增长8%—8.5%；一般公共预算总收入增长5.5%，地方一般公共预算收入增长4.5%；固定资产投资增长10%左右；外贸出口增长3%，实际利用外资增长6%；社会消费品零售总额增长11%，居民消费价格总水平涨幅3%左右；城镇登记失业率控制在4.2%以内；城镇居民人均可支配收入增长9.3%，农村居民人均可支配收入增长9.3%；完成节能减排降碳任务。

为此，重点做好以下五个方面工作：

（一）着力壮大产业，夯实发展基础

产业是推动高质量发展落实赶超的基石。按照“五基地六产业七景区”发展布局，抓龙头、铸链条、建集群，全力培育支柱产业、龙头企业，打造龙岩产业升级版。

1. 加快融入“两区”建设发展。主动融入闽西南协同发展区，进一步放大协同效应，重点推进产业对接、交通互联、山海协作等15个方面重点任务和111个重点项目建设，突出抓好双龙铁路龙岩段、龙岩机场等重大项目。积极融入粤港澳大湾区建设，把粤港澳大湾区作为招商引资主阵地，发挥龙岩市交通区位、商缘文缘、绿色生态等优势，开展常态化招商活动，重点在先进制造业、新兴产业、现代服务业等领域深化对接合作，引进一批高端优质项目。

2. 持续实施“双培育”行动计划。围绕培育有色金属、机械装备、文旅康养3个千亿级支柱产业和100家10亿元以上企业、10家百亿元企业，精准实施“一业一策”“一企一策”，进一步集中优势资源，发展壮大一批支柱产业和龙头企业，推广上杭抓产业链的好经验，支持推动县（市、区）打造百亿产业集群。高质量推进有色金属产业，提高产业链水平，重点抓好紫金铜业铜冶炼40万吨技改、紫金山环境安全整体提升工程、卓尔稀土永磁钐钴合金二期等项目，打造金铜产业基地和稀土产业绿色发展基地，力争有色金属产业产值实现840亿元以上。高质量推进机械装备产业，提升中国专用汽车名城和国家应急产业示范基地品牌效应，重点发展高端专用车、工程机械和环保装备、应急装备，加快推进龙工锻件生产、龙净环保输送装备及智能制造、龙马环卫扩建、漳平钢铁、新龙马重组等项目建设，力争机械装备产业产值突破500亿元。高质量推进文旅康养产业，突出红色、生态、客家三大主题，建设提升“七景区”，重点抓好龙岩洞文化创意产业园、红炭山健康养老基地、中央苏区红色交通线、冠豸山创AAAAA级旅游景区等项目；持续唱响“红古田”，以古田干部学院为龙头，做大做强教育培训、文化创意等红色产业链，建设“红古田厅”，开拓“研学旅行”，提升旅游消费质量，打造“红色文化之都”，力争文旅康养产业总收入突破1000亿元。

加快发展新材料新能源产业，重点打造稀土新材料、新能源材料、氟化工材料、硬质合金材料等四大产业链，突出抓好天甫半导体级电子材料等项目建设，力争产值突破150亿元。大力发展特色现代农业，建设省级现代农业产业园，打造“红古田”农产品区域公用品牌，培育特色农业+文化旅游、+休闲康养等新业态，促进农村一二三产业融合发展，力争优势产业全产业链产值760亿元以上。抓好粮食生产。推进产业数字化、数字产业化，实施“互联网返乡工程”，深化与今日头条、美团点评等互联网知名企业对接合作，培育电子商务、大数据、物联网、共享经济等数字产业，打造数字经济产业基地。

支持龙烟做大“古田”品牌，加快烟草片烟醇化库建设，推进烟草产业提质增效。持续做大做强建筑产业，推动装配式建筑发展，支持符合条件企业申报特级资质，培育一批产值30亿元以上龙头企业。提质发展建材产业，推进水泥企业智能化改造，积极发展新型建材，抓好永定红石材循环经济产业园、龙泰新能源等项目建设，力争实现产值320亿元以上。深入推进国家新型工业化产业军民融合示范基地建设，力争军民融合项目新开工20个以上、新竣工10个以上，实现民品参军25亿元以上。

推进“双百”培育工程，优化融资、市场、人才等服务保障，重点推动“老树发新枝”，新增10亿元以上企业8家、省级“专精特新”企业18家，百家成长型中小微工业企业产值增长35%以上。新培育规模以上服务业企业30家、限额以上商贸企业50家。

3. 大力支持民营企业发展。让民营企业充分感受到“自己人”的温暖，构建亲清新型政商关系。聚焦企业关切，对接企业需求，提高惠企政策精准度、获得感。主动帮助企业有效解决融资、用工、市场开拓等方面的实际困难，落实减税降费措施，降低民营企业用地用电用气成本，对诚信守法企业实行“无事不扰”，切实减轻企业负担。推动金融机构加大对民营企业信贷支持力度，落实好民营企业贷款“一二五”政策和小微企业“两增两控”目标，提高民营企业无还本续贷笔数及金额占比，拓宽银行抵（质）押范围，加大对民营企业“过桥”转贷支持。禁止对民间投资单独设置附加条件、歧视性条款和准入门槛，鼓励和支持社会资本以特许经营、参股控股等方式，参与养老、医疗、教育、文体等项目建设运营。开展质量提升行动，鼓励企业加强品牌建设。激发和弘扬企业家精神，更加爱护和支持企业，常态化组织企业家参加高层次培训，鼓励有条件的民营企业建立现代企业制度，聚焦实业做精主业，激发民营经济创新创造活力。

4.有效破解融资难题。推动银企融资精准对接，加强投融保联动，扩大中小企业信贷规模。探索对中小微企业信用建档，解决融资担保信用资信不足问题。支持优质企业股改上市、优化资产，重点推动龙岩高岭土、天泉药业、水发环境、侨龙专用车等后备企业上市。鼓励符合条件的工业企业通过公司债、私募债、短期融资券、中期票据等，开展债务融资。发挥政府性投资带动作用，进一步扩大社会投资。支持国有企业以基金运作、股权合作等方式，市场化运作优质产业项目。鼓励国有企业与社会资本探索组建投资经营联合体，共同推进基础设施、公共服务等项目建设。积极向上争取基础设施、专项债券、彩票公益金等项目资金支持。

（二）着力项目攻坚，增强发展后劲

项目是经济工作的生命线和主要抓手。必须强化要素保障，突出抓好“三个100”项目，培育更多增长点、拉动点和增收点。

1.推进项目滚动发展。落实省“五个一批”要求，加强动态管理，紧盯关键环节，推动一批重大项目生成、转化、落地。突出抓好100个增加值增长点、100个投资增长点、100个税收增长点项目，全力攻坚60个“重中之重”项目，确保上杭常青三元前驱体、双龙铁路龙岩段等项目开工建设，中石油（长汀）裂化催化剂、永杭高速等项目投产或建成，加快靖永高速、万安溪引水工程等项目建设，力争龙岩机场早日立项和开工建设，做深做实龙厦高铁等重大项目前期工作。

2. 促进项目提速增效。完善领导挂钩、定期会商、问题专报、跟踪督办等工作机制，以“一月一活动”为抓手，强化正向激励，突出重点攻坚，推进一线考察干部，形成全市上下齐心协力、大抓项目抓大项目的浓厚氛围。优化投资计划管理，强化用地、用林、用工、资金等保障，集中优势资源推进重点项目建设。对重特大项目，成立工作专班，明确节点目标，“一对一”跟踪推进、全力突破。加强工程招投标、政府采购管理，进一步提高审批效率，加快项目落地建设。充分发挥苏区资源优势，高质量做好项目策划储备和申报工作，争取更多重大项目列入国家、省相关规划计划。

3. 实施精准招商。创新招商思路，找准优势互补、互利共赢的项目合作点，通过产业+资源、+技术、+人才、+市场等方式有效招商引资。创新招商方式，发挥招商公司作用，推行产业链招商、以商招商、要素招商、国企招商、军民融合招商、乡贤招商，引进实施一批大项目好项目。强化招商责任，坚持“一把手”带头招商、管行业必须管招商，将招商工作与绩效相挂钩，大力激活县（市、区）战斗单元作用，形成真招商招真商的工作氛围。坚持权责对等、优惠与产出挂钩，实行奖励政策与税收、就业贡献同步，提高招商实效。更加重视支持老企业增资扩产上新项目，要像招商引资一样予以优惠。更加重视服务业招商，像抓工业项目一样抓服务业项目，着力在文旅康养领域引进实施一批优质项目。

4. 依法推进征迁攻坚。依法征迁是加快建设、改善民生的必然需要。按照“依法依规、集中推进、先难后易、节点突破”要求，坚持宣传发动、思想工作、补偿安置、司法推动“齐头并进”，落实属地责任，强化街镇、部门协调联动，保障群众合法权益，抓好华龙社区改造、大洋片区综合改造、龙津湖安置地、龙岩高速东环线等重点项目征迁。创新供地方式，强化重点产业发展用地保障，集约节约用地，清理盘活闲置、低效土地，探索先租后让、租让结合供地，加快招商项目落地速度。

（三）着力民生民忧，提升群众获得感

民生无小事，枝叶总关情。增进民生福祉是发展的根本目的。必须突出补短板、促均衡、兜底线，认真办好一批为民办实事项目，切实解决好事关百姓切身利益的“头等大事”和影响百姓日常生活的“关键小事”。

1. 加快补齐教育短板。全面落实加强基础教育工作十条措施。加快中心城区20个应急性基础教育项目建设，确保龙岩一中锦山学校、市教科院附属小学、龙岩实验学校等8所学校秋季招生。深入推进“名校带动工程”和教育信息化建设，推行教师编制市域统筹试点，加强教师队伍建设，落实优教优酬、多教多酬，改善教师待遇，提高教育教学质量。继续推行阳光招生，实行公办义务教育积分制入学。新改扩建公办幼儿园20所，加大普惠性民办幼儿园认定及政府购买服务力度，鼓励社会资本开办普惠性学前教育。支持龙岩学院创建省示范性应用型本科高校。建立闽西职业技术学院产教融合长效机制。推进龙岩技师学院第二校区建设。

2. 提升医疗服务水平。实施提升医疗服务行动，建立完善检验结果互认、检查全预约等机制，优化看病结算流程，解决就诊、缴费排长队和看病时间短、停车难、乘电梯难等问题，切实改善百姓就医环境。加强医院护工的规范管理。扩大儿科、妇产科、老年科、精神卫生服务供给，实现每千名儿童儿科床位2.9张，每千分娩量产科床位21张。市第一医院分院、市中医院医技综合大楼等项目建成使用，规划建设龙岩人民医院东肖分院等项目。深化“三医联动”改革，持续推进医疗“创双高”，加强基层卫生人才队伍建设。完善全面二孩政策配套措施。鼓励社会资本办医，创办中高端医养结合机构。

3. 加大社会保障力度。完善就业创业服务体系，建设综合性人力资源超市，加强就业与用工信息互通，确保零就业家庭动态清零，全年新增城镇就业1.8万人以上。实现工伤保险参保全覆盖。医保大病专项救治病种扩大到21个以上。推进第三代社保卡就医、乘车、异地用卡等“一卡通办”便捷服务。鼓励中低价位、中小户型商品房开发供应，满足不同家庭住房需求。棚户区改造新开工5756套、基本建成6000套。深入推进全国居家和社区养老服务改革试点，总结推广乡镇敬老院连锁化运营经验，确保生活不能自理的特困人员集中供养率达40%以上，每千名老人拥有床位数35张。推行“互联网+社会救助”模式，提高低保覆盖面，建立城市困难群体基本生活保障机制，切实做好托底工作。

4. 推动社会治理创新。持续推进更高水平平安龙岩建设，维护社会安定稳定。强化社会治安综合治理，打防并举、标本兼治，有效预防和治理违法犯罪，严防发生恶性群体性事件和个人极端刑事犯罪。学习运用“枫桥经验”，加强基层党组织、城乡社区群众自治组织建设，深入开展社会矛盾纠纷排查化解，有效管控化解重大矛盾隐患。提高政治站位，加大依法严惩、深挖彻查、综合治理、组织建设等工作力度，纵深推进扫黑除恶专项斗争。深入开展涉麻制毒、电信诈骗、农村赌博等突出问题整治。加强应急处突能力建设，推进公共安全视频监控“雪亮工程”。严格落实安全生产责任制，加强双重预防机制建设，夯实安全生产基层基础，坚决遏制重特大事故发生。深化“餐桌污染”治理，强化食品药品安全监管，创建国家食品安全示范市。完善应急管理机制，提高防灾减灾救灾能力。加大力度保障农民工工资支付。健全信用承诺、红黑名单、联合奖惩等诚信制度，推进公共信用平台建设。坚守底线，严格地方政府债务限额管理，有效防范和化解金融风险。

实施文化惠民工程，培育新型文化业态。加强优秀传统文化、非遗传承活用及重要文化遗迹遗存保护。推动全民健身和竞技体育协调发展。保障妇女、青少年、老年人、残疾人合法权益，关爱农村留守儿童健康成长。深化双拥共建，创建全国双拥模范城（县），关爱退役军人，进一步加强国防动员、后备力量和人民防空建设。高质量完成第四次全国经济普查工作。

（四）着力城乡协同，建设宜居美丽龙岩

城乡融合是提高发展平衡性和协调性的必然要求。按照“一市两区三组团”发展格局，强化以城带乡、城乡统筹，持续推进基础设施一体化和公共服务均等化。

1.拓展城市发展空间。实施市区两级联动培育新增长点行动，支持新罗区打造新增长区域，推进雁石、白沙产业园建设。支持永定区加快融入中心城市发展，建设坎市产业园，壮大产业支撑；推进靖永高速、双永高速坎市互通、快速通道延伸段、龙岩机场连接线等基础设施项目；开展结对帮扶，提升教育、医疗等公共服务水平。调整优化经开区经济管理、财税运行、收益分成等机制，赋予经开区更多审批权限，鼓励经开区与县（市、区）跨区域合作，做大做强特色优势产业。进一步创新厦龙合作区运营管理机制，促进产业项目加快落地。统筹抓好龙雁、高坎、古蛟三大组团开发建设，加快产业集聚，推进产城融合发展。大力激活壮大县域经济，支持上杭江滨宜居城市、武平山水园林精品城市、长汀历史文化名城、连城山水旅游度假城市、漳平"一江两岸"精美城市建设，形成各地奋勇争先、加快发展的局面。

2. 完善提升城市功能。以创建第六届全国文明城市为抓手，宣传实施文明行为促进条例，推进共建共治共享，提升城市文明水平。加快新一轮城市总规修编，完善中心城市现有规划"一张图"，强化"多规合一"成果运用。继续实施中心城市交通畅通工程，推进龙岩大道高架桥、龙岩高速东环线、金鸡路二期等项目建设，抓好罗桥、小溪桥、罗龙路高架、龙岩大道中心商圈连廊四大节点和天宇路口等6个拥堵点改造项目。继续实施中心城市绿化美化提升工程，重点推进龙岩洞公园和重要节点绿化改造提升，启动双洋路、莲花桥至华莲桥等绿道建设。加强城市供水保障，整合提升中心城区供(制)水企业，加快供水设施及水源点规划建设，新建改造供水管网100千米。实施防洪防涝和污水垃圾治理工程，建设污水管网120千米、雨水管网150千米。推广生活垃圾分类，加强餐厨垃圾管理。新改建城市公厕70座。加快中心城市建筑垃圾消纳场建设，鼓励建筑垃圾资源综合利用。提高城市精细化管理水平，完善智慧城管、智慧交通系统，严格落实"街长""巷长"制，进一步加强和规范物业管理。综合运用行政、市场等手段，促进房地产市场平稳健康发展。

3.深入推进乡村振兴。继续打好精准脱贫攻坚战，推广激励性扶贫模式，提高医疗保障待遇，重点解决因病、因意外事故返贫问题，健全长效脱贫机制，确保现行标准下贫困人口稳定脱贫，扶贫开发工作重点县、重点乡镇和贫困村全部摘帽。研究解决收入水平略高于建档立卡贫困户的群体缺乏政策支持等新问题。强化乡村发展资金保障，推进涉农资金整合优化，实行"大专项+任务清单"管理模式。培育农业新型经营主体，培训新型职业农民，完善高校毕业生返乡就业创业、科技特派员等制度，促进各类资源要素向乡村流动。加快建设123个"千村整治、百村示范"美丽乡村和21个乡村旅游示范村。提升农村基础设施，加快"四好农村路"及农田节水灌溉、农村饮水安全、农村电网改造升级等项目建设，改造农村路网200千米。实施农村人居环境整治三年行动计划，全面建成乡镇生活污水处理设施并有效投入使用，完成35个以上行政村污水垃圾治理试点，完成70万平方米以上农房整治，县(市、区)各抓好5个以上试点示范村，努力破解乡村建设"有新房无新村"难题。深化农村集体产权制度改革，完成农村集体经济组织成员身份确认，试点县乡完成股份合作制改革，推进农村产权抵押贷款业务。加大力度支持革命基点村、少数民族乡村建设与发展。

4. 加强环境保护治理。持续抓好中央、省环保督察反馈问题整改。落实"三线一单"机制，建立生态环境管控体系。打好"碧水、蓝天、净土"保卫战，深入推进河(湖)长制，全面完成第二次全国污染源普查，加强重点排污源监控，突出抓好水污染防治、水源地保护、臭氧和$PM_{2.5}$协同控制、土壤污染治理修复、废弃矿山生态恢复治理等工作，重点流域水质达到或优于三类比例95.5%以上，小流域水质达到或优于三类比例总体高于90%，境内无劣五类水质小流域，城市空气质量保持全省前列。

5.打响生态建设品牌。深化生态环境领域改革，落实领导干部自然资源资产离任审计、生态环境损害赔偿、生态系统价值核算等制度，全面完成国家生态文明试验区年度改革任务。提升拓展水土流失治理"长汀经验"和林改"武平经验"，推进龙岩国家现代林业科技示范园区和武平国家集体林业综合改革试验示范区建设，规划建设古田绿色小镇，打造一批绿水青山就是金山银山示范点，探索更多具有龙岩特色的生态文明建设新模式。

(五)着力改革创新，优化发展环境

深化改革、创新引领是高质量发展的根本动力。必须以更高标准、更实举措，推动相关改革走深走实，充分激发市场主体活力和社会创造力。

1. 推进审批服务便民化。坚持"对自己狠心、让百姓舒心"，优化提升"e龙岩"功能，推动政务服务流程优化再造，"e龙岩"手机端可办事项达400项以上，市、县两级各50个高频事项"一趟不用跑"、各100个高频事项"最多跑一趟"、审批服务事项网上可办率达90%以上。完善"马上就办"服务标准，分类设置服务窗口，设立惠企政策服务专区，70%以上审批服务事项实现"一窗"分类受理，群众凭身份证、企业凭营业执照即可办理便民服务事项。深化工程建设项目审批改革，完善并联审批机制，推行"一口受理"，推进多规合一、多测合一、多评合一、多审合一和区域评估。建立完善市本级重大项目效益评估制度，提高投资项目质量。

2. 激发创新创造活力。创新激励机制，加大创新投入，实施科技型中小企业培育工程，新增国家级高新技术企业25家、省级高新技术企业30家、省级科技小巨人领军企业30家。实施智能制造科技专项行动，支持企业加快信息化和工业化深度融合，推动200家工业企业"上云上平台"。鼓励企业发展主辅分离、个性定制等新模式，新增省级智能制造试点示范企业1家以上、服务型制造示范企业3家以上。深化与清华大学、厦门大学等知名高校及科研院所合作，发挥好厦门大学龙岩产教融合研究院等创新平台作用，新增5家省级以上研发机构。创新引才引智模式，完善人才使用和激励机制，支持职业院校与企业深化合作，培育和引进龙岩市重点产业紧缺人才。弘扬工匠精神，评选第二届"龙岩工匠"。

3. 深化机构改革和国企改革。全面完成市县乡三级机构改革。赋予县、乡两级更多自主权,灵活有效调配行政资源。深入推进市属国企集团内部权属企业整合改革,撤并重组同质同类企业,二三级企业减少10%以上,促进资源、人才、技术等要素向企业主业集中、向优势企业集中。完善现代企业制度,增强投融资能力,强化风险管控,提高国资国企运行质量效益,在产业发展、项目建设中发挥"当先锋、打头阵"作用。

4. 提升对外开放水平。主动对接"一带一路"和海丝核心区建设,支持紫金矿业等企业"走出去"投资兴业、拓展市场。复制推广自贸区改革创新成果,创新监管和服务机制,营造更便利、更高效的投资环境。扩大龙台龙港龙澳合作和国际友城交流,在经贸、旅游、人文、教育、科技等方面深化对接合作。提升漳平台湾农民创业园和永定、武平海峡两岸交流基地建设水平。

三、建设人民满意的服务型政府

新时代、新任务对政府工作提出新的更高要求。我们将始终在习近平新时代中国特色社会主义思想指引下,牢记习近平总书记谆谆嘱托,按照全面从严治党要求,坚持党对一切工作的领导,坚持以人民为中心,坚持高质量发展落实赶超,担当负责、埋头苦干,把好思路做成好项目,以好项目支撑大发展。

心中有党,把政治建设摆在首位。不忘初心、牢记使命,传承红色基因,树牢"四个意识",坚定"四个自信",坚决做到"两个维护",严守政治纪律和政治规矩。把讲政治落实到具体行动,始终做到党委有号召、政府有行动,党委有部署、政府抓落实。牢记业务工作有政治,加强对业务工作的政治把握,立足岗位,忠诚奉献,把实绩写在大地上,把项目落在坐标上。

心中有民,以群众评价衡量工作效能。发扬苏区干部好作风,深怀为民之心、多谋利民之策,持之以恒为民办实事办好事,尽心尽力解决事关群众切身利益的教育、医疗、交通、环保、治安等问题,持续增强百姓获得感。善于运用互联网技术和信息化手段开展工作,通过"e龙岩"推进"马上办、掌上办",努力让群众、企业办事像网购一样方便。动员群众积极参与公共事务管理,加强对政府工作的监督。

心中有责,担当作为攻坚克难。面对矛盾不回避、遇到困难不退缩,多为闽西发展担当尽责、冲锋在前,对决定的工作部署,一抓到底、务求实效。深入开展机关作风整治,大力弘扬"马上就办、真抓实干",以"滚石上山"的干劲攻坚克难。坚持问题导向和目标导向相统一,既鼓励大胆试、大胆闯,又坚持实事求是、善作善成。为担当者加油,为负责者鼓劲,常态化推动正向激励与逆向惩戒,让干好干坏不一样、干多干少不一样。改进督查考核,坚决纠正"过度留痕"现象,让基层有更多时间抓工作落实。完善政务清单管理制度,加强诚信政府建设,从严整治破坏发展环境的行为,打造一流营商环境。

心中有戒,立规严纪廉洁从政。严格遵守党的"六大纪律",严格落实中央八项规定及实施细则精神,坚决防止和克服形式主义、官僚主义,坚决反对"表态多调门高、行动少落实差"。巩固拓展巡视整改成果,加强巡视巡察结果运用。自觉接受市人大及其常委会的监督和市政协的民主监督,认真执行人大决议决定,认真办好人大代表建议和政协委员提案并纳入政府决策。开展重点领域政府立法,严格公正文明规范执法,加强行政执法与刑事司法相衔接。加强法治教育和廉政教育,坚持用制度管权管事管人,防范工程建设、产权交易等重点领域廉政风险。加强审计监督,全面实施预算绩效管理,提高财政资金使用效益。厉行勤俭节约,严控"三公"经费和一般性支出,以政府过"紧日子"让群众、企业过"好日子"。

各位代表,伟大梦想不是等得来、喊得来的,而是拼出来、干出来的。让我们更加紧密团结在以习近平总书记为核心的党中央周围,在省委、省政府和市委的坚强领导下,展现新担当,谋划新作为,锐意进取、苦干实干,奋力推进闽西各项事业迈上新台阶,以优异成绩迎接新中国成立70周年!

责任编辑　游友荣

1 月

1月1日，"e龙岩"上线。"e龙岩"是龙岩市委、市政府主动顺应"互联网+政务服务"发展趋势，整合资源建立的市级统一网上公共服务平台，具有网上办事中心、政民互动中心、资讯服务中心、资料共享中心四大功能。

1月1日，龙岩全媒体新闻中心启动运行，这是龙岩市推进传统媒体和新媒体优势互补、融合发展的大胆尝试。

1月3—4日，国家质检总局国家级质量安全示范区考核组到龙岩，对出口环保机械装备质量安全示范区实施现场进行考核验收。

1月6—9日，中国人民政治协商会议第五届龙岩市委员会第二次会议在龙岩人民会堂举行。

1月7—10日，龙岩市第五届人民代表大会第二次会议在龙岩人民会堂举行。

1月9日，中国银监会、国家林业局等官网发布《中国银监会 国家林业局 国土资源部关于推进林权抵押贷款有关工作的通知》，龙岩创新林权抵押贷款模式被写入通知中，作为可复制的经验向全国推广。

1月11日，龙岩市监察委员会挂牌成立，深化监察体制改革试点工作取得阶段性成果。

1月12日，中华慈善总会"慈善情暖万家"慰问团到连城开展捐赠和慰问活动。

1月15日，在全国供销合作社系统先进集体、劳动模范和先进工作者表彰大会上，龙岩市供销社被表彰为先进集体。在表彰大会前，龙岩市供销社作为全国供销系统先进集体代表受到中共中央政治局常委、国务院副总理汪洋接见。

1月15—16日，福建省委书记于伟国到龙岩上杭县才溪镇，进村入户与基层干部群众面对面交流，学习宣传党的十九大精神，共商实施乡村振兴战略。

1月18日，福建省政协党组副书记、副主席刘可清率省慰问组深入连城县，走访慰问贫困户并考察扶贫工作情况，龙岩市政协副主席李新春参加活动。

1月22日，由司法部、新华社、中央电视台联合举办的"守望初心——新时代最美法律服务人"评选活动结果揭晓，龙岩市律师黄家焱获得全国"新时代最美律师"称号，是龙岩市唯一获此嘉奖者。

1月23日，龙岩市人民政府与美团点评集团战略合作协议签约仪式在北京举行。

1月27日，国家质检总局局长支树平一行到龙岩市调研质检工作。

1月28日，连接长汀火车南站至城关城际快速通道、长汀县道大红线的长汀城区梅林立交桥正式通车，该立交桥是长汀首座大型立交桥。

1月30日上午9时19分20秒，西气东输三线天然气抵达龙岩市新罗区红坊门站(分输站)，并通过管网输送至千家万户。龙岩结束十多年来单一使用LNG气源供气的历史，迈入管道天然气时代。

2 月

2月3日，龙岩市对口支援的新疆呼图壁县组织考察团到龙岩考察。

2月3日，中央电视台《拳台上的中国》"寻找客家拳王"启动仪式在国家历史文化名城、客家首府长汀举行。

2月6日，全国人大财经委副主任委员、中国电科集团党组书记、董事长熊群力一行到龙岩市开展“不忘初心、牢记使命”专题学习暨项目对接活动。

2月8日，福建客家研究院院长林开钦新著《客家通史》出版发行。全书近30万字，共14章52节。这部客家史书，详述客家的形成、发展和播迁的历史，回答有关客家的一系列问题，是一本帮人们认识客家、了解客家、读懂客家的书籍。

2月10日，龙岩市与今日头条战略合作实施建设“今日头条龙岩空间”“今日头条龙岩学院”、创作并精准传播龙岩城市形象产业形象、利用数据资源进行公益拓展三个项目。通过三个项目的实施推动双方优势的整合，助力龙岩经济社会民生事业发展。

2月22日，清华大学人文学院历史系教授、博士生导师彭林一行6人到永定客家土楼参观考察。

2月25日，“2018元初客家欢”乡村春晚在福建省武平县国家AAAA级景区梁野山游客服务中心广场登场。这场集乡土性、文化性、艺术性于一体的客家民系风情胜点通过各大知名网络新媒体向全国进行直播、展播。

3 月

3月1日，全国第一部由设区市制订的保护红色文化遗存的地方性法规——《龙岩市红色文化遗存保护条例》正式实施。

3月11—12日，国家发改委委托中国国际工程咨询公司成立调研组到龙岩开展原中央苏区振兴发展若干意见实施情况调研评估工作。

3月13日，由龙岩市主导制定的《“一趟不用跑”“最多跑一趟”政务服务规范(送审稿)》福建省地方标准通过省质量技术监督局组织的专家评审会审定，这是全国首个针对“一趟不用跑”的政务服务标准。

3月13日，中国科学院院士谢联辉到龙岩农校作题为“成才：四字要诀，打造卓越”的成才励志报告会，并被聘请担任龙岩农校的理事会名誉会长。

3月14日，国务院安委办专项督导组到龙岩市开展全国“两会”期间安全生产专项督导，并举行座谈会。

3月14日，中央企业党员干部党性教育培训基地签约揭牌仪式在龙岩市古田干部学院举行。

3月14—15日，由福建省文化厅出品、福建省歌舞剧院倾心打造的原创红色歌剧《松毛岭之恋》，参加文化部主办的“全国优秀民族歌剧展演”，在北京保利剧院上演。

3月15日，龙岩市政府质量奖及质量强市工作情况新闻发布会召开。紫金铜业有限公司、龙合智能装备制造有限公司、福建省长汀盼盼食品有限公司三家企业获第三届龙岩市政府质量奖。

3月20日，环保部公示2017年环境质量改善成效明显的市(州)名单。确定河北省邢台市、福建省龙岩市、山东省日照市、贵州省黔南州、云南省红河州、西藏自治区那曲地区、青海省海北州作为2017年度环境质量改善成效明显的市(州)。

3月26日，中国(福建)国际贸易“单一窗口”出口信保试点在三明正式启动。这标志着省商务厅与中国信保福建分公司联合在全省率先推出的中国(福建)国际贸易“单一窗口”出口信用保险服务迈出实质性步伐。

3月27日，纪录片《客家新丝路》在海峡卫视、东南卫视和中国台湾电视台以及东南亚地区电视台开播。该片作为改革开放40周年的献礼片，由龙岩市委宣传部、市外事侨务办公室、龙岩文化旅游发展集团、福建广播影视集团海峡卫视等共同策划。

3月29日，龙岩市首届科技系统科技创新能力提升专题研修班在北京大学开班。龙岩市64位高新技术企业、科技小巨人企业董事长或总经理以及科技干部代表参加为期一周的培训学习。培训邀请北京大学、清华大学知名学者，紧扣科技人才能力提升需求进行传经送宝。

3月30日，由教育部、福建省人民政府主办，厦门大学、龙岩市人民政府承办的第四届中国“互联网+”大学生创新创业大赛“青年红色筑梦之旅”活动启动仪式在龙岩市上杭古田举行。

4 月

4月1日起，龙岩开通手工提取公积金冲还贷业务。新政不仅是恢复“按年提取逐月冲还货”业务，还新开通“逐月提取冲还贷”业务。

4月2日，龙岩市入选科技部、国家发展改革委“支持新一批城市开展创新型城市建设”名单。

4月2日，龙工(福建)液压有限公司财务人员在市地方税务局开发区分局开具环保税税票。这是龙岩市开出的第一张环保税税票。

4月3日，由福建省汽车工业行业协会、龙岩市经信委联合举办的福建省汽车工业行业协会专用车分会成立大会暨“中国专用汽车名城”推介会在福建龙马环卫举行。

4月9日，龙岩市连城连史纸获国家工商行政管理局商标局颁发的“地理标志证明商标”证书。

4月10日，中共福建省委常委周联清带领省直有关部门负责人，深入龙岩市调研对台工作。

4月11日，由中国计量协会主办的WTO/TBT物联网+计量课题研讨会在龙岩市召开，研讨会围绕“物联网+计量”课题进行深入研讨交流。

4月15日，《中国影像志·福建培田篇》开拍仪式在连城县培田村举行。福建省方志委主任陈秋平，中国新闻社福建分社社长徐德金，龙岩市副市长郭丽珍出席仪式。

4月16日，福建省第五届少数民

族文艺调演“幸福花开映八闽”汇报演出在龙岩人民会堂举行。国家民委党组成员、中央纪委驻国家民委纪检组组长周小莹，省人大常委会副主任吴洪芹及部分市领导观看演出。

4月20日，龙岩火车站新站正式启用。

4月20日，龙岩出入境检验检疫局和位于龙岩陆地港的检验检疫窗口均更换成海关标识，与海关窗口合二为一对外办公。20日起，厦门关区内的厦门、泉州、漳州、龙岩、东山等地原出入境检验检疫系统统一以海关名义对外开展工作，口岸一线旅检、查验和窗口岗位实现统一上岗、统一着海关制服、统一佩戴关衔。

4月23日，龙岩成为福建省企业科研仪器设备向社会开放服务试点城市，作为全省唯一试点城市，重点推进对非财政资金建设和购置的企业科研设施仪器统一纳入省大型科研设施仪器管理服务平台向社会开放服务。

4月23日，由福建省人社厅、教育厅、团省委主办，龙岩市人社局、龙岩技师学院承办的“第45届世界技能大赛福建省选拔赛”在龙岩技师学院举行。此次选拔赛，龙岩技师学院共承担电气装置、CAD机械设计、美容、美发、烘焙等5个项目竞赛，是全省承办项目最多的一个赛点，来自全省43所学校的100多名学生参加角逐。

4月27日，“中国最美古树”遴选活动结果揭晓，漳平市的水松古树上榜。

5　月

5月3日，中国政府网发布《国务院办公厅关于对2017年落实有关重大政策措施真抓实干成效明显地方予以督查激励的通报》，全国25个省（区、市）、82个市（地、州、盟）、116个县（市、区、旗）受到督查激励，龙岩位列榜单。

5月4日，交通银行党性教育基地、交通银行青年爱国主义教育基地揭牌仪式在古田干部学院举行，交通银行总行机关党委常务副书记、工会常务副主席、员工工作部总经理徐明，市委常委、组织部长魏东共同为基地揭牌。

5月6日，福建省科技厅、财政厅下达2017年科技特派员后补助项目和星创天地科技创新平台认定资助项目计划和经费，龙岩市科技局组织申报的11个科技特派员后补助项目、1个星创天地科技创新平台认定资助项目名列其中，共获项目经费185万元。

5月6日，新华社、“人民日报(海外版)”等9家中央媒体到龙岩市开展2018年“防汛备汛行”采访报道活动。

5月6日，加拿大驻华大使麦家廉(H.E. Mr. John McCallum)及加拿大驻广州总领事白静芳(Mrs.Racheal Bedlington）一行到龙岩市参观永定客家土楼。

5月9日，福建省委书记于伟国带领省委、省政府检查组到龙岩开展工作检查。

5月12日，中央苏区“7+2”红色旅游区域联盟在瑞金成立，涵盖江西省瑞金市、兴国县、于都县、宁都县、会昌县、寻乌县、石城县以及福建省长汀县、上杭县等9个县(市)。

5月18日，首届客家美食联盟大会·永定客家古镇开街(试运营)暨第四届海峡客家美食小吃节活动，在永定区客家古镇文化旅游区举行，这是该区在永定土楼成功申遗10周年之际，大力实施“文旅兴区”发展战略，助力转型发展、跨越发展的重要举措。

5月19日，龙岩“城市新八景”评选结果新闻发布暨授牌活动在永定区举行。土楼神韵(永定)、莲天云栈(新罗)、龙湖春晓(永定)、龙探幽(新罗)、温泉沐芳(永定)、天宫梵音(新罗)、天后神宫(永定)、美人望月(新罗)为龙岩“城市新八景”。

5月23—24日，福建省政协副主席、农工党省委会主委刘献祥率调研组到武平县，就“加快我省集体林权制度改革”课题开展专题调研。

5月27日，在中国政府信息化大会上，“e龙岩”网上公共服务平台荣获“2018中国政府信息化管理创新奖”。

5月30日，龙岩市正式启用新能源汽车专用号牌。与普通汽车号牌相比，新能源汽车专用号牌号码增加一位，由5位升为6位，数字前“D”为全省统一字母。

5月30日，中国兵装集团党员干部红色教育基地揭牌仪式在龙岩市新罗区江山镇山塘村山塘兵工厂举行。

5月31日，由中国高等教育学会档案工作分会、龙岩学院主办的2018年第三届华东地区(六省一市)高校档案工作论坛在龙岩学院举行。

6　月

6月7日，由中华人民共和国国史学会、中国社会科学院“陈云与当代中国”研究中心、陈云纪念馆和龙岩学院联合主办的第十二届“陈云与当代中国”学术研讨会在龙岩学院举行。

6月7—11日，龙岩市首次组团参加在厦门举行的第十届海峡论坛“同名村·心连心”联谊活动，组织龙岩市涉台宗亲会永定区湖坑镇吴屋村吴氏宗亲，赴厦门与台湾桃园县八德区广兴里吴氏宗亲联谊，并组团回到湖坑镇吴屋村寻根祭祖。

6月9日，福建省大学生创新创业基地(龙岩)揭牌暨今日头条龙岩空间入驻仪式在龙岩市举行。

6月12—14日，龙岩“非遗”推荐项目木桐号子登上国家大剧院舞台。由张艺谋执导的全新观念演出《对话·寓言2047》第二季在国家大剧院上演，来自上杭县步云乡梨岭村的木桐号子作为其中的一个单元节目参加演出，这是龙岩市村一级原生态文化首次登上国家大剧院舞台。

6月19日，龙岩市电子社保卡正式在“e龙岩”平台上线，龙岩市社会保障卡正式进入“电子卡”时代。

6月18日，第十六届中国·海峡项目成果交易会开幕，福建省委书记于伟国，省长唐登杰分别到龙岩馆参观指导。

6月21日，以“科技领航、绿色扬帆”为主题的龙岩市第十六届“6·18”活动落幕。经福建省“6·18”活动组委会审定，第十六届“6·18”龙岩市累计对接项目938个，其中合同项目917个、总投资157.3亿元，对接项目成果数位居全省第二位。

6月23—24日，福建省省长唐登杰带领省直有关部门负责人到龙岩新罗、上杭、长汀等地调研，与老区人民共同学习近平新时代中国特色社会主义思想，共商加快老区高质量发展的对策。

6月25日，龙岩市首座高速公路隧道钢构件加工厂建成投产。

6月26日，2018年福建省非煤矿山重大火灾事故综合应急演练在龙岩举行。

6月26日，中国作家协会发布公报，经中国作家协会书记处会议审议批准，2018年发展中国作家协会会员524人，龙岩市作家郭鹰、李迎春入会。

6月28日，龙岩古田干部学院被中央组织部授予第二批全国党员教育培训示范基地。

7　月

7月2日，“‘两高’厦门·闽韵翔安”旅游推介会在龙岩举办。

7月5日，国家税务总局龙岩市税务局挂牌成立，原龙岩市国税局、龙岩市地税局合并。7月20日，按照上级对国税地税征管体制改革的统一部署，龙岩全市各县(市、区)、经济技术开发区以及各乡镇新税务机构统一挂牌，标志着国税地税征管体制改革第一场攻坚战收官。

7月7日，全国首个高校红色孵化器——厦门理工学院厦龙筑梦红色孵化器正式落户厦龙山海协作经济区。厦门理工学院与厦龙山海协作经济区管委会签订孵化器入驻协议、与市科技局签订孵化器共建协议、与新罗区农业局签订扶贫开发协议、与武平县政府签订创新创业合作协议。

7月9日，新罗区委政法委牵头区司法局、区环保局、东城街道成立全市首家“生态环境纠纷调解超市”。

7月9日，全国首个智能医疗供应链及采购平台——中国汀州医疗器械创新平台落地长汀。

7月15日，中国关心下一代工作委员会确定首批35个全国关心下一代党史国史教育基地，古田会议会址和古田会议纪念馆入选，成为福建省唯一入选的单位。

7月16日，许维泽任中共龙岩市委委员、常委、书记。

7月18日，“香港青少年红色之旅福建行”“香港青少年寻根之旅福建营”活动开幕式在龙岩市的中央苏区(闽西)历史博物馆举办，并举行香港收藏家陈勇先生红色文献捐赠仪式。

7月21日，民盟中央课题组到龙岩市开展“一带一路”背景下加快发展文化贸易，提升文化软实力”专题调研。

7月25日，中国兵器装备集团与新罗区举行军民融合产业共建项目签约仪式，双方将发挥优势，在党建、应急及反恐装备、物流、教育等多领域加强合作。

7月25—26日，第七届中国创新创业大赛(福建赛区)暨第六届福建创新创业大赛复赛在龙岩市举行，这是龙岩市首次承办这一赛事。

7月28日，杭州市龙岩商会成立大会举行，选举产生杭州市龙岩商会第一届理(监)事会班子，杭州微众电子商务有限公司董事长郑炜担任首届会长。会上举行“红土同心·光彩助学”捐赠仪式，发动会员捐资8万元帮助家乡20名2018年新入学贫困大学生。

7月29日，今日头条“寻找革命烈士后人”公益计划全面启动，中国军视网等媒体与今日头条联合启动“红色血脉——寻找革命烈士后人”公益计划，通过“头条寻人”平台寻找烈士后人的提议，最初来自于革命老区福建龙岩。

7月30日，福建省工商局公示2016—2017年度“守合同重信用”企业名单，龙岩市95家企业上榜。

8　月

8月1日起，龙岩三百零五个病种实行“一口价”收费，全市二级以上公立医疗机构实行按病种收费和支付方式改革，全市共有305个病种实行按病种收付费，并纳入医保支付目录。

8月3—5日，工信部副部长王江平一行到龙岩调研稀土产业发展情况。

8月9日，龙岩市政府公布第六批市级“非遗”项目名录，正式公布上杭族谱文化等182个项目为龙岩市第六批市级非物质文化遗产代表性项目。

8月17—22日，为加快融入粤港澳大湾区建设发展，龙岩市长林兴禄带队前往珠三角开展经贸交流活动。

8月18日，“古田会议精神万里行”展览活动走进西藏昌都，由福建省委宣传部、西藏昌都市委、龙岩市委指导，昌都市委宣传部、龙岩市委宣传部和福建省第八批援藏队共同主办的古田会议精神雪域行——《古田会议——党和军队建设史上的里程碑》展览在西藏昌都人民解放委员会礼堂旧址开展。

8月22日，龙岩市首次利用直升机在厦蓉高速古田服务区开展高速公路交通事故救援演练。

8月23日，最高人民检察院邀请组织黑龙江、浙江的15位全国人大代表视察龙岩市检察机关服务打好防范化解重大风险、精准脱贫、污染防治“三大攻坚战”工作。

8月24日，美团党校与古田干部学院共建教育培训基地，合作备忘录签署与揭牌仪式在古田干部学院举行，双方将共同打造适合互联网企业的红色教育培训模式。25日，“绿色出行 智慧生活”暨龙岩美团旅游目的地馆上线仪式在闽西宾馆举行。

8月27日，连城县获“全国十佳避暑康养小城”，该评选活动由中国网络旅游媒体联盟主办。

8月27日，中华诗词学会授予上杭县“中华诗词之乡”称号。

8月31日，紫金矿业12.6亿美元成功竞得塞尔维亚最大铜矿山。

9 月

9月3—4日，教育部考核组一行，对龙岩市示范性综合实践基地申报“全国中小学生研学实践教育营地”进行实地核查。

9月7日，“9·8”龙岩市重点产业项目推介会暨签约仪式在厦门市举行，现场41个合同项目成功签约。

9月7日，“一带一路·水韵华彩映万象”首届国际当代水彩画名家邀请展及世界水彩画名家赵坚胜巡展暨走进龙岩写生采风活动在龙岩美术馆开幕。

9月11—12日，全国人大调研组到龙岩开展药品管理专题调研，全国人大常委会委员、全国人大教科文卫委员会副主任委员吴恒一行就全国人大代表章联生领衔提出的“关于尽快修改药品管理法的议案”开展专题调研并召开座谈会。

9月13日，共享汽车正式进驻龙岩，作为共享单车之后的新事物，其便捷、经济、时尚深受大众欢迎，给市民绿色出行带来全新体验。

9月21日，福建省人民政府发展研究中心所属单位“福建省区域和企业评价中心”开展的“2018年度福建省经济实力十强县（市）、经济发展十佳县（市）”评价结果揭晓。上杭县获“十强”县称号，长汀、武平、连城县获“十佳”县称号。

9月21日，龙岩市庆祝首个中国农民丰收节活动——“盼盼杯”趣味运动会在长汀县河田镇举办。

9月25日，随着福建南（平）龙（岩）铁路接入龙岩站的最后一组道岔安装完毕，福建省高铁环线最后一段贯通，历时5年建设的南龙铁路进入联调联试状态。

9月27日，长汀县长马水清应邀参观北京五洲传播中心，并参加中心《中国推介》栏目录制，向全球讲述长汀故事、传播长汀声音、展示长汀形象。

9月28日，龙岩市新媒体协会成立大会暨第一次会员大会在市旅游集散中心举行，全市42家新媒体齐聚一堂，正式宣告龙岩市新媒体协会成立，这是全省设区市首家新媒体协会。

10 月

10月1日，国庆之际中心城区龙津湖公园正式对外开放，成为市民休闲游玩的新去处和新亮点。

10月8日，福建省知识产权局下发《关于确定2018年度省知识产权优势企业的通知》，龙岩市畅丰专用汽车、正大食品、得力机电、武平龙兴科技等4家企业被确定为省知识产权优势企业。

10月10—12日，省政协调研组到新罗区、长汀县的部分乡（镇、街道）开展“加强小流域水质监测与治理”民主监督调研。

10月11—15日，由中华诗词学会、《中华诗词》杂志社、上杭县委、上杭县人民政府共同主办的“诗意中华 溢彩杭川”2018《中华诗词》上杭紫金·金秋笔会在上杭举行，笔会期间还举行上杭县“中华诗词之乡”授牌仪式。

10月11日，福建省政府公布第九批省级文物保护单位名单及保护范围，共有岩仔洞遗址等252处入列，这是新中华人民共和国成立以来福建省公布省级文物保护单位数量最多的一次。龙岩市共有48处入选。

10月13日，福建省民政厅公布首批五星级养老机构名单，全省共17家养老机构获评，龙岩市福利中心老年公寓、上杭县金秋老年公寓等2家养老机构上榜。

10月14日，龙岩市推进扫黑除恶治乱再动员誓师大会在人民广场举行。誓师大会上，还举行反恐应急处突拉动演练和公安民警警务实战技能大比武。

10月14日，第29届中国电视金鹰奖揭晓，《绝命后卫师》获评优秀电视剧奖。《绝命后卫师》是纪念红军长征胜利80周年的重点献礼剧，在龙岩市取景拍摄，讲述6000闽西子弟浴血长征绝命后卫的悲壮故事。

10月17日，世界客属第二十四次公祭客家母亲河大典在长汀举行，来自马来西亚、加拿大等国家以及中国台湾、中国香港、河南、江西、广东、福建等海内外79家客属社团、祭祖团共计2000余人参加。

10月23—28日，市委在古田干部学院举办两期市管干部“深入学习贯彻习近平新时代中国特色社会主义思想”专题研讨班。

10月27日，“龙岩闽西老区与粤港澳大湾区融合发展论坛”在深圳举行。全国异地龙岩商会会长，深圳龙岩商会会员及部分在深乡贤近300人参加论坛。

10月27日，第六届“全国道德模范故事汇”基层巡演，龙岩专场在龙岩人民大会堂上演，为老区人民献上一场精神和视听的双重盛宴。

11 月

11月1日起，龙岩市所有缴存单位和个人，可以通过“e龙岩”手机端电子签名办理公积金业务。标志着龙岩在全省率先实现个人数字证书全面免费发放并在网上审批应用。

11月8日，2018龙岩产业发展高峰论坛在龙岩会展中心举行。出席该届“11·8”活动的领导嘉宾，许维泽、林兴禄、张天洲、黄福清等市四套班子有关领导出席论坛。

11月8日，2018中国（龙岩）专用汽车产业发展高峰论坛在人民会堂举行，中国机械工业联合会执行副会长杨学桐，副市长谢海波出席论坛并致辞，来自全国各地的专用汽车界专家学者、企业家参与论坛。

11月7—8日，“推进机制活，建设新福建”全省机关体制机制创新现场交流会在晋江召开。会议表彰全省机关体制机制创新优秀案例和组织奖，龙岩市5个案例荣获优秀案例奖，“e龙岩”和“章”口就来荣获优秀案例一等奖。

11月9日，龙岩学院大学科技园开园，是龙岩市首家以“一园多区”模式自主建设的大学科技园，标志着龙岩市科技创新平台建设实现重大突破。

11月9日，首批“龙岩老字号”企业授牌仪式在龙岩会展中心开幕大厅举行，共13家企业被授予“龙岩老字号”称号。

11月8—10日，第九届海峡两岸机械产业博览会暨第十一届中国龙岩投资项目洽谈会（简称“机博投洽会”）在龙岩举行。该届“机博投洽会”成效好、亮点多，活动吸引544家企业参展，采购商1036家，3天活动初步统计现场总成交金额1.7亿元，签订意向订货合同总金额1.6亿元。

11月12—13日，交通运输部部长李小鹏率调研组到龙岩市，就“四好农村路”建设、交通脱贫攻坚和高速公路建设等工作开展调研。

11月23日，第二十届中国专利奖评审结果公示，龙岩市3个项目预获中国专利优秀奖，分别为福建侨龙应急装备有限公司的一种履带泵站、厦门紫金矿冶技术有限公司和紫金矿业集团股份有限公司的一种含铜氧化金矿氨氰选择性提金的方法、福建龙净环保股份有限公司的一种复式卧式湿式电除尘器。

11月30日，南龙铁路正式进入试运行阶段，试运行期间，南龙铁路南平至龙岩站间开行14对动车组列车，通过故障模拟、应急救援演练、按图行车试验等项目对运行图进行参数测试，为制定完善、科学、合理的运输组织方案提供技术依据。

11月30日，龙岩体育运动学校和海峡两岸（龙岩）体育交流基地正式揭牌，该校位于龙岩市新罗区曹溪镇坪尾村。

12 月

12月1日，龙岩创建国家现代林业科技示范园区通过国家林业和草原局组织的专家评审，成为全省唯一通过评审的集红色与绿色、林改于一体的特色现代林业示范园区。

12月5日，福建省龙岩市、广东省梅州市、江西省赣州市三市省际交界区域治超联动协作工作会在广东梅州市蕉岭县召开，建立闽粤赣三省边际治超联动执法协作机制，签订边际区域联动执法协作协议。

12月6日，全国首本台胞林权不动产证书在漳平颁发，漳平市台湾农民创业园台资企业福建漳平九德茶业有限公司法定代表人杨咏安，在漳平市不动产登记中心窗口领到公司申请办理的林权不动产登记证书。

12月7日，上杭县在江苏南京举办“红古田之旅”新闻发布会，进一步传承红色基因、传播客家文化。

12月13日，国家卫生健康委、中国红十字会总会、中央军委后勤保障部卫生局在北京召开《中华人民共和国献血法》实施20周年暨2016—2017年度无偿献血表彰大会。龙岩市再次获“全国无偿献血先进市”称号，这是龙岩市连续第六次获此殊荣。

12月18日，2018年全国省级森林公安机关政工干部培训班在上杭古田开班。

12月19日，龙岩市出台《龙岩市机构改革实施方案》，方案明确龙岩市市级党政机构改革的总体要求、机构设置等内容，确定共设置市级党政机构49个，其中党委机构15个、政府工作部门34个。

12月20日，义乌市龙岩商会成立，大会暨第一届理、监事会就职典礼在义乌举行。市委常委、统战部长邓菊芳，市政协副主席、市工商联主席郑玉琳，义乌市政协副主席何文飞等出席大会。

12月23日，龙岩市新增两家新型研发机构，分别为福建易动力电子科技股份有限公司和福建南环检测技术有限公司。

12月25日，龙岩市中心城区发生一起歹徒持刀杀人并劫持龙岩公交公司公交车（闽FY6998）冲撞致多人伤亡事件。经现场搜救核实，截至25日22时造成8人死亡、22人受伤。经公安机关侦查，犯罪嫌疑人邱某，男，1970年1月出生，龙岩市新罗区人，无业人员。

12月27日，厦蓉高速公路改扩建工程新罗红坊至上杭蛟洋段实现通车。该路段全长35.93千米，总投资25.8亿元。

12月28日，上海新沪商联合会会长郑永刚带领联合会企业家一行到上杭县考察项目，并召开座谈会。

12月28—29日，龙岩市一批新机构挂牌成立。中共龙岩市委全面深化改革委员会办公室、龙岩市自然资源局、龙岩市生态环境局、龙岩市农业农村局、龙岩市退役军人事务局、龙岩市大数据和政务服务管理局等单位举行简朴的揭牌仪式。

12月29日，南龙铁路开通运营。

责任编辑　陈　芬

自然地理

【位置面积】 龙岩市位于福建省西南部，通称“闽西”，地处北纬24°22′31″—26°2′35″，东经115°50′56″—117°44′15″。境域东至漳平吾祠陈地，南至永定湖山杨山，西至武平东留兰畲，北至长汀铁长鸡公寨，东西长190.3千米，南北宽182.6千米，总面积19028平方千米。属亚热带海洋性季风气候。

【地形地貌】 龙岩地处武夷山脉和博平岭山脉之间，地势东高西低，北高南低。境内武夷山脉南段、玳瑁山、博平岭等山岭沿东北—西南走向，大体呈平行分布，控制全市地势。低山、中山面积占全市总面积78.55%。由于流水切割强烈，以致地形破碎，岭谷相间，丘陵、河谷平地交错分布。全市平均海拔652米，千米以上山峰571座。最高峰为玳瑁山区的狗子脑主峰，海拔1811米；最低点位于永定县仙师乡芦下坝永定河口，海拔69米。

【山岭】 武夷山、玳瑁山、博平岭，是控制龙岩地区地形骨架的三大山岭。

武夷山脉南段（简称南武夷山），从长汀县、宁化县和江西省石城县交界处的鸡公寨开始，向西南方向延伸，止于粤赣两省交界处的分水凹。主要分支有松毛岭、梁野山。汀江干流以西的山岭，大部分由南武夷山伸展而来。南武夷山以中山为主，海拔千米以上的山峰57座。最高峰梁山顶。南武夷山在长汀古城、武平东留分别降为600米、560米左右的低山，成为西北方向气流进入龙岩市的主要通道，俗称“古城风口”“东留风口”。

松毛岭，北界为北团溪所限，起于长汀、连城交界地的牛牯寨，止于上杭县内紫金山。走向北偏东，近于南北。以连城、长汀、上杭3县交界处为界，分为南、北两段。北段主峰石壁山，南段主峰观音寨。汀江干流以东、文川溪—旧县河以西山岭，均由松毛岭延伸而来。

玳瑁山，呈东北—西南走向，介于文川河—旧县河连线和永定—雁石溪连线之间，是龙岩市最大的山体。海拔千米以上的山峰有349座，主峰狗子脑，为全市最高峰。玳瑁山体断块山发育，下切剧烈，峡谷交错。本地区大多数河流，如双洋溪、万安溪、雁石溪、永定河、黄潭河、旧县河、姑田溪，均发源于此。

采眉岭，呈东北—西南走向，介于黄潭河—万安溪连线和雁石溪—永定河连线之间，为汀江与九龙江的分水岭。主峰岩顶山，为龙岩市第二高峰。分南、北两段。山脊海拔多在1000—1300米，对永定、新罗的气候影响明显。

博平岭，呈东北—西南走向，位于雁石溪—永定河连线以东，蜿蜒于漳平市南部、新罗区东南部、永定区东南部与漳州市的华安、南靖、平和县交界地区。以中低山为主，海拔千米以上的山峰有165座，主峰苦笋林尖（又名崇顶）。博平岭是连续的一片中山，对福建省南亚热带、中亚热带的气候分异有明显的影响，是构成闽西与闽南的地理分界线。

【平地】 龙岩市平地面积985.20平方千米，占土地总面积的5.17%。大多数平地沿河谷分布。现代沉积物较厚，形状狭长，宽不过1—2千米，长可达10多千米。平地外围为丘陵、低山或者中山，构成河谷盆地或山间盆地。全区盆地近100个，主要有龙岩盆地、长汀盆地、连城盆地、上杭盆地、武平盆地、河田盆地、庐丰盆地、十方盆地、北团盆地、永福盆地、古田盆地、大池盆地、小池盆地、岩前盆地，其中最大的盆地为龙岩盆地，面积约50平方千米。平地所处海拔高度，沿汀江、九龙江北溪干流分布的，多在320米以下；处在中山包围的平地，海拔多在500~550米间。平地形状主要呈北东、北西方向延伸。

【河流】 龙岩境内河流主要属汀江水系、九龙江北溪水系、闽江沙溪水系、梅江水系，还有属九龙江西溪水系、赣江贡水水系，但集水面积小。其中汀江水系集水面积9666平方千米，占50.7%；九龙江北溪水系集水面积5771平方千米，占30.3%；闽江沙溪水系集水面积1594平方千米，占8.4%；梅江水系集水面积1461平方千米，占7.7%。境内最大的河流为汀江。汀江干流河道长285千米，坡降1.5‰。其集水面积500平方千米以上的支流有濯田河、桃澜溪、旧县河、黄潭河、永定河、金丰溪；九龙江北溪干流在龙岩市境内河道长47千米，主要支流有万安溪、雁石溪、新桥溪、溪南溪、双洋溪；沙溪水系主要支流有北团溪、文川溪、姑田溪；梅江水系主要河流有中山河。

【气候】 2018年，龙岩市基本气候概况：年平均气温20.5℃、属显著偏高，位列历史第三位，年降水量1479.1毫米、属偏少，日照时数1767.6小时，属正常。

2018年，全市天气气候总体平稳，暴雨、强对流、寒潮等灾害性天气强度偏弱，因气象灾害造成的损失较轻，气候年景较好。年内降水分布不均：冬季出现罕见暴雨过程，暴雨场次、极端日降水量和过程雨量均破历史极值；春季偏少5成，高温、干旱突出，部分县(市、区)平均气温、极端最高气温和高温日数刷新历史纪录；秋季受台风和冷空气频繁影响，降水偏多5成；降水空间分布差异大，与常年相比，长汀、连城和漳平年降水量属正常，其余县(市、区)年降水量偏少到显著偏少。主要气象灾害有暴雨、台风、寒潮、高温、干旱等，气温显著偏高、降水偏少且分布不均，给林业种植、森林防火、水力发电和人民生活造成不同程度的影响。

气温。2018年，全市平均气温20.5℃，异常度1.7，与常年相比，属显著偏高，位列历史第三位(第一为2017年20.7℃，第二为1998年20.6℃)。各县(市、区)年平均气温介于19.3℃(长汀)—21.6℃(漳平)之间，异常度1.0—2.4，与常年比较，各地属显著偏高至异常偏高。从各季气温分布看，春季全市均属异常偏高，长汀、新罗创春季平均气温最高值；春季季内极端最高气温除长汀和漳平外，其余各县(区)均刷新5月以及春季最高气温历史记录；≥35℃的高温日数漳平出现15天，上杭、新罗和永定11天，长汀、连城和武平出现5—8天，永定与历史同期高温日数持平，漳平位列历史第二位，其余县、市(区)突破历史同期高温日数。夏季、秋季和冬季全市的平均气温多属正常(除长汀秋季平均气温属偏高)。

全市年最低气温介于-4.3℃—-0.9℃之间，出现在2月6—7日。长汀霜日17天，连城10天，上杭霜日仅2天，其余县(市、区)在4—7天之间。上年度终霜日长汀、连城出现在4月8日，上杭出现在2月7日，其余县(市、区)均出现在2月13日，其中连城县突破历史霜日最晚日期；当年度初霜日出现时间：长汀出现在2018年12月17日，连城、武平和新罗出现在2018年12月18日，上杭、漳平和永定未出现初霜；年无霜期244天(长汀、连城)至327天(上杭)。

年极端最高气温介于35.9℃—38.4℃之间，新罗出现在5月27日，长汀出现在7月29日，连城和武平7月21日，上杭7月10日，漳平8月6日，永定8月12日。35℃以上高温日数：漳平69天，上杭和永定42—44天，新罗34天，其余县(市、区)24天，高温日数漳平和永定偏多25—26天，上杭和新罗偏多18天，其余多9天(连城)至12天(上杭)；38℃以上的高温天气仅漳平出现3天，其余县(市、区)均未出现。

“23型”秋寒天气：连城于9月8日、长汀于9月27日、新罗和永定于9月30日，漳平、武平先后于10月1日、3日出现，上杭最迟于10月10日出现日平均气温≤23℃的秋寒天气。“20型”秋寒天气：长汀、连城、武平于10月10日、新罗于11日出现日平均气温≤20℃的秋寒天气，永定于27日，上杭、漳平于28日先后出现“20型”秋寒天气。与常年相比，2018年“23型”秋寒连城偏早，其余偏迟，武平、新罗的“20型”秋寒偏早，其余县(市、区)的“20型”秋寒偏迟。

降水。2018年，全市平均年降水量1479.1毫米，与常年相比偏少11%，属偏少。各县(市、区)年降水量介于1290.9毫米(永定)至1856.6毫米(长汀)之间，与常年相比，长汀、连城和漳平属正常，其余县(市、区)偏少到显著偏少。从各季分布看，降水分布不均，春季偏少5成，属显著偏少；秋季偏多5成；夏季和冬季属正常。年雨日138—165天，较常年相比，上杭偏少12天、连城和永定偏少5—6天，新罗偏少1天，武平与常年持平，漳平偏多1天，长汀偏多7天；各县(市、区)年暴雨日数新罗2天，其余为5—6天，累计出现35场次暴雨，较常年相比，新罗偏少4天，武平偏少1天，永定与常年持平，其余均偏多1天，暴雨出现时段集中在1月(12场次)和6月(9场次)。1月的冬季暴雨过程实属罕见，全市共出现12场次暴雨，创1月暴雨场次最多值，暴雨出现在1月6—8日，各县(市、区)极端日降水量达65.0(武平)至81.2(上杭)毫米，均突破历史1月日降水极值，过程累计雨量(163.4—188.2毫米)亦均突破历史1月上旬降水极值。

日照。2018年全市平均年日照时数1767.6小时，异常度为0.5，与常年比较属正常。各县(市、区)全年总日照介于1545.8小时(长汀)—1873.3小时(永定)之间，异常度-0.5—1，与常年比较，均属正常。从各季分布情况看，春季日照时数异常度3.9，异常偏多，夏季、秋季和冬季日照时数均属正常。

寒潮、霜冻、结冰和低温阴雨。2018年1—4月及12月，先后出现9次强冷空气过程，其中1月末到2月中旬前期全市维持低温雨（雪）冰冻天气，部分乡镇出现小雪或雨夹雪，高海拔山区出现道路结冰，对全市交通、农业、供电等造成较严重影响。霜冻和结冰天气主要出现在1月末到2月中旬前期、3月中旬、4月上旬后期和12月中旬后期。

暴雨。2018年，各县（市、区）暴雨日数5—6天（除新罗2天外），共35场次，主要集中在1月和6月，其中1月12场次、3月1场次、5月2场次、6月9场次、7月3场次、8月2场次、9月4场次、11月2场次，各县（市、区）暴雨日数较常年相比，武平、上杭较常年偏少1—4天，永定与常年持平，其余偏多1天。6月5—6日，受高空槽和台风"艾云尼"外围环流影响，全市普降大雨到暴雨，局部大暴雨，6月5日08时到7日08时，全市共计75个站点雨量超过100毫米，以连城宣和乡155.6毫米为最大。受台风"艾云尼"减弱的低压环流影响，降水持续，尤其在10日受减弱低压及高空槽的共同影响，全市普降中到大雨，北部部分暴雨，局部乡镇大暴雨；6月9日20时到10日20时，全市共计60个站点雨量超过50毫米，15个站点雨量超过100毫米，以长汀馆前镇194.5毫米为最大，小时降水极值以长汀馆前镇62.0毫米/小时为最大。长汀县、连城县的8个乡镇14242人受灾，转移安置428人，房屋倒塌2间；农作物受灾面积1212.67公顷，直接经济损失2747.8万元。

强对流。2018年，强对流天气主要是冰雹、强雷电、短时大风等，春季强对流天气发生频次较少，集中在3月和5月，夏季和秋季受副高和台风影响，出现局部强对流天气。

台风。2018年，影响龙岩市的台风有2个，4号台风"艾云尼"和8号台风"玛莉亚"。其余台风造成降水较弱，仅局地暴雨和大风天气。第4号台风"艾云尼"于6月5日8时在离海南文昌偏南大约250千米海面上生成（北纬17.3°、东经111.1°），中心最低气压996百帕，中心附近最大风力7级（15米/秒）。"艾云尼"生成后移动缓慢、路径曲折，一直维持在热带风暴级，并在6—7日3次登陆：6日6时25分在广东徐闻登陆、6日14时50分在海南海口登陆、7日20时30分前后在广东阳江登陆。8日17时，"艾云尼"减弱为热带低压。第8号台风"玛莉亚"于7月4日在关岛以东洋面生成，8日迅速成长为超强台风，11日9时10分在连江黄岐半岛登陆，登陆时中心附近最大风力有14级（42米/秒），中心最低气压960百帕，11日23时停止编号。

高温。全年35℃以上高温漳平69天，上杭和永定42—44天，新罗34天，其余县（市、区）24天，高温日数漳平和永定偏多25—26天，上杭和新罗偏多18天，其余多9天（连城）至12天（上杭）天；38℃以上的高温天气仅漳平出现3天，其余县（市、区）均未出现。年极端最高气温介于35.9℃—38.4℃之间。春季高温强度强、影响范围广、持续时间长。5月15—30日，全市受副高边缘控制，全市出现持续性高温天气，≥35℃的高温日数长汀、连城和武平出现5—8天，漳平出现15天，其余地区出现11天，连城、武平、上杭、新罗和永定均刷新最高气温历史纪录。

气象干旱。2018年降水时空分布不均匀，尤其春季干旱持续时间长、干旱程度高、影响范围广，各县均受到不同程度影响。5月11—30日，受副热带高压影响，全市以晴到多云天气为主，降水明显偏少，新罗和永定日降水量≤2毫米的连旱日数20天、上杭19天，出现春季气象小旱，连城、武平15天达到旱兆标准。28日、30—31日午后出现明显降水，长汀、连城、武平、上杭、漳平旱情解除。新罗和武平出现灾情，截至5月31日，受灾人口23691人，23691人饮水困难，受灾面积2100.65公顷，成灾面积429.79公顷，绝收48.09公顷，减产267.69公顷，农业经济损失1600.2万元。其中粮食作物经济损失362.77万元，经济作物经济损失1020.3万元，山地作物经济损失216.37万元，食用菌经济损失0.72万元。受灾严重的乡镇有武东、象洞、中赤、下坝、岩前、十方。

（赖巧珍）

【环境】 空气质量。2018年，龙岩中心城区空气质量总体保持优良，综合指数为3.23，优良天数比例为98.9%，细颗粒物浓度等6项污染物指标达到国家二级标准，PM_{10}浓度为46微克每立方米。根据省环保厅网站公布，龙岩市城市环境空气质量达标天数排在全省第二名，综合指数排在全省第三名。全市6个县级城市环境空气质量良好。

水环境质量。全市3条主要河流22个国省控（考）断面总体水质良好，优良水质比例较上年同期有所提高，Ⅰ—Ⅲ类水质比例为95.5%，比上年上升9.1%，Ⅰ—Ⅱ类水质比例为36.4%，比上年持平。其中闽江沙溪Ⅰ—Ⅲ类水质为100%，比上年上升33.3%，Ⅰ—Ⅱ类水质为66.7%，与上年持平；汀江（含梅江）Ⅰ—Ⅲ类水质为100%，与上年持平，Ⅰ—Ⅱ类水质为41.67%，与上年持平；九龙江北溪Ⅰ—Ⅲ类水质为85.7%，比上年上升14.3%，Ⅰ—Ⅱ类水质为14.3%，与上年持平。市、县级集中式生活水源地水质达标率均为100%。

声环境质量。龙岩中心城市区域环境噪声监测结果表明，2018年区域环境噪声平均等效声级为55.4分贝值，比上年提高0.1分贝，达到国家《城市区域环境噪声标准》（GB3096-2008）中的声环境功能区Ⅱ类的昼间标准值，质量等级为3级。中心城市（新罗区）交通噪声平均等效声级为72分贝值，比上年同期提高4.2分贝。道路交通噪声质量等级由2017年的"1级"升为"3级"。

【水文】 降水量。2018 年，龙岩市年平均降水量 1513.7 毫米，折合水量 289.87 亿立方米，比上年偏少 2.8%；比多年平均值偏少 11.2%，属偏枯年。全市各县年降水量最多的是长汀县 1638.6 毫米，最少的是永定区，1313.6 毫米。全市年降水量主要集中在 1 月、5—9 月，6 个月合计降雨量 1078.3 毫米，占全年降水量的 76.7%，与正常年份相当；其他月份累计降雨量 328.1 毫米，占全年降水量的 23.3%，比正常年份偏少 44.9%。全市站点降水量距平为-29.2%—12.0%。总体看全市降水特点是时空分布不均。与多年平均相比，均偏少，偏少 2.4%~22.6%，偏少最多的是永定区，最少的是漳平市，属偏枯年。

洪水。2018 年，全市水文站点发生超过警戒以上洪水共 4 站次，全年无超保证水位以上洪水，其中九龙江控制站漳平水文站 2018 年 9 月 8 日出现年最高水位 156.86 米，差 1.14 米超警戒水位，相应流量为 1090 立方米/秒；汀江控制站上杭水文站 2018 年 1 月 8 日出现年最高水位 177.36 米，差 2.64 米超警戒水位，相应流量为 1380 立方米/秒。其他，东兴水位站 2018 年 9 月 8 日出现最高水位 317.90 米，差 0.70 米超警戒水位；观音桥水文站 2018 年 6 月 10 日出现最高水位 308.58 米，超警戒 0.78 米，相应流量为 475 立方米/秒。

2018 年龙岩市各县(市、区)降水情况

表 1

市、县	新罗	漳平	永定	上杭	武平	连城	长汀	全市
年降水量(毫米)	1514.6	1607.7	1313.6	1382.7	1500.7	1583.8	1638.6	1513.7
折合水(亿立方米)	41.05	47.43	29.33	39.66	39.66	41.23	51.52	289.87
与上年比较(%)	-6.1	10.4	-24.6	-10.5	0.0	-3.8	12.0	-2.8
多年平均降雨量(毫米)	1723.9	1647.7	1696.5	1708.7	1720.9	1717.4	1707.6	1704.2
与多年比较(%)	-12.1	-2.4	-22.6	-19.1	-12.8	-7.8	-4.0	-11.2

2018 年龙岩市主要水文(位)站点最高水位情况

表 2

站名	观音桥	上杭	桃溪	永定	杨家坊	东兴	漳平	麦圆	龙门
最高水位(米)	308.58	177.36	273.26	178.56	289.48	317.90	156.86	282.64	347.33
出现时间	6 月 10 日	1 月 8 日	6 月 6 日	9 月 8 日	1 月 8 日	9 月 8 日	9 月 8 日	6 月 10 日	1 月 8 日
与警戒水位差(米)	0.78	-2.64	0.26	-0.69	-0.61	-0.70	-1.14	0.06	-0.96

说明：表中水位为黄海高程

【水环境】 根据 2018 年 1 月至 12 月的监测数据对实测的 88 个水功能区(包含 17 个国家级水功能区，71 个省级水功能区)进行水质评价。水功能区水质评价依据《地表水环境质量标准》(GB3838—2002)，采用单因子评价法。评价项目为水温、pH、溶解氧、五日生化需氧量、氨氮、高锰酸盐指数、氟化物、挥发酚、氰化物、六价铬、汞、砷、硒、铜、铅、镉、锌、总磷、总氮(湖、库)、阴离子洗涤剂、硫化物共 21 项，对照水功能区水质类别管理目标，进行水质达标评价。重点城市主要供水水源地评价项目增加硫酸盐、氯化物、硝酸盐、铁、锰 5 项，共 26 项，对照《地表水环境质量标准》Ⅲ类标准，进行水质合格评价。龙岩市在监测的 88 个水功能区中，水质达到水功能区水质管理目标的个数按全指标评价有 75 个，占 85.2%；水质达到水功能区水质管理目标的个数按双指标评价有 84 个，占 95.5%；主要流域水功能区评价河长 2282.65 千米，达标河长 1954.99 千米，占 85.6%。监测的 88 个水功能区涉及全市 7 个县(市)区，按照水质监测断面所在的县级行政区进行水功能区的达标评价。

闽江、九龙江、汀江、韩江等主要流域的 88 个水功能区中，水质达到水功能区水质管理目标的 75 个，占 85.2%，水功能区评价河长 2282.65 千米，达标河长 1954.99 千米，占 85.6%。

表 3

2018 年龙岩市各县级行政区水功能区达标情况

行政区	水功能区个数(个)	全指标评价		双指标评价	
		达标数(个)	达标率(%)	达标数(个)	达标率(%)
上杭县	9	9	100	9	100
漳平市	10	10	100	10	100
永定区	10	9	90.0	10	100
长汀县	11	9	81.8	11	100
连城县	15	12	80.0	15	100
新罗区	20	17	85.0	18	90.0
武平县	13	9	69.2	11	84.6
合　计	88	75	85.2	84	95.5

说明：双指标为近期限制纳污红线控制指标即氨氮和高锰酸盐指数

表 4

2018 年龙岩市主要水系水功能区达标情况表

河流	水功能区个数	达标数(个)	达标率(%)	评价河长(千米)	达标河长(千米)	达标率(%)
闽江	10	8	80.0	259.81	245.54	94.5
九龙江	29	26	89.6	838.71	718.61	85.7
汀江	37	33	89.2	970.02	880.71	90.8
韩江	12	8	66.7	214.11	110.13	51.4
合计	88	75	85.2	2282.65	1954.99	85.6

说明：水功能区评价河长不包含湖库站点

（市水文局）

【地震】 龙岩市经历多次的地质构造运动，形成多种构造体系。控制本区山脉走向和河谷分布的主要构造有华夏系、新华夏系和南岭东西构造带，另外还有经向构造，北西向构造，龙岩山字形构造。同时，有 2 条地震构造带经过我区，东南部有一条经大田—漳平—龙岩东进入广东大埔的政和—海丰构造带，西北部有一条经宁化—长汀—武平进入广东的河源—邵武构造带。由于地质构造错综复杂，龙岩市被国务院列为全国 25 个地震重点监视防御区之一，全市所有县(市、区)均被列为全国地震重点监视防御的县(市、区)。

（市地震局）

资　源

【土地资源】 2018 年，龙岩市土地面积 19028 平方千米，占全省陆地面积 15.7%，居省内各设区市的第三位。土地资源具有绝对数量大、人均占有量少；类型多样、区域差异显著；难以开发和质量不到的土地面积较多的特征。龙岩 7 个县(市、区)中，长汀县土地面积最大，永定区土地面积最小。

按地貌类型划分，全市山地面积 14966 平方千米，丘陵面积 3101 平方千米，平原面积 985 平方千米。

【水资源】 2018 年，龙岩市水资源总量 106.80 亿立方米（不包括入境水量），比上年偏少 40.8%，比多年平均偏少 43.6%，人均水资源量约为 4029 立方米，全市平均径流系数 0.368，平均径流模数 55.8 万立方米/平方千米。各市、县中水资源量最多的是长汀县，占全市总量的 18.7%。

2018年龙岩市各县(市、区)水资源总量

表5

市、县	新罗	漳平	永定	上杭	武平	连城	长汀	全市
地表水资源量	16.38	18.73	9.33	12.49	13.84	16.04	19.99	106.80
地下水资源量	5.59	6.67	3.66	4.59	5.28	5.55	7.25	38.59
水资源总量	16.38	18.73	9.33	12.49	13.84	16.04	19.99	106.80
多年平均水资源量	28.22	26.88	21.24	28.37	25.42	27.91	31.18	189.22
与上年比较(%)	-40.2	-27.6	-59.3	-52.5	-40.9	-41.0	-29.3	-41.1
与多年平均比较(%)	-42.0	-30.3	-56.1	-56.0	-45.5	-42.5	-35.9	-43.6

【矿产资源】 龙岩市素有“金山银水”的美称,矿物资源相对丰富,是福建省的主要矿产地。矿产资源有以下特点:一是矿种较齐全。涵盖能源、金属、非金属和水气类型矿产,关系到国计民生的主要矿产中除石油、天然气等少数矿种外在龙岩市均有发现,为龙岩发展能源、冶金、建材等行业提供原料基础;二是储量相对丰富。全市有煤、铁、锰、铜、金、银、稀土、钼、白云岩、耐火黏土、硫铁矿、膨润土、水泥粘土、高岭土、石灰岩等15种矿产储量位居全省第一,有7种矿产储量占全省的70%以上,有13种矿产储量占全省的40%以上。紫金山金铜矿、马坑铁矿、东宫下高岭土矿等都是享誉全国的大型矿床;三是开发利用的难度较大。小矿床多,大中型矿床少;四是矿产分布较分散,不平衡。新罗、漳平、永定、上杭的资源总量相对丰富,但漳平、永定、上杭的矿种较单一,武平、连城的矿种较全,但资源总量不大。

龙岩市已发现64种矿产(其中能源矿产3种、金属矿产18种,非金属矿产40种,其他矿产3种),有35种矿产进行过普查—勘探工作,大多数矿产已被开发利用。探明资源储量的矿产地300处,其中特大型矿床1处,大型矿床10处,中型矿床44处,小型及以下矿床245处,探明资源储量的潜在价值超过5000亿元。龙岩马坑铁矿的储量、品位,均居华东地区的前列;东宫下高岭土矿为国内有名的大型优质矿;白沙南、高陂、昌福山等煤井田驰名省内外;漳平岭兜石灰岩储量1.89亿吨,在省内具有较高的知名度;紫金山铜矿系国家“七五”期间发现的最主要的有色金属矿产地之一。

【生物资源】 龙岩市地跨中亚热带和南亚热带两个气候带,加上境内山川纵横、河流交错、地形地势复杂,造就自然生态条件多样、植物地带性分布特点明显、生物资源丰富、区系复杂的生物多样性特点。

动物资源。龙岩市野生动物资源种类繁多,品种多样。至2016年,全市共有陆生脊椎动物79科229属380种,其中兽类20科40属70种,鸟类41科135属211种,爬行类10科40属70种,两栖类8科12属30种,鱼类20科74属92种,贝类27种,浮游动物170种,微生物大型真菌29科73属116种,藻类4门30科218种。其中国家一级重点保护物种5种:蟒、黄腹角雉、白劲长尾雉、云豹、黑鹿;国家二级重点保护物种有44种。

植物资源。据2013年统计,全市有高等植物233科879属2741种。其中国家一级保护植物有:银杏、水松、南方红豆杉、伯乐树等4个物种;国家二级保护植物有:金毛狗、长叶榧、福建柏、浙江楠、闽楠、榉树、巴戟天、厚朴、凹叶厚朴、观光木、短萼黄莲、红椿、半枫荷、花榈木、红豆树等15种;省重点保护植物有油杉、南方铁杉、沉水樟、福建樱桃、福建假稠李、乐东拟单性木兰、福建青冈、吊皮锥、福建酸竹等9种。

【旅游资源】 龙岩是福建旅游的新亮点。奇山、秀水、幽洞,民居、民俗、民风,名城、名乡、名人交相辉映,构成一幅绚丽风情画卷。旅游资源具有种类多、品位高、规模大、保存好的特点。

至2018年底,龙岩市有1个世界文化遗产地,2个国家AAAAA级旅游景区,11个国家AAAA级旅游景区,32个国家AAA级旅游景区,3个国家AA级旅游景区,15个国家A级红色旅游景区,3个国家全域旅游示范区,2个国家级生态旅游示范区,7个省级生态旅游示范区,1个国家级风景名胜区,1个国家工业旅游示范点,1个国家农业旅游示范点,3个国家水利风景区,1个国家矿山地质公园,1个国家历史文化名城,3个国家历史文化名乡(镇),7个国家历史文化名村,4个国家森林公园,2个国家自然保护区、6个全国特色景观名镇(村),3个全国休闲农业与乡村旅游示范县,2个全国休闲农业与乡村旅游示范点,13处(39个点)国家重点文物保护单位,4个中国乡村旅游模范村,40个中国乡村旅游金牌农家乐,11个福建省乡村旅游休闲集镇,94个福建省乡村旅游特色村,4个优秀旅游县,2个省级智慧旅游试点县,5个观光

2018 年 2 月，古田(吴地)红军小镇景区被批准为国家 AAA 级旅游景区

工厂。福建旅游十大品牌中，龙岩占 2 个，即“神秘的客家土楼”和“光辉的古田会址”。

全市有旅行社 37 家（其中具有出境组团资质旅行社 5 家，具有赴台游资质旅行社 1 家）；星级饭店 30 家（其中，五星级 1 家，四星级 17 家，三星级 12 家）。

建置沿革

【古近代时期】 闽西古为闽越地，周时属“七闽”，秦属闽中郡。西晋太康三年(282 年)置新罗县(县治在今长汀县东南)，属晋安郡。南朝宋泰始四年(468 年)改晋安郡为晋平郡，废新罗县，原新罗县地属晋平郡。梁天监年间(502—519 年)析晋平郡地增置南安郡，龙岩地域属南安郡。大同六年(540 年)南安郡增置龙溪县，闽西隶属该县。唐开元二十四年(736 年)置杂罗县(一说新罗县，治今龙岩市)，同年置汀州，辖长汀、黄连、杂罗 3 县。天宝元年(742 年)汀州改为临汀郡，杂罗县改名龙岩县，黄连县改名宁化县。乾元元年(758 年)临汀郡复名汀州。大历十二年(777 年)龙岩县改属漳州。原建州所属沙县改隶汀州。五代南唐保大六年(948 年)划沙县归剑州。汀州管辖长汀、宁化 2 县。北宋淳化五年(994 年)上杭、武平升场为县，元符元年(1098 年)置清流县，南宋绍兴三年(1133 年)置莲城县，时汀州辖长汀、宁化、上杭、武平、清流、莲城 6 县。元至元十五年(1278 年)升为汀州路。元至正六年(1346 年)，改莲城为连城。明洪武元年(1368 年)改为汀州府，成化六年(1470 年)置归化县，成化七年(1471 年)置漳平县，成化十四年(1478 年)置永定县，时长汀、上杭、武平、清流、连城、归化、宁化、永定通称“汀属八县”。隆庆元年(1567 年)析龙岩、永安、大田 3 县地置宁洋县。清雍正十二年(1734 年)升龙岩县为直隶州，辖漳平、宁洋 2 县。清末汀州府、龙岩州均属汀漳龙道。

【民国时期】 民国 2 年(1913 年)废州、府，复龙岩为县，属西路道。民国 15 年废道制，各县直属省辖。民国 22 年 12 月，中华共和国人民革命政府(即“福建人民政府”)成立时属龙汀(龙漳)省。民国 23 年 7 月，分属第七行政督察区(驻龙岩，辖龙岩、永定、上杭、武平、漳平、宁洋、华安 7 县)和第八行政督察区(驻长汀，辖长汀、连城、宁化、清流、明溪、永安 6 县)。民国 24 年 10 月，分属第六行政督察区(辖龙岩、漳平、大田、永定、上杭、华安、宁洋 7 县和峰市特种区)和第七行政督察区(辖长汀、连城、宁化、明溪、清流、武平、建宁、泰宁 8 县)。民国 36 年，以龙岩、长汀、永定、上杭、武平、漳平、连城 7 县为第七行政督察区，驻龙岩。1949 年 8 月至 11 月各县相继解放。

【中华人民共和国时期】 中华人民共和国成立初期，福建省下设 8 个专区，闽西各县属第八专区。1950 年 4 月第八专区改称龙岩专区。1956 年 3 月划入永安、宁化、清流、宁洋 4 县，7 月撤宁洋县。1963 年永安、宁化、清流 3 县划归三明专区。1970 年龙岩专区改称龙岩地区。1981 年撤销龙岩县，设立县级龙岩市。1990 年撤销漳平县，设立县级漳平市。1997 年 3 月，撤销县级龙岩市，设立新罗区。1997 年 5 月 1 日，撤销龙岩地区，设立地级龙岩市，市人民政府驻新罗区。2014 年 12 月 13 日，撤销永定县，设立龙岩市永定区。

（龙岩市委党史和地方志研究室）

区划　人口

【行政区划】 截至 2018 年底，龙岩市辖新罗区、永定区和上杭、武平、长汀、连城 4 个县，代管漳平市。各县(市、区)共辖 13 个街道、85 个镇、36 个乡（含 2 个民族乡）。134 个乡(镇、街道)共辖 1783 个村委会、144 个社区居委会。

2018 年龙岩市行政区划

表 6　　　　单位:个

县级行政单位	土地面积(平方千米)	人口密度(人/平方千米)	乡级行政单位(个)				村(居)委会(个)		
			合计	乡	镇	街道办事处	合计	村委会	居委会
全市	19052	138.0	134	36	85	13	1927	1783	144
新罗区	2679	270.6	20	0	10	10	337	282	55
永定区	2224	163.2	24	11	12	1	280	262	18
上杭县	2976	81.3	16	3	11	2	199	174	25
武平县	3100	129.7	18	5	13	0	300	290	10
长汀县	2859	130.8	22	5	17	0	345	331	14
连城县	2638	105.0	17	5	12	0	219	214	5
漳平市	2576	95.9	17	7	10	0	247	232	15

说明:人口密度按常住人口计算

36 个乡中,包括 2 个民族乡,分别是上杭县庐丰畲族乡和官庄畲族乡

（市民政局）

【人口概况】 据龙岩市公安局统计,2018 年末,全市总户数 97.94 万户,总人口 318.67 万人,净增 2.80 万人,增长 8.81‰。其中女性人口 153.35 万人,性别比(以女性为 100)为 107.81;城镇人口 144.31 万人,占总人口的 45.29%。全年出生人口 60007 人,人口出生率 18.83‰;死亡人口 12753 人,人口死亡率 4.0‰;人口自然增长率 14.83‰。与上年相比,人口出生率、死亡率均呈下降态势,自然增长率有所上升。从户籍迁移情况看,全年迁入人口 6.63 万人,迁出人口 8.57 万人,净迁入-1.90 万人,户籍人口净流出态势较上年有所加剧。

2018 年,人口变动情况抽样调查结果:全市 2018 年常住人口 264 万人,占全省的 6.70%,常住人口规模在全省九个设区市中居第 8 位。调查人口出生率 13.4‰,死亡率 7.0‰,人口自然增长率 6.4‰,居全省第 6 位。城镇化水平 57.0%,比全省平均水平低 8.8 个百分点,但较上年提高 1.3 个百分点,提升幅度居全省第二位。

【人口分布】 2018 年,龙岩市常住人口 264 万人,城镇常住人口 150.48 万人。分县(市、区)看,新罗区常住人口 73.5 万人,城镇常住人口 54.24 万人;永定区常住人口 36.2 万人,城镇常住人口 17.67 万人;漳平市常住人口 24.2 万人,城镇常住人口 13.58 万人;长汀县常住人口 40.2 万人,城镇常住人口 21.06 万人;上杭县常住人口 37.5 万人,城镇常住人口 18.38 万人;武平县常住人口 27.7 万人,城镇常住人口 13.60 万人;连城县常住人口 24.7 万人,城镇常住人口 11.95 万人。

【人口年龄构成】 根据人口抽样调查测算,2018 年龙岩市常住人口中,少儿组(0—14 岁)人口占总人口的 21.35%,成年组人口(15—64 岁)占 65.84%,老年组人口(65 岁及以上)占 12.81%。不满周岁婴儿(0)占 1.39%,学龄前儿童(1—6 岁)占 10.76%,小学学龄组(7—12 岁)占 7.3%,初中学龄组(13—15 岁)占 2.72%。总人口中,育龄妇女(15—49 岁)占 22.63%;劳动年龄组人口(男性 16—59 岁,女性 16—54 岁)占 56.58%。

【人口变动特点】 2018 年,龙岩市人口出生率下降,但"全面两孩"政策依然发挥着重要作用。"全面二孩"政策效果在 2017 年达到最大化后,随着生育妇女的逐年减少及生育意愿的减弱,出生率有所下降。但从育龄妇女的生育水平看,仍高于"全面两孩"政策实施前的水平;从生育孩次看,出生人口中二孩及以上出生人数和比重远高于一孩,"全面两孩"政策依然发挥着重要作用。人口净流出水平为近 20 年之最。全市已连续 8 年出现迁出人口大于迁入人口的情况,且逐年加剧,2018 年机械变动减少 19412 人,机械变动率负增长 6.09‰,为近 20 年之最。劳动适龄人口减少,抚养负担持续加重。按照国际通用劳动适龄(15—64 岁)人口划分标准统计,2018 年龙岩市常住人口中劳动适龄人口占比 65.84%,较 2010 年降低 7.64 个百分点,较上年降低 1.2 个百分点,全市劳动力供给减少。少年儿童

(0—14 岁)抚养比 32.43%，较 2010 年提升 10.19 个百分点，较上年提升 2.09 个百分点；老年人口(65 岁及以上)抚养比 19.46%，较 2010 年提升 5.59 个百分点，较上年提升 0.62 个百分点；总抚养比 51.88%，较 2010 年提升 15.77 个百分点，较上年提升 2.7 个百分点。

（市统计局）

经济社会发展

【经济综合实力】 2018 年，龙岩市生产总值 2393 亿元，增长 7.6%；人均生产总值 9.1 万元，增长 7.4%。其中，第一产业增加值 244 亿元，比上年增长 3.6%；第二产业增加值 1147 亿元，增长 8.4%；第三产业增加值 1002 亿元，增长 7.7%。三次产业结构比例由上年的 10.6:47.7:41.7 调整为 10.2:47.9:41.9。

【工业经济】 2018 年，龙岩市工业增加值 892 亿元，比上年增长 8.8%，其中规模以上工业增加值增长 9%，产值两位数增长的企业数占 65%，企业利润总额增长 45%，经济效益综合指数为 407.1%。有色金属产业、机械装备产业增加值分别增长 18.6%和 12.5%。龙净环保、龙马环卫入选“2018 中国环境企业 50 强”。被授予“中国专用汽车名城”称号。高技术产业增加值增长 18%，研发经费占 GDP 比重 1.62%，新增 22 家国家级、55 家省级高新技术企业，入选国家创新型城市建设名单，通过国家知识产权试点城市验收。成功创建国家新型工业化产业军民融合示范基地，军民融合项目新开工 24 个、新竣工 13 个，当年完成投资 38 亿元；民品参军 26 亿元，累计 60 亿元。

【第三产业】 20185 年，龙岩市第三产业增加值首次突破 1000 亿元。文旅康养产业总收入 770 亿元，“红古田”品牌影响力不断扩大，古田干部学院列入中组部第二批全国党员教育培训示范基地。社会消费品零售总额 907.4 亿元，比上年增长 11.6%；限额以上批发零售企业网上零售额 14.3 亿元，增长 22.3%；“正统网”入驻电子商务企业 830 家。全年接待旅游总人数 4607.8 万人次，比上年增长 21.8%；旅游总收入 453.8 亿元，增长 36.4%。年末公路通车总里程 14549 千米，其中高速公路 662 千米。南龙线开通运营，铁路营业里程新增 105.8 千米、累计 592 千米。年末机动车保有量 103.3 万辆。年末互联网用户 101.6 万户，固定及移动电话用户 347 万户。

【农业经济】 2018 年，龙岩市农林牧渔业总产值 421.4 亿元，比上年增长 3.6%。粮食播种面积 12.77 万公顷，粮食总产量 82 万吨、比上年增长 0.1%。蔬菜产量 141.4 万吨，比上年增长 5.8%。肉蛋奶总产量 65.3 吨，比上年增长 0.8%。水产品总产量 5.7 万吨，比上年增长 7.6%。林下经济经营面积 64.67 万公顷，实现产值 190.4 亿元，增长 11.4%；林下经济合作组织 719 个，惠及林农 15.8 万户。

【固定资产投资】 2018 年，龙岩市固定资产投资比上年增长 12.7%。按产业分：第一产业投资比上年下降 15.8%；第二产业投资比上年增长 17.3%；第三产业投资比上年增长 12.7%。按领域分：工业投资比上年增长 18.9%；房地产开发投资比上年增长 30.7%；基础设施投资比上年增长 17.9%。按类别分：民间投资比上年增长 24%；国有投资比上年增长 16.9%。

【财政金融】 2018 年，龙岩市一般公共预算总收入 296.8 亿元，比上年增长 6.4%；地方一般公共预算收入 151.3 亿元，比上年增长 9.0%；财政支出 301.2 亿元，比上年增长 0.5%。税收收入 268 亿元，比上年增长 9.6%。年末金融机构本外币各项存款余额 1914.4 亿元，比上年增长 2.9%；金融机构本外币各项贷款余额 1867.7 亿元，比上年增长 12.2%。全市保险企业各项保费收入 60.1 亿元，比上年增长 13.9%。

【对外经贸】 2018 年，龙岩市招商引资新签约项目 285 个、总投资 915 亿元。进出口总额 283 亿元，比上年增长 9.5%；其中出口 167.9 亿元，比上年增长 6.4%。新批外商直接投资项目 54 个、实际利用外资 2.98 亿美元。积极融入闽西南协同发展区建设，突出抓好列入省盘子 14 个重大项目，全年完成投资 47 亿元；把粤港澳大湾区作为招商引资主阵地，全年新签约落地项目 115 个、占总数的 40.3%。

【城乡建设】 2018 年，龙岩市持续实施中心城市畅通工程，新建及改造道路 15 千米，金鸡路三期、犀牛路二期等建成通车，龙岩大桥主塔桩基及承台已完成；打通 8 个交通拥堵节点，九一桥通行率提高 2 倍，西兴桥、罗桥通行率提高 60%。全市新增公共停车位 6400 多个、人行天桥 6 座。持续实施中心城市园林绿化提升工程，落实城市绿化导则，新建成 4 处公园和 41 千米绿道，市民休闲健身增加许多新去处，龙津湖公园成为深受市民喜爱的城市网红新景观。注重文脉传承，恢复新罗第一泉、罗经泉，实施龙岩洞修复保护。推行街长、巷长负责制，规范和整治农贸市场、夜市、流动摊贩等，完成 400 多个无物业小区治理，整治搬迁韭菜园马路市场，解决多年想解决而没有解决的难题。完善文明建设常态长效机制，推动文明行为促进条例立法和实施。制定实施乡村振兴十条措施，统筹 28 类专项资金投入乡村振兴 5.4 亿元。开展农村人居环境整治，全年完成“空心房”整治 1.8 万平方米、农村户厕改造 1 万户以上。加快“四好农村路”建设，新改建农村公路 395 千米、建成 280 千米，改造农村路

2018 年 10 月 1 日，龙岩最大的水域公园——龙津湖公园开放

网 355 千米，配备 352 名乡村道路专管员，在全省率先实现“路长制”全覆盖。实施农村饮水安全巩固提升工程，全市农村自来水普及率达 79.2%、集中供水率达 87.4%。

【人民生活】 2018 年，龙岩市全体居民人均可支配收入 26247 元，比上年增长 8.9%；城镇居民人均可支配收入 35759 元、增长 8.3%；农村居民人均可支配收入 17154 元、增长 9.3%。城镇登记失业率 2.6%，城镇新增就业 1.8 万人。居民人均生活消费支出 17873 元，比上年增长 8.3%。年末参加城镇基本养老保险人数(不含退休)38.3 万人，比上年增加 1.29 万人。城乡居民基础养老金提高至每人每月 143 元，惠及 41 万人。城乡居民享受最低生活保障救助人数分别为 0.28 万人、4.14 万人。新建居家社区照料中心 20 个、农村幸福院 229 个，年末养老机构总床位数 1.67 万张。

【社会事业】 2018 年，龙岩市持续加大民生投入，全市公共财政 80%以上用于各类民生支出，28 项为民办实事项目基本完成。落实加强基础教育工作十条措施，组建专业化教育投资建设公司，启动应急工程项目管理机制，推进中心城市基础教育扩容项目建设。全市新改扩建中小学 34 所、新增学位 1.8 万个，新建公办幼儿园 20 所、新增学位 7000 多个。加强儿科、产科等紧缺学科建设，全年新增儿科床位 150 张、产科床位 100 张。基层医改深入推进，组建各类医联体 16 个，县域就诊率达 79%，“互联网+分级诊疗”列入科技部惠民项目。公立医院综合改革实现全覆盖，药占比、耗材占比、次均费用等主要指标控制在目标范围内。民营医院开放床位数占全市医疗机构床位数 17%。实现住房公积金“自动按月冲还贷”。扫黑除恶专项斗争取得阶段性成果，共侦办涉黑案件 8 件，打掉恶势力犯罪集团 13 个、恶势力犯罪团伙 25 个。涉麻制毒、电信诈骗、农村赌博和中心城区盗窃“三车”及电瓶专项整治成效明显，成功入围全国首批禁毒示范创建城市，长汀县摘掉全国涉麻制毒重点关注地区帽子。对安全隐患实行红、橙、黄、蓝分级管理、精准整治，安全生产形势总体稳定。食品安全全链条可追溯程度进一步提高。成功承办 2017—2018 赛季全国击剑冠军赛龙岩站比赛，在省运会上获得 64 枚金牌。闽西现代汉剧《伯公灯》获省第七届艺术节一等奖。双拥、国防动员和后备力量建设进一步加强。援藏援疆工作扎实推进。

（市政府办）

责任编辑　上官克盈

产业兴市战略

【概况】 2018 年，龙岩市深入实施“产业兴市”发展战略，围绕做大做强“365”重点产业，高质量推进“双培育”行动计划，加快推动产业转型升级。全市规模以上工业九大重点产业合计增加值占规模以上工业增加值的比重达 96.9%，比上年增加 9 个百分点，对规模以上工业增长的贡献率达 97.6%。有色金属、机械装备 2 个工业支柱产业增加值分别比上年增长 18.6%和 12.5%，光电与新材料、生物医药 2 个新兴产业增加值分别增长 19.8%和 12.6%，增幅均高于全市平均水平。建材、农林加工、烟草、能源精化、纺织 5 个重点产业增加值分别比上年增长 10.6%、10.5%、4.6%、3.0%、-4.4%；高技术产业增加值增长 18.8%。2018 年，9 大工业产业产值约占规模以上工业总产值的 98%，支柱产业、重点产业、新兴产业比重约为 43.5:50.8:5.7。

【“双培育”行动计划】 2018 年，龙岩市深入开展“一业一策”，制定实施“千亿级有色金属和机械装备产业培育实施方案”，有色金属、机械产业 2 个支柱产业增加值分别比增 18.6%、12.5%。各地培育的 13 个百亿产业有 12 个产值实现两位数增长。龙岩市获“中国专用汽车名城”称号。深入实施“一企一策”，市、县两级累计和 61 家企业签订“一企一策”备忘录，根据企业需求，制定“一对一”服务方案和相应的实施细则，挂钩帮扶百家成长型中小微工业企业，每个季度深入企业宣传政策、解企业生产情况、帮助协调解决问题。50 家工业龙头企业产值比上年增长 20.1%；176 家成长型中小微工业企业产值增长 47.4%。

【主导产业】 2018 年，龙岩市制定实施《龙岩市培育支柱产业龙头企业三年行动计划（2018—2020 年）》《培育千亿级有色金属和机械装备产业实施方案》《龙岩市培育文旅康养产业三年行动计划》，集中优势资源，培育做大支柱产业和龙头企业。

有色金属产业。持续发展金铜、稀土产业，以紫金矿业、紫金铜业、太阳铜业、金龙稀土为龙头，打造金铜和稀土产业链条。推进实施紫金铜业年产 40 万吨铜冶炼技改、太阳铜业 22 万吨连铸连轧低氧铜杆生产、上杭紫金山罗卜

2018 年 5 月 9 日，福建省委书记于伟国（左二）在龙岩经开区察看龙工挖掘机及“四轮一带”项目

岭铜矿采选、中油(长汀)裂化催化剂等项目,加快打造“有色金属之城”。2018年,有色金属产业增加值比上年增长18.6%。

机械装备产业。至2018年底,全市初步形成工程机械、环保机械和汽车制造三大机械制造产业集群,有较强的铸造、锻造、机加工能力。工程机械方面,基本形成以龙工集团为龙头的工程机械产业链,产品涵盖装载机、挖掘机、叉车、起重机械。环保机械方面,基本形成以龙净环保为龙头的大气污染治理环保设备制造产业集群,以龙马环卫公司为龙头的环卫装备制造产业集群,在除尘设备、干法脱硫设备等的生产技术居国内领先地位。同时,推动二三产跨界融合,大力发展制造业服务化,涌现出工程总包服务、整体解决方案服务、供应链服务等新模式。汽车方面,有整车企业1家、专用车生产企业14家,产品涵盖乘用车、载货汽车、客车、环卫专用车、应急电源车等130多种,其中,新龙马是全省品类最全的整车制造企业之一。2018年,全市机械产业增加值比上年增长12.5%,龙岩市被中国机械联合会授予“中国专用汽车名城”称号。

文化旅游产业。至2018年底,全市拥有1个世界文化遗产、2个国家AAAAA级旅游景区、10个AAAA级旅游景区,是全国文明城市、国家园林城市、国家森林城市、全国森林旅游示范市、全国绿化模范城市、全国生态文明建设试点地区、国家级客家文化(闽西)生态保护实验区。在全省十大旅游品牌中,龙岩有革命圣地古田会议旧址和世界文化遗产永定客家土楼两大品牌,形成以古田会议旧址群为核心的红色旅游主题景区,以永定客家土楼为代表的海峡客家旅游主题景区和以冠豸山为重点的绿色生态旅游主题景区。2018年,全市旅游总人数4607万人次,实现旅游总收入453.8亿元。

【传统产业】 2018年,龙岩市的传统产业主要有:建筑与房地产业:2018年,建筑业产值比上年增长19.5%,房地产销售额增长30.9%。能源精化产业:华润(永定)湖坑风电场项目建成并网,漳平华电热电联产改造基本完成。上杭蛟洋化工园区企业实现“吃干榨尽”。2018年,能源精化产业增加值比上年增长3.0%。农产品加工产业:正大集团与森宝实现战略重组,长汀盼盼食品饮料建设项目进展顺利,实施农产品加工产业“三品”战略。2018年,农产品加工产业增加值比上年增长10.5%。烟草产业:龙头企业龙烟公司产品结构持续优化,重点项目片烟醇化库项目加快建设中。2018年,烟草产业增加值比上年增长4.6%。建材产业:稳妥推进水泥产业结构调整,龙麟三线4500t/d水泥窑年协同处置危废10万吨、福建省永定兴鑫水泥有限公司异地技改日产5000吨生产线、永定洪山石材循环经济产业园等项目加快推进。2018年,建材产业增加值比上年增长10.6%。纺织产业:加快建设长汀纺织产业集群、漳平轻纺工业园。经纬5万纱锭、天守文兴技改等建设项目实现投产。喜鹊、佳丽斯获批福建省级工业设计中心。

【新兴产业】 2018年,龙岩市的新兴产业有:光电与新材料产业:中晶蓝宝石图形化衬底(PSS)项目、科德亿新能源锂离子电解液项目、金山锂科铝电池正极材料项目竣工投产,正德新型显示技术检测研究院、海峡(连城)光电产业技术研究院等公共服务平台基本完成,冠睿电子终端产品及相关元器件生产、赛特新材真空绝热板二期扩建等项目加快建设。2018年,光电与新材料产业增加值比上年增长19.8%。

生物医药产业:天泉药业、中合药业、采善堂等企业通过GMP认证,龙生生物透皮短肽、九健生物硝酸基纤维素蛋白基片、长汀医疗器械产业园等项目加快建设。2018年生物医药产业增加值比上年增长12.6%。

互联网产业:推动移动互联网、云计算、大数据、物联网与传统产业结合,大力推动以闽西“八大干”“八大鲜”“八大珍”为代表的龙岩地方名优特色产品网络销售。连城县通过评审成为新的国家级电子商务综合示范县。

现代物流产业:发展生产性服务业、物流业,龙岩公路港物流园、中外运龙岩陆地港物流中心、长汀汀州电商物流城、武平龙洲物流园等项目加快建设。

健康养老产业:以优良生态环境为依托,推进医养结合,新建龙岩红房子妇产医院、华厦眼科中心龙岩眼科医院、龙岩慈爱医院等民营医疗机构,加快健康养老服务工程建设。

(市发改委　市工信局)

人才强市战略

【概况】 截至2018年底,龙岩市共引进国家级海外高层次人才10人,国家“万人计划”人才3人;引进省“百人计划”人才31人,省级高层次ABC类人才103人,工科类青年人才327人。其中在2018年,龙岩引进省“百人计划”人才10人、省级高层次ABC类人才70人、工科类青年人才207人,均达2017年全年总数的3倍,超过前5年总和。争取省级人才经费补助4025万元。编制实施龙岩市和省级扶贫开发重点县《年度紧缺急需人才引进指导目录》,申报确认为省紧缺急需人才88名。长汀、连城、武平等3个省级扶贫开发重点县公开招聘教育、卫生专业技术人才314名。支持龙岩学院转型发展,2018年共招聘引进32名博士或副教授等高层次人才。

【载体建设】 2018年,龙岩市创新人才工作平台,强化载体集聚人才、服务产业的成效。2018年,通过完善人才集团模式，共引进落地北斗导航芯片应用产业化项目、拉曼光谱仪项目、新型半导体功率器件项目等15个高层次人才创业项目。人才集团成功获得股权投资、创业投资基金管理人牌照，正式开展基金募集和管理业务。在福建省第六届创新创业大赛中，人才集团落地的高层次人才创业项目共获一等奖1名、三等奖4名，获奖数居全省第二位，其中福建龙新三维阵列科技有限公司和福建钰辰微电子有限公司分别晋级国家赛并获优秀企业称号。推动创新创业平台建设，助推人才项目落地龙岩。至2018年底，全市建成院士专家工作站17家，国家级重点实验室1家、省级重点实验室5家，省级工程技术研究中心31家，博士后工作站11家，省级众创空间14家。漳平台创园被评为国家级海峡两岸青年就业创业基地，武平工业园科技孵化器、龙岩大学生科技园等2家科技企业孵化器成功通过省级科技企业孵化器备案。

【本土人才培养】 2018年，龙岩市开发本土人才资源，盘活本地人才存量，用好用活本地各类人才。共引进22名北京国家级医疗专家到龙岩开展“师带徒”医疗帮扶活动，与龙岩市62名中青年医疗骨干结成师徒。2018年6月，北京医疗专家服务团走进连城和长汀县开展精准扶贫爱心义诊活动，帮扶徒弟随同义诊。后徒弟们到北京专家所在医疗机构进行学习进修、短期培训或专题讨教，至2018年年底累计天数已达3041天，专家们先后来岩指导教学达95次，有力提升徒弟们的医疗技术水平。医疗人才“师带徒”模式得到中央、省、市领导以及《光明日报》《中国人才》等媒体的充分肯定。实施教师、校长培训培养工程，2018年共评选出龙岩市名校长28名，龙岩市名师315名，对入选对象给予每人每月2000元的补助，主要用于教育科研项目、进修培训、调研学习考察、学习资料等费用及发放津贴等。邀请省名师名校长与龙岩优秀教师、校长进行师徒结对，至年底有31个省名校长工作室与龙岩72名优秀校长结为师徒，23个省名师工作室与龙岩73名优秀教师结为师徒，全面提升教育师资水平。加强高技能人才培养工作，2018年，全市新增高技能人才2000余人，至2018年底，共有高技能人才3万多人，占技术工人总数的17.6%；其中，全国技术能手5人，享受国务院政府特殊津贴高技能人才5人，福建省技能大师6人，福建省技术能手27人。在2018年第45届世界技能大赛省级、国家级选拔赛中，全市获得4个省级选拔赛项目第1名。上杭县新设立12个专业的中级职称评审委员会，为促进上杭县产业发展提供技能人才支撑。

【人才智力引进】 2018年，龙岩市重点引进能延伸或提升龙岩现有产业链、有助于推动产业发展的高层次人才，注重强化服务社会民生事业人才队伍建设。2018年，制定出台《龙岩市高层次人才住房公积金特殊支持政策》《中共龙岩市委组织部　龙岩市教育局关于做好人才子女入学工作的通知》，帮助人才解决住房、子女入学等现实问题。持续实施机关企事业单位引进生计划，培养党政、事业、医疗、教育等领域的后备力量。至2018年，全市引进入职双一流高校优秀毕业生243名，其中教育类引进生67名、医疗类引进生40名、事业类引进生12人、党政类引进生124名，博士学历37名、硕士学历201名。

（市委组织部　市人社局）

创新驱动发展战略

【概况】 2018年，龙岩市坚持新发展理念，坚持高质量发展落实赶超，全面推进各项科技工作，科技创新发展取得新成效。全市创新创业环境明显优化，创新主体活力进一步激发，科技支撑引领供给侧结构性改革和产业转型升级力度显著增强，在全省科技创新布局中的地位和作用不断提高。国家创新型城市成功获科技部、国家发改委批准建设（全国第二批仅17个地市获批），国家知识产权试点城市通过验收，龙岩高新区获科技部支持建设科技资源支撑型创新创业特色载体，成功承办第七届中国创新创业大赛（福建赛区）暨第六届福建创新创业大赛，龙岩市企业获奖数量排全省第二位，创历史最佳成绩。

2018年，龙岩市全社会研究与试验发展（R&D）经费投入32.4亿元，占GDP比重1.51%；全市拥有有效发明专利1080件，比上年增长9.64%，每万人发明专利拥有量4.091件，比上年增长9.64%；国家高新技术企业净增34家、累计142家；新增省级科技小巨人领军企业38家、累计99家。

【国家创新型城市建设】 2018年4月，龙岩市被科技部、国家发改委列入新一批开展创新型城市建设名单，将在科研任务、科技人才、创新政策和改革试点得到国家的大力支持。为推进国家创新型城市加快建设，龙岩市牵头制定《龙岩市建设国家创新型城市实施方案（2017—2020年）》《龙岩市创新型城市建设三年行动计划（2018—2020年）》，细化责任分工及年度目标任务，并将“国家创新型城市建设成效”纳入市对县（市、区）、经开区（高新区）、市直部门的绩效考核体系，确保2020年胜利通过国家创新型城市验收。

【企业主体创新】 2018年，龙岩市加强产业科技创新项目谋划与实施，积极组织龙岩高新区申报科技部科技资源支撑型创新创业特色载体。实施“智造”工程，牵头起草《龙岩市智能制造科技创新行动计划（2018—2020年）》，设立“智能制造科技创新示范项目”专项，引导全市企业申报省级智能制造重大专项，推动企业智能化改造升级。创新平

2018年2月18日，“王者荣归”第三届龙岩籍互联网新锐新春沙龙在龙岩互联网产业聚集区商务中心的龙工大厦举行

台建设。推荐龙岩市产品质量检验所、紫荆创新研究院申报省级重点实验室(学科类)，易动力、南环检测入选第三批省级新型研发机构。武平工业园、龙岩大学科技园通过省级科技企业孵化器备案，蚁人之家、中经、杭川、上杭县供销农产品双创孵化园获批省级众创空间，连城兰花获批省级星创天地。承办第七届中国创新创业大赛（福建赛区）暨第六届福建省创新创业大赛。加快龙岩市大学生众创空间和紫荆智能制造综合运营平台建设。推进大型仪器设备共享平台建设，全额非财政资金购置的大型科研仪器向全社会开放服务工作省级试点落户龙岩。企业家队伍建设。加大推荐高层次人才，推荐4人申报科技部“2018年创新人才推进计划暨国家‘万人计划’科技创业领军人才”、1个团队申报科技部“重点领域创新团队”。举办首期“科技创新与科技金融培训班”。选送120位国家高新技术企业、省级科技小巨人领军企业高管参加在北京大学举办的企业家科技创新能力提升培训班。落实惠企政策。推进科技领域“放管服”改革，深化简政放权、优化服务，落实“一趟不用跑”“最多跑一趟”要求，切实提升企业创新获得感。培育创新企业群。2018年，新增国家高新技术企业34家、省级科技小巨人领军企业38家、省级高新技术企业53家，新入库科技型中小企业129家。转化科技成果。完成技术合同登记34份，合同成交总金额2941.45万元，其中技术交易额1911.35万元。奇迈基金项目立项4个，补助金额126万元。

【知识产权强市建设】 2018年龙岩市国家知识产权试点城市通过验收，进入知识产权示范城市培育期。上杭县被评定为福建省知识产权强县。天守超纤被评定为国家知识产权优势企业，畅丰专用汽车等4家企业被评定为省知识产权优势企业，全市各类知识产权示范(优势、试点)企业总计152家。实施“1+10”专利导航产业发展创新计划，龙净环保等10家企业开展产业专利导航。推进“知识产权+金融”服务，18家企业办理专利权质押贷款，授信额度2.24亿元，累计11.15亿元。深入永定等6个县(市、区)开展“双随机、一公开”抽查工作6次，对28个市场主体完成抽查。加大知识产权保护，开展联合执法行动8次，查处假冒专利案件150件。

【科技精准帮扶脱贫】 2018年，龙岩市深入推进科技特派员制度，牵头起草《龙岩市深入推行科技特派员制度实施办法》。组织开展2018年度省级科技特派员认定工作，全市共认定256名省级科技特派员、3家法人科技特派员和4家团队科技特派员，12个项目获省厅立项补助经费185万元。选派49名科技人员与连城、长汀、武平三个省级扶贫开发工作重点县45家企业(单位)对接，提供技术服务与技术培训，协助解决发展中存在的技术问题。制定出台《2018年脱贫攻坚科技帮扶工作方案》，实施科技精准帮扶到户，建立9个县级科技帮扶示范基地和31个科技扶贫示范点，举办12场农业技术培训，培训2000余人，提高贫困户种养殖水平。

（市科技局）

责任编辑　陈　芬

项目落地攻坚战役

【“五个一批”项目】 2018年，龙岩市实现“五个一批”项目1175个，占计划190.7%；增资42.6亿元，占计划256.9%。其中，谋划一批，实现谋划项目323个，占计划161.5%；全市近三年转化签约率47.2%；签约一批，实现签约项目475个，占计划237.5%；开工347个，当年度转化率73.1%；开工一批，实现开工项目208个，占计划171.9%；投产一批，实现投产项目169个，占计划177.9%；增资一批，54个项目实现增资42.6亿元，占计划256.9%。

【“七大领域”会战】 2018年，龙岩市510个“七大领域”会战项目完成投资1035.9亿元，占计划118.3%；开工项目208个，占计划171.9%；建成项目169个，占计划177.9%。

【“重中之重”项目】 2018年，龙岩市60个“重中之重”项目完成投资238.7亿元，占计划116.4%；实现开工项目20个，占计划111.1%；实现建成项目12个，占计划92.3%。其中，产业项目完成投资121.2亿元，占计划119.4%；实现开工项目11个，占计划137.5%；建成项目6个，占计划120%。基础项目完成投资68.4亿元，占计划113.5%；实现开工项目4个，占计划100%；建成项目2个，占计划100%。城建项目完成投资49.1亿元，占计划113.5%；实现开工项目5个，占计划83.3%；建成或部分建成项目4个，占计划66.7%。

【投资工程包项目】 2018年，龙岩市42个投资工程包项目完成投资445.7亿元，占计划201.5%。其中，33个贯彻落实实施一批工程包项目完成投资282.2亿元，占计划196%，9个结合实际实施一批工程包项目完成投资163.6亿元，占计划211.8%。

（市发改委）

生态环保攻坚战役

【概况】 2018年，龙岩市持续把生态环境保护摆上更加重要和突出的位置，举全市之力攻坚克难。出台《龙岩市党政领导生态环境保护目标责任书及生态环境保护攻坚战役考核办法》，将生态环保工作列入“大督查大落实”考评的重要内容，全面落实生态环保“党政同责”“一岗双责”。围绕绿水翻身仗、蓝天巩固仗、净土保卫仗、青山修复仗四大重点，以项目为抓手，把生态环保突出问题项目化，重点实施生态环保攻坚项目235个，完成投资94.14亿元，完成计划投资（76.72亿元）的122.71%。形成以治理带动项目建设，以项目促进污染治理机制，从而实现环境质量改善。2018年，龙岩市在全省目标责任书考核居第五名，实现连续三年提升进位的目标。

【环境状况】 2018年，龙岩市生态环境保护工作推进并取得较大成效。中心城市空气质量优良天数比例达98.9%，居全省第二，空气质量综合指数排名全省第三。全市3条主要河流22个水质评价断面Ⅰ—Ⅲ类水质比例为95.5%，比上年上升9.1%，其中闽江沙溪Ⅰ—Ⅲ类水质为100%，比上年上升33.3%。九龙江北溪Ⅰ—Ⅲ类水质为85.7%，比上年上升14.3%。市、县级集中式生活水源地和3个主要湖库水质达标率均为100%。4月，龙岩市落实有关重大政策措施真抓实干，重点区域大气、重点流域水环境质量明显改善，获国务院办公厅督查激励通报。

【绿水翻身仗】 2018年，龙岩市全面推行河（湖）长制，落实水污染防治行动计划，推进小流域水质提升、生猪污染整治、园区污水集中处理、水源地保护、敏感区域管控、城乡环境保护基础设施建设、中心城市黑臭水体整治等重点工作。完成为民办实事项目有效投资6.4884亿元，完成率160%。完成汀江流域水环境综合整治项目投资12.299亿元，完成率138%。对41个重点乡镇53个考核断面水质现状及主要污染物指标变化情况进行考核，约谈重点乡镇领导14人次，责成新罗区和武平县效能问责5人。市人大启动市县乡三级人大联动监督16条劣V类小流域整治提升工作，市委组织部将2017年水质为劣V类的16条小流域及2018年水质恶化的5条小流域生态环境整治重点工作列入一线干部考核，进一步强化治理工作和巩固治理成效。通过多措并举，有效破解水环境问题。9月、11月，全市82条小流域全部消除劣V类水质。永定富岭溪、新罗大吉溪等16条全省挂号的劣V类小流域于12月13日全部正式销号。

【蓝天巩固仗】 2018年，龙岩市持续开展扬尘整治工作，推进中心城区臭氧污染防治，对火电、水泥等高排放行业和国控、省控重点企业脱硝设施运行的监管，推进挥发性有机物(VOCs)排放规范化管理，完成福建新龙马汽车股份有限公司、龙工(福建)机械有限公司、龙工(福建)液压有限公司、福建龙马环卫装备股份有限公司、龙岩龙净环保机械有限公司等重点企业挥发性有机物(VOCs)治理设施并投入运行。2018年，中心城区、永定区、武平县空气质量优良天数比例略低于2017年同期水平，其他县(市、区)空气质量优良天数比例皆不低于2017年同期水平。细颗粒物浓度等6项污染物指标达到国家二级标准。

【净土保卫仗】 2018年，龙岩市加强土壤污染防治，完成农用地土壤污染状况详查布点采样工作，确定调查点位2010个，采集农用地土壤样品数据3199个。开展重点行业企业用地调查工作，暂定重点行业在产及关闭搬迁企业名单164家，并完成重点行业企业基础信息采集。加大重点监管企业监管力度，筛选土壤环境重点监管企业42家。强化建设用地环境风险管控调查评估制度，完成17个地块的初步调查评估报告并公开。全市推广测土配方施肥技术16.92万公顷，建立示范片2200公顷，实施整乡(镇)推进18个、整村推进144个。实施统防统治面积12.91万公顷次，完成省定任务的101.9%，绿色防控面积18.96万公顷次，完成率101.6%。建立农膜100%回收利用示范片46个，示范面积5846.67公顷，带动面积2.22万公顷，全市废弃农膜回收率达76.2%。危废总产生量27252.16吨，处置利用29450.87吨，处置利用率100%。按时完成第二次全国污染源普查年度任务，共采集污染源数据9213个，完成率100%。

【青山修复仗】 2018年，龙岩市超额完成水土流失治理任务，完成水土流失综合治理面积3.1万公顷（完成率116.3%），完成年度投资38527.4万元(完成率116.5%)。开展自然生态保护，至2018年底，全市森林覆盖率78.9%，森林蓄积量12520万立方米，自然保护区面积13.86万公顷，湿地保有量2.58万公顷。开展“绿盾2018”专项行动，全市3个自然保护区21个问题台账，完成19个问题整改并销号。强化矿山地质环境恢复治理，完成新增矿山恢复治理面积171.32公顷，完成率203.95%。推进特色小镇和美丽乡村建设，在8个特色小镇实施30个建设项目，完成投资3.84亿元，占年度计划投资147.7%。实施124个省级“千村整治、百村示范”宜居环境美丽乡村，累计完成投资12.31亿元，占年度计划投资198.93%。

（林连淳）

脱贫攻坚战役

【概况】 2018年，龙岩市委、市政府深入贯彻落实中央、省关于脱贫攻坚工作的决策部署，把2018年确定为脱贫攻坚质量提升年，全力促进脱贫攻坚与乡村振兴深度融合，扶贫开发各项工作有序推进。在2016年和2017年设区市党

2018年2月27日，全市“三大战役”2017年总结暨2018年部署工作会议在龙岩人民会堂召开

委政府扶贫开发工作成效考核和财政扶贫专项资金绩效考评中，龙岩市连续两年均获优秀等次，获省委省政府奖励资金1000万元，2017年还获中央财政扶贫专项资金绩效考评奖励资金600万元。长汀、连城、武平3个省级扶贫开发重点县均被评为2018年福建省经济发展十佳县，三个县的GDP分别比上年增长7.2%、8.2%、7.4%。

2018年，全市有贫困人口277户、817人(含户内新增5人)实现脱贫，其中国标643人、省标174人。全市除2018年新增或返贫的38户、132人尚未脱贫外，所有建档立卡贫困人口全部脱贫，全年实现264个贫困村、14个市级扶贫开发重点乡镇、1个省级扶贫开发工作重点县(武平县)摘帽退出。

【组织保障】 2018年，龙岩市委、市政府连续三年把脱贫攻坚列为“三大战役”之一，全年，召开市委常委会7次、市政府常务会5次专题研究部署脱贫攻坚工作，先后召开4次现场推进会、18次专题会议。制定出台脱贫攻坚政策性文件10份，累计出台52份，形成精准扶贫工作政策支撑体系。市、县、乡、村四级层层签订《脱贫攻坚责任书》。健全县级党政主要领导向市委、市政府书面述职、行业扶贫政策落实情况季报等制度，在贫困进退、扶贫搬迁、数据信息报送等关键环节，实行乡镇党政主要领导签字确认、县级党政主要领导签字审核制度。强化扶贫工作队伍，足额配备专职工作人员，充实市、县、乡三级扶贫力量。建立扶贫干部队伍培训工作机制(分级培训，即市级负责培训市、县两级扶贫干部，县级负责培训县、乡、村三级的扶贫干部。现场培训，即组织扶贫干部现场观摩、现场点评、会场讨论、掌握实质。部门联动，即与部门联合办班或由部门单独举办相关培训)。2018年，市脱贫办举办2期市、县扶贫干部综合业务培训班，4期激励性扶贫现场推进会，与市人社局联合举办2期乡村振兴战略与脱贫攻坚专题培训班；市委组织部举办1期村干部培训班，市委创新办举办1期驻村干部培训班。市本级财政扶贫支出从上年的12919.52万元提高到15024.75万元，增长16.29%。

【生产扶贫】 2018年，龙岩市突出优势产业和特色产品，挖掘传统产品，传承传统手艺，把脱贫措施落实到种、养、加、商等具体的脱贫项目上。推行“企业+基地+贫困户”等生产发展模式，采取土地流转、土地入股、资金入股等方式，让贫困户分享农业全产业链和价值链的增值收益。2018年，全市累计扶持30349户、102612人次实施生产发展项目。编印《激励性扶贫一百例》，制定《龙岩市激励性扶贫项目专项资金管理办法(暂行)》，市级筹措2000万元资金，专项用于推进激励性扶贫，在扶贫项目支持中引入竞争上岗机制，在项目实施效果考评中引入优胜劣汰动态管理机制，搭建政府、经营主体带动贫困户脱贫的载体，让贫困户通过竞争方式，选择自己想做的、能做的、会做的产业发展，多劳多得，少劳少得，不劳无获，全方位激发贫困户内生动力。2018年，全市127个乡镇实施激励性扶贫项目1476个，受益贫困户23914户77082人。《农村工作通讯》(〔2018〕第17期)对龙岩市激励性扶贫进行专题报道。

【就业创业】 2018年，龙岩市推进“春潮行动”“雨露计划”培训，完善就业咨询、岗位对接、就业维权等服务，落实就业奖励和政府购买公益岗位就业政策，推动实现“一户一就业”。2018年，全市举办各类招聘会89场，实现签约就业6441人；公益性岗位安置贫困劳动力842人，发放岗位补贴296.83万元。组织6608名贫困人口参加职业技能培训，发放培训补贴和鉴定补贴资金82.86万元。引导3家企业建立第二批就业扶贫基地，累计安置贫困劳动力60人；建立扶贫车间6个，安置贫困劳动力18人。组织农业实用技术培训班12期，培训贫困劳动力近1000人。组织选派49个科技人员与长汀、连城、武平三个县的45家单位签订科技对接服务。2018年，全市完成雨露计划培训1437人，补助资金430.95万元已全部发放到户，完成省下达任务的111.13%。完成创业致富带头人培训155人，完成省下达任务的100%。完成创业贫困农户培训528人，完成省下达任务的101.54%。

【住房保障】 2018年，龙岩市对全市建档立卡贫困户家庭住房安全进行鉴定，并做到一户一档。严格对照造福工程易地扶贫搬迁和危房改造的政策规定，逐户核查，确保贫困户住房能搬尽搬、应改尽改。强化搬迁后的产业发展和转移就业服务，确保搬迁对象搬得出、稳得住、能致富。2018年，全市完成造福工程易地扶贫搬迁工程包投资20120.8万元，完成年度计划的160.07%。完成造福工程扶贫搬迁1385户、4295人，完成省下达任务4190人的102.51%。其中，国定贫困户易地扶贫搬迁336户、667人，省定贫困户造福工程搬迁324户、1152人，均100%完成省下达任务。完成建档立卡贫困户农村危房改造4228户。

【教育资助】 2018年，龙岩市在落实好中央、省已有教育资助政策的基础上，推进市本级出台的学前教育阶段生均每年3000元助学金、大学生在校期间生均每年2000元学费奖励的政策落地。2018年，全市发放各类奖助学资金2.47亿元(含生源地信用助学贷款)，惠及家庭经济困难学生24万人次。其中，学前教育阶段资助12942人次、1493.67万元；义务教育阶段营养改善计划补助33620人次、3362万元，寄宿生生活补助3367人次、213.69万元。高中免学费补助16131人、1883.18万元；中等职业教育资助9662人次、245.58万元，免学费补助57490人次、4250.79万元；高等教育国家助学金、奖学金、励志奖学金资助5012人次、1190.76万元，市级发放学费资助4088人次、475.65万元；少数民族国家助学金资助658人次、32.9万元。

【医疗保障】 2018年，龙岩市建档立卡农村贫困人口家庭医生签约率达100%。是年，贫困人口实际发生医疗费用29781万元，医保政策范围内医疗费用28177.03万元，各类医疗保障政策报销24418.71万元，其中：基本医保17813.5万元、大病保险951.89万元、医疗救助5141.28万元，精准扶贫医疗叠加保险报销512.06万元、受惠人数14964人。医保政策范围内报销比例达86.66%，13种重特大疾病报销比例为97.35%。同时，在全市推行健康扶贫医疗商业补充保险模式，把贫困人口年度自付目录内住院医疗费用控制在3000元以内，斩断贫困户因病返贫根源。实行商业补充保险后，集中救治病种外的大病患者政策范围内报销比例达93.32%。

【金融扶贫】 2018年，龙岩市扶贫小额信贷风险担保金为7152户贫困户担保贷款23912.51万元，完成省下达任务的313.48%，累计为14772户贫困户担保贷款68621.28万元，全市存量贷款40572.88万元，存量覆盖面为29.77%。市统筹安排专项资金实施"扶贫保"保险。2018年，根据贫困户生产生活实际，开通种养综合保险、小额家财保险、小额意外保险和光伏设备意外综合保险等4个险种，实行"贫困人口不需承担保费，承保公司不收取运营成本和不承担年度亏损"的运作模式，为全市贫困人口提供生产生活风险保障。全市有37427户贫困户、107087个贫困人口、516.84公顷农作物、841142只家畜家禽、145台光伏设备投保，投入保费421.09万元、风险保障26.63亿元。

【生态扶贫】 2018年，龙岩市聘用建档立卡贫困户186人担任生态护林员，平均月工资738元；全市发放773户建档立片贫困户营林生产补助金167.7万元；发放1964户建档立片贫困户林下经济补助金282.6万元；发放6807户19859人水土流失区群众生活燃料补贴397.18万元，其中，市级资金补助198.59万元，县级资金198.59万元。

【生存救助】 2018年，龙岩市把可支配收入低于最低生活保障标准的农村人口全部纳入低保范围，做到应保尽保。把符合条件的农村低保人口全部纳入建档立卡贫困人口范围，做到应纳尽纳。全市农村低保对象21238户、41434人中，双向"重叠对象"10516户、22382人，重合率54%，人均月补助291.28元。实施临时救助20246人次、2653.69万元，年度资金使用率100%。

【结对帮扶】 2018年，龙岩市按照干部挂钩帮扶贫困户"五个一"、部门挂钩帮扶贫困村"四个一"、市(厅)级干部联系帮扶贫困乡镇"三个一"的工作要求，制定挂钩帮扶"三大纪律、八项注意"工作纪律，做到全市31个扶贫开发重点乡镇都有一个厅级干部挂钩联系、380个贫困村都有1个部门挂钩帮扶并派驻工作队、所有贫困户都有一名以上干部挂钩帮扶并确保每年入户4次以上、全市1818个有贫困人口的村均聘用一个村级扶贫协理员。2018年，全市418个下派干部驻点村共筹措资金72887万元，投入资金总量53504万元，先后实施产业发展、村财增收、基础设施建设等各类项目2492个。全面消除全市265个集体经济"空壳村"，集体经济"薄弱村"从784个减少至442个(占比从43.8%下降至24.7%)。

【社会扶贫】 2018年，龙岩市结合市委、市政府"三大战役"评选表彰活动，评选表彰7个脱贫攻坚成绩突出集体和25个先进个人；结合"10·17"全国扶贫日，表扬30个脱贫攻坚成绩突出社会扶贫先进集体和70个社会扶贫先进个人，弘扬主旋律，传播正能量，构建大扶贫格局。组织动员民营企业和商会挂钩帮扶贫困村、结对帮扶贫困户，引导各类办学基金、奖学基金把扶贫对象子女上学纳入资助范围，及时在精准扶贫信息平台发布扶贫需求、资源供给等信息，搭建社会各界参与扶贫互动平台。2018年，全市动员社会组织参与扶贫345个、帮扶贫困村144个、受惠贫困户28160人、帮扶资金2628.24万元；希望工程资助贫困家庭大学新生748人、418.39万元；"春蕾圆梦"资助70名贫困女大学生、35万元。

(市农业农村局)

责任编辑　陈　芬

综　述

【概况】　2018年，龙岩市全力打好“绿水翻身仗”“蓝天巩固仗”“净土保卫仗”“青山修复仗”，下大力气解决环境突出问题，龙岩市市环境治理工作获国务院大督查激励表扬。健全完善“一河（湖）一档一策”编制，落实交账销号、“三合一”调度督查等制度，扎实推进问题整改，中央和省环保督察反馈涉及龙岩市问题的整改基本完成，已续签2018年汀江—韩江上下游补偿协议。2018年，中心城市空气优良天数比例达98.9%、环境空气质量综合指数全省排名第三，全市三条主要流域Ⅰ—Ⅲ类水质比例达95.5%，城市内河、县级以上集中式水源地、重点湖库水质达标率100%。国家生态文明试验区建设顺利推进，深化水土流失治理“长汀经验”、林改“武平经验”、推进自然资源产权制度改革等14项生态文明体制改革任务基本完成，顺利通过创建国家现代林业科技示范园区评审，武平获评全国森林旅游示范县。

【水土流失精准治理】　2018年，龙岩市制定实施《关于牢记习近平总书记“进则全胜、不进则退”嘱托，奋力推进水土流失精准治理深层治理，夺取决定性胜利的实施方案（2019—2020）》，努力推动长汀及全市从浊水荒山到绿水青山再向金山银山转变。2018年，全市完成水土流失治理面积3.1万公顷，占省下达任务的116%；林下经济经营面积达64.67万公顷，实现产值190.4亿元，比增11.4%；乡村旅游实现总收入161.02亿元，比增30.9%。

【深化武平集体林权制度改革】　2018年，龙岩市进一步总结提升林改“武平经验”，武平国家集体林业综合改革试验示范区和捷文村“乡村振兴·美丽捷文”示范点建设加快推进，在全市出台办卡即贷、减费让利等办法破解林农贷款难、融资难问题，累计发放“惠林卡”7422张、授信5.87亿元、用信3.8亿元，推动林业资源变资产、资产变资本、资本变资金，林权证直接抵押贷款“惠林卡”在全国推广。

长汀水土流失治理

【概况】　2018年，长汀县深入贯彻全面落实习近平生态文明思想特别是习近平总书记对长汀水土流失治理的重要批示精神，以“尊重自然，注重预防，强化治理，打造绿水青山，提升水土流失防治体系和防治能力”为目标，以生态环保攻坚和项目落地攻坚战役为抓手，强化措施，狠抓落实，全县水土流失斑精准化治理取得新成效。全年累计完成水土流失综合治理面积9120公顷，完成市下达治理任务7307公顷的125%，其中营造水保林2300公顷、经果林54公顷，种草123.4公顷，实施坡改梯150.3公顷、低效林改造1367公顷、封禁5107公顷，并新建安全生态水系16千米，治理崩岗50个，修建引水渠、蓄水池等小型水利水保设施17处。累计完成投资7517.2万元，占市下达计划投资6694万元的112%。省委省政府持续高度重视。省委书记于伟国、省长唐登杰、常务副省长张志南、副省长李德金先后就长汀水土流失治理作出重要批示，以长汀为重点汀江流域水土流失治理的省委、省政府为民办实事项目延期到2020年。“长汀经验”被推荐为全国生态保护与修复典型案例、改革开放40周年“福建影响力”生态文明类优秀案例和新华网第五届绿色发展品牌典型案例，社会影响力持续扩大，并在贵州、宁夏、甘肃等省区得到广泛推广应用。

【水土流失治理】 2018年，长汀县实施中央和省级水土保持项目5个，总投资5330.5万元，其中争取上级补助资金4081.65万元（中央补助1000万元、省级补助2990万元、市级电补配套资金91.65万元）。主要项目为：2018年度国家水土保持重点建设工程项目，总投资1434.23万元，其中中央补助资金1000万元，综合治理水土流失面积2900公顷；省重点县（第一期）2018年长汀县水土流失综合治理项目，总投资1880.01万元，其中省级补助资金1500万元、市级配套燃料补助资金91.65万元，治理水土流失面积2865公顷，对策武、河田、三洲、涂坊和濯田等5个乡镇建档立卡的2730户9165位贫困人口发放生活用电补助183.3万元；省重点乡镇2018年长汀县四都镇、宣成乡水土流失综合治理项目，总投资376.54万元，其中省级补助资金300万元，每个乡镇150万元，综合治理水土流失面积502公顷；省重点县（第二期）2018年长汀县水土流失综合治理项目，总投资1256.72万元，其中省级补助资金1020万元，综合治理水土流失面积1500公顷；省水利厅长汀县2018年面上治理项目，总投资393万元，省级补助170万元，综合治理水土流失面积250公顷。

【水土保持宣传】 2018年，长汀县利用改革开放40年、环保日、普法日、水保宣传日等宣传活动的有利契机，持续开展水土保持宣传"六进"活动（进机关、进乡村、进社区、进学校、进企业、进项目），加强水土保持法律法规宣传教育，提高全体公民依法防治水土流失、保护水土资源的自觉性。在河田镇开展以"加强水土保持，建设美丽长汀"为主题的《水保法》及相关的法律法规活动2次，联合省水利厅在三洲开展水利科技下乡活动1次，印发宣传单3000份，发放围裙及环保袋等宣传品3000份，设计印制以水土保持生态建设为主题的《绿水青山生态县》宣传画册1000本。在中国水土保持生态网发布信息5条、省内外报刊媒体发布信息27条。继续发挥长汀县水土保持科教园宣教平台，全年参观人数超过6万人次。开展实施"长汀经验""六个一"再宣传再提升活动，"长汀经验"成为省内外开展改革开放40年宣传的重要内容。《反弹琵琶分类实施实施水土流失治理的"长汀经验"》荣获由福建省委网络安全和信息化委员会办公室、省委文明办、福建日报社主办的改革开放40周年"福建影响力"生态文明类优秀案例。

2018年9月28日，龙岩市委书记许维泽在长汀县水土保持科教园调研

【监督执法】 2018年，长汀县加强水土保持监督执法，实行项目检查的"全覆盖"，全面落实水土保持"三同时"制度，完成2012年以来县辖区内所有已审批项目及早期审批服务期未满当前仍在生产的共108个项目的清查造册，预防关口前移，有效遏制人为造成水土流失的现象。对龙岩市坤丰农业有限公司在河田镇罗地村违规开发造成新的水土流失予以查处，实现果茶园坡改违法立案"零"的突破。进一步加强事中事后监管，对全县2012年以来审批在建的37个生产建设单位通过"双随机"形式抽查24个单位，对其水土保持方案报批、水土保持日常管理及水土保持方案实施等内容进行检查，抽查率100%，市场主体抽查率64.9%。对落实水保方案不到位的河田陂头岭采石场、新桥廖家采石厂及长汀一中新校区等10个单位下达限期整改通知书。全年共检查项目37个，发出整改通知10份，竣工验收报备1份，立案查处违法行为1起，共审批水土保持方案9份，征收水土保持补偿费71.23万元。

【科研协作】 2018年，长汀县依托长汀水土保持院士专家工作站、福建省（长汀）水土保持研究中心、长汀县博士后研究工作站等"三站一院一中心"等科研平台，积极探索和应用推广水土流失治理新模式、新技术，主要开展"长汀县红壤侵蚀人工群落的演变特征"和"水土流失区林分改造分析"等课题研究。开展游坊小流域综合观测场（HE3520133140）监测、野外生态恢复小区长期定位监测以及开展不同治理模式径流小区监测，并组织团队技术人员与福建农林大学、福建师范大学等科研院校合作，对不同年份和不同治理措施的固定样地进行生物多样性调查和土壤理化性状的监测，配合省林科所开展长汀科教园泾流区水份养份分析。由长汀县水土保持事业局组织参与的研究课题《南方典型花岗岩区水土流失阻控与生态修复的关键技术创新及应用》获得福建省科技进步二等奖,《南方红壤区离子型稀土矿废弃地的植被恢复技术研究》获福建省科技进步三等奖(闽政文[2018]293号)。

（刘　文）

武平集体林权制度改革

【概况】 2018年，武平县深入学习贯彻习近平总书记对福建、武平林改和对捷文村群众来信的重要指示精神,充分发扬“敢为人先、接力奋斗”的林改首创精神,持续深化林改,保护绿水青山,发展林下经济、乡村旅游,建设美丽家园,扎实推进国家集体林业综合改革试验示范区建设,进一步巩固“全国林改第一县”标杆地位,有效提升林改“武平经验”,林业工作呈现良好发展态势。福建武平中山河国家湿地公园的重要组成部分千鹭湖湿地于7月正式开园。11月，武平县被国家林业和草原局授予“全国森林旅游示范县”。

【林权制度改革】 2018年6月，武平县委、县政府印发《武平县创建国家集体林业综合改革试验示范区的实施方案》。上半年完成生态公益林天然商品林管护机制改革，改革后护林员实行“乡(镇)政府、林业工作站监督,村委会管理,村聘、村用”模式,出台《武平县生态公益林　天然商品林管护监管方案》，加强全县生态公益林和天然商品林的保护和管理,全县新配备森林辅警33名、护林员458名。继续做好林权直接抵押贷款、村级担保合作社、“惠林卡”增量扩面工作,累计发放林权抵押贷款4.1亿元,贷款余额3.2亿元;发放惠林卡2339张,授信额度19721万元,用信13970.56万元。2018年6月,出台《武平县恢复天然林林权直接抵押贷款业务实施方案》。全国深化林改现场经验交流会召开以来，共接待全国16个省(区、市)的86批2400多人次来武平考察学习林改经验。国家林业和草原局干部管理学院、福建省委党校分别在武平设立现场教学基地。9月22日,武平县人民政府县长廖卓文参加在北京大学举行的“绿水青山就是金山银山有效实现途径”研讨会上,武平第一个发言介绍经验。10月30日,在“庆祝改革开放40周年暨第二届生态福建高端论坛”上,武平作专题发言,省委党校教材《武平：全国林改第一县的乡村振兴之路》正式发行。10月31日,武平县委书记陈厦生应邀参加在湖北举办的“林业发展与乡村振兴”生态文化论坛,并作专题发言。出台《武平县县属国有林场管理办法》,县属国有林场改革9月20日顺利通过省级验收。

【重点项目建设】 2018年，武平县全力推进中山河国家湿地公园建设,制定出台《福建武平中山河国家湿地公园管理办法》，湿地公园的重要组成部分千鹭湖湿地于1月16日正式开工,7月12日正式开园,形成“湿地花香、竹林禅静、水杉争雄、丹枫白鹭、芦苇飞花、松海云梯、十里桃红、泛舟观荷、白鹭坠霜”等九大景观。

【森林资源培育】 2018年，武平县完成植树造林面积2072公顷，占计划任务的113.14%，完成森林抚育6689公顷,封山育林4595公顷,义务植树93万株,义务植树尽责率102%。

【培育名优产业】 2018年，武平县实现林业总产值68.54亿元,比上年同期增长16.84%。有国家林业重点龙头企业1家，省级林产品龙头企业2家,省级品牌7个,市级林业产业化龙头企业10家,市级品牌12个,新增林业新型经营主体8个,达到106个。全县养蜂5.2万箱，林下仿野生灵芝种植面积187公顷,林下经济经营面积9.68万公顷,实现产值31.03亿元,比上年同期增长12.2%。积极创建全国森林养生重点建设单位。完成武夷山国家森林步道武平境内段初步规划，捷文段18千米的森林步道全面竣工,成为全国首条对外开放的国家森林步道。新增森林人家9家,达到70家,其中三星级森林人家23家，云礤森林人家被评为福建省最美森林人家,年接待森林旅游人数210余万人次，实现森林旅游总产值9.25亿元。9月28日,2018龙岩市森林旅游节在武平县成功举办。花卉苗木种植面积2100公顷，实现产值13.98亿元,其中富贵籽种植面积580公顷，产值2.5亿多元,武平富贵籽荣获“2018年度福建十大农产品区域公用品牌”。在8个乡镇实施总投资294万元的省级现代竹业项目。

【森林资源管理】 2018年，武平县共查处各类破坏森林资源行政案件329起,结案329起,立刑事案件84起,移送60起83人。全年未发生较大森林火灾。林业有害生物成灾率为0,无公害防治率100%,测报准确率93.8%。

（武平县委史志室）

责任编辑　游友荣

海峡两岸客家交流

【海峡两岸青少年交流交往】 2018年初，龙岩市台办以客家文化为切入点，精心策划“两岸客家土楼过大年”“两岸亲·亲子情——相约福建龙岩” 亲子活动、“重走客家迁徙路，共话两岸血脉情——2018两岸客家青少年重走客家迁徙路夏令营活动”、第四届两岸成年礼活动等一系列两岸青少年交流的活动。

“两岸亲·亲子情——相约福建”龙台亲子活动邀请近50名的大陆新娘到龙岩开展为期5天4夜的探亲活动，为大陆新娘搭建一个交流的平台，共叙两岸亲情，让台湾的陆配家庭和大学生了解大陆的经济社会发展变化，深入了解龙台交流交往情况及感受客家文化风情，感受家乡的亲情和温暖，增强“家”和“祖地”对台湾龙岩籍大陆新娘家庭的吸引力。

8月，举办的两岸客家青少年重走客家迁徙路夏令营活动吸引44名台湾营员前来参加。

10月13—14日，第四届两岸成年礼活动在上杭县举行，来自金门的138名师生和上杭的百名师生齐聚上杭，通过“相知相惜”“负重前行”“登高望远”“知书达理”“友谊长久”五关，并进行成年宣誓和才艺表演，增进友谊和交流。同时，来自金门大学的40名大学生在龙岩开展为期三天四夜的考察交流活动。活动中，孩子们同吃同住，通过建立活动微信群，体验大陆便捷支付，体验动车、滴滴平台，编辑抖音小视频，制作活动PPT等多样形式，增进沟通了解，促进感情融和。

【龙台文化交流】 2018年，龙岩市编辑出版《环球客家》4期1.6万册，入台交流4000册。成功举办2018年台湾学者(子)客家文化体验营交流、第三届“祖地寻源” 海峡两岸客家青年学生重走客家先民迁徙路等活动。持续制作客家美食互动节目《美食美客》在台北、台中、桃园、新竹、苗栗等地播出；推动电台节目《两岸客家》在宝岛客家广播电台、大汉之音广播电台等电台播出。

【海峡两岸家庭文化交流活动在长汀举行】 2018年8月3日，由省妇联主办的“姐妹情·一家亲”2018年海峡两岸家庭文化交流活动在历史文化名城长汀举行。由30多名台湾妇女儿童组成的交流团与长汀各界妇女儿童代表欢聚一堂，共叙两岸亲情友情，为推进海峡两岸进一步和谐发展建言献策。

在长汀，台湾交流团参观铁长泳绿茶场、福建富赞橡胶工业公司等台资企业，实地了解台商大陆投资环境，感受台商在服务长汀乡村振兴、促进长汀企业发展等方面所作出的积极贡献。同时围绕“姐妹情·一家亲”的主题展开交流和研讨。两岸妇女代表突出“妇女、家庭”元素，就如何发挥血缘宗亲、客家文化及“半边天”优势，对增进两岸友谊互信，推动龙台、汀台商贸往来、文化交流，构建两岸和谐“大家庭”等方面，提出许多建设性的意见建议。

【两岸青年重走客家迁徙路】 2018年8月6日上午，由福建省新闻出版广电局主办，龙岩市文化广电新闻出版局、龙岩市台湾事务办公室、闽西客家联谊会等单位承办的“重走客家迁徙路 共话两岸血脉情”2018闽台客家青少年广播电视夏令营在河南郑州“黄帝故里”举行开营仪式。7日上午，夏令营的活动成员们结束河南的行程，来到龙岩市境内，第一站造访长汀古城，寻源头，观古迹，了解客家迁徙路。接下来一直到8月10日，两岸营员将沿着客家人迁徙的路线，继续走进连城、上杭、永定等地，零距离感受客家传统文化，领略客家民俗风情。

2018年8月6日，“重走客家迁徙路 共话两岸血脉情”2018闽台客家青少年广播电视夏令营活动 （市文化和旅游局 供图）

来自闽台两地的青年学生、青年学者、媒体记者共80余人参加活动。其中台湾营员44名。

【龙台乡愁朗读活动展演暨颁奖晚会举行】 2018年12月7日晚，由龙岩市台办、市文广新局、闽西客家联谊会指导，龙岩人民广播电台承办的龙台“书香悦读——海峡两岸乡愁朗读大会”展演暨颁奖晚会在闽西汉剧传习中心剧场举行。中华海峡两岸客家文经交流协会副理事长邱英政，市政协副主席刘友洪出席活动。

晚会以“乡音、乡情、乡愁”为主题，共有16个作品、30名选手进入晚会展演，其中24名大陆选手、6名台湾选手。龙台“书香悦读——海峡两岸乡愁朗读大会”活动分为线上作品征集、决赛、展演颁奖等3场活动，通过线上征集并进行专家评审后选取优秀参赛作品进入决赛，现场比赛后评选出一、二、三等奖、优秀奖以及单项奖，同时从决赛选手中选出优秀选手进入最后的展演。

活动以海峡两岸优秀文学作品为纽带，凝聚两岸龙台文化向心力，共吸引近300名来自海峡两岸的朗诵爱好者参与，其中大陆参赛选手213名，台湾参赛选手55名，为两岸朗诵爱好者搭建起一个自我展示及抒发情感的舞台。

客家文化活动

【概况】 2018年，龙岩市先后举办两岸客家土楼过大年、“两岸一家亲·中华心连心”海峡客家中秋文艺晚会、寻根客家首府汀州暨世界客属第24次公祭客家母亲河大典等特色活动。原生态歌谣步云梨岭村木桐号子入选张艺谋执导的《对话·寓言2047》第二季并在国家大剧院首演。收集改编本土歌曲20余首，在“舞动岩城”广场舞大赛中大力推广。

【“客家家风楼”开展仪式在永定区举行】 1月4日上午，“客家家风楼”开展仪式在永定区举行。市委常委、市纪委书记李成荣，市委常委、永定区委书记王金福出席仪式并揭牌。“客家家风楼”是龙岩市纪委、永定区委区政府学习贯彻落实中共十九大精神，传承好“孝悌忠信礼义廉耻”的一项廉文化工程项目。

“客家家风楼”位于永定区湖坑镇西片村的世界文化遗产本体楼振福楼内，共有10个展室。家风展览以“客家家风世代传”为主题，分为厚德篇、忠孝篇、耕读篇、勤俭篇和清廉篇等5个部分，通过展板、影像、匾额等形式进行展陈，内容涵盖土楼客家名人、客家山歌俗语、客家民俗等，集中展现土楼客家41个家风故事。

【“元初客家欢”乡村春晚闪亮登场】 2018年2月25日（正月初十），“元初客家欢”乡村春晚在武平国家AAAA级景区梁野山游客服务中心广场闪亮登场。“元初客家欢”乡村春晚是春节期间广大客家乡村群众自办文化，讲述客家乡村文化故事的草根舞台。市领导詹昌建、刘友洪与现场5000多名观众一同观看乡村民俗晚会。来自龙岩市7个县（市、区）的400多名民间文艺骨干，以朴实、温暖、接地气的表演生动呈现客家乡村浓郁的乡土风情。活动将武平汉剧、永定迎春牛、长汀踩马灯、连城拳，上杭和连城的木偶戏，以及漳平农民画与茶艺表演，新罗采茶灯，百桌宴等非物质文化遗产融合演绎，把浓浓的乡音和乡情带进天南地北客家人的心扉。

【《客家新丝路》开播】 2018年3月27日起，纪录片《客家新丝路》在海峡卫视、东南卫视及台湾、东南亚等地电视台开播。该片作为改革开放40周年的献礼片，由龙岩市委宣传部、市外事侨务办公室、龙岩文化旅游发展集团、福建广播影视集团海峡卫视等共同策划。

该片以闽西客家人在“一带一路”中的发展为主线，全景化、故事化、艺术化地展现经贸交流、文化教育2个叙事主题。其中讲述客家人漂洋过海、开辟事业的众多鲜活故事，全面回顾和展示闽西企业、企业家在海上丝绸之路奋斗与贡献历程。片中，永定籍华侨胡曰皆、马来西亚华文学校领导人胡万铎等人对华文教育的坚守等事迹，定位新时代客家精神，展望21世纪海上丝绸之路。

【上杭举办客家木偶文化艺术节】 2018 年 8 月 5 日，上杭县白砂镇大金村水竹洋自然村举办“田公元帅信俗”活动暨客家木偶文化艺术节。民间艺人们通过木偶巡游、木偶戏班展演等活动，向游客展示独具艺术魅力的客家木偶文化。

客家木偶戏又称客家傀儡戏。上杭傀儡戏班为尊崇木偶祖师爷田公，曾在白砂水竹洋建有“田公堂”，供艺人参拜。2002 年，上杭县成立客家木偶文化艺术研究会，并全面恢复“田公会”的祭祀和傀儡戏班社的调演，古老的傀儡戏剧行会传统得以保存。2011 年，上杭“田公元帅信俗”被省政府公布为第四批福建省非物质文化遗产。

【世界客属第 24 次公祭客家母亲河在长汀举行】 2018 年 10 月 17 日，寻根客家首府汀州暨世界客属第二十四次公祭客家母亲河大典在长汀举行。香港南源永芳集团、马来西亚柔南大埔同乡会、台湾中华海峡两岸客家文经交流协会、马来西亚居銮客家公会、台湾世界客属总会、香港客属社团首长联谊会联合主办，汀州客家联谊会承办。市政协副主席、闽西客联会会长刘友洪，省侨联原副主席谢小建等参加活动，来自马来西亚、加拿大等国家，以及中国台湾、中国香港、河南、江西、广东、福建等 79 家客属社团、祭祖团共计 2000 余人参加。

活动现场，汀州客家联谊会向马来西亚居銮客家公会、加拿大多伦多客属联谊会、香港南源永芳集团有限公司等 8 家客属社团授予“客家荣耀”锦旗，参加祭典活动的海内外客属乡亲向客家母亲雕像敬献花篮、上香、诵读祭文、行鞠躬礼。海内外客属乡亲还朝圣汀州妈祖庙、品尝客家美食、欣赏客家风情文艺表演，参观店头街、古城墙等景点。

2018 年 12 月 6 日，闽西客家十番音乐大赛在龙岩市艺术馆上演

【龙岩技师学院致力打造客家菜创新基地】 2018 年 11 月 28 日，由闽西客家联谊会、龙岩市客家文化研究会依托龙岩技师学院成立的客家饮食文化传承创新基地在龙岩技师学院揭牌。龙岩市政协副主席、闽西客联会会长刘友洪出席揭牌仪式。基地发挥龙岩技师学院烹饪专业的优势，以开发客家菜这一品牌资源为切入点，进一步弘扬闽西客家文化。

学院烹饪专业自 1981 年开设以来，先后为龙岩市餐饮行业培养近 5000 名烹饪技能人才，学院已成为闽西最大的烹饪人才培养学校。近年来，学院根据现代烹饪的特点以及客家菜系的传统，建立中式烹调实训室、基本功实训室、雕刻冷拼实训室等实训场所，为学生校内实训提供训练平台，技艺水平不断提升，先后多次在国家、省、市烹饪项目上获取佳绩。在 2017 年 9 月，学院师生参加“美味客家名厨 18 强国际总决赛（香港）暨中国客家菜首届研讨会”，师生作品分获“白金奖”与“金牌奖”。学院的特色烹饪美名吸引“一带一路”沿线国家学生前来学习，先后接受斐济、朝鲜、斯里兰卡等 18 个国家 100 多名学员到学院学习中式烹调技艺。

【闽西客家十番音乐大赛在龙岩市艺术馆上演】 2018 年 12 月 6 日晚，“文化龙岩 2018 群文十大活动”之“国家非遗·十番呈现”闽西客家十番音乐大赛在龙岩市艺术馆上演。大赛由龙岩市政府主办，市文广新局承办，各县（市、区）文化馆及市非物质文化遗产保护中心协办，全市共 13 支代表队参赛，吸引近 300 人到场观看品评。

客家学研究

【《客家通史》出版发行】 2018 年 2 月，福建客家研究院院长林开钦新著《客家通史》一书出版发行。这部近 30 万字的客家史书，详述客家的形成、发展和播迁的历史，回答有关客家的一系列问题，是一本帮人们认识客家、了解客家、读懂客家的书籍。

林开钦，龙岩上杭人，原中共福建省委副书记、福建省客家研究联谊会会长。曾著有《八千里路云和月》《五十春秋纪事》《形成客家民系的四个特征》《论汉族客家民系》《客家简明读本》《客家七讲三字经》等多本客家文学书籍和客家研究专著。此次出版发行的《客家通史》一书，最大的特点是“还历史的本来面目”。全书共 14 章 52 节，脉络清晰，架构合理，涉及内容极为丰富，把客家的形成发展和播迁的历史详尽地叙述出来。同时，该书以历史为主线，以文物史料为依据，对客家民系等基本问题和客家重大历史问题作综合考证及论述，对当前客家研究中存在的一些错误的思想、模糊不清的认识进行正本清源，既博采众家之长，又具独到见解，具有很强的学术价值和现实意义。

【北大教授做客上杭客家讲坛】 2018年2月6日，北京大学历史系教授郭华榕做客上杭客家讲坛，在上杭县图书馆讲述重要历史人物郭福安。讲座以《郭福安的历史定位——从上杭金山开发与县城开基初探》为题，围绕金山的开采及上杭县治的建立两大主线及农耕文明，讲述郭福安对上杭经济社会发展作出的历史贡献。

郭福安，系唐代名将郭子仪第十三代裔孙，北宋乾兴元年（1022年）为朝廷承事郎，赴汀州府所属金山下的钟寮场（今上杭县才溪镇荣石村），整治该地金铜矿开发与冶炼。

【彭林考察闽西客家文化】 2018年2月，应闽西客家联谊会邀请，清华大学人文学院历史系教授、博士生导师彭林一行6人，深入长汀、连城、上杭、武平、永定等村落考察客家文化，参观客家博物馆（园）及牌匾馆、著名客家宗祠及古民居、古建筑、古街坊，查阅历史文献，体验客家风情，获取口碑实录，为清华大学与闽西客联会建立更加紧密的协作关系做好前期准备。考察期间，还与有关方面就建立客家宗祠博物馆等事宜进行协商。

彭林，江苏无锡人，历史学博士。长年从事中国古代史与学术文化的教学与研究，著有《〈周礼〉主体思想与成书年代研究》《文物精品与文化中国》等，2018年1月入选清华大学文科资深教授。

【“客家祖地与全球客家”学术研讨会在龙岩举行】 2018年11月16日，由龙岩学院闽台客家研究院等单位主办的“客家祖地与全球客家”学术研讨会，在龙岩学院举行。来自意大利、中国大陆及台湾有关高校、研究机构，龙岩本土的专家学者计90多人参加学术研讨会。龙岩市政协副主席、闽西客家联谊会会长刘友洪，龙岩学院校长凌启淡，副校长杨小燕，北京师范大学教授万建中，福建省社会科学院研究员杨彦杰，龙岩市直有关部门领导参加开幕式。

研讨会举行两场主旨演讲后，与会专家学者分别围绕“客家祖地与区域关系”“客家文化与海外关系”“客家文化生态保护与利用”“客家民间信仰与文化艺术”等四个专题进行热烈研讨。学术研讨会共收到海内外专家学者提交论文146篇，经评选入选96篇，到会代表80多人，呈现区域分布广泛、内容主题集中，未来思考切合实际等特点。与会专家学者还考察长汀历史文化名城和丁屋岭古村落等。

【《民间信仰与客家社会》首发】 2018年11月16日，由龙岩学院师范教育学院院长、教授陈弦章撰写的《民间信仰与客家社会》一书，在龙岩学院首发。参加当日举行的“客家祖地与全球客家”学术研讨会的有关领导、部分专家学者、学生代表计50多人参加首发式。

《民间信仰与客家社会》一书共11章，计31万字，分别从生命的体验、生存的智慧、祖先崇拜、圣贤崇拜等事象入手，对闽西客家民间信仰作全方位描述和举证。由九州出版社出版发行。该书用大量的田野调查获得的第一手资料，全方位阐述闽西客家地区的民间信仰及其传承，对于助力乡村振兴战略，实现生态文明有积极的现实意义。

（龙岩市委党史和地方志研究室）

责任编辑　游友荣

2018年11月16日，“客家祖地与全球客家”学术研讨会在龙岩学院举行。图为研讨会现场

重大决策

【概况】 2018年，中共龙岩市委员会以习近平新时代中国特色社会主义思想和中共十九大精神为指导，围绕坚持高质量发展落实赶超这一政治任务，全力推动经济运行稳中有进、稳中向好。全市地区生产总值2393.3亿元、比上年增长7.6%，财政总收入296.8亿元、增长6.4%，地方一般公共预算收入151.3亿元、增长9%，规模以上工业增加值增长9%，固定资产投资增长12.7%，社会消费品零售总额增长11.6%，城镇居民人均可支配收入35759元、增长8.3%，农村居民人均可支配收入17154元、增长9.3%。

【贯彻落实习近平总书记重要指示精神】 2018年，中共龙岩市委梳理并细化分解习近平总书记重要指示涉及龙岩的31件工作任务，特别是进一步贯彻落实习近平总书记对长汀水土流失治理、福建林改的重要指示精神。制定实施水土流失治理提升生态文明建设水平三年行动计划，努力推动长汀及全市从浊水荒山到绿水青山再向金山银山转变，2018年，全市完成水土流失治理面积3.1万公顷，占省下达任务的116%。进一步总结提升林改“武平经验”，武平国家集体林业综合改革试验示范区和捷文村“乡村振兴·美丽捷文”示范点建设加快推进，在全市出台办卡即贷、减费让利等办法破解林农贷款难、融资难问题，推动林业资源变资产、资产变资本，林权证直接抵押贷款“惠林卡”在全国推广。

【“大学习、大普及、大践行”活动】 2018年，中共龙岩市委以“落实新思想、唱响红古田、建设新龙岩”为主线，着力在学懂弄通做实上下功夫，先后召开市委五届六次、七次、八次全会和多次市委常委会，举办新思想学习汇报会和两期市管干部学习贯彻习近平新时代中国特色社会主义思想和中共十九大精神专题研讨班，运用中央苏区发展大讲堂、党委（党组）中心组学习等阵地，实现学习全覆盖、宣传全覆盖、培训全覆盖。

【龙岩融入闽西南协同发展区和粤港澳大湾区】 2018年，中共龙岩市委发挥龙岩的区位、资源、生态、产业、政策优势，主动融入闽西南协同发展区，研究出台《龙岩市推进闽西南协同发展区建设工作方案》，全面推动交通互动、产业互动、民生互动、生态互动，15个项目列入闽西南协同发展区2019年重点推进项目台账，总投资1226.7亿元，年度计划投资196.4亿元。依托地缘、商缘、情缘和人缘优势以及自身产业基础，把粤港澳大湾区作为招商引资的主阵地，2018年，全市签约落地项目中来自粤港澳大湾区投资项目115个、占40.3%。

【高质量发展落实赶超】 2018年，中共龙岩市委开展“大督查大落实”工作。统筹规范各类督查检查考核工作，整合督查考核检查内容，聚焦赶超任务、项目落地、脱贫攻坚、生态环保、防范社会风险等5项重点工作，推动各县（市、区）、各部门比学赶超、奋勇争先，激励各级党员干部新时代新担当新作为。加快产业转型升级。对接省“百千万”行动，深入实施支柱产业、龙头企业“双培育”行动计划。2018年，全市有色金属、机械产业增加值和旅游总收入分别比上年增长18.5%、12.4%、35%；50家工业龙头企业产值增长19.8%；新开工军民融合建设项目24个、新投产11个，新增军品配套销售收入比增46%，成功创建国家军民融合新型工业化产业示范基地，被中国机械工业联合会授予“中国专用汽车名城”称号。开展服务业发展“三比一看”竞赛活动，全市第三产业增加值占比达42%。推进“五个一批”项目攻坚。2018年，新增省“五个一批”项目库项目2548个、总投资8206亿元，70个列入省1820重大项目库的市管项目完成投资200.5亿元、占年度计划的129.7%。开展招商“一月一签约”活动。强化驻点招商、产业链招商、国有公司招商。2018年，组织前往境内外开展“点对点”招商活动20余次，新签约项目285个、总投资915.2亿元，成功签约投资额超10亿元项目23个。

【“三大攻坚战”】 2018年，中共龙岩市委防范化解重大风险。重点围绕防范化解金融风险，建立市县政银司季度协调、资产顺位抵押登记、常态化信息报送等机制，全面排查各领域风险隐患，守住不发生系统性、区域性风险的底线。全市金融机构不良贷款率为1.19%，信贷资产质量居全省第2位，政府综合债务率比上年降低63.7个百分点，全市政府债务风险提示解除。扎实推进精准脱贫。以“质量提升年”为抓手，突出补漏、巩固、提质，重点完善大病补助、脱贫对象动态管理及兜底保障等各类政策，创建激励性产业扶贫模式，并在全省推广。2018年，264个贫困村、14个扶贫开发重点乡镇和1个省级扶贫开发重点县如期实现摘帽，全市除新增或返贫的38户132人尚未脱贫外，建档立卡贫困人口39278户113476人全部实现脱贫。着力加强污染防治。扎实推进中央和省各项环保督察问题整改，2018年，中心城市空气优良天数比例达98.9%、环境空气质量综合指数全省排名第三，全市三条主要流域Ⅰ—Ⅲ类水质比例达95.5%，9月首次全部消除劣五类水质小流域，城市内河、县级以上集中式水源地、重点湖库水质达标率100%。

【扫黑除恶专项斗争】 2018年，龙岩市破获黑恶势力犯罪案件362件，刑拘黑恶势力团伙成员379名，立案审查调查45件50人，打击效能居全省前列。把扫黑除恶工作与解决涉麻涉毒、电信诈骗、农村赌博等区域性治安问题结合起来，推动重点整治实现明显突破，国家禁毒委取消长汀县作为涉麻制毒问题的重点关注地区，龙岩入选全国首批禁毒示范创建城市。

【重点领域改革】 2018年，中共龙岩市委加速推进国有企业改革。对市属国企进行整合重组，基本形成市管企业“四大集团”格局，市属国有企业总资产规模突破1200亿元，2018年完成新增融资147.2亿元。稳步推进市县机构改革。完成市县党政机构改革方案、部门“三定”预审、人员转隶、机构挂牌等相关工作。持续深化“放管服”改革。企业开办时间、社会投资项目审批时限进一步压缩，龙岩市牵头起草的福建省地方标准《“一趟不用跑”“最多跑一趟”政务服务规范》正式施行，“e龙岩”获得中国政府信息化管理创新奖、全省机关体制机制创新优秀案例一等奖，并在全省推广。

【城乡区域发展统筹协调】 2018年，中共龙岩市委加快形成产城融合发展格局。科学编制城市空间布局规划，推动中心城市与新罗、永定同城一体化发展，中心城区与县域交通一体化建设，促进龙雁组团、高坎组团、古蛟组团三大组团错位融合、统筹发展，拉开城市发展框架。全面实施乡村振兴战略。在全省率先制定出台推进乡村振兴十条措施，并同步实施“农村人居环境整治”和“乡村旅游试点”三年行动，统筹28类5.4亿元专项资金投入乡村振兴，实施美丽乡村建设124个。提高城乡居民生活质量。出台加强基础教育工作十条措施，实施“名校带动工程”“阳光招生”和教师“县管校聘”等机制，扩大优质教育资源覆盖面。深化医药卫生体制改革，推广长汀基层医改经验，公立医院综合改革实现“全覆盖”，全市县域就诊率达到90.1%。全力推进居家和社区养老改革试点工作，完成市、县养老服务设施布局专项规划编制。快速推进交通畅通工程、园林绿化提升工程、防洪防涝工程。

【党的建设全面推进】 2018年，中共龙岩市委严格落实定期研究意识形态工作机制，压紧夯实意识形态工作责任，牢牢掌握意识形态工作领导权主动权。持续加强基层组织建设，全市1790个村、126个社区完成“两委”换届选举，265个村级集体经济经营性收入1万元以下的“空壳村”全面消除。树立重实干、重实绩的选人用人导向，深入开展一线考核，一批基层一线优秀干部脱颖而出。深入贯彻落实中央“八项规定”及其实施细则精神，2018年，查处违反中央“八项规定”精神问题387起、处理514人。深入开展形式主义、官僚主义综合整治，全面清理整合督查检查考核项目、整治“文山会海”，加大力度整治机关作风问题。保持惩治腐败高压态势，2018年，全市纪检监察机关立案1324件，结案1010件，给予党纪政纪处分995人，移送司法机关处理38人。一体谋划、纵深推进中央、省委巡视整改工作，针对省委巡视五组巡视反馈的71个问题制定整改措施193条，推动68个问题完成整改；针对移交线索，对222名相关人员和1个党组织进行处理。

重要会议

【市委五届六次全会】 2018年1月3日上午，中共龙岩市委五届六次全会在龙岩人民会堂召开。市委副书记、市长林兴禄代表市委常委会向全会作报告。市委领导何明华、李成荣、王金福、詹昌建、邓菊芳、魏东、毛高良、王龙，市委委员、候补委员，市人大常委会、市政府、市政协党员领导，市中级人民法院院长、市人民检察院检察长，在龙岩的省人大常委会委员，非中共党员的市级领导，厅级离退休老同志出席会议。会议主要任务是：深入学习贯彻中共十九大精神和习近平新时代中国特色社会主义经济思想，全面落实中央经济工作会议和省委十届五次全会各项决策部署，总结2017年经济工作，部署2018年经济工作，推动全市经济社会持续健康发展；审议通过《中国共产党龙岩市第五届委员会第六次全体会议决议（草案）》。

会议强调，2018年全市经济工作的总体要求是：全面贯彻中共十九大精神，以习近平新时代中国特色社会主义思想为指导，统筹推进“五位一体”总体布局和协调推进“四个全面”战略布局，加强党对经济工作的领导，坚持新发展理念，坚持以供给侧结构性改革为主线，坚持稳中求进工作总基调，紧扣社会主要矛盾变化，把实现发展高质量与发展加速度有机统一起来，拓展新优势，抢抓新机遇，利用新资源，转换新动能，拼精神、下狠劲，深入实施“三大战略”，持续打好“三大战役”，强化机制创新，强化作风转变，推动质量变革、效率变革、动力变革，推动“再上新台阶、建设新龙岩”迈出新步伐。会议要求，2018年重点要抓好五个方面工作：一是坚定不移持续打好“三大战役”。项目落地战役要更加突出实效，脱贫攻坚战役要更加突出精准，生态环保战役要更加突出提升。二是高质量推进“双培育”行动计划。要大力培育发展支柱产业，培育壮大龙头企业，并通过“双培育”行动计划，加快创建“三城一基地”。三是加快转型升级培育发展新动能。要着力发展新兴产业，提升现代服务业，发展军民融合产业，激发市场活力。四是坚持区域协调推进城乡融合发展。要加快建设宜居宜业城市，扎实推进乡村振兴。五是加快补齐民生社会事业短板。要促进教育均衡优质，提升医疗服务水平，防范化解各类风险，让人民群众有更多获得感、幸福感、安全感。

【市委五届七次全会】 2018年10月13日上午，中国共产党龙岩市第五届委员会第七次全体会议在龙岩人民会堂召开。市委书记许维泽主持会议并讲话。市委副书记、市长林兴禄作有关文件说明。市委委员、候补委员，市人大常委会、市政府、市政协党员领导，市中级人民法院院长、市人民检察院检察长，在龙岩省人大常委会委员，非中共党员的市级领导，厅级离退休老同志出席会议。全会的主要任务是：深入学习贯彻习近平新时代中国特色社会主义思想和中共十九大精神，认真贯彻落实习近平总书记对福建、龙岩工作的重要指示精神，按照省委十届六次全会的决策部署，进一步动员全市广大干部群众在坚持高质量发展落实赶超中展现新时代新担当新作为；审议通过《关于深入贯彻落实习近平总书记重要指示精神坚持高质量发展落实赶超的意见（草案）》《中国共产党龙岩市第五届委员会第七次全体会议决议（草案）》。

会议强调，坚持龙岩市高质量发展落实赶超的总体要求是，以习近平新时代中国特色社会主义思想为指导，全面贯彻中共十九大和十九届二中、三中全会精神，按照“五位一体”总体布局和“四个全面”战略布局，坚持新发展理念，坚持稳中求进工作总基调，紧紧围绕高质量发展落实赶超这一战略目标，结合龙岩实际，在发挥优势、激活动能、强化支撑、补齐短板、城乡融合上全力突破，落实全面从严治党“八个坚定不移”要求，进一步增强活力保障、生态保障、服务保障、稳定保障，全面推进产业发展、城乡建设、民生事业、改革开放、生态文明建设和党的建设，在新时代伟大征程上奋力建设新龙岩。

【市委常委会会议】 2018年，中共龙岩市委常委会召开会议40次。市委副书记、市长林兴禄主持召开1月2日—7月16日常委会会议22次（其中，3月5日会议由市委副书记何明华主持）；7月23日—12月24日，市委书记许维泽主持召开市委常委会会议。

1月2日上午，学习贯彻省委关于落实中央八项规定精神的有关要求；研究市委五届六次全会有关事项；审议《龙岩市事业单位公务用车制度改革实施意见（送审稿）》《龙岩市国有企业公务用车制度改革实施意见（送审稿）》；审议《中共龙岩市委　龙岩市人民政府关于推进安全生产领域改革发展的实施意见(送审稿)》；审议《政府工作报告(送审稿)》《关于龙岩市2017年国民经济和社会发展计划执行情况及2018年国民经济和社会发展计划(草案)的报告(送审稿)》和《关于龙岩市2017年预算执行情况和2018年预算(草案)的报告(送审稿)》；听取市五届人大二次会议、市政协五届二次会议筹备工作情况的汇报，审议《龙岩市人大常委会工作报告（送审稿）》《龙岩市政协常委会工作报告（送审稿）》《龙岩市中级人民法院工作报告（送审稿）》《龙岩市人民检察院工作报告(送审稿)》；听取一线考核干部工作情况的汇报；传达贯彻全省社会治安综合治理表彰大会精神；听取2018年度市委市政府为民办实事项目遴选情况的汇报。

1月10日下午，研究干部有关工作。

1月17日上午，传达学习习近平总书记1月5日在新进中央委员会的委员、候补委员和省部级主要领导干部学习贯彻习近平新时代中国特色社会主义思想和党的十九大精神研讨班开班式上的重要讲话精神；传达贯彻省委主要领导在岩调研时的讲话精神；审议龙岩市进一步贯彻落实中央八项规定精神实施办法(送审稿)；研究2017年中心城区重点项目征地拆迁工作成绩突出个人记功事宜；研究干部违纪有关案件；研究干部有关工作；传达学习习近平总书记在中央政治局民主生活会上的重要讲话和中央政治局民主生活会情况的通报精神，开展市委理论学习中心组专题学习研讨。

1月19日下午，传达学习习近平总书记对武平县捷文村群众的关怀精神，传达贯彻省委书记于伟国在中办调研室来电上的批示精神；听取推进福建新龙马汽车股份有限公司加快发展有关情况汇报；听取2018年“重中之重”项目初步安排情况汇报；研究干部有关工作。

2月1日上午，传达贯彻省“两会”精神；传达贯彻十九届中纪委二次全会、省纪委十届三次全会精神，审议《市纪委五届三次全会工作报告（送审稿）》；听取2017年度县（市、区）党政领导综治（平安建设）责任落实情况考评结果和2013—2016年度全市社会治安综合治理成绩突出集体、个人和平安建设成绩突出乡镇（街道）推荐情况的汇报，审议《2018年度县（市、区）党政领导综治（平安建设）责任书（送审稿）》；传达贯彻全省金融工作会议精神；听取2017年度县（市、区）党政领导生态环境保护目标责任落实情况考评结果的汇报，审议《2018年度县（市、区）党政领导生态环境保护目标责任书（送审稿）》；传达贯彻中央、省委农村工作会议精神，审议市委市政府《关于实施乡村振兴战略的实施意见（送审稿）》；研究干部有关工作。

2月11日上午，听取2017年项目落地、脱贫攻坚、生态环保“三大战役”考评结果汇报，审议2018年项目落地、脱贫攻坚、生态环保“三大战役”实施意见（送审稿）；研究部署2017年度全面从严治党主体责任落实情况市对县（市、区）检查和省对市检查迎检工作；传达贯彻全国、全省统战部长会议和省委常委会会议精神，全省贯彻落实中央和省委关于宗教工作重大决策部署经验交流会暨学习贯彻新疆若干历史问题研究座谈会、全省民族贫困村脱贫攻坚暨挂钩帮扶民族乡工作推进会和全省民族宗教局局长会议精神；传达全省组织部长会议、2018年省委人才领导小组第一次会议暨全省人才工作联席会议精神；传达贯彻中央、省委政法工作会议精神，全国、全省扫黑除恶专项斗争会议精神，全省信访局长会议精神；研究干部有关工作。

2月23日上午，研究部署市委、市政府近期重点工作。

2月26日上午，审议《中共龙岩市委常委会2018年工作要点（送审稿）》；传达贯彻习近平总书记关于宣传思想文化工作的重要思想和全国、全省宣传部长会议精神。

3月5日上午，传达学习人民日报《习近平同志在福建宁德工作时反腐倡廉的生动实践》及评论员文章和省委常委会会议及省委办公厅组织学习的通知精神。

3月22日上午，传达贯彻习近平总书记重要讲话、十三届全国人大一次会议、全国政协十三届一次会议精神和省委常委会（扩大）会议精神。

3月22日上午，传达贯彻十九届中央深改领导小组第二次会议、十届省委深改领导小组第十九次会议精神，审议《中共龙岩市委全面深化改革领导小组2018年工作要点（送审稿）》；审议《中共龙岩市委巡察工作实施办法（修订）（送审稿）》；听取中华一家亲·2018海峡两岸各民族欢度“三月三”节暨福建省第七届“三月三”畲族文化节、第十一届海峡两岸少数民族丰收节筹备工作情况汇报；审议2018年龙岩市推荐评选福建省劳动模范和先进工作者人员名单；传达贯彻全省机关党的工作会议精神；听取2017年度龙岩市级“平安单位”考评情况汇报；传达贯彻中央、全省对台工作会议精神；研究干部有关工作。

3月30日上午，传达贯彻省委常委、省纪委书记、省监委主任刘学新到龙岩调研检查讲话精神，研究部署省委对市委2017年度全面从严治党主体责任落实情况检查问题整改工作，市委主要负责同志对各党组（党委、党工委），各县（市、区）委负责同志进行集体约谈；传达学习中央全面深化改革委员会第一次会议精神，听取2017年全市全面深化改革工作情况汇报，审议《中共龙岩市委全面深化改革领导小组工作规则（修订稿）（送审稿）》《中共龙岩市委全面深化改革领导小组专项工作小组工作规则（送审稿）》《中共龙岩市委全面深化改革专项工作小组联络员会议制度（修订稿）（送审稿）》《中共龙岩市委全面深化改革领导小组办公室工作细则（送审稿）》《整治“文山会海”二十条规定（送审稿）》；听取关于规范全市检查督查评比考核有关工作情况汇报；听取龙岩市2017年服务业“三比一看”考评结果汇报，审议《2018年服务业“三比一看”实施方案（送审稿）》。

4月11日上午，听取市委、市政府近期46项重点工作进展情况汇报；传达贯彻省关工委第二十四次全委（扩大）会议精神，研究部署全市关心下一代工作；听取文明城市建设常态长效机制推进落实情况汇报；听取2017年全市党建工作情况汇报，审议《2018年全市党建工作要点（送审稿）》；审议《龙岩市商会管理暂行办法（送审稿）》；传达贯彻全省反恐工作会议精神；研究干部有关工作。

4月20日上午，研究干部有关工作。

4月26日下午，学习习近平总书记在博鳌亚洲论坛2018年年会开幕式、中央财经委员会第一次会议、庆祝海南建省办经济特区30周年大会、全国网信工作会议上的重要讲话精神，致首届数字中国建设峰会的贺信精神；传达学习习近平总书记关于意识形态工作重要论述，分析研判我市意识形态领域形势；传达贯彻中央政治局委员、中央书记处书记、中央宣传部部长黄坤明在岩重要指示精神；听取全市基础教育工作情况汇报；审议《关于加强和改进新形势下全市政法队伍建设的七条措施（送审稿）》；传达贯彻全国、全省机要密码工作会议、保密工作会议精神；听取巡视准备工作情况汇报；审议《关于做好表彰奖励工作有关事项的通知(送审稿)》；传达贯彻全省村级组织换届选举工作视频会议精神；听取红色培训产业发展情况汇报；研究干部有关工作。

5月4日下午，听取上一轮省委巡视发现问题整改落实情况的汇报；听取配合新一轮省委巡视工作准备情况的汇报，研究部署有关工作；研究干部有关工作。

5月14日上午，研究干部有关工作，传达学习习近平总书记在中共中央政治局第五次集体学习时、在纪念马克思诞辰200周年大会上和在第十九届中央国家安全委员会第一次会议上的重要讲话精神，研究部署下一阶段我市深入学习宣传贯彻习近平新时代中国特色社会主义思想工作，通报省委省政府工作检查组在龙岩检查情况并传达学习有关精神，传达贯彻十届省委第四轮巡视工作动员部署会及设区市巡察办主任座谈会精神，审议《龙岩市党政领导生态环境保护目标责任书及生态环境保护攻坚战役考核办法（送审稿)》，听取省委检查龙岩市2017年度落实全面从严治党主体责任情况发现问题整改计划和即知即改情况汇报。

5月25日上午，传达学习习近平总书记在中央深改委第二次会议、全国生态环境保护大会、中央审计委第一次会议上的重要讲话精神；传达贯彻省委省政府工作检查总结会精神；审议《关于公布市级检查考核项目清理结果的通知(送审稿)》；审议《“e龙岩”提升工作任务分解方案(送审稿)》。

6月4日上午，传达学习习近平总书记在中国科学院第十九次院士大会、中国工程院第十四次院士大会上的重要讲话精神，致2018中国国际大数据产业博览会、上海合作组织首届媒体峰会贺信精神，学习《中共中央办公厅印发〈关于进一步激励广大干部新时代新担当新作为的意见〉的通知》精神；听取发展壮大村级集体经济及解决村级组织无活动场所问题工作情况汇报，传达贯彻全省基层党建工作重点任务推进会、新时代激励干部新担当新作为暨加强改进选调生工作座谈会精神；学习贯彻《地方党政领导干部安全生产责任制规定》及全国、全省贯彻落实《地方党政领导干部安全生产责任制规定》电视电话会议精神；研究2018年度市、县级党委政府表彰和市级公务员及时性奖励项目；听取2017年度市级表扬奖励“平安县乡村”评审情况汇报；听取全市禁毒工作情况汇报；审议《关于进一步加强和完善城乡社区治理的实施意见(送审稿)》；研究干部有关工作。

6月20日上午，学习习近平总书记在山东考察时的重要讲话精神、对脱贫攻坚工作重要指示精神，通报福建省党政代表团赴广东学习考察情况、湖畔大学在古田干部学院培训相关情况，审议《关于推荐市委、市政府万安溪引水工程工作成绩突出集体和个人记功奖励及通报表扬名单(送审稿)》，传达全省传达贯彻省区市纪检监察工作座谈会电视电话会议精神，审议《2018年项目落地攻坚战役绩效管理考评办法(送审稿)》，研究干部有关工作。

6月28日下午，传达贯彻省委副书记、省长唐登杰在龙岩调研时的讲话精神；听取2018年村级组织换届选举工作汇报。

7月16日下午，宣布省委关于龙岩市委主要领导调整变动的决定。

7月23日上午，学习习近平总书记在全国组织工作会议、中央政治局会议、中央政治局第六次集体学习、与团中央新一届领导班子成员集体谈话时的重要讲话精神，对禁毒工作、推进中央和国家机关党的政治建设、实施乡村振兴战略、防汛抢险救灾工作的重要指示精神；学习中央深改委第三次会议精神、人民日报《习近平同志推动厦门经济特区建设发展的探索与实践》；传达学习省委关于严肃机构改革纪律文件精神；审议《龙岩市文联深化改革方案(送审稿)》《龙岩市推进乡村振兴十条措施(送审稿)》；传达贯彻全省生态环保大会和国家生态文明试验区建设推进会精神、全省网络安全和信息化工作会议和数字福建建设推进会精神、省纪委监委2018年上半年工作会议精神；审议《把党的政治建设摆在首位　落深落细落实全面从严治党主体责任的实施意见(送审稿)》、市委法律顾问及储备人选名单；传达贯彻全国扫黑除恶专项斗争督导工作培训班和省扫黑除恶专项斗争领导小组成员(扩大)会议精神，听取全市扫黑除恶专项斗争工作进展情况汇报；审议《龙岩市文明行为促进条例(草案)(送审稿)》；研究干部有关工作。

8月5日上午，研究干部有关工作。

8月10日上午，传达贯彻习近平总书记关于维稳工作重要指示精神和全国维护社会稳定工作视频会议、全省维护社会稳定暨退役军人服务管理工作视频会议精神；传达学习习近平总书记在党外人士座谈会上的重要讲话和中共中央政治局有关会议精神；传达贯彻中央第一巡视组巡视福建省情况反馈会、省委常委会(扩大)会议精神，审议涉及龙岩市问题整改分解落实方案；听取2017年度龙岩市落实全面从严治党主体责任存在问题整改落实情况汇报；审议《龙岩市开展“大督查大落实”激励广大干部新时代展现新担当新作为工作方案（送审稿)》《关于成立五个专项工作组工作方案（送审稿)》《关于加快红色文化产业发展的若干措施(送审稿)》；学习中共中央宣传部关于中美经贸摩擦的学习参考；听取“扫黄打非”工作情况汇报；审议《中共龙岩市委巡察工作规划（2017—2021年)(修订稿)(送审稿)》；传达贯彻全省组织工作会议、省委新时代新担当新作为工作领导小组第一次会议、全省抓党建促脱贫攻坚工作现场推进会、2018届引进生座谈会精神；听取2017年度全市各层面绩效管理考评结果情况汇报，审议《2018年度全市各层面绩效管理工作方案(送审稿)》;审议《关于上报龙岩市清理规范创建示范活动自查自纠情况的建议方案》;研究干部有关工作。

8月23日上午,研究干部有关工作。

8月30日下午,研究干部有关工作。

9月12日上午，传达学习贯彻习近平总书记在全国宣传思想工作会议上的重要讲话精神;学习习近平总书记在中央全面依法治国委员会第一次会议、推进“一带一路”建设工作5周年座谈会、全国教育大会上的重要讲话精神,对信访工作重要批示精神,新修订《中国共产党纪律处分条例》,中办《军民融合发展战略纲要》《数字经济发展战略纲要》;省委省政府印发的《关于营造企业家健康成长环境　弘扬优秀企业家精神　更好发挥企业家作用的实施意见》;传达贯彻全省精神文明建设工作暨先进命名表彰大会精神,审议拟命名2015—2017年度市级精神文明建设各类先进候选名单;审议《龙岩市落实中央环保督察反馈问题整改交账销号实施办法（试行)(送审稿)》;听取2017年度县(市、区)党建目标管理考评结果情况汇报，审议《2018年度县(市、区)党建目标管理考评办法》;审议《龙岩市饮用水水源保护条例（草案)(送审稿)》《龙岩市人大常委会2019年立法工作计划(送审稿)》;听取全市村级组织换届选举工作情况汇报。

9月21日下午,学习新修改的《中华人民共和国宪法》;审议《市属国有企业整合重组方案(送审稿)》;听取龙津湖会议中心配套用房(酒店)项目建设情况汇报;研究干部有关工作。

9月30日下午，传达贯彻省委十届六次全会精神；听取迎接中央信访工作督察有关情况汇报；研究干部有关工作。

10月11日下午,学习习近平总书记在中央全面深化改革委员会第四次会议、中央政治局第八次集体学习上的重要讲话精神;听取市委五届七次全会筹备工作情况,审议市委五届七次全会有关材料;听取中央扫黑除恶督导指出问题阶段性整改落实情况和推进扫黑除恶治乱工作的文件(送审稿)起草情况的汇报,部署安排下阶段扫黑除恶工作;审议《第九届海峡两岸机械产业博览会暨第十一届中国龙岩投资项目洽谈会总体方案(送审稿)》;听取龙岩市2017年度落实全面从严治党主体责任检查情况汇报;研究干部有关工作。

10月29日下午,学习习近平总书记在中央军民融合发展委员会第二次会议上的重要讲话精神,在第五个国家扶贫日对脱贫攻坚工作作出的重要指示精神,对全国党委秘书长会议作出的重要指示精神,10月20日给“万企帮万村”行动中受表彰民营企业家的回信精神，在广东考察时的重要讲话精神；传达贯彻中央书记处书记、中央统战部部长尤权在岩调研重要讲话精神;研究干部有关工作。

10月31日中午,研究部署配合省委组织部到龙岩蹲点调研工作。

11月14日上午,学习习近平总书记在中央政治局会议、民营企业座谈会、首届中国国际进口博览会开幕式上的重要讲话精神,在中央政治局第九次集体学习、上海考察时的重要讲话精神,同中华全国总工会新一届领导班子成员、全国妇联新一届领导班子成员集体谈话时的重要讲话精神,致第五届世界互联网大会的贺信精神;研究部署全市当前重点工作;传达学习中央巡视领导小组署名文章《巡视整改落实是“四个意识”的试金石》、省委《关于进一步加强全省巡视巡察机构和队伍建设的意见》，传达贯彻十届省委第五轮巡视工作动员部署会及设区市巡察办主任座谈会精神,研究部署省委巡视龙岩反馈问题整改工作;传达学习中共中央办公厅关于统筹规范督查检查考核工作的通知精神;传达学习中办关于陕西省委、西安市委有关严重违纪的通报,中办关于统筹规范督查检查考核工作的通知精神;听取中央扫黑除恶督导组督导龙岩反馈问题阶段性整改情况汇报，审议《中央扫黑除恶督导组督导龙岩反馈问题整改任务分解落实方案（送审稿)》;传达贯彻中国工会第十七次全国代表大会、中国妇女第十二次全国代表大会、第十次全国归侨侨眷代表大会及省委常委会会议精神;听取龙岩市工会第五次代表大会、共青团龙岩市第五次代表大会、龙岩市妇女第五次代表大会、龙岩市第六次归侨侨眷代表大会筹备工作情况汇报;传达贯彻全省宣传思想工作会议精神，全省党委秘书长、办公厅(室)主任会议精神;审议《龙岩市贯彻<福建省弘扬“马上就办、真抓实干”优良传统作风若干规定(试行)>的若干措施(送审稿)》《龙岩市弘扬“马上就办、真抓实干”优良传统整治机关作风工作方案(送审稿)》;传达贯彻省委常委、组织部部长胡昌升在岩调研期间讲话精神及全省党校行政学院校院长等会议精神;研究干部有关工作。

11月20日上午,听取农村赌博问题治理工作情况汇报；研究干部有关工作。

11月28日下午,传达学习习近平总书记在中央政治局第十次集体学习时的重要讲话精神,学习《中国共产党党支部工作条例（试行)》《中国共产党农村基层组织工作条例》《中国共产党纪律检查机关监督执纪工作规则》;传达学习习近平总书记在纪念刘少奇同志诞辰120周年座谈会上的重要讲话精神;传达贯彻全省做好习近平总书记重要指示精神落实情况“回头看”任务分工协调会精神;听取赴京、赴榕对接项目等有关工作情况汇报；学习贯彻《福建省党政领导干部安全生产责任制实施细则》精神;传达贯彻全省市县机构改革推进暨培训会议精神。

12月5日上午,审议《龙岩市市级机构改革方案（送审稿)》《龙岩市各县(市、区)机构改革方案(送审稿)》;传达贯彻全省城市党建工作、互联网企业党建工作现场会议精神，传达贯彻全省脱贫攻坚现场推进会精神，审议《2019年度市、县级党委政府表彰奖励项目建议方案》；听取龙岩市国家安全工作汇报。

12月13日下午，传达贯彻省委专题工作会议精神；传达学习习近平总书记在中央政治局第十次集体学习时的重要讲话精神，学习《中国共产党支部工作条例（试行）》《2018—2022年全国干部教育培训规划》《党政领导干部选拔任用工作条例》《党委（党组）讨论决定干部任免事项守则》精神，学习中央、省委有关领导同志关于对整治超职数配备干部问题的有关要求，学习中共中央组织部、中央编办、国家公务员局关于严禁超职数配备干部的通知精神；审议《中国共产党龙岩市委员会工作规则（送审稿）》《中共龙岩市委常委会议事规则（送审稿）》《市委常委会进一步加强和改进调查研究工作的十条措施（送审稿）》《市本级军民融合发展法规性文件清理意见（送审稿）》；审议《2018年项目落地攻坚战役通报表扬实施方案（送审稿）》《2018年服务业发展“三比一看”竞赛活动通报表扬实施方案（送审稿）》《2018年“双培育”绩效管理通报表扬实施方案（送审稿）》；研究干部违纪有关案件。

12月18日下午，审议《龙岩市机构改革实施方案（送审稿）》；听取市残联第五次代表大会筹备工作情况汇报；研究市海外联谊会第二届理事大会有关事项；听取2018年市直机关党建工作情况汇报；传达贯彻全省坚持发展新时代“枫桥经验”视频会议精神；研究干部有关工作。

12月24日下午，传达学习中央经济工作会议精神，传达学习习近平总书记在中共中央政治局第十一次集体学习时、庆祝改革开放40周年大会上的重要讲话精神；听取市人大常委会党组、市政府党组、市政协党组、市中级人民法院党组、市人民检察院党组工作汇报；听取市五届人大三次会议、市政协五届三次会议筹备工作情况报告，审议《龙岩市人大常委会工作报告（送审稿）》《政府工作报告（送审稿）》《龙岩市政协常委会工作报告（送审稿）》《市中级人民法院工作报告（送审稿）》《市人民检察院工作报告（送审稿）》《关于龙岩市2018年国民经济和社会发展计划执行情况及2019年国民经济和社会发展计划草案的报告（送审稿）》《关于龙岩市2018年预算执行情况和2019年预算草案的报告（送审稿）》《2019年市本级财政预算草案安排方案（送审稿）》；审议《关于健全人大讨论决定重大事项制度、各级政府重大决策出台前向本级人大报告的实施办法（送审稿）》；审议《龙岩市全面加强生态环境保护坚决打好污染防治攻坚战的实施意见（送审稿）》；传达贯彻深化全省巡察工作专题会议精神，审议《中共龙岩市委关于进一步加强巡察机构和队伍建设的实施意见（送审稿）》；审议《关于坚持高质量发展落实赶超　进一步激励干部担当作为的若干措施（送审稿）》；研究干部有关工作。

中央苏区发展大讲堂

【第53期：生态环保与绿色发展、脱贫攻坚与全面小康】 2018年1月26日，龙岩市委中心组在龙岩人民会堂举办第53期“中央苏区发展大讲堂”，听取副市长黄庆辉、张朝阳分别作专题报告。黄庆辉从“深入领会十九大生态文明建设重大决策部署”“准确把握龙岩市生态环境保护新形势”和“坚决打赢打好生态环保攻坚战役”3个方面为大家作“生态环保与绿色发展”专题辅导报告。张朝阳围绕“精准扶贫方略”“新时代的脱贫攻坚工作”和“龙岩的脱贫攻坚工作”3个方面为大家作“脱贫攻坚与全面小康”专题辅导报告。

【第54期：李成荣、毛高良分别作专题报告】 2018年2月8日，龙岩市委中心组在龙岩人民会堂举办第54期“中央苏区发展大讲堂”，听取市领导李成荣、毛高良分别作专题报告。市委常委、市纪委书记、市监委主任李成荣从“十八大以来全面从严治党取得卓著成效”“坚定不移推动全面从严治党向纵深发展”“切实扛起全面从严治党的政治责任”3个方面为大家作“全面从严治党”主题辅导报告。市委常委、政法委书记毛高良围绕“习近平总书记对平安中国建设作出的重要指示”“过去五年平安龙岩建设的经验做法”“今后五年平安龙岩建设的具体方向”3个方面为大家作“平安龙岩建设”主题辅导报告。

【第55期：詹昌建、邓菊芳分别作专题报告】 2018年3月19日，龙岩市委中心组在龙岩人民会堂举办第55期“中央苏区发展大讲堂”，听取市委常委、秘书长、宣传部长詹昌建，市委常委、统战部长邓菊芳分别作专题报告。詹昌建从“党的十八大以来意识形态工作局面为之一新”“当前意识形态领域面临的风险和挑战”和“进一步加强意识形态工作的主要举措”3个方面为大家作“深入学习贯彻党的十九大精神　全面落实意识形态工作责任制　牢牢把握意识形态工作领导权”专题辅导报告。邓菊芳围绕“党的十九大精神和习近平新时代中国特色社会主义思想与大统战的使命”“什么是统一战线”“为什么统一战线是重要法宝”“新时代为什么要更加重视统一战线”“怎么做好新时代大统战工作”等5个方面为大家作“画出最大同心圆　聚力建设新龙岩”专题辅导报告。

【第56期：弘扬宪法精神，推动宪法和监察法实施】 2018年4月27日，龙岩市委中心组在龙岩人民会堂举办第56期“中央苏区发展大讲堂”，福建省委党校、福建行政学院法学部主任、教授邢亮作“弘扬宪法精神，推动宪法和监察法实施”专题辅导报告。邢亮是省委党校法学研究生指导小组组长，省法学会常务理事，长期从事法律教学工作。报告会上，邢亮对“认识宪法重要作用”“理解本次修宪之要”和“宪法实施”3方面作深入阐述。

【第57期：区域创新发展与政府软环境建设】 2018年5月14日，龙岩市委中心组在龙岩人民会堂举办第57期“中央苏区发展大讲堂”，听取上海浦东新区商务委员会党组副书记、副主任孙永强作“区域创新发展与政府软环境建设”专题辅导报告。孙永强是高级经济师、中欧工商学院EMBA，在浦东新区长期从事招商引资、投资促进、经贸政策研究等工作。报告会上，他从“政府招商为何要学点区域营销”切题，结合个人的工作经验和实践经历，为大家作一场内容丰富的辅导报告。

【第58期：应该怎样学习马克思主义】

2018年6月6日，龙岩市委中心组在龙岩人民会堂举办第58期“中央苏区发展大讲堂”，听取中华人民共和国国史学会会长、博士生导师朱佳木作“为什么要学习马克思主义以及应该怎样学习马克思主义——学习习近平总书记《在纪念马克思诞辰200周年大会上的讲话》学习体会”专题辅导报告。

【第59讲：龙岩市“红古田”杯红色故事汇报展演】 2018年6月29日，龙岩市委中心组专题学习会——中央苏区发展大讲堂（第59讲）暨龙岩市“红古田”杯红色故事汇报展演在龙岩人民会堂举行。12名优秀选手上台演绎闽西红土地上革命先辈的的英雄故事，把观众们的思绪带回到战火纷飞的年代。展演现场还穿插红色歌舞表演、诗朗诵、红色宣传片展播、老游击队员陈秋涛现场采访等内容。

【第60期：习近平新时代中国特色社会主义思想精神实质与历史贡献】 2018年8月15日，龙岩市委中心组在龙岩人民会堂举办第60期“中央苏区发展大讲堂”，听取北京大学马克思主义学院执行院长、教授、博士生导师孙熙国作“习近平新时代中国特色社会主义思想的精神实质与历史贡献”专题辅导报告。孙熙国是中央马克思主义理论研究与建设工程首席专家、国务院学位委员会马克思主义理论学科评议组成员、教育部中共十九大精神“百人宣讲团”成员。

【第61期：启航新时代　践行新思想】

2018年9月4日，龙岩市委中心组在龙岩人民会堂举办第61期“中央苏区发展大讲堂”，龙岩学院教授杨玉凤作“启航新时代　践行新思想——进一步深入学习《习近平谈治国理政》第一卷、第二卷”专题辅导报。杨玉凤从“以坚强的意志和勇气推动全面从严治党向纵深发展”“以高度的自觉和自信推进文化强国建设”“以中华文化独一无二的智慧和气度推进‘一带一路’和人类命运共同体的建设”“以强烈的责任和使命感推进和落实‘四个全面’战略布局、‘五位一体’总体布局与‘五大发展理念’”等4个方面作深入阐述。

【第62期：落实安全生产监管责任】
2018年9月4日，龙岩市委中心组在龙岩人民会堂举办62期“中央苏区发展大讲堂”，省安全生产协会副会长林学依以“落实安全生产监管责任，营造良好稳定的安全生产环境”为题，解读《地方党政领导干部安全生产责任制规定》。林学依从“出台《地方党政领导干部安全生产责任制规定》的重要性和必要性”切题，结合个人的工作经验和实践经历，以大量事故案例为依托，进行详细、深入的解读。

【第64期：我国宗教问题的理论、政策与实践】 2018年11月26日，龙岩市委中心组在龙岩人民会堂举办第64期“中央苏区发展大讲堂”，听取全国政协文化文史和学习委员会副主任叶小文作题为《关于我国宗教问题的理论、政策与实践》专题辅导报告。叶小文是中国社会科学院宗教学博士、中国人民大学博士生导师，曾任国家宗教事务局党组书记、局长，长期从事宗教工作，研究宗教问题。报告会上，他围绕做好新时代的宗教工作，阐述中国特色社会主义宗教理论的形成、发展和完善，揭示中国特色社会主义宗教理论的基本观点、基本方针和新时代新形势下做好宗教工作的基本方法。

（龙岩市委党史和地方志研究室）

全面深化改革

【“互联网+政务服务”改革】 2018年，龙岩市以“e龙岩”为“互联网+政务服务”改革的实践平台，构建信息服务平台、业务处理系统、通用审批系统、政务数据汇聚共享平台等四条互联互通渠道，建立网上办事线下线上互补、市民诉求部门联台处置、办事效率电子监察考评、参与城建积分奖励兑换等四项运行机制，打造移动网上办事中心、政民快捷互动中心、统一资讯服务中心、资料免费共享中心等四个中心板块，形成“e龙岩”“掌上政务”服务模式。该做法得到中央书记处书记、中宣部部长黄坤明、省委书记于伟国、省长唐登杰等领导的充分肯定，分别要求在全国、全省推广。该做法还先后荣获“原创类国家计算机软件著作权证书”“2018中国政府信息化管理创新奖”“省机关体制机制创新一等奖”。

【红色文化保护与传承新体系构建】
2018年，龙岩市利用地方立法权，在全国设区市率先制定红色文化遗存保护条例，从源头上实施保护，让红色文化“看得见”；运用传统媒体和新兴媒体，以多渠道传播方式，让红色文化“传得开”；从创新投融资方式入手，打造“红色+”产业，以跨领域融合模式，让红色文化“活起来”，逐步形成红色文化保护与传承体系。该做法得到省长唐登杰、副省长杨贤金批示肯定。

【乡村振兴战略新路径】 2018年，龙岩市制定出台具有龙岩特色、可操作性强、接地气能落地的《乡村振兴十条措施》。在推进脱贫攻坚方面，探索扶贫专项资金折股量化模式和扶贫搬迁集中安置区小区物业管理模式。在扶持农村经济发展方面，探索村集体经济稳定增收机制，实施“大专项+任务清单”资金管理模式，发展乡村振兴综合经济体；在规范新村规划建设管理方面，探索建立农民建房审批机制，开展农村违建综合整治试点，规范新村规划建设管理，有效破解“有新房无新村”问题，得到李德金副省长批示肯定；在推进政策落地见效方面，探索建立市级领导挂钩乡村振兴责任机制和责任考核机制。

【生态文明建设“双提升”】 2018年，龙岩市提升集体林权制度改革“武平经验”。探索创新生态区位商品林赎买机制，逐步建立“赎买、租赁、置换并用，国有林场统一管理，市县乡村四位一体监管”的赎买管理模式。探索森林保险市场竞争机制，全面推广“普惠金融·惠林卡”，出台《关于进一步深化集体林权制度改革推进绿色产业发展的意见》，引导金融、保险积极扶持林农林业发展。林权直接抵押贷款模式被作为可复制经验向全国推广，武平县被列为全国集体林业综合改革试验示范区。提升水土流失治理“长汀经验”。制定出台《龙岩市水土保持目标责任考核办法》，建立“水土流失影响综合指数”考核模式。建设“智慧水保”信息平台，探索建立在建项目“图斑精细化”信息管理平台，探索生态经济型、清洁型、景观型符合治理模式。制定《红壤丘陵区水土保持治理标准体系》，为南方红壤丘陵区提供水土保持治理标准体系。水土流失治理“长汀经验”被中央财办作为践行习近平新时代中国特色社会主义生态文明思想典型。

【“大督查大落实”考核新模式】 2018年，龙岩市整合赶超发展任务、项目落地攻坚战役、脱贫攻坚战役、生态环保攻坚战役、防范社会风险等五大模块，抓关键指标、重点工作落实，创新“互联网+大督查”，实施问题清单和任务清单“双单管理”、“线上+线下”“5+5”推进模式，建立“大督查”信息化平台，汇集各类督查结果，探索“上下一线、内外相融、数据共享”结果运用模式，形成模块式整合推进、横纵向考核督办的“大督查、大落实”一体化重点工作推进落实考核模式，有效提升全市各级各部门和广大干部干事创业精气神。

【供给侧结构性改革】 2018年，龙岩市围绕“三城一基地”，实施“双培育”计划，促进产业跨界融合，推广龙马环卫、龙净环保“制造+服务”等新模式，发展新业态、新商业模式，探索建立重点工作“主责人、主办人”制度；深化军民融合发展，探索“产—军—学—研”融合新模式和“一基地多园区”发展模式，实施“参军资质提升工程”，累计完成投资22.4亿元，实现军品配套销售收入20.8亿元。成功创建“中国专用车之城”、国家级军民融合产业示范基地。

【“放管服”改革】 2018年，龙岩市有机衔接、有序推进机构改革，优化政府职能配置。推进行政审批服务制度改革，探索“多规合一”“多测合一”“多图联审”“多证合一”集成式行政审批服务模式，推进“一趟不用跑”改革，建立市县乡三级一体化通用网上审批平台，市本级网办事项占比97.5%。扩大“一窗受理”式行政审批服务范围，探索行政审批窗口综(融)合管理模式，教育—民政、商务—经信融合窗口正式运行。规范中介服务管理，开展“证照分离”试点，直接取消、审批改备案95项行政许可事项，压缩办理时间218天，精简材料108份，审批效率大幅提升。

【国有企业改革】 2018年，龙岩市优化国有资本布局，专业化、产业化重组同质同类、主业不突出的企业，推动国有资本向有色金属、机械制造、文化旅游等优势领域集中，优化国有企业薪酬管理体系，开展内部收入分配改革试点，完善差异化薪酬分配制度。市属国有一级企业总数由13家减少至8家，一级企业法人户数减少38.5%。

【招商引资机制创新】 2018年，龙岩市推行招商引资绩效考评机制，大幅增加招商引资在绩效管理考核所占权重，提升部门招商引资积极性；优化龙头招商、园区招商、以商招商、精准招商，探索实施市场化、企业化、专业化招商模式，组建市属国有招商公司。

【区域协作交流创新】 2018年，龙岩市主动融入闽西南协同发展区和粤港澳大湾区发展，建立龙岩市闽西南协同发展区联席会议制度、龙岩闽西南经济协作区重大项目台账，理顺厦龙山海协作区发展机制，以制度化、实体化推动区域协作交流。深化龙台交流合作，成功创建国家级台湾青年创业基地，深入实施负面清单管理模式，深化“多证合一”和“三互”大通关改革，简化审批手续，完善陆地港服务功能，促进贸易和投资自由化便利化。

【民生领域补短板方式探索】 2018年，龙岩市在医疗领域提升推广长汀基层医改经验，健全“一归口、三下放、三考核”机制，促进分级诊疗、家庭医生签约服务、医联体实质性运作和乡村卫生服务一体化，建立7个县域医联体，规划设置一体化村卫生所1191个，推动优质医疗资源向基层下沉。代表省参与公立医院综合改革评价获全国第一名，《医保服务"五个一"机制》获全省机关体制创新"三等奖"。教育领域，制定出台《龙岩市统筹推进县域城乡义务教育一体化改革发展实施方案》，深化教师"县管校聘"管理体制改革试点工作，探索"名校+"发展模式，建设教师教育专业群，推动优质教育资源均衡化；深化"引企入教"改革，探索教企深度对接融合模式。养老领域，深入实施全国第二批居家和社区养老服务改革试点，引导信贷资金和社会资本投向居家社区养老服务，探索建立"社区医院+社区养老""家庭医生+居家养老"等医养结合养老模式。

【农业农村发展活力激发】 2018年，龙岩市出台《龙岩市发展壮大村集体经济实施意见》，推进农村"六大员"队伍建设，全面消除265个集体经营性经济收入1万元以下"空壳村"。深入推进农村土地确权登记办证工作和农村集体产权制度改革，推行村级小微权利清单制度，赋予农民更多财产权利，激活农村各类生产要素潜能。深化供销合作社综合改革，持续推进农产品目标价格保险试点，推进政策性农业担保体系建设，构建市县乡三级电商服务网络，健全农村快递物流服务配送网络，建设服务配送网点116个，有效解决农产品营销"最初一千米"和工业品下乡"最后一千米"问题。

【城市治理手段探索】 2018年，龙岩市在全省设区市率先制定地方立法实务，探索运用地方立法权，开展文明城市建设立法，出台《龙岩市文明行为促进条例》，推进文明城市建设法治化进程。继续改革完善城市综合执法体制，建立"巡查（或接受监督信息）—反馈（交办）—协调—处置—督查—销号"城市管理案件处置"联合执法六步规范"。探索"互联网+城市治理"城市数据资源中心建设和共享应用模式，推进数字城管平台建设、"雪亮工程"建设联网应用，新罗区雁石镇大联勤"天眼"计划获评"全国政法智能化建设优秀创新案例"。加快智慧法院建设，连城法院"O2O"智能融合诉讼自助平台体系获全国"智慧法院十大创新案例"奖。探索创新省际边界"共建、共治、共享"大协作区模式，被中央政法委推广。

【文化与产业融合发展模式构建】
2018年，龙岩市以"落实新思想、唱响'红古田'、建设新龙岩"为主线，挖掘两次古田会议精神内涵，实施再现苏区时代和场景的"红色旅游工程包"重点项目建设，整合红色培训基地，推进市场准入退出、规范教学、标准管理等机制建设，推动红色资源优势转化为产业发展优势，设立100亿元文化旅游产业发展基金，培育文化复合型新业态，逐步形成以"红古田"品牌为阵地、红色培训为牵引、红色旅游为辐射的红色文化产业链条。古田干部学院被列入全国党员教育培训示范基地，前三季度全市接待红色旅游792.46万人次，比上年同期增长23.8%；带动旅游收入47.06亿元，比上年同期增长26.7%。

【文化与文艺融合发展模式构建】
2018年，龙岩市创新文艺发展投融资方式，将闽西红色文化融入电影、电视剧、歌舞、情景剧等艺术中，打造一批红色文化题材的影视文艺新作品。电影《古田军号》《毛泽东在才溪》和电视剧《绝境铸军魂》《永恒的血脉》进入拍摄；民族歌剧《松毛岭之恋》列入2018年中国民族歌剧传承发展工程（全国仅3部）。

【媒体融合发展模式探索】 2018年，龙岩市打造全媒体新闻中心，制定出台《龙岩市全媒体新闻中心提升工程建设方案》，搭建全媒体六大平台，建立"中央厨房"采编发工作会商机制，实现报纸、电视、电台、新媒体内容统一汇聚、审核、存储、共享。

【改革检查考评方式】 2018年，龙岩市探索形成市级检查考核项目"三双"清理整合模式，简化优化考核指标，注重业务关键核心。清理整合后，市级开展的各类检查考核项目从415项整合减少至32项，其中市本级自行组织开展的项目从117项减少至6项。

【创新激励考评机制】 2018年，龙岩市创新实行干部履职清单和问题清单"两单"管理考评模式。全面推行单位内部二级绩效考评，探索引入公众评议方式，建立以群众和企业评价结果为依据、以实际效果为导向的考评体系。持续强化和落实"一线考核""正向激励""容错纠错"机制，切实激发干部干事创业热情。

【作风建设"闽西实践"】 2018年，龙岩市出台《龙岩市进一步贯彻落实中央八项规定精神实施办法》《整治"文山会海"二十条规定》《关于对"私车公养"问题的处理意见（试行）》《龙岩市进一步推进移风易俗工作实施办法（试行）》，专项整治陈规陋习。开展机关作风整治，明确六个方面三十条措施。深化国家监察体制改革试点，完成市县两级挂牌组建、人员转隶工作，探索监察工作运行机制，建立问题线索集体评估机制和协作配合、沟通协调机制。构建常规巡察、专项巡察、市县联动交叉巡察等一体化格局，村级换届实现巡察全覆盖，得到中纪委书记赵乐际充分肯定。

（市委深化改革委）

组织工作

【干部教育培训】 2018年，龙岩市委组织部坚持把学习宣传贯彻习近平新时代中国特色社会主义思想作为首要政治任务，以古田干部学院为龙头，打造全国干部教育红色培训品牌为方向，以传承红色基因，坚定理想信念为主线，用古田会议精神铸魂育人，古田干部学院以党性党风党纪教育为鲜明特色，被中央组织部列为全国党员教育培训示范基地，145家中直部门及地方单位在此设立教学基地(点)。同时，围绕打造高素质专业化干部队伍，以大幅度提高干部素质为目标，以提升培训质量为重点，充分发挥组织部门抓总牵头作用和党校(行政学院、社会主义学院)主渠道主阵地的作用，通过信息化、科学化、精准化调训方式，围绕提升领导干部引领科学发展和履职能力，完成各项调训任务。2018年，开展县处级以上、乡镇党政主要负责人学习党的十九大专题集中培训和习近平新时代中国特色社会主义思想培训2期2171人，县(市、区)开展新思想集中轮训10批次8998人次，推动全市各系统开展新思想集中培训2530人次。市直机关事业单位2018年各行业各系统举办各类专业化培训班248期25094人次，各县(市、区)机关事业单位2018年举办各类培训班119期13300人次，开展市委党校主体班次调训10个班次460人次，选派89人次前往中央党校、中央国家和机关党校、省委党校(省行政学院)培训，选送4人前往新加坡参加“城市建设提升专题培训班”和“医疗体制改革专题培训班”。2018年，古田干部学院承接全国各地来岩培训党性教育专题班466期2.73万人次，学员覆盖全国各省(区、市)及港澳台地区，龙岩知名度大幅提高。

【干部宏观管理】 2018年，龙岩市委组织部打好干部管理“组合拳”，坚持正向激励与负面约束、鼓励创新和宽容失误相统一，树立重实绩重实干重一线的鲜明导向，让敢于负责、勇于担当、善于作为、实绩突出的干部脱颖而出，提振干事创业精气神。突出政治标准。把政治素质考核摆在首位，落实好干部选拔任用“凡提四必”等制度，强化对干部政治忠诚、政治定力、政治担当、政治能力、政治自律的考察了解，严把选人用人政治关、品行关、廉洁关，对政治上有问题的，一票否决坚决挡住“带病”干部；对廉洁上有“硬伤”的，坚决挡在“门外”。同时，在年度考核中探索增设“领导干部履职担当情况综合排名”“领导干部行为特征评价”环节，准确了解掌握干部担当作为情况。聚焦“大督查大落实”。围绕服务高质量发展落实赶超，聚焦赶超任务、项目落地、脱贫攻坚、生态环保、防范社会风险等市委市政府中心工作，组建5个督查组下沉一线开展督查，同步开展一线考核干部，近距离观察、纪实干部表现，在急难险重的项目攻坚主战场摔打磨炼干部，进一步激发干部担当精神，推动“把实绩写在大地上、把项目落在坐标上”。聚焦“四项机制”。运用一线考核、治理“为官不为”、容错纠错、正向激励“四项机制”激励担当作为。将一线考核纳入“大督查大落实”，在项目攻坚、督查落实的一线近距离考察干部担当作为情况，打通选人用人“最后一千米”；充分运用巡视巡察、执纪监督、作风评议、述责述廉、绩效考评等多种途径，甄别“为官不为”党员干部，并采取相应措施予以处理、形成震慑；针对一些干部担心“干的事情越多、出错的风险越大”的思想顾虑，旗帜鲜明为敢于担当的干部担当，为敢于负责的干部负责，为敢于创新的干部撑腰，让实干家“轻装上阵”；累计从事业干部中竞争性选拔进入乡镇领导班子64人，从优秀村(社区)主干中考录乡镇(街道)机关公务员14人、招聘乡镇(街道)事业干部20人。聚焦改革任务，结合机构改革和市属国企整合重组优化班子配置，开展谈心谈话470余人次，改革进展平稳有序，确保思想不乱、工作不断、队伍不散，涉改部门2018年底前全部完成机构挂牌、人员转隶。注重从高校、基层一线、国企、科研机构等领域优选19名优秀代表到群团班子挂兼职，增强群团组织的政治性、先进性、群众性，完成工青妇等群团换届工作。

【干部监督】 2018年，龙岩市委组织部加强干部选拔任用和干部日常管理监督，着力强化党内监督、解决“重选轻管”问题，推动干部“选、育、管、用”有机融合。落实提醒函询诫勉制度刚性。抓早抓小，通过强化经常性提醒谈话，并加强与纪检监察、巡视巡察、督查、信访等相关部门的联系沟通，对干部考察考核、经济责任审计、信访举报等信息综合分析研判，密切关注领导干部苗头性、倾向性问题，用好函询、诫勉手段，推动咬耳扯袖、红脸出汗常态化制度化，巩固干部监督管理工作成效。组织各级各部门建立提醒、函询和诫勉工作台账，对受到函询诫勉的干部，实行建账管理，跟踪问效。全年、全市组织部门共提醒函询诫勉干部1285人次，起到红脸出汗、祛病强身的功效。落实领导干部个人有关事项报告制度刚性。按照《中共中央办公厅、国务院办公厅关于印发〈领导干部报告个人有关事项规定〉和〈领导干部个人有关事项报告查核结果处理办法〉的通知》精神，认真部署安排、抓好集中填报、汇总综合分析、严格抽查核实、约谈督促整改，不折不扣抓好贯彻落实。其中，约谈2017年以来个人有关事项报告不一致率较高的21名单位党委(党组)主要负责人，以及2018年市委第五轮第一批巡察个人有关事项报告不一致的14名市管干部。对不严格执行“两项法规”要求、2017年度如实报告率较低的13个市直部门(单位)党组(党委、党工委)主要负责人进行走访约谈。重点查核101人，并按照10%的比例随机抽查核实领导干部个人有关事项，对4名漏报情节严重或隐瞒不报的，移交市纪委监委处理，切实提高个人有关事项报告“两项法规”的刚性约束。2018年，抽查核实一致率比上年同期提高16.13%。此外，做好选人用人“一报告两评议”“12380”信访举报受理等工作，推动干部监督从严从紧。

【基层党建】 2018年，龙岩市委组织部深化党建项目带动、品牌带动，开展基层党建比创新、比典型、比服务、看实效“三比一看”活动、实施“红土先锋”基层党建典型培育行动计划，培育73个市级党建综合示范点、创建500个“红土先锋党员工作室”。“红土先锋党员工作室”等5项创新做法获评全省机关体制机制创新优秀案例，一等奖总数位居全省第二；“红色幸福小区”“在职党员回家”工程2项工作入选“全国城市基层党建创新案例”候选案例；党建带工建“353”机制、农村发展党员“331”机制等经验做法被《经济日报》等全国性媒体报道。

抓党建促精准脱贫、促乡村振兴。扎实推进村级组织换届，建立每名党员市领导分别联系指导4-5个乡镇（街道）村级换届，以及市县组织、民政部门领导班子成员包县包乡等制度，成立7个市级村级换届风气巡回督查组，134个乡镇（街道）全面建立换届选举观察员制度，换届选举圆满完成。村（社区）党组织和村（居）委会一次性选举成功率分别达100%、99.88%，村（社区）主干“一肩挑”比例分别达44.86%、73.81%，位居全省前列，社区“两委”成员中大专以上文化和女性所占比例增长幅度（21.08%、13.77%）居全省第一、年轻化幅度居全省第一。扎实推进扫黑除恶专项斗争，重点围绕“增强基层党组织组织力和政治功能，组织发动党员群众参与扫黑除恶专项斗争；持续整顿软弱涣散基层党组织，形成基层治理长效机制，铲除黑恶势力滋生土壤；加强村“两委”换届的组织领导，严格人选和程序把关，坚决把涉黑涉恶等不符合村干部条件的人挡在门外”等三大任务，全力推进，狠抓落实，为扫黑除恶专项斗争深入开展提供坚强组织保证。实施基层党建与脱贫攻坚“双推进”。在270个村开展扶持村级集体经济发展试点工作的基础上，推行“强化资金扶持、推动产业发展、盘活集体资产、开发集体资源、兴办特色服务、实行挂钩帮扶”等6大类20条刚性措施，实施“支部+合作社（协会、基地）+电商+贫困户”等“党建+”办法，打好发展壮大村级集体经济和村级组织活动场所建设“两大攻坚战”，全市265个集体经济“空壳村”全面消除，列入省计划的76个村新建（改造、购买）任务全面完成、317个村无活动场所问题全面解决；在全省率先探索实施村主干储备人才引进计划，分批引进185名本地籍大学毕业生回乡担任贫困村、薄弱村主干助理；选派第5批418名党员干部到贫困村、党建示范村驻村担任第一书记，共筹措资金7.3亿元，实施产业发展、村财增收等项目2492个，加快乡村振兴步伐。

建设“红色幸福小区”，夯实党在城市的执政基础。深化“党员回家”工程，升级开展“在职党员回小区报到”，近4万名在职党员“回家”。建立健全“社区党组织—居民小区‘兼合式’党组织—楼宇（楼梯）党小组—居民党员”组织体系，以“兼合式”党组织引领组建贯彻落实党的路线方针政策、为民当家作主的“红色业委会”，聘请物业公司和管理人员并监督其当好“红色管家”，推进“红色幸福小区”建设。已组建小区“兼合式”党组织1250个（组建率100%）、“红色业委会”586个，小区党组织书记兼任业委会主任114名，小区党组织与业委会委员“交叉任职”483名。实施“十百千万”工程，动员十名以上厅级、百名处级、千名科级、万名在职党员干部回常住小区任职。相关做法被人民日报社、新华社、中新社、中央人民广播电台等中央媒体广泛报道、宣传推介。

同时，加强国企、机关、学校，以及“两新”、互联网等新兴领域党建。国企党建30项重点任务完成27项，其余3项完成率分别达99.6%、96.9%、94.9%，位居全省前列。机关党建“建设新龙岩、机关走前头”主题实践活动、学校党建标准化规范化水平、非公经济和社会组织党组织覆盖率持续提升。

【党员教育管理】 2018年，龙岩市委组织部严肃党内政治生活。把学习贯彻习近平新时代中国特色社会主义思想和中共十九大精神作为“三会一课”、组织生活会、主题党日等重要内容，全市6318个党支部召开以“学习贯彻新思想，新时代体现新担当新作为”为主题的专题组织生活会，3967名党员领导干部上党课，17万多名党员参与专题学习。印发《关于深入推进党支部主题党日的实施意见》（岩委组通〔2018〕47号），将主题党日的总体要求、基本要素、主要任务、保障措施以制度形式固定下来，不断增强党内政治生活的政治性、时代性、原则性、战斗性。创新党员教育管理。运用现代信息技术，依托党员干部现代远程教育高清平台等党建新媒体矩阵，推动新思想“飞入寻常百姓家”。网络直播党课“章口就来”推出29期，点击8368多万人次；在“闽西党旗红”“党员e家”开设“点赞身边好党员”“组织工作大擂台”等专栏，广泛吸引党员群众圈粉，18.91万人次参与好党员“点赞”投票；“闽西党旗红”公众号点击阅读超过300万人次，稳居全国党建微信公众号影响力排行榜前列；完善网宣工作机制，建强队伍，增强实效，在人民网、新华网、共产党员网等中央主流媒体刊载文章1632篇，位居全省第二位。落实关心关爱。在全省率先设立的市级基层干部、党员关心关爱专项资金，全年对因公死亡、罹患重大疾病、党龄50周年以上生活困难党员等5类群体累计发放关心关爱资金98.79万元，惠及1698名干部、党员(家庭)，落实领导干部走访慰问机制，开展好困难党员走访慰问，增强党员干部荣誉感、归属感、获得感。

【党员发展】 2018年，龙岩市新发展党员2814名，总数及结构性指标完成情况均排在全省全列。探索小区兼合式党组织发展党员工作。发挥小区兼合式党支部覆盖面广、联系党员群众密切的优势，指导兼合式党支部，按照"主动引导、积极推荐、联合培养、协助考察"要求，全年引导33名优秀社区居民向党组织递交入党申请，向社区党组织推荐10名入党积极分子。实行农村发展党员"331"工作机制。在全市农村党组织确定入党积极分子、发展对象实行"三公示、三推荐、一审核"机制，通过事前监督、全程把控，着力破解农村发展党员"家族化""人情化"，不断提高农村党员队伍素质。同时，着力消除发展党员"空白村"，2018年，全市三年未发展党员村从2017年的17个下降至10个；推动发展党员工作与经济社会深度融合，借鉴企业管理SOP模式(标准作业程序)，实现发展党员工作流程标准化，将员工中的"企业人才"发展为党员、党员中的优秀员工培养成"企业骨干"。

【公务员考试录用】 2018年，龙岩市委组织部做好公务员考录网上报名和笔试工作。2018年公务员考试录用，全市政府系统共54家单位提供招考职位117个，招考人数138人，报名人数5057人。龙岩考点笔试人数9076人，创历年新高。开展面试工作。会同龙岩电视台制作龙岩市公务员考录《阳光面试》专题宣传片。2018年的公务员面试工作于6月14—20日在龙岩中凯国际酒店举行，共1003名考生参加面试，其中公务员958人、村主干45人。组织公安专项体测、心测工作。会同公安部门于6月26日、27日在龙岩警察培训基地组织考生开展公安体能测试和心理测评工作，应参加体能测试考生101人，实际参加体测96人，15名考生体测成绩不合格；77名考生参加心理测评，全部合格。

【人事管理】 2018年，龙岩市委组织部做好公务员(参公)登记工作。严把公务员登记关口，做好全市政府系统机关军转干部、试用期满转正、调任等人员的公务员和"参公"人员登记工作，共登记公务员73人、"参公" 人员14人，其中市直20人、县(市、区)67人。科级非领导职数审批工作。全市审批23家次单位申报的41名科级非领导职数。代市政府起草人事任免文件。2018年，共代市政府行文起草市委研究的人事任免47人。做好年度考核备案和管理。做好机关及参公事业单位2017年度考核备案工作。市直政府机关单位及参公事业单位科级及以下3052人参加考核，其中优秀543人，称职(合格)2417人，基本称职(基本合格)0人，不称职(不合格)2人，不定等次81人，不参加考核9人。加强公务员诚信建设。建立健全政务失信记录，从各县(市、区)及市直各单位征集红名单6人、黑名单6人并报送市公共信用信息平台；规范公务员处分决定和解除处分决定备案工作，实行一案一备制度，2018年，市直机关提交处分备案18份；强化结果运用，对有黑名单记录人员参加评先评优严格把关，在2017年度考核中，被取消嘉奖1人、被取消三等功奖励2人。强化干部培训。助力"乡村振兴与脱贫攻坚"，2018年，争取省公务员局培训资金，与市农业局共同举办2期"乡村振兴与脱贫攻坚"专题培训班，全市有扶贫任务的127个乡镇(街道)分管工作领导参训；举办2期2017年新录用公务员初任培训班，362人参训；举办科级干部任职培训班，市直单位新任科级干部共94人参训；干部网络培训有序开展，市直单位共5749人参加培训；组织人员参加省公务员调训，2018年度共64人参加省公务员局组织的各类培训班次。

【公务员奖励】 2018年，龙岩市委组织部强化公务员奖励制度建设。以"两办"名义下发《关于做好表彰奖励工作有关事项的通知》(岩委办发明电〔2018〕38号)，进一步明确表彰、奖励项目、名额、报批程序等有关工作纪律。开展年度考核奖励工作。市直政府部门科级及以下年度考核优秀给予嘉奖458人、连续三年考核优秀给予个人记三等功89人。开展及时奖励。主要围绕"三大战役"、创建全国文明城市、经济工作目标管理等重点工作，对发挥关键作用、取得积极成效、作出突出贡献的集体和个人，适时予以奖励。共给予7个公务员集体记三等功，给予20个公务员集体嘉奖；给予15名公务员记二等功，给予56名公务员记三等功，给予128名公务员嘉奖。

(市委组织部)

【专业技术职务管理】 2018年，龙岩市在全省率先开展破格评定农村实用人才中级职称。将农民作为一项职业纳入职称评定范围，出台全省首个农村实用人才职称评审办法，在全省率先开展农村实用人才中级专业技术职称考核认定评审，首届评选出22名专业技术能手、脱贫致富带头人以及文化能人，对获评人员给予每人4000元的一次性奖励，并在项目扶持、资金贷款、培训、招聘等方面给予倾斜。探索放宽职称评审权限。在龙净环保、紫金矿业进行试点，把部分专业中级职称评审权限下放，企业自主开展评审；在上杭县设立工程系列建筑相关的12个专业的中级职称评审委员会，55人通过评审取得中级职称；在龙净环保开展龙头企业职称申报改革试点，参照省管企业，直接向职称系列主管部门提交申报高级职称材料，简化申报流程。持续推行职称

"阳光"评审。在全省率先开展清理公职人员利用职称、职业资格证书违规挂靠、取酬行为专项工作，开展对全市评审组织的专项清理。在工程系列评审中，首次利用社保信息数据库，进行大数据比对、筛查，对职称申报单位与就业单位不符的，逐个进行复查，防止弄虚作假。创新开展职称论文重复率检测，对重复率达30%以上的论文，一票否决，保证评审质量。在教育、卫生系列评审中，实行当天抽取评委，考生先行入围候考室，评审过程中实行全封闭管理，考区与外界隔离，纪检人员全程监督，减少人为因素对评审工作的干扰。

2018年，龙岩市开展"龙岩工匠"评选活动。图为首届8名"龙岩工匠"

（市人社局　供图）

【事业单位招聘】 2018年，龙岩市完善事业单位公开招聘办法。积极争取并落实山区事业单位和省级扶贫开发工作重点县公开招聘倾斜政策，编印下发《事业单位公开招聘工作政策文件汇编》。2018年，核准全市医疗卫生事业单位公开招聘386名，中小学幼儿园教师公开招聘704名。

【工资制度】 2018年，龙岩市规范工资收入分配制度。持续开展"1+X"规范公务员津贴补贴和事业单位绩效工资专项督查工作，将"吃空饷"问题防治、固定电话优惠套餐捆绑手机通讯费清理整改等纳入专项督查内容。按照国家、省的统一部署，按时完成基本工资标准调整、地区附加津贴政策的出台、奖金项目的规范、市级以上公务员职务级别并行政策等工资调整项目。

【人才队伍建设】 2018年，龙岩市做好专家引进培养推荐工作。1家入选（累计11家）博士后工作站、3家入选博士后创新实践基地（累计4家）、3人入选（累计54人）国务院特殊津贴人选，博士后科研工作站为全国老区和福建省山区最多的地级市，龙净环保股份有限公司被评为福建省第二批企事业人才高地，龙岩市3人入选第三批福建省特殊支持"双百计划"人选，推荐3名百千万人才工程省级人选。探索医疗人才"师带徒"、柔性引进人才，组织3批次30多名"智惠八闽"北京及省级名医深入连城、长汀开展义诊、技术指导活动。组织3批次30多名市级农业、医疗专家深入医院、农村开展医疗帮扶和农技指导。抓好引智项目立项工作。全年获得国家、省项目经费62万元，其中龙净的低成本超低排放技术与高端制造装备项目获得国家企业创新项目立项，项目经费50万元，2家企业获省重点项目支持，共获经费12万元。推荐龙马环卫股份有限公司两名专业技术人员申报国家公派留学资助项目，获国家外国专家局立项支持。做好外国人来华工作许可证业务日常办理工作，办理境外人员入境工作45名，办证量80件。开展各类技能人才（工作室）评选。评选首届8名"龙岩工匠"，龙岩市1人入选国家技能人才培育突出贡献候选个人、1家工作室被推荐为国家级技能大师工作室。评选出第二批8家市级技能大师工作室，全市共有24家技能大师工作室，其中：国家级1个，省级8个，市级15个，实现技能大师工作室县级分布全覆盖。在新龙马汽车试点推广企业新型学徒制，招收新型学徒154人。开展各类职业技能竞赛。调整提高市级职业技能竞赛补助标准，先后举办9场次22个项目市级不同领域的高技能竞赛，共有15人次获得4项省级以上竞赛的前3名，职业技能竞赛获奖人次、项目、层次均为历史最好成绩，位居全省前列。特别是4月，承办第45届世界技能大赛福建省级选拔赛，龙岩市选手获得4个项目的第1名，其中美容项目选手获得全国选拔赛第8名，入选国家集训队，龙岩技师学院被确定为世赛CAD机械设计项目"中国集训基地"。

（市人社局）

宣传工作

【思想理论武装】 2018年，龙岩市委宣传部把学习宣传贯彻习近平新时代中国特色社会主义思想和中共十九大精神作为首要的、长期的重大政治任务，制定出台《关于进一步深入学习宣传贯彻习近平新时代中国特色社会主义思想的通知》，组织召开学习贯彻新思想推进会、汇报会、研讨会，持续兴起习近平新时代中国特色社会主义思想"大学习、大普及、大践行"热潮，形成多形式、分层次、全覆盖的学习宣传贯彻体系，全市上下政治认同、思想认同、情感认同不断增强。各级党委（党组）理论学习中心组带头示范，运用好《习近平谈治国理政》第一卷、第二卷，《习近平新时代中国特色社会主义思想三十讲》等经典著作，通过个人自学、集中培训、专题辅导、研讨交流等形式，多层次、全覆盖举办各类学习研讨培训活动，推动习近平新时代中国特色社会主义思想深入人心。开展“新时代新作为新篇章”“为了人民对美好生活的向往”等主题宣传，把新思想融入改革开放40周年、毛泽东才溪乡调查85周年等重大活动之中，嵌入各种主题教育、创建活动、典型宣传、文艺创作等，开展学习贯彻习近平新时代中国特色社会主义思想巡回宣讲、红色文艺轻骑兵“百镇千村”文艺巡演、红色故事巡回演讲，推动新思想热在基层、热在群众。开展千个宣讲队伍“大宣讲”、“新时代新作为”百姓宣讲等活动，发挥“百姓宣讲团”“红色义工”“宣讲小蜜蜂”“民言宣讲团”等业余讲师团作用，以“百姓讲、讲百姓、百姓听”模式，多用土话、白话、老百姓的话，让党的创新理论“飞入寻常百姓家”。全年各类新思想理论宣讲队伍宣讲8700多场，受众达78万多人次，唱响学新思想、用新思想的时代最强音。

【意识形态工作】 2018年，龙岩市委宣传部加强意识形态工作，注重示范带动。市委常委会带头，严格落实定期研究意识形态工作机制。2018年4月26日、9月12日，专题对全市意识形态领域形势进行综合分析研判，进一步明确意识形态工作重点，并以市委办公室名义印发通报。建立意识形态工作分析研判联席会议制度，进一步明确23个成员单位的职责，每半年开展1次意识形态领域情况分析研判，分别在2018年4月20日、7月13日进行分析研判。压紧压实责任。修改完善《龙岩市2018年度县（市、区）落实意识形态工作责任制考评办法》《龙岩市2018年度市直单位党委（党组）落实意识形态工作责任制考评办法》，坚持把意识形态工作纳入全面从严治党主体责任检查、各级巡察、党建工作责任制、领导班子和领导干部目标管理，并作为民主生活会和述职报告的重要内容。加强阵地管控。制定出台《龙岩市新媒体管理办法》《龙岩市政务微信公众账号管理办法》等制度规范，管好各级党委（党组）中心组学习、各类学术论坛平台，各类网站、报刊、广播影视及高校等阵地，决不给错误思想言论提供传播渠道。强化网络管理。实施网络内容建设工程，开设“习近平新时代中国特色社会主义思想‘大学习’”等网络专题，策划开展“新时代是奋斗者的时代”等网络专题宣传活动，形成网上正面宣传强势。建立网络综合治理体系强化互联网企业主体责任和管理部门监管责任，组建新媒体联盟，切实加强依法管网治网。完善网络舆情收集、分析研判、引导管控、应急处置等机制，重点加强对中共十九届三中全会、“村级换届选举”等热点舆情监管，妥善处置一批涉岩网络舆情。持续开展“净网”“清朗”“扫黑除恶网上专项斗争”等专项行动，严密防范网上攻击渗透，及时有效处置一批有害信息，净化网络环境，构建良好网络生态。

【主流思想舆论】 2018年，龙岩市委宣传部持续做大做强正面宣传，开展“走进新时代，建设新龙岩”“学习十九大，龙岩怎么干”“落实新思想、唱响红古田、建设新龙岩”“新时代新担当新作为大督查大落实”等主题宣传，抓好水土流失治理“长汀经验”、林改“武平经验”的典型宣传，策划开展全国和全省、全市“两会”，省委、省政府到龙岩检查、“闽西英烈陈客嫲”“扫黑除恶保平安”等重大活动宣传报道，为龙岩坚持高质量发展落实赶超营造良好舆论氛围。持续开展舆论环境整治工作，深入开展“扫黄打非”等整治行动，开展文化市场、新闻出版市场各项专项行动，加强文化市场监管，坚决查处非法有害政治类出版物。加强信息发布，健全完善《龙岩市党政机关新闻发布工作实施办法》，举办9场新闻发布会，不断加强经济社会热点难点舆论引导。持续推进媒体融合发展，建立龙岩全媒体新闻中心，发挥“e龙岩”“今日头条·龙岩发布”“华人头条·客家祖地魅力龙岩”等平台作用，利用H5、短视频等新媒体传播方式，不断提升新闻舆论传播力引导力影响力公信力，主流思想舆论得到进一步巩固壮大。

【红色文化传承弘扬】 2018年，龙岩市做实红色资源保护。抓好《龙岩市红色文化遗存保护条例》《龙岩市革命旧址保护利用规划》实施，争取国家、省级文物保护专项经费1.2亿元，修缮革命旧址120个。推动中央苏区红色交通线保护利用，收集整理、研究挖掘红军标语、红色“口述历史”，留住红色记忆。做深红色宣传教育。推进“一报（《红色文化周刊》）一刊（《红色文化》）一网（“红土地”网站）一中心（闽西红色文化研究中心）”建设；编撰《闽西红色故事100篇》《走进古田会议》《中央苏区（闽西）文献资料丛编》等书籍，举办“红古田杯”全市红色故事演讲比赛、巡回演讲，代表福建省参加全国红色故事讲解员大赛取得佳绩，在闽西大地持续掀起红色浪潮。做精红色文艺创作。从龙岩丰富红色资源中挖掘素材，推出龙岩山歌戏《羊角花》、闽西汉剧《伯公灯》《林海山风》、情景剧《胜利从古田开始》、现代京剧《红土》等一批精品力作，大型歌剧《松毛岭之恋》在全国巡演，电影《古田军号》全面杀青，推进电影《毛泽东在才溪》、电视剧《绝境铸剑》、纪录片《永恒的血脉》及闽西经典红歌等作品创作，向纪念古田会议召开90周年献礼。做大红色文化产业。突出“思想建党、政治建军、信念立人”，红色教育培训、红色旅游产业发展势头强劲，全年承接红色培训班3195期、17.5万人次，接待红色旅游1154.39万人次、带动旅游收入72.77亿元。

【社会主义核心价值观弘扬】 2018年，龙岩市深化精神文明建设，颁布实施《龙岩市文明行为促进条例》，进一步落实文明城市建设常态长效机制，开展新一轮文明城市、文明单位、文明村镇创建活动，上杭列入新一轮全国文明城市提名城市，漳平、长汀、新罗、永定获“第五届省级文明城市”称号。常态化开展“讲文明树新风”“身边好人”“基层最美人物”评选活动，成功承办第六届全国道德模范故事汇基层巡演龙岩专场活动，开展“讲文明·树新风”公益广告大赛、“我推荐、我评议身边好人”“我们的节日”等活动，举办“十大不文明行为”征集、“十佳文明金点子”评选，持续抓好社会主义核心价值观主题公园、主题街道、主题学校、主题社区建设，常态化刊播社会主义核心价值观公益广告，推动社会主义核心价值观落细落小落实。2018年龙岩市3人入选“中国好人榜”，11人入选“福建好人榜”，一大批省级文明单位、文明校园、文明家庭等受到表彰。结合实施乡村振兴战略，推进乡村文化振兴，广泛开展移风易俗、弘扬时代新风行动，加强乡风文明建设，积极培育文明新风、良好家风、淳朴民风。

【文化改革发展】 2018年，龙岩市推进文化改革，做好宣传文化系统机构改革；推进龙岩全媒体新闻中心提升工程建设，县级融媒体中心全部挂牌运行，全国试点武平县融媒体中心建设取得新成效；推进新时代文明实践中心试点工作，全国试点上杭县打造新时代文明实践的“上杭样板”迈出坚实步伐。文化事业加快发展，编制《客家文化(闽西)生态保护实验区总体规划(2017—2030年)》提交省政府审议；龙岩市“非遗”展示馆开馆并展示70余项“非遗”项目，新增182项“非遗”项目列入第六批市级“非遗”项目，2家企业获批省首批“非遗”生产性保护传承重点单位；“十大群文活动”品牌效应不断提升。文化产业做大做强，成功举办龙岩市“红古田”杯红色文化创意产品评选大赛和龙岩文创市集，出台《关于加快红色文化产业发展的若干措施》等政策意见，龙岩洞文化创意产业园区加快建设，武平客都汇文化创意产业园完成扩园提升工程。2018年，全市培育龙头文化旅游企业14家，新增规上企业32家，实现文化旅游产业产值681亿元，文化产业产值181.5亿元。

【“奋进中的革命基点村”系列报道】 2017年12月13日开始，龙岩市在《闽西日报》开设“传承红色基因，建设美丽家园，红土新韵——奋进中的革命基点村”系列报道，以52个村为典型，每周报道一个革命基点村，反映闽西革命基点村践行绿色发展理念，加快脱贫攻坚步伐，推进产业兴旺，生态宜居方面所取得的成效。每篇文字约1000字，配图1张。

在龙岩电视台新闻综合频道开设“绿水青山就是金山银山——奋进中的革命基点村”系列报道，7月10日在龙岩电视台经济纵横栏目开播。专题报道共7期，1个县1期，报道革命基点村践行绿色发展理念，加快脱贫攻坚，建设人与自然和谐发展的新农村所取得的成绩。

闽西广播电视报社在《红色文化周刊》开辟“传承红色基因，建设幸福家园——奋进中的龙岩革命基点村”专栏，推出包括《福建省促进革命老区发展条例》宣传、革命“五老”人员访谈、革命基点村巡礼、革命遗址旧址修缮保护等内容的报道。每月2期，每期2/3以上版面，共12版。

（市委宣传部）

统战工作

【概况】 2018年，龙岩市委统战部坚持以习近平新时代中国特色社会主义思想为指导，始终把加强党的领导、加强思想政治引领作为常抓不懈的首要任务，严格落实意识形态工作责任制，强化思想政治引领。发挥古田会议“思想建党、政治建军、信念立人”传家宝作用和龙岩丰富的红色资源优势，引导支持各民主党派和无党派人士深入开展“不忘合作初心，继续携手前进”，引导非公有制经济人士开展“不忘创业初心，接力改革伟业”理想信念教育实践活动等各类主题教育，引导统一战线成员进一步增强接受中国共产党领导的自觉性和坚定性，牢牢把握正确政治方向，促进同心同德、同心同向、同心同行。充分运用报纸、电视以及同心龙岩网站、微信公众号、今日头条号等媒体，积极对接“e龙岩”，市委常委、统战部部长亲自在市委中心组专题学习会上作统一战线专题辅导报告，组织召开学习宣传贯彻习近平新时代中国特色社会主义思想推进会，并上专题党课，举办各类学习新思想培训班5期，把习近平新时代中国特色社会主义思想和中共十九大精神向全市广大统战干部和统一战线成员进行广泛宣传和深度阐释，掀起统一战线“大学习、大普及、大践行”学习贯彻热潮，进一步增强“四个意识”，坚定“四个自信”，坚决做到“两个维护”，切实把思想和认识统一到中央和省委、市委决策部署上来。

【建言献策】 2018年，龙岩市委组织部组织、引导统战系统和各民主党派、工商联以及无党派人士聚焦全市“三大战役”“双培育行动计划”“三城一基地”等事关全市发展大局和民生的重大问题，参政议政、建言献策，发挥最大党外智库效应。市委常委、统战部部长亲自组织召开"打造闽西红色文化教育培训基地"专题调研协商座谈会，形成《发挥古田红色品牌作用　做大做强红色培训产业》报告，为市委市政府制定出台《加快红色文化产业发展的若干措施》提供科学参考；牵头撰写的《关于推进龙岩市政党协商的实践与思考》入选《福建省统战理论研究论文选》。党外人士撰写《建议尽快将有效应对老龄化确立为基本国策》《关于抓紧抢救"中央苏区红军学校"文化遗产的建议》等被中央和省级有关刊物采用。2018 年，各类调研成果、建言献策、工作信息等获得省、市领导批示 25 件。服务脱贫攻坚。整合统一战线各方面的资源力量，动员、引导全市统一战线广大成员积极参与精准扶贫、精准脱贫，进一步发挥龙岩市光彩事业促进会作用，继续做好脱贫攻坚战役九举措之一 "社会捐助到户"牵头工作，深入开展海西春雨、光彩事业、温暖工程、百企帮百村等"红土同心"系列活动，为打赢脱贫攻坚战贡献力量，2018 年，全市统一战线共争取各类扶持资金 7128 万元。其中：依托龙岩市光彩事业促进会，筹集资金 1135 万元；开展"红土同心·光彩助学捐助百名贫困大学生" 活动，筹集 65 万元助学金，资助 151 名新入学的贫困大学生；开展"红土同心·百企帮百村"精准扶贫行动，124 家企业（商会）挂钩帮扶 154 个贫困村，落实扶持项目资金 2034 万元，帮扶贫困人口 4304 人。致力和谐稳定。结合创建全国文明城市常态化制度化和党员进社区活动，多形式、多批次组织机关全体党员干部到社区开展文明志愿服务活动，引导全市广大统一战线成员围绕创建文明城市、扫黑除恶、打击涉麻制毒、电信诈骗、农村赌博等社会稳定重点难点问题，找准结合点、切入点，主动作为、积极参与，为维护社会安定和谐发挥积极作用。

【民主党派和党外代表人士工作】 2018 年，龙岩市委统战部协助市委制定下发《2018 年政党协商计划》，严格执行完善知情明政、考察调研、工作联系、协商反馈等机制，进一步规范开展政党协商。协助市委、市政府先后召开党外人士协商会、座谈会和情况通报会 6 次，就龙岩市政治、经济、社会、人事安排等重大问题，听取党外人士意见。支持民主党派履行职能，推动市委常委联系民主党派、工商联，市委、市政府领导与党外代表人士的联系交友，市有关部门与民主党派、工商联对口联系制度，推动落实民主党派"直通车"制度，为民主党派知情参政创造条件。2018 年，各民主党派共直接向中共龙岩市委提出意见建议 7 件。4 月，市委常委、统战部部长主持召开民主党派、无党派人士学习贯彻习近平总书记 3 月 4 日在看望参加全国政协十三届一次会议的民盟、致公党、无党派人士、侨联界委员并参加联组会时的重要讲话精神座谈会，带队赴上杭、连城、长汀开展纪念"五一口号" 发布 70 周年系列活动，进一步巩固和发展中国共产党领导的多党合作和政治协商新型政党制度。贯彻落实中央统一战线工作《条例》和省委《实施细则》，推荐民进市工委主委张凌为市政协副主席候选人。开展无党派人士动态管理工作，全市确定无党派代表人士 867 人，其中市直 181 人，健全完善党外高级职称人才信息库。做好增补市政协委员的推荐工作，新推荐 4 名非公经济人士和 1 名闽西籍香港代表人士增补为市政协委员候选人。实施"洗脑"工程，采取"请进来""走出去"的做法，加大党外代表人士的培训力度，依托市社会主义学院举办民主党派骨干成员及无党派代表人士培训班，邀请国内知名专家学者授课，培训 45 人次；首次依托浙江大学举办非公经济人士和新的社会阶层人士培训班，培训 70 人次，推动民营企业家和党外代表人士思想解放、观念更新、能力提升。

【党外知识分子和新社会阶层人士工作】 2018 年，龙岩市委统战部加强对党外知识分子的团结引导，组织他们到上杭古田、才溪等爱国主义教育基地接受革命传统教育，引导他们准确把握基本国情和市情，继承光荣传统、传播正能量。落实《龙岩市新的社会阶层人士统战工作联席会议制度》，加强新阶层人士工作平台建设，全市 7 个县（市、区）均成立新阶层联谊会，率先在全省实现全覆盖。举办"区块链发展趋势及应用" 论坛、"互联网+" 项目对接洽谈会、"闽西籍'互联网+'龙岩经济沙龙"等。市委常委、统战部部长带队分别赴浙江、深圳等先进发达地区，走访阿里、华为、微医等互联网巨头企业以及部分乡贤企业，寻求合作商机。特别是借助闽西互联网新锐的"龙岩现象""龙岩军团"和"龙岩邦"传说的重大影响，充分发挥今日头条创始人兼 CEO 张一鸣、美团网 CEO 王兴、微医集团董事长兼 CEO 廖杰远等龙岩籍互联网精英众多的优势，加强沟通合作，实施"互联网项目返乡工程"，助力数字经济领跑行动和数字经济产业集群建设，助推龙岩互联网+实体经济发展。龙岩市与今日头条签订战略合作协议，今日头条内容审核基地项目已落地龙岩；龙岩市与美团签订战略合作协议，在旅游生活化、智慧出行、食品安全等方面开展项目合作；微医与长汀县签署合作协议，投资 3 亿元建设全国智能医疗供应链及采购平台、中国医疗器械阳光供应平台等。美团、微医还在古田干部学院设立教育培训基地。

【非公有制经济工作】 2018 年，龙岩市委统战部学习贯彻习近平总书记 11 月 1 日民营企业座谈会重要讲话精神和给"万企帮万村"行动中受表彰的民营企业家回信重要精神以及中央统战部部长尤权在长汀与民营企业家座谈时的讲话精神，坚持"两个毫不动摇"，高度重视和大力支持非公有制经济健康发展和非公有制经济人士健康成长。进一步构建"亲""清"新型政商关系，推动落实市四套班子34名领导联系17家市直属商(协)会、25名市领导挂钩60个重点项目和"企业直通车"等制度，坚持每年召开全市民营企业家新春恳谈会、中秋台商恳谈会以及"全国龙商会长论坛"，用好用活"7·8"龙岩企业日活动载体，市四套班子领导分别带头深入各商(协)会、民营企业调研，进行现场办公，帮助解决企业反映的问题，营造优质营商环境。2018年"龙岩企业日"活动期间，共收集梳理企业反映的9大方面问题13条建议意见，纳入市"两办"督查，基本得到落实解决。协助市委市政府制定出台《龙岩市提升营商环境的实施细则》《金融支持工业企业加快发展十二条措施》《龙岩市进一步激发民间有效投资活力促进经济持续健康发展任务分解落实方案》等一系列政策措施，支持实体经济、非公经济发展，引导企业积极融入闽西南协同发展区、粤港澳大湾区发展。在全省率先制定《龙岩市商会管理暂行办法》，指导龙岩市江西商会、龙岩市汽车销售行业商会、宁波市龙岩商会等完成换届，新成立杭州市龙岩商会、长沙市龙岩商会、漳州市龙岩商会、义乌市龙岩商会，进一步加强商会组织建设，规范商会行为，发挥商会作用。通过举办主题报告会、高端论坛等系列活动，聘请互联网、物联网、区块链等领域领军人物和著名专家学者作专题辅导，提升企业家互联网思维，进一步弘扬"企业家精神""工匠精神"，坚定发展信心。10月，在深圳联合举办"龙岩闽西老区与粤港澳大湾区融合发展论坛"，邀请有关专家、优秀乡贤企业家，共同探讨在新经济形势与新商业时代下，龙岩和龙岩籍乡贤企业如何抢抓新机遇，主动融入粤港澳大湾区，并开展招商引资，以商招商，推介龙岩。

【民族工作】 2018年，龙岩市贯彻落实中央《关于依法治理民族事务促进民族团结的意见》及省委《实施意见》精神，深入开展民族团结进步创建活动，加大对2个少数民族乡、51个少数民族村的扶持力度，51个少数民族村实现市直单位挂钩帮扶全覆盖。加强少数民族群众精准扶贫，继续实施"民族乡村特色经济发展扶持增收工程"和"少数民族文化'双十一'繁荣发展工程"，做好少数民族文化保护、传承和发掘工作，推动少数民族乡村振兴发展。指导建设闽西畲族馆，举办省第五届少数民族文艺调演，成功举办中华一家亲·2018海峡两岸各民族欢度"三月三"节暨福建省第七届"三月三"畲族文化节、第十一届海峡两岸少数民族丰收节活动，两岸少数民族代表、宗亲代表等海内外嘉宾2000多人参加，进一步深化闽台少数民族交流合作，增进海峡两岸同胞心灵契合，得到中央有关部委和省领导的充分肯定。

【宗教工作】 2018年，龙岩市深入学习贯彻中央政治局常委、全国政协主席汪洋发给第五届世界佛教论坛的贺信精神，落实新修订的《宗教事务条例》，引导宗教与社会主义社会相适应。以承办第七届福建省佛教讲经交流会为契机，利用佛教法眼宗传承地的优势，发挥福建省法眼宗佛教文化交流促进会作用，深入开展"创建和谐寺观教堂""宗教政策法规学习月"等活动，实地调研宗教工作，引导宗教界人士和信教群众爱国爱教，合法开展宗教活动。9月，全省宗教工作自查电视电话会议后，市委高度重视，第一时间组织召开全市宗教工作自查电视电话会议和市委常委会，并先后2次组织召开市宗教工作领导小组成员会议，研究部署自查和整改工作，由8位市委常委带队，深入7个县(市、区)及两所高校调研摸排，进行自查自纠，推动宗教自查整改工作落实落细。针对省委巡视五组巡视龙岩市反馈指出的"对地下教会的管控不够有力"的问题，迅速制定整改计划，明确整改措施、责任人员和完成时限，确保整改工作落到实处，出台《龙岩市依法治理基督教私设聚会点专项治理工作意见》，采取"一点一策"的办法，全面解决基督教私设聚会点问题。做好十一世班禅来闽到龙岩参观考察活动，指导市佛教协会、天主教爱国会完成换届，市道教协会成立。承办福建省学习贯彻新修订《宗教事务条例》闽西北片区培训班，牵头举办宗教工作业务知识培训班，市县两级宗教工作领导小组成员单位及全市乡镇(街道)统战委员340人参加培训。

【台港澳与海外统战工作】 2018年，龙岩市贯彻落实"一国两制"方针，注重发挥红色、客家和侨乡优势，加大"请进来、走出去"步伐，深化与港澳台与海外经贸、文化等领域的交流合作。先后接待香港同乡社团义工考察团、香港青年骨干福建交流团、澳门闽籍青少年薪火相传寻根团等，持续举办闽西籍港澳同乡社团社会事务骨干培训班，市、县统战部门共接待各类港澳台及海外团体单位和个人，共计251批次5799人。开展香港、澳门有关工作，由市委常委、统战部部长带领有关工作人员赴港澳，通过看望慰问、走访座谈等形式，以乡情亲情友情为纽带，团结引导闽西籍乡亲发扬爱国爱港爱澳爱乡优良传统，参与港澳社会事务，共同维护港澳繁荣稳定，完成上级赋予的各阶段性任务，获得中央和省委、市委主要领导的肯定，市委主要领导2次就香港有关工作作出批示。开展联络联谊和招商引资工作，主动融入粤港澳大湾区建设。2018年10月8日，市委主要领导带队到香港、澳门走访慰问闽西籍乡亲，共叙乡情，促进龙港、龙澳交流合作不断深化。参加香港闽西联会和香港龙岩同乡会春茗联欢等活动，指导香港上杭、武平同乡会完成换届工作，促成香港新界上水乡闽西籍廖氏乡亲6000余人，回乡寻根谒祖、认祖归宗。廖氏宗亲成为龙岩市一个独立的县级社团组织。制定下发《关于开展龙岩市港澳乡情普查工作的通知》，在全市范围内扎实开展港澳乡情普查工作，不断夯实港澳工作的基础。指导市海外联谊会、侨联、留学人员联谊会完成换届。

（市委统战部）

精神文明建设

【概况】 2018年，龙岩市精神文明建设工作以成功摘取“全国文明城市”桂冠为新起点，深化群众性精神文明创建活动，培育和践行社会主义核心价值观，推进文明城市创建常态化长效化，提升市民文明素质和城乡文明程度，精神文明建设工作再创佳绩。2018年2月，上杭县成为新一轮全国文明城市提名城市。在全省精神文明建设表彰会上，龙岩市创建全国文明城市的经验在会上做典型介绍，漳平市、长汀县、新罗区、永定区被授予“第五届省级文明城市（县城、城区）”称号，新罗区红坊镇等57村镇被表彰为省级文明村镇、市直机关党工委等181个单位被表彰为第十三届省级文明单位、龙岩师范附属小学等47所学校被表彰为第一届省级文明校园，廖志添等9户家庭被授予“第一届省级文明家庭”称号，为确保高质量发展落实赶超各项工作提供强大的精神动力和丰润的道德滋养。

【文明城市创建常态长效机制落实】 2018年，龙岩市顺应人民群众新期待，坚持以人民为中心、以钉钉子精神推进文明城市常态长效创建工作，从治标模式转化为治本为主、标本兼治的升级版创城模式，从根本上、源头上全面开启龙岩市创城工作的新时代、新局面。

完善工作机制。贯彻落实市委、市政府《建立健全文明城市建设常态长效机制的若干意见》（岩委发〔2017〕21号）精神，市创城指挥部于1月印发《龙岩市进一步落实文明城市建设常态长效机制工作方案》（岩创城〔2018〕1号），5月下发《龙岩市城市建成区“门前三包”责任制管理办法（暂行）》（岩创城〔2018〕4号），巩固龙岩市文明城市创建成果，防止“脏乱差”现象重新反弹，保持创建工作长效常态化。

加强创城督导。市创城指挥部从市直职能部门抽调9名干部组成3个创城工作督导组，督导组组长均由副处级以上干部担任。各督导组每天对所负责的区域进行基础设施、交通秩序、绿化美化、城市管理等方面进行督导，现场发现问题，协调相关责任单位进行及时解决。各督导组日常督查累计发现问题1103件，协调解决问题231件。市创城办印发《督查整改通知》15期，涉及25个市直各职能部门、单位及街道，完成整改事项946件。

实行“街巷长”负责制。发挥新罗区街道、社区（村）在文明城市建设中的主体作用，从1月份开始，在新罗区实行“街巷长”负责制，中心城区163条主次干道、149条背街小巷在醒目位置挂“街巷长”牌，实现“街巷长”全覆盖，有效提升城市管理水平。2月，市创城办联合市城管办出台《龙岩市中心城区文明城市建设“街长”“巷长”负责制考核奖惩办法（试行）》（岩创城办[2018]1号），由市创城办、市城管办采用百分制，从组织机构、完善工作机制、建立联合执法平台、环境卫生、市容秩序、户外广告、志愿服务、数字城管等方面对各街道“街巷长”工作情况进行每月一小考，每季一大考，有效推动城市管理常态长效化。

【社会主义核心价值观教育实践活动】 2018年，龙岩市举办“讲文明·树新风”公益广告大赛，营造良好文明氛围。与市工商局联合开展第九届“讲文明树新风”公益广告大赛，把开展公益广告宣传与进一步巩固提升全国文明城市创建成果、提高市民综合文明素质相结合，突出“文明出行、移风易俗、良好家风、生态环境、清正廉洁、法制观念”内容，深入拓展公益广告宣传活动，推动媒体媒介全覆盖刊播“讲文明树新风”“图说我们的价值观”公益广告，传播主流价值，营造向上向善的浓厚氛围。

典型辐射示范，讲好好人故事。围绕“落实新思想、唱响红古田、建设新龙岩”，继续开展“我推荐、我评议身边好人”活动，在全社会形成“讲道德、学好人、做好人”的良好风尚。礼遇道德模范。春节期间，慰问困难道德模范，并送上慰问金和医保卡，帮助他们解决实际问题。好人推荐长效常态。将好人建设作为各级文明单位创建的重要内容之一，建立市、县、单位三级好人推荐机制。全市有40人入选“中国好人”、132人入选“福建好人”。办好道德模范故事汇基层巡演。礼赞模范，致敬美德。10月27日，在龙岩人民会堂举办第六届全国道德模范故事汇基层巡演龙岩专场活动。全国孝老爱亲道德模范温金娥、省敬业奉献道德模范华锦先等先进事迹被创作改编为二人转《最美家庭》。

【主题创建活动】 2018年，龙岩市继续搞活“我们的节日”清明、端午、重阳等节日活动。广泛开展“我们的节日”主题活动，发动全市中小学校开展清明网上祭英烈和第三届“我们的节日·端午”龙岩中心城区“文明家庭”包粽子暨诗歌朗诵比赛，弘扬中华优秀传统文化。重阳节与市商务局联合开展以“孝为德之本，百善孝为先”主题志愿服务活动，组织各个行业协会走进中心城区苏溪、登高、莲滨、虎岭、双路亭、翠屏等社区，义务为社区老人开展烹饪、按摩、洗脚、剪发、家政服务、洗衣、保洁、家电维修、烘焙等服务，以实际行动践行“感恩心·敬老情”“诚信服务·温暖龙岩”。与商务局等部门联合开展“诚信伴我行”文明诚信主题活动，10月15日，正式拉开

2018—2020年龙岩市商贸服务行业诚信建设的序幕，旨在进一步巩固全国文明城市创建成果，传承和弘扬中华民族优秀传统文化，推动龙岩市商贸服务业诚信体系建设，营造浓厚的文明诚信经商氛围。与市文广新局等7家部门联合开展第二届“全民共舞·舞动中国梦”暨“舞动岩城”广场舞大赛，搭建广大市民展示自我精神风貌的平台。广场舞大赛超过200支队伍参赛，参赛人数超过4000人，为龙岩市广大群众搭建一个很好的展示自我精神风貌的平台。不断加强社会主义核心价值观宣传阵地建设。争取区域共建精神文明建设活动中心，确定新罗区中城街道凤凰社区、永定区凤城街道东坊社区、上杭县临城镇城东社区、长汀县汀州镇南门社区、漳平市桂林街道下桂林社区为区域共建实施点，作为践行社会主义核心价值观，传播文明、提高素质的重要阵地。9月1日，与市工商局等部门联合开展“守重千人行·诚信我当先”主题活动，在全社会倡导讲诚信从我做起的氛围。持续做好家风建设这篇大文章，开展“传家训、立家规、扬家风”活动，同时打造家风家训精品馆，龙岩市永定区福建土楼家风楼、长汀县汀州客家严婆家风家训乡贤文化馆为第二批省级家风家训乡贤文化馆，开展丰富的家训家规宣传教育活动，使百姓接受文明熏陶，感悟家风家训力量。

【文明行为立法】 2018年，龙岩市加强网络文明宣传。参与制定《龙岩市文明行为促进条例(草案)》，与市人大法工委联合开展“十大不文明行为”征集和“十佳文明金点子”评选活动，通过广泛发动市民参与，收集意见建议600多条。坚持正确的舆论导向，及时宣传报道全市先进典型。龙岩文明网发布信息2272篇，评论104篇，制作专题8个，官方微博“龙岩文明办”发布微博421条，微信公众号“文明龙岩” 发布推文705篇。其中，被中国文明网等栏目采用稿件76篇。规范信息工作QQ群，建立文明龙岩网传信息群，制作市属以上文明单位(学校)负责人、信息员通讯录，并举办全市精神文明建设工作信息员培训班，指导信息员做好宣传报道工作。

【移风易俗活动】 2018年春节期间，龙岩市以省对市全面从严治党主体责任迎检工作为契机，联合市委宣传部下发《关于贯彻〈中共中央宣传部、中央文明办关于学习贯彻习近平总书记重要指示精神加强农村精神文明建设提升农民精神风貌的通知〉的通知》(岩文明联〔2018〕2号)。各县(市、区)针对春节期间人情来往密集特点，紧紧围绕“摒除陋习，树立新风”主题，制定工作方案，抓好移风易俗工作落实；倡导勤俭文明过节新风尚，倡导理性、文明、健康的消费观和人情观，引导群众尚俭戒奢、移风易俗，营造良好的社会舆论氛围。开展移风易俗调研活动。2月，在全市开展“开展移风易俗、弘扬时代新风”专项民意调查，全市共有700多人参与问卷调查。5月，在全市开展重点调研活动，调研内容主要包括喜事、丧事、民俗、村规民约等方面。根据调研结果，撰写《关于对龙岩市移风易俗有关事项的工作建议》，针对婚事新办、丧事简办、民俗俭办三大项主要内容，列出“积极倡导、正面引导、努力杜绝”的要求，提出积极有效的工作建议。

【志愿服务活动】 2018年春节期间，龙岩市广泛开展志愿服务活动。市志愿者协会以助力春运、亲情关爱、文化服务、生态保护、平安建设、开展移风易俗、弘扬时代新风等为主要内容，组织动员全市志愿者和志愿服务组织广泛开展形式多样的学雷锋志愿服务活动。如市交通系统开展“情满旅途、福运到家”“青春志愿行，温暖回家路”“暖冬行动，助力春运”“关注安全，平安过年”系列春运志愿服务活动，受益人数达数万人。开展“助力新龙岩　建功新时代”志愿服务活动。6月，市文明委在全市开展“助力新龙岩　建功新时代”志愿服务行动，内容包括邻里守望、助老扶幼、助学帮困、助医助残、精准脱贫、应急救援、移风易俗、文明劝导、生态环保、文艺惠民、文明旅游、乡村学校少年宫等12项志愿服务行动。6月5日，市委文明办、市教育局、市文广新局联合举办“第九届爱心送考” 大型公益活动。有22家运输企业和99辆私家车免费为364名考生开展集中送考。参与志愿服务先进典型评选。向省委文明办推荐上报“四个最美”志愿服务先进典型名单，参与最美志愿者、最美志愿服务组织、最美志愿服务社区、最美志愿服务项目等四个类别志愿服务先进典型的评选活动。4月，市扶贫帮困志愿者余亿明在全国2017年度学雷锋志愿服务 “四个100”(100个最美志愿者、100个最佳志愿服务组织、100个最佳志愿服务项目、100个最美志愿服务社区) 评选活动中被评为“最美志愿者”。2018年，全国学雷锋志愿服务“四个100”先进典型名单已上报省委文明办。

【新时代文明实践中心建设试点工作】

2018年，龙岩市贯彻中央、省委关于建设新时代文明实践中心试点工作的部署，以上杭县被列为全国50个建设新时代文明实践中心试点县之一为契机，按照“市级抓推进、县级抓落实”要求，全面摸清资源底数，加强对下指导推动，补齐农村“精神短板”，推动全市农村精神文明建设取得新成效。2018年，上杭县、武平县新时代文明实践中心均已挂牌成立。与市委宣传部等15家市建设新时代文明实践中心试点工作指导组成员单位联合在上杭县蛟洋镇开展龙岩市暨上杭县新时代文明实践中心文化科技卫生“三下乡”集中服务活动。

【未成年人思想道德建设】 2018年，龙岩市围绕立德树人和“扣好人生第一粒扣子”根本，以“我的中国梦”为主题，突出“三红精神”引领，广泛开展争当“新时代红土地文明好少年”主题教育活动，传承红色基因、培养时代新人。

明确工作任务，细化工作举措。以贯彻落实中共十九大精神和习近平新时代中国特色社会主义思想为指导，以“扣好人生第一粒扣子”为主题，广泛开展各类教育实践活动，深化文明校园创建，推进学校少年宫建设，抓好未成年人心理健康教育，扎实推进未成年人思想道德建设工作。6月21日、10月18日分别在连城、上杭组织各县（市、区）委文明办分管领导和未成年人思想道德建设工作具体负责人召开全市未成年人思想道德建设工作培训会，开展文明校园创建、乡村学校少年宫项目建设、全国未成年人思想道德建设工作测评体系解读等学习培训。

12月10—11日，中央宣传部副部长、中央（国家）网信办主任庄荣文（左2）率调研组到上杭县，实地调研新时代文明实践中心建设试点工作。图为调研组察看上杭县新时代文明实践中心

突出主题，开展实践活动。围绕“扣好人生第一粒扣子”主题教育，开展争当“新时代红土地文明好少年”主题教育实践活动。推荐产生16名“新时代红土地文明好少年”，在龙岩文明网开设专栏进行宣传报道，择优推荐2名好少年参加中央、省“新时代好少年”学习宣传活动。开展“传承红色基因”系列教育活动。清明期间，组织未成年人开展“清明祭英烈”活动，“七一”期间组织未成年人唱响歌颂党、歌颂祖国、歌颂新时代的优秀歌曲和童谣。开展优秀童谣征集推广传唱活动。在全市开展优秀童谣征集活动，择优向省主办单位推荐15首优秀童谣参加评选，其中2首优秀童谣被推荐参加全国优秀童谣评选。“福建省童心向党歌咏暨优秀童谣传唱展演”（龙岩上杭专场）活动在上杭县第二实验小学成功举办。开展中华优秀传统文化传承活动。组织中小学校积极邀请传统文化名家和民间艺人、非物质文化遗产传承人等走进学校、社区和青少年宫、乡村学校少年宫等场所，进行传统文化授课和培训。开展学雷锋志愿服务活动，帮助未成年人在服务他人、奉献社会的过程中培育美好心灵、强化责任意识。开展“劳动美”社会实践活动，教育引导未成年人树立热爱劳动的思想。开展“向国旗敬礼”活动。以国庆节为契机，在全市广泛开展“向国旗敬礼”活动，组织广大未成年人登录福建文明风、龙岩文明网的电脑和手机版的专题页面，进行趣味问答、签名寄语、观看爱国主义教育影片、学唱爱国主义歌曲等活动。组织未成年人升国旗唱国歌、观看红色影片、参观爱国主义教育基地等教育实践。9月28日，龙岩市“向国旗敬礼”展示活动在连城县实验小学举行，各级领导和师生共计1000多人参加。

学校少年宫建设。落实好2018年4所中央专项彩票公益金支持乡村学校少年宫建设。全市发动52所2015—2017年届期被评为全国、省级文明校园和条件成熟的57所市级文明校园率先与全市53所中央专项彩票公益金支持的乡村学校少年宫以及71所自建的乡村学校少年宫结对共建，实现全市124所乡村学校少年宫共建全覆盖目标。组织各乡村学校少年宫积极开拓创新活动项目，加强戏剧、武术、民俗风情、手工技能等特色项目的引入，弘扬中华民族优秀传统文化。新罗区、永定区、连城县先后举办各具特色的乡村学校少年宫成果展示展演活动。

（市委文明办）

机构编制

【机构改革】 2018年，龙岩市委编办摸清底数，夯实改革基础。组织相关部门分批深入各市直单位和各县（市、区）开展调研，充分听取意见建议，收集梳理各部门职责交叉、重叠或履职不顺事项，摸清全市机构改革底数。在此基础上形成龙岩市市级党政群机构设置对比表，党政机构改革职责、内设机构及人员编制建议调整表。同时向省委组织部、省委编办报送《关于深化机构改革的建议》《关于优化市县党政群职能配置和机构设置提升地方政府治理体系和治理能力建设的几点建议》等相关调研资料，围绕市县乡三级党政部门职能配置、机构设置和人员编制科学分配等问题，提出相关意见建议。

统一思想，紧扣节点推进。根据中央和省的统一部署，统筹推进落实改革工作。多次召开机构改革工作座谈会，传达贯彻中央和省机构改革工作部署会议精神，统一思想认识，部署改革任务，严明工作纪律，有力保障机构改革期间各涉改单位“思想不乱、队伍不散、工作不断”。紧扣时间节点成立机构改革工作协调小组，组建综合协调组、市级机关机构改革专题组等四个专题组和三个工作专班，推动相关工作组各负其责、协调配合推进机构改革方案起草、人员转隶、涉改部门组建、“三定”规定审定等工作，确保各阶段改革任务按时保质保量完成。《龙岩市市级机构改革方案》《龙岩市县级机构改革方案》于2018年12月20日印发实施，各涉改单位于2018年12月31日前全部挂牌成立。

严格程序，高效完成人员转隶。按照“编随事走、人随编走”的原则，制定印发《关于做好市级机构涉改人员转隶工作的意见》，对人员转隶的范围、条件等政策口径、工作程序作出具体规定，切实保证转隶政策的有效执行和转隶工作快速推进。发挥统筹抓总作用，与涉改部门对接沟通，实时掌握进展情况，以转隶政策为依据，分类施策，妥善解决矛盾和问题。严肃机构编制纪律，强化政治思想工作，树立改革大局意识，要求相关部门及时关注有关人员的动态，了解和掌握转隶人员思想状况，做到不讲条件、不打折扣、不搞变通，确保人员转隶工作积极稳妥推进。至2018年12月底，转隶工作基本完成，累计印发60余份专项文件，进一步明确62家涉改单位主要职责、内设机构设置和人员编制，合计完成人员转隶588名。全力做好“三定”规定制定工作，召开全市“三定”工作培训会，对涉改部门“三定”规定制定作出安排部署。

【行政审批制度改革】 2018年，龙岩市加快简政放权，优化营商环境。推进“证照分离”改革试点，降低市场准入门槛。在龙岩经开区(高新区)开展“证照分离”改革试点，结合龙岩实际对95项行政许可事项进行分类改革，减少政府干预，着力破解“准入不准营”问题，营造稳定公平透明、可预期的营商环境。截至11月底，市本级、新罗区和永定区共办理“证照分离”改革事项621件，压缩时限218个工作日，精简材料108份。持续做好接权放权，做到放得下，接得住，管得好。2018年，共承接中央、省下放(委托)行政权力和公共服务事项13项，取消73项，调整85项，下放(委托)县(市、区)、经开区管理43项。推进“多图联审”改革，压缩施工图审查时间。制定出台《市本级建设工程项目施工图“多图联审”改革工作任务分解方案》，按照“统一标准、集中服务、结果互认、依法监管”要求，整合住建、人防、消防、气象等部门施工图审查环节，实现建筑工程施工图、人防工程施工图、消防设计图、防雷装置设计施工图“四图联审”，使项目审批更快、服务更优、监管更强。

完善监管机制，规范市场秩序。健全完善“两单两库一细则”，全面推行“双随机、一公开”监管，及时向社会公布抽查情况查处结果。推进跨部门、跨层级联合综合监管，落实执法监管“一次到位”机制，对新产业、新业态、新模式等积极探索包容审慎监管。加强信用监管，依托全省“一张网”和“信用龙岩”平台，强化执法部门的信息归集、共享和应用，建立以信用承诺、信息公示为特点的新型监管机制，倒逼市场主体落实责任。

加强政务服务，提升行政效能。联合市质监局、行政服务中心管委会制定《“一趟不用跑”“最多跑一趟”政务服务规范》，该标准为龙岩市率先在全国起草制定“一趟不用跑”政务服务规范省级地方标准，也是继浙江之后，全国第二个“最多跑一趟”相关的政务服务省级地方标准。进一步清理规范中介服务和证明材料事项，对照中央、省取消目录，及时梳理形成本部门、本地区中介服务事项取消目录。全年取消20项市级行政审批中介服务和证明材料。

【事业单位分类改革】 2018年，龙岩市制定下发《龙岩市市属从事生产经营活动事业单位改革人员安置暂行办法》，对市属经营类事业单位改革的人员安置方案制定、转制人员社保医保接续、提前离岗、解聘等事项作出具体规定。结合推进机构改革，制定出台《龙岩市市属从事生产经营活动事业单位改革工作实施方案》，对龙岩市建筑设计研究院、龙岩市建筑工程施工图设计审查所、龙岩市军转接待站、龙岩市城乡规划设计院、龙岩市水利电力工程处、龙岩市林业物资站等13家经营类事业单位改革划定时间表，要求2020年底全部改革到位。同时，收回龙岩市城乡规划设计院、龙岩市水利电力工程处、龙岩市林业工业原料基地办公室等9家经营类事业单位自给事业空编52名。

【机构编制资源管理】 2018年，龙岩市严肃机构编制纪律。深入学习领会《中共中央关于深化党和国家机构改革的决定》《深化党和国家机构改革方案》《关于机构改革期间严肃机构编制纪律的通知》等文件精神，严格执行上级有关机构改革纪律要求，暂停日常机构编制事项调整。积极主动加强与市直相关单位人事部门沟通联系，充分做好宣传释疑工作，为推进全市机构改革营造良好氛围。同时，深入市直相关单位、各县(市、区)开展“中央关于机构改革期间，原则上不再办理日常机构编制调整事项”专项督查，杜绝有令不行、有禁不止行为。

服务保障民生亟需。全力服务保障全市民生事业发展领域机构编制亟需。着重抓好学校医院引进或招聘急需高层次人才(博士、副高职称以上人才)和招收急需紧缺人才及机关事业单位政策性安置等用编，全年接收安置军转干部若干名、退役士官若干名、转业干部随调家属安置3名，随军家属安置7名，接收省委组织部引进生6名，安排党政类引进生45名，完成监察体制改革、环保垂管体制改革人员转隶289名,办理扩班补充招聘、遴选人员、市属中小学紧缺急需学科教师用编151名,核定编外教师控制数43名。制定出台《关于加强全市基础教育学校教师编制统筹管理的通知》,采取“深入推进县管校聘改革、探索实行人员控制数管理、合理调剂教师交流任教、实行区域统筹师资配置、用好用活富余超编教师”等5条管理举措,将按学校核定的市直中小学教职工编制交由市教育局统筹管理,报市委编办备案。同时,为满足龙岩市中心城区基础教育发展需要,新设立龙岩市第一中学锦山学校等3所市级公立基础教育学校,按省定标准暂核定财拨事业编制92名和科级领导职数5名。

优化“e龙岩”平台设置。将原市12345便民服务热线管理中心更名为“龙岩市12345便民服务平台管理中心”,并加挂“‘e龙岩’投诉受理中心”牌子,将该中心财拨事业编制由6名增加到8名,所需编制从市本级控编减编精简的编制中调剂解决。同时针对“e龙岩”平台收集到的31件群众诉求件办理反馈涉及部门推诿扯皮问题,通过走访了解和查找相关法律法规和文件依据,梳理部门职责分工和监管责任,对扯皮问题逐一厘清对应办理答复部门,有效解决“监管真空”问题。

【事业单位登记管理】 2018年，龙岩市推进年度报告公示流程改革。在全省率先推进事业单位法人年度报告公示流程改革,实现无纸化办理、电子档案管理,并实现年度报告自动公示,提高工作效率。改革后顺利完成322家市级事业单位法人年度报告公示工作,完成率100%。加强法人登记管理。深入学习贯彻《事业单位登记管理服务标准化规范(试行)》,以依法依规登记、优化简化流程、创新改进服务、持续提升效率为原则,扎实推进事业单位登记管理服务标准化、规范化,全年办理事业单位法人登记90件，完成322家市级事业单位法人年度报告公示工作。同时,加强失信被执行人联合惩戒体系建设,要求事业单位在申请设立登记、法定代表人变更登记时提供信用证明,严格限制失信被执行人登记为法定代表人。2018年,拒绝受理1件失信被执行人法人登记事项,并对法定代表人存在失信行为的1家事业单位发函告知。抓好信用代码发证变更。根据国家事业单位登记管理局《关于市级税务机构改革后统一社会信用代码赋码操作办法》，对已撤销的4家税务机构进行注销,为6家新税务机构发放新的证书。全年新发证22家，其中机关单位8家、垂直机关11家、群团事业单位2家、其他因工作需要赋码1家。截至年底,赋码总数150家,赋码率100%。

(市委编办)

机关党建

【机关政治建设】 2018年，龙岩市强化政治建设首责意识。召开市直机关党的政治建设推进会和市县(市、区)工委书记联席会。把市级机构改革作为加强政治建设的重要契机，下发指导意见，推动思想政治工作与严明纪律规矩有机结合。市直机关组织专题学习研讨，不断提高机关各级党组织和广大党员的政治站位、政治觉悟。落实意识形态工作责任制,制定《落实意识形态工作责任制实施细则》,举办“主动落实主体责任,扎实做好意识形态工作”专题讲座，定期开展意识形态状况分析研判。强化机关党建宣传阵地建设,开展公共领域宣传载体检查和整改,用好红土先锋网、《机关党建》、微信群、微信公众号和市直单位各类自有媒体,做大做强正面宣传,传播正能量,唱响主旋律。

【机关思想理论建设】 2018年，龙岩市深入推进“两学一做”学习教育常态化制度化,按照市委关于兴起“大学习”热潮的部署,全面、深入、有序地推进学习习近平新时代中国特色社会主义思想。在年度机关党的工作会议上进行专题部署,制定实施意见,细化学习方案,明确学习要求。召开机关党建工作联系片会,交流“大学习”情况,进行再动员再部署。把学习新思想作为“两学一做”“三会一课”、主题党日活动内容,深入开展新思想学习培训。举办2期市直机关科级干部学习培训班,“学习领会《习近平新时代中国特色社会主义思想三十讲》——深化依法治国实践”主题法治报告会和“贯彻新思想、建设新龙岩”中共十九大精神知识竞赛。委托古田干部学院、浙江大学举办机关党务干部培训班。围绕“落实新思想、唱响红古田、建设新龙岩”组织171名机关干部参加“红古田”杯红色故事演讲比赛和5场巡回展演。强化学习服务,及时征订习近平新时代中国特色社会主义思想和中共十九大精神学习辅导读物,更新师资(课题)库,提供79个宣讲课题。营造浓厚氛围。利用红土先锋网、公众微信号、宣传栏等平台推送基层党组织学习宣传贯彻新思想的做法经验。市直机关199支宣讲队深入基层宣讲,受教育人数7.7万人次。

【创先争优活动】 2018年，龙岩市深化“红土先锋”品牌创建。持续创建“红土先锋党员工作室”品牌,实行市级“红土先锋”基层党建综合示范点领导干部挂钩制度,按照“一点一特”的方式,重点培育各具特色的党建创新品牌。培育“红土先锋党员工作室”32个，创建8个市级党建典型培育示范点,下拨以奖代补经费19万元。推荐15个优秀案例参加省直机关工委、省发改委、省编办和省绩效办联合举办的“推进机制活、建设新福建”机关体制机制创新优秀案例评选，获2个一等奖、1个二等奖、2个三等奖。

【基层组织建设】 2018年，龙岩市以提升组织力为重点，着力加强基本组织、基本队伍、基本制度建设。抓实党组(党委)书记抓基层党建工作述职评议，开展机关党委专职副书记、基层党支部书记抓党建述职评议以及党建绩效管理工作。召开党组(党委)书记抓机关党建工作述职评议会，6个单位党组织书记进行大会述职，接受评议；70个单位党组织书记进行书面述职，市分管领导进行点评，明确努力方向。对市直77个部门和24个党群部门的党建绩效管理工作进行考评。学习贯彻党支部工作条例，先后制定深化“1263”党建工作机制建设、“三级书记” 抓党建责任清单、基层党组织党建活动经费管理办法、严格落实“三会一课”制度实施细则和党支部组织生活会主要程序及注意事项等文件。推广党员积分制管理、支部“主题党日”和党员“政治生日”，抽查86个基层党支部组织生活会情况。理顺企业党组织隶属关系及党员组织关系接转，整建制划转党组织4个，转隶到社区党员207名。

【服务型党组织建设】 2018年，龙岩市发挥机关党建引领示范作用，推进市直机关基层党开展在职党员进社区、回小区服务群众工作，引导机关各级基层党组织和广大党员干部开展结对共建、加入小区兼合式党组织，组建党员志愿者服务队、开展各类主题服务活动，推动党员在居住小区亮身份、亮服务，引领城市基层党建，建设红土幸福社区。市直机关共有149个单位，8876名在职党员进社区服务报到，451名党员干部参选小区党支部、业委会相关职务，开展扫黑除恶、禁毒宣传、文明创建等服务3.1万人次，开展社区共建活动201次。开展志愿服务。举办市直机关“迎新春、送红联、猜谜语”及义务献血等志愿服务活动，组织21个基层工会参加，送出1000多幅春联，101名党员干部参加献血。开展春运“暖冬行动”志愿服务，组织16个基层团组织在火车站开展11天的志愿服务活动。动员参加“弘扬雷锋精神·共创文明城市”为主题的志愿服务一条街活动。

【党风廉政建设】 2018年，龙岩市进一步强化“一把手”抓党风廉政建设责任，将“两个责任”落实情况纳入机关党组(党委)书记抓机关党建工作述职的重要内容，接受考核评议。推动廉政教育全覆盖。把党纪条规纳入党委(党组)中心组学习、支部学习、领导干部上党课的内容。利用典型案件特别是市纪委通报的“两正两反”典型案例抓好廉政教育。组织66批次3850名党员干部到龙岩监狱警示基地接受教育。加强科级及以下党员干部违纪案件审理。全年市直纪工委审结案件24件，结案率100%，提出完善证据、规范程序等建议150余条，给予开除党籍处分2人、党内严重警告处分4人、党内警告处分18人，其中免职处理1人。

【党务干部队伍建设】 2018年，龙岩市抓实基层党组织书记教育培训，围绕“三会一课”制度、党费收缴、组织生活、发展党员、党建日常管理等基层党建工作薄弱环节，深入基层培训23场次，累计培训党务干部1540人次。以党建工作联系片为单位，举办8期党务工作培训班，1320名党务干部参加培训。加强党支部标准化、规范化建设。

【和谐文明机关建设】 2018年，龙岩市推动书香机关建设，定期推荐党员干部学习参考书目，举办读书沙龙，引导党员干部多读书、读好书。开展“大美龙岩·青随我动” 市直机关青年趣味运动会，“大美龙岩 青春健跑”“文明靓岩城 巾帼扬风采”等机关文体活动。以“妈妈小屋” 为平台，举办少儿推拿讲座、“爱的魔法” 感恩母亲节亲子活动，进一步弘扬良好家风，传承感恩意识和增进母子情感。加强对干部职工的关怀帮扶激励。建立398名困难党员信息库，慰问困难党员352人，其中癌症和特困党员106名，发放慰问金额29.5万元。慰问困难职工12人，发放慰问金1.2万元。做好“健康母亲1+1”募捐组织发动工作，共收到市直机关单位、个人募捐善款9.8万元。

【党建带“三建”工作】 2018年，龙岩市举办市直机关干部职工运动会、“庆三八·扬风采”等全民健身活动，丰富机关干部精神文化生活。广泛开展志愿服务，开展困难党员职工慰问关怀行动，建立困难党员、困难职工信息库，下拨慰问金24.76万元，基层组织配套慰问金16.78万元，走访慰问517人。落实“党建带群建”要求，加强和改进机关工青妇和关心下一代、老体协工作。组团参加市第十届老年人体育健身大会。积极开展形式多样的关心下一代工作。

（市直机关工委）

老干部工作

【概况】 截至2018年底，龙岩市健在的离休干部553人，年龄最大的104岁，平均年龄90.5岁，其中：老红军1人，抗日战争时期入伍的离休干部40人，厅级离休干部(含享受)14人。“5·12”退休干部171人，厅级退休干部(含享受)57人。

【离退休干部党建水平提升】 2018年，龙岩市按照“强基础、建机制、搭平台、育典型”的工作思路，深化离退休干部的党组织建设。全市有离退休干部党支部376个，新建立各类离退休干部党组织181个，离退休干部党组织覆盖离退休党员比例53%，市直单位覆盖比例达到76%。在全市离退休干部中深入开展学习贯彻习近平新时代中国特色社会主义思想活动，出台加强离退休干部基层党组织建设的指导性文件，建立完

2018年重阳节，市委书记许维泽（右）看望原龙岩地委书记、省委组织部原巡视员郑霖　　（钟俊　供图）

善离退休干部党组织六项制度，强化离退休干部党组织建设。市财政下拨市直离退休干部党员学习活动经费156万元，启动“123”离退休干部工作计划（1套培训体系、2个交流平台、3项保障措施），依托古田干部学院举办党组织骨干主体培训班1期。加快“老党员之家”“红土桑榆·老党员工作室”等离退休党建示范点建设。

【老干部幸福感满足感增强】 2018年，龙岩市建立“331”走访联系老干部机制，开展关爱老干部“大走访、大调研”活动，做到底数清、情况明。制作市直单位“离休干部医疗保健卡”，开通老干部看病就医绿色通道，举办检后咨询会，“面对面”解读体检报告，完善医院和干休所“一对一贴心服务”医疗保障新模式，与龙岩市青鸟三盛养老服务公司签订协议，为市直单位居住在家的失能、半失能离休干部购买100元/人·月的助洁、助医、助行等养老服务，对症下药，靶向治疗，为离退休干部提供“私人定制”。精准服务做法在全省老干部局长会议上作经验交流。

【离退休干部作用发挥】 2018年，龙岩市发挥闽西红色资源优势，推进“助力新龙岩·增添正能量·共筑中国梦”正能量系列活动，承办全省离退休干部党建和发挥作用工作经验交流会，“红土桑榆”正能量品牌获评“全省离退休干部十佳正能量活动精品”。老同志自发编成《闽西革命史文献资料》等数百本红色书籍，开展口述历史档案活动，留存红色记忆；组建“红土桑榆”宣讲团，在古田会议旧址群等101个红色教育基地中担任红色宣讲员、解说员；发挥退休干部林国良的优势，打造“百年传承”红色记忆大展演，舞台再现红色故事，传播红色精神；开展“十佳最美老干部”推选、“点赞身边好党员——桑榆先锋”等活动，彰显红色形象。牵头组建离退休志愿者队伍29支、人数1116人，网格式开展红色宣讲、大手牵小手、脱贫攻坚、科技下乡、医疗救助等志愿服务达10000多人次；发起“千名离退休干部党员进小区”活动，有离退休干部党员担任支部书记或支委151位；以各级关爱工作团为依托，引导老同志积极投入到关爱留守儿童、孤残儿童和“五失”青少年活动中，为青少年常态化开展帮扶。举办“纪念改革开放40周年”系列活动，引导老同志为全市项目落地、脱贫攻坚、生态环保等中心工作建言献策。

（市委老干部局）

党校工作

【培训工作】 2018年，龙岩市委党校开展党政干部培训。全年举办各类培训班31期，培训学员3235人次。深化教学改革，优化教学布局。开展“学员论坛”、学员微课堂和异地培训，提升理论联系实际能力；举办“红色记忆大讲堂”，邀请历史亲历者后代开设专题讲座；编排“古田春早”“情系松毛岭”情景剧等，探索艺术化教学等，形成富有闽西特色的党性教育新模式，增强教育实效；坚持党的理论教育和党性教育主课地位，确保占总课时的70%以上；广邀名师，打造精品课程，邀请原中组部组干院、省委党校、井冈山干部学院的专家教授对校院主体课程进行打磨提升；聘请40多位专家、领导担任兼职教师，开设专题讲座90多场次；深入挖掘红色教育资源，编写特色培训教材，出版《闽西革命简史》《现场教学点点评词》《现场教学点讲解词》《核心课程提纲》《闽西苏区精神与治国理政》等五部教材，基本完成《古田会议精神读本》（修订版）的编纂工作，启动《古田会议精神与从严治党》《才溪乡调查精神与民主建政》《客家精神与新时代乡村振兴》《红四军军史》《中央苏区红色交通线》《闽西二十年“红旗不倒”》《中央苏区“红色小上海”》《闽西革命历史人物后辈访谈录》等八部教材的编撰工作。

企业培训与继续教育。全年举办企业成长培训班3期，培训339人；举办市内部门培训班10期，培训937人；招录省委党校2018级在职研究生50人。

对外培训。全年承办培训班528期、培训3.55万人，辐射全国31个省

（区、市）和港澳台地区。围绕闽西红色经典、绿色生态、客家特色、产业发展、社会治理等5类专题，对全市97个现场教学点的讲解和点评进行再打磨、再提升，重点打造古田会议旧址群、才溪乡调查纪念旧址群、新泉整训旧址群、长汀苏维埃旧址群等9个市级现场教学基地。先后选聘国防大学2名教授、中央党校3名教授、省委党校5名教授、市内23名专家学者担任兼职教师，初步建成门类齐全、结构合理、专业过硬的师资库。

【科研工作】 2018年，龙岩市委党校全年组织申报各级各类课题37项，获得立项33项；完成各级各类课题结项24项，获省级优秀成果3项，市级优秀成果一等奖1项、二等奖2项、三等奖3项。编辑发行《闽西论坛》4期，每期印刷1700册，向省内外赠阅交流范围约620个单位、部门和个人。学术交流研究进一步深化，组织教师参加各种研讨会、交流会、专业学会、年会等25人次；出版编著3部，发表论文82篇（其中CN刊物发表25篇、内刊及论文集等刊发57篇）。组织教研人员开展对策性、前瞻性研究，深度参与龙岩市各项重点工作，承担《培育发展龙岩市新兴产业路径分析》《绿富谋发展——湖州践行两山理论经验的启示》《关于龙岩市实施乡村振兴战略的思考》等重点课题，进一步拓宽科研咨政平台。

【党建工作】 2018年，龙岩市委党校加强政治建设。深入学习宣传贯彻习近平新时代中国特色社会主义思想和中共十九大精神，强化“四个意识”；严格落实“三会一课”和党日活动制度，严肃党内政治生活；多措并举，落实意识形态工作责任制。强化思想建设。精心开展“不忘初心、牢记使命”主题教育活动，组织前往永定伯公凹重走红色交通线；开展“踏上新征程　树立新形象　展示新作为”大讨论；组成宣讲队，奔赴机关企事业单位、乡村社区开展巡回宣讲；选派代表参加专题演讲比赛和知识竞赛。加强制度建设。修订完善“三会一课”实施细则、机关党委委员联系党支部和党员群众工作、婚丧喜庆事项报备等制度，制订“三会一课”、组织生活会、民主生活会工作流程图，建立健全廉政风险防控体系，强化督查落实，实现以制度管人管事的常态长效。狠抓作风建设。邀请市纪委领导到校宣讲《中国人产党纪律处分条例》；赴古田派出所开展现场廉政警示教育；签订党风廉政建设责任书；召开政治建设和校风校纪专门会议，使校院纪律作风和精神面貌为之一新。持续抓好挂钩帮扶工作，推动精准扶贫工作落细落实。2018年院校52名干部挂钩帮扶贫困户62户，共发放扶持资金5.26万元。自筹帮扶资金5万元，并协调落实市财政下拨2018年度扶持资金，帮助完成石笋村标准化水渠、路桥和村卫生室的建设。

【校园建设】 2018年，龙岩市委党校切实抓好A、B区整改提升工作。投资约700万元完成消防验收标识标牌设置、热水系统改造、B1空调机组提升、“实事求是”校训石和六首诗词墙建设、A4A5噪音整治、B区大巴停车位改造、B6段连廊扩建、智能化软件开发、绿化苗木换植、排水渗水处理、人工湖入口改造及专项工程移交、补充协议签订等工作。加快推进C区体育场馆建设。完成投资约3200万元，1#篮球馆、2#健身馆、3#小球馆进入内墙装饰阶段。美化校园环境，营造文化氛围。制作大型固定宣传标语、“古田福”宣传牌、移动宣传展板、主体楼层悬挂突出红色和闽西特色的书画作品；用“军号”代替作息铃声、校园广播定时播放经典红歌、组织学员课前课后学唱红歌、放映红色电影、举办红色歌会和红色故事会等方式营造氛围，让教职工和学员在无形中接受革命精神的熏陶。拓展图书馆服务功能，建设党味书香校园。全年完成近8万册图书、过刊过报的清洁、整理、上架工作；充分征求教职工和学员的意见，增购党风廉政、休闲娱乐等多种类别期刊和纸质图书，充实馆藏，共采购纸质图书500余册、电子图书2万册；周一至周四晚上正常开放，为教职工和学员学习提供便利；在696间学员公寓设置图书角，配置《古田会议文献资料》《见证古田会议》《风展红旗如画》《闽西革命简史》等图书14000余册。完善信息化建设，打造智慧校园。推进教务科研管理系统、OA系统的建设工作，利用计算机和网络、通信技术，对学校与教学、科研、管理和生活服务有关的所有信息资源进行全面的数字化管理，并进行整合集成，提升信息化应用、管理和服务水准。

【教师队伍建设】 2018年，龙岩市委党校实施人才强校战略，加强干部教师队伍建设。公开招聘财会、文印、图书馆员等岗位13名聘用人员；接收转业军官1名、退役士官2名；完成事业单位第四轮岗位聘用工作，聘任教授2名、副教授17名、讲师8名，其他高中初级专技人员11名；到重点城市现场宣传招聘，筛选18名符合条件优秀毕业生参加面试。

【院校管理】 2018年，龙岩市委党校转变管理理念，探索“院校主导、委托管理”的运营模式。采取经营权与服务运行管理权分离的方式，经营权属院校，具体负责经营、营销、大宗采购、财务收支；服务、运行管理由古田山庄服务团队全权负责，代表院校招聘、管理和培训员工，先行支付员工工资、各项食材耗材和零星采购支出。组建监管小组，加强对服务团队的监管，对存在问题及时督促整改，确保各项大型活动和重要工作的顺利开展。制订出台《财务管理制度》等9项后勤管理规章制度，依法照章抓好财务管理工作。及时开展各项设备采购的补缺漏，完成家具、用

龙岩市委党校全景　　（陈律全　供图）

具、电器、净水设备、信息化、校园文化建设等30个项目450万元的后续采购工作。完成红军剧场舞美设计制作、阶梯地板工程施工，并通过询价方式引进学员超市，方便学员生活。根据上级指导意见，申办食堂一层、二层的"经营许可证"和学员公寓的"卫生许可证"。加强平安建设，与上杭县临城镇城北社区结对共建，强化业务指导和资金支持；按市综治委的考评要求，校园各重点区域安装133台监控摄像机和10个报警主机，并接入上杭县公安公共安全视频监控平台，助推平安创建工作取得实效。

【党校系统建设】 2018年，龙岩市委党校领导主动挂钩联系，推进县级党校基础设施建设。校院领导带队深入7个县（市、区）委党校，对基础设施建设、红色培训开展情况进行深入调研，主动协调当地党委、政府帮助县级党校解决实际问题；建立市县党校微信群，加强联系互通，建立沟通交流平台；加强县级党校师资队伍建设，提升县级党校科研水平；举办全市校院系统教学精品课评选活动，加强党校系统教学研讨与交流、提高县级党校教学质量；将课程表发放至县级党校，让县级党校教师自主选择听课，为县级党校新进教师提供跟班学习机会，接收优秀年轻教师和行政管理人员前来跟班学习，加快师资成长进程；健全市、县校院联合攻关、科研协作机制，增强科研工作的针对性和实效性；拓展科研成果展示平台，举办全市校院系统第7届社会科学优秀成果评奖工作；整合各地师资资源，加大资源共享力度；市县两级党校教师根据课程和培训需求交流任教，提升县级党校教学水平，形成优势互补、最佳整合的良好格局。

【院校交流合作】 2018年，龙岩市委党校开设校院门户网站和微信公众号，打造特色专栏，发布各类信息300余条。制作院校标识，开通校园云平台，依托新媒体平台宣传校院改革发展成果，扩大知名度。校院领导主动靠前，前往中组部、财政部和国防大学等国家部委院校汇报对接工作，带领相关职能科室前往中央党校、上海市委党校等21家外省院校和厦门市委党校、漳州市委党校等9家省内院校单位考察推介。教学教务和行政后勤考察组先后前往多个干部学院和党校学习先进教学和管理模式。中共中央组织部、国务院国资委党委组织部、国家林业局干部管理学院、福建省人大、中国交通银行、中国进出口银行、中石化福建分公司、美团、微医等18家国家部委、院校、单位先后在院校设立教育培训基地，特别是成功入选中央组织部第二批全国党员教育培训示范基地，极大提升院校的知名度和影响力。全年接待前来指导、调研、考察、交流的各级领导、专家、学者150余批，2500多人。

（江海龙）

党史工作

【党史征集研究】 2018年，中共龙岩市委党史研究室继续深入贯彻实施《中共龙岩市委关于进一步加强和改进新形势下党史工作的实施意见》和《龙岩市党史工作2016—2020年规划》，坚持把党史研究工作放在第一位，不断深化对新民主主义革命时期闽西党史的研究，加强对党在龙岩社会主义革命、建设和改革开放新时期党史的研究，推出一批研究成果。编辑出版《学习贯彻党的十九大精神　弘扬古田会议精神研讨会论文集》《闽西红色故事100篇》《瑰宝寻梦——闽西文物保护单位影像志》《闽西红色记忆》《闽西革命简史》等党史著作。加大古田会议精神的深入研究，形成《古田会议精神基本内涵规范表述及弘扬思考》等文章，对古田会议精神的发展脉络进行梳理，阐释古田会议精神的基本内涵的规范表述，对弘扬古田会议精神提出开展学术研讨达成共识、打造精神品牌固化内涵、加大推介宣传营造氛围的建议意见。

资料征集研究。完成《中央苏区（闽西）文献史料汇编》（十卷本）的编辑工作；完成《闽西苏区双拥工作史料汇编》上下两册编辑、审定工作；完成《中央革命根据地历史资料文库·群团卷》的资料收集、整理；整理、汇编龙岩市改革开放40年大事记、口述史资料；完成抗美援朝中闽西儿女的故事、革命重要节点中的闽西人物等党史的资料收集、编辑整理工作；推进红色历史口述历史、中央红色交通线等资料的收集整理和史实论证工作，完成近千条"口述历史"档案资料目录的梳理、分类工作。

【红色文化资源保护开发利用】 2018年，中共龙岩市委党史研究室创新思路，开展革命旧址的专题调研，加强对红色文化的保护开发的研究，形成《关于加强整理研究用好习近平同志在闽西创造的宝贵思想财富和实践成果的建议》《闽西苏区政治建党的贡献及启示》《关于打造龙岩中心城区红色文化工程的建议》《毛泽东三进新泉及新泉整训红色文化的保护开发建议》《抢救"中央苏区红军学校"文化遗产的建议》《以纪念古田会议90周年为契机准确定位古田会议精神基本内涵》等党史资政研究成果，主动为党委政府提供来自党的历史借鉴和启示。

全力做好中央苏区红色交通线保护利用工作。会同宣传部、文广新局、旅游局、博物馆等相关部门，做好市内红色交通站点的论证工作，在深入挖掘、整理红色交通站点史料的基础上，对中央苏区红色交通线的路线走向、历史沿革、规划保护、研究利用等方面进行认真论证、规划，协助完成《龙岩市原中央苏区红色交通线革命旧址保护规划》的编制工作；配合市委、市政府和今日头条做好寻找革命战争年代牺牲在龙岩的先烈后人工作，协助市委办完成《闽西苏区福建省组织机构情况及闽西苏区机关事务战线上的先进事迹》课题调研材料；参与中央苏区红军学校、习近平生态文明思想闽西起源资料的挖掘、征集和史料研究等工作，参与龙岩市红色文化协会方案的制定等有关筹建工作。

【意识形态建设】 2018年，中共龙岩市委党史研究室将意识形态工作贯穿于党史资政研究和宣传教育等各项业务工作中，坚持"党史姓党"的政治方向，强化阵地建设和管理，履行好党史部门的舆论引导责任，切实做到守土有责、守土负责、守土尽责。强化阵地意识，加强对媒体上有关党史国史内容的正面引导，旗帜鲜明地反对历史虚无主义，牢牢把握正确的舆论导向。讲好闽西红色故事，弘扬红色精神，配合做好红色故事演讲比赛，编撰出版《闽西红色故事100篇》，把红色故事搬上舞台。加强与报刊、广播、电视和网络等媒体的合作，及时将党史研究成果转化为群众喜闻乐见的普及读物，在重大党史事件时间节点上，通过闽西新闻网、《闽西日报》《龙岩红色文化周刊》等平台，大力宣传闽西红色文化，牢牢把握意识形态领域主导权、话语权。加强革命历史题材出版物及影视作品的管理，制定《关于加强革命历史题材出版物及影视作品审核的实施办法》，对涉及龙岩市新民主主义革命时期历史题材的相关出版物和影视作品规定审核流程、要求和时限，把好政治关、史实关和敏感关，牢牢掌握意识形态工作的领导权主动权，弘扬主旋律、传播正能量，发挥闽西红色文化的正能量激励作用，为建设新龙岩营造良好环境。

【党史题材出版物审读审查】 2018年，中共龙岩市委党史研究室参与《中央红色交通线纪念馆》《红色蛟洋陈列展览》《红九军团长征从这里出发陈列展览》《早康会议陈列展览》《古田会议旧址陈列》等多个陈列、改版方案的修订、审查工作；参与红色交通线革命旧址保护和开发利用规划、古田红军小镇规划建设等方案的论证、评审工作；完成《古田军号》《东肖文化》《红色武平》《武平中央苏区专集》《养生仙境席湖营》《国宝档案·红色闽西》《绝境铸剑》《永恒的血脉》等党史题材的相关出版物和影视作品的审读、审看，把好政治关、史实关、敏感关。

【党史宣传教育】 2018年，中共龙岩市委党史研究室坚持开门办史，围绕市委中心工作，紧紧围绕重大党史纪念活动，实施"党史育人"工程。与相关部门联合举办、承办纪念才溪乡调查85周年理论研讨会、"陈云与当代中国"理论研讨会、"红色农信诞生地" 学术研讨会。与相关单位联合举办纪念"后田暴动90周年暨新四军二支队北上抗日80周年""蛟洋暴动90周年""永定暴动90周年"等纪念座谈会，通过缅怀老一辈无产阶级革命家的丰功伟绩，深入挖掘整理闽西的红色历史。以党史遗址遗迹、重大党史事件和重要党史人物纪念场馆等红色资源为载体，开展党史教育基地授牌活动，完成第三批全市党史教育基地的评选工作。

搭建党史宣传"四大平台"。开展党史文化宣传、宣讲活动。室领导先后为有关单位宣讲《红色闽西与古田会议》《党的十九大精神与红色闽西》《红色基因的闽西实践与传承》等党史专题讲座，开展近10场（次）的党史宣传教育"六进"活动，参与"社科普及宣传周"活动，收到良好的社会效果。办好党史宣传刊物，注重闽西特色，深化课题研究，全年出版《闽西党史》4期近30万字。举办展览。与市文广新局、市博物馆共同举办"红色珍藏——闽西革命历史丰碑的见证"图片展，与中央苏区（闽西）历史博物馆共同举办"红土思源"书法捐赠展，运用近年来党史研究成果，以图文并茂的形式，展示闽西革命的光辉历程，缅怀革命先烈、弘扬民族精神、传承红色基因。建好党史网站。充分利用龙岩党史网，及时更新党史内容，展示闽西重大党史事件、重要党史人物、文献资料、红色资源、红色资讯等内容，较好地发挥党史宣传教育、传播红色文化、引领正面舆论的作用。积极参与"e龙岩"建设，推进党史成果的转化利用，精心筛选《闽西中央苏区图志》等15本红色文化书籍在"e龙岩"数字图书馆展示。

【"纪念毛泽东才溪乡调查85周年"理论研讨会】 2018年11月30日，由中共福建省委宣传部、中共福建省委党史研究室、中共龙岩市委联合主办，中共龙岩市委宣传部、中共龙岩市委党史研究室、中共上杭县委承办的"纪念毛泽东才溪乡调查85周年”理论研讨会在上杭才溪举行。

中央党史研究室原副主任石仲泉，中央党史和文献研究院院务委员魏海生，中共中央党史研究室第一研究部原主任黄修荣，中央党史和文献研究院第二研究部副主任卢洁，国防大学教学指导专家组教授、少将蔡仁照，中央党校中共党史教研部主任、教授柳建辉，中共福建省委宣传部副部长肖贵新、中共福建省委党史研究室副主任黄玲、王盛泽，中共龙岩市委常委、秘书长、宣传部长詹昌建等出席研讨会。会议由中共福建省委党史研究室副主任黄玲主持。来自北京、湖北、广东、江西、福建等省内外党史专家学者50余人参加会议。

龙岩市委高度重视毛泽东才溪乡调查85周年理论研讨会。会前，市委书记许维泽作批示，指出才溪乡调查是毛泽东同志“四大经典调查”之一，是中国共产党人走群众路线、实事求是的光辉典范。要把传承和弘扬才溪乡调查精神，与深入学习宣传贯彻习近平新时代中国特色社会主义思想和中共十九大精神紧密结合起来，认真贯彻落实习近平总书记对福建、龙岩工作的重要指示精神，坚持“没有调查，没有发言权”，坚持党的群众路线，大力弘扬苏区干部好传统、好作风，紧密围绕高质量发展落实赶超，进一步发挥比较优势、激发发展动能、做强产业支撑、补齐民生短板、推进乡村振兴、加强生态文明建设和党的建设，在新时代伟大征程上奋力建设新龙岩，不辜负习近平总书记和党中央的重托，不辜负省委、省政府和老区人民的期望。

开幕式上，上杭县委书记傅藏荣和中共龙岩市委常委、秘书长、宣传部部长詹昌建分别致欢迎词。肖贵新、石仲泉、魏海生先后在开幕式讲话。

研讨活动共征集论文83篇，入选论文61篇。在研讨会上，来自国防大学、解放军陆军勤务学院、江西省委党史研究室、福建省委党校等省内外8位专家学者围绕“弘扬才溪乡调查精神，不忘初心再出发”这一主题进行深入交流与探讨，中共福建省委党史研究室副主任王盛泽作会议小结。

【纪念永定暴动90周年座谈会】 2018年12月3日，由中共福建省委党史研究室和中共龙岩市委联合主办，中共龙岩市委党史研究室和中共龙岩市永定区委、区政府共同承办的“纪念永定暴动90周年”座谈会在永定区举行。

福建省人大常委会副主任邓力平，省人大常委会办公厅副主任苏永革，省检察院党组成员、政治部主任王金文，开国将军王直之子、福建铁军研究会会长王东炎等省直部门及社团领导，国家检察官学院检察史研究中心主任闵钐，中央党史研究室原室务委员、一部主任黄修荣，省委党史研究室副主任、研究员王盛泽等中央、省内外专家，市领导王金福、詹昌建、苏立波、赖双奇等参加座谈会。

座谈会上，与会人员深情回顾永定暴动的革命历史，深刻缅怀以张鼎丞为代表的革命先辈敢为人先、坚定信念、不怕牺牲的斗争精神，畅谈不忘初心、继续前进的切身感悟。

会后，与会人员还参观永定暴动遗址纪念碑、张鼎丞故居遗址等革命历史遗存。

【“红色农信诞生地”学术研讨会】 2018年11月28日，由福建省委党史研究室、福建省农村信用社联合社联合主办，龙岩市委党史研究室、福建省农村信用社联合社龙岩办事处、龙岩学院中央苏区研究院联合承办，以“红色农信·初心闽西”为主题的“红色农信诞生地”学术研讨会在闽西宾馆举行。

中央党史研究室第一研究部原主任、研究员黄修荣，中央党史研究室第一研究部原巡视员、研究员李蓉，福建省农村信用社联合社主任张镇雄、副主任陈金德，福建省委党史研究室副主任、研究员王盛泽，龙岩市副市长郭丽珍，赖祖烈后代赖庆来以及来自市、县各级党史、文博、信用社系统及龙岩学院等58名专家、学者参加会议。开幕式由福建省农村信用社联合社副主任陈金德主持，中共福建省委党史研究室副主任、研究员王盛泽作主旨讲话。会上，9位党史专家分别从不同角度对红色农信在闽西的诞生、发展、运行情况进行全面阐述。

与会领导、专家一致认为，在习近平新时代中国特色社会主义思想和中共十九大精神指引下，在红色农信建社89周年这个重要时间节点，在红色农信的诞生地、农信初心的形成地闽西召开这次研讨会，恰逢其时，意义深远：有助于为传承红色基因、弘扬农信精神、推动红色农信文化研究提供强力引擎，努力把闽西打造成为彰显农信初心、弘扬农信精神的红色高地，成为全国红色农信文化的发源地和总源头。下午，与会专家学者前往永定县太平区信用合作社旧址裕安堂、茂龙楼等地实地参观、学习。

【纪念后田暴动90周年座谈会】 2018年3月1日，龙岩市、新罗区纪念后田暴动90周年暨新四军二支队北上抗日八十周年座谈会在闽西宾馆召开。老一辈无产阶级革命家邓子恢、张鼎丞、谭震林的后代代表，北京卫戍区某团代表，省直有关部门领导，市领导何明华、詹昌建，龙岩军分区领导，老同志代表，新四军后代代表，新罗区各套班子领导，市直部门有关人员等参加座谈会。会上，与会人员深切缅怀闽西革命先辈的丰功伟绩，追忆往昔光辉岁月，从先辈们的革命精神中汲取前进力量。

【闽西籍湘江战役烈士祭奠】 2018年3月27—30日，龙岩市领导毛高良、张朝阳率队前往湘江战役主战场广西灌阳县、兴安县，寻访烈士遗迹，祭拜先烈英灵。市领导一行按闽西习俗，用从家乡带来的土特产、客家米酒等祭扫红三十四师无名烈士墓；向酒海井红军烈士纪念碑、无名烈士纪念碑、福建籍湘江战役红军烈士纪念碑、红军长征突破湘江战役烈士纪念碑敬献花篮，祭奠福建籍湘江战役红军烈士，以表达家乡人民对烈士的深切缅怀。

【松毛岭战役红军烈士祭奠】 2018年4月2日，林兴禄、张天洲等市四套班子领导，龙岩军分区领导，部分市直机关负责同志，长汀县、连城县领导，以及当地干部群众、学生、各界人士代表，一同到松毛岭战役烈士纪念地祭奠红军英烈。大家到松毛岭战役红军无名烈士墓前，诵祭文、斟茶酒，默哀、鞠躬，寄托无限追思，表达深切缅怀。随后，前往松毛岭战斗烈士纪念碑前，向烈士纪念碑敬献花篮。

【纪念蛟洋暴动90周年系列活动】 2018年6月25日，正值闽西四大暴动之一的蛟洋暴动90周年纪念日，龙岩市委、市政府在上杭县蛟洋镇举办系列活动，纪念蛟洋暴动90周年。省人大常委会原副主任袁锦贵，解放军总装备部后勤部原副政委罗箭，蛟洋暴动领导人亲属代表，市委常委、秘书长、宣传部长詹昌建，以及省、市有关部门负责同志，上杭县四套班子主要领导和当地干部群众代表等参加纪念活动。

纪念活动从蛟洋革命历史陈列馆揭牌仪式拉开帷幕。揭牌仪式后，参加活动的人员先后参观蛟洋革命历史陈列馆、蛟洋文昌阁、蛟洋红色记忆长廊，共同缅怀在革命战争年代为党和人民的伟大事业英勇牺牲的革命先辈先烈，感受他们不畏牺牲、敢为人先的革命精神。

【"传承红色基因，争做时代新人"夏令营活动】 2018年8月21日，龙岩市直关工委举办"传承红色基因，争做时代新人"夏令营活动，龙岩市直机关、驻岩中央省属单位22个关工委的173名青少年参加。营员们身穿红军服，瞻仰主席园、古田会议会址，参观古田会议纪念馆等，走"红军路"，吃红米饭、南瓜汤，体验当年红军的艰苦生活，领悟红军精神，传承红色基因。

【《胜利从这里启航》展览】 2018年9月11日，由中央苏区（闽西）历史博物馆与嘉兴南湖革命纪念馆联合举办的《胜利从这里启航》展览在中央苏区（闽西）历史博物馆开展。展览分"探索救亡图存的道路""中国共产党成立"两大部分，通过58块展板、188幅图片再现中国共产党创建的整个历史背景和过程，宣传党的创建史，进一步教育和引导广大党员干部群众坚定理想与信念。展览持续至10月3日。

【烈士纪念日纪念活动】 2018年9月30日是中国法定烈士纪念日，当天上午，许维泽、林兴禄等市领导，部分市直单位负责，新罗区各套班子在家领导，驻岩官兵、干部群众、企业职工和学校师生代表到闽西革命烈士陵园，向烈士纪念碑敬献花篮，深切缅怀为民族独立、人民解放、国家富强、人民幸福英勇献身的革命先烈。敬献花篮仪式开始前，大家在中央苏区（闽西）历史博物馆前广场参观"弘扬西柏坡精神，实现中华民族伟大复兴"展览，接受爱国主义教育。

【纪念十一位闽西籍开国功臣诞辰百年联展】 2018年10月15日，"红土骄子 功立千秋——纪念十一位闽西籍开国功臣诞辰百年联展"开展仪式在中央苏区（闽西）历史博物馆举行，原全国人大常委会副委员长张鼎丞之孙张锚，袁子钦将军之子袁山、袁小钦等革命前辈亲属出席开展仪式。

2018年是闽西暴动90周年，也是无产阶级革命家张鼎丞、老同志练惕生诞辰120周年，中将袁子钦、少将翁祥初、潘振华等老同志诞辰110周年，王香雄、吴岱、邱国光等少将及项南、赖金华、赖大超等老同志诞辰100周年。展览展出这11位闽西籍开国功臣在各个历史时期的珍贵历史图片300余幅、文物资料244件（套），反映他们在土地革命时期、抗日战争时期和解放战争时期为中国革命作出的重要贡献，以及在社会主义建设时期创立的辉煌功绩。展览持续展出至11月30日，面向社会公众免费开放。

（市委党史方志研究室）

【《革命老区县发展史》编纂】 2018年，龙岩市协调、推动7个县（市、区）老促会成立编纂委员会、争取专项经费、组织编纂人员投入工作。长汀县、上杭县老促会编纂工作走在全市乃至全国前列，均印制样书。其经验做法得到中国老促会、省老促会的肯定，先后有省内外10余个老促会到龙岩学习取经。长汀县编写小组负责人张鸿祥、上杭县老促会秘书长刘长天分别应邀到"全国革命老区县发展史编纂工作座谈会"和"全省革命老区县发展史编纂工作会议"上作经验交流发言。

（唐道容）

信访工作

【概况】 2018年，龙岩市信访态势总体平稳可控，信访总量、进京到非接待场所人次、进京越级上访、到省上访分别比上年下降24.7%、12.5%、44.8%、26.8%，全年无到省集体访。

【党政领导推动落实信访工作】 2018年，龙岩市委常委会议两次专题学习习近平总书记关于信访工作的重要批示精神，6次听取信访工作汇报，研究信访工作；市委、市政府多次召开专题会议研究解决涉军、涉教等重点领域、重点群体信访矛盾。市委书记许维泽、市长林兴禄多次就信访工作和重要信访事项作出重要批示；亲自接待群众来访，亲自督促办理群众给自己的来信来邮并作出重要批示；亲自审定并带头落实挂钩联系包案信访积案方案。市领导共挂钩联系包案信访积案5件，息诉息访率达100%；多次到市信访局和基层调研指导信访工作，研究解决信访工作中的重大问题，精心部署各阶段信访工作。各级领导干部接访群众530批次1268人次，处理疑难信访问题477件。

【重要专项任务完成】 2018年，龙岩市配合做好省委巡视组对龙岩巡视、扫黑除恶专项斗争和中央信访工作督察相关工作。成立办理省委巡视组移交的群众来信工作专班，接收并办理省委巡视组向市信访局移交的群众来信487件。成立扫黑除恶专项斗争领导小组，制定具体实施方案，细化工作措施，明确责任分工，接收并办理市扫黑办转交群众来信465件；健全线索摸排和移交机制，定期排查汇总涉黑涉恶线索，逐件梳理、分清性质、及时移交给政法机关核查处理并跟踪反馈；健全与摸排打击组成员单位之间的信息共享、情况通报机制，推动全市信访系统排查移交223件涉黑涉恶线索，其中市信访局61件、县(市、区)162件。根据中央信访工作督察汇报会精神和中央信访工作督察组来闽督察反馈意见，扎实抓好存在问题的整改落实。

【信访矛盾化解攻坚】 2018年，龙岩市落实市、县(市、区)每半月、乡镇每周排查和重要情况即有即排机制，全面排查重点领域、重点群体、重点问题、重点人员，逐案梳理分析、滚动管理、跟踪督办，逐件落实"问题清单、任务清单、责任清单"，按照"三到位一处理"要求，做到分类施策、有效化解。中央联席办交办的22件信访事项全部办结化解；市内自行排查81件重点信访事项全部化解或落实政策，51名重点人员息诉息访34人。其中办结化解信访积案47件、办结化解率100%。全市使用94.12万元特殊疑难信访问题补助资金，促进13件特殊疑难信访问题息诉息访。开展重点信访事项和重点人员"大排查、大化解、大走访、大帮扶"活动。

【信访业务规范】 2018年，龙岩市坚持矛盾纠纷定期排查与滚动排查、面上排查与重点排查有机结合，对排查出的各类矛盾纠纷，及时剖析问题症结，制定切实可行措施第一时间调处化解，化解各类矛盾纠纷3017件。严格落实初信初访首接首办责任，做到及时受理、依法办理、规范录入。2018年，办理信访件6409件次，信访事项及时受理率、按期办结率99.4%、99.7%。健全完善依法分类处理信访诉求清单，切实做到依法分类处理信访诉求有入口、分得清、可操作、能衔接。推进阳光信访，公开信访事项办理的各个环节，运用群众满意度评价结果倒逼基层改进信访工作。2018年，群众对信访部门满意率91.6%，有权处理机关满意率70.4%。举办信访基础业务规范化培训班5期培训500多人，提升依法分类处理信访诉求工作的能力水平。

【法治信访建设】 2018年，龙岩市落实中办、国办《关于进一步加强信访法治化建设的意见》，加大对《中华人民共和国宪法》《信访条例》等宣传教育力度，提升法治信访理念。深化信访"三无"创建活动，依托平安县乡村"3个10%"激励机制，充分调动基层干部群众做好信访工作的积极性，共建共治共享平安成果、平安福利。2018年，全市101个乡镇(街道)、1883个村居达到信访"三无"创建标准。开展信访事项公开听证、专案评审工作，全年开展信访事项专案评审37件，签订息诉息访协议37件；完成公开听证36件，签订息诉息访协议或愿意和解17件。

（谌耿春）

政策研究

【重点课题调研】 2018年，龙岩市委政研室策划安排50个具有战略性、全局性、前瞻性的市级调研课题，其中市级领导挂钩指导课题14个，县(市、区)及市直部门实施的重点课题36个。围绕省委政研室年初下达的重点调研课题任务，开展深入调研，推出一批调研精品并被上级刊物采用。全年被省级调研刊物采用的调研文章共11篇，其中，省委政研室《调研文稿》采用5篇，《政研专报》采用1篇，《调研内参》采用5篇。"打造'e龙岩'掌上政务，推进互联网+政务服务"文稿被省委政研室《调研文稿》刊发，并被推荐到广东清远、山东德州、四川成都等政研室作为工作经验交流。《破解当前脱贫攻坚难题的几点建议》是继2017年之后，再次在专报省委常委、副省长的《政研专报》上刊发。市委书记许维泽的署名文章《新担当展现新作为　大督查推动大落实》，市长林兴禄《坚定必胜信念　打好三大战役　推进龙岩高质量加速度发展》的署名文章，市委常委、秘书长詹昌建指导的《持续打造提升长汀经验，树起全国生态保护修复的一面旗帜》等文稿均被采用刊发。

【调研参谋辅政】 2018年，由龙岩市委政研室牵头承办的重点调研课题被领导批示的共8篇，其中，被副省长李德金批示1篇，被市委书记许维泽批示3篇，被市政府市长林兴禄批示2篇，被其他市领导批示2篇。李德金批示《破解有新房无新村的实践启示》重点课题：转省农业和农村厅、省住房和城乡建设厅阅处；许维泽批示："上杭县才溪镇下王村、永定区峰市镇河头村的做法经验值得龙岩市各地借鉴，印发龙岩市各地学习借鉴"。许维泽批示《推进红色文化遗存保护利用的研究》调研文稿："很好，应具体抓好落实"，宣传文化等部门按照批示要求，加大指导和推进落实，文化遗存保护利用相关项目扎实推进。许维泽批示《破解当前脱贫攻坚难题的几点建议》："市脱贫办研究吸纳建议中有关意见"。

【调研成果转化】 2018年，龙岩市委政研室推动3项调研成果转化为政策性文件，并落实到具体工作中。通过开展推进乡村振兴、规范检查评比、反对形式主义官僚主义专题调研，通过推动调研成果转化，先后出台《龙岩市推进乡村振兴十条措施》《关于清理整合市级检查考核项目的通知》《龙岩市贯彻福建省弘扬"马上就办、真抓实干"优良传统作风若干规定（试行）的若干措施》等政策性文件。总结提升3个方面的经验做法在省市推广运用，通过开展"e龙岩"建设、长汀水土流失治理、有新房无新村专项调研，先后形成《打造"e龙岩"掌上政务，推进互联网+政务服务》《打造水土流失治理升级版，推进生态保护修复研究》《龙岩市破解"有新房无新村"专题调研报告》等调研文章在省委政研室《调研文稿》中发表，其相关经验在全省或全市推广。一批调研成果转化成为阶段性工作部署推进。《推进军民融合深度发展的实践与思考》调研成果经市委常委会研究后，由市委政研室梳理军民融合具体相关政策，提出工作建议，为发改、经信、交通、农业等部门推进产业园区建设、项目对接等提供参考借鉴。《坚持党建引领加强龙岩市税务系统基层建设的若干思考》，经市政府领导批示后转有关部门抓好相关具体工作落实。

【政研刊物精品打造】 2018年，龙岩市委政研室研究策划《调查研究与决策咨询》，把它作为全市各级各部门领导参谋咨询信息的重要平台。坚持一月一主题，一月突出一个重点内容，呼应市委工作安排，专题政策解读，精选调研文稿、广聚各地经验做法，系统归类链接周边数据，全年编发《调查研究与决策咨询》12期，内容涉及全面深化改革、高质量赶超发展、大督查大落实、乡村振兴、军民融合等主题内容。《龙岩发展研究》全年刊发市级重点调研文稿49篇，注重选题针对性和参考性，调研分析有深度，对策建议具有较强操作性。

信息工作

【概况】 2018年，龙岩市信息工作紧扣中央和省委决策部署，围绕市委坚持高质量发展落实赶超、"三大战役"、以及"一市两区三组团"城市规划和"五基地六产业七景区"产业发展等中心工作，加强信息综合研判，及时为各级领导科学决策提供对路管用的信息服务，努力做好党委的"千里眼、顺风耳"和"参谋助手"。全年上报省委办信息1431条，《八闽快讯》等各类刊型采用177条，《福建信息》采用上报中办8条，省领导批示3条，信息工作位居全省各设区市优秀行列。《闽西快讯》编发正刊97期、增刊110期、专报31期，《龙岩信息》157期，共刊发信息2700多条，获市领导批示4条。

【中心信息宣传】 2018年，龙岩市紧扣中央、省委重要会议精神、重大决策部署，及时上报闽西老区发展的新思路、新举措和新成效，以及龙岩市项目落地、脱贫攻坚、生态环保战役等中心工作的做法和进展情况，积极宣传龙岩、推介龙岩，扩大龙岩的美誉度和知名度。龙岩市发挥红色资源优势、部署先学先行省委十届六次全会后，立即上报《龙岩市认真学习贯彻省委十届六次全会精神》；围绕省委、市委中心工作，积极组织上报《龙岩脱贫攻坚成效明显》《龙岩市积极深化"一带一路"经贸合作》等。

【专题信息策划】 2018年，龙岩市信息部门围绕市委重大决策部署的落实情况、重点工作的进展情况进行专门研究、专题约稿，刊登系列专题栏目，注重落实反馈，推动工作落到实处。如开设"进一步掀起'大学习、大普及、大践行'的热潮""大督查、大落实""学习贯彻市委五届七次全会精神"等系列专题，让市领导和各县（市、区）、市直各部门及时全面了解掌握市委决策部署推进情况。

【信息总结推广】 2018年，龙岩市信息部门及时提炼总结具有指导借鉴意义的典型经验，为领导决策提供参考，为市直各部门、各县（市、区）提供借鉴。如：《金融惠林 借林扶贫 生态防护——武平县持续深化集体林权制度改革》《落实新思想 唱响红古田 建设新龙岩——龙岩市进一步掀起习近平新时代中国特色社会主义思想"大学习、大普及、大践行"的热潮》《龙岩市扎实打好污染防治攻坚战》等，分别以专报或增刊刊发和报送。

【信息热点研讨】 2018年，龙岩市信息部门跟踪社会关注的热点难点，努力做到反映情况及时、分析问题深入、对策建议可行、预测预警准确。如根据"疫苗事件"，及时整理上报福建信息《国外应对"疫苗恐慌"的经验做法及启示》；针对网上热议的"严书记事件"，上报福建信息《从四川严书记事件看网络反腐现状》；根据贫困群众关心的问题，专报《建议进一步发挥精准扶贫医疗叠加保险作用》；根据红色文化保护需要，专报《关于抓紧抢救中央苏区红军学校文化遗产的建议》等建议性信息，被《八闽快讯》专报采用，获得省委办信息处肯定。

（张开荣）

责任编辑 游友荣

综　述

【概况】 2018年，龙岩市人大召开一次年度例会，市人大常委会召开8次常委会会议、16次主任会议，审议通过地方性法规2部，听取审议专项工作报告16项、评议政府专项工作5项，对4部法律法规开展执法检查，开展代表视察2次、专题询问1次、满意度测评2次，作出决定决议10项，督办代表建议359件，审查规范性文件35件，任免国家机关工作人员64人次，组织宪法宣誓26人次。

【政治建设】 2018年，龙岩市人大坚持把学习贯彻习近平新时代中国特色社会主义思想和中共十九大精神作为首要政治任务。市人大常委会党组及时传达学习贯彻习近平总书记重要讲话和中央、省委、市委重要会议、重要文件精神，召开深入学习贯彻习近平新时代中国特色社会主义思想研讨会、习近平总书记关于坚持和完善人民代表大会制度的重要思想交流会，兴起“大学习、大普及、大践行”热潮，推动学习贯彻新思想不断往深里走、往实里走、往心里走，努力把学习成效转化为工作成效，全力推动新思想在龙岩落地生根，开花结果。坚决贯彻落实习近平总书记对闽西苏区的重要指示精神，自觉传承闽西“听党的话、跟党走”的红色基因，牢固树立“四个意识”，坚定“四个自信”，坚决做到“两个维护”，始终在政治立场、政治方向、政治原则、政治道路上同以习近平同志为核心的党中央保持高度一致。

2018年5月30日，龙岩市人民政府副市长柳军宪法宣誓（陈少龙　供图）

【中央省委市委决策部署全面贯彻落实】 2018年，龙岩市人大坚决贯彻执行党的路线方针政策，确保中央、省委决策部署和市委要求在人大各项工作中得到贯彻落实。贯彻国家监察体制改革精神，依法选举、任命监察委员会组成人员，为深化市级监察体制改革发挥人大职能作用。学习新修正的宪法，及时作出《关于深入学习宣传和贯彻实施宪法的决议》，开展系列宣传教育活动，着力弘扬宪法精神、捍卫宪法权威、推动宪法实施。践行习近平生态文明思想，作出《关于全面加强生态环境保护，依法推动新时代龙岩生态文明建设走前头的决议》，助力打好污染防治攻坚战。贯彻落实党中央关于加强人大国有资产监督职能的重要决策部署，建立市政府向市人大常委会报告国有资产管理工作情况制度，听取审议市属国有企业国有资产管理情况报告。听取市政府关于机构改革工作情况的报告，推动机构改革顺利实施。落实重大事项向市委请示报告制度，年度立法、监督工作计划和重要会议、人事任免等重要事项，及时向市委请示报告，执行市委决定，贯彻市委主张，实现市委意图，自觉把党的领导贯穿于人大工作的各方面和全过程，确保党的主张通过法定程序成为全市人民的共同意志。

【法律实施检查监督】 2018年，龙岩市人大开展老年人权益保障“一法一例”执法检查，并对全市养老服务业发展情况进行专题询问，打出监督“组合拳”，推进全市养老事业加快发展。与省人大常委会联动开展《福建省促进革命老区发展条例》执法检查，提出促进革命老区发展的10条建议，得到省政府重视，专题研究并予采纳，把推动条例实施转化为促进革命老区高质量发展的有效措施。开展大气污染防治法执法检查，跟踪督办禁毒“一法一例”、农产品质量安全法执法检查审议意见和律师法执法调研建议的整改落实，推动法律法规有效实施。有力促进公平正义。听取审议市法院、检察院司法体制改革工作情况报告，监督支持“两院”深化司法体制改革。制定《关于建立法律监督工作联动机制的意见(试行)》，建立常委会与检察机关双向联动法律监督工作机制，推进严格依法办事。开展“七五”法治宣传教育工作市县乡三级联动监督，推动形成尊法学法守法用法良好氛围。开展中心城区打击整治盗窃“三车一瓶”违法犯罪“百日攻坚”行动专题调研，支持扫黑除恶专项斗争。进一步完善信访工作制度，加大信访督办力度，维护社会和谐稳定。

【依法监督】 2018年，龙岩市人大高度关注经济运行，听取审议2018年上半年国民经济和社会发展计划执行、“十三五”规划纲要实施中期评估的报告，主动对接、加快融入闽西南协同发展区和粤港澳大湾区发展战略，推进“十三五”规划纲要实施下半程提速进位。听取审议台资企业发展、侨务工作报告，促进“惠台31条”政策红利惠及台商台胞和全市侨务资源可持续发展。听取审议城市总体规划远景发展用地启用专题报告，为新龙岩建设增加容量、拓展空间、完善功能。根据市委点题，开展工业产业发展、现代服务业推进落实、扩大有效投资等专题调研，为市委市政府研判经济运行、推动高质量发展提供决策参考。常委会领导挂钩市“重中之重”项目12个，合力推动“三大战役”深入实施。

【预决算审查监督】 2018年，龙岩市人大听取审议2017年市级财政决算、市本级预算执行和其他财政收支审计工作、2018年上半年预算执行等报告，及时作出批准2017年市级决算、2018年市级地方政府债务限额和举借计划、2018年市级收支预算调整方案等多项决定决议，促进政府及其工作部门强化预算管理和监督，健全债务风险应急机制，加快建立现代财政制度，提高财政资金使用绩效。听取审议2017年度市本级预算执行和其他财政收支审计查出问题整改落实情况报告，促进财政资金管理科学化、规范化、精细化。

【民生实事监督】 2018年，龙岩市人大坚持以人民为中心的发展思想，主动适应社会主要矛盾新变化，积极回应人民群众重大关切。开展落实加强基础教育工作“十条措施”、中心城区基础教育扩容工作、民办教育等专题调研，提出对策建议，缓解中心城区就学压力。听取审议分级诊疗工作情况报告，推动建立健全分级诊疗服务体系和运行机制，满足人民群众多层次多样化健康服务需求。跟踪督查食品安全专题询问审议意见的落实，开展农产品质量安全工作满意度测评，持续推进食品安全工作。开展中心城区畅通工程实施情况调研，推进项目实施，助力解决“出行难”问题。组织代表视察美丽乡村建设和乡村振兴战略、“厕所革命”实施情况，开展扶贫搬迁工作专题调研，汇聚智慧力量，让百姓美好生活“成色”更足。

【生态龙岩建设】 2018年，龙岩市人大听取审议年度环境状况和环保目标完成情况报告，建立定期报告制度，推进全市大气、水、土壤等环境质量持续提升。开展全市16条劣Ⅴ类小流域整治市县乡三级联动监督，推动落实“一河一策”整治措施，助推全市实现全面消除劣Ⅴ类小流域水质目标。开展河道保护管理、中心城区绿化提升工程实施情况专题调研，提出意见建议，推进生态堤岸建设，助力中心城区绿化美化净化。

【代表工作创新】 2018年，龙岩市人大“三联一述”活动深化推进。突出“落实新思想、唱响红古田、建设新龙岩”主题，常委会领导率先垂范，与各级代表一起向基层代表、人民群众宣讲习近平新时代中国特色社会主义思想。8000多名市县乡三级人大代表参与活动，走访联系各级代表和群众2万多人次，收集意见建议2000余件，推动解决民生热点问题，取得良好社会效果。代表述职活动全面推开，全市134个乡镇(街道)379名县级人大代表、900多名乡镇人大代表参加述职，近万名选民参与评议，激发代表履职活力，取得积极成效。建议办理实效明显提高。创新建议办理方式，完善重点建议市政府领导领办、常委会领导督办机制，借助“e龙岩”、人大微信公众号等平台，公开办理进度，对10件重点建议办理情况进行满意度测评，有效推动建议办理及建议所提问题的解决。如“e龙岩”转发的《五位副市长领办10件重点建议，快看有没有您关注的》一文，阅读量超过13万人次，获得社会高度赞誉。其中《关于启动按月抵冲住房公积金还贷业务的建议》，通过有效办理督办，实现“系统按月提取公积金冲还贷业务”，人民群众得到实实在在的实惠和便利。从代表反馈的意见看，市五届人大二次会议以来代表所提建议办理的满意率达96.64%。履职服务监管不断增强。常态化开展“代表履职进行时”活动，市级主流媒体宣传报道45位基层代表的履职情况，提升代表履职积极性。举办宪法、监督法、预算法等专题讲座，组织两次代表培训，共有100多名基层代表参加培训，增强代表履职能力。坚持邀请代表列席常委会会议，参加立法、执法检查、视察、调研等活动，全年共有150多人次列席常委会，480多人次参与常委会组织的各项活动。坚持向代表通报常委会会议情况，重要工作征求代表意见。完成全市各级人大代表综合编组，组建农业与农村及教育两个专业小组，促进代表活动经常化、制度化、规范化。加强代表履职监督管理，建立完善代表履职平台，推动实现乡镇人大代表工作室全覆盖，促进代表活动阵地建起来、用起来、活起来。

【县乡人大工作指导】 2018年，龙岩市人大组织134名乡镇(街道)人大主席(工委主任)参加培训，制定《关于落实乡镇人民代表大会召开年度第二次会议的意见》，实现全市乡镇人大年度二次会议全覆盖。推广上杭县才溪镇人大主席团“1479”工作法，推进县乡人大工作创新，打造县乡人大工作“闽西实践”升级版，逐渐形成党委点题、人大出题、政府答题、代表阅题的良好机制。新罗区代表综合组坚持“一季一主题”活动，提升闭会期间履职实效；永定区配齐乡镇人大专职秘书，明确职级，强化依法履职保障；上杭县试行重大民生实事项目人大代表票决制，县乡人大讨论决定重大事项“自选动作”走在前头；武平县打造乡镇人大规范化建设新样板，经验可复制可推广；长汀县坚持每季度点题监督，不断增强依法监督实效；连城县规范乡镇人大代表工作室建设，将乡镇人大主席团工作列入绩效考评，更好发挥主席团职能作用；漳平市开展人大代表“五带头”，助力建设新漳平活动，探索建立代表履职管理监督新模式。

【人大常委会自身建设】 2018年，龙岩市人大常委会主动适应新形势新要求，强化新时代新担当新作为，不断提升“两个机关”建设水平。加强政治理论武装。健全完善常委会党组和机关学习制度，常态化制度化开展“两学一做”学习教育，深入学习贯彻习近平新时代中国特色社会主义思想，深入学习贯彻习近平总书记关于坚持和完善人民代表大会制度的重要思想，立足人大工作实际，在学懂弄通做实上下功夫。按照省委“八个坚定不移”的要求，落实全面从严治党主体责任，牢牢把握意识形态工作领导权，营造风清气正的政治生态，努力建设“一带头三表率”模范机关。推进作风纪律建设。强化“六大纪律”建设，严格执行准则、条例等党规党纪，严格落实中央“八项规定”及实施细则精神和省市实施办法，落实市委2号文件要求，修订《关于开展廉政风险防控工作实施方案》，制度化开展党风廉政建设形势分析，持之以恒正风肃纪。全面落实巡视整改要求，抓好巡视发现问题整改。弘扬“马上就办、真抓实干”优良传统，认真落实机关作风整治。深化机关党建三级联创，推进文明单位创建，务实开展党员进社区活动和扶贫挂钩工作。完善常委会党组会议、主任会议议决事项落实督查通报制度，支持驻市人大机关纪检组开展工作。

重要会议

【市五届人大二次会议】 2018年1月7—10日，龙岩市第五届人民代表大会第二次会议在岩召开。大会应到代表347人，实到代表328人。在岩的全国、省人大代表，市五届政协全体委员、市人民政府组成人员列席会议。会议听取审议龙岩市人民政府工作报告、市人民代表大会常务委员会工作报告、市中级人民法院和市人民检察院的工作报告；审查和批准龙岩市2017年国民经济和社会发展计划执行情况及2018年国民经济和社会发展计划草案的报告、龙岩市2017年预算执行情况及2018年预算草案的报告；批准龙岩市2018年国民经济和社会发展计划和龙岩市2018年市本级预算。大会选举李成荣为龙岩市监察委员会主任，当选人员向宪法进行宣誓；选举45人为福建省第十三届人民代表大会代表。

【常委会会议】 2018年，龙岩市人大常委会共举行八次常委会会议，即市五届人大常委会第六次会议至第十三次会议。

五届人大常委会第六次会议。1月4日在龙岩召开，会期半天。会议听取和审议关于市五届人大二次会议安排意见的报告，关于市五届人大代表变动情况和增(补)选市五届人大代表资格的审查报告；审议关于市五届人大五次会议以来代表建议、批评和意见办理情况的报告(书面)，市人大常委会工作报告(稿)，市人大财经委工作报告(稿)，市人大法制委工作报告(稿)；审议并表决通过市人大常委会公告(稿)，市五届人大一次会议有关事项和提请大会审议的有关文稿等。

五届人大常委会第七次会议。1月10日在龙岩召开，会期半天。会议审议并表决通过市监察委员会副主任、委员的任职和两名审判人员的任职。张天洲为新任命人员颁发任命书，并主持市监察委员会副主任、委员宪法宣誓仪式。

五届人大常委会第八次会议。3月26日在龙岩召开，会期半天。会议传达学习贯彻习近平总书记重要讲话精神、十三届全国人大一次会议精神和省委、市委常委(扩大)会议精神，听取和审议市人民政府关于2017年度全市环境状况和环保目标完成情况的报告，书面报告龙岩市人大常委会法制工作委员会关于2017年度规范性文件备案审查工作情况的报告，审议并表决通过关于接受孙秋霞辞去龙岩市人民政府副市长职务请求的决定及人事任免事项。

五届人大常委会第九次会议。5月29—30日在龙岩召开，会期一天半。会议审议并表决通过《龙岩市人民代表大会常务委员会关于深入学习宣传和贯彻实施宪法的决议》，听取和审议市人民政府关于龙岩市“七五”法治宣传教育工作情况的报告、关于全市台资企业发展情况的报告，审议市人大法制委员会关于提请审议《龙岩市文明行为促进条例（草案）》的议案、市人民政府关于提请审议《龙岩市饮用水水源保护条例（草案）》的议案和有关人事任免事项。会议经审议表决，决定任命柳军为龙岩市人民政府副市长。张天洲为柳军颁发任命书，并主持宪法宣誓仪式。

五届人大常委会第十次会议。7月30—31日在龙岩召开，会期一天半。会议听取和审议市人大常委会执法检查组关于检查《福建省促进革命老区发展条例》实施情况的报告，听取和审议市人民政府关于龙岩市2018年上半年国民经济和社会发展计划执行情况的报告、关于2017年龙岩市本级决算（草案）和2018年上半年预算执行情况的报告、关于2017年度市本级预算执行和其他财政收支的审计工作报告、关于龙岩市分级诊疗情况的报告、关于农产品质量安全工作情况的报告并进行满意度测评，审议《龙岩市饮用水水源保护条例（草案修改稿）》、市人民政府关于提请审议《〈龙岩市城市总体规划（2011—2030）〉城市远景发展用地启用专题报告》的议案，审议并表决通过《龙岩市文明行为促进条例》、关于批准2017年度市级决算的决议、关于批准2018年市级地方政府债务限额和举借计划的决议、关于修改《龙岩市人大常委会关于宪法宣誓的组织办法》的决定、龙岩市人大常委会关于建立法律监督工作联动机制的意见（试行）和有关人事任免事项。

五届人大常委会第十一次会议。9月13—14日在龙岩召开，会期一天半。会议审议并表决通过《龙岩市人民代表大会常务委员会关于全面加强生态环境保护依法推动新时代龙岩生态文明建设走前头的决议》《龙岩市饮用水水源保护条例》，听取和审议市人民政府关于龙岩市属国有企业国有资产管理情况的报告、关于龙岩市养老服务业发展情况的报告并开展专题询问，听取和审议市人大常委会执法检查组关于检查《中华人民共和国老年人权益保障法》和《福建省老年人权益保障条例》实施情况的报告，审议人事任免事项。张天洲为新任命人员颁发任命书。

五届人大常委会第十二次会议。11月29—30日在龙岩召开，会期一天半。会议审议并表决通过关于召开市五届人大三次会议的决定、关于批准2018年市本级预算调整方案的决议、关于接受蔡蔚获辞去龙岩市人民政府副市长职务请求的决定，听取和审议市人民政府关于龙岩市“十三五”规划（纲要）实施情况中期评估的报告、关于2017年度市本级预算执行和其他财政收支审计发现问题整改落实情况的报告、关于市五届人大二次会议以来代表建议、批评、意见办理情况及10件重点建议办理情况的报告并开展重点建议办理情况满意度测评，听取和审议市人大常委会视察组关于龙岩市“厕所革命”实施情况的视察报告、市中级人民法院和市人民检察院关于深化司法体制改革工作情况的报告，评议市人民政府有关专项工作，审议人事任免事项。张天洲为新任命人员颁发任命书，并主持宪法宣誓仪式。

五届人大常委会第十三次会议。12月28日在龙岩召开，会期一天。会议听取和审议关于市五届人大三次会议安排意见的报告、关于市五届人大代表变动情况和增（补）选市五届人大代表资格的审查报告、市人民政府关于龙岩市人民政府职能转变和机构改革方案的说明，审议关于市五届人大二次会议以来代表建议、批评和意见办理情况的报告（书面）、市五届人大三次会议有关事项和提请大会审议的有关文稿和人事任免事项。会议经审议表决，通过机构改革后的政府工作部门负责人和其他人事事项，主任张天洲为新任命人员颁发任命书，并主持宪法宣誓仪式。

立法工作

【概况】 2018年，龙岩市人大制定《龙岩市文明行为促进条例》，以地方法规形式固化文明城市创建成果，让文明成为百姓幸福生活“新常态”。制定《龙岩市饮用水水源保护条例》，为百姓喝上干净水、放心水提供法治保障。做好《龙岩市红色文化遗存保护条例》宣传，为条例实施营造氛围。率先在全省设区市中制定《龙岩市地方立法技术规范》，为龙岩市地方性法规的起草、审议和修改提供技术支撑。制定《龙岩市人大常委会立法听证工作规定》，进一步健全立法工作制度体系。编印《龙岩市地方立法实务》，举办立法工作培训，发挥立法联系点作用，提升立法工作能力。推进备案审查信息平台建设，加强规范性文件备案审查，做好全市涉及生态环境保护的规范性文件专项清理。

【《龙岩市文明行为促进条例》制定】 2018年7月31日，龙岩市第五届人民代表大会常务委员会第十次会议通过《龙岩市文明行为促进条例》（以下简称《条例》）。

《条例》分为总则、倡导与促进、保障与实施、重点治理、法律责任、附则6章52条。《条例》就法律法规已有规定的强制性文明行为和属于道德范畴的非义务文明行为分别作出规定，并就无偿献血、见义勇为、志愿服务、慈善公益等作出规定，让好人做好事能够得到保障。《条例》对公共秩序、市容环境卫生、文明交通等方面文明行为规范作出规定；同时，要求相关部门进一步完善监督检查、投诉举报、奖励惩戒等文明行为促进工作机制，并及时发现、制止和纠正不文明行为；鼓励公民依法开展文明行为宣传和不文明行为劝导等活动。《条例》立足龙岩实际，围绕“红色”和“绿色”的特色和优势，规定广大市民要传承红色基因，要遵守生态文明行为。《条例》还着重列举比较常见、群众呼声最为强烈的10项不文明行为，并将其列入重点治理清单。其中包括：驾驶机动车不按规定避让行人；不按规定停放车辆；行人通过路口或者横过道路不按规定通行；在禁止吸烟的场所吸烟；噪声扰民；乱扔垃圾，随地吐痰、便溺；占道经营；违规喷涂、张贴、发放小广告；违规排放油烟；违规燃放烟花爆竹。

9月30日，《条例》经福建省第十三届人民代表大会常务委员会第六次会议批准。2019年1月1日正式实施。

【《龙岩市饮用水水源保护条例》制定】 2018年9月14日，龙岩市第五届人民代表大会常务委员会第十一次会议通过《龙岩市饮用水水源保护条例》(以下简称《条例》)。

《条例》共6章43条，分为总则、饮用水水源的确定、饮用水水源的保护、监督管理、法律责任、分责等，规定饮用水水源保护遵循应当坚持科学规划、保护优先、综合治理、强化监管、公众参与、确保安全的原则。《条例》梳理龙岩市饮用水水源保护工作中存在的重点、难点问题，对饮用水水源调水工程和农村饮用水水源保护等内容进行重点规范，明确相关单位和部门的职权职责，规范相关利益群体的权利义务关系和行为，为解决饮用水水源保护存在的问题提供法律保障。

11月23日，《条例》经福建省第十三届人民代表大会常务委员会第七次会议批准。2019年3月1日正式施行。

调研视察

【龙岩中心城区畅通工程调研】 2018年1月25日上午，龙岩市人大常委会成立以市人大常委会副主任冯添桂为组长的调研组，对龙岩市贯彻实施《中华人民共和国律师法》情况进行调研。调研组沿途实地察看龙腾南路二期、东肖南路提升改造、金鸡路二期A段、滨河绿道双泉路段、青竹路、青云路、北三环隧道、犀牛路四期、龙岩大道四期下穿工业路通道、“三桥一路”等项目，并召开专题座谈会，了解畅通工程实施情况及存在的困难和问题，听取意见建议，形成调研报告。针对规划设计不够完善、项目推进困难不少、痛点治理任重道远、教育养成需要长效等问题，提出规划设计再优化、提升改造再发力、突破难点再协调、治理水平再提高等建议。

【基础教育“十条措施”落实调研】 2018年3月中下旬，龙岩市人大常委会组成以副主任阙朝阳为组长，市人大教科文卫委和市教育局相关人员为成员的调研组，对龙岩市加强基础教育工作“十条措施”的落实情况开展调研。调研组深入新罗区、上杭县、长汀县，实地察看部分学校，分别召开座谈会，了解落实情况，听取意见建议，并委托其他县(市、区)人大分别开展调研报送书面材料。针对存在问题，提出加强督查考评，力促“十条措施”落地实施；实施名校带动，扎实推进组团发展；推进“县管校聘”改革，完善职称评聘管机制；强化绩效考核，充分调动教师积极性；抓好教研教改，切实提高教学质量；优化教育布局，推进阳光招生；努力改善办学环境，营造社会良好氛围等建议。

【民办教育发展调研】 2018年3月中下旬，龙岩市人大常委会组成以副主任阙朝阳为组长的调研组，开展民办教育发展情况调研。调研组实地察看新罗区、上杭县和长汀县部分民办学校并召开座谈会，分别走访一些关心关注以及从事民办教育的相关人员、市人大代表教育专业小组部分成员等，深入了解情况并于3月22日前往漳州市考察学习。同时，委托7个县(市、区)人大常委会同步开展调研。针对支持民办教育发展的氛围不浓、民办学校办学行为不够规范、监管不够到位、师资队伍不稳定、民办幼儿园的基础依然薄弱、相关配套政策不完善等问题，提出政策引领、依法扶持，加强监管、规范办学，努力补齐学前教育短板等建议。

【农村新房新村规划建设调研】 2018年3月下旬至4月上旬，龙岩市人大常委会成立以副主任冯添桂为组长的调研组，对龙岩市农村新房新村规划建设情况开展调研。调研组前往新罗区黄地村、益坑村、云山村、洋畲村，永定区富川村、初溪村、莒溪村，连城县塘前村、培田村，漳平市红林村、下界村实地察看，与镇村干部座谈并委托各县（市、区）人大协助收集意见、建议，前往市住建局、国土资源局、城乡规划局等单位召开座谈会。针对新村建设规划滞后、村镇监管力量不足、建房乱象普遍存在、基础设施短板明显等问题，提出强化规划指导引领、突出调动主体作用、畅通建房审批通道、加快补齐基础短板、发挥新村示范带动、调整优化机构设置等建议。

【台资企业发展调研】 2018年3月29日—4月10日，龙岩市人大常委会成立以副主任张琼珊为组长的调研组，对全市台资企业发展情况开展调研。调研组赴漳平、连城、武平及龙岩学院青创基地，实地察看漳平鸿鼎开发有限公司、连城宏国运动用品有限公司、武平合信创展科技有限公司等九家台资企业，了解企业生产经营情况，组织召开座谈会，听取县（市）政府及相关部门、台资企业代表、人大代表的意见建议。同时，委托其他县（区）人大开展调研提供书面调研材料，形成调研报告。针对企业竞争能力不强、投资环境有待提升、企业融资难度较大、用工普遍存在不足、专业人才引进乏力、基础设施有待推进等问题，提出把握发展机遇，推进政策落实；突出问题导向，优化投资环境；着眼青年传承，鼓励创新发展；保护台商权益，促进两岸融合等建议。

【工业产业发展调研】 2018年4月18—19日，龙岩市人大常委会成立以副主任苏立波为组长的调研组，对全市工业产业发展情况开展调研。调研组深入新罗区、龙岩经济技术开发区（龙岩高新区），并组织召开座谈会，同时委托其他县（市、区）自行开展调研、提交材料。针对工业基础比较薄弱、项目支撑不够有力、要素制约依旧突出、平台优势发挥不足、政策措施仍需完善等问题，提出着力转型升级，激发创新活力；着力项目带动，增强发展后劲；着力突破瓶颈，强化要素保障；着力平台建设，优化产业布局；着力优化政策，提升营商环境等建议。

【现代服务业推进落实调研】 2018年4月18—19日，龙岩市人大常委会成立以副主任苏立波为组长的调研组，对全市现代服务业推进落实情况开展调研。调研组深入新罗区、龙岩经济技术开发区（龙岩高新区），并组织召开座谈会，同时委托其他县（市、区）自行开展调研、提交材料。针对增长速度明显回落、结构层次仍然偏低、发展后劲亟待加强、政策措施还需优化、集聚基础比较薄弱等问题，提出紧盯目标任务，协调调度再发力；坚持规划引领，产业空间再拓展；强化龙头带动，项目建设再攻坚；完善功能配套，集聚能力再提升；加大政策力度，发展环境再优化等建议。

【扩大有效投资调研】 2018年4月18—19日，龙岩市人大常委会成立以副主任苏立波为组长的调研组，对全市扩大有效投资情况开展调研。调研组深入新罗区、龙岩经济技术开发区（龙岩高新区），并组织召开座谈会，同时委托其他县（市、区）自行开展调研、提交材料。针对项目投资后劲不足、县域投资增长不均衡、要素制约仍较突出、统计方法改革影响较大、政策空间有待拓展深化等问题，提出进一步研究政策、制定政策、兑现政策，进一步突破扩大有效投资的制约瓶颈，进一步凸现扩大有效投资的重点领域和方向，进一步推进固定资产投资统计方法制度改革，进一步营造扩大有效投资的良好环境等建议。

【“七五”法治宣传教育调研】 2018年4月24—26日，龙岩市人大常委会成立以副主任邓振春为组长的调研组，对“七五”法治宣传教育工作开展调研。调研组分别与永定、新罗区人大常委会联合开展调研。同时，上杭、武平、长汀、连城、漳平等五个县（市）根据要求，同步开展调研，并报送调研报告。针对对法治宣传教育的认识存在偏差、法治宣传教育的实效仍需提升、法治宣传教育工作机制不够完善、法治文化阵地建设存在短板问题，调研报告提出把宪法的学习宣传教育作为普法工作的重中之重；抓住关键，有的放矢，推动重点对象普法取得突破；创新载体，精准施策，打造法治宣传教育工作亮点；强化协作，补齐短板，凝聚法治宣传教育工作合力等建议。

【中心城区绿化提升改造调研】 2018年5月15日，龙岩市人大常委会成立以副主任冯添桂为组长的调研组，对龙岩中心城区绿化提升改造工程实施情况开展调研。调研组实地察看西锦山公园、龙岩大道一期、龙腾南路二期、高速公路龙岩出口两侧、东山湿地公园、龙川滨河绿道（溪南桥至独秀桥段）、登高山水生态试验点以及人民广场等绿化提升项目，并召开专题座谈会广泛听取意见建议，形成调研报告。针对城市绿化水平参差不齐、小区绿化管理比较滞后、绿化提升特色不够鲜明、部分绿化项目推进缓慢等问题，提出科学规划，着力打造龙岩绿化特色；破解难点，持续加强小区绿化建管；与时俱进，树立科学建设管理理念；广泛宣传，提高市民护绿爱绿意识等建议。

【河道保护管理调研】 2018年5月下旬，龙岩市人大常委会成立以副主任张琼珊为组长、部分市人大常委会委员及市人大代表中农业与农村工作专业小成员组成的调研组，对全市河道保护管理情况开展调研。调研组深入新罗、武平、长汀，召开政府及相关部门负责人座谈会，现场察看河道岸线划界、涉河建设、河道综合整治等8个项目；听取市政府的专题汇报，与市水利、住建、交通、国土、林业、环保、规划等部门的负责人进行座谈；委托永定、上杭、连城、漳平4个县（市、区）人大常委会自行开展调研并报送材料，在此基础上形成调研报告。针对爱河护河意识有待提高、河道规划工作有待推进、最小生态下泄流量监管有待强化、河道管理体制有待理顺、执法队伍建设有待加强等问题，提出重视宣传，营造爱河护河氛围；加强规划，打牢保护管理基础；完善平台，加强最小生态下泄流量监管；压实责任，健全长效管理机制；强化执法，严厉打击违法行为等建议。

【《福建省促进革命老区发展条例》执法检查】 2018年6月，龙岩市人大常委会成立以主任张天洲为组长，副主任邓振春为副组长，10位常委会委员、财经委委员和7位全国、省、市人大代表组成的执法检查组，与省人大常委会联动对全市贯彻实施《福建省促进革命老区发展条例》情况进行检查。检查组先后赴上杭、漳平、连城3个县(市)，通过听取汇报、座谈交流、实地察看等方式，客观、全面了解龙岩市贯彻实施《条例》的情况。新罗、永定、武平、长汀4个区(县)根据要求,同步开展执法检查。针对存在问题,提出主动跟进,紧盯政策再对接;借势而为,谋划项目促落地;凝聚力量,围绕难点强攻坚等建议。

【分级诊疗调研】 2018年6月下旬,龙岩市人大常委会成立以副主任阙朝阳为组长的调研组,对全市分级诊疗情况开展调研。调研组实地察看武平县、长汀县和漳平市部分医院、基层医疗机构,召开座谈会听取意见建议,走访龙岩中心城区关心关注以及从事医疗、医药、医保工作的相关人员,深入了解情况,在此基础上形成调研报告。针对基层医疗机构服务能力差距大、县级公立医院龙头作用发挥不够、医联体建设推进效果不明显、分级诊疗配套政策需完善、传统就医观念需改变等问题,提出持续推进医疗服务体系建设、不断完善医疗保障制度、努力加强健康宣传教育等建议。

【农产品质量安全调研】 2018年6月下旬至7月上旬,龙岩市人大常委会成立以副主任张琼珊为组长、常委会委员及市人大农业与农村工作专业小组成员组成的调研组,对龙岩市农产品质量安全工作开展调研。调研组听取市政府及新罗区政府的专题汇报,与市农业、食药监、林业、卫计、质监、财政、环保等部门的负责人进行座谈;深入新罗、上杭、武平、连城的16个农产品种养生产、加工、农药兽药经营企业及检测中心实地察看,召开武平县政府及县直有关部门座谈会;委托永定区、长汀县、漳平市人大常委会自行开展调研并报送材料,在此基础上形成调研报告。针对农产品质量安全监管体系有待提升完善、农产品质量安全责任传导不够到位、产地环境污染因素尚未根除、农业规模化标准化生产推广不够、农产品质量安全宣传尚需加强等问题,提出压实责任,构筑农产品质量安全屏障;健全体系,提升农产品质量监管水平;治理源头,夯实农产品质量安全基础;指导扶持,推进标准化规模化生产;强化宣传,增强农产品质量安全意识等建议。

【农产品质量安全满意度测评】 2018年7月31日,在龙岩市五届人大常委会第十次会议上,市人民政府副市长黄庆辉作关于农产品质量安全工作情况的报告,市人大常委会组成人员以无记名投票表决的方式,对农产品质量安全工作情况进行满意度测评,满意率为75%,测评等次为“满意”。会后发出审议意见交由市政府及有关职能部门研究落实,持续推动农产品质量安全工作。

【侨务工作调研】 2018年7月中下旬,龙岩市人大常委会成立以副主任张琼珊为组长的调研组,深入新罗区东肖镇、永定区下洋镇,采取实地察看、听取有关工作情况汇报和有关人员意见等形式,对全市侨务工作开展调研,并委托其他县(市)人大常委会侨台委开展调研并报送相关材料,在此基础上形成调研报告。针对依法行政维护侨益的力度需加强、新华侨华人及华侨新生代工作还需推进、资源整合不充分、侨资企业发展的困境等问题,提出提高认识,更加重视侨务工作;健全机制,依法维护侨胞权益;搭建平台,注重培育侨务资源等建议。

【中心城区“百日攻坚”行动调研】 2018年7月26日,龙岩市人大常委会副主任邓振春和新罗区人大常委会副主任邱健南带领市、区部分人大代表开展中心城区打击整治盗窃“三车”及电瓶违法犯罪“百日攻坚”行动专题调研。针对综合打击效能有待进一步提升、重点人员重复作案未能有效遏制、技防设施建设依然存在短板、群防群治工作存在薄弱环节等问题,提出要精准发力,增强打击实效;要把住源头,提升管控水平;要问题导向,尽快补齐短板;要多措并举,强化群防群治;要传导压力,层层落实责任等建议。

【市属国有企业国有资产管理调研】 2018年8月20—21日,龙岩市人大常委会成立以副主任苏立波为组长的调研组,分赴工发、交发、城发、水发、文旅、汇金集团开展专题调研,并于8月24日召开汇报座谈会,进一步了解市属国有企业国有资产管理基本情况、存在的困难与问题,以及市政府、市直相关部门(单位)、部分市属国有企业对进一步加强企业国有资产管理工作的意见建议,在此基础上形成调研报告。针对资产质量与效益有待提高、资本运作水平有待提升、防控风险能力有待提级、相关制度落实有待深化等问题,提出优化国资布局,发挥国企的支撑引领作用;推进高质量发展,做强做优做大国有资本;深化国企改革,持续增强国企发展活力;完善监管体系,切实维护国有资产安全等建议。

【老年人权益保障执法检查】 2018年8月21—23日,龙岩市人大常委会成立以主任张天洲为组长、副主任邓振春为副组长、部分常委会委员和市人大代表组成的执法检查组,赴新罗、武平、上杭3个县(区),通过听取汇报、座谈交流、实地检查、网上问卷调查等方式,客观、全面了解龙岩市贯彻实施《中华人民共和国老年人权益保障法》和《福建省老年人权益保障条例》的情况。永定、长汀、连城、漳平4个县(市、区)根据要求,同步开展执法检查,并报送书面报告。针对对老年人权益保障的认识不够到位、工作合力尚未有效形成;养老服务体系存在短板;医养结合障碍还未突破;从业人员队伍建设亟待加强等问题,提出加强宣传,提高认识,坚决把应对人口老龄化国家战略落到实处;城乡统筹,补齐短板,加快完善养老服务体系;资源共享,优势互补,推动医养结合发展；因地制宜，发挥优势，把养老服务业培育成龙岩的新兴产业；提升素质，提高待遇，加强养老服务队伍建设等建议。

【养老服务业发展专题询问】 2018年9月13—14日，在龙岩市五届人大常委会第十一次会议上，听取和审议市人民政府副市长谢海波所作的关于龙岩市养老服务业发展情况的报告，并结合审议该报告开展专题询问。12位常委会组成人员和市人大代表先后就财政支持措施、居家和社区养老服务、农村养老服务、养生养老产业、养老机构无证经营、医养结合等20个群众关心的热点问题进行询问。到会应询的市、县（区）政府分管领导，市民政局、发改委、卫计委、财政局等部门负责人一一作答。专题询问结束时，副市长张朝阳代表市政府作表态发言。市人大常委会主任张天洲作讲话，对进一步做好养老服务业工作提出要求。

【代表视察“厕所革命”实施情况】 2018年9月27—28日，龙岩市人大常委会成立主任张天洲为组长，部分常委会委员，新罗区、永定区部分市、区人大代表组成的视察组，前往永定区实佳村、南江村、富川村、洪坑土楼景区以及中心城区各主要道路、公园、市场，分别察看农户改厕、乡村公厕、旅游公厕和城市公厕的规划建设管理情况，并在市人大常委会机关召开汇报座谈会，听取市政府及市、区管理部门的工作汇报，全面了解龙岩市实施“厕所革命”基本情况、存在的困难与问题，并提出相关意见、建议，在此基础上形成视察报告。针对乡村公厕建设管理滞后、农户改厕推进难度大、建设进度不平衡、城市乡村公厕邻避效应严重等问题，提出合理规划，因地制宜；创新模式，管建并举；运用科技，提档晋级；深入宣传，倡导文明等建议。

【扶贫搬迁工作调研】 2018年10月下旬，龙岩市人大常委会成立以副主任张琼珊为组长的调研组，对全市扶贫搬迁工作情况开展调研。调研组深入新罗、长汀、漳平，召开政府及相关部门负责人座谈会，现场察看易地扶贫搬迁安置区，随机走访14户搬迁贫困户；听取市政府的专题汇报，与市农业、发改、住建、国土、规划等10个部门的负责人进行座谈；委托其余四县（区）人大常委会自行开展调研并报送材料，在此基础上形成调研报告。针对实现稳得住仍需精准帮扶、设施配套有待强化、社会服务还需完善等问题，提出齐心协力共促发展、多措并举完善设施、持之以恒做好服务等建议。

【预算执行问题整改调研】 2018年10月31日—11月2日，龙岩市人大常委会成立以副主任阙朝阳、苏立波为组长，部分市人大常委会委员、财经（工）委及市审计局人员组成的调研组，对2017年度龙岩市本级预算执行和其他财政收支审计发现问题整改落实情况进行专题调研，并于11月16日召开市人大财经委全体会议，听取市审计局关于审计发现问题整改落实情况的报告，对整改工作中的相关问题进行审议，在此基础上形成调研报告。针对存在问题，提出紧盯未整改到位问题，确保整改工作逐项落实；加强审计结果运用，持续改进预算管理制度；强化相关人员培训，有效提高依法履职能力；改进单位内部控制，建立健全内部审计制度；完善惩防并举机制，强化风险防控和责任追究等建议。

【司法体制改革调研】 2018年8月下旬至10月中旬，龙岩市人大常委会副主任邓振春带领调研组到武平县、新罗区和市法院、检察院开展专题调研，走访市委组织部、政法委和市财政局、人社局以及龙岩城区两家律师事务所，征求意见和建议，在此基础上形成调研报告。针对推进改革的合力尚未有效形成、案多人少矛盾依然突出、配套改革措施相对滞后、司法队伍建设还需加强等问题，提出加强宣传，凝聚共识，深化司法体制改革；聚焦问题，精准施策，全面提升司法体制改革成效；以人为本，强化管理，着力打造高素质的司法队伍；主动协调，形成合力，健全完善干警职业保障机制等建议。

【人大重大事项调研】 2018年11月上旬，龙岩市人大常委会成立以副主任苏立波为组长的调研组，赴上杭、武平、长汀三县开展全市人大讨论决定重大事项工作情况调研，同时委托新罗、永定、连城、漳平四县（市、区）开展本辖区的调研，提交书面材料，在此基础上形成调研报告。针对对决定权行使的认识有待提高、对重大事项的界定不够清晰、决议决定质量有待提升、跟踪督办有待加强等问题，提出：加强学习，进一步提升站位；加强协调，进一步明晰责任；健全机制，进一步提升功效等建议，为市级层面制定出台关于讨论决定重大事项相关规范性文件提供有力支撑。

【建议办理满意度测评】 2018年11月29—30日，在龙岩市五届人大常委会第十二次会议上，市人民政府副市长王龙作关于市五届人大二次会议以来代表建议、批评、意见办理情况及10件重点建议办理情况的报告，市人大常委会组成人员以无记名投票表决的方式，对2018年度10件重点建议办理情况进行满意度测评，测评结果为满意的7件、基本满意的3件。

（市人大办）

责任编辑　游友荣

综　述

【深化供给侧结构性改革】 2018年，龙岩市政府围绕“三去一降一补”(去产能、去库存、去杠杆、降成本、补短板)，提升供给体系质量和效率。关闭煤矿12家，淘汰煤炭产能75万吨。全年销售商品房376.7万平方米，比上年增长19.5%；商品住房去库存期为10个月，处于合理区间。落实好各项税收优惠政策，全年减免企业税费约59亿元。加强政银企担合作，为中小微企业提供163.6亿元贷款担保，共有211家企业获得应急还贷资金扶持32.2亿元。有效防范金融风险，全市不良贷款率为1.25%，信贷资产质量保持全省前列。有序推进市属国有企业整合重组，总资产规模突破1200亿元，全年新增融资120亿元。争取中央支持原中央苏区振兴发展政策取得新成效，已有25项具体事项得到国家相关部委支持；新落实参照西部政策1项、累计落实111项，全年共争取中央项目资金扶持91亿元。

【“双培育”行动计划】 2018年，龙岩市对接落实省“百千万支撑工程”，制定实施“双培育”行动计划，实行“一业一策”“一企一策”，集中优势资源，培育壮大一批支柱产业和龙头企业，力争到2020年形成有色金属、机械装备、文旅康养3个千亿级支柱产业，培育形成产值（营业收入)10亿元以上企业100家、100亿元以上企业10家。2018年，有色金属产业产值突破700亿元，机械装备产业产值达430亿元；文旅康养总收入达770亿元，其中红色教育培训超过19万人次、收入5亿元以上；建筑业产值突破1000亿元。50家市级重点培育的工业龙头企业产值比上年增长19.8%，61家“一企一策”签约工业企业产值增长21.3%。

【项目落地攻坚】 2018年，龙岩市深化“五个一批”推进项目攻坚，建立完善领导挂钩、定期会商、问题专报、跟踪督办等工作机制，开展重大项目“一月一活动”、招商“一月一签约”。坚持“依法依规、先难后易、节点突破”原则，集中征迁攻坚，完成房屋征收面积49.5万平方米、土地征收面积1000公顷，125个项目净地交付，攻克龙马环卫二期、金鸡路二期等多年来难以解决的“硬骨头”。“五个一批”项目、重点项目、“重中之重”项目等均超额完成年度投资任务。太阳铜业连铸连轧、龙工挖掘机产能回归等一批项目竣工投产，闪烁与激光晶体、万安溪引水工程等一批项目开工建设，南龙铁路、厦蓉高速扩容通车，双龙铁路龙岩段可研获批，龙岩机场、漳平钢铁等重大项目前期取得突破性进展。

【脱贫攻坚】 2018年，龙岩市以“质量提升年”为抓手，突出补漏、巩固、提质，完善大病补偿、安全住房保障、脱贫对象动态管理及兜底保障等各类政策，创建激励性产业扶贫模式并在全省推广。坚持在融入乡村振兴战略中解决贫困问题，各县(市、区)正在打造1个以上脱贫攻坚与乡村振兴融合的示范村，促进百姓增收致富。建档立卡贫困人口基本脱贫，2个省级扶贫开发工作重点县、24个市级扶贫开发重点乡镇、344个贫困村摘帽退出。

【生态环保攻坚】 2018年，龙岩市扎实抓好中央、省环保督察反馈问题整改，集中整治环境突出问题。实施生态环保攻坚重点项目235个，完成投资94.1亿元，占年度计划122.7%。深入推进河(湖)长制，加强水污染防治，主要流域Ⅰ—Ⅲ类水质比例达95.5%，全部消除劣Ⅴ类水质小流域，城市内河、县级以上集中式水源地、重点湖库水质达标率均为100%，小溪河水质持续稳定达标。开展大气污染企业专项整治行动，城市空气优良天数比例达98.9%，居全省前列。全市森林覆盖率达78.9%，保持全省第一。完成水土流失治理面积3.1万公顷，占年度任务116%；新增矿山恢复治理面积60公顷。关闭拆除生猪养殖场1559个，削减生猪存栏29.88万头。通过创建国家现代林业科技示范园区评审。环境治理工作获国务院大督查激励表扬。

【重点领域改革】 2018年，龙岩市机构改革有序推进，部门设置、人员转隶工作基本完成。长汀水土保持综合治理模式被列为全国生态保护与修复工作典型。林权抵押贷款"惠林卡"模式在全国推广。完成农村土地确权登记颁证和农村集体产权制度改革清产核资。在全省率先开展农村实用人才职称评审。以担当作为精神解决中心城市1万多户房屋和土地登记历史遗留问题，得到自然资源部肯定并向全国推广。不动产登记中心被评为全国百佳不动产登记便民利民示范窗口。代表福建省参与全国公立医院综合改革效果评价考核获得第一名。进一步加强和规范工程招投标、政府采购、财政投资评审管理。坚持"对自己狠心、让百姓舒心"，以"e龙岩"为抓手倒逼政务服务效能提升，手机端网办事项327项，"随手拍"受理诉求7.5万件、群众满意率达99%，在全国率先实现电子社保卡支付购药功能。"e龙岩"获得中国政府信息化管理创新奖、全省机关体制机制创新优秀案例一等奖，并在全省推广。由龙岩市主导制定的全省"一趟不用跑""最多跑一趟"政务服务规范标准发布实施。企业开办时间压缩至3个工作日以内。社会投资项目审批压缩至法定时限的40%以内。

重要会议

【市政府第一次全体会议】 2018年1月10日召开。会议要求龙岩市各级政府及政府各部门贯彻落实好市委五届六次全会、市两会精神，以雷厉风行作风和钉钉子精神，撸起袖子加油干，把市委、市政府的决策部署落实好。

担当作为。面对实现赶超任务的压力和挑战，挺身而出，为闽西发展冲锋在前。在具体工作中，无论是项目建设、招商引资、征地拆迁，还是安全生产、信访维稳，遇到意想不到的困难问题，必须要拿出逢山开路、遇水架桥的勇气和决心，攻坚克难、开拓进取。坚决反对当无原则的"老好人"，为敢于担当者担当，为敢于负责者负责，营造想干事、敢干事、干成事的良好环境。

依法行政。坚持办事依法、遇事找法、解决问题用法、化解矛盾靠法。自觉接受人大及其常委会的监督、政协民主监督、监察机关监督，主动接受社会监督和舆论监督。对人大建议、意见和政协提案，市直部门主要领导亲自协调、督办、审核，反馈件同时抄报市政府分管领导；对于重点建议、意见和提案，由市政府分管领导领办、督办。加强行政执法与刑事司法相衔接，政府部门积极争取法院、检察院等司法部门的支持，为地方产业发展和项目建设提供司法保障。

实干实效。坚持说实话、谋实事、出实招、求实效，把雷厉风行和久久为功有机结合起来，把弘扬老区革命精神与新时代创新精神结合起来，拼精神、下狠劲，推进闽西发展提速提效。以"昼无为、夜难寐"的事业心和责任感，以钉钉子精神做实做好各项工作。坚持多干少说、只干不说，力戒表态多调门高、行动少落实差。切实纠正文山会海，减少不必要的检查、评比，真正扑下身子、沉下心来把一个个项目抓实、一件件事情办好。

廉洁干净。落实新时代党的建设总要求，严格遵守中央"八项规定"及实施细则精神，严格执行党的"六大纪律"，坚决纠正"四风"特别是形式主义、官僚主义新表现。履行全面从严治党主体责任，落实好"一岗双责"，坚持以制度管人管事，加强对重点领域和关键岗位的廉洁风险防范。坚持带头示范，管好自己、带好队伍，对下属常过问、常督促、常提醒。构建亲清新型政商关系，敢于和善于与企业家联系对接，主动为企业排忧解难。

【市政府常务会议】 2018年，龙岩市政府召开常务会议12次。分别是：

第五届人民政府第十二次常务会议。1月19日召开，市长林兴禄主持，10个议题：研究龙岩市2018年重点项目安排及2018年"重中之重"项目安排；审议《龙岩市华侨捐资兴办公益事业表彰办法（送审稿）》；审议《龙岩中心城区餐厨垃圾管理暂行办法（送审稿）》；研究推进福建新龙马汽车股份有限公司加快发展相关事宜；听取市属三大国企存在问题及整改落实情况汇报；研究万安溪引水工程对福建梅花山国家级自然保护区生态补偿事宜；审议《龙岩市人民政府关于扩大对外开放积极利用外资十条措施（送审稿）》；审议《龙岩市人民政府关于支持龙岩烟草工业有限责任公司发展壮大"一企一策"备忘录（送审稿）》；研究预拨部分棉花滩库区应急资金用于龙湖大桥项目建设问题；研究龙岩中心城市2018年第一批八幅拟公开出让地块有关事宜。

第五届人民政府第十三次常务会议。2月11日召开，市长林兴禄主持，8个议题：审议《关于加强耕地保护和改进占补平衡的实施意见（送审稿）》；审议《龙岩市人民政府关于进一步加强中心城市井盖设施建设管理工作的实施意见（送审稿）》；审议《龙岩市政府性投资建设项目质量后评估管理办法（送审稿）》；审议《龙岩市争取上级项目资金绩效考核办法（送审稿）》；审议《龙岩市全面推进"四好农村路"的实施意见（送审稿）》；研究古武高速永定龙湖景区连接线建设资金事宜；审议《关于稳步推进农村集体产权制度改革的实施意见（送审稿）》；研究加快推进城乡低保标准一体化逐步提高农村低保标准事宜。

第五届人民政府第十四次常务会议。3月22日召开，市长林兴禄主持，6个议题：听取2018年服务业发展“三比一看”竞赛活动考评结果汇报，审议《2018年服务业发展“三比一看”竞赛活动实施方案（送审稿）》；审议《龙岩市培育文旅康养产业三年行动计划（2018—2020）（送审稿）》；审议《龙岩市人民政府关于支持专用车产业加快发展的八条措施（送审稿）》；听取消防工作情况汇报；研究2018年市本级教育专项经费支出预算安排及市属基础教育重点项目资金安排事宜；审议《龙岩市2018年促进外贸发展专项资金使用方案（送审稿）》。

第五届人民政府第十五次常务会议。4月18日召开，市长林兴禄主持，12个议题：审议《加强招商引资工作的实施意见（送审稿）》《龙岩市市直单位招商引资专项考评奖励方案（送审稿）》、《龙岩市党政机关商务活动管理暂行办法（送审稿）》；审议《龙岩市饮用水水源保护条例（草案）（送审稿）》；审议《龙岩市党政领导生态环境保护目标责任书考核办法（送审稿）》；研究2018年度市对县（市、区）政府、市直单列考核单位和重点乡镇安全生产目标责任考核结果和奖励建议；审议《龙岩市人民政府关于进一步加强地下综合管廊规划建设与运营管理办法（送审稿）》；审议《龙岩市人民政府关于进一步加强中心城市道路开挖施工管理的实施意见（送审稿）》；审议《龙岩市进一步推进“厕所革命”行动计划（送审稿）》；审议《龙岩市人民政府关于妥善处理龙岩中心城市房屋和土地登记历史遗留问题的若干意见（送审稿）》；研究盘活资产筹措城建及收储项目资金有关事宜；审议《龙岩市水土保持规划（2016—2030年）（送审稿）》；研究2018年首届“龙岩工匠”人选表扬推荐事宜；听取龙岩市本级涉及著名商标制度规范性文件清理工作情况汇报。

第五届人民政府第十六次常务会议。6月1日召开，市长林兴禄主持，12个议题：听取全市禁毒工作情况汇报；审议《2018年龙岩市投资工程包实施方案（送审稿）》；审议《2018年项目落地攻坚战役绩效管理考评办法》（送审稿）；审议《关于进一步推进企业上市挂牌工作的实施意见（送审稿）》；审议《龙岩市市本级财政投资评审管理办法（送审稿）》；审议《龙岩中心城市建成区生活垃圾分类制度实施方案（送审稿）》；研究龙岩中心城市2018年第三批九幅拟公开出让地块出让事宜；审议《龙岩市创新型城市建设三年行动计划（2018—2020年）（送审稿）》；学习贯彻《地方党政领导干部安全生产责任制规定》精神、传达全国全省贯彻落实《地方党政领导干部安全生产责任制规定》电视电话会议精神；审议《2018年度市、县级党委政府表彰和市级公务员及时性奖励项目方案（送审稿）》；研究万安溪引水工程工作成绩突出集体和个人表扬名单事宜；审议《金融支持工业企业加快发展十二条措施（送审稿）》。

第五届人民政府第十七次常务会议。7月6日召开，市长林兴禄主持，9个议题：审议《关于进一步深化“放管服”改革推进政府职能转变的实施方案（送审稿）》；审议《龙岩市推进乡村振兴十条措施（送审稿）》；审议《龙岩市人民政府关于大力发展装配式建筑的实施意见（送审稿）》；研究龙岩一中食堂综合楼项目处置有关事宜；研究龙岩市科技创业园地块“三旧”改造补收土地出让金事宜；审议《〈龙岩市城市总体规划（2011—2030）〉城市远景发展用地启用专题报告（送审稿）》；审议《金融助力龙岩经济高质量发展意见（送审稿）》；审议《龙岩市大学生众创空间建设方案（送审稿）》《龙岩市大学生众创空间运营方案（送审稿）》《龙岩市大学生众创空间管理办法（暂行）（送审稿）》；审议《龙岩市人民政府关于扶持龙岩陆地港加快发展的实施意见（送审稿）》。

第五届人民政府第十八次常务会议。8月9日召开，市长林兴禄主持，10个议题：审议《关于加快红色文化产业发展的若干措施（送审稿）》；听取“重中之重”项目进展情况汇报；听取安全生产工作情况汇报；研究龙岩中心城市2018年第四批两幅拟公开出让地块出让事宜；审议《龙岩中心城区学校体育场馆设施向社会开放实施办法（送审稿）》；审议《龙岩中心城市（规划区内）集体土地上房屋征收与补偿的若干意见（修订）（送审稿）》；研究2018年度全市各层面绩效考评结果及2018年度龙岩市绩效管理工作方案修订事宜；听取上半年招商引资工作情况汇报；听取市委巡察发现问题整改落实情况汇报；审议《关于上报龙岩市清理规范创建示范活动自查自纠情况方案（送审稿）》。

第五届人民政府第十九次常务会议。8月28日召开，市长林兴禄主持，8个议题：审议《龙岩市提升营商环境实施细则（送审稿）》；审议《县（市、区）人民政府耕地保护责任目标考核办法（送审稿）》；审议《关于进一步加强精准调控稳定房地产市场的实施意见（送审稿）》；听取龙岩市生态环境质量和突出环境问题整改落实工作情况汇报，审议《龙岩市落实中央环保督查反馈问题整改交账销号实施办法（试行）（送审稿）》《龙岩市落实中央环保督查问题整改实化环保网格监管实施方案（送审稿）》；研究龙岩龙津湖酒店建设事宜；听取龙岩市扫黑除恶专项斗争情况汇报；审议《龙岩市推进县域紧密型医共体建设指导意见（送审稿）》；研究龙岩市福利中心二期项目建设事宜。

第五届人民政府第二十次常务会议。9月21日召开，市长林兴禄主持，10个议题：审议《龙岩市推进闽西南经济协作区建设工作方案（送审稿）》；审议《龙岩市深化龙台经济文化交流合作的实施意见（送审稿）》；审议《华龙社区旧厂区改造项目实施方案（送审稿）》；审议《市属国有企业整合重组方案（送审稿)》;听取市本级涉及产权保护的规范性文件清理工作情况汇报及处理建议;听取关于促进龙岩市稀土资源开发的情况汇报,审议《龙岩市人民政府福建省稀有稀土(集团)有限公司合作协议书(送审稿)》;审议《龙岩市自然资源产权制度改革工作实施方案（送审稿)》;审议《南三龙铁路龙岩站区土地综合开发框架协议(送审稿)》;听取龙岩铁路建设发展集团有限公司关于资产处置方案情况汇报;听取连城大灌水电站竞拍工作情况汇报。

第五届人民政府第二十一次常务会议。11月6日召开，市长林兴禄主持,12个议题:审议《龙岩市人民政府关于深入推行科技特派员制度的实施意见(送审稿)》;审议《龙岩市农村人居环境整治三年行动实施方案（送审稿)》;审议《龙岩中心城区安置房建设绩效考核暂行办法(送审稿)》;审议《武平县城总体规划（2018—2035)(送审稿)》;听取《福建省生态公益林条例》施行情况汇报；研究龙岩中心城市2018年第五批七幅拟出让地块出让事宜;审议《龙岩市本级项目前期经费管理暂行办法(送审稿)》;审议《龙岩市建设工程项目“多测合一”实施办法(试行)(送审稿)》;审议《龙岩市招商公司组建方案(送审稿)》;审议《龙岩市人民政府厦门大学龙岩学院合作共建厦门大学龙岩产教融合研究院框架协议书（送审稿)》;研究冠豸山机场巩固拓展工作方向及签订“北京(南苑)—连城—佛山”航线协议事宜;审议《2019年度市、县级党委政府表彰奖励项目方案（送审稿)》。

第五届人民政府第二十二次常务会议。12月6日召开，市长林兴禄主持,9个议题:审议《龙岩市全面加强生态环境保护坚决打好污染防治攻坚战的实施意见(送审稿)》;审议《中共龙岩市委龙岩市人民政府关于开展质量提升行动加快质量强市建设的实施意见(送审稿)》;审议《龙岩市人民政府关于促进开发区高质量发展的实施意见(送审稿)》;审议《龙岩市人民政府关于进一步加强和规范招标投标工作的意见(送审稿)》、《龙岩市市级政府采购管理办法(送审稿)》;听取市本级政府涉及军民融合发展文件清理工作情况汇报;听取市属国有企业整合重组工作进展情况汇报;审议《2018年项目落地攻坚战役通报表扬实施方案（送审稿)》《2018年服务业发展“三比一看”竞赛活动通报表扬实施方案（送审稿)》《2018年“双培育”绩效管理通报表扬实施方案(送审稿)》;讨论《政府工作报告(讨论稿)》;审议《龙岩市打赢脱贫攻坚战三年行动计划(送审稿)》。

第五届人民政府第二十三次常务会议。12月17日召开,市长林兴禄主持,5个议题：审议《关于龙岩市2018年国民经济和社会发展计划执行情况及2019年国民经济和社会发展计划草案的报告(送审稿)》《关于龙岩市2018年预算执行情况和2019年预算草案的报告(送审稿)》;研究2019年中心城市城建项目建设计划安排及资金拼盘事宜;审议《市本级重大项目效益评估制度的通知(送审稿)》;审议《龙岩市市级政府集中采购目录及限额标准（送审稿)》；听取2019年市本级财政预算初步安排汇报。

（市政府办）

公共行政服务

【行政审批服务】 2018年，龙岩市行政服务中心坚持问题导向、需求导向，创新审批服务模式，改革审批服务机制,优化审批服务流程,改进服务评价模式,推动行政服务质量有效提升。全市累计办件804.54万件，当日办结率98.46%、窗口授权率99.42%、对外承诺提速率76.34%，分别比省定要求高38.46%、14.42%、36.34%。市本级累计办件386.45万件,当日办结率98.27%、窗口授权率99.14%、对外承诺提速率76.09%，分别比省定要求高38.27%、14.14%、36.09%,群众满意率99.98%。

【掌上办、指尖办】 2018年,龙岩市“e龙岩”对接28个审批便民服务应用,网办率61.95%。手机全程网办事项327项,9个高频事项提供场景式服务。加快业务系统对接和数据共享、匹配、互认，配合推进制定电子档案管理办法,减少申请人提交纸质材料。个人电子签名“e手签”在全省率先实现网上审批应用,实现全流程网上办事。法人个人住房公积金业务全部支持电子签名,社保缴交数据实现“e龙岩”在线查询,并与公安、教育、房改等部门共享。公积金网上申报业务实现婚姻、不动产信息共享互用。2018年，全市外网提交办件498.45万件，占比61.95%，同步生成电子证照33.64万本，生成率73.62%。市本级外网提交办件185.65万件，占比48.04%，同步生成电子证照13.75万本。

【12345龙岩经验在全省推广】 2018年,龙岩市12345便民服务平台以“e龙岩”建设为契机,着力打造政民互动高频化、诉求处置移动化、办理过程可视化、便民服务优质化的新模式,受到广大群众的普遍认可和好评，得到省委、省政府主要领导的肯定。2018年,市12345便民服务平台共受理群众诉求件12.82万件（其中,“e龙岩”随手拍7.49万件、网站件20097件、电话件5717件)，受理率100%，及时查阅率98.82%,及时回复率99.28%,群众满意率98.48%。平台网络全覆盖。91家市直承办单位(含驻岩机构)和7个县(市、区)加入12345平台,有市直承办单位工作人员127人，县级承办单位681个、工作人员817人,工作网络覆盖市、县、乡三级。整合数字城管、河长通等业务管理系统,统一服务入口。平台运行“掌上办”。在省12345平台基础上,开

发手机端批转、办理、答复、报备、审核等功能，拓宽受理渠道，增加开通微信公众号、APP 等入口，实现从电话端、PC 端到手机端全覆盖，受理范围由仅受理非紧急类事项，拓展延伸到政府管理和社会治理的方方面面。深化政民互动，实现“群众随手拍，政府赶紧办”。随手拍改变群众以往大多关注自身权益诉求的习惯，对发生在身边的社会治理、城市管理、环境保护等方面问题，积极通过手机抓拍反映，从而有力促进政府管理方式的改进，让更多群众受益。开辟新通道，让企业“找部门容易，找政府不难”。12345 平台开通“政企直通车”，专门受理企业在招商引资、项目落地和生产经营过程中遇到的困难和问题。创新管理方式，做到“对自己狠心，让群众舒心”。建立分类分流转办、应急联动、黑名单、热点专报、日历日办公 24 小时值班值守等制度机制，办理时间压缩至 2—5 个日历日，比省定的办理时限压缩 50%，办理效率全省领先。在“网上办”“马上办”的基础上，实现群众诉求件“掌上办”“指尖办”，极大提高平台的工作效率。

【审批服务便利化】 2018 年，龙岩市累计承诺时间压缩 7306 个工作日，简化审批环节 318 个，精简申报材料 664 份；市本级累计承诺时间压缩 1578 个工作日，简化审批环节 28 个，精简申报材料 189 份。推动集中到位。协调市医保、房改办、自来水公司等部门新进驻中心服务大厅。共进驻 88 个部门（单位）、2425 项事项（细项），授权窗口有权办结事项占比达 88.55%，市级具有审批服务职能部门和事项实现“应进必进”，基本实现企业和群众办事只进一门、一站办结。推行“一窗服务”。对涉及多部门事项实行“一次取号、一口受理、后台流转、限时办结、统一出件”，市本级投资项目审批、二手房买卖等 8 大类事项实现“一窗服务”。二手房交易登记 24 小时出证，全省最快、全国领先。推行相近相关窗口融合服务模式，出台《综（融）合窗口管理办法》，设立民政和教育、商务和经信融合窗口。企业登记事项全部改即办，“企业开办时间再减一半”目标提前实现。梳理“五张清单”。梳理 203 项与群众日常生活息息相关的医社保、公积金、出入境、税费缴交等便民服务事项清单，“一趟不用跑”事项 595 项、“最多跑一趟” 事项 712 项，全流程网办事项和证明事项清单加紧梳理。

【项目审批提速】 2018 年，龙岩市深化落实分类分阶段分领域并联审批，深化项目审批服务，推进项目审批测绘、图审、财审电子化、社会化改革。全市项目并联审批办件 2449 个、立项项目 3010 个、跟踪服务项目 591 次、组织联合踏勘（会审）480 次，核发施工许可证 388 本；市本级项目并联审批办件 305 个、立项项目 124 个、跟踪服务项目 161 次、组织联合踏勘（会审）108 次，核发施工许可证 28 本。推进测绘、图审、财审“三项改革”，出台财政投资评审管理办法，将总投资金额 300 万元以下（不含征迁资金）的项目工程预、决算审核下放给项目主管部门评审审核或由项目主管部门委托有相应资质的中介机构评审，提高财政投资项目评审速度。《龙岩市建设工程项目“多测合一”实施办法》已通过政府常务会议审议，《龙岩市建设工程项目施工图审查“多图联审”实施办法（试行）》正在征求意见。

【行政服务标准化体系建设】 2018 年，龙岩市将标准化贯穿行政服务全过程全领域，用标准指导行政审批服务工作，推进中心标准化工作上新水平。龙岩市牵头起草的《“一趟不用跑”“最多跑一趟”政务服务规范》福建省地方标准于 8 月正式施行。宣贯政务服务国家标准，修订完善《龙岩行政服务中心标准体系》，年底前完成修订并颁布施行。出台《龙岩市行政服务中心分中心管理办法（试行）》，调整设立交警、出入境、税务分中心，统一安装和规范使用通用行政审批系统、远程视频监控系统、现场电子评价系统，梳理审批服务事项办理规程并入驻省市网上办事大厅，推动分中心管理规范化、标准化。加强县乡村行政（便民）服务中心、代办点建设，组织县级行政服务中心开展业务培训、网办体验和业务指导，统一业务数据统计口径、县级部门应生成电子证照的事项及名称，完成省市县系统对接、网上办事推广等需求收集和汇总。

（市行政服务中心）

应急管理

【安全生产监督管理概况】 2018 年，全市安全生产监督管理部门坚决贯彻执行党中央、国务院和省委、省政府关于加强安全生产工作的一系列决策部署，严格落实“党政同责、一岗双责”，持续深化安全生产领域改革创新，不断加强和改进安全生产工作，安全生产形势总体稳定。2018 年，全市共发生生产安全事故 87 起、比上年同期下降 20.9%，死亡 79 人、比上年同期上升 23.4%，受伤 48 人、比上年同期减少 46.1%。发生较大事故 3 起、死亡 12 人，控制在省政府下达的指标范围内。

【安全责任网】 2018 年，龙岩市按照“党政同责、一岗双责、齐抓共管、失职追责”要求，坚持把抓好安全生产工作作为重大政治责任和重要民生工程，多次召开市委常委会、市政府常务会议、市政府党组会议、季度防范生产安全事故会议等，集中学习贯彻习近平总书记关于安全生产工作系列指示批示精神以及全国、全省安全生产工作会议精神，认真宣传贯彻《地方党政领导干部安全生产责任制规定》《福建省党政领导干部安全生产责任制实施细则》等重要文件，专题研究部署安全生产工作。市县两级安全生产工作均调整由政府常务副职分管。

强化党政领导责任落实。2018年4月，市委常委采取不发通知、不打招呼、不听汇报、直奔基层、直插现场的方式分别带队到各县(市、区)和相关单位开展安全生产工作督查，协调解决存在的困难和问题，共发现48个需整改的隐患点，由所在县(市、区)挂牌督办，明确具体责任人和整改时限，推动各项整改措施落实到位。2018年7月，市领导和各县(市、区)党政主要领导全部挂钩整治全市红色安全隐患，帮助研究解决隐患整改中存在的困难和问题，督促隐患限期整改。

强化目标责任管控。将安全生产工作纳入大督查大落实、绩效管理考评和综治工作考核评价办法，坚持每月对全市目标管控情况分析通报，对事故多发的地区和行业，及时发出预警通报，并根据情况开展约谈等措施。年初，市政府向县(市、区)政府及市直部门下达年度安全生产工作主要目标责任，并在全市筛选21个事故易发多发、安全生产压力较大、隐患较多的重点乡镇进行单列考核，夯实全市安全基础。2018年，共安排360多万元表扬奖励先进单位，并对考评居后3名的重点乡镇（街道）主要负责人和分管人员进行约谈。

强化事故责任追究。严格执行预警、约谈、问责等制度，对一般工贸生产安全事故调查实行挂牌督办。2018年，市政府安委会对新罗区政府安全预警2次，市政府安办对7起一般工贸事故挂牌督办。制定出台《安全生产行政执法与刑事司法衔接工作规定（暂行）》，从严从快、依法查处安全生产各类违法犯罪行为。依法对永定区“5·19”较大火灾事故、连城“5·31”装载机侧翻事故、永定区“12·28”煤矿较大事故进行调查处理。其中，连城“5·31”事故移送司法机关处理3人、市县纪委监委处理18人(党纪处分人4，政务处分2人，诫勉谈话7人，批评教育5人)。

【安全生产防线】 2018年，龙岩市加强预防机制建设。制定出台遏制重特大事故工作指南构建双重预防机制实施方案，在14个行业24家企业开展试点示范并向全行业推广。对煤矿、非煤矿山、金属冶炼、危险化学品、城镇燃气、交通运输、民爆物品、涉氨制冷和粉尘涉爆等八大高危领域企业进行安全风险排查、辨识、分级、建档、标识和管控。

开展安全大检查。成立以市长为组长、各副市长为副组长、市直相关部门主要负责人为成员的安全生产大检查和执法专项行动工作领导小组，制定安全生产大检查和执法专项行动方案，以企业安全生产主体责任落实和主管部门依法履职情况为重点，扎实开展安全大检查和执法行动，共检查单位和场所7126家，发现隐患9986条，行政处罚419次，罚款450万元，责令停产停业整顿29家，提请关闭31家，媒体曝光15起，列入联合惩戒1家。

开展专项督查。由市政府安委会组织“两办”督查室、效能办、法制办、安监局等部门，开展安全监管履责和执法情况督查，采取查阅档案资料、个别谈话、延伸抽查等形式，重点检查相关职能部门是否存在安全监管职责不清、履责不到位、监管不力，是否存在安全监管执法宽、松、软，是否存在有案不立、有案不移送、有案不办结等问题。2018年，共抽查32个部门，对发现的线索全部移交相关部门处理。

隐患分级分类治理。定期排查梳理重点问题和重大风险，按照隐患危险程度及事故发生的可能性，按红、橙、黄、蓝四个级别进行精准分类、分级管理，所有隐患点都落实挂钩领导、责任领导、责任单位、整改时限，确保各类安全隐患及时“清零”。其中，列为红色隐患的，由市领导和所在县(市、区)党政主要领导挂钩整治，挂账销号。2018年全市共摸排红色隐患23处、橙色隐患35处。截至2018年底，红色隐患按期或提前完成整改19处，正在整改4处；橙色隐患完成整改20处，正在整改15处。

突出重点领域整治。突出抓好矿山、道路交通、危爆物品等方面安全专项整治。关闭12家煤矿，检查煤矿企业41矿次，查处违法行为5起，责令停产停业整顿1家，33家煤矿企业配备50台挖掘式装岩机替代耙斗式装岩。非煤矿山方面：完成94家非煤生产矿山和19座在用尾矿库企业风险等级评定，完成采空区治理928.53万平方米，2座采用回采销库的“头顶库”完成回采。道路交通方面：开展道路交通安全综合整治“三年提升工程”行动，共查处严重交通违法行为270610起，其中酒后驾驶3734起，醉(毒)驾1051起。危爆物品方面：对民爆物品、剧毒化学品、易制爆化学品储存、运输等重点场所、要害部位、关键环节开展隐患排查和专项治理，共检查企业2432家次，查处违法行为326起，责令停产停业整顿12家，列入联合惩戒黑名单2家。烟花爆竹方面：共检查企业408家，发现隐患446项，整治436项。查处违法行为20起，行政处罚20起，罚款11.15万元，责令停产停业整顿2家，提请关闭企业5家，媒体曝光企业13家。建筑施工方面：持续开展建筑施工质量安全整治，共检查1015次，责令停工整改项目51个，立案查处违法违规行为10起，将8家企业和22名执业人员列入龙岩市“质量安全黑名单”并公开曝光。打非治违方面：检查有证矿山422家次，非法采矿点1460个次，立案查处5起，行政处罚4起，移送公安机关1起，5起案件均公开曝光并列入黑名单实施联合惩戒。同时，深入开展旅游、水上交通、特种设备等领域专项整治，及时消除各类隐患。

【安全监管机制】 2018年，龙岩市推进安全生产改革发展。将安全生产领域改革发展列入全面深化改革的重要内容，制定出台《关于推进安全生产领域改革发展的实施意见》,市直各部门(行业领域)针对改革重点任务相应出台贯彻落实的具体意见或政策措施。下发《关于明确安全生产监管工作有关事项的通知》,明确玻璃栈道、充气城堡、水上漂流、垂钓、皮筏艇以及校园周边托管等新业态、新领域的安全监管部门和职责要求。

加强信用体系建设。制定生产经营单位安全生产“红名单”管理实施办法,加强信用“红名单”制度建设。明确纳入安全生产领域联合惩戒“黑名单”情形,推动跨部门、跨领域联合惩戒,3 家企业列入联合惩戒对象管理,通过官网曝光安全生产违法违规企业 7 批次 40 家。完善落实安全生产举报奖励制度,通过“e 龙岩”“随手拍”发动社会力量举报安全生产类非法违法行为、事故和隐患信息,并要求相关部门查实问题、有效整改。

优化行政审批服务。持续抓好“放管服”改革,按照安全生产行政审批“三集中”要求,审批事项 100%进驻网上办事大厅、46 个事项列入“一趟不用跑,最多跑一趟”办事清单,审批时限压缩到法定时限的 40%以内。2018 年共受理办件 7466 件,办结件 7466 件,其中即办件 7367 件,承诺件 99 件,未发生超时和群众投诉现象。

抓好科技创新应用。推进紫金集团和马坑矿业“机械化换人、自动化减人”示范矿山建设。连城县在探索挖掘式装岩替代耙斗式装岩、推进煤矿掘进机械化方面走在全省前列。打造小娘坑矿业尾砂处理综合利用、紫金山金铜矿风险分级管控及班组安全标准化、马坑矿业废渣利用充填采空区等典型。加快淘汰落后装备,增强重大风险管控的智能化预警、自动化控制水平,16 家涉及“两重点一重大”的危险化学品生产、储存企业完成自动化改造。

【安全基层基础】 2018 年,龙岩市加强安监队伍建设。市、县两级应急管理局均完成组建。全市 14 个功能区设立安全监管机构,并配备专兼职人员;134 个乡(镇、街道)全部设立安监站,共有专兼职人员 453 人;所有行政村(居、社区)都配备安全监管协管员;共建成农村劝导站 1787 个,配备专兼职劝导员 4066 人。

加强道路安全建设。完成 104 处为民办实事重点隐患路段整治,实施“四好”农村公路工程,农村路网提级改造 450 千米。实施农村公路危桥改造及生命安全防护工程,改造危桥 30 座,完成生命安全防护工程 300 千米,极大地提升道路安全防护水平。

加强应急救援管理。全面加强事故应急救援演练,提高部门应急管理能力。2018 年以来,全市共开展应急演练 1552 场次,成功举办全省非煤矿山重大火灾事故综合应急演练。组建市级危险化学品应急救援队伍,市煤矿矿山救护队被认定为质量标准化一级救护队,紫金山金铜矿矿山救护队被认定为质量标准化特级矿山救护队,省能源集团矿山救护大队一中队(煤矿)被认定为特级救护队。

加强宣传教育培训。拓宽安全生产宣传教育载体,开展第 17 个“安全生产月”和“安全生产七进”活动,举办各类安全讲座、宣贯培训、警示教育 619 场,组织安全知识、技能竞赛 412 场。“龙岩—安监”微信、微博平均每年推送各类安全生产新闻资讯、工作动态、警示教育信息 1000 多条,广泛宣传安全生产知识,提高群众安全生产风险防范意识和能力。

(市应急管理局)

【自然灾害救助】 2018 年,龙岩市遭受低温雨雪、强降雨、台风等自然灾害袭击,全市 7 个县(市、区)、62 个乡镇受灾。受灾人口 2.635 万人,紧急转移安置 1233 人;倒损房屋 133 户、400 间,其中:倒塌 23 户、64 间,严重损坏 4 户、6 间,一般损坏 106 户、330 间;农作物受灾 1314.66 公顷,成灾 1001.16 公顷,绝收 109.2 公顷;直接经济损失 0.4886 亿元。各级民政部门落实自然灾害救助应急预案,加强组织领导,强化应急值守、应急响应、协调联动和灾情信息报送,确保各项备灾救灾措施落实到位。及时分配下拨省下达救灾资金 1300 万元,加强资金管理,做到专款专用。全市 34 户灾后重建户在 2019 年春节前搬入新居。

防灾减灾救灾能力建设。继续做好农村住房叠加保险工作,全市农房投保户数 711243 户,其中:普通农户 652053 户,农村低保户、农村建档立卡贫困户、有房五保户 59190 户,实现全覆盖。连城县、漳平市救灾储备库建成投入使用。完成 26 个自然灾害避灾点提升建设工作,创建全国综合减灾示范社区 6 个(新罗区东城街道东宝社区、永定区凤城街道金凤社区、漳平市菁城街道北郊社区、长汀县汀州镇营背社区、上杭县临江镇镇东社区、连城县莲峰镇东街社区)。做好 2018 年全国防灾减灾日有关工作,市、新罗区减灾委在龙岩学院开展“5·12”防灾减灾日宣传教育活动,普及防灾减灾知识和技能,培育全民防灾减灾文化,开展各类应急演练活动,提高公众参与意识和应急能力。

【防汛减灾】 2018 年,龙岩市贯彻落实中央、省、市领导对防汛减灾工作作出批示指示,按照市委、市政府的工作部署,围绕“不死人、少损失”的目标,采取严格值班值守、加强预报预警、强化责任落实、落实重点防范等多项措施,防抗工作有力有序有效开展,把灾害损失降到最低限度。全年 5 个县(市、区)45 个乡镇 1.98 万人受灾,转移 2908 人,倒房 34 间,农作物受灾面积 1313.33 公顷,直接经济损失 5097.7 万元。

【地质灾害防治】 2018 年,龙岩市完善市县乡村四级防灾网络,开展地灾隐患点排查工作,全年新增 54 个、核销

91个，全市587个地灾隐患点全部落实“一点一案”“一点两卡”。投入329.4万元补助地灾户搬迁，投入412.6万元实施3个地灾危险区治理。

【应急救灾】 2018年，龙岩市投入130万元用于38个自然灾害避灾点的提升建设，其中：省级补助自然灾害避灾点提升建设资金65万元，县级配套65万元，完善避灾点应急避灾功能。创建“全国综合减灾示范社区”6个，分别是：新罗区东城街道东宝社区、永定区凤城街道金凤社区、长汀县汀州镇营背社区、上杭县临江镇镇东社区、连城县莲峰镇东街社区、漳平市菁城街道北郊社区。

落实补助政策。2018年，会同市财政局及时下拨自然灾害补助资金共计1100万元，用于受灾群众紧急转移安置、过渡期生活救助、冬春救助及倒损住房恢复重建，较好地保障受灾群众基本生活。全年累计救助(含2018年“两节”期间困难群众慰问)24964人，发放救助(慰问)金633万元，救助受难群众温暖过冬棉被10752床、毛毯2676床、棉衣1419件、羽绒服1634件、绒衣(裤)2853套、其他类衣物4181件、热水袋(暖手宝)2357个、粮食0.56吨、食用油0.42吨。落实灾害保险。建立完善农村住房保险和自然灾害公众责任保险制度。为全市71.12万户农村住房统一投保（因灾倒损每户最高理赔限额2.5万元),共投入保费853.50万元，其中省级补助498.09万元、市级补助37.65万元、县级补助122.14万元、个人缴交195.62万元。截至2018年12月31日，保险公司已理赔829户、赔款315.74万元。为具有龙岩市户籍的自然人以及持有龙岩市公安部门颁发的居住证的自然人投保“自然灾害公众责任险”(每人每年最高理赔限额10万元)，共投入保费516.08万元。2018年，保险履行赔款30万元。

（龙岩市委党史和地方志研究室）

【消防救援】 2018年3月，根据中共中央关于深化党和国家机构改革重大决策部署，公安消防部队转制，承担灭火救援和其他应急救援工作，充分发挥应急救援主力军和国家队作用。2018年10月9日，根据中央军委命令，公安消防部队整体退出现役，撤销相应武警番号。划转至应急管理部后，消防救援队伍按照准现役、准军事化标准建立，继续保持24小时驻勤备战。

龙岩市消防救援支队的主要职责为：组织和指挥火灾扑救，承担或参加重大灾害事故和其他以抢救人员生命为主的应急救援工作；依法实施建设工程消防审查验收、备案抽查、开业前消防安全检查；组织或参与火灾事故调查处理；加强消防法律、法规的宣传，开展应急疏散演练；开展消防监督检查，组织针对性消防安全专项治理；开展重大活动消防安全保卫工作。

2018年，龙岩市消防救援支队被应急管理部消防救援局表彰为“2018年度安全工作先进支队”；被市政府记集体三等功；练兵工作在全省军事行政工作会议上作经验发言，在全省冬训交叉考核中排名第一，在全省夏训交叉考核中排名第三。全市消防救援队伍共有7个集体、51人受到应急管理部消防救援局、省消防总队表彰。

【落实消防安全责任】 2018年，龙岩市消防救援支队主动当好党委、政府的参谋助手，联动政府部门、行业系统和企业单位等共建共治，有效推动消防安全工作责任的落实。市委书记许维泽、市政府市长林兴禄、副书记何明华、副市长张斌等领导多次批示指示，给予充分肯定。市政府先后召开1次常务会和3次消防联席会，研究部署消防工作。市政府向各县(市、区)政府及20个市直部门下达2018年度消防工作主要目标责任，相关部门持续将消防工作纳入经济社会发展总体规划，安全生产考评、社会治安综合治理、绩效考评和文明创建等内容考评。支队指导民政、教育、卫计、文广新等12个市直部门逐一制定火灾隐患排查整改方案，推动行业系统开展消防安全检查。提请市公安局召开火灾防控工作会议3次，及时调整重点单位和火灾高危单位，开展居住出租房专项整治督导验收工作3次。

【消防安全环境】 2018年，龙岩市消防救援支队提请市政府、市安委办部署开展今冬明春、电气火灾、居住出租房、高层建筑、“三合一”场所、电动自行车及大型商业综合体、博物馆和古建筑等8个消防安全专项治理工作，推动市政府开展消防工作约谈1次，联合行业部门开展消防安全约谈3次。全市消防部门共检查单位8758家，发现火灾隐患和消防违法行为7407处，督促整改消除隐患7401处，下发《责令改正通知书》4051份，实施行政处罚295起，罚款386.4万元，临时查封63家，责令“三停”59家。推进红色橙色安全隐患整改工作，将安全隐患分为红、橙、蓝、黄四个级别，落实属地管理原则，制定隐患整改措施，明确专人负责，建立隐患整改清单整改销号制度，全市共确定红色安全隐患5条，橙色安全隐患12条，均已按期销账。开展消防安全示范社区建设，全市共有81个社区完成达标建设。推动微型消防站提档升级，利用龙岩智能微站平台，开展微型消防站和拉动演练和比武竞赛活动，2018年，全市微型消防站共接警调派91起，成功参与处置火灾36起。深化消防安全网格化管理工作，完善政府网格化信息服务管理平台，100%的乡镇（街道）消防安全网格实现规范化管理。加大火灾刑事案件办理力度，全市办理消防两案1起，移送公安机关3人；推动市政府开展永定区“5·19”较大火灾事故责任追究。2018年，全市共发生火灾230起，死亡8人，受伤1人，直接财产损失691.8万元。同比2017年，火灾起数下降7.26%，死亡人数上升300%，伤人数与上年持平，直接财产损失下降26.46%。

【消防执法服务】 2018年，龙岩市顺应“放管服”改革，优化营商环境，主动融入全市发展大局。自2018年2月1日起，及时调整审批方式，全面优化施工图审查和消防行政许可有关制度，实行消防技术审查与行政审批相分离。在养老机构、幼儿园等民生工程上，探索建立消防安全评估制，简化办事流程，联合市民政局，推动市政府办出台《龙岩市既有养老机构消防安全评估工作指导意见(试行)》。解决中心城区房屋和土地历史遗留问题，支队主动与市国土局研判典型问题，提出办理消防审批3种情况分类处理，对现行审批前置缺件情况提出相应处理措施。严格落实省消防总队改革便民服务八项措施，全面推进“放管服”改革工作，进一步简化申报材料、审批环节和下放审批权限，取消技术复核环节；大幅度压缩审批时限，审批时限由20个工作日压缩为5个工作日。统一修订服务指南和一次性告知单，梳理政府协同办公网、“三公示”网站等对外网站内容。开通项目绿色通道，实行预审预验、容缺受理、审限提速等便民利民服务举措，提供优质高效审批服务。2018年，全市共受理项目2129个。

【全民消防安全素质提高】 2018年，龙岩市深化消防宣传教育，全市共9个政府门户网站开设消防安全知识专栏，定期刊登消防安全知识。开展教育、民政、卫计等行业系统消防安全培训，近1400余人参加；召开611家重点单位责任人、管理人培训会，提高单位“四个能力”。全市14个消防站落实“每周一开放”制度，开展消防安全培训及疏散演练活动500余场。全市各地建成消防科普教育基地8个；长汀、漳平中小学生社会实践基地获评“省级消防科普教育基地”，并获得省科协及省消防总队联合命名。组织发动3万余名消防志愿者、9支“红土消防义警”志愿服务队、8支消防知识宣讲队开展消防宣传教育活动776场，发放宣传资料15万余份。联合市教育局部署开展中小学、幼儿园“消防安全伴我成长”三年行动，推动全市733所中小学校做到有消防教学计划、有消防教员、制定消防教材；公开征集评选“我是小小消防员”主题绘画、作文作品778幅，1幅绘画作品被应急管理部消防救援局评为“优秀奖”。聘请社区消防宣传大使119名；全市有1个集体、2名个人被表彰为第三届福建省热心消防公益事业先进集体先进个人。

【综合应急救援能力】 2018年，消防救援支队对标应急救援队伍主力军和国家队的职能定位，坚持战斗力标准，出台《强化灭火救援战斗力建设实施方案》，通过召开现场会、比武竞赛、考核等形式，全面深化作战训练改革，提升战斗能力建设成效。制定完善支队级跨区域增援作战编成、执勤中队首战编成，每周组织拉动测试并通报情况。建强全勤指挥部和专业指挥队伍，紧盯“高、低、大、化”(高层建筑、地下工程、大型综合体和石油化工)作战对象打造灭火救援专业队。全市政府专职队和711个微型消防站实行“一盘棋”调度，实现救早灭小。开展体能技能考核、业务技能比武竞赛；集中开展车辆交通事故、水域救援、攻坚组等培训，突出实战操作处置能力训练。修订完善灭火救援预案20份，制定安保工作预案5份，建立健全“一家一档”台账资料。开展实装实员实战拉动，全市共开展支队级联合拉动演练10次，各类场所灭火救援演练1000余次，组织各类战评及战例研讨4次。2018年，全市高效遂行灭火和应急救援任务2110起，抢救疏散被困人员3602人，抢救财产价值1.2亿元，成功处置“4·21”中燃能源火灾、防抗“山竹”台风等各项灭火救援任务，圆满完成“海峡论坛系列”、第九届海峡两岸机械产业博览会暨第十一届中国龙岩投资项目洽谈会等重大消防安保任务。

【基层基础设施建设】 2018年，龙岩市推动战勤保障转型升级，全市新建消防站项目4个，上杭南岗消防站已竣工投入使用；永定高陂消防站、永定新消防站、新罗园田塘消防站已主体封顶；支队训练基地已完成一期、二期工程建设；上杭蛟洋、长汀新桥小型消防站已竣工投入执勤。全市采购到位消防车4辆，消防无人机9台，配备新型灭火救援服装1949件(套)。协同地方有关职能部门，建立社会联勤保障机制，制订社会联勤保障预案，开展联勤保障演练2次。

【改制转隶队伍实现平稳过渡】 2018年，消防救援支队主动适应改革新要求，按照改制转隶期间“思想不乱、队伍不散、工作不断、干劲不减”的总要求，扎实开展人员思想摸排、主题讨论、巡回宣讲、典型引领、文体竞赛等活动，激活力、鼓干劲，迎接改革大考。针对队伍改革教育面临的特殊形势，支队党委主动作为、靠前谋划，学习贯彻习近平总书记系列重要讲话和授旗训词精神，先后召开党委会、办公会、视频调度会，组织改革政策宣讲、开展问卷调查、谈心谈话，积极营造拥护支持投身改革的浓厚氛围。同时，支队进一步严明政治纪律、组织纪律、干部人事纪律、财经纪律、保密纪律等五项纪律，将“三重一大”事项审批权限全部上调一级，确保改革期间队伍内部纪律严明、风清气正，实现队伍平稳过渡。

(市消防救援支队)

对口援建

【项目援疆】 2018年，龙岩市坚持援疆资金项目向基层倾斜、向保障和改善民生倾斜，推进改善受援地各族群众基本生产生活条件，提升受援地各族群众获得感、幸福感。2018年，安排援疆资金2274万元，实施14个援疆项目（工程类项目10个、非工程类项目4个），工程开工率和资金到位率均达100%，相继建成一批民生工程、民心工程。50户特困家庭住房温暖工程、60户兴牧定居工程、300户一般户农村安居工程、兰溪丽景社区服务中心、闽疆生态文化村道路通畅工程已竣工投入使用；北环路社区卫生服务中心、曲子文化传承基地已完成主体工程；三工湖回族风情村、呼图壁一中新校区、大丰镇高桥村一片区村民文化服务中心完成年度投资计划。

【产业援疆】 2018年，龙岩市重点扶持和优先发展劳动密集型产业，发展纺织服装、新型建材等特色优势产业，大力招商引资，深化合作交流，围绕东部产业外溢和转移，做好联系、协调、服务等方面工作。10余次赴北京、上海、福建、江西、河北等地开展招商引资工作，举办或参与福建龙岩产业援疆项目推介会、呼图壁（石狮）招商推介会、福州台江区政府与呼图壁县政府招商座谈会、新罗区招商推介会等专场招商推介会9场次，先后引进总投资5.6亿元赛纳纺织产业园、总投资2.3亿元年产100万吨绿色智能调整棒材——型材等纺织服装、新型建材、物流运输等7个项目和5家卫星工厂落地呼图壁，总投资达11亿元，2018年，实际到资3.6亿元，已有4个项目竣工投产、3个项目2019年投产，解决南疆籍务工人员、关爱家庭人员、一般人员490人稳定就业。加强项目储备。已有总投资2亿元的铁列克煤层气勘探开发项目、总投资0.3亿元的新疆力高德宇新型材料科技有限公司水泥预制品研发中心项目、总投资近20亿元的通用航空项目进行洽谈对接。搭建产业援疆平台，发展会展经济。组织县域企业参加福建“6·18”、“9·8”、“11·8”等大型展会，开展招商推介、展示展销，“11·8”期间牵头组织招商、供销等部门及15家县域企业参加龙岩机博投洽会，首设呼图壁馆，展示呼图壁县现代农业、纺织服装、食品饮料、新型建材等专精特新产品百余种，现场销售额达15万元，达成5亿元生产合作合同1个、15万元销售合同1个、签约产品经销商（电商）22家。组织海德馨汽车、标致矿泉水、创程科技等3家企业负责人参加“企业家昌吉行——产业援疆与产业发展圆桌会议”，组织卡鑫隆服饰等4家企业参加第六届中国-亚欧博览会。11月29日，由龙岩分指协办的中国西部首届岩棉（玄武岩）应用技术高峰论坛在昌吉成功举办，来自中国绝热节能材料协会、新疆建筑科学研究院等200余名专家、学者、企业家参会。稳步推进旅游援疆，按基础完善、环境提升、要素健全要求重点打造三工湖村、二十里店村两个乡村旅游示范村，大力提升旅游接待和服务能力。充分利用会展推介、招商推介、文化推介等活动助力呼图壁全域旅游营销拓展。

【援疆脱贫攻坚】 2018年，龙岩市开展项目扶贫。计划投入1949万元援疆资金，实施9个特困家庭住房温暖工程、定居兴牧工程等民生项目，最大限度改善民生福祉。聚焦特殊弱势群体共享发展成果，多方筹措200万元用于呼图壁县老年养护楼及儿童福利指导中心项目建设，于2018年6月正式开园。产业扶贫。围绕“一人稳定就业、一家脱贫致富”目标，加大招商引资力度，6个引进项目落地，提供1000余个就业岗位。推进“卫星工厂”，创新实施“1+X”和“六统一”援疆扶贫模式，联合援疆企业建立卫星工厂+产业援疆转移就业示范基地5个，有近200名富余劳动力进厂接受技能培训和就地就近就业。乡村扶贫。龙岩分指挥部按照“十个一”（加强一个基层党组织建设、实施一批道路畅通工程、建设一条闽疆文化长廊、打造一座文化阵地、培养一支文艺演出队伍、培育一个民族食品品牌、扶持一个特色产业、发展一批庭院经济、创意一个全家福笑脸墙、建设一个闽疆生态文化村LOGO）标准，把二十里店村打造成“闽疆生态文化示范村”和“民族团结一家亲”的援疆示范村。在园户村镇三工湖村探索实施“美丽乡村+特色小镇+精准扶贫”模式，立足“环境优美，配套完善、宜居致富”，实施硬化、绿化、美化、亮化、文化“五化”工程，通过基础改善、环境提升引导村民创业就业，该村风情特色休闲农家乐已从5家发展至23家，带动低收入人群就业80余人。健康扶贫。充分发挥“组团式”医疗援疆优势，2018年5月，在县中医院设立“援疆爱心病房”和“援疆名医工作室”，实行精准帮扶对象住院治疗康复费用不超过总费用10%比例兜底保障，在援疆专家持续接力下，已有5名农牧民贫困家庭脑瘫患儿入院接受康复治疗。智力扶贫。聚力培养县域人才，设立智力援疆扶贫专项资金，资助贫困大学生内地上大学，2018年，资助32人19.2万元。精神扶贫重扶志。积极开展扶志教育，累计开展10场次宣讲动员、就业推介、现场观摩等活动，参加人数达1000余人次。开展“践行责任·助力脱贫”村企共建系列活动，鼓励引导产业援疆企业践行社会责任。

【智力援疆】 2018年，龙岩市打造组团援疆，放大医疗组团和教育组团作用，推动援疆干部人才由“零星选派”向“组团作战”的转变，充分释放“组团式”援疆效应。新一轮7名援疆专技人才中期轮换实现无缝对接，16名支教教师和5名公安干警抵呼开展工作。新一批援疆人才充分发挥各自优势，坚持“专业技术+传授技术”援助模式，积极开展“传帮带教”，着力提升受援地医疗、教育等软实力，为受援地稳定发展提供人才支撑、智力支持。发挥在疆龙岩青年医疗卫生专家人才优势，建立个别指导、研讨交流、集中培训、技术示范的定向培养模式，每名在疆龙岩青年专家“传帮带教”1—2名在岗学员，为呼图壁传、帮、带、教一批青年人才。2018年9月，进疆的援疆医生陈千生引入并实施92例拘禁球囊保护的分叉病变介入治疗、慢性闭塞病变的介入等冠脉介入新技术，填补当地医疗技术的空白。2018年，援疆人才诊治各类病人3200余人次、开展各类手术340余例、组织疑难病例讨论110余次，参加教研活动40余次、开设公开课16次、举办讲座培训50余次，“传帮带教”医疗科技骨干人员29人。

【县市交往合作】 2018年，龙岩市在受援地举办“欢乐携手行·龙岩援疆情”“不忘初心、牢记使命，学习革命老区精神”主题教育培训及“落实新思想　连呼一家亲”等活动。2018年，上杭县、连城县、市属媒体采访团、市教育系统等14个代表团100余人次到访呼图壁考察对口援疆工作，共商进一步推进新时代对口援疆工作；组织呼图壁县党政、人大、民政、文化交流等学习考察团组等7批110余人次到龙岩考察、交流、学习。同时，龙岩援疆干部人才积极融入当地，开展民族团结一家亲和民族团结联谊活动，11名干部人才共结对结亲户12户、联系户6户，为结亲联系户慰问物资累计2万多元，办好事实事20余件。

【对口援藏】 2018年，龙岩市开拓创新，促进两地交往交流交融。积极探索结对帮扶新路。以贯彻落实习近平总书记在银川东西部扶贫协作座谈会上的重要讲话精神为突破口，围绕精准扶贫、精准脱贫这一中心任务，按照“优势互补、互惠互利、长期协作、共同发展”的对口支援原则，深化结对帮扶关系，率先在昌都启动县（区）对口支援乡（镇）的对口帮扶模式。在2017年新罗区对口帮扶边坝镇的基础上，2018年，新增漳平市对口帮扶都瓦乡、长汀县对口帮扶沙丁乡、上杭县对口帮扶草卡镇、漳平台创园对口帮扶马秀乡。深入开展人才交流锻炼。加大力度选派边坝县医疗卫生技术人员到龙岩开展技能培训，漳平市卫计局与边坝县卫计委签订对口帮扶协议，2018年10—11月，20名边坝县医护人员到漳平市医院进行挂职锻炼，系统学习内外科、妇产科及护理等专业知识。不断拓展结对共建领域。推动龙岩市中级人民法院与边坝县法院开展结对帮扶，龙岩对口支援边坝工作队与边坝检察院、县纪委、县委统战部、边坝寺寺管会、加然寺寺管会、巴雄寺寺管会、县委组织部、县委宣传部、电信公司等9个部门开展结对共建，与11个乡镇开展基层党建共建，重点推进拉孜乡过查村基层组织建设、“四小工程”、产业发展、改善环境等项目。

【援藏项目建设】 按照昌都市援藏规划，2016—2018年度，昌都市统筹援藏资金安排边坝县计划内援助项目5个，总投资12208万元。边坝县医院医技大楼、住院部大楼已经封顶进入内装阶段；拉孜福建新村、拥村福建新村67户异地搬迁户已经全部建成并搬迁入住；教育培训、卫生培训项目正在积极推进。龙岩市财政安排计划外援藏资金1700万元。2017年7月，省委书记于伟国带队赴昌都开展对口帮扶工作，安排龙岩计划外对口帮扶资金1500万元，其中500万元支持建设昌都妇幼保健院，1000万元支持边坝建设小康示范村。其间，市长林兴禄赴边坝县开展对口帮扶工作，安排龙岩计划外对口帮扶资金200万元，建设援藏公寓（县政府周转房第5层）。小康示范村项目、援藏公寓项目均已建成投入使用。推进“四个一”民生工程和“援藏十项精神文化工程”。边坝镇道路路灯、拉孜乡和沙丁乡政府“四小工程”、马武乡、马秀乡、热玉乡乡镇所在地饮水工程等项目全部建成投入使用。争取福建省、龙岩教育局、漳平团市委共捐赠1.6万册图书给边坝县中小学。在援藏阵地开设福建援藏标识、宣传标语专栏、在县界主干道路口设立援藏主题宣传栏等。累计开展9批110人次到古田会址等革命教育基地开展爱党爱国教育。配合做好中共龙岩市委宣传部在昌都举办“从古田再出发——古田会议精神雪域行”昌都馆展览工作，吸引6000多人次到馆参观。

【招商引资】 2018年，龙岩市发挥福建“6·18”、厦门“9·8”、龙岩“11·8”等各类招商平台和各级商会、企业优势，加强产业对接，努力策划生成招商项目，招商工作取得新突破。援藏工作队共牵头新引进注册10家公司，涉及高原原生态食品、旅游、水电开发、现代农业养殖等，注册资金10600万元，计划总投资超5亿元，已到资5740万元，解决贫困人口就业75人。其中，藏红麦加工厂、现代化养殖项目、智慧农业产业园已建成投产。与厦门都森医疗科技有限公司等6个项目的洽谈工作正在进行。

【援藏脱贫攻坚】 2018年，龙岩市按照处级干部挂钩4户建档立卡贫困户，其他援藏队员挂钩2户建档立卡贫困户的要求，参与结对帮扶脱贫工作。同时，争取各级商会企业、红十字会等社会力量资助。12月，开展一次大型捐赠活动，捐赠物资价值达到492万元。2018年，边坝县实现全县脱贫摘帽。

【提升藏区医疗水平】 2018年，龙岩市利用2名援藏医生、整合广东中山医院技术支援以及国家医疗队的帮扶等资源，开展医学知识培训、协调组织实施乡镇巡回义诊、引进中医理疗义诊、建立远程医疗平台、疾病筛查等一系列活动：开展为期10天的中医义诊活动，捐赠药品3万元；结对帮带本地医务人员12人，开展专题讲座48次；健全医院制度84项，完成门急诊2166人次，疑难死亡讨论202次，参与指导手术62台（含麻醉），全年累计就接诊（含义诊）病人3200人次。

（陈　育）

责任编辑　游友荣

议政协商

【理论学习】 2018年，龙岩市政协突出学习贯彻习近平新时代中国特色社会主义思想这一主线，以理论大学习、思想大武装、党建大加强促进政协工作质量大提升，把思想政治引领体现在增强“四个意识”、坚定“四个自信”、做到“两个维护”上。2018年，通过市政协党组中心组学习、党组会议、主席会议、常委会专题学习、政协讲堂、常委暑期读书班、辅导报告等多种形式，市政协党组和主席会议成员带头深入基层宣讲，形成领导带头学、干部深入学、委员广泛学的良好氛围，构建多形式、分层次、全覆盖、常态化的学习格局。市、县(市、区)政协分别召开理论研讨会和党建工作座谈会，市政协作为全省唯一设区市代表应邀参加全国政协理论研讨会。制订《市政协党组工作规则》《市政协党风廉政风险防控工作方案》，抓牢抓实党建工作和党风廉政建设主体责任、“一岗双责”以及意识形态工作责任制。以推进“两学一做”学习教育常态化制度化为载体，教育引导全市各界人士进一步坚定中国特色社会主义信念，锤炼听党话、跟党走的忠诚品格。

【建言资政】 2018年，龙岩市政协坚持把握好政协性质定位和聚焦党政中心工作的要求，自觉把政协工作融入全市发展大局，紧扣高质量发展落实赶超凝心聚力、建言献策。围绕加强龙岩市矿山生态环境恢复和综合治理、进一步开发利用好农村山垅田资源、加快推进龙岩市现代服务业发展、红色教育培训产业发展、中心城区绿化提升工程实施情况等5个重点课题和推进农业面源污染整治保障食品安全、补齐养生产业发展短板等7个专委会课题深入调研视察，提出意见建议168条，多数调研报告得到市委、市政府主要领导及分管领导的批示。

【中心助推】 2018年，龙岩市政协根据市委“大督查大落实”工作要求，市政协班子成员挂钩火车站北站房片区开发建设等9个“重中之重”项目和上杭太阳铜业等7个重点培育工业龙头企业，实行一月一协调、一季一调度，推动火车站北站房片区改造、金鸡路二期、永定土楼梦幻剧场、小溪桥节点改造提升、东山湿地公园等项目建设和太阳铜业等龙头企业发展。全市各级政协组织、政协委员、政协干部开展挂钩帮扶，参与文明城市创建、“党员进社区”、移风易俗、扫黑除恶专项斗争等中心工作。市政协领导带队赴北京、上海、广州等地重点院校开展人才招聘宣讲。

【履职为民】 2018年，龙岩市政协向省政协和市委市政府报送社情民意信息376篇，有36篇信息被全国政协、省政协采用或省、市领导批示。通过反映社情民意信息，助推滨江绿道建设，得到市政府及有关部门高度重视，环龙津河栈道已成为中心城区一道亮丽的风景线；推动龙岩市加大中央苏区红色交通线旧址群的保护和开发利用力度，中央苏区第一个红色兵工厂旧址——江山山塘兵工厂已挂牌成为“中国兵装集团党员干部红色教育基地”，红色交通线上的金砂古木督永昌楼修缮完毕并对外开放。

【协商监督】 2018年，龙岩市政协建立以全体会议为龙头，专题议政性常委会议、主席会议和专题协商会为重点，对口协商、界别协商为常态的协商议政新格局，市委、市政府领导和市直单位主要负责同志参加政协协商成为常态。年度协商计划在《闽西日报》公布，全年开展2次市政协常委会专题协商和10次专委会对口协商、界别协商，形成协商建议126条。开展红色教育培训产业发展、中心城区绿化提升工程实施情况

2个重点视察，跟踪推进2017年开展的促进中心城区基础教育与城市发展相适应、中心城区畅通工程2个重点课题，组织政协委员参与文明创建督导、民主评议和行风监督，探索推进协商式民主监督。《提案之窗》栏目获中国地市报2017年度“新时代、新气象、新作为”新闻作品一等奖。2018年交办并办复提案425件，其中答复满意率、非常满意率达90.1%。其中，关于落实肿瘤靶向药物医保用药通道真正实现治病救人的建议等4件重点提案由市政府领导领衔督办，起到领导推动、以点带面的良好效果。

【合作交流】 2018年，龙岩市政协发挥政协作为统一战线组织的作用，加强团结协作，扩大联谊交流，为龙岩市改革发展稳定大局凝聚智慧力量。市各民主党派、工商联共提交大会发言材料42篇、集体提案79件、社情民意信息320篇，党派团体在政协工作中的作用更加凸现，在服务大局、服务社会方面的成效更加明显。市民革连续4年服务“国际大学生知识产权夏令营”走进龙岩站活动，通过为外国青年学子精心安排书法、戏曲、非遗等观摩体验，促进他们对中国传统文化的了解。市民盟发挥教育主界别优势，常态化开展送教下乡、教育手拉手活动，为龙岩市教育均衡发展献计出力。市民建连续7年开展进社区、进学校、进单位公益法律援助活动。市农工党开展科技扶贫工作，在4个乡镇举办茶叶、果树等农业科技培训班。市致公党热心社会服务工作，在社区致公学校、致公小学举办多场次青少年法治教育和健康知识讲座。市九三学社把新罗区山塘村作为扶贫攻坚实践基地，协助编制村庄规划，并同步实施土地综合治理项目。市民进工委连续6年在连城项南纪念馆后山开展植树造林等系列社会服务活动。市工商联坚持办好每年一次的“民营企业家新春恳谈会”和“龙岩企业日”活动，构建亲清新型政商关系，在全社会营造尊重企业家、弘扬企业家精神的浓厚氛围。

【政协讲堂】 2018年，龙岩市政协坚持“请进来”“走出去”相结合的学习形式，在每年举办一期暑期读书班的基础上，创设“政协讲堂”，每季度一讲，每期一主题，重点由委员自己讲，努力把“讲堂”打造成为宣传党的方针政策的阵地、提升委员素质的平台、传播政协声音的窗口。争取全国政协的支持，安排2批30名政协干部和政协委员参加全国政协组织的培训。举办全市政协系统宣传信息培训班，并组织县(市、区)政协信息骨干外出学习考察。实行机关内部二级绩效考评，树立“一线意识”，推进效能建设和文明创建，市政协机关被评为第十三届省级文明单位。

重要会议

【市政协五届二次会议】 2018年1月6—9日，中国人民政治协商会议第五届龙岩市委员会第二次会议在龙岩人民会堂召开，大会应到委员345人，实到委员306人。受第五届市政协常委会委托，黄福清向大会作工作报告。受五届市政协常委会委托，刘友洪向大会报告五届一次会议以来市政协提案工作情况；五届市政协各专门委员会也向大会书面报告一年来的工作情况。在岩省政协委员、市各民主党派、工商联、有关人民团体负责人，市直有关部门和中央、省驻岩单位负责人列席大会。11名市政协委员在会上代表市各民主党派、工商联及有关界别发言。闭幕会上，审议通过《中国人民政治协商会议第五届龙岩市委员会第二次会议决议》，听取《中国人民政治协商会议第五届龙岩市委员会提案审查委员会关于市政协五届一次会议提案初审情况的报告》(书面)。市政协主席黄福清主持闭幕会，中共龙岩市委副书记、市长林兴禄在会上讲话。

【市政协常委会会议】 2018年，五届龙岩市政协常委会分别于1月9日、8月10日、9月27日、12月21日召开第五次、第六次、第七次、第八次常委会会议。

五届市政协常委会第五次会议。会议在五届二次会议期间召开。会议听取各组讨论“两院”工作报告和审议提案初审情况报告(草案)、大会决议(草案)的情况汇报；审议通过提案初审情况报告、市政协五届二次会议决议(草案)。

五届市政协常委会第六次会议。会

2018年1月6—9日，龙岩市政协五届二次会议在龙岩召开　(市政协办　供图)

2018 年 8 月 10 日，五届龙岩市政协常委会第六次会议在龙岩召开

（市政协办　供图）

议就“加强龙岩市矿山生态恢复和综合治理工作”开展专题协商。市政府副市长黄庆辉出席会议并讲话，市政协主席黄福清主持会议。与会市直有关部门积极回应委员建议，提出推动工作的思路举措。会议还传达学习全国、省、市政协开展习近平总书记关于加强和改进人民政协工作的重要思想理论研讨会和党的建设工作会议精神

五届市政协常委会第七次会议。会议就“进一步开发利用好山垅田”进行专题协商。市政协主席黄福清主持会议，副市长张朝阳出席会议并讲话。与会同志就进一步开发利用好龙岩市山垅田资源建言献策；市农业局、国土资源局、财政局、金融办积极回应委员建议，提出推动工作的思路举措。

五届市政协常委会第八次会议。市政协主席黄福清主持会议并讲话。会议传达学习习近平新时代中国特色社会主义思想；协商讨论《政府工作报告》（征求意见稿），听取市政府系统办理市政协五届二次会议以来提案工作情况的通报，市中级人民法院、市人民检察院 2018 年工作情况通报；讨论《市政协常委会工作报告》《市政协常委会关于提案工作情况的报告》《市政协各专门委员会 2018 年工作情况报告》（均为讨论稿）；审议通过有关人事事项；审议通过市政协五届三次会议议程（草案）、日程及其他有关事项，会议决定市政协五届三次会议于 2019 年 1 月 7 日至 10 日在龙岩召开。

【全省政协教科文卫体委工作座谈会】　2018 年 11 月 28—30 日，全省政协教科文卫体委员会工作座谈会在龙岩市永定区召开。省政协副主席阮诗玮出席会议并讲话，省政协教科文卫体委员会主任黄红武主持会议。会上，市政协主席黄福清向与会人员介绍龙岩市经济社会发展情况。省政协教科文卫体委员会专职副主任江登峰传达全国政协暨地方政协教科文卫体委员会工作座谈会精神，并对本届省政协教科文卫体委员会工作情况和体会做介绍。各设区市政协、省政协平潭综合实验区工委教科文卫体委员会交流 2018 年工作经验，探讨 2019 年工作思路。

【闽粤赣三省八市政协第 27 次联系协作会议】　2018 年 9 月 12—14 日，闽粤赣三省八市政协第 27 次联系协作会议在永定区举行。广东省梅州市、惠州市、河源市、清远市、汕尾市，江西省赣州市，福建省三明市政协领导出席会议。市领导许维泽、黄福清、赖招源、刘友洪出席会议或有关活动。

【人民政协理论研讨会】　2018 年 7 月 31 日上午，龙岩市政协系统学习贯彻习近平总书记关于加强和改进人民政协工作重要思想理论研讨会在龙岩人民会堂举行。省政协副主席王惠敏到会

2018 年 9 月 12—14 日，闽粤赣三省八市政协第 27 次联系协作会议在龙岩永定召开

（市政协办　供图）

指导并讲话，市政协主席黄福清主持会议。会上通报全市政协系统学习贯彻总书记关于加强和改进人民政协工作重要思想理论研讨开展情况，10人围绕会议主题谈学习体会，提出意见建议。

【社情民意信息培训】 2018年10月30日，全市政协系统2018年度社情民意信息工作培训班在漳平市举办。龙岩市政协各参加单位、部分市政协委员、各县(市、区)政协以及市政协各专门委员会的60余名信息工作者和骨干信息员参加培训。省政协研究室社情民意信息处副处长卢平应邀作“如何做好新时代人民政协反映社情民意信息工作”专题讲座。

【市政协常委暑期读书班】 2018年8月8—10日，龙岩市政协常委暑期读书班在古田干部学院举办。市政协主席黄福清，市政协副主席、秘书长赖招源，副主席李新春、郑玉琳、张子平、姚植华、陈晓东、赖双奇，副市长郭丽珍等部分在岩省政协委员、市政协常委以及各县(市、区)政协主席参加读书班活动。读书班期间，市领导许维泽、詹昌建、王龙与学员座谈，听取学员意见建议。学员们听取市委市政府上半年工作情况通报，以及“习近平新时代中国特色社会主义思想”“稳定增长、防控风险，推动金融服务实体经济”“全域旅游的发展现状及其对策思路”“乡村振兴战略的龙岩路径与突破重点”“美丽乡村建设”等专题讲座。

【许维泽、林兴禄赴市政协机关调研座谈会】 2018年7月23日下午，龙岩市委书记许维泽，市委副书记、市长林兴禄到市政协机关调研座谈，了解市政协工作情况，征求对全市工作的意见和建议。市政协党组书记、主席黄福清在会上汇报工作，并和其他班子成员、各委室主任，围绕加强龙岩市党的建设、经济社会发展和生态文明建设积极建言献策。

【提案办理“三结合”座谈会】 2018年6月15日和7月23日，龙岩市政协分别在市国土资源局和市旅游集散服务中心召开提案办理“三结合”协商座谈会，市政协副主席刘友洪出席座谈会并讲话。会议分别听取市国土资源局和市旅发委关于市政协五届二次会议提案办理情况汇报以及2018年以来主要工作情况汇报，与会人员就提案所涉及的相关内容及办理情况进行面对面沟通交流。

【市政府市政协联席会议】 2018年12月20日，龙岩市市长林兴禄带领市政府在家领导，与市政协举行联席会议，通报交流工作，征求对政府工作和即将提交市“两会”审议的《政府工作报告》意见。市政协主席黄福清等市政协领导及委室负责人分别参加会议，就加强沟通协作和推进产业发展、城乡建设、民生事业等工作进行深入交流，对政府工作提出具体的意见建议。

调研视察

【张怀西到龙岩调研考察】 2018年5月13—14日，全国政协原副主席张怀西在省政协原副主席郭振家陪同下到龙岩市考察。考察团一行来到上杭古田，瞻仰主席园，向主席雕像敬献花篮，瞻仰古田会议会址，参观古田会议纪念馆，并不时与龙岩市党史工作者亲切交流，详细了解毛泽东、朱德等老一辈无产阶级革命家在闽西战斗、工作、学习、生活的点点滴滴，感受红军在闽西的革命历史，重温古田会议精神。在岩期间，考察团还听取龙岩市经济社会发展情况介绍，并对龙岩市加快经济社会发展，保护传承红色文化、客家文化和生态文化，以及推进政协协商民主等工作取得的成绩给予充分肯定。市领导林兴禄、黄福清、赖招源分别陪同有关考察活动。

【省政协领导到龙岩调研考察】 2018年2月9日—10日，省政协主席崔玉英到上杭县进行调研，并看望慰问革命“五老”人员。崔玉英先后到古田镇和才溪乡调研。崔玉英要求，政协组织要全

2018年5月13—14日，全国政协原副主席张怀西(前排中)在龙岩考察
(市政协办　供图)

面加强党的建设，旗帜鲜明讲政治，大力弘扬革命老区精神，在省委领导下，围绕中心，服务大局，切实把调查研究作为提高政协履职建言成效的基础和前提，努力为建设“机制活、产业优、百姓富、生态美”的新福建作出政协应有的贡献。市领导林兴禄、黄福清、赖招源分别陪同有关调研活动。

7月16—17日，省政协副主席薛卫民带领省政协调研组到连城县调研指导脱贫攻坚工作，市政协副主席李新春陪同调研。调研中，薛卫民一行先后实地察看塘前乡水源村、塘前村美丽乡村建设，北团镇石丰村集中安置点，县工业园区易地扶贫搬迁集中安置点，林坊镇陂桥村红心地瓜干种植激励性产业扶贫示范点，文亨镇田心村百香果激励性产业扶贫示范点，天一研学基地建设，详细了解连城产业扶贫、易地搬迁、新农村建设等工作开展情况。

7月31日至8月1日，省政协副主席、致公党福建省委主委薛卫民带领省政协调研组到龙岩市开展“关于加强我省全科医生队伍建设的建议”重点提案调研。省政协常委、农工党省委会副主委、副市长郭丽珍，市政协副主席李新春参加调研。座谈会上，调研组指出，培养全科医学人才，是提高基层医疗卫生服务质量、基层人民群众健康水平的重要举措。要统一思想，充分认识加强全科医生队伍建设的重大意义，强化部门协同，共同推进全科医生制度的建设。要提质增量加快壮大全科医生队伍，进一步加大全科医生培养力度。要强化激励，努力提升全科医生岗位吸引力，加强宣传，为加快全科医生队伍建设营造良好氛围。

8月1—3日，省政协副主席王惠敏率省政协调研组一行到龙岩市开展省政协重点提案《实施福建华侨文化工程助推新福建建设的建议》督办调研，市政协副主席赖招源、郑玉琳参加相关活动。

9月17—18日，全国政协委员、省政协副主席阮诗玮带领调研组来龙岩市开展《关于发挥职业教育优势，助推精准扶贫的建议》重点提案督办调研。市政协副主席李新春陪同调研。

10月10—12日，省政协调研组赴龙岩市开展“加强小流域水质监测与治理”民主监督调研。调研组一行先后赴长汀县、新罗区，现场察看河田污水处理厂、三洲国家湿地公园、白沙九龙江主体公园、龙津湖公园等9个小流域水质监测与治理示范点，并召开座谈会。市领导黄庆辉、张子平陪同调研。

2018年2月9—10日，省政协主席崔玉英（中）到上杭县调研　（市政协办　供图）

【市政协领导重点视察调研】 2018年5月24日，龙岩市政协组成由主席黄福清担任组长，副主席赖双奇担任副组长，18位省、市政协委员参加的调研组，就“加强龙岩市矿山生态恢复和综合治理工作”进行专题调研。调研组深入上杭紫金山金铜矿山、新罗区紫金山体育公园、东宫下高岭土矿山进行现场调研，就当前解决矿山生态恢复资金需求、突破治理技术瓶颈、推广新型治理模式、建设生态地质公园等方面存在的困难和问题进行探讨，提出许多有针对性的意见建议。

7月30日，市政协副主席姚植华、陈晓东组织委员赴新罗、永定、上杭、武平、长汀、连城六县（区、市）开展“进一步开发利用好农村山垅田”专题调研，并赴漳州市诏安县学习考察。调研组实地察看连天福生物科技生产基地、喜浪米业生产基地、河田镇远丰优质稻专业合作社、漳州诏安县缘分农机合作社等18个特色示范点，召开7场座谈会。

10月25日，以市政协主席黄福清为团长、副主席刘友洪为副团长的市政协视察团开展中心城区绿化提升工程实施情况重点视察。市政府副市长黄庆辉陪同视察。视察团一行前往高速公路龙岩出口、东山湿地公园、西锦公园、龙津湖公园、“新罗第一泉”“三桥一路”等现场实地察看，了解绿化美化情况，提出意见建议。

12月7日，为深入了解中心城区交通秩序、设施建设、管理水平，市政协副主席张子平组织部分政协委员以及相关职能部门负责人，对2017年开展的“大力推进中心城区畅通工程”重点视察和专题协商情况进行跟踪推进。

（市政协办）

责任编辑　游友荣

重要会议

【龙岩市纪委五届三次全会】 2018年2月2日，福建省龙岩市纪委五届三次全会在龙岩人民会堂召开。会议深入学习贯彻习近平新时代中国特色社会主义思想和中共十九大精神，全面贯彻落实十九届中央纪委二次全会和省纪委十届三次全会部署，研究部署2018年全市党风廉政建设和反腐败工作。市委副书记、市长林兴禄在会上讲话，市委副书记何明华传达中央纪委、省纪委全会精神，市委常委、市纪委书记、市监委主任李成荣作工作报告。

林兴禄指出，习近平总书记在十九届中央纪委二次全会上的重要讲话，为新时代推进全面从严治党提供努力方向、基本遵循和方法路径。全市各级党组织和广大党员干部要深入学习领会，把握精神实质，切实把思想和行动统一到习近平总书记重要讲话精神上来，统一到中央和省委的决策部署上来，坚持以习近平新时代中国特色社会主义思想为指导，不忘红土初心，重整行装再出发，一以贯之、坚定不移纵深推进全面从严治党的闽西实践。

林兴禄强调，要把握形势态势，增强龙岩市党风廉政建设和反腐败斗争的紧迫感责任感。要坚持问题导向，保持政治定力，持续压紧夯实管党治党政治责任，继续在常和长、严和实、深和细上下功夫，努力交出一份让党放心、群众满意的闽西答卷。要提高政治站位，以永远在路上的执着推动全面从严治党向纵深发展。要增强“四个意识”，旗帜鲜明讲政治；运用“四种形态”，把纪律规矩挺在前；盯紧“四风”问题，驰而不息改作风；构建“三不”机制，标本兼治固根基；围绕“三个覆盖”，构建监督新格局；开展“三项治理”，延伸基层强基础。要强化责任担当，推动全面从严治党各项任务落到实处。要扭住主体责任“牛鼻子”，推动管党治党责任全面覆盖、层层传导，全面从严治党落实到基层；要打造监督执纪“铁军”，确保党和人民赋予的权力不被滥用、惩恶扬善的利剑永不蒙尘。

李成荣代表市纪委常委会作题为“以习近平新时代中国特色社会主义思想为指导，坚定不移推动全面从严治党向纵深发展”的工作报告。李成荣强调，全市纪检监察机关要以习近平新时代中国特色社会主义思想为指导，认真学习贯彻中共十九大精神、十九届中央纪委二次全会部署和赵乐际到闽调研讲话要求，按照省纪委十届三次全会和市委的部署，不忘初心，牢记使命，忠诚履行党章和宪法赋予的职责，以党的政治建设为统领，全面推进党的各项建设，深化国家监察体制改革试点工作，持之以恒正风肃纪，坚定不移惩治腐败，加强基层党风廉政建设，营造风清气正的良好政治生态；强化自我监督、自觉接受监督，建设忠诚干净担当的纪检监察干部队伍，为推动“再上新台阶、建设新龙岩”迈出新步伐、实现加速度高质量发展、决胜全面建成小康社会提供坚强保证。

全会审议通过市纪委常委会工作报告，审议通过市纪委五届三次全会决议。

【纪检监察机关扫黑除恶专项斗争推进会】 2018年8月24日，龙岩市召开全市纪检监察机关扫黑除恶专项斗争工作推进会，会议传达全省设区市纪委监委扫黑除恶专项斗争工作推进会精神，市委常委、市纪委书记、市监委主任、市纪委监委违纪查办组组长李成荣主持会议并讲话。

李成荣指出，开展扫黑除恶专项斗争，是以习近平同志为核心的党中央作出的重大决策部署，事关“两个一百年”奋斗目标，事关全面建成小康社会，事关人心向背和安定稳定。全市纪检监察机关思想认识要到位，坚决做到上有所呼、下有所应，自觉把扫黑除恶作为重大政治任务，旗帜鲜明讲政治，牢固树

2018 年 2 月 2 日，龙岩市纪委第五届三次全会召开　（市纪委办　供图）

立“四个意识”，坚定“四个自信”，把参与专项斗争作为检验“四个意识”牢不牢、落实“两个维护”坚决不坚决的重要标尺，作为践行“八个坚定不移”和“五抓五重”要求的实际行动，以“红土地上容不得任何黑恶毒瘤”鲜明态度，坚决打赢这场扫黑除恶专项斗争攻坚战。

李成荣强调，纪检监察机关监督执纪要精准，要突出重点严执纪，严查涉黑涉恶腐败、揪出“保护伞”，协作配合建机制，紧盯责任用好问责，充分运用纪律检查与监察措施，聚焦问题，重拳出击，助推专项斗争扎实开展。要加强协作配合，要与政法机关认真会商，实事求是、精准打击，切实提高扫黑除恶与反腐“拍蝇”的整体性、协同性，将扫黑除恶专项斗争引向深入。要完善基层治理，加强对乡镇纪委工作的督促和指导，坚决铲除黑恶势力滋生蔓延的土壤。要做好迎检准备，及时对照迎检方案，全面梳理，查缺补漏，继续做好情况汇总梳理、内业资料准备、相关汇报材料起草以及沟通协调等准备工作。

李成荣要求，全市纪检监察机关要聚焦职责定位，强化监督执纪问责，推动压实各级党委政府主体责任、各级政法机关直接责任、相关职能部门齐抓共管责任，真正做到守土有责、守土负责、守土尽责。要坚持打铁必须自身硬，严格教育、管理和监督，对以案谋私、办人情案、跑风漏气甚至充当黑恶势力“保护伞”的，从严从快查处，绝不护短遮丑，确保党和人民赋予的权力不被滥用、惩恶扬善的利剑永不蒙尘。

党风廉政建设

【龙岩市监察委员会挂牌成立】 2018 年 1 月 11 日上午，龙岩市监察委员会正式挂牌成立。至此，龙岩市市、县两级监察委员会组建工作全部完成，标志着龙岩市深化监察体制改革试点工作取得阶段性成果，坚定不移推进全面从严治党迈出重要一步。

市委副书记、市长、市深化监察体制改革试点工作小组第一副组长林兴禄，市委常委、市纪委书记、市监委主任李成荣共同为市监察委员会揭牌。

市监察委员会成立后，市纪委、市监委合署办公，实行一套班子、两个机构名称。改革后，全市监察对象从 1.8 万人增至 6.4 万人，是改革前的 3.6 倍，实现对所有行使公权力的公职人员监察全覆盖。

揭牌前召开市纪委、市监委机关全体干部会议。林兴禄在会上指出，深化国家监察体制改革是以习近平同志为核心的党中央作出的重大决策部署，是事关全局的重大政治体制改革。改革试点工作启动以来，龙岩市坚决贯彻党中央和省委决策部署，切实担负起主体责任，以高度的政治自觉、行动自觉，坚决响应，坚决推进，动作快、措施实、融合好，取得扎实的工作成效。

林兴禄强调，监察委员会成立只是改革试点工作迈出的第一步，我们要深入学习贯彻党的十九大精神，以习近平新时代中国特色社会主义思想为指引，推动监察体制改革试点工作向纵深推进。要把讲政治摆在首要位置，把有担当当作基本要求，把抓队伍作为第一保障，不忘初心、牢记使命，努力建设闽西政治生态绿水青山，不断向时代、向人民交出高质量、满意的答卷，为“再上新台阶、建设新龙岩”提供坚强保障。

在会上，李成荣通报市监察委员会机构组建和班子组成情况。转隶人员均已到位开展工作。

1 月 10 日，龙岩市五届人大二次会议选举市委常委、市纪委书记李成荣为市监察委员会主任，市五届人大常委会第七次会议依法任命邓伟斌、张金滨、罗剑为市监察委员会副主任，石建新、洪文林、吕莉、卢朝辉、陈龙仁为市监察委员会委员，相关人员依法进行宪法宣誓。

【管党治党政治责任落细落实】 2018 年，龙岩市委贯彻落实省委“八个坚定不移”要求，出台《关于把党的政治建设摆在首位落深落细落实全面从严治党主体责任的实施意见》，明晰履责方向和考核标准，进一步筑牢责任链条。开展全面从严治党主体责任落实情况检查，突出政治检查、问题导向和“关键少数”，督促全市各级党组织切实发挥主体作用。严格执行《中国共产党问责条例》和省委实施办法，对中央扫黑除恶专项斗争督导组和省纪委、省委巡视组移交的责任追究问题，主体责任检查、专项检查、“一案双查”等发现的问题严肃查处问责，全市共对313名党员领导干部实施问责，其中追究主体责任298人、监督责任15人，给予党纪处分75人，失责必问、问责必严成为常态。

【纪检监察体制改革】 2018年，龙岩市委高度重视监察体制改革工作，担负起主体责任，市委书记当好“施工队长”，市纪委切实履行好专责，县（市、区）党委、纪委主动扛起政治责任，形成上下联动、一体推进的工作格局。如期完成机构组建和挂牌，并在全省率先启动纪律审查、监察调查。市纪委监委机关增加编制41名，增设4个纪检监察室；7个县（市、区）纪委监委机关共增加编制129名，增设纪检监察室22个。全面推进市县两级派驻监督全覆盖，理顺派驻机构的领导体制、机构设置、职责权限和管理保障机制，市级设置派驻纪检组21个，7个县（市、区）共设置派驻机构108个，市县两级派驻机构监督范围分别覆盖130个和599个党政群机关和企事业单位，实现派驻监督全覆盖。创新工作机制，市纪委对派驻机构实行片区管理，县（市、区）纪委建立多形式协作联动机制，整合力量，全面提升执纪审查水平。积极推动纪法贯通、法法衔接，建立问题线索集体研判、“树木森林”分析等运行机制，推动执纪审查和依法调查相互贯通；建立监察机关与检察机关联席会议制度，积极探索与执法机关、司法机关在线索处置、证据转换、案件移交等方面协调衔接机制。完成留置看护队伍组建，全要素试用12种调查措施，用留置取代“两规”措施，全市共对36名人员采取留置措施，顺利实现法法衔接。

【基本职责第一职责落实监督】 2018年，龙岩加强对党员领导干部的日常管理监督，坚持挺纪在前、抓早抓小。全市运用监督执纪“四种形态”处理7048人次，其中第一种形态5571人次，占79.1%；第二种形态1065人次，占15.1%；第三种形态178人次，占2.5%；第四种形态234人次，占3.3%。落实函询结情况反馈制度，对函询了结的市管干部反馈55人次。督促被谈话函询党员领导干部在民主生活会上说清楚、讲透彻。及时动态更新领导干部廉政档案，严把选人用人政治关、品行关、作风关、廉洁关，共办理195批729人次廉政意见回复。坚持监督在一线跟进，服务保障发展大局和中心任务，加强对贯彻新发展理念、打好“三大攻坚战”、实施“五个一批”项目等情况监督的再监督，助推重大决策部署落地落实。按照“三抓三服务”要求，扎实开展开门接访、全员接访、带信下访、入户走访“四访活动”，设立全开放接访场所，解决越级信访和重复信访问题取得较好成效。

【作风建设】 2018年，龙岩市纪检监察机关持之以恒纠“四风”、树新风，协助市委制定进一步贯彻落实中央八项规定精神实施办法，一个节点一个节点盯紧盯牢，持续开展“1+X”专项督查，推动作风建设向纵深拓展。全市共查处违反中央八项规定精神问题387起514人，其中给予党纪政务处分330人。开展“私车公养”问题集中清查，深入开展形式主义、官僚主义综合整治，对全市38个有行政执法权的单位开展“不作为、慢作为、乱作为”问题专项整治，对271名党员干部作出纠正处理。开展领导干部利用名贵特产类资源谋取私利问题整治，督促自查自纠，强化监督查处，斩断利益链条。锲而不舍贯彻落实市委2号文件精神，深入推进公款存储治理，深化移风易俗、阳光招生工作，开展弘扬“马上就办、真抓实干”优良传统整治机关作风专项工作，每月2期通报清风正气典型事例和不良习气典型问题，党风政风进一步好转。

【减存量遏增量取得明显成效】 2018年，龙岩市纪检监察机关保持惩治腐败高压态势，不松劲、不停步、不减力，在精准发现、精准惩处、精准施治上下功夫，严肃查处中共十八大以来不收敛不收手、问题线索反映集中、群众反映强烈，政治问题和经济问题交织的腐败案件，突出重点减存量、零容忍遏增量，夺取反腐败斗争压倒性胜利。2018年全市纪检监察机关共受理信访举报4887件，其中检举控告类3980件；立案1507件，结案1441件，给予党纪政务处分1429人，移送司法机关处理45人，反映县处级领导干部的检控类信访举报件连续三年下降。加大追逃追赃力度，成功劝返4人投案自首。高度重视审查调查安全文明，制定“三大纪律八项注意”，实行动态通报、留置对象家访等系列制度，推动审查调查高质量发展。强化思想道德和党性党纪教育，以案为鉴、以案促改，推动建章立制、堵塞漏洞，一体推进不敢腐、不能腐、不想腐。

【群众身边腐败和作风问题严厉整治】 2018年，龙岩市纪检监察机关坚持人民立场，深入开展扶贫领域、民生领域、涉黑腐败等专项治理，着力打通全面从严治党“最后一千米”，不断增强群众的获得感、幸福感、安全感，全市共查处群众身边腐败和作风问题799起1160人。以“脱贫攻坚作风建设年”为契机，深化扶贫领域腐败和作风问题专项治理，查处327件553人；开展民生领域突出问题专项治理，查处340起498人。深入开展涉黑涉恶腐败专项治理，与政法机关建立线索移送、案件会商等协同机制，实行市纪委监委领导挂钩联系督导制度，对群众反映强烈、百姓深恶痛绝、社会影响恶劣的重点问题快查快处，查处党员干部涉黑涉恶腐败和“保护伞”问题45件50人，给予党纪政务处分28人，移送司法机关14人。

【巡察工作】 2018年，龙岩市纪检监察机关坚决贯彻中央巡视工作方针和巡视工作条例，修订《龙岩市委巡察工作实施办法》《龙岩市委巡察工作规划(2017—2021年)》，明确五届市委巡察的“路线图”和“任务书”。牢牢把握政治巡察定位，市县两级共巡察415个党组织，发现党的领导弱化、党的建设缺失、全面从严治党不力“三大问题”4144个，立案审查595人，给予党纪政务处分511人。开展对7个县(市、区)扶贫领域全覆盖专项巡察，共发现问题105个、问题线索74条。强化上下联动，采取“市级统筹、市县联动、县际交叉”方式，对县级重点乡镇(街道)以及市场监管、经信系统和矿产资源管理部门等开展交叉巡察，有效提高巡察质效。推动市县巡察向村(居)延伸，实现村级换届前全市村(居)巡察全覆盖。中共中央政治局常委、中央纪委书记赵乐际到福建调研时，对龙岩市开展村级巡察工作给予充分肯定。全力配合省委巡视组对龙岩市和新罗区、漳平市、连城县开展巡视。扎实做好巡视巡察“后半篇文章”，切实担负起整改日常监督责任，积极协助市委抓好省委巡视整改，组建专项督查组对整改落实情况进行全程跟踪督查，推动各级各部门全面改、深入改、改到位。

【纪检监察队伍建设】 2018年，龙岩市纪检监察机关坚持政治引领、压茬推进、质量为先，深入开展大学习、大培训，举办专题培训、全员培训23期，累计安排31批次105人次参加中央纪委、省纪委组织的培训。大兴调查研究之风，开展监督检查、审查调查、队伍建设三个专题调研，提出开展高质量监督“六条原则”“九个关系”、高质量审查调查“合规合纪合法，安全文明高效，政治效果良好，社会高度认同”目标，探索建立管党治党评价体系，力求全面客观反映各地管党治党状况，科学评判、正确引导纪检监察工作。加强内部监督，持续开展个人有关事项报告查核工作，对抽查核实填报个人事项存在问题的25名干部作出纠正处理；对36名在职纪检监察干部配偶、子女经商办企业情况在《闽西日报》、市纪委监委网站等媒体上公示，接受社会监督。严防“灯下黑”，对纪检监察干部存在的苗头性、倾向性问题及时提醒教育、批评谈话，对执纪违纪、执法违法、失职失责的坚决查处，全市共对纪检监察干部谈话提醒19人次、批评教育18人次、诫勉谈话14人次，党纪处分2人，4名干部调离纪检监察系统。

【《人民至上——闽西反腐纪实》出版发行】 2018年1月，国内首部真实反映全国纪检监察系统先进集体，在党的十八大以来反腐实践与探索一书《人民至上——闽西反腐纪实》，由中国方正出版社出版发行。

该书围绕闽西如何“向以习近平同志为核心的党中央看齐；如何传承红色基因，守土有责；如何“上有所呼，下有所应”，主动作为；如何建设地方政治生态“小气候”，以纪实手法，客观再现十八大以来福建省龙岩市纪委立足本职、服务大局，迎难而上、勇于担责，积极推进全面从严治党、党风廉政建设和反腐败斗争，取得扎实工作成效的历程。

书中所列举的大量真实案例，既有闽西特有的问题，也反映过去一个时期管党治党宽松软普遍共性的问题，举例说理贴近工作实际、贴近干部群众生活，容易引起共鸣、引发思考。全书坚持历史地、客观地看待问题，不隐恶、不溢美，不回避焦点、不回避矛盾、不回避敏感问题，寓论断于叙事之中，说理透彻清晰，观点导向鲜明，对于廓清思想迷雾、形成思想共识，深入理解推动全面从严治党向纵深发展大有助益。

中央纪委监察部特邀监察员、清华大学廉政与治理研究中心主任过勇教授为该书作《标本兼治的龙岩实践》序。他认为，该书真实反映出党的十八大以来，一个地级市纪委从站位大局进行思考，通过营造“小气候”来为大局做贡献；一个地级市纪委从历史传统中汲取智慧，主动作为，守土有责，呵护好原中央苏区这块“金字招牌”的作为、作用。本书既体现基层纪委的“胆”与“识”，又彰显闽西纪检监察干部的“勇”与“智”。

（杨璇　邱清铭）

责任编辑　游友荣

民主党派　工商联

中国国民党革命委员会龙岩市委员会

【概况】 民革龙岩市委下设 13 个支部,1 个工委(新罗区工委)。截至 2018 年底,全市共有党员 237 人,其中,研究生学历 23 人、本科学历 155 人,高级职称 74 人。处级干部 8 人,科级干部 23 人;省政协委员 1 人,市人大代表 2 人(常委 1 人),市政协委员 10 人(常委 3 人)。

【思想建设】 2018 年,民革龙岩市委把学习宣传贯彻习近平新时代中国特色社会主义思想和中共十九大精神作为首要政治任务,引领全市民革党员进一步增强"四个意识",坚定"四个自信",把思想和行动统一到习近平新时代中国特色社会主义思想和中共十九大精神上来,为建设新龙岩凝聚共识、汇聚力量。通过召开主委会、全委会、座谈会,以及发放学习参阅资料、建立微信群、微信公众号、选送骨干党员参加各类学习培训等形式,组织各基层支部及广大党员联系工作实际深入学,不断深化对新思想的理解和把握,增强广大党员切实承担起新时代中国特色社会主义的亲历者、实践者、维护者、捍卫者的政治责任。持续深入开展"不忘合作初心,继续携手前进"主题教育活动:举办"不忘初心七十载"——纪念民革成立 70 周年书画展;召开纪念"五一口号"发布 70 周年座谈会;号召党员撰写纪念"五一口号"发布 70 周年和纪念改革开放 40 周年征文,其中《圆梦居者有其屋》获民革中央庆祝改革开放 40 周年主题征文三等奖;组织党员赴广东省广州市和中山市开展"观故居,走多党合作之路"活动;前往永定区金砂乡革命教育基地接受革命洗礼;与漳州市、三明市民革党员一同到古田瞻仰主席园,参观古田会议会址。加强思想理论研究,深入学习习近平总书记关于加强和改进人民政协工作的重要思想,形成理论文章《把促进民生改善作为人民政协工作的着力点》,被市政协收录《论文汇编》。

【组织建设】 2018 年,民革龙岩市委加强各级组织建设,调动和激发全市民革党员参政履职的积极性、主动性、创造性。加强领导班子建设,发挥核心引领作用。完善领导班子议事决策机制,增进班子团结,凝聚队伍合力。建立领导班子成员联系基层组织制度,加强同基层支部和基层党员的联系,走访看望生病党员、困难党员。加强基层组织建设,发挥战斗堡垒作用。引领基层组织通过开展形式多样的活动凝聚成员、扩大影响、有效履职。加强党员队伍建设,发挥先锋模范作用,一大批党员在各自岗位建功立业。把好党员入口关,全年考核发展来自政府、企业、医院等系统的新党员 4 人,学历均为本科以上(其中硕士学历 1 人),平均年龄 37 岁,党员队伍结构更趋合理。加大骨干党员和后备干部队伍的培养,组织骨干党员前往广东省河源市、广州市与当地民革开展交流活动,选送 10 多名骨干党员参加省民革、市委统战部、市政协等举办的各类培训班。

【参政议政】 2018 年,民革龙岩市委提高参政议政水平,通过举办社情民意信息沙龙,组织组织信息骨干参加各类培训班,组织考察调研、外出学习等,不断加强参政议政的平台、渠道和骨干队伍建设,围绕中共党委和政府的中心工作及民革参政议政重点领域积极建言献策。参与政党协商。市委会领导多次参加中共龙岩市委、市政府、市政协及市委统战部等有关部门召开的协商会、座谈会、情况通报会等,在关系龙岩改革发展、社会民生事业的各种重大政策方面提出意见和建议,得到中共龙岩市委、市政府和有关部门的重视。提交提案议案。向市政协大会提交提案 24 篇,其中集体提案 7 篇,委员提案 17 篇,其中,《大力发展康养产业　创建国家康养试验区的建议》被列为大会口头发言,《"河长制"应从"短治"变成"长治"》《加强龙岩市住宅小区消防安全管理的建议》被列为书面发言材料,《大力发展康养产业　创建国家康养试验区的建议》被列为重点提案。反映社情民意信息。先后撰写和收集40多篇社情民意信息，部分社情民意被中共省委办公厅、民革省委、龙岩市委、市政协等相关单位采用。《抢救"中央苏区红军学校"文化遗产的建议》《长汀县"医养结合"成功案例引发对我省健康产业发展的思考及建议》被《八闽快讯》(专报件)及《闽西快讯》(专报件)采用,其中《抢救"中央苏区红军学校"文化遗产的建议》得到副省长李德金和中共龙岩市委书记许维泽批示;《关于为龙津湖景观桥、景观岛命名的建议》被《闽西快讯》(专报件)及市政协《社情民意信息》采用,并得到副市长黄庆辉批示;《关于选任台籍陪审员参与涉台案件审理的建议》被《闽西快讯》(专报件)采用,并得到中共龙岩市委常委、统战部长邓菊芳批示;《开展暑期中小学教师集中培训的建议》被市政协《社情民意信息》采用。重视提案成果转化。提交的提案《大力发展康养产业　创建国家康养试验区的建议》推动《龙岩市培育文旅康养产业三年行动计划(2018—2020)》的制定出台。借助民革中央的资源,邀请北京专家到龙岩市开展文旅康养专题讲座。在中共龙岩市委、市政府、市人大的支持下,牵头组织市发改委、卫计委、民政局等相关人员组成考察团,8月上旬,前往四川省攀枝花市、河南省三门峡市,就文旅康养产业项目进行为期1周的实地学习考察,借鉴两市发展健康城市和大健康产业的成功经验,汇总形成龙岩市加快文旅康养产业发展的调研报告并上报市政府。

【统一战线】 2018年，民革龙岩市委认真学习贯彻习近平总书记对台工作重要思想，按照中共中央对台工作方针,在民革福建省委的指导下,践行"两岸一家亲"理念,做好扩大和台湾同胞的交流和合作,增强两岸同胞之间的了解和沟通。8月中旬,民革省委等单位主办的"两岸青年乡村振兴暨传统聚落社区营造研修营"在龙岩连城县塘前乡开营,主动靠前,协调连城县、永定区领导及相关部门,为活动前期准备工作及活动的顺利开展做好服务,共同打造两岸青年乡村规划与建设实践、文化交流合作示范点;将祖统工作和参政议政工作有机结合。深入漳平台创园,关注台商台企的发展,撰写《关于鼓励和支持台湾青年来闽创业就业的调查与思考》和《闽台协同创新发展策略研究》,其中《关于鼓励和支持台湾青年来闽创业就业的调查与思考》获省民革调研论文三等奖。

【社会服务】 2018年，民革龙岩市委不断探索社会服务工作的新思路,发挥民革优势，不断提高社会服务实效,树立民革良好社会形象。突出文艺优势,服务文化发展。举办"不忘初心七十载"——纪念民革成立70周年书画展,以缅怀民革光荣历史,发扬和传承'爱国、革命、不断进步'的'中山精神';为党校处级班、科级班、中青班等100多名师生讲授"客家文化与文化自信",深入阐述文化建设的重要意义和新时代领导干部树立文化自信的必要性,并结合龙岩实例，阐述文化强市的基本途径;通举办《当代写意花鸟画名家——胡一通花鸟画小品展》;在《翰墨飘香——庆祝国庆69周年闽西书画院画师作品展》等书画作品展中,党员中的书画爱好者积极参展，为龙岩市民送上文化盛宴。服务海外青年促进交流。民革龙岩市委已连续4年服务"国际大学生知识产权夏令营"走进龙岩站活动,为到龙岩参加"国际大学生知识产权夏令营"活动的外国青年学子热心服务,精心安排书法、戏曲和非遗的观摩、体验活动,促进外国友人对中国传统文化的了解。

（民革龙岩市委　供稿）

中国民主同盟龙岩市委员会

【"坚定信念　砥砺前行"专题培训】 2018年4月，民盟龙岩市委在古田山庄成功举办"坚定信念　砥砺前行"专题培训,组织学习习近平总书记在全国两会期间的系列重要讲话,邀请十三届全国人大代表章联生传达解读全国两会精神,安排新型政党合作及盟务工作研讨。

【暑期读书班】 2018年8月，民盟龙岩市委在龙岩侨中举办2018年暑期读书班活动,读书班为盟员安排"习近平新时代中国特色社会主义思想和中共十九大精神""美丽乡村建设"及"如何撰写社情民意信息"3个专题讲座。通过学习,广大盟员更加坚决维护习近平总书记在党中央和全党的核心地位,坚决维护党中央权威和集中统一领导,不断增强"四个意识",坚定"四个自信",更好地为决胜全面建成小康社会和实现中华民族伟大复兴中国梦建功立业。

【知识竞赛暨演讲比赛】 2018年5月13日，民盟龙岩市委在龙岩师范附小举办纪念中共中央发布"五一口号"70周年知识竞赛暨演讲比赛活动。15个支部的选手表现十分精彩,充分展示龙岩民盟盟员的使命担当!

【书画联谊活动】 2018年12月,为庆祝改革开放40周年，继承和弘扬中华优秀传统文化,民盟龙岩市委与民盟北京市委第四支部委员会携手,在龙岩美术馆举办"携手奋进　共铸辉煌"主题书画展。两地书画家200余人参加开幕式。

两地民盟书画家们用饱含深情的笔墨,以书画特有的艺术语言,在展厅展出110幅书画作品,以独特、精湛的艺术手法，直观地展示北京、龙岩两地改革开放以来所取得的新成就、新变化、新气象。

【宣传载体完善】 2018年，民盟龙岩市委高度重视宣传工作平台建设，升级完善原有的龙岩民盟网站，开通“龙岩民盟”微信公众号。全年累计更新盟务工作报道130多篇，年均访问量1.83万次。同时加大信息对外报送力度，全年有89篇次信息分别被各级刊物、网站和微信公众号采用。

【参政议政】 参加福建省政协十二届一次会议，共向大会提交6件提案，继2017年提出将游泳纳入中考体育项目的建议基础上，2018年又提出《关于把游泳纳入中考体育项目的政策落到实处的建议》，得到省领导批示，所提建议得到省教育厅采纳。接受人民政协网就如何办好人民满意的教育的采访，有关建议在《人民政协报》刊载。8位盟员人大代表和9位政协委员分别参加龙岩市人大五届二次会议和市政协五届二次会议。分别向市人大五届二次会议提交8篇建议，向市政协五届二次会议提交口头发言1篇，书面发言2篇，集体提案18件，个人提案18件。口头发言《关于提升龙岩市教育信息化水平的建议》，得到时任市长林兴禄的批示，龙岩电视台、《闽西日报》等新闻媒体对此均作报道。

【民盟论坛】 选送的2篇论文《共享优质教育资源解决“农村弱”问题探讨》《从企业法律风险谈几点改善营商环境的法治举措》分别代表福建省被评为民盟中央教育论坛、法治论坛优秀论文(福建仅此2篇)，论文作者及盟市委领导受邀出席论坛并作交流发言。选送的论文《推进优质教育教学资源共享 补齐教育事业短板》获得2018年民盟福建省教育研讨会优秀论文评选三等奖。

【社情民意信息】 2018年，社情民意信息被各级采用共计49篇次。其中《对两“高报”报告的反映》、《建议加强智慧海洋工程建设，全面提升我国海洋治理能力》分别被中央统战部“两会”信息综合和单篇采用；《关于在福建择址建立“连横纪念馆”的建议》被中共省委《八闽快讯》专报件和省政协采用，并得到省领导批示；《关于精准扶贫医疗叠加保险的有关建议》《关于我省申报2025全国运动会的建议》被中共省委《八闽快讯》专报件采用；《各部门间帮扶项目重叠问题亟待解决》被省政协采用，并得到副省长李德金批示，并被省政协评为2017—2018年度优秀社情民意信息；《建设长汀水土治理生态示范园的建议》被省政协采用，并得到省领导批示；《锻造龙岩职业教育“匠心”，服务闽西南经济协同发展区高质量发展》被《福建统一战线》采用，还有一批被盟省委和市委《闽西快讯》专报件采用，并得到市领导批示。

【课题调研】 承办民盟省委课题《关于利用中医优势发展养老产业的建议》，被收录2018年福建统一战线建言献策成果汇报会成果汇编。配合民盟省委开展民盟中央的课题《关于“一带一路”背景下加快发展文化贸易，提升文化软实力》调研。组织参政议政骨干前往杭州、厦门等地开展教育集团化调研学习，借鉴当地先进经验与做法，结合龙岩市教育集团化存在问题和困难，调研组成员认真探讨，形成高质量调研报告，转化为市政协大会口头发言《加快推进龙岩市中心城区教育集团化发展的建议》，得到时任市长批示。与市政协携手开展“关于提高中心城区卫生服务供给能力”专题调研，形成高质量调研报告，转化为集体提案提交市政协。

【社会服务】 选送9件作品参加民盟中央美术院“庆祝改革开放40周年”书画作品展，其中入围作品7件。携手民盟北京市第四支部委员会的书画家，开展“走进闽西红土地”文化下乡活动。与盟省委和民盟中央社会服务部对接，由民盟中央牵头的西门子公司捐赠流水线检验设备成功落地上杭县医院，进一步提升上杭医疗卫生机构服务能力，缓解群众看病难看病贵问题，切实增强群众看病就医的获得感、幸福感。组织优秀盟员教师前往上杭通贤中学和通贤中心学校，开展“送教下乡”活动。13名优秀名师、骨干教师不仅开设示范课、专题讲座，还与开展“城乡同上一堂课”教学研讨，两地负责学籍管理的教师进行交流、研讨。同时，积极为11个教育支部搭建平台，长期常态式开展“手拉手”结对子活动，促进优质资源共享，为教育均衡发展贡献力量。

【组织建设】 2018年，全市共有盟员417人，教育界占70.3%，较好地体现民盟的界别特色。市委加大对后备干部的发现、培养、举荐力度，为盟内人才成长搭建平台，完善全市科级以上、高级职称盟员台账管理，及时把优秀青年干部充实到后备干部库，适时给有关部门推荐优秀人才，为他们展示才华提供平台。

(民盟龙岩市委)

中国民主建国会龙岩市委员会

【概况】 2018年，民建龙岩市委有会员179名，其中大专以上学历会员占96%，企业界会员占88%，全市设有9个基层组织，分别为新罗区基层委员会、金融支部、法律支部、企业支部、学院支部和市直机关支部、综合一支部、综合二支部、综合三支部。现有省政协委员1名、市人大代表4名(其中常委1名)，市政协委员10名(其中常委3名)、县(区)级政协委员6名(其中常委2名)。

【思想建设】 2018年，民建龙岩市委开展红色教育主题活动。组织会员到上杭县苏家坡村开展“永葆初心、砥砺前行”红色主题教育活动，参观中共闽西特委机关旧址。新罗区基层委员会组织会员前往梅州参观三河坝战役纪念馆、瞻仰叶剑英纪念馆。会员在历史与现代的对话中传承红色基因，铸造红色理念，坚定跟党走的信念。开展社会共建主题活动。组织会员积极参与社区医养结合服务、梅花山生态林保护、福能红炭山医院项目建设等工作调研，主动融入龙岩社会建设的发展潮流。开展传统教育主题活动。召开“继承优良传统 不忘合作初心”座谈会，引导会员在重温历史中铭记合作初心，在弘扬传统中深化政治共识，组织会员参与省委统战部组织的“纪念五一口号”征文活动，会员撰写的《薪火永相传 大道展同心》获比赛三等奖。组织民建龙岩市委骨干会员赴重庆开展“不忘合作初心，重走先辈道路”专项教育活动，会员在追溯历史中回望初心，从历史记忆中深化共识。

【组织建设】 2018年，民建龙岩市委指导帮助民建新罗区基层委员会顺利换届，进一步配强区基层委员会领导班子。实行《基层组织管理制度》《基层组织工作标准化建设评价办法》，指导基层组织做好“一支部一品牌”的工作。在会员企业连城天一授牌“会员之家”，龙岩已成立4家“民建会员之家”，基层组织活动场所日益丰富。先后选派4名骨干会员参加省、市各层级统战部、社会主义学院及民建组织的学习培训，加强会员信息库管理，鼓励会员建业立功。指导基层组织树立“常活动更有凝聚力”的理念，基层组织活动日益丰富。

【参政议政】 2018年，民建龙岩市委参政议政工作在市政协评比中名列前茅，其中《上杭红豆杉生态园保护问题亟待引起重视》社情民意信息获市政府主要领导批示，《龙岩乡村振兴大数据先行的思考及建议》《关于进一步加强龙岩市医养结合养老服务体系建设的建议》被《闽西快讯》采用，并获市领导批示，《建议尽快将有效应对老龄化确立为基本国策》社情民意被民建中央采用。民建市委报送的《加快地理产品认证 推进特色农业产业发展的建议》入选为市政协五届三次会议大会口头发言，《解决好社区居家养老人员就餐问题的建议》入选为书面发言。通过举办社情民意培训班培养会员参政议政意识，充分调动参政议政骨干会员积极性，组建参政议政“尖刀班”，通过骨干带动、全员参与提升参政议政水平。同时，定期邀请政府有关部门负责人、高等院校专家学者和相关行业代表性企业负责人，就龙岩地方经济和社会发展的重点问题开展讨论。围绕医养结合、民营经济发展等主题举办2期议政沙龙活动。调研江西赣州长者食堂的成功经验，撰写的《解决好社区居家养老人员就餐问题的建议》针对性更强。民建龙岩市委在学校教育、互联网、医药卫生等行业聘请10名专家，围绕党委政府中心工作，为民建调研出好题、出思路，使建言献策持之有据、言之有物、有的放矢。

【社会服务】 2018年，民建龙岩市委实施同心公益工程。开展“民建闽西讲坛”公益巡回讲座。前往漳平市政协、市检察院等单位，开展“与健康同行”公益巡回讲座，民建闽西讲坛的影响日益扩大。开展“夕阳红 民建情”敬老活动。前往连城县莒溪璧洲村和白沙东宫下移民村，开展敬老活动，为老人送米、油等慰问品，并组织会员企业为老人提供义诊。“夕阳红 民建情”公益关爱老人活动连续开展4年，取得良好社会反响。开展助学助困活动。沈钊昌慈善教育基金向湖雷中学捐赠价值5万元的教学物资，并开办“爱心美术室”。民建市委开展“与爱同行”走进市特校活动，并为特教学校捐赠爱心善款。实施同心法律服务工程。继续开展法律服务进媒体、进校园、进社区等法律宣讲活动，开展法律援助活动，在新罗区雁石中学和北城小学为学生们做法制讲座，在北星社区开展法律咨询工作。法律支部开展法律讲座5场，分发法制宣传材料近2500份。

（民建龙岩市委）

中国民主促进会龙岩市委员会

【概况】 2018年，民进龙岩市委新发展会员3人。截至2018年底，共有会员85人，会员平均年龄42.6岁，其中男会员48名，女会员37名。下设新罗区总支、龙岩学院支部、行政支部等3个支部和2个会员小组，会员分别来自教育界、经济界、法律界、医药卫生界、文化艺术界以及政府机关单位和其他界别，其中教育界占55.3%。学历方面，有研究生学历11人，本科学历67人，本科以上学历占会员总数的91.76%。职称方面，有正高级职称4人，副高级职称25人，中级职称23人。此外，有厅级干部1人，处级干部2人，科级干部13人，有5人担任龙岩市政协委员，3人担任龙岩市新罗区政协委员，2人担任永定区政协委员，1人担任长汀县政协委员。

【思想建设】 2018年，民进龙岩市委和各下属支部坚持定期开展学习活动，坚持学习贯彻习近平新时代中国特色社会主义思想和中共十九大精神摆。领导班子带头领学，班子成员全年参加民进省委、中共市委及市委统战部各类学习会议40余次。深入各支部，以主题教育活动、课题调研、参加支部生活会等形式，宣讲中共十九大、民进十二大精神以及民进省委、中共龙岩市委重要会议精神10余次。撰写学习体会，先后在《福建民进》《龙岩政协》《福建省政协系统习近平总书记关于加强和改进人民政协工作的重要思想理论研讨》论文集等报刊杂志上发表多篇署名文章。进一步树牢“四个意识”,坚定“四个自信”,坚决做到“两个维护”,在政治立场、政治方向、政治原则、政治道路上始终同以习近平同志为核心的中共中央保持高度一致。

深入开展“不忘合作初心,继续携手前进”主题教育等一系列活动。邀请民进福建省委副主委刘健到龙岩,为会员宣讲“中共十九大精神”,组织会员召开报告会和座谈会。下属新罗区总支组织骨干会员前往江山镇山塘村中央苏区第一个红色兵工厂——山塘兵工厂,开展学习习近平新时代中国特色社会主义思想和中共十九大精神教育活动。

2018年,民进中央选择13个地市级组织作为民进中央主题教育活动第一批联系点,民进龙岩市委被民进中央确定为福建首个主题教育联系点。全国人大常委会委员、民进中央副主席兼秘书长高友东作为挂钩龙岩联系点的领导,11月,到龙岩开展丰富的主题教育活动。高友东一行先后深入上杭古田等地开展革命传统教育活动,通过举办专题报告会、召开基层支部生活会,看望民进龙岩老会员等形式多样的活动,深入推动主题教育活动的开展,市委举全委之力,做好该项工作,得到民进中央及民进省委充分肯定。

【提案工作】 在2018年龙岩市政协五届三次会议上,民进龙岩市委就《加快龙岩市高技能人才队伍建设的建议》作大会发言,并得到时任龙岩市委副书记、市长林兴禄的重要批示。2018年市两会期间,担任市政协委员的会员累计提交市政协提案28件。同时,重视中共龙岩市委、市政府领导主持召开的各类征求意见座谈会,围绕龙岩市经济形势和政府工作、民生工程、红色文化教育产业等重大议题建言献策,提出“关于加快落实龙岩市民办养老机构事业发展的建议”等意见建议。

【议政调研】 2018年,民进龙岩市委不断创新调研模式,在新罗区委统战部的协助下,与民进厦门湖里区委基层委开展“乡村产业转型与升级”联合调研,组织骨干会员深入一线开展调研,通过实地调研、座谈讨论,形成方案,进一步加强课题指导,成果转化,提高调研课题质量,形成一批有价值的调研成果。主委张凌参与并执笔的福建省委2018年重点调研课题——《新时代加强民主党派代表人士队伍建设问题研究》,被中共省委《调研文稿》采用,《破解我省中小学教师资源不足的几点建议》获评民进福建省委优秀调研课题、《基层民主党派在政协中更好发挥作用的创新探讨》被福建省政协采用并刊发。

【信息工作】 2018年,民进龙岩市委通过民进中央及省委、龙岩市政协、中共市委统战部等部门,报送社情民意信息。全年报送社情民意信息27篇,其中20篇社情民意信息被各级各部门采用,报送新闻简讯(动态信息)20篇。其中社情民意信息《台籍高校教师劳动权益保障问题突出亟待规范》被民进中央和《八闽快讯》专报件采用;省政协采用5篇,其中《关于推进我省公共法律服务体系建设的几点建议》得到省领导批示;《破解我省中小学教师资源不足的几点建议》被省两会快报采用,并得到省领导批示;省委统战部采用4篇;《闽西快讯》专报件采用2篇;民进福建省委采用11篇。共8篇动态信息被民进中央官网报道;《龙岩政协信息》报道5篇,市委统战部报道5篇,《闽西日报》报道4篇。其中,《推进我省公共法律服务体系建设的几点建议》获民进省委优秀社情民意信息一等奖,《台籍高校教师劳动权益保障问题亟待规范》《当前干部教育、红色教育存在的问题与建议》获民进省委优秀社情民意信息二等奖。

【参政议政成果】 2018年,民进龙岩市委提交的市政协提案《关于建立人民法院与统一战线组织、党外代表人士定期交流机制的建议》,得到承办单位高度重视,龙岩市中级人民法院多次与中共龙岩市委统战部、巫颖禄会员沟通,最终促成《市中院与各民主党派龙岩市委、龙岩市工商联和无党派人士联络工作规则》这一重要地方性司法政策落地。

【社会服务】 2018年,民进龙岩市委推动龙岩市中心城区传统产业转型升级,推进工业化和信息化“两化融合”,民进龙岩市委发挥龙岩学院支部会员自身特点和优势,力推龙岩市大数据产业发展。在新罗区政府全力支持下,民进龙岩市委依托会员所在单位——龙岩学院数学与信息工程学院,在新罗区福建龙洲工业园区启动“龙岩大数据应用中心”建设,为推动新罗区传统产业转型升级添砖加瓦。鼓励支持会员发挥专长,开展送教、送医,送温暖,献爱心等微公益活动。组织书法家会员和市政协委员,到新罗区大池镇黄美村,开展“春联万家”“送法下乡”和“慰问贫困户送温暖”活动。新罗区总支与北门社区居委会共建“尊法守法·携手筑梦”公益法律服务活动,并协同新罗区北门社区在闽西博物馆广场开展扫黑除恶宣传工作和尊老敬老活动。同时,发挥教育界别特色,行政支部联合新罗区总支到长汀红山乡中心学校,开展名师送教下乡暨医疗专家进乡村义诊活动,将100多本《小学生古诗词推荐背诵80篇》和篮球排球等体育用品,送到学生手中。

(邱艳萍)

中国农工民主党龙岩市委员会

【概况】 2018年,农工党龙岩市委发展党员17人,其中研究生学历1人,高级职称1人，中级职称7人，全市有农工党员359人，其中医药卫生界占35.3%、人口资源、和生态环境界占6.7%、文教界占28.9%、农业科技界占13.5%。党员中担任龙岩市人民政府副市长1人，省政协常委1人，市政协副秘书长1人，市政协委员8人，其中市政协常委3人。新罗区人大代表1人，新罗区政协委员10人，其中区政协常委3人。

【思想建设】 2018年，农工党龙岩市委坚持把理论学习作为一项重要政治任务，开展政治理论学习，坚定理想信念。注重加强党员的理论学习，巩固思想建设成果，努力提高党员综合素质。除市委会领导班子成员定期组织专题学习外，还结合政治和当前形势，组织党员骨干和全体党员学习中共十八届历次全会和十九大会议精神、深入学习习近平新时代中国特色社会主义思想、农工党十五届历次中央常委会及十六大会议精神、中共福建省委十届历次全会精神。通过专题学习结合个人自学等方式，真正学深、学懂、学透，深刻把握中国共产党领导的多党合作制度的精髓，进一步贯彻“同心”思想，做到与中国共产党“在思想上同心同德、在目标上同心同向、在行动上同心同行”。全面落实“照镜子、正衣冠、洗洗澡、治治病”总要求，解决形式主义、官僚主义、享乐主义和奢靡之风这“四风之害”方面存在的问题。

【参政议政】 2018年，农工党龙岩市委围绕中共龙岩市委、市政府关于加快龙岩科学发展、跨越发展的决策部署，主动融入大局，服务闽西建设作为参政议政重点，积极发动党员集思广益，精选课题深入调研，建睿智之言，献务实之策。市委会调整充实参政议政工作委员会成员，将参政议政能力强的年轻党员骨干充实到参政议政的队伍中，增强参政议政队伍的新鲜血液，同时对提案相关稿酬进行调整。在市政协第五届二次会议中，市委会共提交集体提案10篇，委员提案24篇。向农工党省委会、中共龙岩市委办、市政协、市委统战部等部门报送社情民意信息100余篇，其中《关于加强龙岩市中小学研学旅行市场监管的建议》被中共龙岩市委办采用，《警惕学校周边“毒玩具”刻不容缓》被市政协采用，《个别地区普查建档严重精神障碍患者下指标行为值得高度》《我省废旧铅酸蓄电池监管亟待加强》等19篇被农工党省委采用。5月，市委会组织党员前往新罗区东肖镇，先后走访东肖莱园村承德堂（罗陈祠堂）、溪连村潮海楼、艺丰楼、五星楼等地调研，详细了解农工党中央前主席卢嘉锡（时任厦大副教务长兼理学院院长），于1951年率领厦门大学部分师生和家人在东肖开展的学习生活情况，并形成文字材料。市委会陪同福建省政协副主席、农工党省委会主委刘献祥一行到龙岩市武平县，就“加快福建省集体林权制度改革”课题开展专题调研。

【组织建设】 2018年，农工党龙岩市委按照《中国农工民主党组织发展工作规程》的要求，坚持“三个为主”的方针，坚持“发展是为了工作和在工作中发展”的原则，主动与拟发展人员所在单位中共党组织、统战部进行协调沟通，做好组织发展工作。全年发展党员17人，其中研究生学历1人，高级职称1人，中级职称7人，至2018年，全市有农工党员359人，其中医药卫生界占35.3%、人口资源、和生态环境界占6.7%、文教界占28.9%、农业科技界占13.5%。党员结构进一步得到改善，为适应新时期新形势参政议政工作提供人才保障。

【社会服务】 2018年，农工党龙岩市委发挥党内科技人才的优势，结合扶贫攻坚抓好科技扶贫工作，采取“手把手”“面对面”的科技服务模式，在全市小池、蛟洋等4个乡镇举办蔬菜、百香果、茶叶、果树等农业科技培训班4场次，培训基层技术人员240人、种植大户20余户、农民220人，发放培训资料400余份。6月，市委会参与协办龙岩市2018年节能宣传周和全国低碳日集中宣传活动，向广大市民宣传节能低碳的重要性，动员全社会力量积极参与节能减排和发展低碳经济，促进加快经济转型，实现可持续发展。10月，市委会为平安共建社区——新罗区南城莲滨社区设立平安建设文化宣传栏。继续发挥发挥医疗卫生专家界别优势， 组织医疗专家到长汀县涂坊镇卫生院、龙岩市同心圆（香港）护理院、莲东龙铁名苑、新罗区万安镇竹贯村开展义诊活动，义诊服务群众500余人次，发放各种资料800余份。

（农工党龙岩市委）

中国致公党龙岩市委员会

【概况】 2018年，致公党龙岩市委新发展党员8人，平均年龄35.75岁，均为大学以上文化，其中博士1人，留学归国1人，访问学者1人。截至2018年底，全市共有党员171人，其中女党员99人，退休党员37人，归侨、侨眷属、港澳台属、留学及访问学者112人，大学以上文化149人，高级职称59人，中级职称53人，平均年龄47.86岁。从事基础教育48人，高等教育18人，政府机关27人，新的社会阶层人士15人。设有7个支部，1个工作委员会（新罗区），以及组织部、参政议政工作部、宣传部、社会服务部、海外联谊与妇女工作部、老年人工作委员会。党员中有市人大常委1人，市政协常委3人（副主席1人）、委员5人，新罗区政协常委2人、委员5人，永定区政协常委1人（副主席1人）。

【组织建设】 2018年，致公党龙岩市委围绕凝聚政治共识，夯实多党合作的思想政治基础，持续深入开展“不忘合作初心，继续携手前进”专题教育活动。加强宣传教育，通过召开主委会、全委扩大会等，组织党员深入学习习近平新时代中国特色社会主义思想和中共十九大精神，学习致公党新党章。4月，组织市委委员、支部主委及部分党员赴长汀开展“不忘合作初心，继续携手前进——风雨同舟70载”重走长征路主题教育活动。各基层支部也结合实际，相继开展“追忆兵工印记，传承红色基因”等活动。加强队伍建设，把提高履职能力作为强化自身建设的根本，突出抓好学习培训、组织发展等工作。先后选送骨干党员、机关干部参加致公党中央、省委会及中共市委统战部举办的各类工作培训10多人次。8月，举办2018年暑期读书班，开展党史学习和参政议政专题辅导，进一步提升党员参政议政能力与水平。抓组织发展。突出“侨、海”特色，重点从优秀的侨属侨眷、留学归国人员中发展党员，做好组织发展工作。抓队伍优化。先后对龙岩学院支部、市直一支部领导班子进行届中调整，支部队伍结构进一步优化。抓组织活力。先后在龙岩市博物馆与致公党福建省委共同举办“闽侨心·中国梦”——纪念中国改革开放40周年清新福建图片展和“新时代·新征程——‘一带一路’任我行刘海翔丝路骑行摄影展”；6月，市委会还组织机关干部和市委委员赴平潭参加致公党全省“走进新时代·激扬侨海情”（中兴福达杯）机关气排球，取得第一名的好成绩，荣获全省机关气排球赛三连冠。抓机关作风。选派机关干部参加省委会组织的财经纪律专题培训以及机关建设交流，成立致公党龙岩市委监督委员会，并制定下发《致公党龙岩市委监督委员会工作职责》，完善《致公党龙岩市委员会工作职责和会议制度》，市委会工作效能得到有效提升。

【参政议政】 2018年，致公党龙岩市委提高履职成效，加强和改进调查研究、反映社情民意信息工作方式方法，制定委员履职考评办法，形成良好的参政议政工作导向。2018年，市委会被致公党中央评为2013—2017年参政议政工作先进集体，陈大明被致公党中央评为2013—2017年参政议政工作先进个人。1月，在市政协五届二次会议上，市委会共提交大会发言3篇、集体提案10件、委员个人提案17件，其中“以智能制造推动龙岩市纺织服装产业转型升级的建议”被采用为大会口头发言；“实施第三方监管，有效破解九龙江流域水环境治理难题的建议”“深度挖掘闽西客家文化，推进重点项目申报国家级‘非遗’的建议”被采用为大会书面发言；“关于加强基层重点侨乡的华侨陈列设施建设的建议”被评为重点提案。市委会连续4年有发言内容被列为大会口头发言、提案入选重点提案。突出“乡村振兴”主题，7月，主委张子平率机关干部，与水利等有关部门领导，赴白沙镇罗畲村开展乡村振兴战略实施、扶贫措施落实情况专题调研。各基层支部按照2018年参政议政工作部署，也相继开展促进乡村休闲农业发展、推动乡村振兴等课题调研。精心收集报送社情民意信息，全年收集社情民意信息120多篇，其中“大学生村官和‘三支一扶’工作者被‘截流’现象亟待改进”被致公党中央采用，“当前农村生活垃圾治理存在的难点及建议”等4篇被省委会采用，“关于解决龙津河湿地公园水质常现‘黄、污、浑’问题”获得市长林兴禄、副市长张朝阳、黄庆辉的重要批示，受到市政府的高度重视，并为此专门成立由黄庆辉为组长、有关部门领导为成员的整治小组，促进该问题的解决。加强民主监督和政治协商，7月，针对中心城区水源地保护区范围的竹林等经济作物林地中仍存在使用草甘膦等除草剂问题，张子平专门组织市政协相关委室，市检察院、水务集团、自来水公司、黄岗水库、江山镇等相关负责人和村民代表，召开龙岩中心城区饮用水源地保护调研协商座谈会，有效推动水源保护工作。

【海外联谊】 2018年，致公党龙岩市委充分发挥“侨”“海”优势，加强对外交流，深入开展海外联谊活动。5月31日至6月4日，应菲律宾中国洪门进步党总部邀请，市委会组织5名党员赴菲律宾开展为期5天的友好访问，参加菲律宾中国洪门进步党总部成立108周年庆暨第109连110届、大岷北区支部成立35周年庆暨第36连37届以及中国洪门联合总会第85届职员就职典礼活动，宣传龙岩市经济社会发展情况、扶持“侨”“海”人员创新创业各项政策等，为招商引资工作牵线搭桥。

【社会服务】 2018年，致公党龙岩市委强化社区致公学校品牌建设，10月，组织前往中城虎岭社区开展“九九重阳节，浓浓致公情”系列活动，为社区居民开设以“科学管控危险因素，远离心血管疾病”为主题的健康知识讲座，提供义诊服务、发放常备药品，并慰问社区80岁以上的高龄老人。11月，再次与中城虎岭社区联合，邀请龙岩市第一医院心内科专家到社区开展“健康讲座进社区，义诊活动暖人心”活动。强化致公小学品牌建设，邀请新罗区检察院未成人检察科检察官为龙岩东新致公小学举办“法助自护，伴我成长”讲座，为师生们送上一堂形象生动、意义深刻的法律课。此外，市委会还开展公益捐书活动，先后为虎岭社区致公学校、龙岩东新致公小学以及白沙镇罗畲村捐赠图书300余册、价值3000余元。

（刘翠琴）

九三学社龙岩市委员会

【概况】 2018年，九三学社龙岩市委下设一、二、三、四支社、新罗区、龙岩学院等6个支社及永定区小组。主任委员温永。全年发展新社员6人，至年底，共有社员159人。其中，有高级职称75人、占47.17%，中级职称59人、占37.11%；有省政协委员1人；市人大常委1人，市人大代表1人；市政协副主席1人、常委2人、委员9人。

【思想建设】 2018年，九三学社龙岩市委牢牢把提高政治把握能力和组织领导能力建设放在首位，结合开展“不忘合作初心，继续携手前进”主题教育活动，使全体社员在思想上逐步成熟、政治上更加坚定。组织社市委班子成员和社员学习新时期多党合作和统战理论，学习中共十九大精神和习近平新时代中国特色社会主义思想，学习九三学社的社章社史及优良传统，并把其作为各支社开展系列学习实践活动的主要内容。2018年分别在1月20日、4月27日、6月12日和12月17日召开4次主委会或全委（扩大）会议，学习上级文件精神，部署社务工作。8月26日下午，由九三学社龙岩市委主办，九三学社龙岩市青工委承办的九三青年思辨会在市城乡规划局6楼会议室举行。组织和动员社员参加九三学社“社员之家杯”社章社史知识竞赛。

【队伍建设】 2018年，九三学社龙岩市委按照德才兼备的原则，将政治素质好，年龄结构合理，能继承和发扬社的优良传统，乐于奉献，能担当起新世纪重任，符合《党政领导干部选拔任用工作暂行条例》的社员作为后备干部，推荐政治、实职安排，使一批德才兼备的社员得以脱颖而出。选送后备干部、骨干参加省、市社会主义学院和市委统战部举办的各种培训班学习，进一步提高政治理论水平，着力提高理论水平。参加中央社会主义学院1人，人民大学4个，省社会主义学院2人，市社会主义学院3个。

【提案工作】 2018年，九三学社龙岩初社市委在市政协全会上大会发言3篇，提交团体提案6件，《关于加快推进龙岩市养老服务体系建设的几点建议》分别获中公市委书记和市长批示，并被列为四个重点督办提案之一。

【调研工作】 2018年，九三学社龙岩市委树立科学的参政理念，引导广大社员积极参政议政，不断提高参政议政、建言献策的能力和实效，向社省委申报5个调研课题，立项3个，向社省委提交《关于强化农村个人建房规划管理的建议》、《关于推进贫困地区农民就业创业水平的建议》等调研报告4篇。协助社省委在龙岩进行“乡村环境综合治理”课题调研，前往上杭县蛟洋镇高温热解生活垃圾处理站、上杭县第二污水处理厂和古田镇吴地村红军小镇、新罗区雁石镇洋城垃圾填埋场、苏坂镇誉家邦村公坪生态养殖有限公司等地，实地了解乡村固体废弃物、污水处理及社会主义文明乡村建设情况，之后在闽西宾馆召开龙岩市、新罗区两级有关部门负责人参加的课题调研座谈会。

【信息工作】 2018年，九三学社龙岩市委发动广大社员积极收集信息，反映群众关心的热点、难点问题，向社省委、市政协和市委统战部提供有关信息。上半年12篇社情民意和信息被中央统战部、省委办公厅、省委统战部及省政协采用，《关于在登高桥下增设辅助绿道的建议》等2篇获市领导批示。

【社会服务】 2018年，九三学社龙岩市委依托社内医疗健康方面的专家优势，深入机关、中小学和街道社区，开设健康与保健相关讲座。新罗区工委充分调动医药卫生领域的社员，发挥各自的专业优势，在深入农村、社区、学校做好社会服务工作的基础上，联合新罗TV，录制10期“助力健康龙岩”讲座，并在新罗TV播放。通过访谈的形式，让老百姓了解一些疾病常识和常见的认识误区，提高预防疾病能力，增强健康意识。举办《压力山大了怎么办》心理健康讲座。新罗区工委组织医疗专家前往新罗区挂钩点开展义诊。社员高振文参加中国（福建）第15批援博茨瓦纳医疗队。

（张茂华）

龙岩市工商业联合会

【概况】 截至12月底，龙岩市各级各类商会组织216个，其中行业商协会23个，异地商会111个，乡镇（社区）商会82个，全市工商联会员共12322个。市直属商协会22个，其中行业商协会9个，在岩异地商会13个；异地龙岩商会27个。

【理想信念教育】 2018年，龙岩市工商联通过专题报告、研讨交流、媒体宣传等多种方式，深入学习贯彻习近平新时代中国特色社会主义思想和党的十九大精神，引导广大非公有制经济人士坚定理想信念，坚定不移听党话、跟党走。10月下旬，联合市委统战部，在浙江大学举办全市新的社会阶层人士和非公经济人士培训班。11月上旬，举办习近平新时代中国特色社会主义思想宣讲报告会，邀请省政府发展研究中心作专题报告，组织商会负责人、企业家代表深入交流学习体会。新罗区工商联成立龙津商学院，创新学习培训方式，打造集企业家培训、交流、考察于一体的学习乐园。深入开展以“不忘创业初心·接力改革伟业”为主题，以“弘扬优秀企业家精神，争做新时代典范”为重点，以年轻一代非公有制经济人士为着力点的理想信念教育活动。通过举办商会大讲坛、会员进修班，组织参观古田会议旧址、走出去学习“晋江经验”，开展“不忘初心跟党走”主题教育以及“庆祝改革开放40周年民营企业家座谈会”等活动，引导广大非公经济人士进一步坚定发展信心，激发创业创新活力。

【参政议政】 2018年，龙岩市工商联开展基层工商联、各级各类商会及会员企业大走访，落实市重点课题调研工作。调研报告《龙岩市“龙商回归”工程现状及对策建议》在《龙岩发展研究》(第53期)刊发。收集并上报省工商联8篇调研文章，其中《龙岩市民营企业高质量发展调研报告》等5篇入选省工商联《2018年调研论文集》。组织商协会和企业家人大代表、政协委员通过“两会”平台，为促进龙岩发展建言献策。在市政协五届二次会议上，共提交8篇大会发言，11篇集体提案，其中市政协大会发言《营造良好环境　激发和保护企业家精神》，获市长林兴禄批示。

【“亲清”政商关系构建】 2018年2月，龙岩市工商联举办“全市民营企业家新春恳谈会”，梳理上报企业家提出的意见建议11条，10条得到解决。5月，制定《龙岩市工商联践行亲清新型政商关系的若干意见(试行)》，规范领导干部与商会、企业的交往行为。6月，配合市委办、市政府办印发《关于规范市领导出席商(协)会活动的通知》，10月，配合市委办、市政府办印发《关于调整市领导联系市直属商(协)会的通知》，进一步加强与商协会的联系沟通，为商会多办实事。“龙岩企业日”期间，市四套班子主要领导带头深入商会、企业走访调研，现场解决企业发展困难和问题。市委统战部、市工商联举办“不忘创业初心　接力改革伟业”主题报告会和“区块链发展趋势及应用”专题论坛，有关市领导、演讲嘉宾、企业家代表及市直部门负责人共240多人参加活动。11月，市工商联先后与人民银行龙岩中心支行、龙岩市税务局分别举办全市民营企业金融服务座谈会、税收服务座谈会，深入了解全市民营企业融资、税收诉求，推动解决民营企业融资难、融资贵、减税降费等实际问题。金融支持方面，参会27家中小微企业，批贷12家，共计1.71亿元；税收方面，实施精准服务，如企业反映的铁矿环境保护税代扣代缴问题得到解决，减轻企业负担。

【产业项目对接】 2018年，龙岩市工商联组织商会、企业积极参加重大经贸活动，促进民企产业项目对接。海峡两岸机械产业博览会期间，上海、广东、深圳、厦门等8家异地龙岩商会组织60多位企业家参会，海南成铭实业有限公司、东莞市昊晟自动化设备科技有限公司、东莞骏业电子科技有限公司分别与长汀县、龙岩经济技术开发区、武平县进行项目签约，总投资共5.5亿元。9月，广东龙岩商会10周年活动在永定举行，市工商联牵头举办项目推介座谈会，宣传龙岩市情及重点产业项目，听取企业家意见建议。10月，借助深圳市龙岩商会年会活动平台，会同市委统战部在深圳举办“闽西老区与粤港澳大湾区融合发展论坛”“第六次全国龙商会长论坛”，邀请专家主题演讲、政商对话、项目路演及点评，唱响“红古田”，共谋大合作。广东龙岩商会、海口龙岩商会、重庆龙岩商会、印尼龙岩总商会等商会发挥资源优势，大力推动龙商回归，帮助落实5个签约项目，总投资达9亿元。上海市龙岩商会主动牵线搭桥，促进杉杉股份、吉利控股与紫金矿业合作投资上杭新能源项目，总投资超过100亿元。

【光彩事业】 2018年，龙岩市工商联引导民营企业履行社会责任，积极投身“红土同心·百企帮百村”精准扶贫行动。截至2018年底，全市共组织124家企业(商会)与143个贫困村开展结对帮扶，通过产业扶贫、商贸扶贫、就业扶贫、捐赠扶贫、技能扶贫等方式，共投入帮扶资金2042万元，帮扶贫困人口4462人，资助4500名贫困户子女大学生入学。厦门龙岩商会携手厦门中山医院基金会，组织医疗专家前往长汀县开展“革命老区慈善行”义诊活动，义诊人数达1000多人。“龙岩企业日”期间，龙岩市福清商会、安徽商会、江西商会、南安商会等分别深入结对贫困村，开展走访慰问活动，给贫困户送温暖。连城兰花董事长饶春荣获第七届“光彩事业国土绿化贡献奖”。

【商会管理】 2018年4月，龙岩市委组织部、统战部、市民政局、工商联等七部门联合制定《龙岩市商会管理暂行办法》，建立综合监管机制，明确部门监管职责，规范商会行为，促进商会健康发展。对开展活动不正常、不按时换届、不按规定年检、工作处于被动状态的商协会进行整治清理，龙岩市化工行业商会正在办理注销手续。加大对异地商会组织的组建力度，指导筹备成立杭州市龙岩商会、长沙市龙岩商会、漳州市龙岩商会、义乌龙岩商会，吸收龙岩市青年企业家协会为团体会员，派团参加印尼福建龙岩总商会成立庆典。指导龙岩市汽车销售行业商会、龙岩江西商会、宁波龙岩商会顺利换届。引导和支持有条件的商协会成立党支部，不断扩大党的组织和党的工作在商会的覆盖面。北京龙岩商会成立党总支，有党员54名，下属两个支部。广东、深圳、厦门、乌鲁木齐、石家庄、成都、西安、宁波、昆明等异地龙岩商会，温州、南安、惠安泉港等直属商会先后成立党支部。深圳市龙岩商会、新罗区武平商会等成立青年委员会、妇女委员会等组织，拓展商会服务职能。

(邹建福)

责任编辑　上官克盈

龙岩市总工会

【龙岩市工会第五次代表大会】 2018年12月27—29日，龙岩市工会第五次代表大会召开。市委书记许维泽出席并讲话，市委常委、统战部长、第四届市总工会主席邓菊芳主持会议并代表市总工会第四届委员会向大会作工作报告。会议选举产生市总工会第五届委员会、经费审查委员会委员和新一届领导班子，市委常委、统战部部长邓菊芳再次当选为市总工会主席，刘先裘、罗振基、冯荣珍、林长秀（兼）、范伯群（兼）、廖婷婷（挂）、徐淑英（兼）当选为副主席，兰建亮当选为经费审查委员会主任。

【省劳动模范和先进工作者座谈会】 2018年4月28日，市委、市政府在龙岩人民会堂举行龙岩市2018年省劳动模范和先进工作者座谈会暨首届“龙岩工匠”荣誉证书颁发仪式。市领导林兴禄、魏东、廖德槐、赖双奇出席座谈会并向“龙岩工匠”颁发荣誉证书。

【市政府与市总工会召开第15次联席会】 2018年12月29日，龙岩市人民政府市长林兴禄主持召开市政府与市总工会第15次联席会议。市委常委、统战部长、市总工会主席邓菊芳，市委常委、市政府常务副市长王龙，市总工会班子成员，市政府办、市委编办、市财政局等单位相关负责人参加会议。会议要求，要创新方式方法，继续关心支持工会工作，为工会组织履职创造良好外部条件，推动工会工作与时俱进、不断创新。要贯彻落实好政府与工会联席会议制度，畅通政府与会沟通渠道，强化部门联动，形成工作合力和长效机制，推进全市经济社会发展各项目标任务全面落实。

【教育引导】 2018年，龙岩市总工会利用苏区、老区红色资源，开展“两学一做”主题学习教育，开展“职工心向党·拥抱新时代”职工元宵灯谜会和3场以“展现新风采·拥抱新时代”为主题的庆“五一”活动，举办“我与改革开放共成长”职工诗歌征集活动，编写《习总书记劳动观》快板，引导广大职工自觉传承闽西红色基因，唱响劳动主旋律，践行社会主义核心价值观。

2018年2月28日，龙岩市“职工心向党·拥抱新时代”职工元宵灯会在溪南文化广场开展 （市总工会　供图）

2018年4月23日,市总工会"庆五一·三送三进"活动走进美食城

(市总工会　供图)

【劳动竞赛】　2018年，龙岩市总工会围绕市委市政府"双培育"行动计划,制定出台工会龙头企业类职工技能竞赛活动计划和奖励措施。在厦蓉高速、龙岩大桥、一中分校、龙津湖建设项目等重点工程建设、重大民生项目中开展以比精神、比氛围、比技能、比创新、比贡献为主题的"五比竞赛"活动,参加企业150多家,参赛职工近万名。

【技能竞赛】　2018年，龙岩市总工会在金融、烟草、电力等行业(系统)开展33场职工技能竞赛,7000多名职工参加。选拔推荐三名福龙马公司职工参加第六届全国职工职业技能大赛福建选拔赛钳工省级决赛,包揽前三名,并参加全国赛。218名职工参加省级职工技能竞赛,25人获得前三名。在市县两级行政服务中心286个窗口、1503名职工中开展以比便民、比规范、比高效、比满意、比精气神为主题的"五比"服务竞赛,竞赛活动纳入市政府绩效管理考评指标。深化群众性经济技术自主创新活动,征集职工"五小"技术革新项目878项,项目数和获奖数名列全省设区市总工会第2名，被省总工会授予优秀组织奖。

【模范精神弘扬】　2018年，龙岩市总工会举办"劳模面对面,'章'口话两会"百名劳模学习贯彻全国"两会"精神座谈会,组织100多名劳模开展"助力乡村振兴"义务植树和"进机关、进企业、进农村、进社区、进学校"活动。将1489名市级以上劳模纳入数据库管理,筹措12万元,走访慰问80名劳模代表。推荐评选"全国工人先锋号"2个,"全国五一劳动奖章"1名，省级劳模41名；命名60个市级"工人先锋号"。创建全国、省、市级(示范性创新)劳模工作室50个,其中,全国劳模陈进周示范性创新劳模工作室为全国首批、全省第一个。协助配合命名首届8名"龙岩工匠"。

【和谐劳动关系构建】　2018年，龙岩市总工会深入开展集体协商,发出工资集体协商要约书2100份,覆盖企业1.1万家,覆盖职工近23万名,签订女职工权益保护专项集体合同2261份。协同漳平市总工会在漳平台湾农民创业园区制茶行业签订集体合同,成为全国首份台湾农民创业园制茶行业集体协商。加强三方四部门协调机制建设,开展和谐劳动关系企业创建工作,28家企业,2个乡(镇、街道)获得市级命名。开展食堂后勤竞赛活动，保障职工快乐、舒心工作。开展"七五"中期职工普法宣传、农民工"尊法守法·携手筑梦"法制宣传教育系列服务活动。

【依法维权】　2018年，龙岩市总工会发挥职工维权"110"和"一庭一室四制度"机制作用,实施"中彩金"法律援助项目,受理法律援助案件807件,为受援人争取直接经济利益125万多元。接待到信、到访、到电1151人次,办结率100%。9月,市总工会代表省总参加全国工会信访工作经验交流会,并作典型发言。实施《福建省工会劳动法律监督条例》,用好"一函两书",成功举办全国工会劳动法律监督工作会议,并作典型发言。开展"安康杯"竞赛和群众性安全生产隐患排查治理活动,1115家企业和10多万名职工参与。

【企业民主管理】　2018年，龙岩市总工会推动建制与依法推进"两个普遍"结合起来,着重推进非公企业、区域性(行业性)职工代表大会制度建设。全市已建工会组织企业中,13414家建立职代会制度,建制率97.6%,12704家建立厂务公开制度,建制率92.4%;12923家企业建立平等协商签订集体合同,覆盖职工297182人,签订率94.01%;181家企业建立职工董事制度,84家企业建立职工监事制度。民主管理规范化逐步推进,新增102家国有企业达到规范化建设标准,7家企业被认定为省级示范单位。开展"公开解难题、民主促发展"主题活动，征集职工代表提案125件，选送上报37件优秀提案。

【阵地建设服务】　2018年，龙岩市总工会推进市县两级职工服务中心转型升级,市工人文化宫项目建设完成投资1.2亿元。建设14家全国、省、市级"职工书屋",新建10家"妈妈小屋"。协调推动办好"四点半"课后服务活动。

【送温暖服务活动】 2018年，龙岩市总工会在“两节”期间，开展“大走访、大慰问”活动，筹集452.67万元资金，走访慰问176家苦脏累险企业、4087名坚守岗位一线职工、1486户困难职工；持续开展农民工返乡系列活动，帮助1642名农民工平安返乡；招募169名职工书法志愿者，开展60多场“写春联·送祝福”活动,送出春联近3万份。举办38场招聘会，为近7万人提供就业服务；推动“金秋助学”列入市委市政府为民办实事项目，筹集250.32万元金秋助学资金，帮扶684名困难职工(农民工)子女就学；组织发动26万多名职工参加职工医疗互助活动，补助1万人次，补助金额800多万元。建立24个环卫工人爱心服务点和4个环卫工人诉求工作站；联合蛋糕生产企业为900多名一线环卫工人免费赠送生日蛋糕。通过入户走访、金秋助学、落实政策等举措帮扶16户挂钩贫困户，完成脱贫攻坚任务。筹集600多万元开展防暑降温慰问，慰问企业300多家，职工5万多人。

【职工素质提升】 2018年，龙岩市总工会依托龙岩侨中、市交通技校等9家培训基地广泛开展职工技能素质培训工程，培训职工4705人。联合龙岩电大实施农民工“求学圆梦行动”计划，全市招收556名学生。举办2期全市工会干部手机摄影培训班，培训学员200多名。

【工会基层基础夯实】 2018年，龙岩市总工会开展“强基层、补短板、增活力”行动，重抓产业、行业(集团)工会联合会组建，以纵向整合提升工会组织凝聚力。235家百人以上企业(含外资企业)全部完成建会。全年新建工会组织1733家，新发展工会会员19553人，其中农民工14899人；新建八大群体工会组织705个，发展会员8964人。推行党建带工建“353”工作机制，建立非公有制企业和社会组织党建带工建培育示范点33家，其中，3家被评为省级示范单位。《工人日报》《经济日报》《福建日报》等多家主流新闻媒体对“353”工作机制作宣传报道和经验介绍。

【基层规范化建设】 2018年，龙岩市总工会广泛开展“争创模范职工之家、争做职工信赖娘家人”活动，75.23%的基层工会开展建家活动，2354家基层工会建成合格以上职工之家，命名表扬市先进职工之家78个、市先进职工小家60个、市优秀工会工作者99名；推荐申报福建省模范职工之家、模范职工小家各13家；推荐申报全国模范职工之家2家、模范职工小家2家。进一步落实镇街(园区)工会基础建设，健全和完善镇街(园区)工会各项工作机制提升镇街(园区)工会工作水平。

【工会干部队伍建设】 2018年，龙岩市总工会加强工会领导干部协管工作，协管配齐配强县级总工会领导班子人选7人次。完善工会专干管理，制定出台《龙岩市工会专干管理办法实施细则》，加大工会专干考核力度，对任期满3年的77名工会专干进行考核。公开招聘23名工会专干补充到镇街(园区)工会。至年底，全市聘用工会专干147名，实现镇街(园区)专干队伍全覆盖。举办工会干部各类培训班12场，专门组织100名工会专干专程到厦门省总工会培训基地开展集中轮训。

【网上工会】 2018年，龙岩市总工会拓展“龙岩工运”微信公众号服务功能，搭建职工网上办事大厅。开通线上实时公交查询、职工电子书屋、微官网、微矩阵等线上互动平台，为龙岩市工会和基层工会及会员之间沟通提供方便快捷的通道，实现工会与广大职工双向互动。通过“龙岩工运”网站、微信公众号推送各类信息725条，点击量超过67万人次，点赞数1.3万次。

（李　亮）

共青团龙岩市委员会

【青年思想政治建设】 2018年，龙岩团市委深入开展“青年大学习”行动，印发“图说十九大”“学习总书记‘7·2’重要讲话学习资料”等，开展学习宣讲活动。广泛开展“不忘初心、牢记使命”“你好，新时代”“争做新时代好队员”等活动，各县(市、区)依托青年之家建立“学习社”，涌现出“趣读吧”“青年·杭川梦”“悦读汀州”等大学习典型。组织团代表和优秀青年代表开展团十八大、省第十四次团代会精神宣讲和青年榜样走基层分享。

【青少年红色教育】 2018年，龙岩团市委发挥中央团校古田培训基地作用，先后承办团省委七一主题党日活动和北京团市委革命传统教育活动。在古田、才溪、松毛岭、中复村等地打造青少年教育基地，设计红色研学线路，吸引当地中小学生和省内外高校大学生到龙岩市开展假期红色研学活动。将传承红色基因融入学校团组织日常活动，上杭实验小学争创“邓六金”中队、长汀争创“杨成武”中队等，推动红色故事会、红歌会、红色主题团日等活动常态化开展。

【新媒体阵地建设】 2018年，龙岩团市委巩固网络正能量新阵地。加强团属新媒体阵地运营，组建运营团属网站11个、官方认证微博11个，累计吸引粉丝近4万名，公众微信平台11个，累计关注27万人，全市团属“两微一网”每年有效阅读量过100万人次。唱响青年网络“好声音”，完成团市委官网改版，引领网络正能量。组织拍摄防范“校园贷”普法剧《贷价》在央视12套黄金时段播出。

【"青"字品牌工作创新】 2018年，龙岩团市委完成市青年企业家协会换届，组织青年企业家学习"晋江经验"，并与石狮青商会开展合作交流。开展青年文明号、青年突击队、青年安全生产示范岗创建和"赛技能，比贡献，助攻坚"活动，动员全市青年文明号集体开展优质服务示范活动。评选"大美龙岩·青承匠心"传统工艺十佳青年传承人和优秀传承人，多项传统技艺被市文广新局认定为非物质文化遗产。与网易合作开展十大群众文化活动"青年声态度"歌唱比赛，网络直播总阅读量超12万人次。

【脱贫攻坚】 2018年，龙岩团市委率先在"e龙岩"设立公益助学栏目，开通建档立卡贫困学生网上助学直通车，2018年"希望工程·圆梦行动"累计筹募善款418.39万元，资助贫困家庭大学新生761人，连续9年位居全省前列。开展农村青年致富带头人、创业青年、返乡大学生培训500余人次；组织服务欠发达地区大学生志愿者到乡(镇)从事扶贫志愿服务；会同市农业局组织每个县推荐1家农业示范基地，补助5万元。

【青年志愿服务】 2018年，龙岩团市委起草关于加强志愿服务的一揽子建议并提交市委，提议以"政府购买服务"形式支持志愿工作，列入全市创城机制常态化工作，率先在新罗区试点成立"壹公益"组织服务社，每年由市、区两级财政按1:1比例总投入100万元购买中心城区志愿服务。大力推广"志愿汇"系统，注册志愿者超27万人，活跃志愿者超1.5万人，广泛开展"走进龙岩火车站感受中国速度""弘扬雷锋精神建设美丽龙岩""从心启航"心肺复苏全民公益行动等志愿服务。

【生态市建设助力】 2018年，龙岩团市委做好长汀134.67公顷青年世纪林的绿化和水土保持工作，建设"青春家园示范点"43个，挂牌青年林130多公顷。开展"大美龙岩·青春护绿"植树活动20多场。深化"河小禹"行动，组织大学生志愿服务队与各县青年生态环保社团结对，定期开展水质监测、河道净化、绿化、美化和主要河段巡查，引导青少年树立生态文明理念，参与生态文明建设。

【青年创业创新服务】 2018年，龙岩市青年企业家协会第九次会员大会、龙岩市电子商务协会第二次会员大会暨跨境电商分会成立大会召开，两百多名青年企业家、电子商务青年从业者成为协会的新鲜血液。打造创业基地，全市挂牌成立青年创业孵化基地、创业园、众创空间10家，吸引入驻企业(创业团队)137家。依托"银团合作"模式向创业青年提供小额贷款791笔8866.48万元。

【青年成长发展帮扶】 2018年，龙岩团市委在市直机关青年中开展"大美龙岩"系列跑步、登山、骑行、趣味运动会和联谊交友等活动。"心回归"重点青少年群体关爱项目争取到省财政20万元资金补助。开展"大手拉小手"关爱农村留守儿童暑期支教和周末素质拓展活动，服务农村留守儿童1000多人。支持主管的青年志愿者协会和不主管的义工俱乐部、正能量协会等社会公益开展活动。

【青少年合法权益维护】 2018年，龙岩团市委发展青少年事务社工队伍，全市承接8项上级部门社工项目，争取资金50余万元，为500余名重点青少年群体提供专业社工服务，间接覆盖青少年3000余人。开展共青团与人大代表、政协委员面对面活动。2018年两会期间，向市、县(市、区)两级人大、政协提供提案和建议20余篇，有效反应青年的诉求。

【共青团龙岩市第五次代表大会】 2018年11月28—29日，共青团龙岩市第五次代表大会召开。市委书记许维泽出席并讲话，市四套班子在龙岩领导出席会议，团省委书记肖华鑫莅会指导。大会应到代表276人，实到代表245人，大会听取《建功新时代 建设新龙岩 为坚持高质量发展落实赶超奉献青春力量》的工作报告，大会选举产生团市五届委员41人，候补委员18人；五届一次全会选举产生团市五届委员会常委11人。罗露露当选为共青团龙岩市第五届委员会书记；郭昊瑜、曾庆德、岳绍峰、毛华平(挂职)、张煜(兼职)、苏东冬(兼职)、林聪(兼职)当选为副书记。

【基层团组织建设】 2018年，龙岩团市委做好"数字团建"工作，通过福建数字共青团系统，创建团委513个，团支部7516个，团籍归属团员94734人。全市2509个基层团支部被评定为达标和星级团支部，通过自己建、联合建、党群共建共享等方式建设"青年之家"综合服务平台118家。做好村级团组织换届，全市1919个村级组织全部完成换届选举工作。

【团员队伍建设】 2018年，龙岩团市委严格政治标准、组织程序和团前教育，2018年新发展团员总数控制在7600名以内，预计可于2018—2019学年结束时将全市初中毕业班团学比降至30%、高中阶段毕业班团学比降至60%。推行标准化"入队""入团"仪式。严肃团内组织生活，规范"三会两制一课"，评议不合格团员100余人，经限期整改后评议合格，履行"推优入党"政治责任，激励团员青年在学习工作生活中创先争优。

(岳绍峰)

龙岩市妇女联合会

【思想政治引领】 2018年，龙岩市妇联组建百支“巾帼宣讲队”，开展“红土巾帼大宣讲”1283场次。开展“红土巾帼心向党 千村百居唱起来”展演活动765场次，节目5653个。4月上旬，在全省首创以网络形式在市妇联微信公众号开展展播投票活动，将村居妇联自荐、县乡妇联择优推送的14个作品在市妇联“闽西姐姐”微信公众号上展演并组织有奖投票活动，5万多人次参与网上投票。6月30日，由省委宣传部、省妇联联合主办，市委宣传部、市妇联等单位承办的“八闽巾帼心向党 万村千居唱起来”展演在上杭古田会议会址广场举行，以快板、歌舞、说唱、情景剧等展演形式，宣扬习近平新时代中国特色社会主义思想和中共十九大精神；并组织省市县乡村五级妇联党员干部重温入党誓词，纪念中国共产党成立97周年，引领广大妇女坚定不移听党话、跟党走。

【乡村振兴巾帼行动】 2018年，龙岩市妇联围绕提升妇女创业意识和就业能力，自办或联办农村实用技术、电子商务、家政服务、专家快车农村行等培训班148期，培训妇女8918人次；联合农信联社授信妇女创业“巧妇贷”300余万元，鼓励农村妇女发展优质农特产品生产加工、特色种养等创业就业项目；新增培树省级巾帼示范基地7个；联合市河长制办公室开展“巾帼护河共建生态家园”护河行动755场次；联合市林业局开展千名巾帼志愿者义务植树活动100余场次，引领妇女积极开展建设生态家园巾帼行动。

【脱贫攻坚巾帼行动】 2018年，龙岩市妇联实施巾帼精准脱贫家政培训项目，培训建档立卡贫困妇女206人。推进“贫困母亲资助行动”，争取中央彩票公益金贫困母亲“两癌”救助专项基金32万元、省妇联“两癌”贫困妇女救助金84.9万元、市慈善总会贫困母亲救助金6.7万元、李新炎慈善基金会贫困母亲救助金15万元，累计资助贫困母亲275人、“两癌”妇女349人。发动1.34万人购买女性安康险。将春蕾计划纳入公益助学龙岩“e”行动，争取省妇联“春蕾圆梦”助学行动专项资金10万元、龙岩烟草公司春蕾助学金5万元、“福龙马”春蕾圆梦助学金20万元，帮助70名品学兼优的贫困家庭高中应届毕业女生圆大学梦。

【巾帼圆梦行动】 2018年6月5—6日，龙岩市妇联参加第十届海峡论坛·海峡妇女论坛，推荐长汀县策武镇南坑村与台北市松山区介寿里进行两岸绿色村结对签约，推荐龙岩市凤凰社区“创城大妈”志愿服务队与台湾新竹市妇女服务队进行两岸巾帼环保志愿者组织结对签约。8月1—5日，在长汀县举行“姐妹情·一家亲”海峡两岸家庭文化交流活动，邀请台湾妇女、台湾家庭共25人到长汀交流联谊，促进两岸妇女、家庭相互了解和情感深度融合。8月2—9日，市妇联党组书记、主席蓝凯英随省妇联团赴香港澳门交流访问，出席“纪念改革开放40周年闽港澳台妇女发展论坛”“海峡两岸暨港澳妇女共筑中国梦研讨会暨澳门福建妇女联谊总会成立二十周年庆典”。

【家庭文明建设】 2018年，龙岩市妇联举办寻找“最美家庭”新闻发布会，开展第五轮寻找“最美家庭”和“五好家庭”活动，培育市级“最美家庭”“五好家庭”各10户，省级“最美家庭”15户、“五好家庭”13户，全国“最美家庭”2户、“五好家庭”1户。举办16场幸福婚姻大讲堂和9场“家庭教育公益大讲堂”，传播和谐建家、科学育儿理念。倡导亲子共读系列活动，通过阳光家庭教育空中微课堂、“书香女人”“大手牵小手·快乐动起来”“阅读，让彼此更近”等载体，举办各类亲子读书活动近百场。

【妇女儿童合法权益维护】 2018年，龙岩市妇联借力“红土清风”录制“拒绝家庭暴力 创建和谐家庭”反家暴访谈电视节目，开展“清新太拔 巾帼肃毒”大型集中宣传，举办“建设法治武平巾帼行动·维权与爱同行”妇联主席送法下基层活动。在市妇联婚姻咨询调解中心设立“红土先锋党员工作室”，调处危机家庭婚姻矛盾。推动建立妇联排查、综治协调、司法化解婚姻家庭矛盾纠纷化解新模式，摸排出重点婚姻家庭纠纷风险隐患195例，化解率87.7%。市妇儿工委制定出台《关于加强法规政策性别平等评估咨询工作的意见》，成立市法规政策性别评估咨询委员会。

【妇女组织建设】 2018年12月11—13日，龙岩市妇女第五次代表大会召开，大会选举产生新一届市妇联领导班子，首次配备1名挂职副主席和4名兼职副主席。女性进两委基本实现“一推选两确保”目标。全市1790个行政村党组织完成换届，新一届村党组织中女性成员875名，占15.41%(比上届提高1.05个百分点)，女性村支书120名，占6.7%(比上届提高2.44个百分点)。完成换届选举的1790个村委会中，女性成员1844名，占30.4%。女村主任65人，占3.63%(比上届提高2个百分点)。

【巩固全国文明城市创建成果】 2018年3月7日，龙岩市妇联联合市委文明办、市直机关党工委举办“文明靓岩城 巾帼再出发”龙岩市巾帼志愿服务活动推进会。会上，通报表扬100位优秀“创城大妈”志愿者、20支优秀“创城大妈”志愿服务队、10个市直机关创城巾帼志愿服务优秀集体，宣读“文明靓岩城，巾帼再出发”承诺书，进一步巩固提升创城大妈志愿服务名片，引导带动更多妇女踊跃投身常态长效巩固全国文明城市、文明县城、文明村镇创建成果。

（郑连香）

龙岩市科学技术协会

【科协改革】 2018年，龙岩市科协落实《龙岩市科协改革方案》,18项具体任务按序时进度推进。出台《市科协全委会工作制度》《市科协常委会工作规则》,督促各县(市、区)科协按时出台改革方案,指导新罗、永定、武平县(区)科协完成“三长制”(医院院长、学校校长、农技站长)试点,在全省范围内率先在乡(镇、街道)科协层面推行“三长制”,全市43个乡(镇、街道)完成“三长制”,吸纳“三长”139人。

【创新驱动】 2018年，龙岩市科协引进高端人才,与印遇龙、谢华安、龚晓南等院士对接,新建省级院士专家工作站2家和省级院士专家示范工作站1家。承办中国科学院学部学术与出版工作委员会四届九次会议暨“院士专家龙岩行”活动,秦大河、郑兰荪、朱作言等10位院士为龙岩乡村振兴、产业转型等献计献策。新建国家级学会服务站3家、省级学会服务站5家,新建数量居全省第二。对接全国纺织工程学会、粮油营养学会等一批专家到龙岩服务。服务当地人才,推荐紫金矿业衷水平、龙岩学院石小琼获评第六届省优秀科技工作者,推荐一批科技工作者论文获评第十三届省自然科学优秀学术论文；开展“5·30”全国科技工作者日系列活动。开展学术研究、交流活动,以“践行新思想,汇智新征程,建设新龙岩”为主题征集科协年会论文,全市近300名科技工作者参与,80篇优秀论文呈相关部门参考。超额完成省科协下达的2018年科技服务产品应用推广项目任务,10家企业获专利信息现场服务。

【对台交流】 2018年，龙岩市科协配合省科协闽台科技交流中心对台属进行科技问卷调查,了解上报台资企业科协组织建设情况。组稿参加省科协闽台科技社团民间交流合作30年图片展。承办2018海峡科技论坛分会场“两岸绿色发展与乡村振兴”论坛,两岸专家学者、科技人员120多人参加,其中台湾科技人员38人。论坛征集论文91篇,签订闽台科技合作项目3个。推动成立漳平农民台创园区科协，吸引30多名台籍科技工作者加入,成功推选台创园区科协张朝渊为省科协第九届委员会委员。

【科普工作】 2018年，龙岩市科技馆投入近400万元,新增公共安全主题展厅、VR体验室、学术报告厅,全年进馆参观人数超20万人。上杭县科技馆落实过渡性馆址,实施布展设计。创建科普中国e站184个,26所中小学入选“2018年全国青少年科学调查体验活动特色学校”与“科普中国示范e站”。举办第十一届市青少年科技创新大赛、第二届市青少年机器人竞赛。漳平实验小学学生卢天南“野外巧取中华蜜蜂巢蜜便携式诱蜂箱”项目获全国青少年科技创新大赛学生创新项目一等奖,实现龙岩市首金。加大科技辅导员培训力度,机器人教育培训覆盖全市,武平二中教师黄春信、长汀一中教师罗春春获评“十佳科技辅导员”。各级科协及所属团体累计组织120多个单位、4000多名科技工作者、科普志愿者参加相关主题科普活动,开展“科普大篷车老区行”17次、中国流动科技馆巡展8站,受众超30万人。市科协荣获中国科协全国科普日优秀组织单位。邀请相关媒体记者前往原小池养鸭协会等10多处采访宣传,在完善与闽西日报社、市电视台、广播电台、移动公司等合作的基础上,在“e龙岩”新增“科普知识”栏目,实现链式传播。2018年龙岩市在福建省“科普中国”传播活跃榜上排名第二,永定区科协苏晓红获“科普中国APP邀您参加全国科普日活动”网评第1名。实施科普示范县和基层科普行动计划,争取省财政专项资金补助390万元,科普示范县和一批科普中国e站、社区科学工作室、中小学、协会获益。举办农村专业实用技术培训班34期,有效助力“五新”技术推广和科技精准扶贫。

【第二届龙岩市青少年机器人竞赛】 2018年4月6—7日,由龙岩市科协、市教育局主办,市科技馆、市青少年机器

2018年4月6-7日,第二届龙岩市青少年机器人竞赛在市科技馆举行

（市科学技术协会　供图）

人教育协会承办的第二届龙岩市青少年机器人竞赛在市科技馆举行。竞赛主题为“创意成就未来，科技放飞梦想”，主要对FLL工程挑战赛的申报项目进行评判，选手利用所学知识，自主设计搭建机器人，编写相关任务程序，通过竞技和对抗方式最终决出优胜者。全市各地51支参赛队伍，产生一等奖6队、二等奖12队，并择优推荐参加5月在晋江市举办的第16届福建省青少年机器人竞赛活动。

【2018年龙岩市暨连城县全国科普日主场活动】 2018年9月16日，以“创新引领时代，智慧点亮生活”为主题的2018年龙岩市暨连城县全国科普日主场活动启动仪式在连城一中举行。2018年龙岩市暨连城县全国科普日主场活动由龙岩市科协、市委宣传部、市教育局、市科技局、市经信委、市气象局、连城县人民政府共同主办，为期一周。活动紧扣2018年全国科普日“创新引领时代，智慧点亮生活”的主题，重点安排创新引领时代，智慧点亮生活、扫黑除恶、禁毒知识、反邪教等主题宣传，以及体验科学助力成长、“互联网+科普”、健康义诊咨询服务等系列活动。

2018年9月16日，龙岩市暨连城县全国科普日主场活动启动仪式在连城一中举行（市科学技术协会　供图）

【第十一届龙岩市青少年科技创新大赛】 2018年11月24—25日，由龙岩市科协、市教育局、市科技局、市环保局、市关工委和上杭县人民政府联合主办的第十一届龙岩市青少年科技创新大赛在上杭举行。全市182所中小学校，802个项目，约2.5万名学生参加基层选拔推荐活动，共收到342个项目和作品，其中，学生科技创新项目156个，少儿科幻画135幅，科技实践活动35项，科技辅导员科教创新项目16个。大赛评出优秀学生科技创新项目120项、少儿科幻画90幅，科技实践活动项目25个，以及科技辅导员科教创新项目优秀奖14个。

2018年11月24—25日，第十一届龙岩市青少年科技创新大赛在上杭举行（市科学技术协会　供图）

【学会管理】 2018年，龙岩市科协班子成员分别挂钩若干市级学会，开展学会大走访活动，推行“三个一批”，对活动较多、影响较大的学会示范创建一批，对未及时换届、联系不紧的学会指导换届一批，对长期失联、没有活动的学会推动注销一批。注销学会12家，行业脱钩5家。出台《关于加强市科协所属学会的监督管理意见》，完成公职人员兼任学会职务、领取薪酬补贴等不规范问题治理整顿。

【意识形态工作责任制落实】 2018年，龙岩市科协成立市科协意识形态工作领导小组，出台《市科协党组落实意识形态工作责任制实施方案》。抓好社会主义核心价值观、科学家精神等宣传教育，加强对市科协网站、《龙岩科普》期刊、科普宣传栏、微信公众号等阵地建设和日常监管。市科协网站总访问量超165万人次，《龙岩科普》印发16期总字数约65万字，龙岩市科技馆公众号发布新闻50余篇，未发生舆论宣传负面事件。

（梁伟坚）

龙岩市文学艺术界联合会

【文艺队伍培育】 2018年，龙岩市朗诵协会成立，发展首批会员70人，填补闽西朗诵艺术类专业群团组织的空白。建立一支相对稳定的通讯员队伍，依托“e龙岩”“龙岩文艺”栏目、《龙岩文艺》，建设网上推介平台，发展网络文艺。

【文艺惠民】 2018年，龙岩市在文艺志愿服务队的基础上组建234支闽西红色文艺轻骑兵小分队，依托各基层文联、各文艺家协会、闽西书画院深入基层，组织各类主题活动1000多场次，参与活动文艺工作者近2000名，足迹遍布全市各乡（镇），重点覆盖革命基点村、美丽乡村建设示范点、贫困地区和边远山区，受益群众超10万人。

【文艺创作】 2018年，龙岩市有《追英雄的少年》《苏区小英雄》《赶太阳》《三根金条》4部原创作品入选“2018年农家书屋重点出版物推荐目录”。参与中国民间文艺家协会的新世纪记忆工程《中国民间文学大系·传说·福建卷》的组稿工作，完成约17万字民间传说的搜集整理，通过审核并进入发排印制阶段。组织编辑出版《画说闽西》《画说新罗》《画说长汀》等画册工作，推进优秀传统文化的传承发展工程。黄连池出版诗集《小草微吟》；丘庭镜出版诗集《沧浪诗选》；张庆明出版作品集《漫步云端》；张瑞初出版《诗词格律与创作体验》；林鉴标出版《悠远情韵》歌曲集；卢济鸿、陈大富出版《客家家训》。邱德昌、何志溪共同撰写的武术研究著作《客家武林奇葩·上杭女子五枚拳》由中州古籍出版社正式出版。邱德昌、郭鹰、詹鄞森、季仙、唐宝洪作品入围“八闽传奇儿童文学馆红色少年小说系列”，一年中2次再版印刷发行，其中《秘密》《汀江觅渡》获2018百道网好书榜，并登上当当网畅销书榜单。

【书画成果】 2018年，在“八闽丹青奖”书画双年展中，龙岩市画家刘瑞儿、张锦华获金奖提名；书法家赖坤文获金奖，范泰和获金奖提名。黄伟油画作品《静观佳兴之三》获“可见之诗——第三届中国油画风景作品展”学术奖（最高奖）。纪念改革开放40周年“意之大者——第五届福建省写意画大展”，龙岩市4人获奖，5人入选。8件作品获“第七届福建艺术节·纪念改革开放40周年福建美术书法作品展”优秀奖（最高奖），另有12件作品入展，获奖和入选数在全省名列前茅。

【文学成果】 2018年，闽西籍作家黄发有获得第七届鲁迅文学奖，成为获得该奖的首位闽西籍作家；黄征辉报告文学在中国水利文协、作协、长江水利委举办的征文比赛中获一等奖，散文《故事从那年春天开始》获全国诗歌散文邀请赛一等奖。

【影视成果】 2018年，国内首部以非法校园贷款为题材的迷你剧《贷价》在中央电视台12频道《普法栏目剧》播出；《采茶灯少儿版——斜背飘茶香》获2017年度福建省广播电视艺术奖电视文艺节目一等奖。

【戏曲舞蹈成果】 2018年，龙岩市戏剧家协会会员伍银莲获“全国非物质文化遗产保护工作先进个人”称号；在第三届福建省曲艺“丹桂奖”少儿大赛中，评书《甘罗拜相》获二等奖，讲古《一封留款信》获三等奖。第十三届福建音乐舞蹈节中，由刘少雄作词、兰茂林作曲、邱佳佳演唱的歌曲《别让爱等太久》获声乐类优秀节目奖和创作奖等两项大奖。

【民间文艺成果】 2018年，在“匠意乡愁，镌刻文明——首届寻访民间建筑工匠”系列活动中，胡赛标作品《土楼建筑是一门艺术》获一等奖；钟德彪获建省传统村落保护大使暨达人称号，陈弦章、徐维群的论文，共同入围“福建省传统村落优秀论文名单”。

【摄影成果】 2018年，林建德作品《妈祖过海》入选中摄协主办的“记忆非遗”弘扬中华优秀传统文化大型摄影主题展，《最美笑容》获第八届“金鹤奖”全国数码摄影大赛优秀奖，《关心》获梅花山全省摄影大赛二等奖。孙畅《盲人“摸”象“棋”乐无穷》（组照）获2018年践行十九大福建摄影家心中的“中国故事”摄影展优秀奖，作品《厦门游艇别墅群》《健康随烟而逝·病痛伴烟而生》获第二十六届福建省摄影展艺术创意类优秀奖；邱岩萍作品《坚持不懈》获第二十六届福建省摄影展纪实类优秀奖、《落马》获艺术创意类优秀奖；邱小辉在2018光路·艺术摄影国际巡回展、2018长青国际摄影沙龙巡回赛等国际、国内大型比赛中，有5件作品获金牌、3件作品获银奖、1件作品获铜牌，1件作品获国际沙龙摄影大赛PAS绶带。

【重大展览赛事】 2018年，龙岩市举办“圣地古田”全国原创歌曲征集评选活动，在全国范围内征集270多首歌词和歌曲作品。主办“鸟鸣龙岩”鸟类摄影展，编辑出版《龙岩鸟类图集》《龙岩鸟类视频专辑》。

（赖清玉）

龙岩市社会科学界联合会

【社科学术】 2018年，龙岩市社科联举办全市社科联系统学习新思想培训班。5月，市社科联举办全市社科联系统深入学习习近平新时代中国特色社会主义思想培训班，邀请知名教授作学习习近平新时代中国特色社会主义思想专题辅导。建立健全龙岩市社科联理论学习中心组制度。紧密结合推进“两学一做”学习教育常态化制度化，把习近平新时代中国特色社会主义思想作为中心组学习的主题主线。举办龙岩市社科界学习宣传贯彻习近平新时代中国特色社会主义思想研讨会。9月28日，研讨会邀请6名龙岩市社科专家及2个县级社科联作交流发言。

【社科智库】 2018年，龙岩市社科联加强社科规划课题研究，组织省市理论研究力量开展联合攻关，完成《习近平生态文明建设思想在福建的历史溯源、理论特色与实践路径》《文化自信旗帜下客家文化弘扬与向外传播的思考》《原中央苏区红色金融研究与启示》等10个社科规划重点课题项目，编辑出版《学习新思想建设新龙岩——2018年龙岩市社科规划重点课题论文集》。做好市政府委托课题工作。完成2017年市政府委托5个重点课题；重点立项2018年市政府委托的4个课题，分别为《充分发挥红色、绿色优势，推进龙岩高质量加速度发展》《补齐城市发展短板，全方位提升龙岩中心城市品质》《研究龙岩市具有闽西特色的乡村振兴之路》《如何建设龙岩特色创新型城市》。提升社科刊物质量。利用刊物《闽西社科》《客家纵横》宣传社科学术成果和传播客家文化，培育闽西良好的人文学术环境。《闽西社科》出版6期，刊发100余篇高质量的文章。《客家纵横》杂志改版升级，进一步突出客家属性，出版4期，刊登各类学术论30余篇。

【社科普及】 2018年，龙岩市社科联开展集中性普及活动。11月20—26日，由中共龙岩市委宣传部、龙岩市社科联、龙岩学院社科联联合举办2018年龙岩市社会科学普及宣传周。宣传周活动以“新时代新征程新使命·谱写龙岩发展新篇章”为主题，开展包括红色故事展演、发放社科读物、“社会科学在你身边”普及咨询活动、社科讲坛和报告会、社科知识有奖竞猜竞答、社科普及进校园、主题图片展览等系列科普活动。市、县(市、区)两级社科联、各级社科普及基地在科普周期间共推出30多项活动，吸引近万名群众参与。开展百场社科专题报告会活动。邀请龙岩学院教授于年河作《习近平总书记讲话所用典故解读》、福州大学法学院教授丁国民作《行政行为的法律风险应对策略》等8场专题报告会，推进理论武装工作进机关、进基层。打造社科普及精品。9—10月，推出一批社科普及精品活动。龙岩市社科联与龙岩学院社科联联合开展“传承红色基因、展现青年担当、唱响时代旋律”红色故事展演活动；新罗区社科联举办“移风易俗进万家”文艺演出活动；永定区、上杭县社科联组织社科专家开展“不忘初心·重走红色交通线”活动；连城县社科联举行“大榕树下‘老’讲堂”；长汀县社科联举办“大美汀州·非遗流芳”客家山歌展演活动；武平县社科联举办“小蜜蜂”宣讲团宣讲活动等。

（王　晶）

龙岩市归国华侨联合会

【基层组织建设】 2018年，龙岩市侨联组织学习《基层侨联组织工作条例(试行)》，明确了解侨联基层组织的概念和性质.在《闽西乡讯》刊印《基层侨联组织工作条例（试行）》《中华全国归国华侨联合会章程》，在侨界群众中广为宣传。各县(市、区)侨联配合统战部做好港澳乡情普调。新罗区侨联完成换届工作，选出第十八届领导班子；督促、指导7个乡（镇、街道）侨联完成换届。协助和指导市侨商会、华侨大学校友会、侨联侨史学会开展工作。协助市侨商会完成换届和召开第二届会员大会。市侨商会会员单位从43家增加到54家。

【文化交流】 2018年，龙岩市侨联协助长汀县汀州客家文化研究中心申报“中国华侨国际文化交流基地”，并经中国侨联批准被列入第六批。协助省侨史学会在新罗区东肖镇、永定区下洋镇开展的“传统侨村文化”调研活动，探索发挥华侨资源优势，推动传统侨村的发展振兴。参与《龙岩华侨史》的编撰工作，发动专家参与“客家祖地与全球客家研讨会”。永定积极推动《下洋华侨史》编撰启动工作。

【经济建设服务】 2018年，龙岩市侨联融入项目落地、脱贫攻坚、生态环保“三大战役”，配合做好招商引资和服务侨商到龙岩投资考察活动。市委常委、统战部长邓菊芳调研港资明星企业、龙岩市委、市政府“‘三大战役’突出贡献和成绩突出企业”获奖单位——福建龙麟集团有限公司，参观福建省第一条环保水泥生产线和生活垃圾、危废协同处理系统，了解企业界生产经营情况，并就企业反映问题进行协调解决，为企业排忧解困。市侨联主席魏冬梅赴漳浦参观考察市侨联副主席、市侨商会执行会长许阿强家族企业——福建龙麟集团在当地的投资项目。副调研员沈水清带领各县(区)侨联主席前往龙岩经济技术开发区调研新加坡华人温龙平创办的福建龙生生物科技有限公司，了解企业发展、管理和运行情况。为千亿达集团股份有限公司董事长郑两斌一行到龙岩了解投资项目及招商环境牵线搭桥；做好新西兰龙岩商会会长饶金生一行在龙岩、上杭的经贸考察活动。长汀侨联协助做好澳大利亚福建总商会执行会长饶国辉率领的考察团一行、省侨联“海纳百川”高层次侨界优秀人才、美国医用微生物和传染性疾病学博士伍林宪在长汀的考察活动。上杭侨联邀请返乡侨胞参加“上杭县2018年企业家新春座谈会”。调研侨港澳资企业。连城县侨联主席李治鸿参加县政府赴香港经贸考察，走访闽西籍企业家，通报连城经济和社会发展情况、投资环境建设和产业发展布局。

【社会工作】 2018年，龙岩市侨联向海外侨胞、侨界群众宣传修改后的《龙岩市捐资兴办公益事业表彰办法》。龙岩市政府投资与发展顾问、香港华业（控股）有限公司主席周年茂捐赠公益事业善款1000多万元，获“福建省捐赠公益事业特别贡献”奖。澳门同胞巫汉宏捐资修建永定区大溪乡大联村进园树山的村道拓宽工程2.8千米，该村道被命名为“光明路”。参与重点侨村——新罗区东肖镇溪连村的“平安大村”建设，4次共建活动投入5000元帮助溪连村设置宣传栏，用于宣传“扫黑除恶”平安大村建设相关内容，印制平安建设宣传手册3000份。

【脱贫攻坚】 2018年，龙岩市侨联经市侨联牵线搭桥，由福建省侨联、省东南科技产业开发研究院联合组织的“百侨百企科教扶贫助学”活动分别在永定、上杭、长汀举行助学捐赠仪式，向200名小学生发放科教文体包，每个文体包价值约500元，总价值约10万元。争取省侨联“百侨帮百村，联村助户”项目资金27.6万元，做好贫困户的摸底、审核、申报、汇总，精准帮扶贫困户93人。跟踪了解连城县姑田镇下余村四户帮扶对象，发放帮扶金5400元。

【法制宣传】 2018年，龙岩市侨联全体干部参加“宪法和监察法”网络学习和考试。刊印《龙岩市华侨捐资兴办公益事业表彰办法》《基层侨联组织工作条例（试行）》《中华全国归国华侨联合会章程》，在侨界群众中广为宣传。刊印《龙岩市红色文化遗存保护条例》，增强侨界群众对红色文化的认识和对红色文化遗存的保护意识。参与“宪法日”法制宣传活动，联合新罗区侨联、东肖镇侨联、溪连村侨联在东肖镇举办“普法·义诊”双下乡活动，邀请市二院骨科和妇科专家、律师进行医疗和法律咨询、义诊，妥善办理侨界群众信访诉求5件。多渠道维护侨益，依靠法律顾问委员会做好法律咨询和疑难案件的办理；妥善办理侨界群众信访诉求5件，涉及寻根、房产维、拆迁征用等。

【宣传与信息】 2018年，龙岩市侨联编印《闽西乡讯》12期，寄送海外36个国家和地区。向上级侨联报送侨情专报10篇，被采用8篇，其中中国侨联采用3篇。市侨联获省侨联“信息宣传先进集体”三等奖，李贵海获“信息宣传先进个人”二等奖。

【重点提案承办】 2018年，龙岩市侨联办理市政协提案4件。办理重点提案《关于加强基层重点侨乡华侨陈列设施建设的建议》，市侨联与市外侨办共组提案办理工作小组，多次与提案单位沟通，征求基层侨联意见，深入重点侨乡镇调研，推动市、县、乡三级华侨陈列设施建设。

【海外联谊】 2018年，龙岩市、县两级侨联接待巴西、美国、加拿大、新西兰、澳大利亚、南非、新加坡、马来西亚、印度尼西亚、阿联酋、德国、巴拉圭等海外乡亲32批500多人次。新罗区侨联参与第八届世界龙岩同乡恳亲大会筹备工作，参与举办旅外乡亲新春恳谈会，300多人参加。新西兰龙岩同乡会在龙岩举办新春座谈会，40多名返乡侨胞参加。参与承办“一带一路·水韵华彩映万象”国际名家走进龙岩写生等活动，邀请中国、美国、俄罗斯、英国、意大利、马来西亚、巴基斯坦、印度、加拿大、新加坡、韩国、日本等20多个国家和地区的50多位国际当代名家参加。帮助马来西亚侨胞苏庆华、林南瑞、陈德发，新加坡侨胞赖金兰找回失联的祖地宗亲。

【侨情动态】 2018年，龙岩市侨联通过建立微信群，密切与海外乡亲和社团的联络沟通，及时掌握海外社团和乡亲动态。向海外发出贺函、唁电16封。闽西海外乡亲杨秋安发起成立马来西亚雪兰莪滨海区龙岩会馆，当选会长；钟飘在奥克兰发起成立新西兰厦门联谊会，当选会长；刘平发起成立美国德克萨斯州达拉斯福建同乡会，当选会长；赖洪元发起成立印尼福建龙岩总商会，当选会长；林淑如发起成立加拿大福建工商联合总会，当选会长。马来西亚槟城龙岩会馆换届，林南瑞当选第61届会长，郑伟平当选理事长。上杭籍日本归侨、清华大学终身教授、博士生导师廖洪恩获第七届“中国侨界贡献奖”。旅美华文作家江岚主编“新世纪海外华文女作家丛书”获全国城市出版社年度二等奖。美籍华人郑艳被推选为省海外杰出女性联谊会会员。上杭侨联组织美国、加拿大、新加坡等地社团、华人华侨通过网络参与“上杭春晚”。

【龙岩市第六次归侨侨眷代表大会】 2018年12月29日，龙岩市第六次归侨侨眷代表大会在龙岩召开。大会有正式代表127名，特邀代表5名。会议审议通过市侨联第五届委员会工作报告，选举产生市侨联第六届委员49名、常务会员19名，魏冬梅继续当选主席，刘鸿奇，张明耀、陈伯安、许阿强、曾宪超、江少春、廖启承当选副主席，李贵海当选秘书长。会议还聘请胡矛南为市侨联新一届名誉主席，聘请34名海内外侨界人士为顾问。

（李贵海）

龙岩市红十字会

【组织队伍建设】 2018年，龙岩市红十字会召开四届四次理事会，强化民主决策和监督机制。全市有基层组织430个，博爱卫生院11个，救护站19个，示范校17所，青少年教育实践基地7个，志愿服务队58支。

【应急救援体系完善】 2018年，龙岩市红十字会加强备灾救灾物资仓库建设，规范备灾救灾物资管理。市红十字会备灾救灾中心正式投入使用，先期装备库房面积836平方米，完成20万元备灾救灾物资采购。

【应急救护】 2018年，龙岩市红十字会举办红十字应急救护技能大赛，推进应急救护知识“六进”工作，全市举办救护员培训班61期、培训救护员3275人，普及培训371场、培训4.3万多人（含7个青少年教育实践基地普及培训）。完成总会项目390平方米红十字生命安全体验馆建设，争取市政府、省红会支持体验馆升级建设资金100万元。

【人道救助】 2018年，龙岩市红十字会受理“天使阳光基金”和“小天使基金”申请18份。持续开展“红十字博爱送万家”活动，慰问特困家庭237户；发放慰问物资价值5.66万元。慰问武平“麻风村”人员23人，发放款物价值1.1万元。

【“三献”工作】 2018年，龙岩市红十字会造血干细胞血样入库204份，体检2人，实现捐献1例。遗体器官捐献报名登记21人，实现捐献6例；救助捐献者困难家庭共6.4万元；争取市财政支持50万元建设壁葬墙100平方米共400孔骨灰位的遗体器官捐献者纪念园，至年底，该纪念园建设完成并投入使用，是全省最完善的遗体器官捐献纪念园。

【志愿服务体系完善】 2018年，龙岩市组织志愿服务活动400多场，参与志愿者4000多人次。志愿者蔡俊峰获总会年度优秀红十字志愿者嘉奖，市红十字衣加衣志愿服务队、“大手牵小手·关爱留守儿童”志愿服务项目分别获评2018年福建省学雷锋志愿服务“四个最美”先进典型之最佳志愿服务组织、项目；市红十字衣加衣志愿服务队获得福建省首批百家优秀志愿服务组织称号。

【交流交往】 2018年3月，澳门红十字小太阳计划博爱小学探访体验团一行29人前往长汀县古城中心校开展博爱小学探访体验活动。10月，巴基斯坦红新月紧急救援管理研修班到市红十字会交流访问。

【宣传工作】 2018年，龙岩市红十字会与龙岩人民广播电台合作，每天4次“公益点状”播报；《听，爱的声音》策划6期专题访谈；“主播带你学急救”将线上宣传延伸到线下活动，实现“红会声音天天有”。2018年，市级红十字会共在各级电视、报刊、网络媒体刊播新闻信息80多篇（条）。

（谢永英）

龙岩市台湾同胞联谊会

【参政议政】 2018年，龙岩市台联推荐7名定居台胞、常住台胞分别成为青年工作委员会、妇女工作委员会及经济、社会、法律工作委员会委员，为有参政议政能力的台胞提供平台，反映台胞心声。4月，市政协台联界别委员到永定区古竹乡黄竹烟村及湖坑镇奥杳村吴屋村开展涉台宗亲会调研。7月，市台联协助省政协台联界别委员到漳平开展“促进台湾青年创业就业同等待遇、加强两岸青年交流融合”课题调研。

【联谊交流】 2018年，龙岩市台联对接协调做好第五届全省少数民族文艺调演、第七届“三月三”畲族文化节暨第十一届海峡两岸少数民族丰收节工作。做好台湾青龙生物科技股份有限公司、台北台海两岸经贸文教交流协会等台商到龙岩参访工作。首次组织龙岩市涉台宗亲会永定区湖坑镇吴屋村吴氏宗亲，赴厦门参加第十届海峡论坛“同名村·心连心”联谊活动，与台湾桃园县八德区广兴里吴氏宗亲进行联谊，并就永定吴屋村柿子品种的改良及百香果种植等达成合作意向。加强闽台两岸青年的沟通交流，选派1名台籍大学生参加“2018年海峡西岸台胞青年夏令营”；选派1名青年台胞参加“第七届电商培训”，促进青年台胞的创业就业。应台湾中华妇女联合会邀请，副会长李美龙于12月22—28日赴台参加省台联组织的关于开展两岸婚姻家庭及婚生子女工作的交流活动。

【定居台胞扶贫济困工作】 2018年，龙岩市台联做好定居台胞扶贫济困专项资金的摸底及发放工作。2018年龙岩市台联共争取省级财政和市配套老龄和困难补助资金65.76万元，以打卡形式发放两补，半年发放一次，惠及5位困难台胞及99位老年台胞。在“两补”（老龄补助、困难补助）工作中，省财政和市财政配套资金每年对60周岁以上的台胞进行按月补助，并按是否领取退休金进行区分补助。2018年，全市有60周岁以上的台籍同胞99人申报2019年老龄补助，市台联与市人社局协作摸排申报者是否有领退休金或领何种养老保险金，或在缴何种养老保险金，全面完成99位申报者的摸排工作。严格审核困难台籍学生，争取0.1万元助学金，受惠困难台籍学生1人。

多方面做好扶贫济困工作。协调当地党委和政府，为重残低保户黄金连解决老房拆迁后的自建房用地问题。建议部分在生活中非常困难且符合条件的台胞向当地民政部门申请纳入低保或五保，多次协调各级政府相关单位并跟踪落实处理情况。至年底，困难台胞张嘉颖、蔡鹭鹏纳入五保，吴光彪、李新生、许林强、黄敏尧纳入低保。市残联摸排残疾台胞人数、残疾类别、等级等信息，更新23位残疾台胞信息。中央统战部开展2018年度定居台胞慰问工作，其中包含从台湾回龙岩定居的国民党老兵及其龙岩生活困难的子女（低保户）。市台联开展摸排，3名国民党老兵符合条件。

【定居大陆两岸婚生子女摸底工作】2018年，龙岩市台联做好龙岩市两岸婚生子女基本情况的摸底工作，全市35人符合条件。

【定居台胞创业就业政策扶持】 2018年10月8日，龙岩市出台《龙岩市深化龙岩经济文化交流合作实施意见（试行）》，俗称45条惠台政策，市台联以45条惠台措施出台为契机，引入台商到龙岩参与文旅康养、乡村振兴战略美丽乡村建设，对接2家有意向投资康养产业的台商（1家开展咨询工作，1家进行选地和公司注册的前期准备），成功引入一家台湾生物科技公司微生物复合菌技术，使龙岩市定居台胞企业从传统矿产资源型转型为生物技术有限公司。

（林珊珊）

中国国际贸易促进会龙岩市支会

【项目推介和对接活动】 2018年，龙岩市贸促会组织市重点企业龙净环保公司参访德国、捷克、波兰三国，参加汉诺威工业博览会举办的B2FAIR对接会等系列商务活动，取得意向对接捷克巴佳大学研发中心的皮革加工废弃物处理技术的初步成果。组织龙岩市企业参加“9·8”福建—海上丝绸之路国家经贸合作对接会，乾元新型建材有限公司等与境外客商进行建材、卫浴、化妆品、服饰箱包等行业的采购对接。组织龙岩市20家企业参加“9·8”第十七届世界商业领袖圆桌会议、跨境电商产业资源对接会，3家企业与香港卓瑞企业、俄罗斯YANDEX支付、阿里巴巴等公司对接交流，达成初步意向。参与组织由泰国投资促进委员会广州办事处在龙岩主办的“泰国投资政策”推介会。陪同泰国驻厦总领事馆代总领事及泰国有关商务机构代表参观考察龙净环保、海德馨汽车、福建侨龙应急装备有限公司等龙岩装备制造企业，向泰国客人介绍环保设备、各类应急电源车、大功率排涝抗旱设备“龙吸水”等一批特种机械装备，为企业多渠道走出去提供平台和机会。

【营商环境优化】 2018年，龙岩市贸促会推行实施对外贸易经营者备案和原产地证企业备案“两证合一”，在贸易便利化方面不断提升服务层次和水平。国际贸易“单一窗口”按时上线，实现在同一平台内完成多项国际贸易业务申报工作。推动企业足不出户完成原产地证书的自主打印，实现“零见面”，推行“零费用”，赢得“零投诉”，为企业出证认证提供更好的服务。

【新载体“互联网+”服务企业】 2018年，龙岩市贸促会深入调研本土重点企业，为企业提供精准服务打好基础。深入厦门一批电商及电商平台企业调研学习，与厦门贸促会达成一致意见，利用闽西南贸促联席机构的平台资源为龙岩企业服务。举办第二届油茶博览会，帮助畲族茶农拓展销售渠道，组织相关电商企业和农副产品经销商前往上杭县官庄畲乡，进行油茶等农副产品现场采购对接，推动和改进现有的油茶产业经营管理模式，构建新平台。举办“厦门·龙岩‘互联网+特色产业’交流对接会”。邀请新零售服务知名企业厦门又一城网络科技公司等全渠道零售服务商与龙岩市23家知名的地产优质产品制造企业、特色农副产品、日用品、出口玩具等生产、销售企业进行互联网销售渠道和模式的实务对接。

（中国国际贸易促进会龙岩市支会）

龙岩市关心下一代工作委员会

【党的十九大精神学习贯彻】 2018年7月5日，龙岩市关工委在古田干部学院举办学习贯彻习近平新时代中国特色社会主义思想培训班。上杭县、武平县和新罗区关工委举办学习中共十九大精神专题培训暨关心下一代工作推进会。长汀县关工委与县委老干局联合举办习近平新时代中国特色社会主义思想暨中共十九大精神宣讲骨干培训班。连城县、永定区和漳平市关工委召开中共十九大精神学习交流会。市、县（市、区）关工委发挥“五老”报告团、宣讲团、关爱工作团作用，组织宣传中共十九大精神进学校、进企业、进农村、进社区活动。市关工委组织人员到上杭县、漳平市和市直机关宣讲习近平新时代中国特色社会主义思想，利用关工委简报、内刊、微信等舆论阵地，加大宣传力度，引导广大青少年和“五老”强化“四个意识”，坚定“四个自信”。上杭、长汀、武平等县和新罗区通过组织报告团、文艺队深入村（居）、社区、学校、企事业单位宣讲宣传，把中共十九大以及习近平新时代中国特色社会主义思想精神传播到广大青少年中。

【“传承红色基因，争做时代新人”教育活动】 2018年，龙岩市关工委把开展“传承红色基因，争做时代新人”主题教育活动作为2018年的重要工作。6月12日，市关工委和上杭县关工委在革命圣地古田会议会址前联合举办“传承红色基因，争做时代新人”主题活动启动仪式。市教育局、市老干局分管领导，县、镇关工委和市、县教育系统关工委领导及古田镇中心小学师生代表100

多人参加活动。市关工委向少先队员赠送《习近平新时代中国特色社会主义三十讲》《关爱之声——红色闽西》《闽西红色小故事汇编》等红色教育书籍。各地依托市、县(市、区)关工委挂牌设立的48个各类青少年教育基地，用好红色“乡土”教材，开展瞻仰革命旧址，缅怀先辈丰功伟绩和重温苏区革命史等活动，让广大青少年了解党史国史，了解闽西的革命历史。

全市各级关工委把开展主题教育活动与纪念改革开放40周年和开展“中华魂”读书活动结合起来，发挥“五老”报告团、宣讲团作用，利用清明节、国庆节等重大节庆，通过组织宣讲、辅导讲座、文艺演出等形式，开展党史国史革命史教育进学校、进班级、进团队、进社区、进村居、进企事业单位，走进青少年群体。市关工委会同市教育系统关工委开展“传承红色基因，争做时代新人”征文、演讲比赛，并推荐优秀征文(选手)参加省关工委举办的征文、演讲比赛；开展“青少年所思所想所盼”专题调研活动。长汀县关工委开展“传承红色基因，争做时代新人”主题教育报告会。连城县关工委开展“不忘初心，学习红军精神”主题活动。全市各级关工委开展“传承红色基因，争做时代新人”主题教育活动700场次，受教育27万多人次。

【法制宣传教育】 2018年，龙岩市各级关工委继续开展“关爱明天、普法先行”青少年普法教育活动。利用政法战线离退休老干部组成的法制教育关爱团（组），推动落实法制教育副校长制度，送法律知识和法律服务进校园，推进《青少年法治教育大纲》实施，引导青少年增强法治观念和法治素养。市关工委组织关爱工作法制报告团成员到龙岩市松涛小学、龙岩师范附属总校、龙岩侨中等6所中小学校举行法制和禁毒教育报告会，组织师生观看禁毒宣传教育展板，并讲解和分发禁毒宣传资料。长汀县关工委举办“做自己的首席安全官——平安校园行”主题活动，汀州小学师生1500多人参加活动。新罗区关工委与政法、司法、检察院、法院等部门联合组建“法制教育报告团”，把普法宣传送进校园、送进社区。通过集中宣讲、案例图片展示等多种途径，在广大青少年中普及法律知识。全年全市开展普法教育661场次，受教育青少年37.3万人次。

【“中华魂”主题读书教育活动】 2018年，龙岩市关工委成立“中华魂”《腾飞的祖国——改革开放四十年》主题读书教育活动领导小组，制定主题教育活动方案，投入资金65590元，购买“中华魂”《腾飞的祖国》主题教育读本12000册，发放到市属11所中小学、中职学校学生手中。11月20日，在龙岩高级中学举行发放教育读本活动仪式。各县(市、区)关工委均成立主题读书教育活动指导小组，制定活动方案，分别购买主题教育活动的读本，赠送给中小学生阅读，并开展知识竞赛、演讲比赛等系列主题教育活动。

【网吧义务监督队伍】 2018年，龙岩市关工委和各县(市、区)关工委均建立“五老”网吧义务监督队伍，全市有网吧监督小组70多个，义务监督员733人。网吧监督小组配合文化、公安、工商等部门，宣传有关法律法规，举办网吧业主培训，加大日常巡查力度，劝阻未成年人进入网吧，引导青少年健康上网。市关工委协同市直政法关工委志愿者定期到市区的网吧开展义务督导活动。29位志愿者参与网吧督导20次，劝阻60人次未成年人进入网吧。新罗区关工委发挥“五老”网吧义务督导员作用，组织152名网吧义务督导员，劝阻167人次未成年人进入网吧。

【帮扶帮教】 2018年，龙岩市关爱工作团(组)动员和组织“五老”人员继续开展为农村留守儿童、进城务工人员子女、城市流动儿童特别是“五失”(失学、失亲、失管、失足、失业)特殊青少年群体的帮扶帮教活动。在思想和心理上进行疏导，学习上给予指导，生活上给予关照，就业、创业上给予扶持。市关工委、市总工会联合发出《关于联合开展关爱农民工子女“三进”活动的通知》。市关工委配合市总工会开展“关爱农民工子女进校园”活动。向谢洋小学赠送图书14种、1040本。6月1日，龙岩市关工委领导分组到市特殊教育学校、市松涛小学等6所学校(幼儿园、福利院)看望少年儿童，并送上节日慰问金(每校2000元)。市关工委相关人员，到中城街道北关社区、上井社区走访慰问张廷辉、吴宛霏两户困境儿童代表，分别送上1000元慰问金。新罗区中城街道关工委联系爱心企业武平商会和龙岩铁塔有限公司为龙岩市特殊教育学校的孩子们捐赠5万多元的物品。

【“种子工程”升级版打造】 2018年，龙岩市各级关工委开展打造“种子工程”升级版，“争当创业创新标兵”活动，参与实施乡村振兴战略，帮助青年农民创新创业，服务精准脱贫攻坚和社会主义新农村建设。

各级关工委根据当地产业发展状况，农时季节和青年农民的需求，采取自办、联办、参与和请进来、送出去、实地参观等多种形式举办种植、养殖、加工、营销等内容的农科技培训班，提高种子人员和其他青年农民农科技水平。全市举办培训班424期，29958人参加培训。市关工委分别在漳平、武平举办“种子工程”茶叶培训班。邀请省农科院、龙岩市农业局等4位专家讲授茶叶种植、茶园管理、生物防治病虫害和电商营销知识，每期2天，106名青年茶农参加培训。上杭县关工委连续两年举办4次“种子工程”电子商务、百香果栽培技术培训班，400多位创业青年参加。县、乡(镇)两级关工委联合有关部门举办实用技术培训班57期，参训人员3250人(次)。

市、县(市、区)关工委组织关工委成员和老科技工作者,深入基层宣传实施乡村振兴战略和“大众创业、万众创新”重大意义，并组织“科技服务团(组)”,深入田间地头、种养基地,向创业青年传授农业新知识、新技术。市关工委领导分别深入各自联系的县(市、区)关工委和市关工委23个示范乡镇和部分种子人员的基地进行调研座谈,了解青年农民创新创业情况和种子人员的所思所盼。7个县(市、区)和许多乡镇关工委领导对种子人员和青年农民创新创业活动进行现场指导,帮助解决困难。连城县北团镇关工委引领镇、村关工委成员和“五老”人员，为青年农民自主就业创新开展“五个提供”活动(提供“精神食粮”、致富信息、技术指导、优质服务、示范典型)，助推青年农民创业。

11月，市关工委召开引领青年创新创业(种子工程)服务精准脱贫座谈会,总结“种子工程”标兵创新创业经验，青年农民创新创业标兵35人出席会议。会议表扬活动中成绩显著的标兵95名。

【工作品牌建设】 2018年，龙岩市各级关工委围绕打造“发扬革命传统,紧跟共产党走”“保护青山绿水,建设生态龙岩”“传承客家文化，推进两岸交流”三项工作品牌的要求,发挥龙岩市的红色文化、生态文化和客家文化三大优势,打造一批凸现闽西特色、贴近青少年实际的工作品牌。在传承红色基因方面,市关工委打造开展党史国史教育活动的铸魂工程;上杭县关工委创建争当“著名苏区好学生”活动品牌。在生态文化建设方面,长汀县关工委创立增强水土保持意识，共建绿色家园工作品牌;连城县关工委创建保护青山绿水共筑和谐家园品牌。在两岸交流方面,漳平市关工委创建两岸一家亲茶文化品牌;永定关工委创建海峡两岸青少年手拉手、心连心活动品牌。全市各级关工委根据各自实际，培育出36个不同类型的工作品牌。

【“党建带关建”工作】 2018年,龙岩市各级关工委把贯彻落实省、市“党建带关建”文件精神,同开展“基层工作创新年”和创建“五好基层关工委”活动紧密结合起来,至年底,全市“五好”关工委1616个，占关工委总数的60.94%,比2017年增加294个,增长16.28%。

配强领导班子,巩固壮大队伍。全市2018年领导班子得到调整充实的关工委组织1251个，新进各级班子领导成员1467人。重视以党的组织和党员队伍建设带动关工委的组织和工作队伍建设。新罗区以村(居)换届选举为契机,新建中心城区4个社区关工委和1个关工小组,动员一批新近退休的老同志参加关心下一代工作。2018年,全市“五老”总人数31960人,比2017年增加235人。

落实保障措施,全市各级把“党建带关建”纳入精神文明建设、社会治安综合治理工作内容,纳入基层党建目标责任考核体系。长汀县关心下一代工作做到“四个纳入”“四个统一”。上杭县把关心下一代工作和“党建带关建”作为党建目标管理的一项重要指标，对全县22个乡镇党委、28个县直党委、58个县直机关党工委及其直属党组织进行考评,考评结果同部门单位绩效挂钩。

(市关心下一代工作委员会)

闽西客家联谊会

【工作调研】 2018年，闽西客家联谊会前往国家级“客家文化(闽西)生态保护实验区”龙岩市、三明市所含8个客家县(区),即原“汀属八县”及江西赣州、广东河源、梅州等赣闽粤边“客家大本营”地区,调研客家文化,拜谒客家先贤,加强客家联谊,学习客家联谊工作经验。开展客家美食产业调研,促进客家美食产业发展。开展“客家文化与理学渊源”调研,探寻客家文化发展脉络、精神源泉。

【客属联谊】 2018年，闽西客家联谊会应邀出席河南新郑“戊戌年黄帝故里拜祖大典”、永定“首届中国客家美食文化高峰论坛”、贵州省客家企业联合会成立庆典、世界客属宁化“祭祖”、长汀“祭河”大典、福州“一带一路”世界客家文旅大会等重要客属活动。与河南省客联会、贵州省客家企业联合会、福建省客家企业商会,江西赣州市客联会及石城、赣县、龙南等区县客联会,广东河源市客联会及和平县客联会,梅州市客联会及兴宁、蕉岭等市县客联会,三明市客联会及宁化、清流、明溪、沙县、尤溪等县客联会,漳州市客联会等密切开展会际交流。与省客联会、福建客家研究院、龙岩市各县(市、区)客联会,加强联动,密切合作。

发函祝贺中国台湾乡贤吴伯雄八十大寿,致函饶颖奇祝贺其女饶庆铃当选台东县长,祝贺台北市中原客家崇正会年度大会,接待到龙岩的台湾中华海峡两岸客家文经交流协会、台湾军公教警消退休联盟代表团、台北闽西同乡会、永定同乡会、世界客属总会香港分会等社团领导、客属同胞。承办“2018闽台客家青少年广播电视夏令营”活动,组织海峡两岸营员“重走客家迁徙路，共话两岸血脉情”，中央统战部官网、中央台办、国台办官网及其中国台湾网,中新网、夏令营途经地河南、福建等地媒体予以报道。

发函祝贺新加坡南洋客属总会董监事会就职典礼，会见回龙岩乡贤、欧洲福建总商会理事长一行等。组织山歌代表队出席第二届全球客家山歌交流赣南联谊活动。先后接待或会见台湾世界客属总会理事长刘盛良、永定同乡会会长黄建兴、马来西亚客属侨领吴德芳、马来西亚居銮客家公会会长姚森良、马来西亚柔南大埔同乡会会长罗培勇、香港客属社团首长联谊会理事长黎国威、河南省客联会会长赖谦进、广东河源市客联会会长刘学良等客属社团领导。

【传承研究】 2018年春节期间，闽西客家联谊会邀请清华大学教授彭林带领考察组到龙岩，考察土楼、宗祠、名城、名镇、牌匾、雕版、正月节庆等客家物质文化、非遗文化。支持武平县“元初客家欢”乡村春晚活动，推动客家民俗与时俱进。推进客家话传承工作，部署全市中小学生客家话比赛活动，支持上杭县开展“城区小学生客家方言比赛”。参与国家级“客家文化（闽西）生态保护实验区”规划纲要完善工作。和龙岩学院闽台客家研究院加强学术研究合作，支持龙岩学院办好第五届客家文化节、闽台客家研究院创建客家文化传习中心。

【平台拓展】 2018年，闽西客家联谊会与龙岩市技师学院联合召开“客家美食产业发展促进会”，和龙岩市客家文化研究会共同在市技师学院设立客家饮食文化传承创新基地；整合客家美食研究资源，筹设客家饮食文化和美食产业发展促进会，推动客家美食产业发展，促进客家联谊。

【场馆提升】 2018年，闽西客家联谊会组织市客联会调研组，陪同省客联会、客研院调研组，到龙岩市6个客家博物馆（园）调研。推进龙岩市客家祖地馆提升工作，协同市文广新局组织力量制订提升新方案，完成招投标工作。协同有关部门和县（区）客家博物馆（园），解决存在困难和问题。

（邹文清）

龙岩市计划生育协会

【组织网络建设】 2018年，龙岩市计生协会持续推动“基层计生协组织建设提高年”活动，设定“四联创”目标，从会员注册登记、乡级专职人员到位、优化理事结构、优化小组布局与配置、完善阵地建设、完善制度建设、开展宣传倡导服务活动和规范档案管理八个方面全面开展集中整建。精简后全市小组长结构得到优化，文化水平普遍提高。新罗、上杭、武平、长汀四联创活动获省人口计生领导小组通报表扬。继续推进国家级、省级计生基层群众自治示范创建工作。开展计划生育基层群众自治示范县创建评估检查，上杭县获“全国计生协计划生育基层群众自治示范县”称号。2018年，全市有“六好示范村居”818个，达标占比42.54%。

【宣传教育】 2018年，龙岩市计生协会出台《关于开展“会员心向党　建功新时代”主题活动的通知》，开展学习教育、生育关怀服务、建功立业系列活动，动员协会工作者、会员和志愿者参与产业发展、扶贫攻坚、乡村振兴工作。组织中国计生协《计生协会员群众学习贯彻党的十九大精神手册》发放学用活动。下发《关于开展“最美协会人”评选活动的通知》，开展最美秘书长、最美小组长、最美志愿者、最美通讯员和最美学刊用刊标兵评选活动。筛选表彰50名最美协会人并组织到漳州市学习交流，做好事迹宣传，扩大社会影响力。组织全市各级计生协会结合“5·15”国际家庭日、“5·29”会员活动日等开展系列宣传活动。联合省计生协、幸福工程省组委会在连城县主办母亲节系列活动。全市各级计生协会共开展宣传活动604场次，覆盖7万多人。组织力量挖掘征集学习宣讲中共十九大、生育关怀项目、困难帮扶、典型人物等小故事，拍摄成《暖冬》《娘家人》等5部微视频、微电影。抓好主流媒体宣传。与《闽西日报》、龙岩电视台《经济纵横》栏目合作，开设《共建生育文明　共享美好生活》专栏，分别刊播3期、7期。2018年，全市计生协会在国家级媒体上稿28篇，省级媒体41篇、内刊及网站、微信公众号151篇，市级媒体95篇。办好《龙岩人口与计生》，增设“六项重点任务”“基本公共卫生服务”“党建工作”专栏，每期印制1.5万份发送至县乡村组。

【青春健康项目】 2018年，龙岩市计生协会全面开展青春健康进学校、进社区、进家庭活动。武平县率先在全县整体推进青春健康工作，召开全县初高中学校青春健康工作会，编制《青春健康教育》县本课程，明确“九个一”标准，全县高初级中学全面普及。武平三中青春健康俱乐部完成“中国计生协青春健康沟通之道家长培训项目”，在全省计生协青春健康项目工作经验交流会上作典型发言。闽西职业技术学院、龙岩学院开展青春健康同伴社共建项目，并中标2018年中国计生协青春健康高校项目，占全省中标高校的1/3。全市启动创新中小学生劳动教育实践基地“青春健康教育馆”7个，新建各类青春健康项目点8个，巩固旧点7个，漳平市青春健康教育馆针对全市中小学5—8年级学生开展青春健康教育课程普及和宣传。

【生殖健康援助行动“蓝氧”项目】 2018年，龙岩市计生协会继续抓好新罗、长汀、武平“蓝氧”项目点工作，全年治疗2599人次，项目开展以来累计治疗7936人次。武平县开展计生母亲“两癌”筛查，为查出疾病的计生母亲提供免费的“蓝氧”治疗和相关健康指导服务，100名计生母亲受益。连城县联合县妇幼保健院免费为158名计划生育家庭育龄妇女（已婚，35—65周岁）做“两癌”筛查。新罗区增设西陂街道“蓝氧”项目点，把服务面扩大至社区群众。

【不孕不育治疗补助】 2018年，龙岩市计生协会投入6.3万元为21对不孕不育症困难家庭、计生特殊家庭再生育夫妻提供治疗补助。

【优生优育指导】 2018年，龙岩市计生协会持续将儿童早期发展项目作为龙岩市重要民生服务品牌，项目点覆盖面和建设成效均走在全省前列，创建的“五抓五有”标准和教育部门、卫生部门“两结合”模式得到省协会肯定。2018年，全市新建项目点39个，巩固旧点58个，成立儿童早期发展指导中心2个。4月，全省计生协会儿童早期发展工作经验交流会在上杭召开，市计生协、上杭计生协作经验交流。同步承办全省计生协会儿童早期发展项目管理人员师资培训班和全国百城万场科学育儿公益讲座启动仪式。全市组织科学育儿讲座365场，受益18250人次。

【计生家庭帮扶】 2018年，龙岩市计生协会开展计生特殊家庭帮扶。计生失独家庭住院护理保险、安居工程帮扶全覆盖。2018年首创失独家庭住房改善，4户住房困难的失独家庭新建住房，1户重新装修；筹措资金6.4万元，对全市60周岁以上的94户计生特殊家庭和2018年新增的17户失独家庭进行慰问。组织引导各县(市、区)计生协会结合当地实际开展“一对一”帮扶、常年家政服务、慰问、紧急救助、体检等。

调整充实幸福工程龙岩市项目指导小组成员。组织各级协会开展“扶困、扶志、扶助健康”活动。在系列活动中开展幸福工程资金集中发放、公益募捐活动、访贫慰问、举办生殖健康讲座、联合职业培训学校开展技能培训、关爱留守儿童等。继续推进幸福工程资金信用社代收代管做法，2018年全市幸福工程资金总量1842.07万元。全年投入资金635万元，帮扶贫困母亲229人户，惠及人口800多人。历年累计投入资金5447.27万元，帮扶贫困母亲4788人户，惠及人口16760人。受助母亲脱贫率98.4%。

2018年5月11日，在连城县举办的2018年“国际家庭日”“5·29计生协会会员日”暨第22届“母亲节——幸福工程救助贫困母亲活动日”系列宣传服务活动启动仪式上，计生贫困母亲代表领取幸福工程款

（市卫健委 供图）

安居工程各级投入补助资金100.5万元，帮助18户无房、危房计生困难家庭建新房，春节前全部搬入新居。至2018年底，全市安居工程投入700万元，帮扶计生困难家庭118户，占全省总数超过1/3。

计生家庭意外伤害保险。各县(市、区)投入保费442.26万元，为86424户计生家庭投保。全面开展计生失独家庭住院护理保险项目，投入保费9.39万元，参保人数624人，保障金额每天120元，最高180天，是全省保障天数和保费最高的设区市之一。

计生小额贴息帮扶。下拨计生贷款小额贴息资金111万元(省级86万元，市级25万元)，为540户计生困难户提供贴息帮扶，获得贷款2608.4万元。

【权益维护】 2018年，龙岩市计生协会抓好新罗区、永定区法律援助项目试点和市级乡镇法律援助站试点建设，开展维权活动。给予市级乡镇示范点1万元经费补助，各示范乡(镇)结合各地实际，选择相适应的援助模式。全市各级协会全年投入经费100多万元，聘请法援律师58人，举办业务培训95场次，培训人数4400多人，受理法律援助案件285件，调解民事纠纷1542件，开展法律援助宣传活动326次，挽回经济损失950多万元，惠及群众6万多人。

【流动人口服务】 2018年，龙岩市计生协会继续开展“流动人口健康服务年”活动，持续推进计生协组织在流动人口和“两新”组织延伸。2018年，新建“四级示范创建”流动人口计生协会项目点6个。其中，长汀县盼盼食品有限公司计生协申报为国家级项目示范点，新罗海德馨股份有限公司申报省级示范项目点，其余4个为县级示范点。

（葛建华）

责任编辑 饶晓艳

政法委及综治

【概况】 2018年，龙岩市委政法委围绕市委、市政府工作大局，主动跟进供给侧结构性改革、乡村振兴战略和区域协调发展战略等重大部署，贴近服务“项目落地、脱贫攻坚、生态环保”三大战役，有效化解各类风险隐患。全市法院系统深入分析研判案件态势、纠纷类型、利益诉求，妥善审结涉国企案件26件、环境资源案件458件、行政案件2201件。开展执行攻坚“天网”行动，执行到位31.18亿元、比上年增长19%。建立健全诉讼案件全程管控机制，成为全省唯一无两年以上长期未结诉讼案件的两级法院。全市检察机关依法履行批捕、起诉职能，严厉打击各类刑事犯罪，办理“老区红”等金融案件，严惩阻碍破坏项目建设、侵害企业及企业人员合法权益、侵占扶贫资金、破坏生态环境资源、制售有毒有害食品和假药劣药等违法犯罪行为，深入开展解决农民工讨薪讨债问题专项监督，取得明显成效。全市公安机关开展“红土利剑”“红土金盾百日大巡防”“红土雷霆八大攻坚会战”等整治行动，全年各类刑事案件、侵财类案件比上年下降21.27%、29.49%，“两抢”“两盗”犯罪案件破案率上升9.46%、4.07%，刑事案件发案降幅全省第一，破案率42.7%、居全省第三。全市防范办大力做好“法轮功”邪教组织等邪教防范处置工作，连续17年实现“零进京、零聚集、零插播”。全市国家安全机关及时提供准确信息，突出打好防御“颜色革命”和反间谍专项斗争，为提前防范、有效处置赢得主动。

【信访维稳】 2018年，龙岩市委政法委严格按照中央、省委和市委的信访维稳要求，强化属地责任和部门主管责任，完成全国“两会”、首届数字中国峰会、第五届世界佛教论坛、首届中国国际进口博览会等重要节点信访维稳工作。全市信访部门深入推进阳光信访、责任信访和法治信访，依法及时就地化解大量信访事项，信访总量、进京到非接待场所人次、进京越级上访、到省上访比上年分别下降24.7%、12.5%、44.8%、26.8%，全年无到省集体访；精心组织打好信访矛盾化解攻坚战，中央信访联席办交办的22件重点信访事项全部办结化解，信访积案办结化解率100%，息诉息访率95.7%。全市司法行政机关开展“护航三大战役　助力建设新龙岩”人民调解专项活动，全年调解各类矛盾纠纷14146件，调处成功率98.8%，社区服刑、刑满释放人员再犯罪率仅为0.11%，低于全国、全省平均水平。

【扫黑除恶】 2018年，龙岩市上下以鲜明的政治态度全面推进扫黑除恶专项斗争，取得阶段性重要成果。斗争质效总体较好，2018年，全市侦破一批黑社会性质组织、恶势力犯罪集团等案件并提起诉讼判决，形成强大震慑。斗争合力基本形成。行业监管力度不断加强，向相关部门发出提示函，问责相关监管失职人员；纪法衔接全面贯通，纪检监察机关与政法机关相互移送问题线索，并对相关人员进行立案审查调查；宣传发动广泛有效，发放举报奖励金31.2万元，占全省发放数的17.14%，居全省首位；综治、组织等部门强化联审联鉴，全市所有村居党组织实现一次性换届成功。斗争机制不断完善。成立以市委书记许维泽为组长的市扫黑除恶专项斗争领导小组，搭建“一办五组”（领导小组办公室、综合协调组、摸排打击组、违纪查办组、组织建设组、舆论宣传组）为牵头的组织框架。建立“四级书记一起抓、党政同责共同抓、行业部门联动抓”的组织领导体系和市级领导挂钩联系重点县（区）工作机制，优化组织部署，得到省委领导的充分肯定。延伸监督触角，开展全覆盖村级巡查的做法被全国推广。

【综治履责】 2018年，龙岩市上下认真履行综治责任，综治工作取得新成效。群众安全感满意率再创新高。2018年底全省群众安全感调查，全市群众安全感率、执法工作满意率、平安建设知晓率、平安建设参与率、矛盾纠纷调解率等五项核心指标均居全省第二位，群众安全感率98.728%，创历史新高。涉麻制毒重点整治实现突破。长汀县实现涉麻制毒问题的国家级摘帽，全市禁毒工作呈现“四降一升一零”(龙岩辖区案件数、全国破获汀籍案件数、全国抓获汀籍涉案人数、全国汀籍涉案人员比例下降，重点人员案前管控率上升，龙岩辖区“零窝点”)的良好态势。社会治理创新得到各级好评。通过“e龙岩”公共服务平台，激发群防群治新动能，成为坚持发展“枫桥经验”的龙岩品牌。以党建引领基层治理创新，有效提升市域社会治理水平，入选2018年全国城市基层党建创新案例。推行“统一平台+个性定制”综治网格化服务管理模式，成为创新加分项目。“平安县乡村三级联创”“七无”村居、信访“三无”等创建内涵不断丰富，在省对市综治评定结果通报中得到肯定。

【平安建设】 2018年，龙岩市出台建设更高水平平安龙岩实施方案，将防范社会风险工作纳入市委“大督查、大落实”内容，深入推进平安创建和依法治市工作。持续推进平安县乡村创建活动。及时兑现100万元“综治考评奖”，对2017年综治考评优秀县(市、区)、群众安全感率居全省前十名县(市、区)给予奖励。评定2017年度市级“平安乡镇(街道)”63个、比上年增长26%，“平安村居(社区)”671个、比上年增长6.8%。持续推进平安单位创建活动。坚持抓系统带单位、抓机关带基层，以创市级“平安单位”为抓手，推动行业系统担负起深化平安创建的主体责任。72个市直单位主动参与平安大镇、大村创建结对活动，创建平安大镇23个、大村96个。持续推进依法治市工作。深入实施“七五”普法规划，全面推行“一村一法律顾问、一居一法律诊所”，广泛开展“法律六进”活动，开展“七五”普法调研及中期督导，完善法律援助工作站和“12348”法律服务热线，大力培育法治文化，“法治龙岩”建设稳步推进。

【改革创新】 2018年，龙岩市委政法委贯彻落实省委、市委深化社会治理体制改革部署要求，重点推进6个大类14项改革创新任务，出台改革文件24份，取得显著成效。着力深化社会治理改革。总结推广长汀“六六”工作机制，制定出台加、强重点人员服务管理和开展严重精神障碍患者责任保险试点的措施办法，2018年实现严重精神障碍患者零肇事肇祸。建成龙岩市社会心理服务中心，推进社会心理服务体系建设。着力推进社会治理创新。实施“城市平安工程”，开展“八比竞赛”活动，组织打击整治盗窃“三车一瓶”百日攻坚专项行动，提升中心城区群众安全感满意率。深入开展“双争双做”活动，打造“联访联调”品牌，市县两级评定金牌调解工作室55个，推荐申报省级金牌调解工作室8个。着力提升“四化”治理水平。对接“e龙岩”，推进“e治理”，得到中央、省委领导的批示肯定。创新生态司法公益诉讼机制，严厉打击破坏生态资源违法犯罪，持续提升生态审判“龙岩样本”、生态检察“福建模式”、红土“生态警务”等龙岩品牌。扎实推进综治中心规范化建设，提升实战应用水平，在全省综治中心规范化建设现场会上作经验交流。

【政法队伍建设】 2018年，龙岩市委政法委全面贯彻落实市委《关于新形势下加强政法队伍建设七条措施》，继承闽西苏区“思想建党、政治建警”的优良传统，弘扬“马上就办、真抓实干”的优良作风，实施“铸魂工程”和能力素质提升工程，举办全市政法综治干部培训班，落实党风廉政建设联席会议制度、政治督察制度，查处一批执法司法腐败案件，深挖细查黑恶势力“保护伞”，坚决清除政法队伍中的害群之马，进一步提升政法队伍的良好形象。2018年，全市政法系统共获省部级以上表彰的先进集体18个次、先进个人15人次，涌现出“全国法院先进集体”永定坎市法庭、“全国人民调解工作先进集体”漳平市道路交通事故人民调解委员会等一批先进集体，以及“二级英模”涂太阳、“全国检察机关先进个人”吴旭涛、“全国法院司法警察先进个人”钟少东、“福建省先进工作者”黄家华、邱熠枫、“福建省劳动模范”罗伟、“全国律师行业优秀共产党员”何伟等一批先进典型。

(市委政法委)

法治政府建设

【概况】 2018年，龙岩市出台2018年依法行政工作要点，进一步加强对法治政府建设的统筹规划和整体部署。发挥依法行政考核“指挥棒”的作用，强化结果运用，增强工作实效，切实发挥考评工作对法治政府建设的导向作用。注重典型引领，坚持以创建“依法行政示范单位”活动为载体，把开展依法行政工作示范县(市、区)工作列入依法行政工作要点，大力培育依法行政先进典型。

【“放管服”改革服务】 2018年，龙岩市牵头开展证明事项清理工作。2018年11月29日，市政府向社会公布市本级规范性文件自行设定的证明事项清理结果，对涉及2项行政职权中的7项证明事项予以全部取消。市经信委、住建局、环保局、教育局等4个市直单位也向社会公布以本部门规范性文件名义自行设定的证明事项清理结果。全面清理与“放管服”改革不适应的规范性文件。围绕“放管服”改革，开展涉及著名商标、军民融合发展、产权保护、生态

2018 年 3 月 5 日，永定区警务人员到社区开展扫黑除恶宣传

环境保护、民营经济发展等多个专项清理工作，共清理规范性文件 527 件，其中废止 106 件。提供法律服务，推进“证照分离”改革试点、“多审合一”等改革，对取消、调整、下放行政权力、中介服务以及公共服务事项目录进行合法性审查，确保改革依法依规，确保行政权力在法治化轨道上进行。2018 年，共审查各类改革文件 20 多件。

【政府立法工作】 2018 年，龙岩市坚持制度建设有效管用，加强重点领域立法，突出地方立法特色，切实提高政府立法质量。组织相关部门先后起草《龙岩市饮用水水源保护条例（草案）》《龙岩市中小学校幼儿园规划建设条例(草案)》等地方性法规草案，并积极做好《龙岩市文明行为促进条例（草案）》等地方性法规草案的征求意见工作。

【行政执法规范】 2018 年，龙岩市推进城管、环保、文化、安全生产等重点执法领域执法体制改革，重点配合做好环保机构监测监察执法垂直管理制度改革工作，做好开展相对集中行政处罚权工作，整合执法力量，促进行政执法由分散执法向集中执法转变，有效减少重复执法，提高执法效能。根据中央、省、市的统一部署，推行行政执法公示制度、执法全过程记录制度和重大执法决定法制审核制度。加强执法资格管理，对拟申领执法证件人员进行资格审查，对符合条件的人员审核发放行政执法证，并对全市行政执法人员实行动态化管理。进一步加强行政执法与刑事司法衔接工作，并将此项工作纳入绩效考评内容。加大行政执法监督协调力度，对各县(市)区政府和市直重点执法部门开展案卷评查工作，通过案卷评查，发现行政执法存在的问题，列出问题清单，督促相关部门认真整改。

【依法民主决策】 2018 年，龙岩市健全完善科学民主依法决策机制。把强化行政决策法治化作为法治政府建设的支撑点，从合理确定行政决策权限范围、完善决策程序、健全内部决策规则入手，执行《福建省人民政府重大行政决策十条规定》，将公众参与、专家论证、风险评估、廉洁性评估、合法性审查和集体讨论决定作为重大决策的必经程序，确保决策权限合法、程序合法、内容合法。率先在全省制定出台市政府重大行政决策听取意见等七项制度以及“一评估四联动”机制，有效构建规范重大事项决策行为的制度体系。围绕市委、市政府中心工作，站位政府法制服务高质量发展落实赶超全局，既严守政治纪律、政治规矩和国家法律、政策，又优质高效服务龙岩经济社会发展。把好重大决策合法性关口，在合法性审查工作中，既敢于说“不”，又善于说“行”。对城市建设、征地拆迁等重大议题，在市政府协调会或市政府常务会前的征求意见和会议过程中，独立发表法律审查意见，确保政府依法行政。把好规范性文件审查合法合规性关口。对市政府发布的规范性文件，严格按照《福建省规范性文件备案审查办法》规定，及时报送省政府和市人大常委会备案，确保规范性文件得到有效监督。2018 年共计向省政府和市人大常委会报备规范性文件 37 份。对各县(市、区)政府和各部门报送备案的规范性文件认真进行审查，切实做到“有备必审、有错必究”，确保备案监督全面有效。2018 年，审查把关各项决策及文件 100 多项，其中审查合同 21 件，审查规范性文件 37 件，审查各县(市、区)和市直单位规范性文件 414 件。把好信访问题法律关。对市政府交办的敏感、重点疑难问题，充分调查清楚，在依法依规的前提下，提出处理建议供领导决策。2018 年，共出具审核意见及法律意见书 56 份。

【社会矛盾化解】 2018 年，龙岩市高质高效完成案件办理。2018 年度受理行政复议案件 55 件、行政诉讼一审案件 42 件、二审案件 17 件，实现案件审理质量较好、结案期限较短、释法答疑到位。做好群众工作，动员撤销行政复议申请 6 件，化解一批社会矛盾；审查确认违法 4 件、撤销 3 件，规范一批行政行为。发挥指导复议应诉职能。对涉及历史遗留问题、矛盾尖锐的复议、应诉案件，提供法律指导，督促行政部门依法依规处置、依法应对复议诉讼。完善《龙岩市行政机关负责人出庭应诉规定》，促进行政争议实质性解决。发挥府院良性互动机制，开展涉征拆案件调研，推动形成《关于2013—2017年龙岩法院涉征拆行政案件司法审查情况报告》。

（陈晓雅）

公　安

【概况】 2018年，龙岩市公安机关围绕中心、服务大局，深化拓展“三红”工程，全面开展扫黑除恶专项斗争。全市社会治安大局持续安定稳定，群众安全感、执法满意率位居全省第二。全年公安主要业务指标位居全省前列。扫黑除恶专项斗争成效明显，中央督导组交办龙岩市公安机关涉黑涉恶线索全省设区市最少，全市打击涉黑案件成效位居全省第四，打击涉恶团伙成效位居全省第三，发放举报奖励金位居全省第二。禁毒形势明显好转，入选全国首批创建无毒示范城市名单，全市辖区实现“零”制毒窝点，长汀县取消全国重点关注地区，成功摘牌脱帽。打击治理电信诈骗工作取得阶段成效，2018年“双11”期间，实现零发案、零投诉，阿里巴巴集团对龙岩市打击电信网络诈骗工作给予高度肯定，专程到龙岩表示感谢。2018年，禁毒英雄涂太阳被追授全国公安系统二级英雄模范，全市公安机关3人获得公安部、省委授予的个人荣誉称号，2个集体获得公安部、中华全国总工会授予称号。

【社会稳定维护】 2018年，龙岩市公安局把维护社会大局稳定摆在更加突出的位置。全年未发生政治性、重大群体性、重大涉警舆情案（事）件，圆满完成全国“两会”“上合组织青岛峰会”“数字中国建设峰会”“11·8”机博会等重大安保活动。完成各项警卫、安保任务36批次，保持警卫工作“零”失误。深入开展“净网2018”专项行动，百名网安民警破案数居全省前列，成功破获3起部督专案、2起省督专案。在全省网络特侦攻防比武中荣获全省第二。

【打击整治】 2018年，龙岩市各类刑事案件立案数比上年下降21.27%，降幅居全省第一，其中侵财案件比上年下降29.49%、“两抢”案件比降56.57%、八类刑事案件下降20.86%，降幅分别居全省第一、第二、第三；刑事案件破案率居全省第四，其中两抢案件破案率比上年上升9.49个百分点，居全省第三；全年命案立案数比上年下降38.89%，破案率100%。成功侦办“12·25”案件，仅用半个小时现场抓获犯罪嫌疑人。

全面开展扫黑除恶专项斗争。聚焦涉黑涉恶问题突出的重点地区、重点行业、重点领域，部署扫黑除恶攻坚战。侦办涉嫌组织、领导、参加黑社会性质组织犯罪案件数居全省第四；在侦恶势力犯罪集团数和恶势力犯罪团伙数居全省第三；发放举报奖励金31.2万元。

涉麻制毒整治取得新成效。龙岩市成功入选全国首批禁毒示范创建城市名单（全省仅福州和龙岩），在全省率先成立市一级禁毒协会，全市辖区实现“零”制毒窝点。2018年12月20日，国家禁毒委取消长汀县全国重点关注地区，长汀县摘牌脱帽。通过情报输出破获涉毒部目标案件居全省第一。打击治理电信诈骗工作纵深推进。

部署开展打击治理电信网络诈骗攻坚战，组织800多名警力前往新罗适中开展集中清查行动。新罗区出台“十个一律”措施，推动打击治理电信网络诈骗工作深入开展，异常电信数据呈逐月下降趋势。“双11”期间，全市实现“零发案”“零投诉”。缉枪治爆工作扎实开展。全年实现“不打响”“不炸响”的目标。提前完成部督逃犯缉捕率100%的目标，省打击整治枪支爆炸物品违法犯罪联席会议办公室发来贺电表扬。

开展经济类案件系列打击，推动民生服务规范发展。全市公安经侦部门继续保持严打高压态势，围绕中央和广大人民群众关心关切的突出经济犯罪问题，以更强措施、更大力度强化突出经济犯罪的打击，开展系列专项行动，重点打击非法集资、网络传销、地下钱庄、虚开骗税、内幕交易、银行卡、侵权假冒等涉众型、风险型、民生类经济犯罪。全年，破获网络传销案件7起、抓获人数

2018年，龙岩市破获黑恶势力犯罪案件362起。图为抓获黑恶势力违法犯罪嫌疑人

50人，捣毁传销窝点10个、涉案总金额达1.99亿元。破获非法集资案件5件，抓获犯罪嫌疑人6人，涉案金额1.08亿元。破获虚开骗税案件6件，抓获犯罪嫌疑人10人，价税金额4.36亿元，追回被骗税款4500余万元。破获信用卡诈骗案63件，为金融机构挽回损失100余万元。破获出售假币案1件，现场缴获假币1000余万元。破获贷款诈骗案件9件，抓获犯罪嫌疑人6名，涉案金额220万元。破获侵权假冒案件7件，抓获犯罪嫌疑人7名，涉案金额260余万元。查获无合法、齐全手续成品油607.895吨，涉案金额约303万元。

推进"打四黑除四害"专项行动和涉黄涉赌问题整治。紧盯"食药环"治安突出问题，重点打击工业盐、走私冻肉、水产品、美容产品、医疗器械等食品药品领域违法犯罪活动，全市破获食药环农等各类刑事案件255件，其中食品类87件，药品类136件，环境类12件，农资类10件，卷烟类9件，其他1件。精心组织打击整治赌博违法犯罪活动。共查处赌博行政案件2577件4842人；侦破涉赌刑事案件302件，取保392人次，刑事拘留350人次，逮捕105人次。破获涉黄刑事案件48件。

【基础警务】 2018年，龙岩市公安局强化基础设施建设。开展市禁毒教育基地、刑事技术用房项目以及龙岩市拘留所、强制隔离戒毒所、警犬用房、公安物资装备库等项目建设。扎实推进"雪亮工程"建设，视频监控联网成率106%；完成市级"一机一档"系统、车辆二次识别系统、人像卡口平台、停车场接入系统建设。

强化公安基础业务，推进标准地址二维码"一标三实"工作。争取党委政府支持，完成二维码门楼牌的招标采购工作，推进标准地址二维码（"一标三实"）工作深入开展。2018年，全市地址清理率99.72%、门牌覆盖率97.05%、户室牌挂牌率56.41%、地址标注率98.64%、房屋（人员）登记、访查率96.06%，已挂大中小门牌93.66万面，通过"智慧房屋"中"牵挂你"的应用寻回14人，已有1107位志愿者加入工作中，社会化应用和成效日趋明显。

通过"智慧房屋"中"牵挂你"的应用寻回14名走失人员。全市流动人口案前登记率79.12%，超额完成上级任务。强化基本能力建设。以"提升战斗力护航新时代"实战考核大比武技能大竞赛活动为抓手，分期分批开展全警基本素质考核。在全省大比武中获得总团体第二，全省县级公安机关领导、所队长比武团体第一，2个警种获第一，3个警种获第二，3个警种获第三，19名民警获标兵。

【交通管理】 2018年，龙岩市公安局推进街路面巡防和公安检查站常态勤务建设。完善武装联勤、区域联防、军警民一体化联勤联防，在新罗中心城区实行以岗亭为依托的点、线、面巡防机制和夜间主干道巡逻机制；全市成立专门的治安巡逻队伍122支4971人。将重大活动等级查控勤务和常态化卡口勤务紧密结合相互补充，全年省际公安检查站共投入警力2.07万人次，抓获在逃人员16人，吸毒人员235人。交通管理水平明显提升。中心城区实行岗点和路段责任制，组建专门交通骑警队伍；以公安"交管12123"事故互联网快速处理系统和各财产保险公司理赔系统为支撑，组建快处快赔服务网络；提前完成省、市、县三级道路交通安全隐患整治；开展常态化统一行动，查处各类交通违法行为113.62万起；全市交通事故四项指数全面下降。着力防控公共安全风险。全面排查化解风险安全隐患，全面加强重点单位和部位的巡逻防控；完成龙岩中心城区焰火晚会、省第七届"三月三"畲族文化节、海峡两岸（龙岩）青年龙舟赛、全国击剑锦标赛（龙岩站）等大型群众性、民俗活动的安保工作；以"双随机一公开"的方式定期或不定期开展行业内互访、业主自访，促进监管制度落实，提升阵地控制能力。

【户政管理】 2018年，龙岩市公安局持续开展户籍窗口检查及重点监管类户籍业务常态化抽查、户籍窗口突出问题整顿，常态化落实各项便民利民服务措施。2018年，办理户口迁入7787人、迁出22798人、出生45072人，死亡10374人、市内变动38666人，主项目变更2897笔；受理居民身份证196663张、临时居民身份证16561张、打印户籍证明16493张；完成涉及龙岩市的4批次6名自动丧失中国国籍人员的户口注销和2017年度人口统计。推进无户口人员落户工作，受理非亲属关系落户782人，办结609人；帮助市救助站解决73名符合条件人员的入户问题，利用分析比对和技术研判，帮助长期滞留市救助站的5名人员找到回家路；核查部级人口信息人像比对线索1556条，核实确认重复户口人员231人（已注销重复户口223人），照片采集错误更正131人，确属双胞胎444人。抓好4月1日起停征首次申领居民身份证工本费政策和居民身份证三项制度落实，核实符合新政受理的居民身份证483张，退款9660元；办理省内居民身份证异地受理47207张，跨省居民身份证异地受理1379张，登记挂失身份证15010张。

【出入境及往来港澳台业务】 2018年，龙岩市公安局出入境窗口集中推出省内就近办证和符合条件省外居民就近办证、免费照相等便民措施，2018年，受理、审批、签发各类出入境证件213163人次。其中，护照53686本，往来港澳通行证94794本，往来港澳再次签注41242人次，大陆证17701本，往来台湾再次签注4187人次，台胞证78人次，其中包含台胞定居证3人次，一次性台胞证8人次。外国人签证、停、居留证件 1410 人次，前往港澳通行证 55 张，自助受理36808 件次，网上受理 2096 件次。

【窗口服务】 2018 年，龙岩市公安局全年办理涉公安业务的行政许可和公共服务事项 77.89 万件，通过“网上办”“就近办”“一趟办”“一口办”“异地检”“降费办”“免费办”“周末办”等便民利民措施，为全市企业、群众节省费用 1 亿余元。审批服务更规范。完成市、县两级公安机关政务服务事项清理精简工作，7 个市本级审批服务事项下放县级公安机关；在全省率先开展县级公安机关行政审批服务事项及需对应的电子证照统一名称工作。便民服务更高效。全面实施“只跑一次”制度，开通绿色通道 452 人次，接受 24 小时电话咨询 5300 余人次，为群众节约快递费用 12 万余元。实行受理窗口微信、支付宝等多渠道电子支付缴费平台。公安服务窗口全面实行周六“轮班”开门服务群众制度，服务群众 6.8 万人次。网络服务更优质。依托公安部门专网系统和“e 龙岩”平台，公安行政审批服务事项基本实现辖区内群众网上办事；推行“网上办、掌上办”“交管 12123”手机 APP 等网上服务；“龙岩交警”微信公众号平台开发新增“微信移车”“违法查询与处理 APP”“交通违法随手拍”等多项便民服务功能模块。

【大数据应用】 2018 年，龙岩市公安局整合社会大数据资源。开展全市公安信息系统和数据资源排查摸底专项工作，配合市政府开展政务信息资源汇聚工作，通过省一级平台向全市政务信息资源汇聚平台推送部分公安业务数据。协助完成龙岩中心城区 58 个国有公共停车资源调查摸排走访和 5 个国有停车场与智慧停车云平台试点联网工作。推进大数据服务实战应用。以现有大数据人工智能平台为基础，创建“盗窃前科人员库、涉毒前科人员库、两抢前科人员库、涉骗前科人员库”等资源库。完成“龙岩市智能交通项目(一期)”建设，运用大数据分析交通态势对中心城区 36 个路口进行信号控制优化，城市主干道通行能力提升 12%。强化大数据基础工作。推进“三打击一整治专项行动”刑事技术破案会战，加强专业化、规范化和信息化建设。刑事案件勘验率为 72%。

【警务创新】 2018 年，龙岩市公安局创新群防群治模式。全省首创军警民联勤联防，全面铺开红土义警、红土四小员、夕阳红义务巡逻队等新型群防群治队伍建设，创建“公民警校”加强群防群治队伍教育培训，龙岩“红土四小员”社会治安共建共治新模式得到人民公安报、福建法治报等主流媒体集中推介。升级完善打击犯罪“三合一”平台建设。在市反诈骗中心基础上，充实专业力量，精细化“层报、研判、指令”三项工作，建成集组织、指挥、协调、研判、侦查为一体，支撑服务各类打击犯罪工作的实体化、实战化的“三合一”打击平台。全年共封堵涉案电话号码 30 万个，止付被骗金额 698.5 万元，冻结金额 1906.5 万元。

【法治警务】 2018 年，龙岩市公安局增强法治理念。制定《龙岩市公安局举办红土法治警务培训实施方案》，以讲座、培训班、旁听庭审、考试等方式，提升法制素养。加强法学会建设，精研新修法条，推动法律实践，实现学用一体，学以致用。规范执法办案。制定出台基层公安机关执法标准体系，规范每个执法办案环节和程序。推进“刑事案件两统一”工作机制，严格案件审核把关案件出口，对立案审查、采取刑事强制措施到侦查终结、移送审查起诉各执法办案环节审核把关。强化执法数据分析研判，加强日常审核考评，对所有经法制部门审核案件同步通过执法监督平台进行全案考评。强化执法监督。推行与检察院刑事案件良性互动机制，主动协调沟通检察机关每月对公安机关提捕、移诉、纠违的案件进行跟踪管理，主动提请检察院提前介入、会商复杂疑难刑事案件，及时督促整改执法工作存在问题。年内证据不足不诉案件比上年下降 4.7 倍。

【生态警务】 2018 年，龙岩市公安局严厉查处，保护“绿水青山”。落实市、县公安机关和公安派出所三级“河道警长制”，建立与“e 龙岩”有关涉河案件线索的传达交办机制，共侦办涉水污染刑事案件 4 件、河道非法采砂刑事案件 1 件；查处涉水污染行政案件 35 件；关闭矿点 29 个，关停非法采、洗砂场所 28 家，关闭非法焚烧垃圾场 27 个，制止非法电鱼 106 次。联合行动，保卫“绿色餐饮”。建立协作共商机制，常态化推进打假“利剑”行动，以打击食品、药品犯罪为重点，重点打击工业盐、走私冻肉、水产品、美容产品、医疗器械等食品药品领域违法犯罪活动。破获食药环农等各类刑事案件 255 件(其中，省厅挂牌督办案件 3 件)。助力创城，保障“绿色出行”。探索建立路段警长制，分片包段设立道路警长，参谋服务“路长”，配合开展打击涉路违法犯罪、排查化解涉路矛盾纠纷、加强路面交通秩序整治、宣传发动群众参与治理等工作。中心城区 21 个路口先后增设摩托车待行区，相关路口摩托车交通事故下降近 40%；完成道路交通设施零星维护 780 余次，排查中心城区 30 余条主次干道模糊标线共计 5 万平方米，重新施划模糊标线 3 万平方米(重点路段)。温暖警心，美化“绿色警营”。以“暖警”工程建设为契机，在建设过程中充分借鉴生态示范所长汀河田派出所建设经验，结合各地文化特色开展建设，共创建 1 个机关示范点和 14 个基层派出所、警务室示范点。

【警队建设】 2018 年，龙岩市公安局坚持政治建警，不忘红色初心。出台《关于加强新时代政治建警的工作意见》，对新时代政治建警工作，提出从“把准政治方向，坚持党的政治领导，夯实政治根基，涵养政治生态，防范政治风险，永葆政治本色，提高政治能力”七个方面在全警牢固立起来。编写《红色公安记忆 闽西中央苏区政治保卫史》政治建警读本，推进“人民公安在闽西革命纪念馆”的筹建。做实党建铸魂，永葆政治本色。以“两学一做”学习教育常态化制度化为抓手，组织各级党组织学原文、读原著，到红色圣地古田进行情景教育，重温入党誓词、瞻仰古田会议会址，进行“不忘初心、牢记使命”主题学习交流会。举办红土大讲堂7场，编撰《党员应知应会知识》手册读本供全警学习。《传承红军血脉 铸就红心警队 打造新时代龙岩红土公安党建新品牌》被《公安部党建工作简报》刊用，3月15日中央纪委驻公安部纪检组组长、公安部党委委员邓卫平、公安部直属机关党委常务副书记华敬锋均作出批示肯定。开展“三大”活动，掀起参与热潮。深入开展大学习、大调研、大培训活动，围绕十个方面100个问题和“三红”工程建设自选课题，以“五个一批”项目和“三类清单”为抓手，报送典型清单56个，利民惠警清单53个，问题清单39个。强化实战导向，提升综合素质。举办市、县两级公安机关教官培训班，45名参训教官达到初级以上标准。选派第三批共11名民警到北京市公安海淀分局有关警种部门开展为期20天的交流学习；加强市、县、乡三级情报分析师建设，举办三期数据情报分析师培训，对148名民警开展初级分析师培训考核。用好先进典型，选树正确导向。确定每年5月19日为全市公安机关“荣誉日”；持续开展红土警务标兵工作室评选，完成第三批8个“红土标兵工作室”评选；开展首届“红土警察工匠”评选活动，评出7名公安战线的能人和工匠；开展“红土地上的红军式警队”爱民模范集体、“涂太阳式好民警”优秀人民警察、“红土警务标兵”等评选工作，对285名个人和23个集体进行记功嘉奖，授予170名个人和10个集体称号。坚持以人为本，惠警暖警爱警。积极争取惠警政策，梅花山中国虎园景区对全国人民警察旅游给予免门票及住宿半价的惠警政策；设立省厅公安英烈基金会龙岩定向基金，各级公安机关均成立英烈基金会办事处，积极筹措资金，开展向公安英烈、特困民警“工资一日捐”活动，定向基金累计达941万元。扬正气促宣传，深化塑警工作。举办2018年“向人民报告”主题110警营开放日暨第三届警察文化节、安全防范宣传月系列主题活动，组织“诵读红色经典，涵养浩然正气”主题党日活动、“传承红色基因、筑牢时代警魂”主题团日活动、“红土书香沐警营，经典诵读心向党”读书活动；邀请奥运冠军、市反诈骗公益大使张湘祥走进警营参与体验“反诈骗公益行”活动；举办2017年度“人民公安为人民”荣誉仪式活动。培育严明警风，强化从严治警。组织观看《警钟》等警示教育片、组织全体民警及文职干部前往龙岩监狱反腐倡廉警示教育基地开展警示教育。深化运用“四种形态”，强化日常监督。

（谢晨晖）

检　察

【概况】 2018年，龙岩市检察机关共办理各类案件11606件，其中，审查逮捕1672件2741人，审查起诉3697件5160人，出庭支持公诉3254件，监督刑事、民事、行政诉讼案件1621件，公益诉讼89件，以纠正违法、检察建议、检察意见等形式监督1273件。

【刑事犯罪检察】 2018年，龙岩市检察机关受理公安机关提请审查逮捕刑事犯罪案件（不含未成年人犯罪案件）1485件2463人，经审查，批准逮捕1276件2073人，不批准逮捕177件341人；受理公安机关移送审查起诉刑事犯罪案件（不含未成年人犯罪案件）3299件4620人，经审查，提起公诉2858件3809人，不起诉136人。重点打击严重暴力、多发性侵财犯罪，分别起诉295人、648人。第一时间介入“12·25”事件调查，引导侦查取证，依法及时批捕犯罪嫌疑人邱日辉。严惩区域突出犯罪，起诉涉爆涉矿犯罪91人、涉麻制毒犯罪219人、电信网络诈骗犯罪176人。

【职务犯罪检察】 2018年，龙岩市检察机关受理监察机关移送审查起诉职务犯罪案件44件52人。经审查，决定逮捕39人，起诉29件37人，未审结9件13人。法院已判决24件30人，未判决5件7人。

【未成年人检察】 2018年，龙岩市检察机关受理审查逮捕未成年人犯罪案件60件111人，批准逮捕47件79人，不批准逮捕13件32人。受理审查起诉未成年人案件82件158人，决定提起公诉51件88人，适用附条件不起诉21人，不起诉35人（含附条件不起诉期满后作出不起诉决定19人）。批准逮捕侵害未成年人权益的犯罪案件55件80人、提起公诉80件112人。法律援助涉罪未成年人176人次，封存犯罪记录81件，帮教涉罪未成年人46人。开展“法治进校园”巡讲399场次，覆盖全市66%的中小学。选派26名检察人员兼任法治副校长、辅导员。新罗检察院知心姐姐联络站、武平检察院“向日葵”法治移动课堂分别获评全省“优秀志愿服务组织”“志愿服务优秀项目”。

【生态资源检察】 2018年，龙岩市检察机关受理公安机关提请批准逮捕案件99件125人，审查后批捕77件95人，不捕28人。受理公安机关移送审查起诉案件265件371人，经审查决定起诉232件335人，不诉36人。发出生态修复令6份，办理补植复绿案件36件，督促当事人缴纳生态恢复补偿金149.97万元，补种树木95.54公顷。

【刑事诉讼监督】 2018年，龙岩市检察机关监督公安机关立案23件、撤案46件，追加逮捕50人、追加起诉34人。排除非法证据10份，书面纠正侦查活动中的违法情形33件次。批准（决定）延长侦查羁押期限案件44件246人。办理法医类技术性证据审查779件，纠正错误和瑕疵鉴定意见94件。提出刑事抗诉18件，法院已改判或发回重审9件，占审结案件的75%。检察长列席同级法院审判委员会讨论案件14件次。提出量刑建议1405件，法院采纳1242件，采纳率88.4%。

【刑事执行检察】 2018年，龙岩市检察机关监督纠正刑事执行违法行为63件次。开展羁押必要性审查，建议释放或变更强制措施210人。监督4218名罪犯减刑、假释、暂予监外执行，纠正呈报、裁定不当184人次。清理纠正判实刑罪犯未执行刑罚28人。对15966名在押和社区矫正人员、27名强制医疗对象的监管活动加强监督，督促消除安全隐患39件次，纠正社区矫正人员脱漏管12人次。监督财产刑执行罪犯956人，执行到位736万余元。

【民事行政检察】 2018年，龙岩市检察机关办理生效民事行政判决、裁定、调解监督案件146件，比上年上升108.6%。提出抗诉5件，法院已改判3件。发出再审检察建议11件，法院已采纳并重审7件。监督纠正审判违法行为5件次。发出民事、行政执行监督检察建议68件，法院已采纳63件。起诉拒不执行判决、裁定犯罪41人。监督查办民事虚假诉讼案20件，比上年上升300%；移送犯罪线索12条，已刑事立案25人。启动行政公益诉讼诉前程序87件，督促行政机关纠正行政违法行为或依法履行职责87件，关停和整治环境污染企业9家，收回土地使用权出让金、人防工程易地建设费等173万余元。提起公益诉讼2件，法院已审结并均已实现诉讼请求。

【控告申诉检察】 2018年，龙岩市检察机关受理各类群众信访1384件次，依法导入涉法涉诉信访件234件。检察长接待来访群众147批次、156人次。办理刑事申诉案件43件、国家赔偿案件1件。坚持助弱扶贫并举，为43名刑事被害人或近亲属提供司法救助金83万元，重点救助23名贫困被害人或其近亲属。

【案件监督管理】 2018年，龙岩市检察机关受理各类案件5742件8981人，开展办案流程监控1878件，制作案件电子卷宗4171件11495卷。接待律师阅卷964件次，听取辩护律师意见257件次。评查案件22次724件。发布案件程序性信息6107条、重要案件信息56条、法律文书3010份，接受咨询、查询服务465人。

【检察系统扫黑除恶】 2018年，龙岩市检察院组建扫黑除恶专业指导机构和专门办案团队，实行“捕诉一体”、提前介入、挂牌督办等措施，依法及时批捕涉黑涉恶犯罪嫌疑人341人，起诉326人，监督立案5件，追加逮捕4人，追诉漏罪22人，向法院提出从严掌握黑恶罪犯减刑幅度的检察意见17件，均被采纳。落实“一案三查”（查办黑恶势力，查黑恶势力背后的“关系网”和“保护伞”，查党委、政府的主体责任和有关部门的监管责任），通过深挖细查，向有关部门移送涉黑恶及“保护伞”犯罪线索54条，从中立案18人，内有涉恶“保护伞”3人，发出检察建议6件。两级院检察长既亲自“挂帅”靠前指挥，又带头“出征”办理涉黑涉恶重大疑难案件6件30人。

【检察服务发展】 2018年，龙岩市检察院出台《关于充分发挥检察职能依法保障和促进民营企业健康发展的意见》，推进生态检察领域延伸、措施融合、外联共治。持续推进打击电信网络犯罪、金融经济领域犯罪、危害食品药品安全犯罪专项行动，批捕电信网络犯罪286人，破坏社会主义市场经济秩序犯罪110人。起诉集资诈骗、非法吸收公众存款、网络传销等涉众型、风险型经济犯罪170人，挪用企业资金、职务侵占等危害企业发展犯罪376人，危害食品药品安全犯罪案件35人，破坏生态环境资源犯罪324人。依法办理“老区红”组织、领导传销活动涉案1.5亿元特大案件。提前介入跨省非法倾倒、处置工业危险废物污染环境案件，批捕10人。

【民生保障和改善】 2018年，龙岩市检察院持续开展危害食品药品安全犯罪专项立案监督，建议行政执法机关移送犯罪线索21条，监督公安机关立案1件，起诉危害食品药品安全犯罪案件35人。会同有关部门对未检验检疫猪肉、毒豆芽、小吃违规添加、养殖违规用药、“外卖”违规经营和消毒餐具卫生等问题开展专项监督，起诉24人，督促行政执法机关移送犯罪线索后公安机关立案侦查26人。新罗区检察院通过对部分外卖网络经营监管不力问题启动诉前程序，推动区食药监局开展专项整治活动，下架不符合网络经营条件的商户4285户次，该案入选全省食品安全领域公益诉讼典型案例。推进“12309”检察服务中心建设，打造“网上”“掌上”公共平台，提供“一站式”“一键式”检察服务。

【社会治理】 2018年，龙岩市检察院坚持防控化解并重，针对办案监督中发现的问题，提出防控化解社会风险隐患建议338件，新罗检察院关于加强国有资产管理的建议获评全省检察建议精品案例。协助做好村级组织换届候选人资格审查2.2万人次，督促取消候选人或选民资格75人。坚持法结心结并解，通过办案释法说理880件，促成轻微刑事案件、民事申诉案件当事人和解58件。落实“谁执法谁普法”，开展“法律六进”458场次，刊发法治、检察宣传稿件1413件次，讲好检察故事，传播检察好声音。“岩检酱”获评全省政法系统“十佳”新媒体账号，成为全国知名普法品牌。

【检察改革】 2018年，龙岩市检察院司法改革措施基本落实。完成“三类人员”（指员额检察官、检察辅助人员、司法行政人员）分类管理，全市现有员额检察官203名，检察辅助人员206名，司法行政人员102名，新招录聘用制书记员85名，办案力量得到充实。坚持大胆放权、顺畅用权、有效控权有机统一，确保“放权不放任、用权受监督”，以“谁办案谁负责、谁决定谁负责”为核心的检察官办案责任制基本落实。配套措施逐步到位，职业保障得以增强。

深入推进刑事诉讼改革。发挥检察机关审前主导和过滤作用，推动落实以审判为中心的刑事诉讼制度改革，不断完善案件质量保障体系。引导侦查取证96件，对重大疑难在侦案件发表意见55件，退回补充侦查1225件次，自行补充侦查30件次，“四员”（关键证人、鉴定人、被害人及其亲属、侦查人员）出庭作证18件。批捕、公诉定性准确率分别为99%、99.3%。按修改后刑事诉讼法规定，适用认罪认罚从宽规定办理案件4件。

补齐补强诉讼监督措施。推行诉讼监督线索“零报告”制度，强化检察人员发现、移送诉讼监督线索责任。出台《检察监督事项案件化办理工作指引》，界定案件化办理的13项监督事项和6道办案流程，引导全体检察人员在办案中监督、在监督中办案，防止就案办案、就事论事。探索人大司法监督与检察机关法律监督联动机制，运用人大地位和制度优势，同向发力，提升法律监督品质和实效。

【精品案件打造】 2018年，新罗陈某等人非法利用信息网络案入选最高检侵犯公民个人信息犯罪典型案例；武平王某等人虚假劳动仲裁执行监督案入选最高检民事诉讼和执行活动法律监督典型案例。永定检察院监督撤案的杨某等人涉嫌拒不支付劳动报酬案获评全省刑事立案监督精品案例；新罗检察院关于加强国有资产管理的建议获评全省检察建议精品案例；新罗陈某等人寻衅滋事案和永定简某开设赌场案获评全省羁押必要性审查优秀案例；连城苏某与李某等人买卖合同纠纷执行监督检察建议案获评全省民事行政诉讼监督优秀案例；漳平许某与郑某民间借贷纠纷虚假诉讼监督案获评全省民事行政诉讼监督优秀案例。

【“老区红”组织、领导传销活动案】 2016年9月，被告人刘某等9人通过虚假宣传福建和汇贸易有限公司上市信息，向社会公众公开销售“老区红”期权证书。至2017年11月案发，该组织注册会员21736人，登记银行账户9819人，会员关系组织结构156层，累计融资1.5亿余元。2018年9月，新罗区检察院以涉嫌组织、领导传销活动罪，依法对被告人刘某等9人提起公诉。

【跨省非法倾倒、处置工业危险废物污染环境案】 2018年8月，犯罪嫌疑人邱某、颜某、杨某等人雇佣司机分别从浙江省兰溪市、台州市等地的企业仓库运输未经处理的固体废物至龙岩市新罗区和永定区进行非法倾倒、处置。经环保部门检测，倾倒点的固体废物中含铬、镍、锌、铜等重金属污染物，且均超过排放标准的10倍以上。案件发生后，市检察院联合公安、环保等部门下发督办通知，并指定新罗、永定检察院派出精干力量引导侦查取证。配合公安机关先后11次跨省开展调查取证工作，并及时移送公益诉讼线索。新罗、永定检察院以涉嫌污染环境罪批捕10人。

【“12309”检察服务中心】 2018年，全国检察机关统一对外的智能化检察为民综合服务平台，通过“12309”网站、“12309”检察服务热线、“12309”移动客户端和“12309”微信公众号四种渠道及实体大厅，向社会提供更加便捷高效的“一站式”检察服务。

【法律政策研究】 2018年，龙岩市检察机关撰写理论研究、检察调研文章206篇，被省级以上刊物发表或获奖39篇。以“新时代检察工作发展研究”为主题，举办第七届“检察长论坛”。出台《关于实行诉讼监督线索“零报告”的规定》等规范性文件18件。召开检察委员会142次，审议案件242件、事项42项。开展“法律六进”458场次。

（李坤然　杨建武）

法　院

【概况】 2018年，龙岩市法院受理各类案件67062件，比上年下降2.53%（其中新收61131件，比上年上升5.37%）；审结61595件，下降2.05%；未结5467件，下降7.65%。

【刑事审判】 2018年，龙岩市法院办结刑事案件3263件，判处罪犯4446人，有力维护安定稳定。

推进扫黑除恶专项斗争。为扩大社会效果，集中宣判案件23件120人，其中涉黑团伙犯罪案件1件23人，涉恶势力团伙犯罪案件22件97人。根据区域性突出问题，严惩涉麻制毒、电信网络诈骗犯罪，审结案件222件434人，判处五年以上直至死刑131人，重刑率30.18%；突出财产刑处罚，判处没收个人全部财产32人、没收部分财产及罚金 1855.62 万元。

护航平安龙岩建设。落实社会治安专项治理三年行动，严惩故意杀人、涉枪涉爆、抢劫抢夺等各类暴力、侵财犯罪 632 件 647 人；严厉打击赌博犯罪 154 件 332 人。聚焦群众关切的问题，严惩“三车一瓶”等车辆盗窃、危害食品药品安全犯罪 99 件 126 人。维护金融安全，依法打击恶意“逃废债”、非法集资、金融诈骗等犯罪 66 件 75 人。坚持反腐败斗争，审结贪污、渎职、受贿等职务犯罪 108 件 125 人，推动《监察法》有效实施。

依法落实人权保障措施。坚持宽严相济，对 1 名依法不构成犯罪的被告人宣告无罪，非监禁刑适用率 49.11%，做到罚当其罪、罪刑相适应。加强未成年人司法保护，对 88 名未成年罪犯落实轻罪记录封存等措施，为他们就学就业创造平等机会。办结减刑、假释案件 2828 件，促进监区罪犯改造和社区矫正工作。

【民商事审判】 2018 年，龙岩市法院审结民商事案件 28655 件，诉讼标的额 58.34 亿元。优化营商法治环境。制定《服务保障提升营商环境行动计划》等文件，主动服务市委“三大攻坚战”等中心工作。加强对重大项目建设的司法服务保障，协调处理好涉南三龙铁路等重点项目纠纷 38 件，标的额 5.2 亿元。妥善审结涉国企案件 26 件，标的额 9.3 亿元，审结借款担保、证券保险等案件 9952 件，防范化解重大风险。成立破产审判团队，简化审理程序、做好执行与破产程序衔接，审理破产案件 24 件，让“僵尸企业”的资产尽快盘活，让危困企业重获生机。严格区分经济纠纷与经济犯罪的界限，审慎采取财产保全等强制措施，审结物权、股权、买卖合同等案件 7542 件，依法平等保护产权，保障民营企业发展。审结著作权、商标权、不正当竞争等知识产权纠纷 231 件，支持创新发展。

重视改善民生福祉。加强民生权益保障，依法审理教育、劳动、医疗、住房等案件 2297 件，为农民工追索劳动报酬 1682 件 3065 万元，为困难当事人缓减免诉讼费 255.14 万元，发放司法救助金 346.1 万元，有力维护弱势群体的尊严和合法权益。深化家事审判改革，审结婚姻家庭、抚养继承案件 2750 件。新罗法院试行“离婚冷静期”制度，促使因冲动离婚的 248 对夫妻和好。妥善处理涉及土地承包、流转等各类涉农纠纷 58 件，服务乡村振兴战略。审结涉港澳台、涉外案件 45 件，与台办共建保障台胞权益工作室，着力促进开放交流。依法支持军队改革，及时审结“涉军停偿”案件 3 件。

【行政审判】 2018 年，龙岩市法院注重行政案件诉权保护，审结各类行政案件 2201 件（其中非诉行政行为申请执行审查案件 1585 件）。实质化解行政争议，当事人主动撤回起诉 96 件，占一审行政诉讼案件 23.65%。强化司法与行政良性互动，行政机关负责人出庭应诉率 75.3%，比上年增加 11 个百分点；组织行政执法人员旁听庭审 70 余场次，促进执法能力有效提升。重视司法建议，发布行政审判白皮书，发出司法建议 33 件，采纳反馈率 87.9%，有力促进社会治理和公共服务有序高效。

【环境资源审判】 2018 年，龙岩市法院践行“绿水青山就是金山银山”理念，审结环境资源案件 458 件，助力打赢污染防治攻坚战。密切配合河长制实施，审结污染大气水源、破坏林地耕地、非法采矿采砂等犯罪案件 247 件 373 人。完善生态恢复性司法机制，适用“补种复绿”判决案件 95 件，恢复造林 138.27 公顷，长汀法院创设保责制监督卡，有效督促判后履行。支持最严格环境监管，审理检察机关提起公益诉讼 2 件，裁定行政机关准予执行环境执法案件 409 件。武平法院发布生态审判绿皮书，保障深化林改成果。市法院在全国法院环境资源审判工作会议上作经验交流。

【执行工作】 2018 年，龙岩市法院强力攻坚“基本解决执行难”，执结案件 22144 件，执行到位金额 31.18 亿元，比升 19%。

构建执行工作大格局。在市委领导、市人大监督、市委政法委协调推进下，市直 58 家单位共同构建失信惩戒和执行联动大格局。与纪委、组织部开

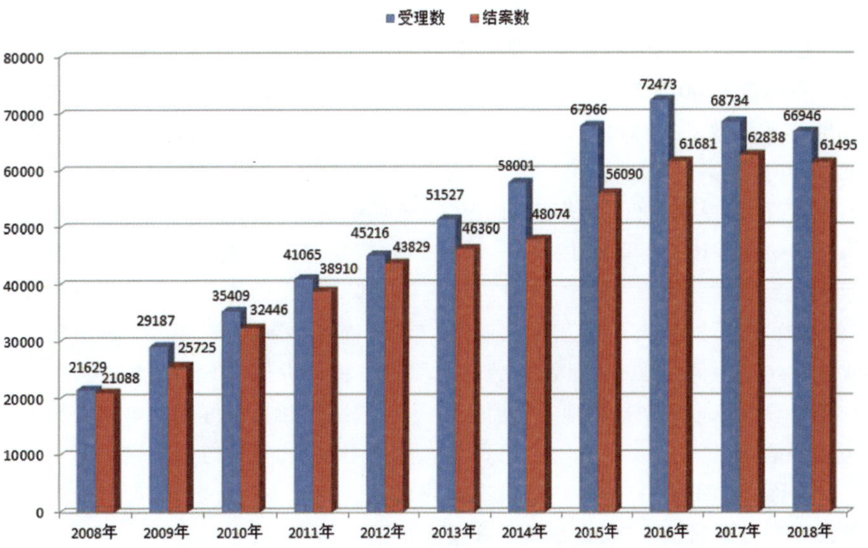

2008—2018 年龙岩两级法院收结案情况年度走势图

展涉公案件专项清理，460人因失信在任职、晋升、选任中受限制；对失信被执行人一律联合限制其出行出境、高消费、购置不动产等行为；协调定制“失信彩铃”，建立执行悬赏、救助、保全保险机制；与市场监管、自然资源、银行等100余家单位网络对接，实时查控被执行人银行账户、房产、企业等信息；对接检察、公安，线下临控971人，查扣车辆268辆，移送追究拒执犯罪99人，已作出有罪判决42人，形成“一处失信、处处受限”氛围。

加大强制执行威慑力。坚持“网上查控为基础，传统调查作保障”，开展执行攻坚“天网”行动，将线下查人找物作为重点难点来突破，围绕不如实申报财产，采取“三限”“四必查”和“四一律”措施，形成攻克执行难高压态势。将失信被执行人全部纳入“黑名单”，冻结存款2.17亿元，查封房产1551套；拘传3388人、拘留1274人、罚款207.75万元，分别比上年上升170%、85%和152%，促使5438名被执行人慑于压力自动履行法定义务。

提升执行办案规范化。着眼长效机制建设，制订《执行办案流程暂行规定》《执行工作集约化流程规定》等22项制度，完善“三公开”“四限时”“五清楚”终本标准，执行案件终本合格率94.52%，比上年增加18.77个百分点。建立网络司法评估、询价机制，网拍成交3111件次19.54亿元，溢价率25.23%，为当事人节省佣金9700余万元，实现财产处置更公平高效。实行两级院长接访制度，督办执行案件77件，有针对性防止消极执行、选择性执行、乱执行等问题，执行信访案件比上年下降12.3%。

【司法改革】 2018年，龙岩市法院落实新时代司法体制改革总体战略，加速推动各项改革措施精准落地，不断提升司法公信力。

全面落实司法责任制。构建权责明晰的审判权运行新机制，真正做到有权必有责、有责必担当、失责必追究，促使法官办案责任感普遍提升。入额院领导办案也成为新常态，全市法院院、庭长办案35330件，占总结案数的57.36%，比上年增加1.13个百分点。完善案件质量审级监督，全市法院法定审限内结案率达99.75%，一审服判息诉率89.67%、二审后达到99.21%。出台《违反办案期限问责规定》等制度，加强审判流程节点管控，对办案拖延的问责71人次，龙岩市成为全省唯一无两年以上长期未结诉讼案件的两级法院，做法被省法院推广。

加快落实配套改革措施。推进内设机构改革，市法院继续深化大部制合署办公，基层法院全面铺开内设机构改革。致力司法人员分类到位，司改后全市法院新增一线办案人员181人（含聘用人员），占比升至87.45%；减少司法行政人员32人，占比降至12.55%，全力保障一线办案力量。推进以审判为中心的刑事诉讼制度改革，落实“三项规程”，加快实现庭审实质化。运用“分调裁”机制结案31182件，占同期结案数的50.62%，上杭法院经验被《福建改革情况》刊发。实行诉讼案件管辖机制改革，将标的额500万元以下的涉外、涉港澳台一审民商事案件管辖权下放至纠纷较集中的2个基层法院，确保更好维护人民群众合法权益。

全力提升诉讼服务水平。应用“智审”辅助系统和司法大数据管理平台，为执法办案和诉讼服务提供科技支撑和智能引擎。漳平法院创新法律文书邮政外包送达模式，促进办案节能增效。连城法院创新智能诉讼平台，是获奖全国“智慧法院十大创新案例”的唯一基层法院。171件信访申诉案件通过导入诉讼程序得到化解，其中，律师参与化解11件涉诉信访案件。在全国首创执行立案登记制，不再要求申请人提供法律文书生效证明，切实减轻申请人讼累的做法被省法院肯定推广，更受到广大申请人的欢迎。

推进司法公开民主。市法院、永定法院通过全国法院人民陪审员改革试点，重大案件全面落实大陪审制度，一审普通程序案件陪审率85.23%，改革经验在最高法院主办的“中英人民陪审员制度改革研讨会”上交流。升级构建“五大公开平台”，司法信息“应公开的全部公开、应上网的全部上网”，公开的广度和深度不断拓展。组织“法律六进”、新闻发布会、开放日等活动300余场次，加强以案释法，弘扬法治精神，通过各类媒体宣传报道4000余篇，市法院连续七年获评全国法院司法宣传先进单位。（王江龙）

司法行政

【概况】 2018年，龙岩市司法局持续深化“双争双做”活动。深入推进品牌调解室和金牌调解员创建活动，开展第三批市级品牌调解室、金牌调解员评选，有序推进人民调解员等级评定。“双争双做”品牌效应写入2019年龙岩市委五届八次全会工作报告和市政府工作报告，同时被省司法厅评为“全省司法行政系统庆祝改革开放40周年十佳创新案例”。创新调解工作机制。推动闽粤赣和谐法治平安省际边界建设，打造闽粤赣三省十一县（市、区）大协作区，建立“共建、共治、共享”的合作新模式，被省委办公厅《八闽快讯》专刊推介。加强矛盾纠纷排查调处。开展“护航三大战役 助力建设新龙岩”人民调解专项活动，全市人民调解组织排查调处各类矛盾纠纷14316件，调解成功14146件，调解成功率98.8%。加强人民调解宣传力度。全年共拍摄CCTV12社会与法频道《小区大事》节目1期、福建省电视台《调解有一套》14期、龙岩电视台《调解现场》48期、新罗TV《调解第一线》5期，极大提高人民调解工作知晓率。市司法局连续4年被中华全国人民调解员协会表彰为“全国人民调解宣传工作先进集体”。

【特殊人群管控】 2018年，龙岩市司法局严保安全稳定。严格依法办案，进一步规范社会调查评估工作，规范调查评估程序、范围，确保审前调查零失误。依托福建省社区矫正信息管理系统，实现执法管理行为“全程网上留痕”。严格监督管理，开展社区矫正百日安全活动，参与扫黑除恶专项斗争，在全市社区服刑人员中开展扫黑除恶坦白检举和违规专项打击活动，加强线索摸排。开展为期三年的社区服刑人员及刑满释放人员专项治理行动，加强对社区服刑人员及刑满释放人员的管理帮扶。充分发挥闽西“红色圣地优势”和“生态绿色优势”，打造“红色社矫”和“绿色社矫”工作品牌。

推进“五化”建设。执行模式标准化。全面推进县级社区矫正中心建设，强化社区矫正入矫第一课，统一制作《龙岩市社区服刑人员入矫第一课》教育片。推进管理网格化，对全市社区服刑人员纳入现有网格化管理平台，网格化试点乡镇覆盖面达53%。矫正方案个性化，实行分类管理，建立“一帮一”或“多帮一”帮教机制。贯彻落实《福建省社区矫正工作督察规定》，实现矫务督查促教育监管常态化。推进监狱警察延伸社区矫正监管工作，7个县(市、区)均与闽西监狱、龙岩监狱开展集中教育、入矫教育、集中点验、队列训练、训诫谈话、警示教育等活动。完善心理咨询室，建立心理矫正新平台。加强志愿者骨干队伍建设，全市有社区矫正志愿者675名，建立892个由村班子成员兼任站长的社区矫正工作站，全面提升矫正帮教工作社会化水平。

【公共法律服务】 2018年，龙岩市“一村(社区)一法律顾问”工作进一步深入。全面推进村(社区)法律顾问工作微信群建设，全市共建立法律顾问工作微信群2070个，实现县乡村三级全覆盖。落实经费保障，全市落实经费保障的村(社区)达90.5%。法律顾问作用有效发挥。全市村(社区)法律顾问共提供法律意见1776件，制定审查修改合同513件，了解社情民意6454件，协助息诉息访420件，提供法律咨询14383件，提供法律援助525件，开展法制宣传2585件，参与调解纠纷2066件，处置突发事件和群体性事件69件。法律援助工作进一步提升。畅通“12348”法律服务热线，全年受理法律咨询2293件。完善律师值班制度，调整刑事法律援助办案补贴标准。开展“欠薪投诉举报、劳动法律咨询”专项活动，对农民工法律援助案件实行专报制度。全年办理法律援助案件3443件，为受援人挽回损失或取得利益6238.11万元。行业管理进一步规范。开展律师行业执业纪律和职业道德评查活动，组织法律服务行业“双随机”抽查检查，抓好律师、公证、司法鉴定、基层法律服务年度考核，强化对法律服务业质量监督管理。2018年，全市律师代理诉讼、非诉讼案件15218件，收费12349万元，比上年增长20.5%；公证机构办理各类公证13209件，收费577.6万元；司法鉴定机构办理鉴定业务4702件，收费462.22万元，分别增长29.81%和59.44%。

【普法依法治理】 2018年，龙岩市司法局广泛开展宪法学习宣传。结合“法律六进”，部署开展宪法系列宣传活动。推进领导干部带头学法，全市累计18000名科级以上干部参加宪法集中学习活动。精心组织“12·4”第五个国家宪法日暨第一个宪法宣传周集中宣传活动，利用龙岩普法网、龙岩普法微信公众号开展全市公职人员《中华人民共和国宪法》《中华人民共和国监察法》考试。各中小学以晨读宪法、宪法宣誓等形式广泛开展宪法宣传活动。“七五”普法督导调研深入推进。市人大常委会调研组深入市直部门、新罗区、永定区开展“七五”法治宣传教育工作视察调研。市“四套班子”分管领导带队开展“七五”普法中期督导，重点对全市开展宪法学习宣传实施工作进行督查。市委、市政府召开宪法学习宣传实施推进会，推进“七五”普法和宪法学习宣传实施工作再升温再深化。健全普法责任新机制。出台《龙岩市贯彻落实〈党政主要负责人履行推进法治建设第一责任人职责规定〉的分工方案》，推动领导干部“关键少数”带头尊法学法守法用法。推进基层民主法治创建。上杭县、长汀县荣获第四批全国法治县(市、区)创建活动先进单位。新罗区西城街道西安社区、连城县宣和乡培田村获得国家级“民主法治示范村(社区)”称号。着力构建法治宣传新阵地。实施项目化驱动，全面推进法治文化公园、法治文化阵地、法治文化设施建设。新罗区新建适中镇新祠阳光法治文化公园、龙门镇宪法主题法治文化公园。连城县推动“法豸文化”品牌建设，举办“法豸文化”书画艺术展。漳平市建设永福镇宪法法治文化墙、双洋镇廉洁法治文化公园。

【司法行政改革】 2018年，龙岩市司法局试点启动律师调解工作，7个县(市、区)共设立律师调解室22家，受理案件29件，调解成功28件。律师参与化解和代理涉法涉诉信访案件取得新进展，实现全市公、检、法机关全覆盖。律师执业权利保障进一步强化，建立维护律师执业权利快速联动处置机制，切实提高维护律师执业权利的及时性和有效性。律师参与扫黑除恶工作有序推进，全市备案356件疑是涉黑恶案件，派人旁听庭审25人次。调整公证机构执业区域，全市8家公证机构全部完成执业区域变更核准手续。全面开展“最多跑一次”试点工作，实现便民、快捷、高效服务。推进司法鉴定机构省级资质认定，规范司法鉴定委托与受理。深化“放管服”改革，市级审批事项全部实现“最多跑一趟”。推进司法体制改革，市法制办转隶市司法局平稳顺利。

(陈晓雅)

责任编辑　陈　芬

人民武装

【思想政治建设】 2018年，龙岩军分区始终把思想追随、旗帜引领作为建设发展的根本，突出学习贯彻党的十九大精神这个头等大事，扭住习近平新时代中国特色社会主义思想这个“魂”和“纲”，抓好全面深入贯彻军委主席负责制学习教育，以党委中心组带机关理论学习、“理论夜校”、早交班等为载体，组织新思想天天见天天学，在细学深学常学中提领思想、提纯党性，不断提升增强“四个意识”、坚定“四个自信”、做到“两个维护”、贯彻军委主席负责制的政治自觉。精心筹划开展“传承红色基因、担当强军重任”主题教育，邀请国防大学李银祥教授解读习近平强军思想，推进强军思想入心入脑。抓好“四反”经常性教育，利用军内外媒体和政工网唱响主旋律、弘扬正能量，确保部队绝对忠诚、绝对纯洁、绝对可靠。

【动员备战导向】 2018年，龙岩军分区牢记主席训令，立起动员备战鲜明导向。严格落实党委议战议训议动制度，严密组织“三实”训练、室内战术作业、国防动员业务考核，机关业务水平、组织指挥能力稳步提升。严密组织民兵调整改革，抓实民兵轮训备勤，组建市属民兵应急营，完成专武干部集训和基干民兵训练任务，应急应战能力得到进一步提升。积极适应征兵工作调整改革和“五率”考评新要求，强化组织领导，深入宣传发动，扭住关键环节，保质保量保廉完成兵员征集任务。

【依法从严治军】 2018年，龙岩军分区开展“学法规、训共同、整作风、正秩序”和“贯彻落实新条令、塑造军队好样子”活动，抓好正规化养成、规范化运行、常态化落实。突出人车枪弹密等防范重点，大力开展安全保密“大扫除”、安全隐患排查整治、车勤人员教育整训、安全大检查、专项清理整治等活动，排查整治10类47个问题隐患，部队安全基础不断夯实。干休所调整改革顺利推进，确保人员思想稳定和服务保障质量。

【党管武装】 2018年，龙岩军分区严格党管武装，深化军民融合，不断巩固发展新型军政军民关系。召开驻岩部队拥政爱民座谈会，制定《助力闽西革命老区“三大战役”实施意见》，牵头驻岩部队积极主动参与抢险救灾、精准扶贫、捐资助学、学生军训等活动，军分区本级拿出75万元专项资金，扶持挂钩贫困村民生工程建设及“八一”希望小学改善教学条件。牵头对接军地融合建设双向需求，推进军民融合项目落地，提升军民融合发展质效。积极推进国防教育基地建设，努力提升全民国防观念。中国国防报头版头条分别刊登龙岩军民融合和红色文化保护工作的做法。

【龙岩军分区第五次党代表大会】 2018年10月23日至24日，龙岩军分区第五次党代会于在龙岩召开，全区43名代表出席会议。大会以党的十九大精神为指导，学习贯彻习近平新时代中国特色社会主义思想和习近平强军思想，全面回顾总结军分区第四次党代表大会特别是近5年来的建设成就和经验，研究确定今后五年的目标思路，选举产生军分区第五届党的委员会、新一届纪律检查委员会，明确奋斗目标，凝聚发展共识，催生前进动力。

【民兵调整改革】 2018年2月，龙岩军分区会同市政府研究拟制《龙岩市“十三五”民兵调整改革实施方案》，3月8日，军地联合召开全市民兵调整改革任务部署会，之后接连召开民兵整组工作对口会、业务培训会、协调对接会和阶段推进会。按照中央军委国防动员部《民兵组织整顿工作实施办法》，有序推进民兵整组工作。坚持紧贴任务、基于大纲、聚焦能力，有序推进民兵军事训练落实。在5月福建省军区民兵调整改革检查验收中,市本级在同类单位中总评第一,全区总评第三。

【征兵工作】 2018年6月21日,龙岩军分区依托龙岩学院,举办"传承红色基因,放飞青春梦想"征兵宣传主题文艺晚会,市"四套"班子领导、市县两级征兵领导小组领导参加。此次活动,军分区首长全程督导指导、协调推动,机关各处的团结协作,兄弟部队及两所高校的大力支持,精心筹备、严格把关,严谨组织,完成任务,实现既定目标。

【基层武装工作】 2018年,龙岩军分区推进基层规范化建设。按照情况摸底、拟制计划、逐步推开的方式组织实施。11月23日,组织全区33名县(市、区)人武部领导、人民政府分管领导和乡镇武装部长,到福清市观摩学习基层规范化建设,通过观摩学习,查找差距、汲取经验、拓展思路、强化意识。至2018年底,上杭县人武部、连城县人武部基本完成基层规范化建设任务,其他县(市、区)正有序推进规范化建设。突出专武队伍能力建设。3月和8月,分两期共选派20名新任职基层武装部长参加省军区组织的2018年度全省专武干部集训,2人被评为"优秀学员"。3月和11月,依托龙岩学院和戎晖楼,组织两期120名专武干部集训,通过理论灌输、专家授课、技能操作、参观见学等方式,不断夯实专武干部队伍业务基础,努力提升专武干部的能力素质。同时,协调市委组织部将集训成绩纳入干部考核体系,联文通报集训情况和学员结业成绩,调动专武干部的参训热情。

【"传承红色基因、担当强军重任"主题教育】 2018年,军分区按照上级的部署要求,结合军分区实际,区分四个专题扎实推开"维护核心、动员备战、党风党纪、优良传统"等教育活动,组织瞻仰原中央苏区福建省党政军机关红军烈士陵园、中央苏区(闽西)历史博物馆等红色遗址,扎实推进"和平积弊大起底大扫除"活动,组织单位及个人对照"8查46个方面问题清单"深查彻改,教育激发全区官兵在坚定强军自信上达到新境界,在落实"两个维护"、贯彻军委主席负责制上立起新标准,在提高动员备战能力上实现新突破。

(赖荣恩)

武警支队

【铸魂育人】 2018年,龙岩市武警支队把学习贯彻十九大精神作为首要政治任务和头等大事。按照"学懂、弄通、做实"要求,研究制定支队《学习宣传贯彻十九大精神方案》,购置十九大书籍、红色图书等2000余册配发到部队,每月整理下发学习要点,定期组织官兵进行学习十九大精神成果交流,引导官兵不断强化看齐追随的政治自觉。严密组织"学训词、铸军魂、开新篇"专题教育,广泛开展"大学习""大调研"活动,突出学好《习近平中国特色社会主义思想三十讲》,用好"习语大讲堂""平语近人"电视媒体以及"日学一语"、"学习小组"公众号等学习载体,确保理论学习踩深走实,用党的创新理论和习近平强军思想武装头脑、指导工作、统领部队。在基层官兵中常态开展"学、讲、做"和"读书伴我成长"活动,评选表彰"理论学习之星",使党的创新理论进入思想、进入灵魂、进入实践,推动理论武装在基层落地生根。

【主题教育】 2018年,龙岩市武警支队扎实开展"传承红色基因,担当强军重任"主题教育,发挥驻地"身在古田,红色资源丰富"得天独厚的政治优势,深入挖掘"五种红色精神",提炼"七红"活动。支队编印古田会议读本、红色历史家谱、闽西红色小故事,以及定期制作习主席讲话练字帖、口袋书等"红八本",便于官兵在课余时间、训练间隙学习领会。深入开展"建红色史馆、读励志书籍、写军旅日记"活动,丰富拓展红色文化墙、荣誉室、红色文化讲解员和"士官大讲堂"等载体功能,形成主阵地灌输、多渠道渗透生动活泼的育人局面。坚持"走出去和请进来"提升教育效果,邀请党史军史专家讲课,组织官兵到连城松毛岭清明祭扫、古田会址"七·一"宣誓、闽西革命烈士陵园"9·30"公祭,在点滴熏陶和教育实践中将红色基因融入官兵血脉。

【政治工作】 2018年,龙岩市武警支队盯住经常性基础性政治工作重难点问题,每月召开政工例会,重点围绕如何提升"四会"能力、搞活文化活动、深化教育效果等问题进行集智攻关,总结固化政治教育"四课"机制和"六化"模式,不断提升政治教育效果。立足地处"两个前沿"实际,紧盯涉台间谍和网络失泄密等社会敏感热点,邀请国家安全局专家授课,严密组织防范安全风险教育,加大网络舆情防控力度,牢牢守住意识形态领域主阵地。坚持每周汇总在外人员跟踪管理情况、重点关注对象情况,严格落实"日提示、周预警、月巡查"制度,用好真理引导、组织关怀、情感激励、法规约束"四种力量",及时疏解官兵思想和心理疙瘩。严密组织"卫士风采"群众性文化活动,指导基层编排保留文化节目,组织"同心共筑强军梦,壮志满怀颂祖国"迎国庆文艺汇演,圆满完成网络名人进军营活动,以文化软实力催生部队战斗力。支队共有314篇各类新闻稿件和经验做法在省级以上报刊、杂志、电台网络等媒体上刊发和播发。

【经常性执勤】 2018年,龙岩市武警支队坚持党委议勤管勤,深刻汲取辽宁凌源第三监狱和黑龙江大庆看守所在押犯脱逃事件教训,深入开展两项执勤安全教育整顿活动,对哨兵站立点选择、活动区范围、监控探头位置、哨位主要监视方向等逐一论证、调整，投入20余万元整改执勤设施、AB门、监墙辅门、提审通道、涵洞管网等40处隐患，全面落实“四看”要求，目标安全系数不断提升。坚决贯彻落实总队“智慧磐石”工程部署要求和泉州现场会精神，主动对接地方政府争取保障经费，加强组织领导强力推进。全省唯一9米高监墙的武平看守所完成“智慧磐石”工程建设；支队“一室一站”设计方案已报总队审核。坚持分类指导、干部靠前指挥，严密组织警卫勤务、联勤武装巡逻和武装押解等各类任务54起，有效发挥维护社会稳定。

【实战化训练】 2018年，龙岩市武警支队以习主席训令训词为指引，以新《军事训练大纲》为依据，以纠治和平积弊为抓手，灵活运用“六种组训模式”，狠抓军事训练工作“八落实”。坚持党委统揽、按纲施训、依法治训，建立军事训练检查制度，利用监察系统加大对训练计划落实、干部跟班作业、训练场秩序监督力度，持续规范训练登记统计，确保训练正规有序。突出强化“教头”培养，严密组织新大纲教练员、应急班骨干、冲锋舟操作手集训，全面提升支队教练员队伍组训任教能力。大力开展群众性练兵比武活动，举办第二届“精武杯”比武竞赛，严密组织“三员”比武竞赛，严格落实周会操、月抽考、季普考制度，组织不达标的连以下干部集中办班补差，对落后的单位和个人实行军事考核一票否决，立起大抓军事训练和选人用人的鲜明导向。

【常态化战备】 2018年，龙岩市武警支队抓好两个《规定》、一个《办法》学习培训，主动与地方党委政府、目标单位对接，畅通提报沟通渠道。以军委战备拉动检查和“卫士—18·海西”演习为牵引，完善本级方案，常态组织机动中队最小作战单元、执勤中队应急班战备抽查拉动，全面规范指挥编组、指挥方式、指挥流程，强化各级指挥员“一句话命令加补充指示”指挥素养，提高部队“两个不经、一个保持”的战备水平。针对龙岩山区特点、自然灾害频发的实际和扫黑除恶可能担负任务需要，统筹推进4个屯兵点战备建设，与驻地防汛、地质和公安等部门建立应急响应机制，常态组织联演联训和紧急抽组拉动，确保一声令下迅即出动，圆满完成任务。

【按纲培养抓建明白人】 2018年，龙岩市武警支队针对编制体制调整后的岗位职责和沟通对接带来的新变化，开年集中两个月时间，开展“学用守法规”活动，依据《纲要》经常性八项工作划分专题授课，部门领导专题串讲，业务骨干对口精讲，不断增强官兵按纲要建、按大纲训、按条令管的意识。结合贯彻落实三级党的建设工作会议精神，专门组织两期基层正副书记集中培训，突出按纲抓建、发挥两个群众组织功能、建强三支队伍、落实经常性基础性工作等方面进行业务培训，培养按纲抓建的明白人。

【精准帮建】 2018年，龙岩市武警支队按照一队一案、一队一策、结对互学的办法，对连续5年以上未进先进的机动中队、武平中队和警勤中队等单位实施重点帮扶，支队主官亲自挂钩，多次深入中队现场办公，并建立每个大队指定2名常委或部门副职以上领导包片帮、股室与中队挂钩帮、大队领导蹲点帮的机制，利用下基层蹲点、季度考核、平时督查等时机，帮助理思路、定措施、教方法，着力增强他们造血功能和自建活力，提振军心士气；每周交班汇总挂钩帮建情况，并将帮建效果与个人、股室评先评优结合起来，确保挂钩帮建取得实实在在效果。

【正规化水平提高】 2018年，龙岩市武警支队深入开展“五个三”活动，坚持从对表落实勤务编班编组、周工作、周食谱抓起，常态落实常委分片定点查、机关每周突击查、干部包点电话查和大队常态蹲点跟进查制度，每周交班通报讲评任务完成、人员管理、执行纪律、落实制度等情况，不断正规部队“五个秩序”。深化执勤三中队贯彻落实新条令推进内涵式发展现场会成果，从基层一日生活秩序等细节入手，从日常养成严起，注重言行举止、穿衣戴帽、内务设置，一点一滴抠细节、立标准，部队建设的标准内涵得到进一步提升。

【全面防控】 2018年，龙岩市武警支队树牢安全靠建的理念，结合安全管理特点，梳理“十六类重点人员”，提出安全工作“十防”要求，总结在外人员管理“七步法”，制定《龙岩支队在外人员管理暂行办法》《龙岩支队车辆安全管理实施细则》《龙岩支队手机管理实施办法》，编印《安全常识》《事故案例100例》读本，建章立制，有规可循。坚持下好先手棋、筑牢“防火墙”，加强与国安、网安、疾病防控、交通和司法等部门协作联系，完善隐蔽斗争、网络舆情防范、重大灾害疫情通报、军车和私家车违章抄告以及法律支援服务等协作机制，持续夯实安全发展根基。

【重点突出】 2018年，龙岩市武警支队贯彻习近平主席重要批示精神，扎实开展枪弹及爆材危险品安全教育整顿、手机使用管理专项整治，共查纠治理枪弹安全隐患29类、清理手机150余部、检查计算机488台，整改问题52个，进一步筑牢安全屏障。严格落实支队车辆管理规定和车辆派遣制度，从严审批机关干部私家车，每月组织驾驶员开展安全行车教育和“警示日”活动，每季度通报交通违法抄告情况，支队实现安全行车连续17个季度零通报。注重加强远程跟踪，派出保卫骨干和卫生队医师全程进驻漳州支队新兵连，过细抓好新兵“三查”工作，坚持从源头上严把入口

关。严密组织士官选退工作，

【打仗型后勤建设】 2018年，龙岩市武警支队按照“充实、合成、多能、灵活”要求，及时修订完善4大类12种保障预案，先后与梅花山物流配送有限公司等7个网点签订后勤物资代储、代运、修理等协议，配齐军需、运输油料、卫生和野营4大类19种物资，实现区内机动增援力量2小时内到位、独立保障3天以上的要求，圆满完成“魔鬼周”极限训练、“卫士—18·海西”演习等综合保障任务。重视加强“一组五队”建设，始终将后勤岗位练兵纳入训练月计划、融入“八落实”，突出指挥协同、物资供应、战地野炊、人装结合、自救互救等科目训练，组织炊事员、军械员、卫生员、驾驶员和司务长后勤专业兵复训轮训，应急综合保障能力不断提高。

【法治型后勤建设】 2018年，龙岩市武警支队坚持依法治后，持续抓好后勤领域“清仓归零”活动，重点对经费物资、军粮军油、工程建设等领域进行彻底整治，严格核查各类会计凭证，开具说明或补齐手续，涉及金额数百万元，追缴个人退款20余万元。依照新的战备规范内容，结合武警森林支队转隶装备移交，严格落实编携配装标准，共调整防暴反恐装备数百件，防爆弹数百枚，杀伤性武器近百支，确保装备建设规范运行。

【服务型后勤建设】 2018年，龙岩市武警支队树立“基层至上，士兵第一”的理念，在严格落实“1126”“6211”保障模式的基础上，培训各基层单位炊事员学习制作特色糕点和驻地美食，实现每周食谱不重样、保障有质量。支队投入120余万元，并积极争取市县“六个一好”建设项目70余万元，用于9个中队改善生活、训练设施和开展农副业生产，基础设施建设更加完善。积极推进上杭中队新营房搬迁和机关公寓楼入住，邀请地方专家辅导夏训防中暑和热射病知识，常态开展训练伤防护、救护训练，积极为支队官兵搞好年度体检，与每个县市医院开通绿色通道，建立大病医疗保障机制，为官兵健康增添一道绿色“护身符”。

（武警龙岩支队）

人民防空

【宣传教育】 2018年，龙岩市人防办开展“5·12”防灾减灾日、“9·18防空警报试鸣日”“12·4”国家宪法日宣传活动和“扫黑除恶”专项斗争法制宣传活动，利用户外宣传长廊电子屏，滚动播放宣传标语和相关知识；继续深入开展人防宣传教育“六进”活动，与市教育局、邮政局等单位联合开展全市中小学生暑期家庭安全作业竞赛活动；与龙岩电视台和闽西日报社合作，播放人防宣传片，刊登人防宣传广告知识；注重人防宣传阵地建设，完成户外人防宣传长廊和人防宣传教育展厅建设，与厦门丹溪映画有限公司制作完成人防教育宣传片。

【人防工程建设】 2018年，龙岩市人防办加强人防工程维护管理，做好全省人防工程大普查准备工作，组织专家对竣工项目进行摸底及专项检查；开展人防工程维护管理和所属人防设施消防安全专项检查。规范人防工程建设监管，组织全市人防工程建设管理骨干和人防工程质量监督人员业务培训；聘请专家开展单建式和结建式人防工程实体质量检查；开展“双随机”检查工作，对人防工程监理企业和人防防护设备企业从业能力开展“双随机”检查。对问题较多的企业依法依规进行处理，并及时将检查结果进行网上通报；完成多项质量监督申报手续和人防工程竣工验收工作。

【组织指挥】 2018年，龙岩市人防办加强战备训练，提升应急应战水平。根据年度训练计划，组织人防指挥所、人防机关和指挥所管理中心开展训练，提升组织指挥和专业水平。周密组织2018年度中心城区防空警报试鸣暨人口疏散演练活动，人防指挥部组织指挥水平、人防专业队伍应急应战能力和人防志愿者队伍的应急服务能力得到提升；组织指挥体系建设按计划稳步推进。完成市级指挥所智能监控系统升级改造，市本级和长汀县、上杭县完成警报系统升级改造。与龙岩市气象局对接，完成人防指挥信息系统引接安装突发事件预警信息发布系统。完成全市人防战备数据录入更新、人口疏散基地选址、视频会议系统升级改造设计等工作；专业力量体系建设水平不断提升。上半年，开展人防专业队伍的整组工作。4月，依托人防专业队伍，完成综合应急分队骨干力量的组建和训练工作，5月，接受福建省军区组织的现场点验，提高人防专业队应战应急的能力。与龙岩义务工作者协会合作，共建志愿者队伍，拓宽人防志愿者队伍建设渠道。

【依法行政】 2018年，龙岩市人防办加强依法行政工作，推动人防行政执法工作扎实有序开展。继续开展易地建设费追缴工作，对不按规定建设防空地下室的违法行为进行调查处理。做好易地建设费减免项目监管检查工作，对中心城区易地建设费减免项目进行检查。

（龙岩市人民防空办公室）

责任编辑　上官克盈

外 事

【概况】 2018年，龙岩市接待重要外宾到访团组12批133人次。加强国际友好城市交往，推进各领域务实合作。加强部门联动，做好对外宣传工作。

优化因公出国管理机制，落实中央“八项规定”精神，深化“1+X”专项督查，从严从紧规范党政干部因公出国。全年审核审批因公出国58批137人次，调整、压缩不合理团组7批22人次。完善涉外安全管理机制，协调相关部门，妥善处理涉外事(案)件。全年向省外办上报涉外事(案)件5批10人次。

做好有实质内容的商务团组、科技团组出国精准服务，推广APEC商务旅行卡，助推企业“走出去”开拓市场。全年为8批12人申办APEC商务旅行卡，借卡55人次。做好外国人来华邀请工作，为外向型企业引进人才技术等“请进来”做好服务。全年办理邀请外国人入境23批37人次。

【托米斯拉夫·尼科利奇率团访问龙岩】 2018年1月24—26日，应紫金矿业集团股份有限公司董事长陈景河的邀请，塞尔维亚前总统、塞对华合作国家委员会主席托米斯拉夫·尼科利奇(Tomislav Nikolić)率代表团到上杭考察访问，了解福建省参与“一带一路”国际合作情况，考察紫金矿业集团，推动福建省与塞尔维亚在经贸、矿业等领域的交流与合作。在上杭期间，尼科利奇一行考察紫金山金铜矿、紫金矿产地质博物馆、参观紫金铜业公司车间。

【麦家廉一行参观永定土楼】 2018年5月6日，加拿大驻华大使麦家廉(John McCallum)及驻广州总领事白静芳(Racheal Bedlington)一行到龙岩参观永定客家土楼，品味客家文化、土楼文化的深刻内涵。

【中马青年互访游学团参访龙岩学院】 2018年10月29日，中国—马来西亚青年互访交流游学代表团一行60人参访龙岩学院。游学团与龙岩学院师生代表座谈，并听取教授杨玉凤作题为“弘扬闽西红色文化和客家文化精神，展现青年担当”的讲座。

中马青年交流游学活动由福建省人民政府外事办公室与中国驻马来西

2018年5月6日，加拿大驻华大使麦家廉(右三)参观永定土楼 （尹徽珑 供图）

亚使馆联合举办，旨在增进中马青年之间的相互了解，推动中马友好关系深入发展，龙岩学院有3名学生入选参加该活动。

【戈登·布拉贝利率团访问龙岩】 2018年11月2—4日，应龙岩市政府邀请，澳大利亚伍龙岗市市长兼议员戈登·布拉贝利(Gordon Bradbery)、市长助理维拉·斯维特科斯基 (Vera Cvetkoski)在澳大利亚宋庆龄基金会主席、澳洲龙岩同乡会名誉会长陈星惠等陪同下到龙岩参观访问。市长林兴禄会见戈登·布拉贝利一行，商讨加强两市友城合作交流，签署深化合作备忘录。在龙岩期间，戈登·布拉贝利代表伍龙岗市政府与新罗区政府座谈，商讨联合举办2019年在澳大利亚悉尼举行的第八届世界龙岩(新罗)同乡恳亲大会事宜。这是戈登·布拉贝利第三次访问龙岩。

【王锐访问龙岩】 2018年5月21日，德国欧洲国际文化教育交流促进会会长王锐到龙岩市访问。市外侨办主任罗桥德、调研员王红康、龙岩技师学院院长陈建生、龙岩学院教授许智坚与王锐一同座谈。经过协商，达成如下共识：努力推动龙岩与德国施马尔卡登两市政府间的交流、推动两市往缔结国际友好城市方向发展；推动龙岩学院与德国施马尔卡登应用科技大学的赴德留学生交流合作等项目；推动龙岩技师学院与德国各地职业技术学校师生教育、文化等交流。

【签订框架合作协议】 2018年10月23日，哥斯达黎加国家技术研究中心董事长(Arturo Acosta Mora)、哥斯达黎加国家技术研究中心院长(Douglas Caamao Quirós)到龙岩技师学院参观考察并与学院签订框架合作协议。双方商定在人才培养、项目研究、学术交流、课题研究、技术培训信息共享与交流等方面建立长期、紧密的合作关系。双方同意下一步在健康养老、酒店管理、旅游服务、烹饪等方面加强交流，共同培养技术技能人才。

2018年5月3日，"泰国投资政策"推介会在龙岩举办 (尹微珑 供图)

【"泰国投资机遇"研讨会在龙岩举办】

2018年5月3日，由泰国投资促进委员会主办，泰王国驻厦门总领事馆、龙岩市商务局、龙岩市外事侨务办公室、龙岩市贸促会协办的"泰国投资机遇"研讨会在龙岩万达嘉华酒店举办。泰国驻厦门总领事馆副总领事孟坤、市商务局、市外侨办、市贸促会相关领导及50多位龙岩企业家出席研讨会。研讨会旨在让闽西龙岩企业家了解泰国投资信息、投资机遇，以及中国企业家在泰国投资的优惠政策、投资优势等。

【孟坤出席第九届海峡两岸机械产业博览会】 2018年11月7—8日，泰国驻厦门总领事馆副总领事孟坤一行应邀到龙岩参加第九届海峡两岸机械产业博览会。龙岩市委书记许维泽会见孟坤一行，介绍龙岩在矿产资源、机械产业以及文化旅游产业的发展优势。双方就促进龙岩与泰国城市间在经贸、文化、旅游等领域的交流合作交换意见。

【组团赴埃及、南非、肯尼亚开展经贸洽谈活动】 2018年7月17—27日，应埃及贸易工业部、南非恩科维铂业有限公司、肯尼亚投资局邀请，龙岩市委常委、常务副市长王龙率市经贸代表团赴埃及、南非、肯尼亚开展经贸洽谈活动。在埃及，代表团拜访埃及贸易工业部、埃及商会亚历山大分会、EAMCO公司总部及亚历山大分公司，推介龙岩市机械产业项目及投资环境，洽谈推动龙岩市机械产品在埃及销售事宜。在南非，代表团走访南非恩科维铂业有限公司、南非中南展贸有限公司、南非飞力通控股有限公司和南非五星实业公司，与企业家们座谈交流，并举办小型推介会。在肯尼亚，代表团拜访肯尼亚投资局，推介龙岩市机械产业项目和投资环境；走访中国武夷肯尼亚分公司、中国土木工程(肯尼亚)有限公司、中国路桥工程(肯尼亚)有限责任公司及永强国际(肯尼亚)有限公司，与相关负责人会谈。

【组团赴德国、捷克、奥地利开展经贸洽谈活动】 2018年10月17—26日，应德国中小企业联合总会、德国RSP公司、捷克米库洛夫市应政府、奥中经济委员会邀请，龙岩市委副书记、新罗区委书记何明华率市经贸代表团赴德国、捷克、奥地利开展经贸洽谈活动，新罗区政府、市外侨办等相关部门人员陪同。在德国，拜访德国中小企业家联合会、德国 RSP 公司、德国汉莎普斯有限公司等，推介龙岩市机械产业、应急产业及创新产业，并出席福建侨龙和德国 RSP 公司的“无损挖掘中德合资项目”签约仪式。在捷克，拜访米库洛夫市政府、捷克中东欧经贸联合商会、捷克福建商会，推介项目，与企业家们座谈交流。在奥地利，拜访奥中经济委员会，推介龙岩市情、新罗区情及项目情况，洽谈推动环保制造、机械工业、装备制造和对外贸易、文化教育等方面的合作事宜，争取达成合作意向。

侨　务

【概况】 2018 年，龙岩市接待海外华人华侨 20 余批 300 余人次。深化华裔青少年夏(冬)令营工作，涵养新生代侨源。全年举办 3 期海外华裔青少年“中国寻根之旅”夏(冬)令营活动，来自美国、加拿大、马来西亚的 90 名华裔青少年参加。

【侨界民生工作】 2018 年，龙岩市开展春节送温暖慰问侨界人士系列活动，市外侨办慰问困难归侨侨眷和侨界代表人士 180 余人，发放慰问金和慰问品近 11 万元。争取李新炎慈善基金会“扶贫助侨”帮扶金 15 万元。做好散居社会贫困归侨生活补助工作。省、市、县侨办系统联合举办送温暖医疗下乡暨侨法宣传活动和归侨侨眷技能培训班。深化国内侨政工作。全年受理华侨到闽定居申请 28 件，办结 28 件(出具华侨回岩定居证 6 件，出具不予受理通知书 22 件)，办结率 100%。全年出具“三侨子女”高考身份证明 6 份。做好归侨侨眷到信到访工作，全年接待到信到访 24 件次。加强侨务专项资金的监督管理。推进《龙岩华侨史》编修工作。配合市人大、市政协、省侨办开展侨务相关调研工作。

【陈大江回龙岩省亲考察】 2018 年 4 月 27 日，印尼中华总商会永久名誉主席、印尼友光集团名誉董事长陈大江，印尼中华总商会资深常务顾问杨秉书以及陈大江子孙一行 16 人回龙岩省亲考察。考察期间，陈大江一行前往龙岩学院参访，向龙岩学院捐赠 50 万元。

【闽籍海外社团青年骨干研修班主题教育】 2018 年 8 月 21—24 日，由省侨办主办的闽籍海外社团青年骨干研修班“不忘初心、牢记使命”主题教育活动在上杭古田举行，省侨办副主任郑惠文、市外侨办主任罗桥德以及 11 个国家和地区的 20 位世青会代表、闽籍海外社团青年骨干参加活动。市政府常务副市长王龙会见研修班全体学员，并推介龙岩市情。其间，研修班学员参观古田会议旧址，德尔科技、瓮福紫金化工、紫金铜矿、泰山石膏等企业，以及官庄畲族乡、客家族谱馆、城市规划馆等。泰国石狮同乡总会暨泰国石狮商会会长蔡孝兴分别向上杭县官庄畲族乡德康村和下都镇象栏村各捐款 50 万元，用于西村的幸福院建设。

【印尼万隆永定会馆乡亲回龙岩省亲】 2018 年 10 月 24 日，印尼永定总会秘书长、万隆永定会馆前任会长陈伟良一行 43 人回永定观光省亲。永定区委常委、统战部部长王小庆、市外侨办副主任胡丰林、市侨联副调研员沈水清会见省亲团全体成员，与乡亲们座谈，推介龙岩市情、永定区情。其间，省亲团参观永定客家土楼振成楼、承启楼，深入了解客家文化。

【马来西亚华人同乡会馆联合会访问龙岩】 2018 年 10 月 26 日，由马来西亚沙巴亚庇华人同乡会馆联合会总会长、拿督黄小娟率领的访问团一行 17 人以及由会馆主席苏绍强率领的亚庇龙岩会馆一行 12 人抵达龙岩参观访问。市外侨办主任罗桥德、市侨联主席魏冬梅共同会见参访团全体成员，向客人简要介绍龙岩的区位优势和近年来经济社会发展建设情况，双方达成促进两地在经济文化方面合作交流的共识。

【沈时康回龙岩省亲】 2018 年 10 月 25 日，美籍华人沈时康回乡省亲，前往新罗东肖镇参观龙岩华侨历史博物馆及王源兴专题展厅，与当地有关部门进行座谈交流。

沈时康祖籍广东潮州，是龙岩籍著

2018 年 4 月 27 日，陈大江(前排左七)参访龙岩学院　　(吴瑞娇　供图)

名侨领王源兴的外孙，曾在美国加州阿罕布拉市担任四届市长职务。此外，他还担任美国华裔民选官员协会会长、美国全国城市联盟亚太裔委员会主席、加州城市联盟亚太裔委员会主席、财政税务委员会委员、加州独立城市协会理事等职务，并于2018年7月获得美国第九届国会领导力奖年度企业家奖。

【组团出访印尼、马来西亚、缅甸】 2018年11月12—21日，龙岩市外侨办主任罗桥德率侨务联谊与经贸推介团前往印度尼西亚、马来西亚、缅甸，开展侨务联谊和经贸推介活动。出访期间，代表团广泛联络龙岩籍侨团和重点知名人士，调查侨情，联络感情，推介龙岩市情及招商项目，接触了解当地政府，探讨建立国际友城可能性。

台港澳事务

【对台品牌建设】 2018年，龙岩市加强对台品牌建设。“海峡客家”品牌方面，永定客家文化园、武平定光佛文化园区两个国家级海峡两岸交流基地建设持续推进，长汀客家母亲文化主题公园获批设立福建省对台交流基地。举办“两岸亲　亲子情——相约龙岩”龙岩台湾亲子活动、第四届两岸成年礼、海峡两岸（新罗）青年龙舟文化节、海峡两岸定光佛文化旅游节、世界客属公祭母亲河等一批交流活动。龙台媒体合作持续加强。“大陆阿里山”品牌方面，漳平台创园连续两年在全国台创园考评中获得第一名，获中央台办批准设立国家级海峡两岸青年就业创业示范基地，樱花茶园美景享誉海内外，在两岸农业交流合作的示范辐射作用日益凸显。

【龙台经贸合作】 2018年，龙岩市全面贯彻落实国台办31条、省66条惠台政策措施，并结合龙岩实际，为在龙岩台胞台企落实“两个同等待遇”提出46条贯彻意见。注重发挥经贸会展平台作用，“以台引台”，逐步形成漳平台湾农民创业园茶产业、连城庙前棒球产业和武平光电产业集聚的发展态势。支持台湾青年到龙岩实习创业就业，市财政两年来兑现各项扶持资金近500万元，至2018年底，到龙岩创业就业的台湾青年有198人。开展“台商台胞服务年”活动，建立健全“四进台企”、涉台民商事纠纷调解联动机制等工作机制，发挥“龙岩市台胞权益保障法官工作室”作用，切实帮助在龙岩台胞台商解决问题和困难19件。2018年，全市台商投资继续保持较快增长势头，全年新批台资企业24家，总投资7043万美元，比2017年增长118%。

【龙台民间交流】 2018年，龙岩市和台湾乡镇村里对接形成常态，龙台民间宗亲、乡亲、姻亲、信众等交流活动频繁。全市有28个乡镇与台湾乡镇建立常态化交流机制，有40多个姓氏宗亲开展多种形式交流。多渠道、多领域组织引导台湾初次到大陆的“首来族”到龙岩参访，直接或间接带动大批台湾民众自发到龙岩，2018年，全市累计接待台胞5.62万人次，其中“首来族”538人。

（朱龙飞）

【“中国寻根之旅”夏令营在龙岩开展活动】 2018年8月2—11日，国务院侨务办公室、福建省人民政府侨务办公室、龙岩市外事侨务办公室在龙岩联合主办2018年香港地区青少年“中国寻根之旅”夏令营·福建龙岩营活动。2日，在龙岩市财富酒店举行开营仪式，香港闽西联会的26名营员和领队出席开营仪式。营员在为期10天夏令营活动中，学习家乡山歌、剪纸艺术、客家传统美食等，领略清新福建的自然风光和人文风采，感受中华传统文化和家乡龙岩的乡音乡情。

【赵碧菁访问龙岩】 2018年7月12—13日，香港特别行政区政府驻福建联络处主任赵碧菁一行到龙岩访问，推动两地的交流与合作，加强香港特区政府与龙岩市政府相关部门的联系。市发改委、商务局、外侨办、贸促会及工商联等部门与赵碧菁座谈，达成加强合作交流的意向。访问期间，赵碧菁一行参观龙岩市同心圆（香港）护理院和龙岩欧麦香食品有限公司，参观古田会议旧址、主席园和古田会议纪念馆。

【澳门青年法律人才访问团访问龙岩】 2018年11月13—14日，澳门中联办组织的澳门青年法律人才访问团一行25人到龙岩访问，了解龙岩市改革开放、经济社会发展、历史文化等情况，并开展业界交流。访问期间，访问团一行前往永定参观土楼，前往古田参观古田会议旧址和古田会议纪念馆、瞻仰毛主席雕像。

（陈玉秀　温龙珍）

责任编辑　饶晓艳

发展与改革

【概况】 2018年，龙岩市实现地区生产总值2393.3亿元,比上年增长7.6%。其中,第一产业增加值244.08亿元、增长3.6%，第二产业增加值1147.27亿元、增长8.4%,规模以上工业增加值增长9%,第三产业增加值1001.95亿元、增长7.7%;一般公共预算总收入296.8亿元,增长6.4%;地方一般公共预算收入151.27亿元,增长9%;固定资产投资增长12.7%；社会消费品零售总额907.4亿元,增长11.6%;外贸出口总额167.87亿元,增长6.4%;实际利用外资2.98亿元；城镇居民人均可支配收入35759元,增长8.3%;农村居民人均可支配收入17154元,增长9.3%。

【产业转型升级】 2018年，龙岩市对接省“百千万”行动,实施“产业兴市”战略、“双培育”行动计划、创新型城市建设行动计划,出台提升营商环境实施细则,完善落实工业21条、服务业20条、“一业一策”“一企一策”等政策措施,全力推动产业结构升级,经济发展提质增效。茶叶、蔬菜、畜禽等七大优势特色产业加快发展,七大优势产业全产业链产值突破700亿元。工业提速增效,新增规模以上工业企业35家，工业九大重点产业中有色金属、机械装备等6个产业增加值实现两位数增长,建筑业产值突破1000亿元；企业利润总额增长45%。服务业集聚壮大发展,占地区生产总值比重由“十二五”末的35.8%提升至41.9%;新增2个省级服务业集聚区示范区，文旅康养产业实现总收入808亿元;古田干部学院被中组部确定为第二批“全国党员教育培训示范基地”,被国家发改委、财政部、国资委等部委、单位、院校列入党员党性教育基地或教学点，红色教育培训井喷式发展,全年培训超过19万人次;数字产业加快发展,今日头条创作空间、内容质量中心落地龙岩,“跟着抖音游龙岩”反响热烈,与美团点评合作实施旅游生活化、智慧出行、食品安全监管等项目。创新动能不断增强,高技术产业增加值增长18.8%，预计研发经费占GDP比重1.62%,新增22家国家级、55家省级高新技术企业。龙岩市被授予“中国专用汽车名城”、国家新型工业化产业示范基地(军民融合)称号,入选国家“创新型城市建设”名单;上杭被评为全省县域经济实力十强县,长汀、连城、武平被评为全省县域经济发展十佳县。

【扩大有效投资】 2018年，龙岩市深入开展“大督查大落实”、项目落地攻坚战役,完善并落实市领导挂钩、定期会商、问题专报等机制,实施“一线考核干部”、重大项目“一月一活动”,推进项目集中签约、开工、竣工,形成项目滚动接续发展态势。全市“五个一批”项目、重点项目、1820重大项目、“重中之重”项目、投资工程包等均完成年度总体目标,武平县、上杭县进入省正向激励前十名。截至2018年底,全市列入省“五个一批”项目库项目共4147个,总投资18297.6亿元。其中:本年新增项目2548个,总投资8206.1亿元,年度新增项目数居全省第3名；全市70个列入省1820重大项目库的市管项目完成投资200.5亿元、完成年度计划的129.7%,开工项目18个，建成或部分建成项目19个；列入省与央企重点对接的7个先进制造业项目中,4个项目进展较快(3个已开工)。上杭太阳铜业连铸连轧、龙工挖掘机产能回归等一批项目竣工投产,长汀闪烁与激光晶体、万安溪引水工程等一批项目开工建设,南龙铁路、厦蓉高速扩容顺利通车,双龙铁路龙岩段可研获批,龙岩机场、漳平钢铁等重大项目前期取得突破性进展。在项目工作的有力支撑下,全市固定资产投资增长12.7%,居全省首位。

【基础设施建设】 2018年，龙岩市持续实施中心城市畅通工程,新建及改造道路15千米,金鸡路三期、犀牛路二期等建成通车,龙岩大桥主塔桩基及承台已完成;打通8个交通拥堵节点,九一桥通行率提高2倍,西兴桥、罗桥通行率提高60%。全市新增公共停车位6400多个、人行天桥6座。持续实施中心城市园林绿化提升工程,落实城市绿化导则,新建成4处公园和41千米绿道,龙津湖公园成为深受市民喜爱的城市网红新景观。完成400多个无物业小区治理,整治搬迁韭菜园马路市场。加快"四好农村路"建设,完成农村路网改造355千米,配备352名乡村道路专管员。持续加大民生投入,全市公共财政80%以上用于民生支出,28项为民办实事项目基本完成,就学、出行等问题得到较好缓解,群众获得感更加充实。完善大病补助、安全住房保障、脱贫对象动态管理及兜底保障等各类政策,1个省级扶贫开发重点县、14个市级扶贫重点乡镇和264个贫困村如期摘帽,建档立卡贫困户基本脱贫。加快补齐教育、卫生与健康、养老服务等民生公共服务短板,新改扩建中小学34所、新建公办幼儿园20所,新增中小学学位1.8万个、新增幼儿园学位7000多个;全市每千分娩量产科床位数20张、每千名儿童儿科床位数2.77张,新增省、市级临床重点专科9个、省级中医重点专科1个,县域就诊率79%;全市每千名老人床位数31张,已建成和在建居家社区养老服务照料中心48个、135个社区建有居家社区养老服务站。城乡居民参保缴费136.18万人、参保率99.35%;城镇登记失业率2.61%。

【生态文明建设】 2018年,龙岩市开展"绿水翻身仗""蓝天巩固仗""净土保卫仗""青山修复仗",下大力气解决环境突出问题,环境治理工作获国务院大督查激励表扬。扎实抓好中央、省环保督察反馈意见整改,集中整治环境突出问题。落实河(湖)长制,加强水污染防治,主要流域Ⅰ—Ⅲ类水质比例95.5%,全部消除劣Ⅴ类水质小流域,城市内河、县级以上集中式水源地、重点湖库水质达标率均为100%,小溪河水质持续稳定达标。开展大气污染企业专项整治行动,城市空气优良天数比例98.9%,居全省前列。全市森林覆盖率78.9%,保持全省第一。顺利通过创建国家现代林业科技示范园区评审。武平获评全国森林旅游示范县。提升水土流失治理"长汀经验"、林改"武平经验",推进自然资源产权制度改革等14项生态文明体制改革任务基本完成,国家生态文明试验区建设顺利推进。

【重点领域改革与协作交流】 2018年,龙岩市以"e龙岩"为抓手倒逼政务服务效能提升,"e龙岩"获得中国政府信息化管理创新奖、全省机关体制机制创新优秀案例一等奖,并在全省推广;以担当作为精神解决中心城市1万多户房屋和土地历史遗留问题,得到自然资源部肯定和推广;"12345"龙岩经验在全省推广;主导制定的福建省地方标准《"一趟不用跑""最多跑一趟"政务服务规范》在全省实施。出台提升营商环境实施细则及推进方案,企业开办时间压缩至3个工作日以内;落实各级支持实体经济发展政策措施,市级兑现"一企一策"奖补资金3278万元,市、县兑现服务业发展奖励资金1794.8万元,16家融资担保机构为800家企业提供115亿元的贷款担保。取消行政审批和公共服务事项79项、承接下放(委托)13项、调整101项、下放43项。深化国资国企改革,市属国有企业资产总额1200亿元。加快融入闽西南协同发展区,印发《龙岩市推进闽西南经济协作区建设工作方案》,实施加强工业产业协作、加强文化旅游康养产业协作、加强山海协作园区协作共建、加快基础设施互联互通等15个方面重点任务,14个列入省定盘子的项目完成投资46.6亿元。

【重点项目建设与管理】 2018年,全市安排重点项目300个,总投资3601亿元,年度计划投资739.9亿元。其中,在建项目132个,总投资1027亿元,年度计划投资272亿元;预备项目45个,总投资469亿元,年度计划投资45亿元。

至2018年底,全市300个重点项目完成投资847.1亿元,超年度目标107.2亿元,占年度计划114.5%。其中,188个省重点项目完成投资436.4亿元,超年度目标51亿元,占年度计划

2018年,龙岩市主导制定的《"一趟不用跑""最多跑一趟"政务服务规范》在全省实施。图为行政服务中心项目审批服务"一口受理"

113.2%。龙岩万安溪引水工程、永定鑫竹海竹缠绕复合管生产、连城允升复合不锈钢管生产等78个项目实现开工建设，超开工目标18个，占年度计划130%。南平至龙岩铁路扩能工程(龙岩段)、上杭太阳铜业连铸连轧铜杆生产、龙岩龙工履带式挖掘机等58个项目实现建成或部分建成，超建成或部分建成目标23个，占年度计划165.7%。

【对接中央苏区政策】 2018年，市委、市政府主要领导多次带队前往国家部委对接争取；市发改委牵头、市直部门联动参与，形成持续跟踪对接原中央苏区振兴发展政策的工作机制，全力做好原中央苏区政策争取工作。事关产业发展、民生福祉等的25项事项得到相关国家部委支持；连城医院二期病房大楼、松毛岭战地遗址、长连武扶贫开发试验区等一批项目得到中央、省预算内资金支持，合计5.4亿元。

（市发改委）

国有资产管理

【概况】 2018年，龙岩市国资系统持续深化国有企业改革，不断完善国资监管体制，促进国有资产保值增值，为全市经济社会发展做出积极的贡献。2018年，市属国有企业资产总额1211.19亿元，比上年增长11.72%；所有者权益513.43亿元，比上年增长20.4%。2018年，实现营业总收入114.2亿元，比上年增长10.29%；实现利润总额6.26亿元；上交税费总额11.05亿元，比上年增长25.46%。

【国企改革】 2018年，市国资系统持续深入贯彻落实《中共龙岩市委 龙岩市人民政府关于深化国有企业改革的实施意见》《中共龙岩市委 龙岩市人民政府关于促进市属国有企业做强做优做大的若干意见》精神，结合实际，先后在企业担保、人事管理、薪酬分配、廉洁风险防控、专职监事管理、党的建设等方面制定出台11项制度性文件，进一步完善国企改革制度体系，并积极督促企业严格执行落实各项制度，确保国企改革各项制度落地落实。

【企业整合重组】 按照市委、市政府要求，2018年9月，市国资委牵头起草并报市委、市政府研究制定《市属国有企业整合重组方案》(岩委〔2018〕56号)。市国资委严格按照《方案》要求积极推进市属国有企业整合重组工作，至2018年12月，已全面完成涉改企业党组织及党员关系接转工作，成建制划转企业已基本完成划转工作，市委、市政府确定的市属国有企业整合重组全部完成。市国资委监管的市属一级企业总数由13家减少至7家，形成市管企业“四大集团”新格局。

【股权多元化改革】 2018年，龙岩高岭土股份有限公司上市工作有序推进，中国证券监督管理委员会福建监管局正式受理龙岩高岭土股份有限公司辅导备案材料，募投项目征地和用地林业手续办理工作正抓紧推进。上市(挂牌)后备企业培育工作取得新进展，3家市属国有企业被省发改委确定为2018年省重点上市后备企业。稳妥推进混合所有制改革，顺利完成市拍卖行有限公司混合所有制改革；城发集团所属安居公司与民营企业北京中科朴雅商务管理公司合作建设一站式母婴服务中心项目正式签约。市属国有企业引进上市公司落地龙岩工作取得积极进展，市政府制定出台《关于支持市属国有企业引进异地上市企业落地龙岩的通知》(龙政综〔2018〕200号)，市属国有企业通过多种渠道积极与市外优质上市企业开展对接。

【业绩考核与薪酬管理体系】 2018年，市国资委积极发挥业绩考核指标导向作用，科学设置考核指标，修订出台《所监管企业负责人经营业绩考核办法》(龙国资〔2018〕89号)，增加企业整合重组、资本运作、科技创新等考核指标，提高党建工作在业绩考核指标体系的权重，强化经济增加值、价值创造能力考核，提高经营业绩考核的科学性和精准性。建立健全正向激励机制，从2018年1月起对市属国有企业负责人预发部分绩效年薪，并于下半年确定6家市属国有企业为内部分配制度改革试点企业，积极开展以效益为导向、与业绩相挂钩、以市场化、差异化分配为重点的内部收入分配改革。

【国资监管】 2018年，市国资委不断深化“放管服”改革，立足国资国企实际，先后在企业工资总额管理、项目审批、选人用人、融资担保、资产评估等重点领域减权放权，进一步激发企业活力。积极探索国有资本授权经营体制改革，结合市属国有企业整合重组，将新成立的龙岩投资发展集团有限公司列为国有资本投资公司改革试点企业。

强化产权监管。修订出台《所监管企业担保事项管理暂行办法》(龙国资〔2018〕21号)，在将对内担保事项的批准权限下放至一级企业的同时，加强市属国有企业对外担保事项的监督管理；制定出台《龙岩市国资委所监管企业资产评估结果专家审核内部工作规程(试行)》，进一步把牢维护国有资产权益、防止国有资产流失的关口。强化财务监督。认真贯彻落实《龙岩市国资委所监管企业总会计师管理办法（试行)》(龙政办〔2017〕327号)精神，积极推行由国资监管机构委派总会计师制度，分别向市国资委直接监管3家企业各委派1名总会计师。强化监事会监督和审计监督。强化监事会监督，严格按监事会监督事项清单开展清单式监督检查，2018年7月对市属国有企业参(控)股投资情况开展专项检查，并组织实施企业领导人员经济责任审计项目15个。

规范企业项目投资。健全完善企业投资项目专家评审机制，充实市国资系统投资项目评审专家库；制定下发《关于加强市属国有企业重大项目协调推进工作的通知》（龙国资〔2018〕112号），完善领导挂钩联系重点项目制度、定期协商会商机制、项目考评制度、项目动态管理机制。强化安全生产监管。严格督促企业落实安全生产主体责任和安全生产"党政同责，一岗双责"责任，持续深入开展安全生产大排查大整治大检查活动，市国资系统全年安全生产保持平稳良好态势。

监督问责机制不断健全。持续开展企业应收债权清理清收专项行动、企业涉诉案件执行推进工作，尽最大可能挽回损失。认真贯彻落实国务院办公厅《关于建立国有企业违规经营投资责任追究制度的意见》《龙岩市市属国有企业违规经营投资扣减薪酬实施细则(试行)》，制定出台《市属国有企业领导人员受到党纪政务处分和组织处理扣减薪酬暂行规定》（龙国资〔2018〕19号），强化逆向惩戒，加大对企业领导人员违规经营投资、违纪行为的问责惩处力度。

【项目带动】 2018年，市国资委深入贯彻落实市委、市政府关于打好项目落地攻坚战役的决策部署，积极推进"双培育"行动计划，充分发挥市属国有企业投资主体、建设主体作用，切实在全市产业发展、项目建设中"当先锋、打头阵"。2018年，市属国有企业实施项目224个，投资844亿元，年度计划投资135亿元，全年累计完成投资143亿元。其中，承担或参与市委、市政府确定的"重中之重"项目18个，总投资248.65亿元。2018年，计划投资50.25亿元，1—12月累计完成投资57.76亿元。龙津湖公园、火车站北站房综合枢纽、龙岩会展中心、龙德六氟磷酸锂生产项目、建豪建筑工业化生产基地等一批重点项目在年内竣工。

【融资保障】 2018年，市国资委充分发挥市属国有企业融资主体作用，紧紧围绕重点项目融资金，着力为政府性投资项目和重大产业项目建设提供资金保障。2018年，市属国有企业新增融资147.2亿元。同时，积极推进市属国有企业政府性债务置换资金账务调整工作，着力推动企业降低资产负债率。

【国企党建】 2018年，市国资系统通过集中宣讲、党员自学、专家讲学、领导督学、竞赛促学等多种形式，在市国资系统掀起习近平新时代中国特色社会主义思想"大学习、大普及、大践行"热潮。2018年，开展习近平新时代中国特色社会主义思想宣讲活动36场次。举办市国资系统"红古田"杯红色故事演讲比赛，会同相关部门举办全市"红古田"杯红色故事演讲比赛，组建市国资系统宣讲队、闽西红色文艺轻骑兵文艺演出小分队，13名党员干部被市委宣传部聘为红色故事优秀宣讲员，开展宣讲(红色文艺演出)30余场次。严格落实意识形态工作责任制，牢牢把握意识形态工作领导权。加强党的建设，持续抓好企业党的领导、党的建设弱化、淡化、虚化、边缘化问题整改，推动国有企业党建30项重点任务刚性落地。完成党建工作总体要求写入公司章程工作，确立党组织研究讨论作为董事会、经理层决策重大问题的前置程序，党组织在公司法人治理结构中的法定地位得到进一步明确和落实；提高党建工作在企业负责人经营业绩考核指标中的权重，国企党建工作考核机制进一步完善；制定出台《关于加强龙岩市市属国有企业劳务派遣制员工党员管理的实施意见》（龙国资党委〔2018〕46号），企业劳务派遣制员工党员管理进一步规范；在市属国有企业整合重组中始终坚持党建引领，涉改企业党组织进一步调整优化；成立8个专门党务工作机构，市属国有企业已全部配备专(兼)职党务干部，并会同市委组织部举办全市国有企业党群部门负责人培训班；结合省委巡视整改，制定下发《关于进一步规范市属国有企业干部人事工作有关问题的通知》（龙国资党委〔2018〕67号），并开展企业选人用人工作情况专项检查，企业选人用人工作进一步规范。按照"因地制宜、分类实施、试点先行、分步推进、以点带面，循序渐进"的思路，根据各企业党组织特点，以"三强三创"活动为抓手，创建一批具有代表性、作用发挥明显的"红土先锋党员工作室"。市国资系统创建25个"红土先锋党员工作室"，培育4个市级党建综合示范点，基层党组织战斗堡垒作用得到有效发挥。

（陈　丹）

【龙岩城市发展集团有限公司】 龙岩城市发展集团有限公司（以下简称"城发集团"），认真践行新发展理念，坚定不移推进项目建设，谋划转型升级，各项工作取得新成效。2018年，集团公司（含水发、土发）资产总额358.98亿元，比上年增长15.76%；负债总额178.48亿元，比上年减少3.61亿元，比上年下降1.98%，净资产180.5亿元，比上年增长40.38%，资产负债率49.72%(经营性资产负债率207.28%)；营业收入总额15.55亿元，比上年增长28.19%；利润总额1.16亿元，比上年增长2.65%。

稳中求进，凝心聚力促项目建设。城发集团按照"大督查大落实"工作要求，攻坚克难，集团工程项目累计完成投资92.078亿元(水发集团6.92亿元，土发集团16.17亿元)。其中"重中之重"城建项目20个，完成投资20.74亿元，完成年度投资计划的123%。市政基础设施项目方面，经过精心组织、科学施工、精细化管理，打造一批群众满意的精品工程。全年新开工九一路佳宝段改造工程、莲南桥下穿栈道桥等项目9个，完工三桥一路改造工程、罗龙西路（江山路口—红竹山桥）、罗龙路改造工程等23个项目。龙岩大桥完成主塔桩基及承台施工。城投公司被市委、市政府授予“2017年度三大战役成绩突出单位”，龙岩大桥项目“岩溶区复杂地质条件地基处理成套与方法”获中国施工企业管理协会科学技术一等奖。安置房、保障性住房项目方面，安居公司新开工紫金名苑二期、黄邦小区、卧龙小区三期等项目3个，总建筑面积约33.6万平方米；竣工项目6个，总建筑面积约60.3万平方米；续建项目13个，总建筑面积约150万平方米，其中湖东花园、龙盛小区主体已封顶，正在进行室内外装修；西安金融小区A、B、C、D地块、紫金名苑、龙辉小区、莲塘小区五期正在进行主体施工；小洋祥和家苑正在进行桩基施工。土发集团安置房建设项目6个，开工建设项目3个，目前董邦小区完成竣工验收，瑞洋小区主体落架。重点代建项目方面，龙津湖公园于2018年国庆节如期开园，得到市委、市政府肯定和广大市民认可。市第一医院分院项目各项后续招标、装修工程造价核定工作基本完成，项目有序推进。龙岩一中锦山校区项目、技师学院第二校区项目推进顺利。市工人文化宫项目主体工程进展顺利，完成地上四层建设。市委党校迁建项目C区体育馆项目主体工程结构封顶，正在进行室内装修。市第二医院公安监管病区项目大楼顺利封顶。2018年，卧龙小区一期工程Ⅰ标段、铁山佳苑A地块工程第二标段等2个项目获“闽江杯”优质工程奖。地产项目方面，城发福郡、东郡1300多套房源基本售罄，其中福郡二期实现签约786套，去化率95%，东郡项目实现签约551套，去化率99%。雅郡项目被评为“年度期待楼盘”。龙地佳苑、龙地华庭、龙地万和城等“龙地”系列房产销售收入近20亿元。

产业拓展取得新进展。施工项目拓展顺利，城发建设公司2018年承接工程项目59个，施工合同总造价8268万元，负责承建的红古田厅装修、会展中心装修、南环路改造、市第二医院公安监管病区、新罗区背街小巷改造等项目得到市、区领导的认可。土发集团收购拥有二级市政、房建施工和环境污染防治生态修复设计施工资质的企业。中心城区停车场及智能停车系统项目顺利推进。建成龙岩智慧停车平台，并接入“e龙岩”，平台接入美食城停车场、中医院停车场、火车站北广场临时停车场、九一北路立体停车场、西兴桥停车场等近20个停车场约6000个泊位，电子支付占比70%，运行效率大幅提高，品牌效应初步显现。积极对接服务城市业务。组建城发管廊公司并正式开展业务。苏区公园公司承接双永高速北互通连接线、龙工大厦、铁山佳苑等5个项目园林绿化施工及养护项目。安居公司与北京中科朴雅商务管理公司合作建设一站式母婴服务中心。餐厨垃圾处理厂投入试运营，垃圾收运量24.4吨/日，收运单位149家。2018年，铁山污水处理厂运行管理位列全省第一名。主动对接教育产业，成立城发育智投资有限公司，并作为项目业主推进教科院附属小学、东山二小、东园小学等应急性基础教育重点项目建设。

安全分级管控排查。2018年，城发集团在建项目未发生工程质量事故，未发生消防失火事件和社会综治事件。落实安全生产责任，建立三级安全管理责任网络和系统安全风险分级管控和隐患排查治理制度。定期召开季度安全生产形势研判工作会议，建立和完善重点项目、重点环节的视屏监控网络系统，积极推进项目工地二维码管理和安全隐患管理电子系统，通过信息手段有效提升隐患排查与整治工作效率。加强宣传教育，营造安全生产氛围。先后组织“城发杯砌筑技能竞赛”“信息化、BIM管理与安全质量标准化”现场观摩会等形式多样的宣传教育活动。

整合重组，各项工作平稳有序。按照市委、市政府市属国有企业整合重组的要求，城发集团、水发集团、土发集团讲政治、讲大局，认真开展国有企业整合重组工作。成立企业整合重组工作领导小组，加大思想政治工作和政策宣传力度，强化监督执纪，把干部职工的思想和行动统一到市委、市政府的重大决策上来，确保整合重组期间人心不散、工作不断、生产不停、经营不乱。城发集团、水发集团、土发集团通力协作、密切配合，按时、平稳完成资产、债权债务划转等相关事项，为下一步各项工作开展奠定坚实基础。“12345”便民服务热线、数字城管及“e龙岩”随手拍事项办理回复率、满意率位居全市前列。2018年，共回复处理“12345”便民服务热线及“e龙岩”诉求件2066件、数字城管诉求件227件，满意率达99%以上。

（龙岩城市发展集团有限公司）

【龙岩投资发展集团有限公司】 2018年，龙岩投资发展集团有限公司（以下简称“投资集团”）在市委、市政府的正确领导下，围绕年度目标任务，正视困难，深化改革，主动作为。2018年，实现合并营业收入15.28亿元，比上年增加5.70亿元，比上年增长59.54%；合并利润总额1.38亿元，比上年减少0.33亿元，比上年下降19.46%；合并净利润1.04亿元，比上年同期增长1.09%；集团合并资产总额88.45亿元，比上年下降9.19%；合并净资产37.76亿元，比上年减少0.71亿元，比上年下降1.84%；总资产负债率57.31%，比上年下降3.20%。

改革创新谋出路。推行以经营性利润指标为核心的考核机制，放大利润指标对考核的影响权重，选择部分企业进行按经营性利润提成或定额奖励试点。优化企业法人治理结构。在集团所属企业闽西宾馆、信产公司、海诚物业、北京闽西酒店等公司实行董、监事会机构精简，改设执行董事和执行监事，并有针对性地加强经营班子力量。积极推进集团系统扁平化管理。将各所属企业“三重一大”决策统一到集团层面，集团二级及以下层级子公司仅维持出资人与被出资人关系，缩短决策链条，提高决策效率。开展纪检监察机构改革试点工作。集团在全市国资系统内首创纪检监察对所属企业派驻制改革,成立派驻纪检监察室,有效加强对所属企业“三重一大”决策等重大生产经营活动的监督检查。推进事业部制试点工作。成立集团贸易事业部,抽调精干人员,进行单独业绩考核,统筹开展各项贸易业务。全力做好整合重组工作。根据市委、市政府决定,以原工发集团为核心,通过整合人才集团、水投公司、绿发公司、龙盛担保等企业,于 2018 年 10 月 16 日正式更名为“龙岩投资发展集团有限公司”。

突破难点保运转。龙岩高岭土股份上市工作稳步推进。龙高股份 2018 年已向中国证监会福建监管局报送辅导备案材料并获正式受理,公司资产合规性、法人治理结构、财务会计制度、内部控制体系、募投项目等进一步完善。人才集团成功引进北斗导航芯片应用产业化项目(成果获国家科技进步奖)、新型半导体功率器件项目,柴油机动车尾气净化催化剂项目等 11 个项目,为“人才、资本、产业”联动发展奠定基础。水投公司强力推进万安溪引水工程项目,2018 年 8 月完成南三龙铁路线下穿施工项目任务,成功取得大灌电站控制权。富溪一级水库工程项目已被续列为 2019 年度省预备重点项目,可研报告在2018 年 11 月获得省水利厅行业审查批复意见,项目计划 2019 年开工建设。2018 年,龙盛担保公司办理40350笔担保业务,担保金额 110 亿元。其中,融资担保金额 9 亿元,非融资担保金额 101 亿元,在保责任余额 38.21 亿元,无代偿损失。绿发公司认真策划龙岩市红古田森林旅游康养项目,积极推进龙岩市社会福利中心二期项目、龙岩(洋畲)森林康养小镇项目的前期工作,探索对接光伏发电项目和农林产业项目,完成龙岩现代会展中心 1 号楼屋顶分布式光伏发电项目备案。有效开拓贸易业务。集团贸易事业部、国投公司、龙马工业公司围绕集团下达的贸易业务指标,2018 年度与上市公司、央企、国企以及优质民营企业广泛对接贸易业务,2018 年,实现贸易营业收入 8.2 亿元。矿山证照办理工作获阶段性进展。北山煤矿采矿许可证延续换证工作于 2018 年 10 月办理完毕,保证北山煤矿的生产经营顺利延续,大盂顶煤矿进入市、区二级部门的办证程序。稀土资源异地接续工作取得重大进展,明确由福建省稀有稀土集团有限公司作为龙岩市稀土资源矿证异地接续主体,并在办证后委托参股公司龙岩市稀土开发有限公司经营管理,实现资源掌控。涉诉案件执行工作强力推进。2018 年,集团系统诉讼执行案件共 20 起,其中执行案件 15 起,诉讼案件 5 起,至 2018 年年底,累计通过执行、调解方式共回收资金约 913.17 万元。应收债权清理清收工作取得成效。开展应收债权清理清收专项行动,2018 年度累计收回应收债权 6.95 亿元。完成新龙马公司股权划转。为合理降低新龙马公司经营亏损等影响,优化集团财务结构,在市国资委的支持下,集团公司利用整合重组的有利时机,于 2018 年 12 月 26 日将龙马工业公司股权无偿划转至龙岩市龙腾国有资产经营发展有限公司。

融资筹资稳安全,全面完成全年融资任务。集团 2018 年全年完成融资 30.27 亿元,归还债务 24.87 亿元,年末有息负债余额 41.8 亿元。新增融资中发行债券 3 只 8 亿元,融资租赁 1.6 亿元。化解发债危机。受整合重组影响,发债工作中断,集团公司存续期内的债券余额从 2018 年年初的 29 亿元下降至年末的 20.2 亿元。经过积极与各家金融机构沟通,2018 年新增 13.27 亿元贷款,完成多只债券及贷款到期的资金兑付。破解融资租赁难题。利用中晶科技机械设备、非生产性房产等资产筹集长期资金。顺利召开重组前的债权人会议。集团公司积极同各券商、审计、评级等机构沟通,中诚信评级机构出具专项评级报告,维持集团公司 AA 信用评级,并顺利召开债券持有人会议,存续的 5 支公募债券获债权人认可,确保整合重组顺利开展。

严守安全生产保稳定。贯彻“安全第一、预防为主、综合治理”的安全生产方针,牢固树立安全发展理念,不断完善安全生产体制机制建设,全年紧紧围绕年度安全生产工作目标,严格落实安全生产“党政同责、一岗双责”要求,深入开展“企业安全生产标准化建设”和“安全生产大检查”等活动,强化应急管理,完善预案,开展演练,加强安全生产宣传教育,2018 年,累计开展巡查 30 余次,排查并整改隐患 116 条,通过抓隐患排查、整改,构建安全风险分级分类管控和隐患排查治理双重预防机制,实现集团系统全年安全生产零事故。2018 年,集团公司以总分第一的考核成绩和所属重点生产型企业龙高股份、北山煤矿获得市国资系统 2018 年安全生产目标责任考核优秀企业荣誉。

(龙岩投资发展集团有限公司)

【龙岩交通发展集团有限公司】 2018 年,龙岩交通发展集团有限公司(以下简称“交发集团”)紧紧围绕道路运输、建安地产、商贸物流“三大板块”与交通建设投融资主体功能相互促进、协调发展的“3+1”发展战略,大力实施项目攻坚,拓宽融资渠道,不断优化资产结构,夯实产业基础,充分发挥交通投融资主体作用。2018 年,交发集团累计实现营收 12 亿元,利润 1.44 亿元,上缴国资收益 0.71 亿元,企业总体运行平稳。

聚焦交通,服务大局,项目攻坚成效突出。深入贯彻落实市委、市政府项目落地攻坚战役精神,对标“五个一批”项目、60 个“重中之重”工作目标要求,持续聚焦交通主业,强化担当作为,切实发挥国有企业项目攻坚主战场和主力军作用。2018 年,实施项目 17 项,年度计划总投资 30.86 亿元,实际完成投资 38.76 亿元,超额完成投资任务。交通项目中，永杭高速项目年度完成投资20.73亿元，占年度计划投资的153.5%。东环高速项目年度累计完成投资11.108亿元，占年度投资计划的111.08%。靖永高速项目A4标施工、监理以及试验检测单位进场完毕，完成驻地及临建设施建设。龙岩火车北站新站房和站前广场正式启用。厦蓉高速扩容项目、南龙铁路实现通车。龙岩机场前期工作取得重大突破。高新园区快速通道项目正积极推进道路建设扫尾及安置房施工招投标和施工建设。西外环路项目正加紧办理竣工结算。连城莒朋公路工程、漳平芦和公路等项目有序推进。房建项目中，交发·龙岩风景项目住宅销售率达83.1%，回笼资金9.2亿元；武平商贸城二期住宅部分全部售罄，回笼资金1.7亿元。代建项目中，龙岩一中食堂安置房及教师周转房项目、莲塘安置小区、龙岩市禁毒教育基地及公安局刑事技术用房等代建项目均按业主要求有序推进。同时，坚持以企业经济效益为中心，加强项目开发经济效益的分析论证，确保国有资产保值增值。交发·大名城项目获连城县政府以收购100%股权及债权的方式收储，目前正抓紧跟进协调项目投资款收回事宜。“海峡客家论坛”项目收储工作完成，收回项目投资款4500万元。此外，赤水交通安置小区、铁山外洋A地块收储工作有序推进。

创新突破，拓宽渠道，融资工作保障有力。在2018年融资不断趋紧，国企去杠杆驶入快车道的形势下，主动对接金融市场，大力拓展融资渠道，创新融资方式，全年共筹措资金53.22亿元(其中信贷资金23.04亿元、债券置换资金10亿元、专项债9亿元、超短融8亿元、上级资金3.18亿元)，到期债务延期1亿元。8月底完成“12龙交投”债券本息兑付及摘牌等一系列工作，年可节约利息支出约4000万元。9月发行东环高速公路收费专项债券9亿元。12月成功发行超短期融资券8亿元，利率4.55%，再创资本市场融资佳绩。筹措并到位靖永高速项目市级资本金7000万元，通过委贷方式给予永定区5000万元资金支持，同时，落实靖永项目贷款资金拼盘工作。理顺政府债务系统中的债务主体关系，与县市交通局签订解除债权债务关系协议，按实际债务关系将资金转回龙岩市，至12月底，转回交通国投3.59亿元，有力缓解市本级交通建设及还本付息资金压力。此外，认真贯彻落实市委市政府融资工作部署，充分发挥企业资质较好、信誉等级较高的优势，申请公开/非公开发行规模各不超过人民币30亿元，债券期限均不超过5年(含5年)的公司债，目前，非公开发行公司债已取得交易所无异议函，正在推进第一期发行准备工作。同时，加强资金统筹调度和预算管理，细化落实资金拼盘，切实提高资金使用效率，实现资金效用最大化。

强化支撑，优化布局，推动产业转型升级。围绕龙岩市“365”产业发展战略，持续聚焦交通建设和投融资主责主业，协同推进道路运输、建安地产、商贸物流和农业产业化共同发展，不断优化产业布局，加快企业升级转型。建安地产板块方面，交建集团在取得公路施工总承包一级资质的基础上，于2018年9月通过并购方式收购兴达交通设计公司，加快向工程总承包方向发展步伐，增强市场竞争力。进一步延伸产业链，积极介入砂石料场、搅拌站、沥青拌合站等施工建设材料产业。道路运输板块方面，大力支持龙洲股份发展，顺利完成龙洲股份“三会层”换届工作，进一步加强国有股权市值管理工作，开展网上新股申购，培育网下新股申购资格，增强国有资产价值创造能力。同时，大力发展新能源公交和智慧公交，公交发展走在全省前列。商贸物流板块方面，进一步加强对贸易业务的管控，健全完善内控制度，强化事前风险防控和事中事后监督检查，切实防范经营风险。今年继续将龙物贸易应收债权清理清收工作作为一项重中之重的工作，并对小洋农场公司的贸易业务开展专项监督检查，切实堵塞漏洞。农业产业化方面，加快推进生态肉牛产业化项目、闽西红土地水土保持生态园项目和龙岩中心城市农产品物流配送中心项目建设。

聚焦民生，提升服务，公交改革稳步推进。认真贯彻落实市委市政府为民办实事、中心城区畅通工程，以及生态环保等工作部署，坚持“百姓优先、民生优先、公交优先、方便生活”的宗旨，充分发挥公共交通对城市发展的辐射带动作用。大力推广绿色公交，在已投入200台纯电动新能源公交车的基础上，2018年又投入200辆，新能源公交已达400辆，电动化占比达81.63%。加快公交场站建设，北翼综合场站基本完成场站围墙围护及清表工作铁山保障房公交枢纽站正开展场站勘察设计工作；东山枢纽站前期平整工作基本完成。东肖公交首末站正在办理土地报批手续。公用车站、莲东、龙洲工业园首末站充电场站建成并投入使用。发展科技公交，在推掌上公交、电子站牌的基础上，陆续开通银联闪付、手机支付等乘车刷卡金融支付平台，推动龙岩公交进入“电子支付时代”，在全省处于领先水平。优化公交线网布局。新增线路2条，调整优化线路22条，缩短市民乘车、候车时间，为市民群众出行提供便利。

深化改革，强化内控，企业运行平稳有序。认真贯彻落实市委、市政府关于市属国有企业整合重组有关精神，全面完成铁发集团和市公路局所属新龙公司、新鑫公司、新宇公司三家企业划转工作。推进企业“瘦身健体”，提高运营效率。推进龙物报废汽车回收拆解有限公司进行破产清算，积极推进物华民爆龙岩分公司与区民爆公司业务整合工作，新公司实现良性运转。强化薪酬激励，增强企业发展活力。紧紧抓住市国资委开展市属国有企业内部收入分配改革试点工作的契机，探索建立以效益为导向，以市场化、差异化分配为重点的内部分配激励与约束机制。强化内控管理，切实防范经营风险。出台《贸易业务管理办法(试行)》《债务风险应急处置预案(试行)》等制度。安全生产常抓不懈，按照“党政同责、一岗双责、齐抓共管、失职追责”的工作机制，认真落实安全生产“一岗双责”责任制，有效落实安全生产主体责任，集团安全生产工作平稳有序。

（龙岩交通发展集团有限公司）

自然资源管理

【概况】 2018年，龙岩市自然资源局按照高质量发展落实赶超要求，扎实工作、攻坚克难，各项工作取得新成效。其中市不动产登记窗口被评为“全国百佳便民利民示范窗口”；龙岩地质公园成功入选中国推荐世界地质公园名单；创新出台政策措施破解不动产登记历史遗留难题，得到自然资源部领导的批示肯定，作为典型经验向全国全省推广；“三大战役”中生态环保和脱贫攻坚战役分别被市委市政府评为成绩突出集体。

【土地变更调查】 根据土地变更调查结果，2018年初，龙岩市土地总面积190.28万公顷(约1.9万平方千米)。八大类土地面积分别为：耕地16.71万公顷，占土地总面积8.78%；园地2.54万公顷，占土地总面积1.33%；林地152.04万公顷，占土地总面积79.9%；草地3.31万公顷，占土地总面积1.74%；城镇村及工矿用地6.1万公顷，占土地总面积3.21%；交通运输用地2.43万公顷，占土地总面积1.28%；水域及水利设施用地3.6万公顷，占土地总面积1.89%；其他土地3.56万公顷，占土地总面积1.87%。

【矿产资源开发】 龙岩市是福建省的主要矿产地，已发现矿产64种，其中，能源矿产3种、金属矿产18种、非金属和其他矿产43种。不同程度探明储量的矿种有35种，已探明资源储量的矿产地500多处，其中稀土、金、铜、无烟煤、高岭土等16种矿储量居全省首位。上杭县紫金山金铜矿、东宫下优质高岭土矿、马坑铁矿等大型、特大型矿床在省内外占有重要位置，新罗区、永定区是全国重点产煤县(区)，紫金山金铜矿区是国家公布的重点矿区。

2018年，全市有各类矿山企业292个，开发利用的矿种36个，其中主要矿种为煤、铁、金、银、铜、石灰岩、高岭土、建筑用砂石等。按矿山建设规模分，大型矿山83个、中型矿山37个、小型矿山172个。矿山直接从业人员总计15759人。2018年，全市产出矿石量5687.06万吨，实现原矿工业产值76.37亿元，比上年度减少2.08亿元，减幅为2.65%，全市原矿工业产值约占全市规模以上工业总产值2448.7亿元的3.2%。其中，上杭县(矿业产值37.4亿元)、新罗区(矿业产值22.68亿元)、永定区(矿业产值5.69亿元)矿业产值较大，占全市矿业产值的86.1%。

【龙岩地质公园入选世界地质公园名单】 2月20日，国土资源部官方网站对“第十批世界地质公园申报单位评审结果”进行公示。根据评审结果，推荐福建龙岩地质公园为2020年度世界地质公园申报单位。

龙岩地质公园由连城冠豸山、龙岩梅花山、上杭紫金山、新罗黄连盂等4个景区组成,总面积1569平方千米。其中冠豸山于2011年通过国家地质公园命名验收，园内的石墙、峰丛属单斜式丹霞地貌，是世界级的地质遗迹资源，被誉为“中国最美丹霞”。也是国家级风景名胜区、国家自然遗产、国家AAAA级旅游景区。梅花山是世界A级自然保护区、国家级自然保护区，地质岩层以侵入岩花岗岩为主体，受地质断裂构造和流水深度切割影响，形成放射状分布的花岗岩岩层和水系，为福建三大水系闽江、汀江、九龙江的发源地，森林覆盖率达95.4%，被誉为“天然基因库”“华南虎故乡”。紫金山是国土资源部命名的首批“国家矿山公园”，是我国首例发现的典型高硫化型浅成热液金属矿床，其成矿模式及矿业开发历史为寻找、勘查大型金铜矿开辟新思路，提供新经验，并成功地走上绿色发展之路。黄连盂则位于龙岩国家森林公园，具有独特的石英砂岩地貌，壮美的地质地貌景观，多样的森林植物资源及丰富的人文景观，是集生态旅游、科普教育、探险览胜和度假休闲为一体的景区。此外，龙岩地质公园内还有独具特色的高山溶洞群赖源溶洞、天一温泉、红豆杉群落、江山大绝壁、中山草甸等等形态各异特色景观。公园内瀑布、悬崖、诡岩、沟壑、森林，廊桥、牌楼、书院、摩崖石刻，构成一幅和谐别致的天然画卷。

【耕地保护】 2018年，市国土资源局把耕地保有量、基本农田保护和耕地开发整理工作列入各级政府年度目标考核重要内容，逐级下达到县、乡(镇)两级政府，与市农业局、统计局联合组织人员对各县(市、区)人民政府履行耕地保护责任情况进行考核，并将考核结果向各县(市、区)政府通报，推动县级政府提升耕地保护目标责任意识，同时积极应对占补平衡调整政策，在全省率先制定补充耕地后续管理制度，规范土地整治项目验收和稽查。2018年，省下达龙岩市补充耕地任务466.67公顷（其中补充水田任务233.33公顷)，国土资源高标准基本农田建设任务2613.33公顷。市国土资源局多措并举，加大土地整理复垦开发项目实施力度，督促各地做好补充水田工作，挖掘新增水田潜力。2018年底，市验收新增耕地572.56公顷（其中新增水田353.18公顷)，验收高标准基本农田建设面积4313.33公顷，龙岩市连续19年实现耕地占补平衡目标。

2018 年，市新批复旧村复垦项目 46 个，新增耕地 84.6 公顷，至 12 月底，成功交易土地增减挂钩指标 40.47 公顷，获得增减挂钩指标有偿使用费 22793.92 万元，为新农村建设筹集大量资金。

【高标准农田建设“整乡整村”推进试点】 2018 年，市自然资源局牵头组织发改、农业、农综、水利、烟草等部门协商，联合制定《关于统筹推进高标准农田建设工作的通知》，率先在全省开展高标准农田建设“整乡整村”推进试点。全市在 7 个乡镇、10 个村实施“整乡整村”推进试点，项目规模 1266.67 公顷，总投资 1.9 亿元，有效缓解全市“占水补水”压力。其中，漳平市永福镇开展高标准农田建设“整乡”推进试点，共实施 10 个项目，涉及龙车、桂洋等 13 个行政村，项目规模 1180 公顷，总投资 6966 万元。至 2018 年底，全市试点项目均立项实施，完成土地平整 300 公顷，试点工作取得明显成效。

【《第三轮矿产资源规划》获省政府批准】 根据省自然资源厅统一部署，市国土资源局着力推进第三轮矿产资源总体规划编制，积极会同编制单位按照省政府及省自然资源厅修改意见，对《龙岩市矿产资源总体规划（2016—2020 年）》（以下简称“规划”）进行修改完善。9 月 30 日，省政府印发《关于福州等设区市矿产资源总体规划的批复》，批复同意本市“规划”。11 月 12 日，市级规划正式印发。本轮“规划”以 2015 年为基期，2016—2020 年为规划期，展望到2025 年。“规划”文本对龙岩市矿产资源勘查和开发利用现状、第二轮规划实施成效进行分析，对规划期内主要矿产资源供需形势进行预测，对规划期内矿产资源勘查、开发利用与保护、矿山地质环境治理进行科学规划，并明确矿产资源管理及规划实施的保障措施。

【采矿权出让规范管理】 2018 年，市国土资源局严格执行国家矿产资源法律法规及政策规定，市国土资源局加强采矿权出让管理。对《福建省矿业权出让制度改革试点实施方案》中明确规定可以直接出让采矿权的，一律实行招标、拍卖、挂牌方式公开竞争出让。已设采矿权，矿区范围内新增资源储量和新增开采矿种，比照协议出让方式，征收新增资源储量、新增开采矿种的采矿权出让收益。协议出让范围严格控制在国务院确定的特定勘查开采主体和批准的重点建设项目，以及大中型矿山已设采矿权深部。通过协议方式出让采矿权的，采矿权出让收益按照评估价值、市场基准价就高确定。竞争出让采矿权，采矿权出让收益底价按照评估价值、市场基准价就高确定。严格按规定要求及时审核、汇总各县（市、区）年度采矿权出让计划，形成报告报省自然资源厅备案。2018 年，市、县两级共办理采矿权出让 16 宗（其中公开拍卖 3 个、延续转有偿 13 个），采矿权出让收益 9670.97 万元，其中，市本级 11 宗，采矿权出让收益 8393.17 万元；县级 5 宗，采矿权出让收益 1277.8 万元。

【矿山修复有序开展】 2018 年，市国土资源局开展各类保护区内矿权清理和重点矿山“三率”指标考核，至 12 月底，全市有 6 家矿山企业被授予“国家级绿色矿山试点单位”称号。本年度与市财政局共同下达市级历史废弃矿山以奖促治专项资金 200 万元，完成水土流失治理 538.67 公顷。同时持续推进紫金山体育公园建设，打造废弃矿山治理建设生态城典范。推出矿山修复与土地复垦“政策包”，成功实施漳平章华废弃石料场新开垦耕地 2.43 公顷，实现近千万元增减挂钩交易收入。2018 年，龙岩市扎实开展矿山生态修复典型经验被《八闽快讯》以专报件向省委省政府主要领导呈阅。

【土地资源利用优化】 2018 年，市国土资源局积极利用全国低丘缓坡地开发利用试点政策，截至 12 月底，市低丘缓坡试点范围内已平整土地 1773.33 公顷，审批用地 1366.67 公顷。并开展全市存量土地清理行动和供地率动态监测评估，建立 GDP 耗地率的评估和监测机制，2018 年全市平均供地率与 2017 年比上年同期提升 12 个百分点。

【发展用地】 2018 年，市国土资源局充分考虑建设项目用地需求，合理调整建设用地布局，科学安排新增用地规模。实行规划指标重点倾斜，优先保障市重点项目和“重中之重”项目用地需求，并主动提供规划选址、审批流程、供地方式、税费标准、优惠政策等用地咨询服务，积极参与项目用地前期工作，指导业主交叉和交联办理项目前期手续。同时实行“一次性告知制度”，事前列出项目用地报批所需前置条件，详尽告知项目用地报批必备的各项材料，全程跟踪、及时掌握项目用地动态，对审查反馈的问题，主动与省自然资源厅沟通，提高用地报批审查的一次性通过率。积极协调相关科室，帮助解决用地报批过程中遇到的困难和问题。在法定的时限内，及时进行“两公告一登记”。对符合要求，材料齐全的项目，及时办理供地手续。2018 年，全市上报用地 260 宗，面积 1196.93 公顷，获批用地 204 宗，面积 696.07 公顷，其中，工业仓储类用地 41 宗，面积 102.67 公顷；经营性、房地产类用地 42 宗，面积 103.4 公顷；公共管理与公共服务类用地 86 宗，面积 126.2 公顷；交通运输用地 32 宗，面积 338.87 公顷；水域及水利设施用地 2 宗，面积 24.2 公顷；特殊用地 1 宗，面积 0.8 公顷。全市批准农村个人建房面积 46.89 公顷，安排 2336 户。其中武平县 3.13 公顷，安排 163 户；连城县 12.61 公顷，安排 609 户；上杭县 18.33 公顷，安排 878 户；永定区 4.69 公顷，安排 314 户；长汀县 8.12 公顷，安排

372 户。

【土地收储】 2018 年，市国土资源局完善土地收储管理制度，开展收储地块扫尾攻坚行动，盘活收储成本。2018 年，完成土地征收项目 9 个，面积 48.96 公顷；完成土地收购项目 6 个，面积 71.29 公顷；出让经营性用地 14 宗，总面积 51.18 公顷，扣除收储成本后净收益 10.13 亿元；开展安置房建设项目 13 个，规划用地面积 57.81 公顷，其中，曹溪美苑、羊古墩小区、卧龙小区二期等 3 个项目竣工回迁，总建筑面积 30.15 公顷；筹措资金 51.85 亿元，包括新增放款 21.7 亿元、出让地块成本拨回 26.79 亿元、收回划拨地块成本 1.58 亿元、收回剩余安置房源拍卖及调配成本 1.78 亿元；投入资金 51.56 亿元，包括归还银行贷款 24.98 亿元、土地收储各项资金 26.58 亿元。

【土地出让】 2018 年，市国土资源局为防止出现低价出让国有土地，制定《关于进一步规范和加强中心城市经营性储备土地公开出让评估工作的意见》，建立土地评估专家库和土地评估报告技术审查小组，规范管理。对违反国土资源管理批后监管有关规定的的企业（个人）及其主要负责人、实际控制人、影响债务履行的直接责任人禁止参与土地市场交易。各市、县自然资源部门在招拍挂出让、划拨土地时，对土地使用权人资格严格审查，对列入“黑名单”的企业（个人）禁止其参与土地一级市场交易。同时，编制住宅用地三年滚动供应计划，组织沿海各地房地产企业开展面对面宣传、点对点招商，吸引 30 多家知名房地产开发商前来洽谈和参与竞拍。2018 年，全市出让土地 569 宗 448.9 公顷，出让金 93.24 亿元，其中，出让经营性项目用地 64 宗 210.73 公顷，出让金 87.58 亿元；龙岩中心城市出让经营性用地 20 宗 70.13 公顷，出让金 60.66 亿元。同时实施安置房市场化改革，对已建、在建、未建均实施带方案出让。实施惠民、莲庄等 2 个项目带方案出让，累计盘活资金 14.85 亿元。

【不动产登记服务】 2018 年，市国土资源局在全省率先设立不动产登记“即办窗口”，实现与群众密切相关的 32 项行政审批登记业务在 1 小时或 1 个工作日内办结，平均办证时间为 0.74 天，全年有 10 多万市民受益，创造不动产登记“龙岩速度”，被省政府办公厅主办《今日要讯》作为典型经验刊发，被自然资源部评为“全国百佳便民利民示范窗口”。

【不动产登记历史遗留问题解决】 2018 年 5 月，龙岩市国土资源局牵头召集市建设局、市城乡规划局、市地税局、市执法局等单位，共同就龙岩中心城市居民普遍关心的房屋和土地登记历史遗留问题多次进行讨论会商和专题调研，并提请龙岩市政府出台《关于妥善处理龙岩中心城市房屋和土地登记历史遗留问题的若干意见》。《若干意见》合理区分开发建设单位与购房人的责任，简化登记办证前置审批审核手续和要件材料，积极创造条件，解决无过错购房人的登记办证问题，切实维护其合法权益。自《若干意见》出台至当年 12 月底，龙岩市不动产登记中心共解决工业供销公司集资房、非凡 SOHO、区林业局集资房、红梅小区、五交化商住楼、幸福公馆、天成山庄、东亚商城 8 个项目的历史遗留问题计 2675 户，解决 86 户自建房登记办证问题，解决多年拆迁安置户办证 15630 件。

【借力“互联网+不动产登记”做好信息化工作】 开展历年房屋土地存量数据整合，实现档案电子化。推行“外网收件、内网审核”办理不动产登记新模式，指导开发企业和金融机构正确使用外网收件系统，及时解决使用过程中的各种问题。开展不动产抵押登记网络直办业务，在中心城区建设银行龙岩分行、农商银行莲东支行、交通银行等 6 家银行设立“不动产抵押登记便民服务点”，方便办事群众就近办理抵押登记，实现业务办理“不见面审批”。

【审批服务效能提升】 2018 年，市国土资源局出台国土资源改进和优化行政审批服务六条措施，推行有条件建设区调整审批“不见面”、机关服务标准化和窗口化，积极营造良好营商软环境，建立“一次委托、统一测绘、成果共享”“多测合一”服务平台，规划审批由多环节多层次向扁平化高效率转变，出台项目用地选址信息平台办理流程，试行项目用地选址前期、项目设计方案技术审查、工程规划许可、城市基础设施配套费审核、人防审核等多项并联审批，压缩 10 个以上工作日。2018 年，龙岩中心城市共办理建设项目选址意见书 84 件，总用地面积约 575.8 公顷；建设用地规划许可 87 件，用地面积约 315.9 公顷；建设工程规划许可 135 件，建筑面积（计容）约 337.8 公顷；建设工程竣工规划条件核实意见书 84 件，建筑面积约 56.4 公顷。

【持证矿山地质环境恢复治理】 2018 年，市国土资源局强化矿山企业“边开采，边治理”动态监管。要求矿山企业编制《矿产资源开发利用、生态环境恢复治理土地复垦方案》，开展土壤环境状况调查与评估，并按规定格式录入矿政系统。县级国土资源部门利用 GNSS 开展矿山地质环境治理恢复巡查，市级国土资源部门随机抽查辖区内各级发证有效矿山的地质环境治理恢复情况。同时加大对新罗中甲矿区、永定洪山石板材、上杭紫金山矿区、武平悦洋矿区、长汀稀土矿区、连城庙前矿区、漳平大深矿区等重点矿区的监管，并把治理情况列入本年度市政府对县级党政领导生态环境保护目标责任书及生态环境保护攻坚战役考核内容。截至 12 月底，全市矿山生态恢复治理共修筑护坡约20公顷，拦渣坝约216.27公顷，排水沟约30.25万米，植被恢复面积约2294.8公顷。

【土地矿产执法监察】 2018年，市国土资源局报请市政府出台进一步规范国土资源非诉行政执行案件“裁执分离”文件，全面落实国土资源动态巡查责任制，及时发现、制止各类国土资源违法行为，开展打击非法采矿和煤矿超层越界开采专项检查，约谈提醒当地政府领导，实现非法违法采矿发案率历史最低水平。2018年，全市共制止土地违法行为949起，面积47.78公顷，其中耕地15.33公顷；立案查处各类土地违法案件581宗，面积40.03公顷，其中耕地19.76公顷；结案406宗，面积31.12公顷，其中耕地16.528公顷。依法拆除违法建设295宗，面积8.52公顷，其中耕地1.55公顷；立案查处非法违法采矿案件6起，处罚金额53784.42元；立案查处矿产资源违法案6宗，结案6宗，其中移送司法机关追究刑责1宗，中央巡视反馈土地出让问题整改按期完成，“大棚房”问题专项清理扎实推进。

【规划核实和督察】 2018年，市城乡规划局出台《闲置社会资源改扩建养老服务设施规划建设管理办法》《建设工程竣工规划条件核实管理规定》《关于规范工业园区项目办理规划审批手续的通知》，实施派驻城乡规划督察员制度，全力支持规划督察员开展城乡规划督查。会同有关部门联动开展规划条件竣工核实，现场联席踏勘、会商和办公，有效遏制违法建设。2018年，实施规划类行政处罚13件，处罚面积0.61公顷，处罚金额37万元。

【行政复议和诉讼】 2018年，市自然资源局共处理行政复议案件19件，其中以省人民政府、市人民政府为被申请人的7件，以市国土资源局为被申请人的1件。全年收到行政复议申请8件，决定受理6件，已审结4件，其中作出维持决定的1件；申请人撤回申请3件。与2017年相比，复议案件数量有所上升。

【法制宣传】 2018年，市自然资源局围绕主题，突出宣传的针对性和实用性，根据宣传对象和宣传所要解决的问题，周密部署，协调联动，认真做好世界地球日、防灾减灾日、世界环境日、安全生产月、测绘法宣传日、全国法制日等专题宣传教育活动，做到创意新、规模大、效果好，确定宣传内容和形式。汇编《新颁布国土资源政策法规》10期，组织在编公职人员开展学法考试800人次。

【代表委员建议提案工作】 2018年，市自然资源局分解落实2018年人大代表14件建议和政协委员17件提案，明确责任领导、责任科室和责任人，在办理中注重把好“四关”：把好审阅关。在接到建议提案后，逐件登记审查，认真审阅分析，把握建议提案涉及主要问题，确定承办单位。把好交办关。综合归纳分析，对所有提案逐件向各科室交办清楚，提出解决提案所涉及问题的最佳途径和方法。把好督办关。对能够马上解决落实的，指定责任人，制订工作进度安排，按时保质完成；对年度解决有困难的，制定解决计划，积极创造条件，加快解决落实好；对于涉及国家政策、法律法规问题，一时无法解决的，要求相关科室及时向代表委员解释清楚，取得理解。严把质量关。对办理难度大及涉及多单位的热点、难点问题，跟踪督办，把好办理质量，让提案办理落到实处。2018年代表建议全部办结，办理满意率达100%。

【龙岩市自然资源局挂牌成立】 12月29日，龙岩市自然资源局挂牌成立。龙岩市政府副市长黄庆辉为市自然资源局衔牌揭牌。中共龙岩市委任命陈学良为市自然资源局党组书记；龙岩市第五届人大常委会第十三次会议表决通过，任命温永为市自然资源局局长。

（吕洪荣）

审　计

【概况】 2018年，龙岩市审计机关审计和审计调查244个单位，查出违规问题金额8073万元、损失浪费金额9358万元、管理不规范金额138.69亿元；审计处理处罚金额10.25亿元，移送处理事项6件；提出审计建议663条，被采纳使用404条；促进被审计单位制定整改措施29项，建立健全规章制度22项；出具审计建议函5份，提交审计专题、综合性报告和审计信息685篇，审计专题、综合性报告被批示、采用203篇。2018年度，被中国审计报社评为全国审计宣传工作先进单位，被审计署中国时代经济出版社、《中国审计》编辑社评为审计宣传工作优秀单位，被省审计厅、省审计学会评为审计通联工作先进集体，被省审计厅评为审计信息、审计统计工作较好单位；2017年度在市直部门绩效考核中获得优秀等次。

【国家重大政策措施落实情况跟踪审计】 2018年，市审计局紧扣“政策落实、项目落地、资金保障、激活主体、培育动能、风险防范”六个方面，开展2018年国家重大政策措施落实情况跟踪审计，按季度形成质量较高的跟踪审计报告，引起市委、市政府主要领导高度重视并作出重要批示，要求有关部门单位采取措施落实整改，有力推动国家重大政策措施的贯彻落实。同时开展养老事业发展政策措施落实情况专项审计调查。

【财政审计】 2018年，市审计局在开展2017年度市级财政预算执行情况审计的同时，对市农业局、林业局、水利局、环保局等单位开展2017年度部门预算执行情况审计，将预算执行重点向绩效拓展，促进严格预算约束，提高预算绩效管理水平。结合“同级审”开展永定区、上杭县地方政府隐性债务专项审计。

【经济责任审计】 2018年，市审计局构建以领导干部责任为主体、经济责任审计和自然资源资产离任审计为两翼的领导干部责任审计制度框架，将经济责任审计与预算执行审计、企业审计和自然资源资产审计相结合，统筹安排、协同实施、成果共享。结合“同级审”对市林业局、农业局、水利局、环保局等单位开展领导干部经济责任审计；结合企业资产负债损益审计对市人才集团公司、水发集团公司、水电站库区移民局等单位开展领导干部经济责任审计；结合“同级审”和领导干部经济责任审计等，对被审计的8个市直部门单位开展“1+X”专项督查，对11家社团单位开展“三公经费”专项审计；按照省审计厅统一安排，对三明市建宁县开展党政主要领导任期经济责任审计。

【固定资产投资审计】 2018年，市审计局调整投资审计理念，把工作重点放在服务政府重大项目建设，对永杭高速公路等8个省市重点建设项目实施跟踪审计(每季度安排2个)，重点审计招投标、物资采购、投资控制、土地征用、环境保护、工程质量等方面存在的突出问题，移送2件涉嫌违纪违规问题案件线索，对14个政府投资项目开展结算或决算审计，审核结（决）算总造价14.66亿元(含出具初审报告)，核减工程结(决)算造价1.8亿元。同时，开展全市保障性安居工程跟踪审计；开展援疆项目及资金专项审计，龙岩第一医院分院空调招标采购工作滞后问题审计调查。

【民生资金(项目)审计】 2018年，市审计局对武平、长汀和连城三个省级扶贫开发重点县开展精准扶贫暨民生重点资金“最后一千米”专项审计，审计涉及资金15.22亿元，延伸检查42个项目、52个部门单位、18个乡镇、87个村、353个贫困户，及时揭示和查处政策不落实、措施不得力、资金不到位、项目不落地、成效不真实等问题，并移送1件涉嫌违纪违规问题案件线索。市政府高度重视，市政府办按照市长批示精神，分别向三个县政府下达整改通知，促进各项精准扶贫政策措施贯彻落实。

【农业与资源环保审计】 2018年，市审计局结合对环保、林业部门2017年度预算执行情况及决算草案审计，开展森林资源保护、生态效益补偿、危险废物治理等生态建设和环境保护政策资金专项审计，开展重点水流域环境综合整治资金和城乡环境综合治理、美丽乡村建设政策资金专项审计。对市国土资源局开展自然资源资产任中审计。按照省审计厅统一安排，对三明市建宁县开展党政主要领导自然资源资产离任审计。

【企业审计】 2018年，市审计局重点检查国有资产监管机构履行监管职责情况，关注其在国有企业改革重点领域的具体部署、责任落实、执行进度和实际效果；重点检查国有企业贯彻落实重大政策措施情况及效果，国有资产的真实、完整和保值增值、资产负债损益、重大投资决策及投资绩效、发展潜力和风险隐患、企业法人治理及内部控制和遵守国家财经法规情况；重点检查国有资本投资运营公司设立、运转和提高国有资本配置及运行效率情况。对市水务发展集团公司和市人才发展集团公司实施资产负债损益审计，并检查市委“人才战略”落实情况，对连城铅锌矿尾矿库闭库工程开展审计。市委书记、市委组织部长等领导对人才战略落实情况的专题审计报告作出批示，要求有效实施人才强市战略。

【专项资金审计】 2018年，市审计局开展政府性投资信息系统专项审计调查，提交的报告得到市政府主要领导批示，市数字办出台《龙岩市政务信息系统整合共享实施方案》，推动部门信息系统整合，加快政府信息系统资源共享；开展加强基础教育工作“十条措施”落实情况专项审计，市委书记对审计调查报告作出批示，要求有关领导和相关部门对审计反映的问题研究整改，并就加强全市基础教育工作方面如何从机制、政策上深化改革，突破瓶颈加强研究，提出一些可操作性的意见。市政府按照市委书记批示要求，对审计提出的问题召开专题会议进行研究。

【信息化建设】 2018年，市审计局按照实用的原则，设立数据分析室，组织做好定期采集报送审计电子数据，逐步扩大审计电子数据采集范围，增加审计电子数据数量，提升审计电子数据质量，提高大数据审计的支撑能力；做好软件正版化检查，推进软件正版化。

(傅红兵)

统 计

【调查工作】 2018年，国家统计局龙岩调查队坚持以习近平新时代中国特色社会主义思想为指导，按照国家统计局、福建调查总队工作部署，组织实施开展居民收支、流通与消费价格、工业生产者出厂价格、农产品价格、农产品集贸市场价格、固定资产投资价格、主要畜禽监测、粮食播种面积和产量、农户固定资产投资、新设小微企业和个体户、采购经理、劳动力、农民工监测、农民工市民化、主要农产品中间消耗等

15 项统计调查工作。统计调查改革稳步推进，对接龙岩市统计局，完成规模以下工业、限额以下商业、规模以下服务业等专业调查职能移交工作。面积产量、农民工监测新一轮调查样本全面启用，高质量完成住户调查电子记账全国试点工作，推进主要畜禽监测"闽农宝"等"互联网+调查"工作，住户调查电子记账试点、主要畜禽监测"闽农宝"分别在全国、全省统计工作会议作经验交流发言。各项工作取得新成效，2018 年获十三届(2015—2017 年度)"省级文明单位"称号，被龙岩市委、市政府评为平安单位、绩效考评管理优秀单位，连续两年被市依法治市办评为"国家宪法日"集中宣传活动优秀单位，被市直机关党工委授予"2017 年龙岩市直机关创城巾帼志愿服务优秀集体"荣誉称号。

【基础工作】 2018 年，龙岩调查队统计调查基础工作进一步夯实，出台《龙岩市主要畜禽监测调查管理办法》，编印《龙岩市 PPI 企业价格调查工作指南》《龙岩市住户调查电子记账层级管理工作规范》《"e 记账" 操作手册》。持续完善和规范调查业务流程、专业数据审核评估制度，制定劳动力、农民工监测、工业生产者价格、农产品产量、主要畜禽监测等调查工作流程规范，上墙公示公开调查内容。强化数据生产痕迹化管理，做好居民收支、CPI、PPI 调查等调查日志、业务台账，做到数据有来源、有依据、有基础台账、留有痕迹，实现数据生产过程全记录、数据审核修改可核查、评估结果可追溯。强化现代信息技术应用，提高数据生产智能化水平，制定《龙岩市住户调查应用系统暨电子记账全流程试点工作方案》，住户调查应用系统暨电子记账推广使用工作全市铺开并取得实效，电子记账开户率 73.4%、居全省第一。主要畜禽监测大型养殖场(户)调查电子采集数据试点推广率 97%。创新业务培训方式，采取集中面授和"一对一""请进来走出去""抽查回访"等方式进行培训，全年举办调查业务培训 39 场、受训 860 余人次。从严把控数据质量，通过审核内容条目拓展、倒查延伸、逻辑比对、发送预警等办法，强化审核评估工作，切实提高数据质量。

【统计服务】 2018 年，龙岩调查队围绕龙岩"十三五"经济社会发展及市委、市政府中心工作，开展脱贫攻坚、文明创城、小微企业、营商环境、文化产业、乡村振兴等"促发展、惠民生"系列专题调研，开展安全感、政府绩效公众评议调查，主动为地方党委、政府及有关部门科学决策提供服务。全年编印《龙岩调查分析》47 篇，撰写的《2018 年龙岩市脱贫攻坚调研的情况报告》《龙岩市小微企业发展状况分析》《龙岩市城乡居民收入差距及原因分析》《龙岩方言使用和保护情况分析》《新时代龙岩市居民消费提质升级思考》等 5 篇调研文章被龙岩市市长批示。31 篇调研文章被《龙岩发展研究》《闽西通讯》《闽西社科》《闽西论坛》及闽西广播电视报、"e 龙岩"等刊用，国家统计局、福建调查总队内网分别采用 4 篇、6 篇。开展改革开放 40 周年龙岩民生与经济建设成就系列专题分析，《改革开放四十年民生新跨越》《居民收入跨越式增长，生活水平实现大提升》《改革开放四十年龙岩民营工业活力不断增强》等被国家统计局、福建调查总队内网采用。统计新闻宣传再上新台阶，新闻宣传文章被《中国信息报》《中国统计》、统计微讯采用。居民收支、CPI、PPI 等数据解读被市两办刊物、闽西日报、中国龙岩网、"e 龙岩"、搜狐网、今日头条、网易、东南网、台海网、东南网等公众媒体采用 82 篇次。出版《龙岩调查年鉴—2018》，与市统计局联合发布 2017 年全市国民经济和社会发展统计公报，共同编印《龙岩统计年鉴》《龙岩统计提要》《龙岩统计月报》等资料书，为市领导、市直部门科学决策提供参考依据，为社会各界提供优质服务。挂钩帮扶永定区高陂镇平在村、先富居委会脱贫攻坚工作，挂钩 32 户贫困户全部实现脱贫。

【统计法治】 2018 年，龙岩调查队深入学习贯彻落实习近平总书记关于统计工作重要指示批示精神及中央深改组《关于深化统计管理体制改革提高统计数据真实性的意见》《统计违纪违法责任人处分处理建议办法》等，严格执行《统计法》《统计法实施条例》《防范和惩治统计造假弄虚作假督查工作规定》，全力落实中央巡视组和全国人大常委会执法检查组检查统计法实施情况巡视整改，开展"以数谋私、数字腐败"全面排查专项整治，强化统计法治提高调查数据质量集中整治和统计"七五"普法中期检查自查，制定统计法治检查清单，深入长汀、上杭、永定等县(区)统计法治基础工作检查，全面清理纠正违反统计法精神文件和做法，推进依法治统、依法调查工作落实落细，净化统计调查改革发展生态环境。推进"七五"统计普法，编印《统计法律法律宣传手册》，制作宣传展板、悬挂彩虹门横幅、张贴海报、开展猜谜等办法，利用《中华人民共和国统计法》颁布纪念日、统计开放日、国家宪法日和法治宣传月等重要时间节点，在街心广场、新罗后盂社区、龙岩学院、龙岩市委党校等开展普法宣传，全年编发《中华人民共和国统计法》《统计法律法规宣传手册》口袋书 3445 册，发放统计科普、统计法治知识宣传单、统计宣传纪念品等 2980 份，向市领导、人大代表、政协委员、市直部门处级以上领导、辅调员、调查对象、调查系统干部及社会公众等发送宣传短信 2110 多条(次)。深入开展统计干部法治教育，举办《中华人民共和国宪法》《中华人民共和国统计法》系列学习讲座、学习测试、法治宣誓，强化统计领导干部、调查对象、统计工作人员依法统计意识，全年举办统计干部、调查对象、辅调员统计普法讲座 53 场、受训

865人。制定《统计违法违纪举报信息登记制度》《领导干部违规干预统计工作记录制度》《统计从业人员信息备案登记制度》《季度统计执法监督情况上报制度》等，严格落实统计调查法律义务告知、统计报表签领、催报、查询及法律文书登记等制度，全年发出统计调查法律义务告知书362份。加强统计执法队伍建设，全市调查队系统共15名干部通过国家统计局统计执法资格培训考试，取得国家统计局颁发的统计执法证。严格执行统计执法“双随机”检查，畅通统计违法举报，开展永定县调查企业统计执法，“零容忍”严肃查处各种统计违法行为。全年依法对35家企业开展执法检查，责任整改4家，立案调查1家，警告处罚1家。公开曝光典型统计违法案例2起，震慑各类统计违法行为，警示统计调查对象认真履行统计法律义务，不断推进统计调查对象统计诚信建设。

（项腾荣）

【常规统计调查】 2018年，龙岩市统计局提升常规统计数据质量，高质量完成国民经济核算、农业、工业、建筑业、贸易、服务业、投资、能源等各项统计常规调查的同时，加强直报平台企业报表数据审核查询，完善名录库更新维护责任制，加强投资项目库核查工作，加强以GDP为龙头的主要统计指标数据的审核评估，确保数据的完整性、及时性和准确性。

【第四次全国经济普查工作】 2018年，市统计局完成各级普查机构组建、普查指导员和普查员选聘、清查单位底册编制、普查区和普查小区划分及绘图、单位清查业务培训等前期准备工作；抓好组织落实、部署落实，确保普查经费足额拨付、数据处理设备配置到位、“两员”报酬兑现；建立统计局领导挂钩联系制度、领导小组成员单位工作职责、普查办公室工作规则、经济普查工作考评等制度；严把单位清查数据质量，抓牢业务培训、督查通报、检查指导、数据审核，开展普查登记试点；充分利用报纸、广播电视、新媒体、户外广播、现场宣传、入户告知等形式深化宣传动员，营造良好的普查氛围。

【专项调查】 2018年，市统计局圆满完成投入产出调查工作、2018年人口抽样调查、R&D调查、妇女儿童纲要监测、文化产业调查等各项调查工作。

【夯实统计基础】 2018年，市统计局加强基层统计机构和队伍建设，积极协调县（市、区）、乡（镇、街道）加强人员配备，提高乡（镇）、村（居）统计员补贴；加强部门统计工作，强化对部门统计管理指导与合作，提高与部门统计之间的资源互补和共享，做好“五证合一，一照一码”登记制度部门信息沟通工作；加强对统计对象的业务培训和检查指导，规范企业统计工作。

【统计改革】 2018年，市统计局深入学习中央《关于深化统计管理体制改革提高统计数据真实性的意见》和省委办公厅、省政府办公厅印发《关于深化统计管理体制改革提高统计数据真实性的实施意见》等重要文件精神，通过市政府办公室及时将《防范和惩治统计造假、弄虚作假督察工作规定》贯彻落实到各县（市、区）人民政府和市直有关部门。深化贯彻全国、全省统计方法制度改革部署，积极稳妥地推进投资领域统计改革、进一步改进和规范GDP统一核算工作；圆满完成自然资源资产负债表编制任务，并提出相关建议，为今后自然资产负债表报表的编制工作提供实践经验。完成《龙岩市绿色发展指标体系》的编制，首次试算并公布2016年度全市及各县（市、区）的绿色发展指标。圆满完成“四下”企业抽样调查工作交接。根据《国家统计局关于印发〈地方统计局与国家调查队部分业务分工调整优化方案〉的通知》和福建省人民政府研究局队部分业务分工有关工作专题会议精神，在“人、财、物”没有变动的情况下，克服困难，顺利完成“四下”企业抽样调查工作交接，确保分工调整各项任务落实到位。

【法治统计】 2018年，市统计局多措并举营造依法统计氛围，充分利用龙岩广播电台、闽西日报、龙岩电视台等媒体开辟经普宣传专栏，制作大型户外广告牌和20辆车身广告，做客中国龙岩网“在线访谈”栏目等，增强社会大众依法普查意识。结合“中国统计开放日”“12·4”国家宪法日、重大普查宣传月等重要时点，开展形式多样、注重实效的主题宣传活动。扎实开展专项治理工作，按照国家统计局、省统计局的统一部署，在全市统计系统范围内开展自上而下“以数谋私、数字腐败”专项治理工作，确保各项部署落实到位，通过逐项深入查摆问题、分析原因，实事求是列出问题清单，在全市范围大力营造独立统计、如实调查、清正廉洁的良好统计工作氛围。扎紧防范数据造假的制度笼子，制定《龙岩市统计局统计数据质量控制办法》，结合《中华人民共和国统计法》《统计法实施条例》等法律法规及统计工作实际，修改并完善《龙岩市统计行政处罚裁量基准》《统计违法案件集体讨论制度》《统计行政处罚听证制度》等多项统计执法制度，为规范化、透明化执法打下坚实的基础。加强统计监督检查，以市政府办公室名义发文组织对永定区、上杭县、武平县开展“双随机”统计监督检查，共检查30家企业和2个乡（镇），其中立案查处3起、责令改正7起。2018年，全市共对302个单位进行统计执法检查，立案17起，结案17起，处罚金额4.25万元。通过在统计外网设立曝光台、全市统计系统通报等方式曝光统计违法典型案例，有效提升统计法的威慑力，坚决做到查处一起、通报一起，教育一片、震慑一方，全市曝光统计违法典型案例5起。

【统计服务】 2018年，市统计局继续做好预警预判，及时开展对经济运行的跟踪监测，继续做好主要统计指标预判预警，加大建言献策力度，努力增强统计分析的前瞻性、预警性、时效性。加强统计数据深度挖掘，深化经济运行进度分析和重点课题研究。围绕经济社会发展中的重点、热点、难点、焦点问题，以改革开放40周年、全面建成小康社会等为主题，组织市、县调研项目23个，开展《“改革开放40年”系列》专题分析，撰写系列专题分析文章11篇。大力拓展统计服务公众力度。充分利用“中国龙岩”“龙岩市统计局”网站和“e龙岩”“龙岩统计”微信公众号等渠道，及时发布统计数据和数据解读，实现最新统计数据随手查、龙岩统计年鉴随身带，使得公众获取统计信息的渠道更加丰富、便捷、高效，初步形成社会共享统计成果的良好局面，拓宽统计服务社会的渠道，提升统计服务社会的水平。全年累计撰写统计分析报告107篇。其中，4篇获时任市长林兴禄批示，1篇获省宣传部长梁建勇批示，1篇获副省长郑新聪批示，11篇在省、市网站和各类刊物发表。

（赖烨琳）

市场监督管理

【概况】 2018年，龙岩市场监管局在市委、市政府的领导下，传承红色基因，提升政治站位，强化政治担当，各项工作迈上新台阶；原市工商局获第五届全国文明单位，原市质监局、市食药监局获第十三届全省文明单位；原市工商局被工商总局获全国工商、市场监管部门公用企业专项整治工作表现突出单位；省对市政府质量工作考核连续4年被评为A级；食品药品应急演练工作获得省食药监局和市政府的表扬；消费维权满意率、“一张网”涉企信息归集数在全省名列前茅；食品“一品一码”工作推进情况总体评价位居全省第一；“小个专”党委被省局党组表彰为“先进基层党组织”；落实食品生产企业主体责任的做法获得省局专项表扬；创城工作获市委、市政府表彰一等奖；禁毒工作受到市禁毒委高度肯定。

【营商环境优化】 商事制度改革深入开展，服务举措不断创新，释放“双创”活力。2018年，全市新设立内资企业9639户，个体工商户39817户，分别比增16.6%、16.9%。大力压缩企业开办时间，全市率先在省定标准的基础上进一步压缩至3个工作日；同步推进“多证合一”和“证照分离”改革，自6月30日起实施“31证合一”，办理31证合一内资企业4103户、外资企业28户、个体工商户23901户。“证照分离”改革惠及企业274户；大力推广注册代办服务，与中国银行等6大银行签订《注册登记业务合作协议》，利用银行网点开展代办服务，为767户市场主体提供一厅式办理、一站式服务。至2018年底，全市实有市场主体总户数24.4万户，其中内资企业37217户、外资企业451户、个体工商户20.26万户、农民专业合作社3740户。实有市场主体注册资本（金）总额3622.7亿元，其中内资企业3080亿元、外资企业435.1亿元、个体工商户374.5亿元、农民专业合作社124.6亿元。

【扶持企业】 2018年，市市场监管局综合运用股权出质登记、动产抵押、商标专用权质押、专利权质押等职能，不断健全“银商互动”等合作机制。全年共办理股权出质登记224件，被担保债权数额185亿元，比上年增长362%；办理动产抵押登记147件，债权数额20.5亿元；办理专利权质押登记18件，授信额度2.24亿元。实施商标战略助力企业提质增效，全市现有注册商标24852件，比上年增长22.94%，其中地理标志商标42件，中国驰名商标17件。加强地理标志商标培育助力精准扶贫攻坚，新增“连史纸”“永定早熟芋”“长汀豆腐干”等11件地理标志商标。加大知识产权保护力度，查处假冒专利案件166件、商标违法案件64件。

【消费维权】 2018年，全市“12315”申诉举报系统共受理消费者咨询申诉举报1.5万件，其中答复消费者咨询1.2万人次，受理消费者申诉2484件，为消费者挽回经济损失577.25万元，受理消费者举报2272件，消费维权满意率位居全省前茅；“12331”共受理投诉举报及咨询1628件，比增31.5%；“12358”价格举报1420件，办结率99.9%。

【质量工作改革创新】 2018年，市市场监管局提请市委、市政府出台开展质量提升行动加快质量强市建设实施方案，“质量强市发展指数”纳入市对县绩效考核指标体系。推进“分类指导，精准服务”和“服务零距离、质量零缺陷”行动，为45家企业提供检验检测、人员培训等技术帮扶；开展市政府质量奖评审工作，推进品牌建设，推荐43家企业44项产品申报2018年度福建名牌产品，“福建土楼永定客家文化旅游”全国知名品牌示范区完成预验收。

【标准引领】 2018年，市市场监管局牵头制定《“一趟不用跑”“最多跑一趟”政务服务规范》省地方标准发布实施，为全省政务服务提供技术支撑；组织龙净环保等3家企业5项标准参与国家、福建省标准贡献奖评选。龙净环保制定的Q/LJHB 159—2015《WBE型湿式电除尘器》获省标准贡献一等奖。全市制定国家标准4项、行业标准8项、地方标准1项、企业标准290项；指导连城铁皮石斛等10个国家级、省级农业标准化示范区建设，指导百师帮等3家企业开展省级家政服务标准化试点建设和漳平市行政服务中心开展国家级社会管理与公共服务标准化试点项目建设。

【计量基础】 2018年，市市场监管局指导各县(市、区)局开展新建社会公用计量标准工作，新建社会公用计量标准12项；开展定量包装监督检查，检查农资生产、销售点45个，大米等8类定量包装商品生产企业23家；联合交警部门对全市机动车安检机构开展专项检查，强化安检机构主体责任意识，规范检验行为；全国物联网+计量课题研讨会在龙岩召开；全市强制检定计量器具9.3万台件，非强检计量器具2.3万台件，完成总台件数比增25%，减轻企业负担360万元。

【科技支撑】 2018年，市市场监管局牵头组织全国五家"国家环保产品质检中心"成立"检验联盟"上报总局审批；国家质检中心"室内空气净化器质量检验实验室"建设基本完成，电器安全类等检测项目所需设备安装完毕并通过验收；市质检所2个省局科研项目结题并通过验收，市计量所自主研发《饰面砖粘结强度检测仪自动校准装置》获国家发明专利授权；强化认证监管，完成资质认定获证检验检测机构到期复评审2家、现场检查11家、认证活动现场检查38家、管理体系认证获证企业检查42家、CCC认证监督检查28家；福建省专用车辆产品质量检验中心获批筹建，目前完成项目建设用地批复、工程勘察招标等工作。上杭有色金属产品质检中心顺利通过省局验收。

【食品药品安全监管】 2018年，市市场监管局落实市委、市政府治理"餐桌污染"，建设"食品放心工程"工作，深入开展国家食品安全示范城市创建，持续推进食品药品安全"放心市"建设三年行动，公众对食品药品安全的满意度持续提升；药品不良反应百万人口报告数、医疗器械不良事件百万人口报告数、化妆品不良反应百万人口报告数均居全省前三位；完成9个省级食品生产加工小作坊示范点、制定《龙岩市食品生产加工小作坊允许生产加工食品品种目录(第四批)共计10类20余个品种；推进食品安全"一品一码"追溯体系建设，上线运行食品安全信息追溯管理平台，已注册食品生产经营主体2740家，累计录入食品安全追溯信息1018万条，食品"一品一码"工作推进情况总体评价位居全省第一；开展"明厨亮灶"提质扩面行动，全市已有"明厨亮灶"餐饮单位10012家，明厨亮灶率73.10%；强化重大活动期间餐饮服务食品安全保障，2018年累计保障次数191次，累计保障人数35万多人次；围绕群众关注的校园及周边食品安全、流动厨房、单位食堂和食品添加剂、清汤粉、牛肉丸等热点焦点问题开展专项整治，做好非洲猪瘟相关监管工作；认真贯彻习近平总书记关于疫苗事件重要指示，开展疫苗流通、使用环节专项检查，进一步摸排疫苗流通、使用环节可能存在的质量安全风险，守住龙岩未发生较大以上疫苗事件的底线；网络食品安全监管取得重大突破，下架百度、美团、饿了么等第三方平台涉嫌违法网店4616个次；抽检食品1.04万批次，药品624批次，化妆品88批次。查处各类食品药品违法案件589件，比增30.6%。强化行刑衔接，联合公安部门严厉打击情节严重的食品生产经营违法行为，共移送公安部门37个案件，其中适用行政拘留案件6个，在全省率先实现零的突破。

【特种设备安全监管】 2018年，市市场监管局全年检查特种设备生产使用单位1580家，发出安全监察指令书135份，特种设备使用登记率99.34%、定期检验率97.48%、作业人员持证率100%、隐患整治率98.56%。特种设备监察人员无被追责问责情况；2018年6月率先在全省部署开展贯彻液化石油气瓶阀新国标(GB/T7512—2017)工作，全省最长、闽西首条步云客运索道完成检验开通；受理检验机构报告的安全重要问题511件，督促闭环处理安全隐患595件(含上年度受理本年度闭环数)；对435家1028台重点特种设备进行监督检查，排查安全隐患275条；至8月份本市建成区整治清单内的136台燃煤锅炉整治任务全部完成，电梯投诉答复满意率100%，特种设备安全风险评估分级和隐患排查治理工作顺利推进。

【产品质量安全监管】 2018年，市市场监管局强化质量安全风险监测和隐患排查，省级监督抽查共计抽检148批次产品，合格143批次，合格率96.62%。市级监督抽查共计抽检266批次产品，合格261批次，合格率98.12%。完成9家不合格产品生产企业的后处理工作，消除产品质量安全隐患；开展危化品等6个专项整治和重点工业产品质量安全隐患排查，发现问题企业6家，立案查处1家，全部督促整改到位。

【市场监管执法】 2018年，全市市场监管系统办理各类案件1677件，涉及网络商品交易、不正当竞争、食品药品违法、价格违法等类型，案件数和罚没入库数都创历史最高水平，为龙岩经济健康发展营造良好环境。以"双随机一公开"监管为抓手，稳步推进全市"一张网"建设，提升监管的有效性和针对性，全市各级各部门共向"一张网"归集各类企业信息61.77万条，为协同监管提供数据支撑。扩大跨部门"双随机"抽查覆盖范围，与市直10个部门联合开展跨部门"双随机"抽查，抽查企业2341户、个体工商户和农民专业合作社3753户。强化失信联合惩戒，配合法院对失信企业实施股权冻结，持续清理长期停业未经营企业，全市共有1.1万户次企业被列入经营异常名录、2.3万户次个体工商户被异常标注。开展扫黑除恶专项斗争，充分发挥职能作用，共摸排黑恶线索27条。认真履行成员单位工作职责，积极落实相关工作任务。持续完善涉网市场主体数据库，开展2018年网剑行动，立案查处网络违法案件110件，对“6·18”和“双十一”等网络集中促销时段开展定向监测，监测样本140个，责令整改网站9个次，停止平台服务网店58个次。加大广告执法检查力度，加强广告大数据运用，提高广告监测监管水平，共开展房地产、非法集资、互联网金融广告等专项整治8次，检查各类广告4862条(块)，拆除违法违章广告295条(块)，查处广告违法案件143件。以整治网络传销违法犯罪为突破口，消除传销案件存量，辖区内“老区红”“中国民族品牌网”“藏宝网”等影响力较大的案件取得突破性进展，和公安部门共同查处非法传销案件28件，捣毁窝点14个，涉案金额1.92亿元。开展春节市场价格监管、旅游市场价格、供水供气等专项检查，查处各类价格违法案件88件。开展集中整治公用企业限制竞争和垄断行为突出问题的专项执法行动，围绕社会关注度高、民生反映强烈的市场混淆、商业贿赂等行为，突出重点领域、实施精准打击，取得积极效果。

（丁　捷）

价格管理

【居民消费价格】 2018年1—11月龙岩市居民消费价格指数累计比上年同期上涨1.3%，比全省平均低0.3个百分点。位居全省市区市第7位。服务项目价格指数累计比上年同期上涨1.3%，消费品价格指数累计比上年同期上涨1.3%。八大类商品及服务价格累计比上年同期六升两降，其中食品烟酒类、居住类、生活用品及服务类、交通和通信类、教育文化和娱乐类、医疗保健类价格分别上涨1.6%、0.9%、1.5%、1.3%、3.1%、1.0%；衣着类、其他用品和服务类价格分别下跌0.5%、0.4%。

【稳价措施落实】 2018年，全市价格总水平基本稳定。加强价格监测分析预警，严格执行价格监测报告制度。列入价格信息发布的食品类价格监测点9个(其中农贸市场5个，超市3个，粮油零售点1个)，低价药品类价格监测点3个(其中医院1个，药店2个)。2018年全年采集上报价格监测数据14类533种12万多条。编印《龙岩价格监测》12期，为各级领导掌握市场价格动态，制定宏观价格调控政策提供决策依据。加强民生价格信息发布，不断加大“价比三家”影响力度。增加价格比对的品种、范围和发布频率，制定价格信息发布品种目录包括粮、油、肉、禽、蛋、水产品、蔬菜和水果等52种；目前“每日行情”发布粮油、肉禽蛋、水产品、蔬菜、水果等五大类55种食品价格信息；“每日行情”采取每日上午十一点前定期发布；“价比三家”采取每周二、五和每月5日、15日、25日十一点前定期发布；实时发布重要商品和服务价格调价政策信息，引导消费预期。发挥价格调控措施的协同作用。2018年2月，居民消费价格指数(CPI)比上年同期涨幅为3.6%，达到启动社会救助和保障标准与物价上涨挂钩联动机制(以下简称“物价联动机制”)临界条件(CPI达到3%、SCPI达到6%为临界条件)。启动2月份物价联动机制，发放对象为城乡低保对象、特困人员、享受国家定期抚恤补助的优抚对象(含革命“五老”人员)、领取失业保险金人员，发放价格临时补贴共计1735944元。四是农副产品平价商店建设有序推进，在龙岩中心城区大型超市建立“农副产品平价商品销售区”13个。

【价格改革】 2018年，龙岩市价格改革持续深化，完成管道燃气价格改革。经请示市政府同意，调整龙岩中心城市管道天然气终端用户销售价格。确定管道燃气配气价格，并建立管道燃气终端用户销售价格联动机制。稳步推进电价改革，4次降低一般工商业电价，涉及全市一般工商业17.2万户、15.56亿千瓦时的电量有降价，4—12月累计降本减负7282万元。对龙岩市福建兴朝阳硅业股份有限公司等8家符合条件的铁合金(结晶硅)企业实行弃水期电价，1—6月为企业节约用能成本2473.86万元。对福建新宏达实业有限公司9家符合条件的铁合金(结晶硅)企业实行丰水期电价，7—9月为企业节约用能成本814万元。减免全市13家“三余”自备电厂系统备用费，3—12月为企业节约用能成本2323.70万元。继续扩大电力市场化交易规模。积极支持华润水泥、紫金铜业、马坑矿业等59家大用户参与电力直接交易，1—12月市场化交易电量达38.4亿千瓦时，降低企业用电成本13324.5万元。基本完成转供电环节加价清理规范工作，全市共摸排出转供电主体218户，涉及终端用户12972户，至12月底，212户转供电主体降价到位，同时规范电费收取方式，清退多收电费约120万元，涉及终端用户12752户。承接全市AAAA、AAA级景区门票价格管理工作，做好景区门票及景区内配套交通运输价格管理。贯彻落实国家发改委关于降低重点国有景区门票价格的要求，长汀红色旧址群景区门票价格免费对社会开放，年可减轻游客支出1100万元；连城县冠豸山国家级风景名胜区九龙湖景区门船票价格下调25%，年可减轻游客支出56万元。为推动梅花山华南虎园生态旅游景区整体可持续发展，保护景区生态环境，促进景区提档升级，制定上杭县梅花山步云索道票价。

【价费监管】 2018年，龙岩市加强民生价格收费监管。启动市属公办幼儿园保育教育费收费标准成本监审，调整市属公办幼儿园保育教育费收费标准，支持公办幼儿园发展；核定上杭县老年大学学费收费标准；核定闽西职业技术学院公寓住宿费收费标准。落实减负政策。先后取消、免征、暂停、降低标准收费项目4个，全年累计减轻群众负担约84.87万元；继续贯彻落实全省高速公路“绿色通道”优惠减免政策，全年共计优惠减免“绿色通道”高速路通行费1.125亿元，极大地减轻物流企业的经营成本。落实收费单位名单和收费项目目录清单常态化公示制度，通过网站及时向社会公布名单和收费项目目录清单，提升价费政策的透明度和社会知晓度。落实行政事业性收费报告制度和收费统计。运用全国收费监管系统对收费单位信息和收费单位年度收支情况信息进行管理，及时更新完善收费单位的基本信息和收支状况。截至目前，完成2018年度67个市级行政事业性收费单位收支情况的信息录入及数据统计工作。根据系统统计数据，2018年市级行政事业性收费单位收费总额为3.585亿元，相比2017年度(3.721亿元)减少0.136亿元，比上年同期下降3.65%。

【价格监督检查】 2018年，全市共查处各类价格违法案件88件，实施经济制裁470.49万元，其中：没收违法所得金额267.73万元，罚款178.09万元，退还用户24.67万元，促进价格政策有效落实。开展医疗服务收费检查，查处市级医疗机构5家，罚没金额198.39万元；开展商业银行收费行为检查，规范商业银行的收费行为，重点检查收费项目是否进行公示、是否存在超标准收费、服务中价格承诺是否兑现、是否存在搭车收费、捆绑收费等行为；开展进出口环节收费、涉企收费、殡葬服务收费景区门票、茶叶市场、转供电环节收费的检查工作；加大房地产市场价格行为监管，主要采取对房地产开发企业巡查、约谈、新开楼盘开盘全程监督以及商品房销售价格备案制等措施，查处房地产销售价格违法案件2起，合计处罚金额45万元，开展停车场专项整治，规范明码标价，查处乱收费行为。强化价格举报工作。加强日常值班值守，实行24小时值班执勤制度，全市接受各类投诉咨询1420件，其中举报件224件、投诉113件、咨询1083件，当年度办结1419件，办结率99.9%。

【成本监审调查】 2018年，市物价局强化定价成本监审。2018年，共对17个单位进行成本监审，各企业上报总成本102547万元，核定总成本73877万元，核减不合理成本费用28670万元，核减比例28%。重点完成市属公办幼儿园保育教育成本、福建省梅花山步云索道运营成本、连城冠豸山交通车运营成本、莲东经济适用住房F组团开发成本、重点国有景区门票价格定价成本、龙岩中心城市管道燃气配气成本等监审工作。完成国家和省指定的农产品成本调查任务。市价格成本监审分局被国家发改委评为2015-2017年度全国农产品成本调查工作优秀集体。2018年，完成秋花生及蔬菜8个品种常规调查，农户种植意向、农资购买、农户存粮3项专项调查，早稻、晚稻、烤烟、上下半年生猪5项直报调查，烤烟、晚籼稻2项成本预测调查。

【价格认定】 开展涉案、涉纪、涉税财物价格认定工作，高质量完成市本级刑事价格认定案件394件(含县市区级价格认定复核案件3件)、涉纪价格认定案件1件、行政价格认定案件1件，涉案价格认定标的总金额979.84万元；完成市区存量房涉税价格认定2864件，涉税成交金额115564.26万元，增加财政收入968.47万元；增设立价格争议调处示范工作站1个，完成“12358”价格举报投诉平台转接处理的价格争议案件4件，成功调解各类价格争议6件，涉案标的金额1.86万元。适时修订《龙岩市价格认定专家库管理办法》和《龙岩市价格涉案物品价格数据暂行管理办法》。

(李镇祥　谢力)

责任编辑　陈　芬

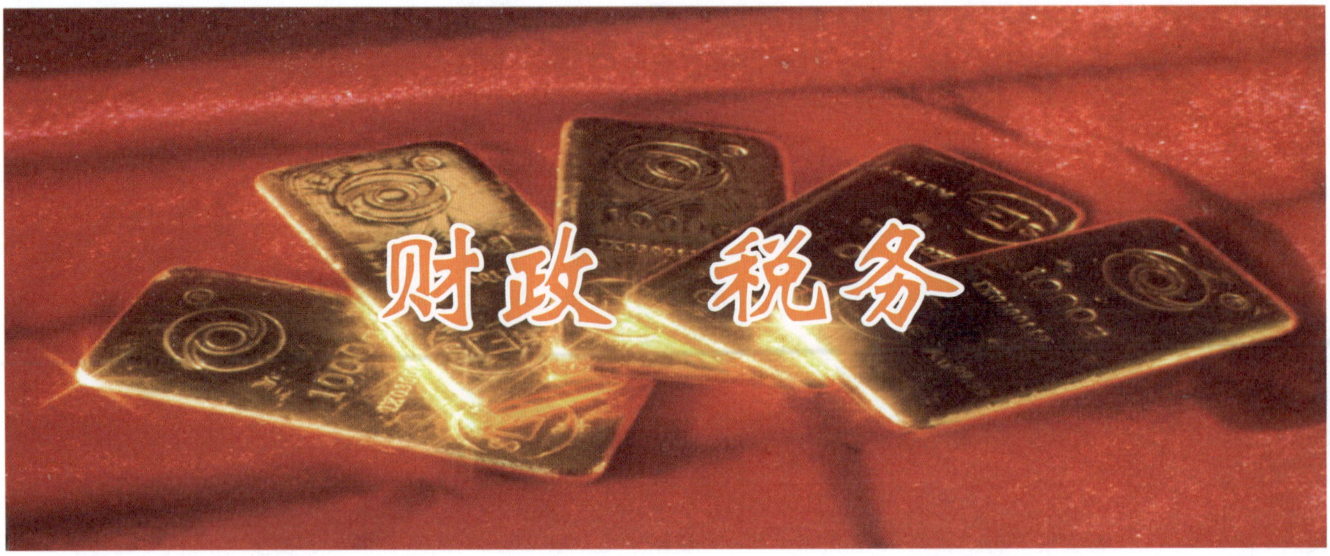

财　　政

【概况】 2018年，龙岩市各级财政部门认真落实龙岩市五届人大二次会议各项决议，以高质量发展落实赶超为主线，聚焦减税降费，实施积极财政政策，认真贯彻“产业兴市”战略和新时代新担当新作为“大督查大落实”工作部署，支持打好“三大攻坚战”，促进全市经济社会持续健康发展。2018年，全市一般公共预算总收入296.80亿元，比上年增长6.4%。其中，地方一般公共预算收入151.27亿元，比上年增长9%。全市一般公共预算支出301.17亿元，比上年增长0.5%。全市政府性基金收入109.61亿元，比上年增长24.5%，基金支出158.77亿元，比上年增长86.2%。

【财政收入质量提升】 2018年，龙岩市财税部门主动作为，既要落实好各项减税降费政策，又依法依规堵塞征管漏洞，拓宽“互联网+税务”和大数据应用渠道，建立以金税三期征管信息系统和公安、住建、金融机构等第三方涉税信息数据为来源的涉税风险数据库，加快国地税业务融合，实现“事中事后监管、分类分级管户、风险管理、大数据管理”多位一体的税收征管格局，确保应收尽收，推动财政收入量质齐升。全市地方一般公共预算收入增幅跃居全省第2位，税性收入占比明显提高，主体税种支撑力度加强。全市财政总收入和地方财政收入的税性比重分别提高到85.7%和72.4%，分别比上年提高2.3个和5.3个百分点。

【向上争取政策】 2018年，龙岩市以“唱响红古田，建设新龙岩”为引领，以正向激励为导向，出台争取上级项目资金绩效考核办法。2018年，全市争取上级转移支付资金126.6亿元，增加3.6亿元；新增债务限额70.2亿元，比上年增加21.2亿元。争取中央和省继续支持汀江—韩江流域上下游水环境横向生态补偿，福建省补偿资金0.63亿元、广东省横向补偿资金0.9亿元已到位，并推动省内重点流域补偿政策向上游倾斜。国务院对龙岩市2017年落实生态环保治理专项奖励0.1亿元。第二批中央财政支持开展居家和社区养老服务改革试点地区补助资金0.34亿元已到位。省下达龙岩市实施土地治理等33个项目计划财政资金2.81亿元，乡村振兴示范村项目、村干部报酬等村级奖补资金2.77亿元。

【拓展聚财融资渠道】 2018年，龙岩市支持市属国有企业发挥投资主体、融资主体和建设主体作用，采用短期融资券、中期票据、融资租赁、资产证券化、公司债、PPP等方式依法合规筹措建设资金，市场化融资到位资金约122亿元。全市累计签约落地15个PPP项目，项目总投资110.09亿元，引入社会资本投资102.88亿元，累计获得上级奖补资金3,746万元。加大财政资金对“助保贷”、应急转贷、再融资担保等业务支持力度，缓解实体经济融资难、融资贵问题。筹措招商奖补资金，支持实施“龙商回归”工程，支持强化重大产业项目用地保障，营造良好营商环境，全方位为企业“减负”。

【盘活存量资金】 2018年，龙岩市建立存量资金定期清理盘活使用长效机制，三年共收回市级“沉淀”资金13.73亿元，已统筹安排9.37亿元用于改善民生、支持产业转型升级和基础设施建设。创新采用“带方案出让”等方式，盘活莲庄小区等存量安置房建筑面积22.83万平方米，回笼资金15.47亿元。加强改制企业等资产清理，盘活闲置上市公司股权9739万元。

【支持实施“产业兴市”战略】 2018年，龙岩市制定出台“支持专用车产业加快发展八条措施”“金融支持工业企业加快发展十二条”“进一步推进企业

龙岩财政全力支持有色金属产业发展。图为上杭太阳铜业铜杆生产线

上市挂牌工作实施意见"等政策,充分发挥支柱产业、龙头企业"双培育"行动计划、"一企一策"等产业扶持政策的"红利"效应,引导实体经济提质增效。全市投入23亿元兑现"工业十五条""现代服务业十五条"等产业扶持政策,着力推动重大产业项目落地和重点企业增资扩产。统筹4.38亿元支持"365"产业,其中:支持有色金属、机械制造、文旅康养3个主导产业2.53亿元。争取中央专项资金0.93亿元支持企业技术更新改造,安排财政资金0.21亿元化解煤炭过剩产能。

【支持实施创新驱动战略】 2018年,龙岩市发挥财政资金引导作用,通过设立基金、股权投资、风险补偿等方式,带动社会资本投向新旧动能转换的重点领域和薄弱环节,促进新动能发展壮大、旧动能焕发生机。筹集1.03亿元设立汇鑫至诚基金(新三板基金),支持完善龙岩市资本市场体系,培育龙岩市企业上市后备梯队。全市科技投入经费9亿元,比上年同期增长60.8%。下达市本级产业技术研究与开发资金0.43亿元;安排科技项目计划基金0.53亿元;筹措1.1亿元支持引进人才,推动高新技术产业加快发展。

【支持国有企业"去杠杆"】 2018年,龙岩市全面完成市属国企176亿元政府性债务置换,拨付6.6亿元支持汇金集团提前完成企业债券置换,筹措1.4亿元支持交通国投公司提前兑付"12交国投企业债",大幅降低企业债务利息负担。支持盘活交发、城发、汇金集团等国企资产,提升市属国企70亿元的发债融资能力。注资文旅集团0.25亿元,支持市属国企加快发展。

【支持改善营商环境】 2018年,龙岩市落实好降低增值税税率、提高个人所得税基本减除费用标准、企业研发费用加计扣除范围扩大到所有企业等减税政策,停征排污费等部分政府性基金和涉企收费,延长阶段性降低住房公积金、失业保险及工伤保险费率政策期限,减轻企业负担,增强企业发展动力。持续清理规范涉企收费项目,全市行政事业性收费收入3.01亿元,比上年减收20.6%。

【基础设施建设】 2018年,龙岩市加大财政资金统筹力度,多渠道筹措资金,支持扩大有效投资,以大项目带动大投资,促进大发展。筹措城建资金31.63亿元,助力实现"五个一批"目标。筹措29.87亿元保障金鸡路三期、后田路等中心城市路网建设;安排9.2亿元加快建设东环线、靖永高速、南龙铁路、新动车站、龙岩机场等重大基础设施项目,完善互联互通的综合交通网络。优化投资计划管理,全力支持万安溪引水工程等"重中之重"项目顺利实施,扎实推进龙津湖、龙岩洞、大锦山等园林绿化工程。

【支持乡村振兴战略】 2018年,龙岩市落实《龙岩市推进乡村振兴十条措施》,推行"大专项+任务清单"管理模式,统筹整合5.4亿元涉农资金,支持强化农村人才支撑,扶持发展现代特色农业,规范新村规划建设管理,助推乡村旅游观光产业发展。筹措2.92亿元支持"四好农村路"建设,投入0.99亿元支持乡村"一事一议"财政奖补公益事业建设,投入0.27亿元支持9个乡村振兴示范村建设,筹措0.94亿元支持138个村壮大村级集体经济,安排0.8亿元支持农村"六大员"管理机制改革。编制《龙岩市农业综合开发扶持农业优势特色产业规划》,争取2.5亿元推进省级农业综合开发高标准农田建设项目。强化涉农金融扶持,下拨县域金融机构涉农增量奖励资金919万元。继续实施"惠林卡"贴息补助,对林农发展林下经济贷款给予1%的贴息。

【推进城乡协调发展】 2018年,龙岩市拨付1.49亿元支持实施农业人口市民化政策,扩大基本公共服务供给,保障农业转移人口基本公共服务需求,让城乡居民共建共享美好生活。支持巩固文明创建成果,支持推行"街长""巷长"负责制。全面实行城乡低保标准一体化,下达8616万元农村最低生活保障金。落实龙岩至永定城际定制公交补贴政策,加快完善"一市两区"规划,支持永定区加快融入中心城区。

【支持加快精准脱贫】 2018年，龙岩市统筹安排资金1.39亿元，用于帮扶重点乡镇(村)、造福工程搬迁补助和产业扶贫等领域。规范扶贫资金管理,出台《龙岩市财政专项扶贫资金绩效评价办法》,加强扶贫资金绩效评价,提高扶贫资金使用效益，2018年，获得中央财政专项扶贫资金绩效奖励资金600万元、省委省政府扶贫开发工作成效奖励资金1000万元。

【污染防治】 2018年,龙岩市坚持“绿水青山就是金山银山”，整合环保、土地、林业等相关资金,通过PPP模式吸引社会资本，下达1.05亿元汀江流域补偿资金，加强环境保护和生态修复。落实农村人居环境整治资金3.4亿元，用于农村生活垃圾治理、乡镇污水处理、农村户厕改造等。拨付435万支持推进“河(湖)长制”。安排1400万元用于养殖业污染治理。统筹3200万元资金,支持新能源车购置、关闭淘汰小煤矿、节能循环项目、光伏发电项目奖励(补助)、燃煤锅炉淘汰补助等。

【重大风险防范化解】 2018年，龙岩市加强规范地方政府债务管理,既积极争取增加地方政府债券资金,支持加快基础设施建设,又采取有效措施促进增收,降低地方政府债务率,市本级债务风险等级由风险预警下调为风险提示。建立政府债务时点风险防控机制和明细台账，实现隐性债务动态监测管控，对可能存在的风险早发现、早预警、早处置,牢牢守住不发生区域性、系统性风险底线。健全预算执行动态监控机制,保障财政资金规范安全有效使用。

【民生事业支出】 2018年，龙岩市坚守“财政惠民”原则。全市民生事业支出241.3亿元，占财政支出的比重达到80.1%,全力保障幼有所育、学有所教、劳有所得、病有所医、老有所养、住有所居和弱有所扶，支持开展扫黑除恶专项斗争，增强老百姓获得感、幸福感和安全感。拨付12亿元,确保28个为民办实事项目顺利实施。

【支持教育事业发展】 2018年，龙岩市财政性教育支出63.53亿元,占财政支出的比重为21.1%。支持学前教育普惠提质,新建公立幼儿园20所,逐步解决“入园难、入园贵”问题。支持城乡义务教育一体化发展,支持加快推进中心城区应急性基础项目、教育重点项目建设,缓解中心城区就学压力,实施城镇中小学扩容建设项目25个，新改建中小学34所，组织实施补短板项目26个。支持打造职业教育示范区升级版，加大高等教育投入。

2018年8月竣工的龙岩紫金山幼儿园项目

【支持就业和社会保障体系建设】 2018年，龙岩市社会保障和就业支出29.33亿元,重点支持密织社会保障“安全网”,支持实施职业培训、职业技能、社会保险补贴等就业创业扶持政策,支持残疾人和社会福利事业发展。落实提高全市企业和机关事业单位退休人员基本养老金水平政策,全市城乡居民基本养老保险基础养老金标准从每人每月125元提高至每人每月143元(比省定标准高25元)。有序推进全国居家和社区养老服务改革试点工作,支持建设185个农村幸福院、完善提升20个社区居家养老服务站。

【支持“健康龙岩”建设】 2018年,龙岩市医疗卫生与计划生育支出29.65亿元,重点用于支持公立医院综合改革和医疗服务能力提升、促进基本公共卫生服务均等化、巩固完善基层运行新机制和医疗卫生事业“补短板”项目。建立全市统一的城乡居民基本医疗保险制度和大病保险制度。巩固扩大基本医保覆盖面,城乡居民医疗保险政府补助标准由450元/人/年提高至490元/人/年，人均公共卫生服务经费财政补助标准提高到55元。

【支持开展住房保障工作】 2018年，龙岩市坚持“房子是用来住的,不是用来炒的”，统筹棚户区改造专项债券等资金4.69亿元用于棚户区改造、公共租赁住房保障等城镇保障性安居工程。

【文体传媒经费投入】 2018年，龙岩市文体传媒经费投入5亿元,用于支持完善公共文化服务体系,推进国家级客家文化(闽西)生态保护实验区建设,推进台湾青年创业基地建设,支持龙岩洞文化创意产业园规划建设和闽西特色文艺创作，提升公共文化服务均等化水平。用好体彩公益金，促进全民健身和竞技体育发展。

【财政资金绩效管理】 2018年，龙岩市不断完善绩效评价管理制度，逐步加大绩效评价的广度和深度，市本级首次实现一般公共预算资金在绩效目标、绩效监控、绩效自评上的“全覆盖”，县(市、区)预算绩效管理加快推进。围绕“三大攻坚战”以及民生政策措施，开展财政重点评价，加强评价结果在预算编制中的运用，推动项目支出评价向部门整体支出评价拓展，努力做到“预算编制有目标、预算执行有监控、预算完成有评价、评价结果有运用”。

【财政改革全面深化】 2018年，龙岩市深化财政领域“放管服”改革，完善国库集中支付管理制度，出台《龙岩市市级政府采购管理办法》，修订《龙岩市市本级财政投资评审管理办法》，提高政府采购、政府投资项目评审和国库资金支付效率。制定《龙岩市统筹整合市本级涉农资金助推乡村振兴战略实施方案》，提高县级政府整合统筹市级专项资金的自主权。市本级321家单位完成国库集中支付电子化改革。积极推进政府综合财务报告制度改革，完成全省首份地市级行政区域政府综合财务报告和乡镇级政府综合财务报告编制。积极探索经管资产报告及自然资源国有资产报告试点工作，进一步摸清国有资产家底。完善财政支出进度定期通报制度，深化中期财政规划改革，首次将财政支出规划控制数批复到部门，提高部门财政支出前瞻性。龙岩市部门决算编审再次获得全省第一。城乡居民医疗保险实行市级统筹，增强基金抗风险能力。出台《内控检查办法》《内控考核评价办法》，强化内控管理责任和风险防控意识。完成龙岩市公共资源电子交易平台检测认证，成为全省首家通过三星认证的地市级电子交易平台。

（林梦雪）

税 务

【税收收入】 2018年，龙岩市税务系统组织各项收入324.08亿元，增长11.4%。其中，税收收入267.88亿元，增长9.6%；财政总收入254.84亿元，增长9.3%；地方级财政收入114.55亿元，增长17.4%；社会保险基金收入43.29亿元，增长13.8%。全年累计办理减免税59.16亿元，增长78.09%；办理出口退税6.51亿元，增长31.5%。其中，落实鼓励高新技术、促进小微企业发展优惠减免7.68亿元。

【机构改革】 7月5日，国家税务总局龙岩市税务局正式挂牌成立，标志着原龙岩市国家税务局、原龙岩市地方税务局完成合并。7月20日，国家税务总局龙岩市各县(市、区)税务局及各乡镇新税务机构统一挂牌成立。10月30日，市、县、乡三级税务机构“三定”工作全部到位。

【纳税服务】 2018年，龙岩市推出优化税收营商环境十项举措，开展民营企业大调研大走访活动，为重点企业、民营企业提供“一企一策”服务。落实税务总局5大类105项、省税务局6个大类134项“最多跑一次”涉税事项办理清单。研发福建税务电子填单系统，实现电子表单便捷生成；试点上线“版式文件管理系统”，实现涉税纸质资料一次采集、反复利用。落实简易注销相关规定，与工商部门交换简易注销申请信息1463条，加速无效生产经营单位退出。推进电子税务局应用，推广“易办税”APP、“金财票易开”微信公众号，为纳税人提供多元化办税方式。加强办税厅建设，全市共设办税厅27个，通办窗口179个、专业窗口57个。按照“硬件一流、管理一流、效率一流”标准打造龙岩办税服务中心，全年办理涉税事项193万件，数量居市直单位窗口第一，纳税人满意率达99%。推进“税银互动”，102户企业获得信用贷款4.36亿元；对接“e龙岩”建设，完成11项汇聚数据目录提供工作，方便群众查询。

【税收法治】 2018年，龙岩市落实税务行政许可事项、行政审批事项目录清单要求，推进税收管理向加强事中事后管理转变。在全市税务系统推行行政执法全过程记录制度，落实“双随机、一公开”制度，规范执法行为。推进法律顾问制度，实现全市税务系统法律顾问的全覆盖。坚持“制度+科技”，上线内控平台，制定市局、县局、分局专项内控风险操作指引体系。落实各税种管理规程(指引)，环保税开征第一年入库税款5917万元，与原排污费征收情况相比增长23.81%。采取发票代管监开停开、以欠抵退、公告欠税企业名单、协调法院执行等措施清理欠税1.86亿元。通过建模分析、扫描识别加强纳税评估、税务审计，组织入库税款及滞纳金1.97亿元。加强第三方信息运用，开展税收风险排查，补入库税款3415万元。核查房地产、商业批发与零售、药品与医疗器械、交通运输等行业发票涉税违法行为，查处发票违法企业130户，会同公安机关取缔发票制售窝点2个。

（市税务局）

责任编辑 游友荣

综 述

【金融运行】 2018年，龙岩市金融部门继续贯彻落实好稳健中性的货币政策，切实为供给侧结构性改革提供更好的金融服务，支持地方经济发展。至12月末，全市金融机构本外币各项存款余额1914.42亿元，比上年同期增长5.5%；各项贷款余额1867.67亿元，比上年同期增长12.2%。金融运行的主要特点：

各项存款低速增长，增速明显回落。2018年，全市金融机构本外币各项存款新增53.47亿元，比上年同期少增43.55亿元。至12月末，全市各项存款增速比上年同期增长2.74个百分点，增速在全省9市中排第7位。

各项贷款快速增长，增速明显提升。2018年末，龙岩市金融机构本外币各项贷款余额1867.67亿元，比上年同期增长12.2%，较上年同期回落2.28个百分点，高于全省平均增速1.21个点，增速位居全省第一，持续12个月保持全省第一；较年初增加203.07亿元，比上年同期少增7.41亿元。分机构看，辖内23家(类)金融机构中，15家(类)机构贷款比年初增加，其中7家(类)机构贷款比上年同期多增。分县域看，全市6个县(市、区)贷款均比年初增加。

贷款投向简析。住户贷款增长放缓。住户贷款余额921.8亿元，比上年同期增长17.86%，分别较半年末和上年同期下降5.54和3.32个百分点；较年初新增13.97亿元，比上年同期多增3.07亿元。其中，经营贷款增加47.25亿元，比上年同期多增34.17亿元；消费贷款增加92244亿元，比上年同期少增31.11亿元。非金融企业及机关团体中长期贷款增长较快。非金融企业及机关团体贷款余额938.43亿元，比上年同期增长7.21%，分别较半年末和上年同期下降0.22和1.23个百分点；较年初增加63.11亿元，比上年同期少增5.11亿元。其中，票据融资增加7.2亿元，比上年同期多增17.93亿元。分期限看，短期贷款余额272.27元，比上年同期增长1.2%，减少6.3亿元，比上年同期少减21.45亿元，中长期贷款余额640.49亿元，比上年同期增长13.42%，新增62.06亿元，比上年同期少增43.25亿元。工业贷款增速明显提升。2018年末，工业贷款余额239.63亿元，比上年同期增长9.01%，较上年同期提升6.42个百分点，占行业贷款合计余额的12.09%；较年初新增19.82亿元，比上年同期多增14.2亿元，占行业贷款合计增量10.12%。其中，采矿业增加8.24亿元，比上年同期少增5.25亿元；制造业增加16.38亿元，比上年同期多增22.78亿元；电力、热力、燃气及水生产和供应业减少4.8亿元，比上年同期多减3.33亿元。基础设施贷款增速大幅回落。全市基础设施贷款余额346.60亿元，比上年同期增长11.95%，较上年同期回落17.52个百分点，占行业贷款合计余额的18.79%；较年初增加18.91亿元，比上年同期少增39.42亿元。除电力热力、燃气及水生产和供应业贷款多减以外，交通运输、仓储和邮政业增加23.64亿元，比上年同期少增22.99亿元；水利、环境和公共设施管理业增加0.07亿元，比上年同期少增13.09亿元。房地产业贷款负增长，个人住房贷款保持高速增长。房地产业贷款少增。房地产业贷款余额117.09亿元，比上年同期下降9.61%，自2018年1月开始持续负增，较上年同期低30个百分点，占行业贷款合计余额的6.35%；较年初增加5.65亿元，比上年同期少增12.64亿元。个人住房贷款持续多增。个人住房贷款余额425.14亿元，比上年同期大幅增长31.77%，较上年末基本持平；较年初新增102.49亿元，比上年同期多增24.73亿元。证券化个人住房贷款增加18.15亿元，比上年同期明显多增11.03亿元。新增信贷投放主要集中在大型和小型企业。企业贷款余额867.47亿元，大中小微型企业贷款余额分别为130.29亿元、359.36亿元、349.17亿元、28.66亿元，其中小微企业比上年同期增长11.28%；对不同规模企业新增贷款合计76.87亿元，大中小微型企业分别新增贷款41.92亿元、-3.32亿元、35.05亿元、3.21亿元，各类规模企业新增贷款占全部企业新增贷款的比例为54.54:-4.31:45.60:4.18，大型企业和小型企业分别较上年同期多增25.29亿元和1.22亿元，中型企业和微信企业分别较上年同期少增22.17亿元和13.39亿元。涉农贷款增速明显下降。涉农贷款余额695.31亿元，比上年同期增长5.61%，较上年同期下降7.8个百分点。较年初新增68.78亿元，比上年同期少增9.06亿元。其中，农户贷款增加56.48亿元，比上年同期多增13.19亿元；非农户个人农林牧渔业贷款增加0.53亿元，比上年同期少增1.11亿元；农村企业及各类组织贷款增加9.86亿元，比上年同期少增8.42亿元；城市企业及各类组织涉农贷款增加1.92亿元，比上年同期少增12.72亿元。

重点领域和薄弱环节的信贷支持力度有效提升。积极推进林权抵押贷款。至12月末，全市各类林业贷款余额22.94亿元，累放68.53亿元；竹业小额贷款余额为2.15元，累放16.21亿元，有效解决林农"抵押难、贷款慢"的问题。深入推进农村"两权"抵押贷款试点。"两权"抵押贷款在全省各试点县中率先实现抵押贷款业务金融机构全覆盖，至12月末，农民住房财产权抵押贷款余额5.61亿元，比年初增加3.42亿元；农村土地承包经营权抵押贷款余额5.7亿元，比年初增加3.89亿元。扎实推进金融精准扶贫。出台《关于进一步推进金融精准扶贫工作的通知》，建立扶贫小额信贷担保基金，加大扶贫小额信贷投放。全市扶贫小额担保基金规模达8200万元，累计发放扶贫小额贷款68621.28万元。大力开展金融扶贫示范点创建工作，有效发挥示范带动效应。目前已创建各类金融扶贫示范点（村）34个，各金融机构支持示范点贷款余额达3.67亿元，共扶持带动贫困户2217人。

【外汇管理】 2018年，国家外汇管理局龙岩市中心支局紧密围绕外汇管理中心工作，不断适应新常态，深入推进外汇管理改革工作，促进国际收支平衡，取得明显成效。至2018年末，出口19.08亿美元，比上年同期上升22.11%，进口17.18亿美元，比上年同期上升8.87%；贸易顺差1.9亿美元，上年同期逆差0.16亿美元。结汇13.29亿美元，比上年同期增长96.68%，售汇15.76亿美元，比上年同期增长55.9%。服贸项下收入0.41亿美元，比上年同期增长2.38%；支出3.29亿美元，比上年同期增长21.38%；净付汇2.88亿美元。全辖个人结汇0.49亿美元，比上年同期增长0.08%；个人购汇0.89亿美元，比上年同期下降25.62%。

【金融服务】 2018年，龙岩市加强国库改革与创新。准确及时办理预算收入的收纳、划分、报解和库款的支拨和退付工作。稳妥推进乡镇国库集中支付改革工作，创新储蓄国债下乡方式，指导、推动农村居民购买储蓄国债。至12月末，龙岩市全辖132个乡（镇、街道）财政支出全部纳入集中支付管理，全辖共计销售储蓄国债1.87亿元。

优化支付结算环境。着力保障ACS年终决算工作顺利进行，强化对辖区网点日常核算管理，提升辖区会计核算工作质量，至12月末，辖区ACS业务处理成功率99.85%。创新运用"云闪付"APP。全国首例ODA项目在龙岩公交成功上线，市区479辆公交车按照42条线路已全面支持受理金融IC卡闪付（含借记卡和贷记卡）和移动支付，实现公交"先验卡上车，后延迟清款"的创新模式。龙岩学院可通过"云闪付"APP缴交学费，成为全省行业运用的首创，缴交学费累计1577笔，金额972万元。古田停车场"无感支付"智慧停车服务成功上线，预计每日为1000户以上客户提供"无感支付"服务。选取上杭的古田、才溪、蛟洋、步云等四个乡镇的361个"农村普惠金融服务点"为试点，推动移动支付便民示范工程与红色资源优势、农村普惠金融相结合，打造"红古田智慧商圈"。扎实优化企业开户服务督导，建立"小微企业4天开户"承诺制，推动预约开户和协议整合。全市已有19家银行开通网上银行、微信公众号等电子渠道，力争做到企业开户"一次性办结"；22家银行整合开户和各类基本结算服务申请和协议，推进开户与基本结算服务"一站式办理"。打造"工商+金融"服务直通车。6家银行（工行、农行、建行、中行、兴业、龙岩农商行）与工商部门签订协议，成功为37家企业办理业务，让客户体验工商登记到开户"少填单、少跑路、不等待"的"直通式处理"。

推动征信业务运用发展。配合市发改委制定出台《2018年龙岩市社会信用体系建设工作要点》，联合市信用办、商务等部门，推动建立部门间"守信激励，失信惩戒"机制。深入推进农村信用典型创建工作，至12月末，全市已为52.01万户农户建立信用档案，评定信用农户36.40万户、农村青年信用示范户638户、信用村984个、信用乡（镇）55个；辖区金融机构累计对35.83万户建档农户发放贷款882.14亿元。加大现场执法检查力度，组织对24家金融分支机构开展现场检查，派员参与对3家省级金融机构开展征信执法检查。推动央行内部（企业）评级工作，至12月末，全市共录入参评企业144家，通过率达91.14%。成功举办"征信之春"——《征信业管理条例》实施五周年主题宣传节目会演，积极开展征信"进校园、进社区、进乡村、进企业、进机关"多种形式宣传活动。

普惠金融和消费权益保护。组织全

辖金融机构开展“金融知识普及月”“金融消费者权益日”“普及金融知识、守住‘钱袋子’”等宣传活动，累计开展宣传活动1698次，受众约121万人次，并创作《一个真实的故事》(网络贷款)、《一招教你如何防范电信诈骗》(电信诈骗)、《理财》(违法金融广告）等金融知识宣传作品。以《金融诚信伴我行》为教材，将金融知识纳入五年级课程教育，从人民银行、金融机构业务骨干中优选118人建立“红古田”普惠金融讲师队伍，将约600名学校班主任、政治老师和社会实践基地学校老师培训成金融知识义务辅导员。累计授课45课时，受教育11800余人次，开展征文比赛1场，演讲比赛4场。要求辖内26家银行业金融机构开展金融广告自查，排查各类金融广告资讯报纸23条、电视1条、广播7条、网站51条、微博微信自媒体677条、短信8023条、户外广告及张贴物420条、传单各类印刷品21755条、LED488条、展板171个；查处违规金融广告2例，办理上级行移送违法违规金融广告线索4条。制定《人民银行龙岩市中心支行推进普惠金融工作任务清单》，积极申报国家级普惠金融改革试验区试点，依托“e龙岩”APP建立普惠金融公共服务平台，打造“三扶四地”红色普惠金融等四项措施全面推进普惠金融工作。

【金融稳定】 2018年，龙岩市加强重点领域和行业风险监测，开展银行业金融机构“三去一降一补”工作。针对辖区突出的风险点，探索建立定量与定性相结合的指标体系，率先在全省绘制完成首份市级金融风险图谱。对实体经济经营能力与可持续发展的监测分析，关注企业生产经营压力及资金链断裂风险和辖内去产能等有关政策动向对银行业金融机构稳健性的影响。做实、做深金融稳定定点监测工作。继续按月监测辖区农村合作金融机构、村镇银行、小额贷款公司、财务公司的稳健性运行状况，按季对辖区13家证券公司、36家保险业金融机构开展风险监测，分析潜在的风险点并提出促进其健康发展的建议。扎实开展金融机构稳健性现场评估。对辖内3家机构开展流动性压力测试，对工行龙岩分行和新罗晋农商村镇银行开展资产质量真实性评估，对中国人寿财产保险股份有限公司龙岩分公司开展现场评估。将银行业金融机构经营风险分析报告及季度风险监测报告质量纳入综合评价内容，做好综合评价和综合执法检查工作。探索扩大评价范围，指导上杭、武平两县人民银行探索完成对辖区保险业金融机构2018年度综合评价工作。加强评价结果运用，市人民政府将人民银行综合评价结果纳入《龙岩市市级预算单位资金存放管理办法（试行）》《龙岩市市级预算单位资金存放综合评价指标规则》。加强与政府、银监部门合作，积极参与金融风险防控和企业信贷风险处置工作，配合打击恶意逃废债务失信行为。开展非法集资风险和互联网风险专项整治。按季对14家法人投保机构和紫金矿业集团财务公司开展央行评级，做好差别费率管理与保费缴纳工作，对新罗晋农商村镇银行、连城杭兴村镇银行、上杭中成村镇银行开展现场核查。

（卢瑜萍）

【银行保险监督管理】 2018年，龙岩银保监分局紧紧围绕龙岩市重点工作和重点任务，着力化解金融风险，改进实体经济金融服务，为龙岩市的高质量发展落实赶超提供有力的金融保障。至2018年末，全市银行业总资产2440.55亿元，比年初增加189.01亿元，比上年同期增长8.39%；各项贷款余额1867.69亿元，比年初增加203.14亿元，比上年同期增长12.2%；各项存款余额1877.35亿元，比年初增加77.52亿元，比上年同期增长4.31%。全市保险业累计实现保费收入60.31亿元，比上年同期增长14.29%，增速较上年同期上升6.07个百分点；期末保险公司总资产134.52亿元，比年初增长11.30%。

【服务实体经济】 2018年，龙岩市加强监管引领。完善《银行业服务实体经济质效统计监测评价办法》，立足龙岩实际，将制造业贷款考核权重由原来的15%提升至30%。至12月末，全市制造业贷款余额162.01亿元，比年初增加16亿元，比上年同期增长10.96%。完善信贷管理机制。推动9家银行业机构获得上级行下放贷款审批权限，5家银行业机构向县域支行下放贷款审批权限；推动辖区银行业机构修订尽职免责制度15份。提升民营企业金融服务水平。市县两级分别召开专题会议，督促辖区银行业机构扭转导向偏差，细化工作措施，完善民营企业服务机制和业务流程。

普惠金融工作。小微企业金融服务目标总体实现。加强督导与定期通报，进一步强化目标管理和责任落实。至12月末，全市银行业全口径小微企业贷款余额为567.6亿元，比上年同期增长12.81%，高于各项贷款增速0.61个百分点；小微企业贷款户数8.08万户，比上年同期增加1.82万户；法人机构总体完成“两增两控”目标。续贷政策全面推广。督导建立健全续贷管理制度和操作流程，扩大续贷业务占比和范围。至12月末，全市银行业机构共计为3529户客户办理续贷业务，续贷余额49.63亿元。银税合作实现市县两级全覆盖。2018年，全市银行业机构已推出“税易贷”“银税通”“税贷通”“税E贷”等10余款银税合作专属产品，全年累计发放银税合作贷款792户、1118笔、金额15.03亿元。

服务乡村振兴战略。制定印发《龙岩银行业服务乡村振兴战略实施方案（2018—2020年）》，推动银行业机构建立扶贫小额信贷分片包干责任制，推广“信用社+村党支部+贫困户”等扶贫模式，推进农村基础金融服务“村村通”工程，持续提升农村金融服务水平。至12月末，全市银行业机构发放涉农贷款695.31亿元，比年初增加68.78亿元；累计向15482户建档立卡贫困户发放扶贫贷款5.78亿元。

银行业支持生态文明试验区建设。助力打造林改“武平模式”和生态建设“长汀名片”，实施林业金融服务“三个100%”行动，推动“惠林卡”被列入龙岩市贯彻落实福建省国家生态文明试验区第二批改革成果复制推广的主要任务之一。至12月末，全市“惠林卡”授信金额比年初增长14.5倍。

【防控金融风险】 2018年，龙岩市加强信用风险防控。“政银司”协调机制作用进一步发挥。继续推动龙岩市“政银司”协调合作机制顺畅运转，按季召开专题协调会并取得实效。债委会机制作用进一步发挥。坚持“一户一策”，强化日常跟踪监测，通过债委会的运作模式共增贷企业28家，帮扶企业23家，弱化风险金额47.8亿元，压缩退出僵尸企业贷款金额0.24亿元。不良贷款处置力度进一步加大。1—12月，全市银行业累计清收处置不良贷款32.43亿元，比上年同期多处置4.52亿元。

重点领域风险防控。保持案件防控高压态势，督促农小金融机构“三长”签订《农村中小金融机构案件防控目标责任状》，督导银行业机构开展全员、全过程、全覆盖的案件风险排查。强化地方政府隐性债务风险防控，建立月度监测台账，督导银行业机构主动配合地方政府整顿隐性债务。强化房地产信贷管理，坚决落实中央宏观调控政策，严厉查处个人消费贷资金流入楼市。

社会金融风险防控。成立分局网贷风险应对整治工作领导小组，联合市金融办稳步有序推进P2P清理规范。深入推进扫黑除恶专项斗争，督导银行业机构完善账户查控机制，加大线索摸排力度，持续开展宣传教育。深化警银协作，加大对非法集资、电信网络诈骗、违规校园贷、“套路贷”等非法金融活动的打击力度，确保辖区金融秩序稳定。

【强化监管履职】 2018年，龙岩市加强整治银行业市场乱象。按照“明确工作要求、突出工作重点、落实主体责任、严守纪律规矩”的思路，压实整治工作。组织专门力量对34家银行业机构开展68次现场督导。深入开展专项检查，督导机构整改落实。至12月末，全市银行业机构已完成问题整改764个，整改率为85.34%。信贷文化建设。制定《关于辖区银行业信贷文化建设的意见》，开展信贷文化建设专项督导86次，实现法人机构和分行级机构全覆盖、7个县（区、市）全覆盖，推动银行业机构抓好突出问题和薄弱环节的整改落实。开展知识竞赛、演讲比赛、信贷案例汇编等活动，累计开展信贷文化大讨论和信贷文化教育宣导活动380场，参与人次达8416次。消费者权益保护。开展消保工作考评，组推动银行业机构切实承担消保工作主体责任。加强宣传教育，开展2018年“金融知识普及月　金融知识进万家”暨“提升金融素养　争做金融好网民”活动，运用微信直播、报纸专栏、公交车视频播放、专场宣传等方式开展宣传教育，督促县域银行保险机构开展岁末专项宣传。2018年，龙岩银保监分局接到消保投诉来电30通、来访5件6人、市政府12345便民服务平台投诉48件，共83件投诉。其中推动机构先行化解投诉55件，占比66.27%；分局受理投诉28件，占比33.73%。

（龙岩银保监分局）

银　行

中国农业发展银行龙岩分行

【概况】 2018年，中国农业发展银行龙岩分行（以下简称农发行龙岩分行）全年累放各项贷款24.55亿元，年末，各项贷款余额101.54亿元，比年初增加12.1亿元、增幅13.53%。各项存款余额25.89亿元，收回不良贷款730万元，实现账面利润8450万元。

【全力支持粮食购销储业务】 2018年，农发行龙岩分行坚定不移执行国家粮油收储、轮换政策，发挥好资金供应主渠道作用，全力支持粮食收储、轮换工作。加强与财政、粮食部门沟通、协调，做好定任务、定价格、定额度等工作，提前做好资格认定和额度核定。全年累计发放粮食收购及市县级储备粮油贷款16940.36万元。加强粮食库存和销售环节的监管。积极督促企业把握行情，防范价格风险，加快销售进度和货款回笼，收回2017年度收购贷款3300万元，实现收购贷款本息在新粮上市前“双结零”。坚持“封闭管理”不放松，落实定期查库制度，积极协调粮食库存远程监控安装事宜，成功安装接入永定高陂的市库粮油远程监控线路，实施“互联网+封闭运行”，与漳平粮食局签订《数据共享协议》。扎实做好粮棉油客户营销组织管理。制订客户营销方案，开展高质量粮棉油客户资源摸底，为市场化业务发展打好客户基础。

【聚焦精准脱贫攻坚】 2018年，农发行龙岩分行加大营销力度。走访地方大型国有企业，宣传推介农发行信贷政策和产品，及时跟进达成初步融资意向的项目，切实提高办贷效率。共营销对接项目14个、申贷金额63　亿元。全力支持贫困地区基础设施提升。坚持把扶贫工作作为履行职能的重点，以省级扶贫开发重点县——“长(汀) 连 (城)武(平)”三县为主战场，加快推进项目建设，全年累计支持省级扶贫开发重点县贷款项目3个、金额1.55亿元。全力支持“红土同心·民企帮村”精准扶贫。成立行动领导小组，明确工作职责和分工，召开推进会以及经验交流会，对精准扶贫行动进行动员部署，为深入推进精准扶贫行动提供组织保证，为“民企帮村”计划顺利实施提供保障。

【支持农村基础设施建设】 2018年，农发行龙岩分行大力支持农村交通项目。全年投放农村路网及贫困地区公路建设贷款5笔、金额3.77亿元，重点支持漳平市芦芝至和平段公路工程、上杭县才溪至官庄公路改建工程和上杭县古田梅花山路一期公路工程项目。积极支持安全生态水系建设，向龙岩市万安溪引水工程项目和永定区下黄水库工程发放贷款3.16亿元。大力支持棚户区改造。全年投放棚户区改造项目贷款22笔、金额12.59亿元，重点支持龙岩市本级龙津湖片区改造项目、龙岩兴业安置小区二期项目、上杭县城市棚户区改造项目、龙岩市本级莲塘小区五期、龙岩市本级小洋祥和家苑项目和武平县城北片区棚户区改造一期（兴贤坊）项目建设。

【创新融资模式】 2018年，农发行龙岩分行以推广公司自营模式为主线，积极走访地方大型国有企业，了解掌握即将启动的重点项目，主动融入对接，并积极营销项目相关保险、下游企业资金引存等。以推进PPP模式运用为主线，加强与发改委、财政局等单位的走访沟通，充分了解辖内纳入PPP项目库的优质项目，重点营销地方财力好及社会出资方有实力的PPP项目，并逐一摸清项目的收益情况，进行一体化营销。

【中间业务】 2018年，农发行龙岩分行探索债券承销业务。充分利用所拥有的客户资源，做好辖内贷款客户及非贷客户发行债务融资工具的调查摸底工作，通过高层营销和联动营销，锁定具有空余发债额度的优质客户，及时开展调查评估工作。促进银保联动，加强与保险公司的合作，摸清代理保险资源，提高保险资源利用率。全年实现代理保险手续费收入0.92万元。促进银企联动，积极拓展国际业务。深入挖掘现有贷款客户及关联企业的国际业务资源。全年完成国际结算业务量290万美元，实现外币汇兑收益2.9万元。

【风险管控】 2018年，农发行龙岩分行夯实信贷基础管理。按照“统一标准、树立样板、每日巡查、定期通报、严格考核”的方式，深入推广应用贷后检查尽职管理系统，研究制定《贷后检查尽职管理系统巡查工作方案》，明确各部门巡查监控职责，将巡查任务细化分解，强化系统的考核评价和检查督导力度。落实信贷全流程标准化管理要求，加强对办贷管贷各环节的监督把关，把基础管理、风险防控工作抓在日常。加强风险监测分析。坚持现场检查和非现场检查相结合的方式，充分利用内外部信息网络，应用“互联网+”查询人行征信、全国企业信用信息公示系统等外部信息网站，结合贷后检查尽职管理系统、基金投后管理信息系统等数据资料，全面开展风险排查，提高对风险的预警处置能力。成功退出风险企业1家，提前收回关注类基金1笔。全力清收不良贷款。全年累计收回不良贷款730万元。坚持合规经营。积极推进市场乱象整治工作，认真开展自查和现场督导，梳理突出问题和安全隐患，抓实问题整改。强化安全管理。组织签订《安全保卫安全生产责任书》和《机关安全保卫工作目标管理责任书》，落实各层级、各岗位、各人员安全保卫和安全生产责任。开展“三防”应急演练，提高全行员工消防意识和处置突发事件能力。

（龙岩农发行）

农发行龙岩分行支持的上杭古田梅花山路一期公路工程项目

（农发行龙岩分行 供图）

中国工商银行股份有限公司龙岩分行

【概况】 截至2018年年末，工行龙岩分行全行实现拨备前利润5.3亿元，比同期增0.46亿元；实现净利润4.53亿元，比同期增2.04亿元；中间业务收入2.73亿元，比同期增0.41亿元。全部存款本外币余额180.32亿元，比年初增加10.63亿元。各项贷款本外币余额253.04亿元，比年初增加32.61亿元。不良贷款余额2.43亿元，比年初减少0.36亿元；不良率0.96%，比年初下降0.31个百分点。

【服务实体势】 2018年，工行龙岩分行筑牢“压舱石”。项目贷款余额127.37亿元，比年初增加16.81亿元。稳固基础设施建设、房地产等传统优质信贷市场，同时聚焦先进制造业、幸福产业板块，着力拓展新兴信贷市场。争当“排头兵”。小微企业贷款余额8.18亿元，全年新拓展客户171户。勇做“主力军”。全年个人贷款增长19.51亿元，比上年同期多增5.8亿元。

【拓源增储】 2018年，工行龙岩分行打好储蓄存款攻坚战。制定考核激励办法，锁定重点客群加强营销，持续做好行外吸金；突破公司存款提升份额。强化“裸贷”治理。梳理客户清单，明确责任人，强化有贷户资金回笼管理；持续做好重点客户的跟踪营销；做好基础管理，促进资金闭环流转；竞争机构客户夯实基础稳增存。打好机构改革营销战役，为稳存增存打下良好基础。

【合规经营】 2018年，工行龙岩分行严把新增融资质量关。通过把好客户准入关、信贷审批关、贷后管理关，抓好源头风险防控，确保新增融资质量水平。2013年以来新增贷款不良率0.33%；强化信贷基础管理。全面开展风险排查、加强对剪刀差、潜风贷款和移位客户的管理、全面开展信贷文化建设；加快不良贷款处置；深化内控外防。开展内控合规“固本强化年”主题活动；每季召开案件防范分析会；开展“8+2重点领域”案件风险防范治理工作；持续完善突发事件应急管理机制。

（工行龙岩分行）

中国农业银行股份有限公司龙岩分行

【概况】 2018年，农行龙岩分行围绕总行“六维方略”和省分行党委决策部署，坚持以党建为引领，以提升质量、效益、安全为目标，以服务实体经济、加快转型发展、全面防控风险为主线，有效提升市场竞争力和价值创造力，实现持续健康发展。至12月末，各项存款日均余额290.97亿元，比上年增加15.40亿元；各项贷款余额248.14亿元，比年初增加9.06亿元。

【服务地方经济】 2018年，农行龙岩分行积极融入地方经济发展大局，围绕市委、市政府实施“三大战略”和打好“三大战役”的全面部署，不断改进金融服务，加大信贷投入，为龙岩市建设机制活、产业优、百姓富、生态美的新龙岩贡献力量。2018年，对公贷款新增投放33.84亿元，主要投向高速公路、棚户区改造、风电、环保等地方重大项目、民生领域和社会短板事业。贯彻落实党中央、国务院关于普惠金融决策部署，设立普惠金融事业部和两家普惠金融专营机构，大力推广“微捷贷”“智动贷”“税银通”“微易贷”等小微金融特色产品，简化办贷流程，提高审批效率，主动减费让利。至2018年末，银保监会口径普惠金融领域贷款余额26.1亿元，比年初增加4.48亿元，增速20.71%，比全行各项贷款同期增速高出16.92个百分点；贷款户数21871户，比上年增加4241户，全面完成监管部门“两增两控”目标。

【服务“三农”】 2018年，农行龙岩分行积极对接龙岩市乡村振兴战略规划，紧跟农业供给侧结构性改革方向，切实做好服务“三农”工作。贯彻落实总行互联网金融服务“三农”一号工程，利用互联网、大数据技术，推出免担保、高效率、低利率的“惠农e贷”产品，积极破解农民融资难、融资贵和担保难问题。至2018年末，共推出14个“快农贷”特色产品，“惠农e贷”余额7.91亿元，比年初增加7.51亿元，实现“一县一快农贷”“一重点特色产业一快农贷”，惠及100多个乡镇、近9000户农户。加大国家AAAA级以上旅游景区、国家级风景名胜区、世界文化遗产和省重点目录旅游景区、旅游新业态等旅游品牌建设支持力度，新增投放龙岩市委党校整体搬迁、梅花山步云索道、长汀县“一江两岸”旅游景观工程建设、连城冠豸山国家级风景名胜区创AAAAA改造提升（一期）等旅游项目贷款6.62亿元，实现县域所有AAAA级及AAAA级以上旅游景区金融服务全覆盖。加大支农精准施策，以建档立卡贫困户作为重点帮扶对象，开展“信贷扶贫”“智力扶贫”“产业带动扶贫”“一村一金融”等多形式扶贫，共支持建档立卡贫困户贷款3085户、余额8985万元，比年初增加776户、1142万元，在国有大型商业银行中支持户数最多、额度最大。长汀、连城、武平三个扶贫重点县贷款余额51.4亿元，比年初增加5.52亿元，增速10.74%，高于全行贷款增速6.96个百分点，增量比上年同期增加3.33亿元，实现两个不低于监管考核要求。

【创服务品牌】 2018年，农行龙岩分行全面启动“创服务品牌”工作，以争创“环境美、服务优、效率高、零投诉”“四佳”网点为目标，着力打造最好的服务环境、最好的服务流程、最好的获客渠道、最好的服务产品、最好的服务团队，不断朝着“做龙岩市民最认可的银行”这一目标坚实迈进。龙岩分行新办公大楼投入使用，在四大行中首家入驻金融中心。对43个网点进行改造和智能化升级，财富管理中心建成使用，营业厅堂“宽敞、明亮、整洁”。在改造后的网点统一设立“智能服务岛”，集中布放新一代超级柜台、叫号机、网银体验机、智能服务柜及移动超柜等智能机具，“超柜+”的智能服务新模式逐渐成形。推动业务从线下向线上分流，全省农行首个无感停车项目、首个校园新一卡通项目等新兴业务相继落地，服务手段更加智能。全面启动零售业务和网点“两大转型”导入工作，完成软转导入网点46个、“两大转型”培训导入网点34个，全面落实营业网点轮值、补位等制度，优化劳动组合、增强团队分工协作，服务效率更加高效。

【风险管理】 2018年，农行龙岩分行大力开展"查教结合学案例 筑牢防线促发展"警示教育、信贷典型案例宣讲、廉政警示教育、信贷文化、运营文化大反思和大讨论等活动，突出反面案例警示，进一步打牢内部管理基础。全面推广"三线一网格"管理模式，完善员工五级分类台账管理，推行营业网点"双基"管理评价和"三线一网格"线下履职考核，强化穿透式管控，解决案防"最后一千米"问题。加强信用风险全流程管理，突出抓好大额风险客户化解。通过债转股方式处置某化工企业、某电力企业不良贷款合计7.64亿元，有效缓解企业经营压力，成为农行福建分行成功落地民企债转的"第一股"。

（许声超）

中国银行股份有限公司龙岩分行

【概况】 2018年，中国银行股份有限公司龙岩分行（以下简称"龙岩中行"）面对复杂多变的经济环境和货币政策，紧紧围绕总行"建设新时代全球一流银行"战略目标，坚持科技引领、创新驱动、转型求实、变革图强，全力推进"五个三"工程，全行共实现本外币各项存款余额134.01亿元，较上年末增长12.39亿元；本外币各项贷款余额125.56亿元，较上年末增长19.25亿元；不良率1.05%，较年初下降0.82%。

【支持实体经济】 龙岩中行积极支持地方经济建设，持续加大对政府项目以及高速公路、铁路、环保、医疗等领域的贷款力度，截止2018年末，支持实体经济发展各项业务合计179.81亿元。同时，龙岩中行认真贯彻党中央、国务院关于民营企业发展的战略部署，把服务好民营企业作为落实"稳就业、稳金融、稳投资、稳外贸、稳外资、稳预期"的重要抓手，积极落实总行《中国银行支持民营企业二十条》，履行社会责任，继续全面加大对民营企业、中小企业、普惠金融等重点领域的支持保障力度，切实服务实体经济。

【金融服务】 2018年，龙岩中行持续将提升渠道效能作为夯实发展根基的着力点，优化物理渠道布局，推动网点战略转型，2018年，龙岩中行所有经营机构已全部上线"智能柜台"。中国银行手机银行持续迭代更新，将人工智能与专家智慧紧密结合，提供覆盖全币种、全市场的"AI+金融"智能投资理财服务。同时整合集团内基金、证券、保险等产品，推出业内首家综合金融服务专区，实现一站式综合服务；打造场景生态丰富的生活服务专区，涵盖全国所有省份的水、电、燃气等80余类生活缴费项目，本地化的专属优惠服务及交通出行服务。全新改版升级境外版手机银行，服务覆盖18个国家和地区，支持9种语言，整合签证通、外币现钞预约、跨境移动支付、跨境汇款等多元化产品和服务，让客户真正实现"一机在手、走遍全球，一机在手、共享所有"。大幅升级智能风控体系，搭建事前、事中、事后全流程的智能风险防控体系，实现跨渠道、全时段实时监控和可疑交易自动拦截，保障客户资金安全。

【扶贫助教】 龙岩中行传承中国银行总行扶贫精神，积极承担社会责任。借助"公益中国"平台，助力脱贫攻坚战。同时热心于教育行业公益，关爱特殊教育学校学生、聋哑学校学生、留守儿童活动等。2018年，顺利开展第八届"闽西助教奖教金"颁发活动，助力闽西教育事业发展。截止2018年末，共为闽西教育事业发放助教奖教金110.12万元。

（龙岩中行）

中国建设银行股份有限公司龙岩分行

【概况】 2018年，中国建设银行股份有限公司龙岩分行（简称建设银行龙岩分行）坚定走高质量发展的道路，坚定推进"三大战略"（住房租赁战略、普惠金融战略、金融科技战略），全力服务大局、增创价值、严控风险、壮大客群、精细管理，各项工作取得积极成效。至年末，实现税前利润6.37亿元，与上年同期相比增长30.93%；实现经济增加值2.89亿元，与上年同期相比增长49.41%。实现主营业务收入9.27亿元，与上年同期相比增长11.24%。实现中间业务净收入3.46亿元，与上年同期相比增长24.2%。一般性存款时点余额203.07亿元，当年新增14.31亿元；一般性存款日均余额194.24亿元，日均新增9.7亿元。各项贷款时点余额268.46亿元，当年新增36.03亿元；各项贷款日均余额226.12亿元，日均新增28.81亿元。不良贷款余额2.28亿元，比年初减少3736万元；不良率0.71%，比年初下降0.28个百分点。日均存款100万元以上龙支付开通户数在全省建行系统内排名第二，个人VIP客户分级经营综合得分、个人黄金积存买入额、基金代销手续费收入等三项指标计划完成率系统内排名第三。信用卡发卡总量、客户数、贷款余额、收单交易额、不良率在当地四行（工行、农行、中行、建行，下同）排名第一；分期通交易额突破6亿元，在全省建行系统内排名第三。手机银行用户突破70万户，当地四行占比36%，移动支付KPI考核在全省建行系统内排名第三。办理海外并购银团贷款8.4亿美元，实现全省建行首笔海外并购及国际银团业务的突破。单位人民币结算账户23619户，当地四行排名第一；与上年同期相比增长2639户，当地四行排名第一。

【全面发力“三大战略”】 2018年，建设银行龙岩分行全面发力“三大战略”，用金融的手段和力量解决社会痛点难点。住房租赁亮点突出，全国首家养老主题公寓“CCB建融家园·中福城颐养公寓”揭牌，全国首个通过对接建行监管系统全流程线上公积金冲还租业务成功运行。政府公共住房平台房源发布量在全省建行系统内排名第一；累计上线房源数在全省建行系统内排名第二；APP注册用户新增在全省建行系统内排名第四。普惠金融传递温暖，银监会口径普惠金融贷款余额9.44亿元，当年新增2.54亿元，增速36.81%，比全行各项贷款平均增速高21.3个百分点；贷款客户3937户，当年新增1233户，圆满完成“两增”监管目标。创新推出“闽禽贷”，全年新增“裕农通”普惠金融服务点85个。温情打造“劳动者港湾”，全辖网点100%挂牌“劳动者港湾”，服务劳动者5258人次。金融科技取得突破，机构条线5+1平台对公平台上线313户，在全省建行系统内排名第二；在全省建行系统内率先与市级教育局签订全面战略合作协议，率先实现与当地人社局电子社保卡的业务合作，在手机银行“悦生活”频道全面开通“五险”的查询缴费和电子社保卡的药店购药、挂失、改密以及借书证、老年证等各项应用。

【服务新龙岩建设】 2018年，建设银行龙岩分行坚持稳中求进的工作总基调，紧紧围绕“服务实体经济”“防控金融风险”“深化金融改革”三项任务和龙岩市实施高质量发展的部署，用好信贷和非信贷多种手段，以“融资+融智”方式做好综合服务，把更多金融资源配置到经济社会发展的重点领域和薄弱环节，全力服务新龙岩建设。至年末，各项贷款余额268.46亿元，当年新增36.03亿元，当地四行新增占比36.28%，排名第一。加大信贷支持，主动融入地方经济建设，通过优化信贷结构把有限的信贷资源用于满足实体经济重点领域和薄弱环节的有效需求，大力支持包括铁路、高速公路、能源、水利、环保、信息通信等重大项目，积极对接龙津湖、赣龙铁路、浦梅铁路、厦蓉高速、双永高速、工业园区建设、粮库建设等项目，同时为紫金矿业、金龙稀土、马坑矿业、龙工集团、龙净环保和市属国有集团等金融需求提供信贷支持。拓宽融资渠道，充分发挥建行集团的优势，以投行、资管、信托、租赁、基金等非信贷综合投融资服务，多渠道引导金融活水注入实体经济。服务供给侧结构性改革，围绕“三去一降一补”，在信贷政策上进一步完善区别对待、有保有控的差别化信贷政策，加大对先进制造业、战略性新兴产业、绿色信贷等新兴产业支持力度。落实乡村振兴战略，主动服务龙岩“三农”特色产业，通过争取上级行的支持，研发专项产品对接林农、烟农、茶农等客群，做到“一群一方案、一链一产品、一县一特色”，先后推出“闽茶贷”和“闽禽贷”等融资产品。稳步推进“两权”抵押贷款工作，实现农村土地经营权流转较好的上杭、武平“两权”业务全覆盖。在县域网点尚未覆盖的区域，全力推广“裕农通”普惠金融业务，打通金融服务的“最后一千米”。

【打造网络金融生态系统】 2018年，建设银行龙岩分行发挥自身科技优势，积极打造应用场景，重点围绕公交、校企园区、医疗健康、菜市场、公共缴费、车主消费、大众餐饮、大型电商等八大领域推进移动支付便民示范工程场景建设。与龙洲、龙达、沙龙运输公司合作，成功实现龙岩城区400多辆出租车银联二维码扫码支付全覆盖；与龙岩体彩、福彩合作，实现全辖300多家彩票站点云闪付扫码收款，成为全省建行首家将移动支付嵌入彩票行业应用场景；与北市场管理所联合推动80家摊点聚合支付应用签约应用，实现菜篮子云闪付支付覆盖。持续开展“手机扫码云闪付、一元体验享好礼”移动支付便民宣传营销活动和“龙支付满减优惠”活动，走进学校开展“学生惠”、“蒲公英”品牌推广宣传活动。推进“云平台”建设，当年拓展“学费云”缴费学校68所，完成团委“团费云”平台整体上线。

【推出“劳动者港湾”】 2018年，建设银行龙岩分行全面启动“劳动者港湾”建设工作，进一步推进网点服务资源对公众开放，打造服务民生的新品牌。截至年末，全辖25个网点全部挂牌“劳动者港湾”，开辟属于城市劳动者的免费专属空间。“劳动者港湾”配备卫生间、饮水机、休息桌椅、图书、Wi-Fi、手机充电器、点验钞机、老花镜等基础惠民服务设施，以及雨具、急救箱等应急使用的服务设施，重点为环卫工人、出租车司机、交通警察、城管、快递员、志愿者等户外工作者及其他劳动者，老弱病残孕、走失儿童、考生等需要特殊关爱的群体以及其他有需求的社会公众提供周到、贴心的服务。

【龙岩首家建融养老公寓亮相】 2018年9月，建设银行龙岩分行在建信养老金公司支持下，与龙岩冠虹老年颐养公司合作的“CCB建融家园·中福城养老公寓”正式揭牌，上线公寓养老房源700多套。这是全国建行系统首家“CCB建融家园”养老主题公寓，也是建设银行龙岩分行通过母子公司联动，为养老机构及其客户提供“租房+养老+金融”服务模式的探索。此次挂牌，进一步完善“线上平台+线下主题”全覆盖的“CCB建融家园”品牌线，为满足各领域不同客群的多样化需求提供便利。

（蓝玉兴）

福建省农村信用社联合社龙岩办事处

【概况】 至2018年12月末，龙岩市农村信用社、农村商业银行各项存款余额

514.06亿元，比年初增加35.22亿元，比年初增长7.36%，存款市场占有率28.28%，存款总量和市场占有率、存款增量和增量占比均持续9年居全市银行业第一。各项贷款余额316.49亿元，比年初增加37.09亿元，比年初增长13.27%，贷款市场份额达17.38%。存、贷款市场份额排名位居全省农信第一。五级分类不良贷款余额4.71亿元，不良贷款占比1.49%，比年初下降0.92个百分点，低于全省农信0.19个百分点。各项收入40.36亿元，比上年增加3.91亿元，比上年同期增长10.73%。实现净利润12.48亿元，比上年增加2.95亿元，比上年同期增长30.92%，人均考核利润140.85万元，位居全省农信系统第一。缴交各种利税6.2亿元，比上年增加1.2亿元，比上年同期增长24%。资本充足率19.17%，高出全省农信2.87个百分点。拨备覆盖率455.56%，比年初增加188.6个百分点，高出全省农信267.23个百分点。拨贷比6.78%，比年初增加0.4个百分点，高出全省农信1.63个百分点。辖内5家行社获得2018年度全省农信"业务增长十佳"行社，1家行社获得"经营管理十强"行社。5家行社获得"省级文明单位"、2家行社获得"市级文明单位"。

【实施普惠金融】 2018年，省农信社龙岩办事处大力实施《福建农信推进普惠金融发展行动计划(2017—2020)》，坚持"小额、流动、分散"的信贷原则，降低户均贷款金额，增大农户贷款面，大力推进农村信用工程建设。至12月末，涉农贷款余额253.67亿元，占各项贷款比重的80.15%，比年初增加30.91亿元，比上年同期增长13.88%，高于各项贷款增幅0.6个百分点，发放个人贷款(含普惠卡、隐形卡)266亿元，贷款覆盖面达到36%，高出全省农信2.5个百分点，户均贷款11.3万元，户均比上年下降0.58万元。精准建档户数32.66万户，完成目标客户任务数122.34%，福e贷授信户数50545户，授信金额266723万元，评定信用户25.18万户，比年初增加1.32万户；创建信用村1012个，比年初增加57个，占比56.13%；信用乡镇65个，比年初增加8个，占比53.28%，上杭县被授予2015—2017年度"农村金融信用县"，成为全省首个"农村金融信用县"。全市布设1987台小额支付便民点、4727户POS收单商户，实现行政村全覆盖；464台ATM/CRS实现网点全覆盖。普惠金融卡19.4万张，比年初增加6.66万张，授信额度138亿元，比年初增47.2亿元，用信余额76.2亿元，比年初新增19亿元。

【服务乡村振兴】 2018年，省农信社龙岩办事处推动《福建农信服务乡村振兴战略行动计划(2018—2022年)》落地实施，大力推广服务乡村振兴系列金融产品，与龙岩市林业局在全国率先推出的"普惠金融·惠林卡"引起中央有关部委的高度重视，龙岩市的相关经验被作为"可复制、可推广"的良好做法，写入文件正式向全国推广。至12月末，发放财政贴息最高4%的"惠林卡"8516张，授信额度6.96亿元，用信额度4.5亿元，这一举措作为全国性创新品牌成果首次写入《龙岩市人民政府2018年度工作报告》。向信用记录良好的家庭推出免担保、期限活、手续简的"家庭信誉贷"8832户、授信余额2.6亿元，直接解决融资担保难题。创新推出"普惠金融·飞鸡卡""福卉贷""水仙贷""农房抵押贷""安居贷""助建保"为代表的一批乡村振兴金融产品和"狗不叫客户经理""党员信贷快车"等乡村振兴品牌，全方位支持闽西老区乡村的全面振兴。

【探寻农信初心】 2018年6月26日，在闽西宾馆召开"红色农信诞生地"课题调研会，省委党史研究室、省联社领导以及市委党史办共同出席。11月28日，省委党史研究室、省联社联合主办，市委党史研究室、省联社龙岩办事处、龙岩学院中央苏区研究院联合承办的"红色农信·初心闽西"全国性学术研讨会在闽西召开，"闽西是毛泽东合作社理论最早实践地、红色农信诞生地、农信初心形成地和红色金融发源地"的观点得到中央、省及省内党史、金融史领域专家学者的一致认可。

闽西是全国红色农信的诞生地和发源地，1929年10月至11月，在中国共产党的领导下，永定县太平区、上杭县北四区创建全国最早的红色信用合作社。

（省农信社龙岩办事处）

2018年6月26日，"红色农信诞生地"学术研讨会在龙岩召开

（农信社龙岩办事处 供图）

其他银行机构

【福建海峡银行龙岩分行】 截至2018年末，福建海峡银行龙岩分行资产总计28.16亿元；各项时点存款余额15.45亿元，日均存款14.08亿元；各项贷款余额22.75亿元；全年实现营业收入27519万元，拨备前利润5936万元。

紧紧围绕龙岩市政府“双培育”行动计划，主动融入市政府“三城一基地”建设，大力服务支柱产业和龙头企业，重点支持机械、环保、文化旅游等；定位聚焦，支持小微实体经济的发展，充分利用“优税贷”、“助业贷”等产品，加大小微实体企业的资产投放，截至2018年12月末，普惠小微贷款余额5.69亿元，比年初新增1.37亿元；履行社会责任，降低融资成本，年度共计为小微企业办理续贷通34笔、涉及贷款金额4.52亿元；积极开展绿色金融业务。截至12月末，分行共向7家绿色企业授信7.82亿元；全力做好脱贫攻坚金融服务，强化机制保障。按照“政策支撑、专项管理、单独核算、保本经营、服务和社会效益良好”的原则，根据区域扶贫需要，制定金融扶贫工作方案，更好地为扶贫开发提供金融服务；做好金融消保工作，统筹组织全辖开展消费者宣传教育工作，全年开展宣传活动32场次，受众达8000人；加强内控合规，全面推进信贷文化建设，开展信贷文化大讨论，积极开展扫黑除恶专项斗争。

（海峡银行龙岩分行）

【邮储银行龙岩市分行】 中国邮政储蓄银行股份有限公司龙岩市分行(简称邮储银行龙岩市分行，原名中国邮政储蓄银行有限责任公司福建省龙岩市分行）于2008年4月18日正式挂牌成立，下辖新罗区、长汀县、永定区、上杭县、连城县、武平县、漳平市等七家县(市、区)支行，1家市分行营业部，及本部龙川东路、九一南路、龙腾路、经济开发区、北城、永丰和长汀卧龙共7家二级支行，代理网点80个。市分行内设办公室、人力资源部、党委党建工作部、计划财务部、风险管理部、法律与合规部、授信管理部、运营管理部、个人金融部、公司业务部、三农金融事业部共11个部门。

2018年，邮储银行龙岩市分行坚持“服务‘三农’、服务中小企业、服务社区”的战略定位，持续践行普惠金融理念，加大民营企业扶持，加强“三农”金融服务，强化重大项目介入，积极融入地方经济建设。截至2018年末，贷款余额88.72亿元，净增18.66亿元，增幅26.64%，增量排名全市银行业金融机构第四位，不良率0.87%，优于同业平均水平。圆满完成精准扶贫、“两增两控”、利率管控等社会责任指标。

2018年，邮储银行龙岩市分行积极打造“红土邮储　使命担当”“党建+”品牌，积极发挥党建工作在银行转型发展中的引领推动作用。2018年，市分行被总行列为党建示范区建设单位，市分行制作的微视频作品《初心》荣获全国金融系统党建创新成果微视频“十佳案例”荣誉，市分行被共青团中央金融工作委员会评为2018年度“银团合作”优秀派出机构。在市人行中支银行业金融机构综合考评中，连续第二年获评A类行。

（邮储银行龙岩市分行）

【光大银行龙岩分行】 2018年末，光大银行龙岩分行全行存款余额20.04亿元，比年初增加1.66亿元(其中对公一般存款时点为9.37亿元，较年初减少0.68亿元；对私存款时点余额10.67亿元，较年初新增2.34亿元)；各项贷款余额25.23亿元，比年初增加2.19亿元(其中对公贷款余额15.92亿元，比年初增加2.04亿元；个人贷款余额9.31亿，较年初新增0.15亿元)。不良贷款余额1848万元，不良贷款率0.73%，较年初下降1.43个百分点。全年实现收入16174万元，实现账面利润5109万元，经济利润2399万元。

龙净环保公司内保外债业务620万美元保函成功落地，该业务是光大银行龙岩分行首笔内保外债业务；由光大银行龙岩分行联席承销龙岩交通发展集团有限公司2018年第一期超短期融资债券8亿元成功发行(光大银行分行占比40%)，该业务光大龙岩分行首笔发债业务；龙岩嘉信房地产开发有限公司住房开发贷款成功投放1.35亿元，同时带动阳光城集团在光大银行龙岩分行开立两个房地产监管账户，核心存款6000万元；中企云链项目落地：2018年三季度，新增核心企业龙净环保公司保理卖方信用担保额度2亿元，取得总行再保理方案批复，四季度实现首次开立云信，并于流转，借款人云信公司向光大银行龙岩分行申请融资并成功放款。

金融电子化。在人行大力推进云闪付推广活动中，光大银行龙岩分行行通过开展“一元购、一分购”活动，结合进企业宣传，有效拉动云闪付下载量及交易量，并且充分利用我行和龙岩自来水公司缴费合作的基础，推动云闪付缴水费项目的顺利上线，得到人行的认可和省行电子银行部的推动管理奖。积极拓展平台合作，与美团达成业务合作，以联合放款模式，通过平台引流、共享客户资源，增加业务收益。

不良贷款清收。截至2018年末，光大银行龙岩分行贷款余额252,334万元，不良贷款余额1848万元，不良贷款率0.73%，较年初下降1.43个百分点。做好现有存量不良、关注类贷款清收转化处置。累计处置、转化问题贷款19户(含个贷6户)，涉及贷款金额9520.77万元。

（光大银行龙岩分行）

【招商银行龙岩分行】 2018年，招商银行龙岩分行存贷款触底回升，资产质量保持稳定。截止12月31日，龙岩分行全折人民币自营存款余额19.96亿元，比年初增加2.99亿元，增幅17.62%。全折人民币自营贷款余额为20.11亿元，比年初增加3.27亿元，增幅19.38%。不良贷款余额为2957.46万元，不良率1.47%。

持续夯实零售业务发展基础，零售业务初显成效。成功卫冕福州分行辖内唯一的“千佳示范单位”；夺得福州分行“2018客户体验提升年”积分榜总冠军。实现两战客群资产和负债业务的重大突破。截至2018年末，龙岩分行两战客群(总分行战略客户)传统表内外资产9.15亿元，占全部对公传统表内外资产的83.33%；两战客群存款年日均余额6.26亿元，占全行对公存款年日均余额的43.51%。机构存款取得重大突破。与各级财政部门、行业主管部门和项目实施主体建立密切合作关系，取得丰硕成果。

（招商银行龙岩分行）

【民生银行龙岩分行】 2018年，民生银行龙岩分行贯彻“调整转型年、合规内控年、信贷文化建设年”的总体基调，集中精力提高整体经营质量，做好业务结构优化调整。2018年，全行贷款余额51.1亿元，较上年新增9.7亿元。在外部环境趋紧，授信政策趋严的情况下，全行贷款余额及增量均居福州分行第一。贷款规模持续快速提升。国际并购项目、发债项目等投行业务实现零的突破。成功落地1.7亿美元紫金矿业国际并购项目；作为联席承销商获批紫金矿业10亿元超短融项目承销额度；龙岩城投15亿元PPN项目在交易协会注册审批；龙岩工贸集团8亿元PPN项目已完成行内审批流程拟上报交易商协会注册审批。为分行综合开发客户，提升客户黏性，转型轻资本、高收益经营奠定良好基础。

（民生银行龙岩分行）

证　券

【兴业证券龙岩分公司】 2018年，兴业证券龙岩分公司实行经营体制改革。分公司设立综合管理部、财富管理部、合规风控部、业务发展部，其中业务发展部下设绿色金融岗，协同推动绿色金融及金融科技。中心营业部龙岩华莲路营业部转型为同城营业部，承接原有客户服务及业务开发工作。抽调优秀投顾成立财富管理中心服务机构和公共客户。完善制度。2018年，完成合规、运营制度、理财顾问、投资顾问、机构业务人员管理办法的梳理及重新修订等工作。分公司正式员工80人，其中2018年入职13名正式员工，5名经纪人。

财务指标。分公司实现营业收入6543万元，净利润2222万元。其中经纪业务收入5000万元，保证金利差收入500万元，两融利息收入500万元，股票质押净收入500万元，产品收入600万元。

业务指标。期末客户数15万，2018年新增客户4万户，客户总资产300亿元。代买业务，股基交易量全年市场份额(含货基)1‰，增长30%；股基交易量市场份额(剔除货基)1‰，增长0.7%；2018年，华莲路营业部沪市交易量在全国排名第385位（截至11月协会数据）。信用业务，两融信用账户全年新开50户，累计2000户，其中有效户1500户，信用开户覆盖率达到60%。两融余额3亿元；股权质押期末余额3亿元，2018年规模压缩50%。产品销售，产品业务全年销售20亿元，月日均保有10亿元，净增长1亿元。

风险管理。按照公司和监管部门的相关制度规章开展合规与风险管理工作，坚持业务发展，合规先行的经营理念，合规开展各项经营管理活动。2018年，按规定举办反洗钱工作小组会议4次，合规培训35次，反洗钱培训43次，反洗钱宣传31次，投教活动52次，送审审核500次，合规审查40项绩效考核及营销方案，制度梳理54份，修订欠缺的制度25份，共开展45次自查。根据人行和公司要求完成93户受益人整改工作。根据公司要求完成120户自查自纠整改工作，两次对下辖6家营业部进行合规现场检查工作。

（雷　凌）

【华福证券龙岩分公司】 华福证券龙岩分公司成立于2012年，下辖龙岩、上杭、漳平、长汀、龙腾、直属6家营业部(厅)，共有员工90余人。分公司本部下设财富管理部和综合部。财富管理部统筹负责零售业务及机构业务，龙岩区域营销拓展及客户服务、创新业务项目信息传递与推荐、项目承揽及渠道关系维护等工作；综合部作为保障部门负责龙岩区域柜台、合规、综合、财务等风控及常规事务。

传统营销。分公司每季度下发全体营销人员的新增资产专项营销竞赛方案、融资融券专项营销方案，主要涵盖新增资产、融资融券业务等专项竞赛，同时下达保底季度新增资产以及两融开户数指标，并于每周及时通报拓展业务情况，每季度表彰全员奖励先进。每月分公司月度分析会针对各营业部的各项经营情况数据进行通报，针对经营指标落后的项目进行交流探讨业务的突破方向。

机构经纪业务。传统经纪业务转型的重要突破口是推动主经纪商业务发展，引进私募投资基金等各类高端客户，为了更好地推动分公司及各营业部机构经纪业务的发展，鼓励营业部区域外拓展业务，分公司下发机构经纪专项营销方案的通知，设置实施方案、目标任务、多项政策来激励各营业部积极开发PB业务。

投资经理管理。关于投资经理考核期的督导，财管部每半年定期核查投资经理业绩完成情况，了解投资经理升降级结果，对全司的积分排名情况进行提示。关于投资经理日常工作的监督，分公司特制定投资经理工作量考核的制度，要求从电话回访、户外展业、理财沙龙以及信息传导服务等方面加强工作量，并通过抽查服务记录等形式来督导投资经理细化客户服务工作。关于投资经理营销能力的提升，分公司为了营造产品营销氛围，提高产品销售业绩，2019 年组织分公司各营业部进行产品演练，并通过现场演练的方式促进投资经理的协调协同能力。

运营保障。分公司综合部、财务部、合规组等部门共同保障分公司平稳、顺利地运营。分公司注重对员工培训，培训内容包括合规知识培训、反洗钱知识培训、案例分析、合规风控员履职培训、柜台员工培训等，重点学习相关的法律法规制度、各项规章制度和案例分析。

（何陈燕）

保　险

中国人民财产保险股份有限公司龙岩市分公司

【概况】 2018 年，中国人民财产保险股份有限公司龙岩市分公司深入实施“六大工程”，推动公司保持稳中有进，呈现“发展更加稳健、效益显著增强、结构持续优化、服务彰显特色、管控更加到位、组织保障有力”的良好态势。全年实现保费收入 111066.61 万元，比上年同期增长 10%，增速全省系统排名第二；市场份额 50.74%，比上年同期上升 2.15 个百分点；实现报表净利润 12259.28 万元，较上年增加 3993.92 万元。分公司荣获总公司“2018 年度地市级分公司经营业绩 50 强”、全省系统 2018 年度市级分公司综合经营管理先进单位一等奖，荣获中国金融工会全国委员会授予的“全国金融系统职工代表大会制度建设示范单位”称号，荣获福建省委、省政府授予的“第八届省级文明行业”称号。

【服务闽西经济社会发展】 2018 年，人保财险龙岩分公司紧紧围绕供给侧结构性改革和国家重大战略，充分发挥保险功能作用，全年累计提供保险保障 20931 亿元，支付直接赔款 6.78 亿元，上缴税金 5141 万元，积极护航闽西经济社会发展。聚焦脱贫攻坚战役，推动健康扶贫保险全市基本全覆盖，成功中标“扶贫保”农业保险项目，助力解决建档立卡贫困人员因病、因灾致贫、返贫问题。聚焦“一带一路”建设，成功拓展紫金集团巴布亚新几内亚波格拉、澳洲诺顿两矿海外财产险项目，助力企业实施“走出去”战略。聚焦基础设施建设，主动承保厦蓉高速公路龙岩东联络线工程险等重点项目，助力提升公共服务水平。聚焦社会治理创新，积极拓展政府救助类、法律类、履约保证类等治理类、民生类保险，助力完善社会治理体系。

【行业引领稳健发展】 2018 年，人保财险龙岩分公司充分发挥行业市场主导地位作用，强化党建引领，以创新升级为引擎，以新模式、新领域、新渠道为突破口，巩固先发优势，增强发展后劲，全力打造闽西人保加快发展升级版。推进车险自主经营，严格落实监管规定要求，牵头行业规范竞争行为，积极推进商车持续费改，车险发展稳中求进，全年实现保费 53989.85 万元，比上年同期增长 0.01%。加快推进商业非车险业务转型升级，巩固传统商业非车险业务，大力拓展新兴商业非车险业务，加强商业非车险人才队伍建设，推动商业非车险形成新动能。商业非车险快速发展，全年实现保费 24311.15 万元，比上年同期增长 29.70%。

【民生品牌建设】 2018 年，人保财险龙岩分公司深入贯彻落实《龙岩市人民政府办公室关于做好 2018 年“三农”综合保险工作的通知》精神，优化升级“三农”综合保险，推出居家安心险、平安健康险、产业发展险“三大保障”，加强“三农”保险工作站点工作人员培训，强化进村入户宣传引导，不断巩固提升“三农”综合保险“龙岩模式”这一民生品牌，进一步完善农村保险保障体系，主动服务乡村振兴和脱贫攻坚。“三农”综合保险（不含政策性农险）全年实现保费 5090.03 万元，累计提供保险保障 393.03 亿元，比上年同期增长 18.74%，主要险种承保率达 76.03%。

【提升服务品质】 2018 年，人保财险龙岩分公司坚持以客户为中心转型，持续优化服务供给，不断完善服务体系，提升服务品质。实现“警保联动”全市全覆盖，搭建线下心服务站，启动电动车巡查和“午间理赔、理赔夜市”，推出积分兑换洗车优惠、代违章处理、代年检等服务，服务特色进一步彰显。落实总经理接待日及研究日工作，不断完善客户投诉预警机制，客户满意度稳步提升，客户投诉件问题解决率达 99.41%。推行理赔无纸化工程，深化“三师九员”体系建设，完善理赔员工绩效考核，强化精细管理，进一步提升理赔效率，全市系统案均报案支付周期 6.01 天，增速 31.02%，全省排名第一。

（人保财险公司）

中国人寿保险股份有限公司龙岩分公司

【概况】 2018 年，中国人寿保险股份有限公司龙岩分公司紧紧围绕“发扬老区精神　重振龙岩雄风”的发展定位，以党的建设和转型升级为统领，以高质量发展的总体要求，不断提升公司核心竞争力和可持续发展能力，保持公司持续健康发展。2018 年，公司实现股份总保费 17.36 亿元，比上年同期增长 13.80%，市场份额 45.18%，高出主要竞争对手(平安)30.57个百分点,稳居行业首位。2018年1-12月,赔给付案件18509件,给付金额9223.11万元。

【服务品质提升】 2018年，人寿保险龙岩分公司大力推进全流程无纸化投保,深入推广国寿e宝,积极推广移动保全服务,大力推广国寿e店;简化理赔手续,缩短理赔时长,提升客户满意度；成立一支销售渠道科技专员队伍,进一步提升电子化服务推广度;积极开展特约商家、VIP客户体检、国寿大讲堂、少儿绘画等系列客户服务活动,扩大公司品牌影响力。

【机制改革深入推进】 2018年，人寿保险龙岩分公司围绕“大健康战略”,将健康险业务从团险部剥离出来,设立健康保险部;围绕“大收展战略”,将收展从个险部剥离出来，设立收展发展部,县支公司个险部专设一名副经理分管收展工作。围绕队伍驱动发展战略,除连城支公司外,所有综合性支公司均已设立培训部。此外,加大硬件支持,合理布局，在市中心购置3000多平方米的房产作为个险营销职场,进一步强化城区竞争力。

（吴秋梅）

其他保险公司

【平安寿险龙岩中心支公司】 成立于1998年的平安人寿龙岩中心支公司,下辖1家支公司、11家营销服务部,服务网点覆盖全市各个区、县。2018年,龙岩中支整体业绩保持逆势稳健增长,共有职工120人,保险代理人1623人,实现规模保费收入49090.08万元,新增寿险新契约保费12105.73万元。

“智慧客服”支持所有保险业务在线办理。2018年1月，平安集团推出“金融+科技”双轮驱动战略,将科技赋能于平安的核心金融业务,进行流程改造、成本管控、服务优化,开创性地将AI技术贯穿运用于保险服务的场景之中,构建出业务甄别、风险定位、在线自助、空中门店四大能力。通过四大核心能力的构建,“智慧客服”可支持包括保单贷款、生存金领取、保单信息确认和受益人变更、理赔等所有保险业务在线完成办理。

“爱满分保险产品计划”上市。六一儿童节之际,平安人寿推出新款少儿险“爱满分保险产品计划1”,该产品针对0—17岁的少儿群体设计，能提供110种疾病保障,并兼具满期高额给付的特点,为孩子的健康成长与梦想实现提供“满分守护”与“满分支持”。

（刘秋月）

【太平洋人寿龙岩中心支公司】 中国太平洋人寿保险股份有限公司龙岩中心支公司成立于2002年5月，公司以“诚信天下,稳健一生,追求卓越”为企业核心价值观,以“推动和实现可持续的价值增长”为经营理念,不断为客户、股东、员工、社会和利益相关者创造价值,为社会和谐做出贡献。2018年,龙岩中心支公司坚持“以客户需求为导向”,通过持续的产品创新和服务创新,满足客户多方面的需求,产品覆盖人寿保险、年金保险、健康保险、意外伤害保险等多个领域。截至2018年12月31日，龙岩中心支公司拥有合同制员工78人,营销业务员1388人,全年实现保费3.30亿元,其中个险渠道实现保费30569.98万元；银邮渠道实现保费353.67万元；团险渠道实现保费2109.25万元。2018年，龙岩中支全年共结案赔付案件1146件，赔付总金额为1478.16万元。

在产品策略方面,公司优先发展保障型、长期储蓄型产品,并通过数据分析与客户洞见开发客制化产品;公司构建具有市场优势的产品体系,推出“人生四季,有保障,真幸福”的产品品牌主张。在客户策略方面,致力于完善客户服务体系,积极探索和实践基于新技术应用的模式创新和流程再造,在行业内打造并推出“神行太保”、太平洋寿险官微、太平洋寿险APP等智能移动保险服务系统,率先实现基于社交化的客户关系管理平台与智能化、标准化移动保险销售平台,率先利用电子签名技术实现“投保全程无纸化”；围绕寿险公司“智能营运”的整体规划,通过建立保单全自动智能质检系统，依托神行太保、太平洋寿险APP、太平洋寿险微信及官网平台，逐步以长险电子保单在线生成、推送、签收及回访来替代传统纸质保单的制作、物流和送达签收和电话回访,从而实现“承保-出单-签收-回访”契约端全流程数字化交互;太平洋寿险官微平台、太平洋寿险APP不断完善功能,在原有官微平台已实现“微回访”“微贷款”“微领取”等功能应用的基础上,再次实现微领取、飞鸽传书(异地投保)、保单交费、太e赔(移动理赔)等新功能,提升客户服务体验。

（太平洋人寿龙岩中心支公司）

责任编辑　游友荣

规划与管理

【概况】 2018年，龙岩市自然资源局坚持围绕中心、服务大局，在引领城市发展、推进城乡统筹、服务城市治理、优化城市发展环境等方面真抓实干，取得一定成效。《龙岩中心城区绿地系统规划（2018—2030)》《龙岩中心城区绿线规划（2018—2030)》《龙岩中心城区主城区紫线专项规划》《龙岩中心城区主城区管线综合规划(2017—2030)》等经市政府批准实施。至2018年底，龙岩中心城区主城区建成区面积达61.92平方千米。

【中心城区规划】 2018年，龙岩市城乡规划局寻标、对标国内外先进城市，开展龙岩城市发展前瞻性规划研究，坚持问题导向，吸纳借鉴发达城市先进规划经验，运用大数据、虚拟现实等智能化技术手段，提升规划设计水平。加快推进新一轮龙岩市城市总体规划修编，前瞻谋划未来龙岩城市发展蓝图，完成《龙岩市城市总体规划(2017—2035)》纲要编制，并上报省住房城乡建设厅审查；开展城市远景发展用地专题研究，对《龙岩市城市总体规划(2011—2030)》城市远景发展用地的启用进行专题论证，启用约10平方千米远景发展用地经省政府批准；科学指导城市紧凑布局和集约发展，全融合划定城市开发边界，获省住房城乡建设厅审查通过。2018年，全覆盖扩展专项规划体系，完成龙岩市"十三五"电动汽车充电基础设施、龙岩市养老服务设施布局、龙岩中心城区"多规合一"、绿地系统、绿线、景观风貌和主城区管线综合、紫线、单元控规维护(2017年4月—2018年6月)等专项规划，以及龙岩火车站北站房周边园林绿化概念规划、闽西革命旧址微缩景区概念规划、红炭山健康养老基地控制性详细规划等各类规划编制。

【县市城市规划】 2018年，龙岩市城乡规划局加强各县、市城市总体规划对各类专项规划、控制性详细规划的宏观指导监督作用，做到城市建设依法依规，一张蓝图干到底。《福建省武平县城总体规划(2017—2035)》经市政府批准实施；《福建省长汀县城市总体规划(2016—2030)》上报市政府批准实施。依法开展省级以上风景名胜区保护，长汀县卧龙—南屏山风景名胜区详细规划上报省住房城乡建设厅批准实施，核准长汀县南屏山、连城县冠豸山游步道选址。积极推进历史文化保护，《长汀历史文化名城保护规划》经省政府批准实施；上杭县瓦子街历史文化街区(保护范围14.27公顷)、连城县水南街历史文化街区(保护范围17.31公顷)、连城县吴家巷历史文化街区(保护范围4.64公顷)三处被省政府确定为第三批省级历史文化街区。至2018年底，全市共有长汀县南大街历史文化街区、长汀县水东街历史文化街区、长汀县东大街历史文化街区、长汀县店头(建设)一五通街历史文化街区、上杭县瓦子街历史文化街区、连城县水南街历史文化街区、连城县吴家巷历史文化街区等省级以上历史文化街区7处，其中，长汀县东大街历史文化街区保护规划、长汀县店头(建设)一五通街历史文化街区保护规划已经批准实施。

【民生项目规划】 2018年，针对教育设施短缺、城市交通拥堵、市民出行安全、慢行系统不健全等问题，市城乡规划局开展专题调研，及时向中共龙岩市委、市政府提出有针对性的对策和建议。2018年，完成龙岩中心城市教育设施规划布点专题研究、中心城区人行立体设施布局规划研究、中心城区快速路系统规划及中心城区自行车道近期改善建设规划初步方案；完成北大附属实验学校国际校区、第二凤凰小学、北城小学、曹溪中心小学、东肖中心小学扩建等一批重要教育项目控制性详细规划审查，保障教育设施早日落地建设；完成小溪桥节点和罗桥节点提升改造工程、大锦山环山栈道工程、罗龙路改造工程、红田路三、四期工程、华莲西路和红田路与紫金山体育公园接线工程等中心城市重点交通项目，以及东发路、红田路四期线型调整市政道路方案和龙腾路与工业路交叉口环形天桥等18个人行天桥规划设计和审查，加快重点民生工程项目顺利推进。

【规划服务】 2018年，龙岩市城乡规划局简化建筑设计方案技术审查、建设工程规划许可审批流程，项目设计方案技术审查与相关部门实行并联审查，建设工程规划许可与城市基础设施配套费审核、人防审核并联审批，节省审批时间10个工作日以上。借助现代信息技术，建立健全“多规合一”基础信息平台，大力推进基础信息平台推广运用，无缝对接龙岩市行政审批系统，实现规划、国土、环保等8个部门横向信息联动，在同一审批平台策划、决策、申报以及审批项目信息的实时共享和业务审批信息“互联互通”。成功试运行项目用地选址前期网上并联审批，并起草印发《项目用地选址信息平台办理流程（试行）》，保障平台顺利推广运用。出台《龙岩市中心城区备案管理类项目建设用地规划许可并联审批实施细则(试行)》和《龙岩市中心城区房建及市政工程项目工程建设许可阶段并联审批实施细则(试行)》。牵头制定出台《龙岩市建设工程项目“多测合一”实施办法(试行)》，建立“一次委托、统一测绘、成果共享”的“多测合一”工作机制，推进行政审批涉及测绘服务领域“多测合一”改革，营造良好营商软环境，激发市场活力和社会创造力。承接省住房城乡建设厅下放的国家和省审批的大中型建设项目选址意见书审批、省级以上风景名胜区建设项目选址方案核准两个事项。2018年，龙岩中心城市共办理建设项目选址意见书89件，总用地面积491.9公顷；建设用地规划许可93件，总用地面积约367.82公顷；建设工程规划许可138件，总建筑面积(计容)约346.82万平方米；建设工程竣工规划条件核实意见书88件，总建筑面积约61.51万平方米。

【规划政策解读】 2018年，龙岩市城乡规划局持续加大城乡规划有关政策解读工作，多渠道公开规划政策信息，指定专人在政府网、市城乡规划局官网、“龙岩规划”微信公众号以及报刊等媒体，通过在线访谈、发表文章等方式，广泛宣传讲解规划政策。2018年，公开或者转载《福建省进一步推进“厕所革命”行动计划》、龙岩市历史风貌保护工作、龙岩市“多规合一”编制工作情况等8个方面城乡规划有关政策解读；开展“协力推动‘多规合一’工作”“坚持一张蓝图干到底”“加强历史风貌保护 彰显城市人文内涵”“编制新一轮城市总体规划 谋划龙岩发展新蓝图”等主题鲜明、贴近群众、解决城乡发展问题的在线访谈栏目，解读政府政策以及规划管理举措，得到广大群众的积极参与。

【规范执法监督体系】 2018年，龙岩市城乡规划局牵头起草《龙岩市闲置社会资源改扩建养老服务设施规划建设管理的办法》《龙岩建设工程竣工规划条件核实管理规定(试行)》以及《关于规范工业园区项目办理规划审批手续的通知》，为推动养老服务设施建设、规范规划竣工核实及解决历史遗留问题项目有关问题，提供规划执法依据。全面推行城乡规划督察员制度，依法对城乡规划编制、审批、修改和实施的全过程进行督察，已设立的开发区、园区的规划管理纳入城市规划集中统一管理。市派驻各县城乡规划督察员根据工作计划前往上杭、武平、长汀、连城开展城乡规划督查。积极联合执法、国土等部门共同参与规划条件竣工核实，实行现场联席踏勘、现场联席会商、现场联席办公的工作方式，有效遏制违法建设。全年，龙岩中心城市共下达行政处罚决定书13份，处罚面积6110.39平方米，处罚金额369749.2元。

【信访工作】 2018年，龙岩市城乡规划局共受理各类领导批示件、群众举报信访件55件，受理信访复查件2件，“e龙岩”12345网络咨询投诉件653件，省委巡视组交办件15件，所有信访件均做到件件有落实，事事有回音，回复率达100%。通过门户网站及时回复网友留言、咨询投诉20多条。

【龙岩中心城区绿地系统规划(2018—2030)】 龙岩中心城区绿地系统规划规划范围：与《龙岩市城市总体规划(2011—2030)》确定的中心城区范围一致，包括主城区、高坎新城、龙雁新城、古蛟新城，总面积约312平方千米，其中规划城市建设用地面积为121平方千米。规划期限：近期2018—2020年，中期2021—2025年，远期2026—2030年，远景2030年以后。规划结构：规划形成“一屏(城市外围山体生态屏障)两带(由厦蓉高速、赣龙铁路等交通干线形成的防护绿带；由双永高速、南三龙铁路等交通干线形成的防护绿带)、一主（以主城区为核心的绿地功能核心区)三副(三大新城形成绿地功能区的副中心)”的龙岩中心城区绿地系统结构。城市绿地系统风貌总体格局：总体形成“群山环抱、组团隔离、三河穿越、路廊交融、公园棋布、绿心东踞、清风入廊、折红拥翠”的山、城、河层次丰富，山水格局完整的生态园林城市风貌。城市绿地分类：分为公园绿地、生产绿地、防护绿地、附属绿地和其他绿地五大类。规划绿地建设指标：至2020年，绿地率、绿化覆盖率和人均公园绿地面积分别达到40%、42%、13平方米/人；至

2025年，绿地率、绿化覆盖率和人均公园绿地面积分别达到40.5%、44%、15.5平方米/人；至2030年，绿地率、绿化覆盖率和人均公园绿地面积分别达到41.5%、46%、16.5平方米/人。

【龙岩中心城区绿线规划(2018—2030)】 龙岩中心城区绿线规划，规划范围：与《龙岩市城市总体规划(2011—2030)》确定的中心城区范围一致，包括龙岩主城区、高坎新城、龙雁新城、古蛟新城等四个区域的绿地类型。规划期限：近期2018—2020年，远期2021—2030年。绿线划定类型：绿线划定的绿地类型包括公园绿地、生产绿地、防护绿地和其他绿地等四类，未含附属绿地。城市绿地绿线划定总量：绿线划定的绿地共545处，总面积30649.86公顷(含现状绿地面积383.42公顷)。其中：公园绿地364处，面积1849.68公顷(含现状绿地面积364.66公顷)；生产绿地8处，面积220公顷；防护绿地162处，面积655公顷(含现状绿地面积18.76公顷)；其他绿地15处，面积28001.55公顷。

【龙岩中心城区主城区紫线专项规划】

龙岩中心城区主城区紫线专项规划，规划范围：与《龙岩市城市总体规划(2011—2030)》确定的中心城区主城区建设用地范围一致，北至江山和北翼组团，南至红坊和东肖，西至龙门，东至铁山和曹溪，规划建设用地面积为82.5平方千米。文物保护单位“紫线”划定：按建筑本体、单位保护和建设控制地带范围三个层次对文物保护单位进行保护。其中，建筑本体保护范围为建筑本体基底范围；单位保护范围为保护单位的紫线范围，包含其本体及构成其整体风貌的历史环境要素；建设控制地带保护范围，为历史建筑周边必要的风貌协调区。不可移动文物紫线规划：重点文物保护单位紫线规划：全国重点文物保护单位有闽西工农银行旧址1处。原则上保护范围及建设控制地带范围按法定公布的为准，规划考虑与周边的六角亭、新罗第一泉碑刻的保护范围相兼容合并；省级文物保护单位：共有中国工农红军第四军司令部旧址、中共红四军前敌委员会旧址新邱厝、闽西革命烈士纪念碑、龙岩洞遗址、龙岩洞摩崖石刻、赤水天后宫、后田暴动指挥部旧址火星祠堂等7处，保护范围及建设控制地带范围按法定公布的为准；县级文物保护单位：共有龙岩县军民祝捷大会遗址中山公园、闽西国共和谈旧址六角亭、闽西列宁师范暑期学校旧址和平堂、“新罗第一泉”碑刻、挺秀塔、耸池岩、湖洋农民协会旧址登龙书院、石珍墓、吴承顺墓、白土暴动旧址：东肖犀牛排、新四军第二支队司令部旧址仕峰厝、桐冈书院、悠远天后宫、邓厝邓子恢故居隆德堂、龙泉陈明故居、山塘兵工厂旧址、湖源乡农民协会成立旧址戴氏宗祠、南阳曹菊如故居、太平里秋收暴动武装与后田暴动武装会师旧址(吴公庵)、王全珍故居等20处，保护范围及建设控制地带范围按法定公布的为准。未定级不可移动文物紫线规划：未定级不可移动文物共有145处，其中5处为古遗址类不可移动文物。除古遗址不可移动文物外，其余未定级不可移动文物分为一类保护建筑、二类保护建筑和三类保护建筑。

【龙岩中心城区主城区管线综合规划(2017—2030)】 龙岩中心城区主城区管线综合规划，规划范围：以《龙岩市城市总体规划(2011—2030)》确定的新罗区规划建设用地为主体区域，包括东城、南城、西城、北城、中城、西陂、曹溪、东肖、龙门、铁山十个街道和红坊、江山两个镇的城市规划建设用地范围，以及向周边扩展适宜建设的山体区域，规划用地面积约248平方千米。规划期限：近期2017—2020年，中期2021—2025年，远期2026—2030年，远景2030年以后。规划内容：对龙岩中心城区主城区范围内快速路、主干路及次干路上的各类工程管线进行综合规划，内容包括给水工程(含中水)、雨水防涝工程、污水工程、电力工程、电讯工程、燃气工程(含石油气、石油管道)、管线综合、综合管廊布局和管线运营、管理建议等。

【历史建筑保护】 2018年，龙岩市完成公布历史建筑487处，其中龙岩市新罗区87处和永定区35处共122处首批公布的历史建筑完成定线落图、挂牌建档工作，有效地保护优秀乡土建筑，规范历史建筑的管理与维护。从名城整体保护到历史文化街区保护再到单体建筑保护，全市全面形成历史文化整体保护体系，积极稳步推进历史文化保护工作，做到让居民望得见山，看得到水，记得住乡愁。

【特色小镇和传统村落规划】 2018年，龙岩市开展长汀县河田美食小镇、武平县岩前新显小镇等省级特色小镇规划编制；完成编制龙岩市上杭县中都镇田背村、兴坊村、罗溪村和龙岩市永定区陈东乡岩太村等传统村落规划，并通过规划技术评审。

【龙岩市村庄规划编制导则(试行)】

2018年，龙岩市科学指导村庄规划建设，在全省率先编制完成《龙岩市村庄规划编制导则(试行)》。《导则》分五章24节，适用于龙岩市行政管辖范围内，城市(含县城)规划、镇(乡)规划确定的建设用地范围外村庄规划的编制，明确村庄规划编制既可以单个行政村为单元，也可以若干个行政村为单元，鼓励采取“中心村带动周边村”的方式，在片区内统筹公共设施，促进农村居民点集聚，集约节约利用土地。

城市建设

【概况】 2018年，龙岩市民生基础设施补短板工程建设取得明显成效，完成投资287.82亿元，完成投资任务的141.09%。突出抓好治堵、治涝、治污等热点难点问题，重点推进交通通畅、绿化提升等九大工程。全市新增城市道路70.47千米，新增停车泊位7205个、雨水管网105.91千米、污水管网83.38千米、供水管网742.45千米、燃气管网364.33千米，新改建城市公厕130座。

【城市路网建设】 2018年，龙岩市新增城市道路70.47千米，其中，中心城区新增城市道路39.44千米。龙岩大道高架桥突破地下大型溶洞成桩技术难题，主塔桩基全部完成；中心城市浮东路、西翠路等5个道路项目实现新开工；罗龙西路改造一期工程、火车站北广场站前高架桥、天马东路等11个道路项目实现竣工或通车。打通北环路(侨中宿舍路口-天宇路口)、莲南路与曹溪路交叉口、工业西路与人民路交叉口、“三桥一路”(罗桥、西兴桥、九一桥、龙川路)等10个交通拥堵节点，其中“三桥一路”项目建成后，九一桥通行率提高200%，罗桥、西兴桥通行率提高60%。

【园林绿化】 2018年，龙岩市全市绿地率39.3%，建成区绿化覆盖率42.48%、人均公园绿地面积14.47平方米，其中，中心城区建成区绿地率39.76%，建成区绿化覆盖率44.18%，人均公园绿地面积14.64平方米。制订出台中心城市园林绿化导则，着力构建具有龙岩地方特色的城市园林绿化体系，通过实施园林绿化提升工程，中心城市城市品位和形象进一步提升。龙津湖公园、东山湿地公园EF地块、龙岩洞公园一期工程、龙川路滨河公园、莲西社区公园、龙岩大道带状公园等一批综合性公园和社区公园建成完工或投入使用；东风桥-莲花桥-小溪桥、森宝绿道等项目完工，中心城市绿道慢道系统逐步完善；完成新罗第一泉、罗经井的修复改造，重塑历史文化；双永连接线、龙腾南路二期和4个高速出入口绿化全面完成提升改造。

龙岩洞公园假山　　（董　凯　供图）

【停车场建设管理】 2018年，龙岩市建成城市公共停车泊位7205个。龙津湖公园停车场、商务板块停车场、迎宾路停车场、东岳花园停车场、莲西停车场、人民路五期停车场建设完工。开发建设龙岩市智能停车平台，逐步将机关、企事业单位、社会停车场等停车资源接入平台，实现停车智能化、便利化。

【城市公厕建设管理】 2018年，龙岩市累计完成投资6228万元，完成新改建城市公厕130座。其中，中心城市完成投资1453万元，完成东山湿地公园一期E、F地块、街心广场、羊古墩、新西洋、龙津湖公园地下停车场、龙津湖公园儿童游乐区、天后宫等24座公厕新改建工作。中心城市现有120座环卫公厕，韭菜园市场、火车站、汽车站等重点地段40座公厕实行24小时免费开放。开发公厕定位系统，用互联网思维解决“找厕难”问题，全市城市公厕均已录入市环卫处微信公众号“公厕助手”小程序。

【供水行业管理】 2018年，龙岩市积极贯彻落实省政府力争“水质全国最优，管理全国一流”的工作目标及《福建省提升供水水质三年行动方案》工作部署。加强水质管理。龙岩市中心城区2018年饮用水综合合格率达99%以上，全年稳定达标。加快水厂改造提升和老旧供水管网改造。制定龙岩市中心城区2018—2020年老旧供水管网改造计划。中心城区各水厂进行次氯酸钠消毒系统改造，确保水厂工艺达标。结合道路建设、旧城区改造、河道治理、地下空间开发等，推动老旧供水管网改造。2018年，全市新增供水管网742.45千米，改造老旧供水管网60千米以上(其中中心城区10.5千米)，供水管网漏损率为8.36%，优于省住建厅12.32%的目标要求。

【城市污水处理】 2018年，龙岩市大力推进污水管网的新建改造和雨污分流改造，全市新增污水管网83.38千米，市县主次干道污水管网基本完善，污水管网覆盖率逐步提高。龙岩中心城区污水收集支管改造工程(一期)、龙岩大道南段片区污水管道工程有序推进。龙岩市全年污水处理量突破9900万吨,市县污水处理率93.04%,位居全省前列,污水处理达标率99.76%。根据2018年福建省污水厂运行评估考核结果,龙岩市污水处理厂考核分数97.5分,全省排名第一。

【黑臭水体整治】 2018年,通过持续整治,中心城区11条黑臭水体基本消除,各条黑臭水体水质进一步提升,尤其是中心城区小溪河水质从长期的劣五类提升至三类,沿河、沟环境得到极大提升与美化,曾经的臭水沟变成后花园。2018年,完成葫芦溪黑臭水体雨污分流整治工程、曹溪浮蔡、月山村水沟和北城谢洋沟黑臭水体提升整治工程。

【垃圾处理】 2018年,龙岩市城市生活垃圾无害化处理设施全面升级。完善收运体系。龙岩中心城区历年累计建成生活垃圾转运站42座,收运能力约770吨/日,城市生活垃圾基本达到日产日清。推进餐厨垃圾分类处理。龙岩市餐厨垃圾处理厂于2018年9月10日带料试运行,日均收运处置数量约38吨,有效处理处置龙岩中心城区餐厨垃圾。推行生活垃圾分类。2018年6月8日,龙岩市政府出台《龙岩中心城市建成区生活垃圾分类制度实施方案》,通过开展试点示范,加强宣传教育的方式推动垃圾分类工作。2018年,中心城区更新沿街分类垃圾桶900余个,有效推进垃圾分类工作。

【燃气建设管理】 2018年,龙岩全市新增燃气管道364.33千米,其中中心城区新增燃气管道297.6千米。开展各类燃气安全生产检查,排查燃气安全隐患216处。完成52466户管道天然气的入户安检、12167次瓶装液化气户安检。推广使用安全软管,中心城区约22067户燃气用户更换使用燃气安全软管。推进液化石油气钢瓶实名制销售,全市完成液化气钢瓶销售实名制登记67803户。强化液化石油气灌装站视频监控系统管理,全市16家在营液化石油气企业全部完成视频监控系统接入。开展打击瓶装液化石油气非法储存经营等专项行动,中心城区共查处非法储存、经营、运输燃气行为6起。

【城建档案】 2018年,龙岩市接收和审核龙岩中心城市建设工程项目54个,272栋建筑,开具档案认可76份。归档入库档案3477卷,档案查阅1791人次,复印82023张,城建档案的利用率和查阅率屡创新高。

小溪河挺秀桥段美景　　(林阿玲　供图)

房地产业

【概述】 2018年,龙岩市完成房地产开发投资252.31亿元,比上年同期增长36.3%,比增数全省排名第二位;其中中心城市完成投资183.25亿元,比上年同期增长35.9%。全市销售商品房面积376.74万平方米,比上年同期增长19.5%,比增数全省排名第一位;其中中心城市销售商品房面积232.51万平方米,比上年同期增长21.8%。房地产业税收入库30.45亿元,比上年同期增长38.54%。

【房地产市场监管】 2018年,龙岩市住建局贯彻落实中央、国务院、省委省政府、市委市政府关于加强房地产调控的决策部署,出台《关于加强精准调控稳定房地产市场的实施意见》,按照"总体有目标、片区有控价、调控有手段"的要求,实施片区精准调控,保持房地产市场持续平稳健康发展。建立商品房预售备案价格工作联席会议制度,加强新建商品房预售备案价格指导,稳控房价。整顿规范房地产市场秩序,开展房地产市场专项整治工作。严厉打击、严肃查处房地产开发企业和中介机构捂盘惜售、哄抬房价、制造市场恐慌等违法违规行为,进一步规范房地产市场秩序。

【房屋征收】 2018年,龙岩市住建局深入贯彻落实龙岩市委"大督查大落实"征迁工作部署,切实强化督查考核,对各县(市、区)依法征收及和谐征收情况、房屋征收政策执行情况以及征收体制机制健全完善情况进行督查,确保房屋征收工作依法有序开展。全年共完成房屋征收面积107.9万平方米,拆除房屋2573幢,实现净地交付项目139个;做出"行政裁决"和"补偿决定"11户,申请法院强制执行3户。2018年,中心城区安置房竣工项目7个，已回迁套数2208套。市本级（含新罗区）审核征迁补偿资金498宗、7.37亿元。全市共有6个房屋征收项目被列入福建省和谐征收示范项目，并在全省范围内推广做法。

（市住房和城乡建设局）

住房公积金

【住房公积金缴存】 2018年，龙岩市缴存额稳步增长，住房公积金覆盖面不断扩大。全年实缴单位5635家，实缴职工22.11万人，比上年净增1.98万人。全年缴存住房公积金30.79亿元，比上年同期增长9.16%。住房公积金缴存总额237.29亿元，扣除提取后的缴存余额80.01亿元。

【住房公积金提取】 2018年，龙岩市提取额显著增加，支持职工住房消费力度加大。全年提取26.96亿元，比上年同期增长19.43%；提取占当年缴存额的比率87.58%，比上年增加7.51个百分点。截至2018年末，提取总额157.29亿元，比上年同期增长20.69%。2018年提取的金额中，住房消费提取占79.07%（购买、建造、大修、翻建自住住房占36.74%，偿还购房贷款本息占40.05%，租赁住房占2.12%，其他占0.16%）；非住房消费提取占20.93%（离休和退休提取占12.09%，完全丧失劳动能力并与单位终止劳动关系提取占5.35%，户口迁出本市或出境定居占0.94%，其他占2.55%）。

【住房公积金贷款】 2018年，龙岩市贷款额有所下降，支持刚需购房力度加大。

全年发放个人住房贷款4173笔13.99亿元，比上年同期分别下降26.44%、28.75%。截至2018年末，全市累计发放个人住房贷款108264笔184.04亿元，贷款余额90.41亿元，比上年同期分别增长4.01%、8.23%、下降1.61%。个人住房贷款余额占缴存余额的113.01%，比上年减少7.61个百分点。

公积金主要用于支持中小户型、中低收入、首次贷款家庭买房。职工贷款笔数中，90（含）平方米以下占24.54%，90—144（含）平方米占64.24%，144平方米以上占11.22%。新房占67.07%，购买二手房占32.93%。贷款职工中，首次申请贷款占78.1%，二次及以上申请贷款占21.09%；中低收入群体98.99%，高收入群体占1.01%。

逾期个人住房贷款392.18万元，个人住房贷款逾期0.43‰，住房公积金风险控制处于安全的运行状态。

【增值收益】 2018年，龙岩市实现住房增值收益13575.8万元，比上年同期增长5.2%。增值收益率1.73%，比上年减少0.03个百分点。

2018年，提取贷款风险准备金338.74万元，提取管理费用1296.46万元，提取城市廉租房（公共租赁住房）建设补充资金11940.6万元。2018年，上交财政管理费1296.46万元；上缴财政的城市廉租房（公共租赁住房）建设补充资金5491.12万元。2017年末，贷款风险准备金余额38071.53万元。累计提取城市廉租房（公共租赁住房）建设补充资金59212.53万元，有力支持龙岩市廉租住房建设。

【缴存基数和比例】 2018年，龙岩市所有单位及个人缴存住房公积金的月工资基数，不得高于龙岩市统计局公布的2017年度全市在职职工月平均工资的3倍16053元，凡超过3倍的，一律予以规范调整。月缴存基数下限原则上不得低于龙岩市人社部门公布的最低工资标准，市本级、新罗区最低月缴存工资基数1500元；漳平市、永定区、上杭县最低月缴存工资基数1380元；武平县、长汀县、连城县最低月缴存工资基数1280元。缴存比例为单位和职工各5%—12%，单位可在5%—12%内自主确定缴存比例。

【政策调整】 根据省建厅等五部门《关于在内地（大陆）就业的港澳台同胞享有住房公积金待遇有关问题的通知》（闽建金〔2018〕1号）要求，将在龙岩市就业的港澳台同胞纳入自愿缴存范围，在岩就业港澳台居民在公积金缴存、使用方面与本市职工享受同等待遇。2018年4月1日开通提取住房公积金按月冲还贷业务。2018年4月26日印发《龙岩市高层次人才住房公积金特殊政策的通知》，对在岩工作的各类高层次人才在执行龙岩市住房公积金政策基础上，实行一系列包括贷款门槛降低、提高贷款额度、优先放款等特殊支持政策。2018年9月10日印发《关于进一步规范住房公积金部分提取政策的通知》，规范离职提取，明确缴存职工与单位解除或终止劳动关系，未建立新的劳动关系，且在龙岩市无未结清住房公积金贷款的，封存满半年后方可提取。

【改进服务】 2018年，龙岩市住房公积金管理中心全面进驻行政服务中心，切实做到“只进一扇门”。2018年初，中心城区审批服务全面进驻市行政服务中心受理，同时协商中、农、工、建、兴5家受托银行一并进驻，采取业务联办方式，办理住房公积金查询、归集、提取、住房公积金委托贷款和组合贷款等业务，实行一站式服务。连城管理部、漳平管理部也在年内陆续进驻当地行政服务中心，实现“只进一扇门”“一窗受理、集成服务”。优化再造业务流程，推行“最多跑一次”。以行政审批标准化改革为契机，共梳理完成4个主项30个子项的办事事项，所有事项的办理，在资料齐全、符合法定受理条件时均已实现“最多跑一次”要求。打造“指尖”住房公积金，推进“一网通办”。将住房公积金的“缴、提、贷、还”四大主营30项业务，全部纳入全市50万名用户实名认证的

“e 龙岩”服务平台，实现“无纸申请”，全流程网办，申请人通过拍照上传资料即可完成办理。另外，通过“e 龙岩”免费发放的个人数字证书，单位法人可通过电子签名授权给经办人在手机上办理单位公积金业务，实现全市公积金缴存单位和职工均可在“e 龙岩”微信公众号和移动客户端办结各类公积金业务，真正实现“移动办”“随时办”。借力数据共享，实现“一证通办”。通过市数据汇聚平台与民政、工商、不动产、住建等部门间数据共享，已有“无房职工提取”“购买商品住房提取”“购买二手住房提取”“偿还住房公积金贷款本金”等 4 个子项业务实现“一证通办”，群众凭身份证信息就能在“e 龙岩”办理相关事项。

【信息化建设】 2018 年 8 月 1 日，新版住房公积金综合信息系统正式上线运行，实现与住建部结算系统直联，新系统全面优化住房公积金归集、提取、贷款、会计核算等模块的管理模式，在基础数据规范、业务处理能力、资金结算效率、资金的安全管理和对外服务水平等方面都得到大幅提升。2018 年 10 月 17 日，新系统贯彻落实《住房公积金基础数据标准》《住房公积金银行结算数据应用系统与公积金中心接口标准》工作顺利通过住建部验收，龙岩市住房公积金管理中心成为省内继莆田、厦门后第三家通过“双贯标”验收的单位。

（市住房公积金管理中心）

住房保障

【概述】 2018 年，龙岩市保障性安居工程项目实际完成投资 26.92 亿元，完成计划的 108.77%。实际开工棚户区住房 274 套，开工率 100%；基本建成 2871 套，完成目标的 220.85%。全市保障性安居工程历年累计开工 99409 套，历年累计基本建成 83039 套。

【配租配售】 2018 年，龙岩市配售经济适用房 438 套；实际配租公租房（含廉租房）860 套，累计配租 18691 套（含预分配），分配率 97.96%，完成省厅“应分配 90%以上”的任务要求。降低保障房的准入门槛，给予铁山保障房住户租金补贴 50%等措施，提高保障家庭申请公租房的积极性，提高公租房（含廉租房）的分配率。

【项目融资】 2018 年，大洋片区综合改造项目继续实行政府购买服务方式融资，得到农发行授信 15 亿元。近年来，共有龙辉小区、龙盛小区等 14 个项目通过政府购买服务方式融资，得到开行、农发行等金融机构授信 106.82 亿元。至 2018 年底，已放款 46.91 亿元，为推进棚户区改造提供强有力的资金保障。

【安置房建设】 2018 年，龙岩市出台《龙岩中心城区安置房建设绩效考核办法》，推进龙岩中心城区卧龙小区二期、莲庄小区二期和莲南路二期安置房、董邦小区 A-1 地块安置小区等 4 个安置房小区的验收和交付使用，完成交付回迁安置房 1397 套。

建筑业

【概述】 2018 年，龙岩市完成建筑业总产值 1071.89 亿元，首次突破千亿大关，比上年增长 18%，增速全省第二位，完成建筑业增加值 255.6 亿元，比上年增长 14%，实现税收 20.02 亿元。建筑业企业外向度仍然较高，全年完成省外产值 559 亿元，占全市总产值的 52.15%。大力发展装配式建筑，制定《关于大力发展装配式建筑的实施意见》，全年新开工装配式建筑 23 万平方米，建筑工业化生产基地实现投产。

【建筑业企业】 2018 年，龙岩市继续贯彻落实《关于扶持龙岩市建筑施工企业发展壮大的若干意见》。全年新增一级总承包企业 2 家；年产值亿元以上的企业达 172 家，培育联泰、新华夏、同源、成森、荣建、恒基、杭辉、惠丰、才建、登凯成龙等 10 家年产值 30 亿元以上的建筑企业；大华鑫、恒亿集团、西安建筑等 25 家年产值 10 亿元—30 亿元的建筑业企业。

【建筑市场监管】 2018 年，龙岩市全面开展严厉打击建筑施工违法发包、转包、挂靠、违法分包等违法行为工作，强化事中事后监管，2018 年，开展抽查全市在建项目 83 个，下发建筑市场整改通知书 43 份。协调处理农民工欠薪投诉案件 31 件，涉及资金 1097.86 万元，全市有 94 个项目开通农民工工资专户，177 个项目已缴纳保证金，完成 405 个市管工程项目的合同履约信用评价工作。

【工程建设管理】 2018 年，龙岩市深入开展建设工程质量安全提升三年行动和建筑施工安全专项治理两年行动，全市建筑施工领域安全生产形势持续平稳。2018 年，全市共开展各类执法检查 1202 次，下发各类整改通知书 1284 份，责令全面停工整改项目 34 个，责令局部停工整改项目 60 个，督促整改质量安全隐患 13055 条。对施工企业、监理企业、项目经理、总监理工程师实施动态监管记分。立案查处违法违规行为 70 起，其中罚款处罚 67 起，共处罚金 1404.71 万元，暂扣安全生产许可证 3 起；将 8 家企业和 22 名执业人员纳入全市“质量安全黑名单”。培育企业积极创优，1 个项目获“华东六省一市”优质结构工程示范奖提名，4 个项目获“闽江杯”省级优质工程奖，10 个项目获省级质量安全文明施工标准化优良项目等奖项，较好地发挥精品工程示范效应。

【绿色建筑与建筑节能】 2018年，龙岩市全面实行新的《福建省绿色建筑设计标准》。全市民用建筑竣工项目153个，建筑面积386.34万平方米，其中绿色建筑竣工项目72个，建筑面积200.93万平方米，城镇绿色建筑占新建建筑比例52.01%。设计阶段及施工阶段新建民用建筑执行建筑节能标准达100%。2018年，龙岩市建筑能耗共统计367栋民用建筑能源资源消耗指标，完成公建节能改造12万平方米，推广可再生能源利用建筑应用面积2.8万平方米。

村镇建设

【概述】 2018年，龙岩市124个村（其中示范村12个）实施省“千村整治、百村示范”项目，累计完成投资36.63亿元，完成年度计划157%，完成开工项目144个。年度新增垃圾转运处理能力177.97吨/天，新建集中污水处理设施127个，新建污水管网长度8.91万米，新改建三格化粪3.14万个，新配保洁或管护人员351人，硬化村道长度4.95万米，硬化村道面积15.15万平方米，新增绿化面积5.88万平方米，新建改造水冲式公厕127个，累计拆除房前屋后临时搭盖20.21万平方米，完成农村裸房整治668栋、整治建筑面积13.18万平方米，村容村貌得到显著提升。上杭县才溪镇下王村被列为农村人居环境整治省级试点村。

【农村危房改造】 2018年，龙岩市农村危房改造累计开工4253户、竣工4234户，完成省厅下达任务。完成2016—2017年度竣工的危改户房屋和造福工程搬迁户房屋安全性认定工作。同时，启动2018年实施的危房改造户房屋的安全性认定工作。

【乡（镇）污水垃圾处理设施建设】 2018年，龙岩市计划投资34311万元，开展30个乡镇污水处理设施建设。全年累计完成投资27115万元，占计划投资的79.03%，竣工项目21个，在建项目9个。省级下达的21个乡镇污水处理设施建设年度任务全面完成。完成永定区岐岭乡和漳平市永福镇2座乡镇垃圾中转站建设任务，实现全市124个乡镇垃圾转运设施全覆盖。

【传统村落保护】 2018年，新罗区雁石镇云山村等35个村入选第五批中国传统村落。漳平市溪南镇东湖村、连城县莒溪镇壁洲村和上杭县太拔镇院田村等3个村成功入选为福建省2019年重点扶持历史文化名镇名村和传统村落。永定区下洋镇初溪村、长汀县古城镇丁黄村、濯田镇水头村、四都镇汤屋村、永定区抚市镇社前村、洪山乡上山村、连城县莒溪镇壁洲村等7个村入选第七批中国历史文化名村。

【特色小镇培育建设】 2018年，龙岩市加快特色小镇培育工作。5个省级特色小镇共实施建设项目20个，年度计划投资15.26亿元，全年累计完成投资24.24亿元，占年度计划投资的158.85%。市级组织实施新罗区雁石镇、永定区下洋镇、高陂镇、上杭县通贤镇、武平县十方镇、长汀县河田镇、连城县宣和乡、漳平市永福镇等8个特色小镇30个建设项目工程包，总投资4.52亿元，其中2018年计划完成投资2.04亿元，全年累计完成投资2.7亿元，占年度计划的132.35%。各县（市、区）积极培育如龙岩白沙水上乡愁小镇、长汀客家山寨丁屋岭影视小镇、永定土楼美食小镇等不同类型的特色小镇。

【村镇住宅小区建设】 2018年，龙岩市因地制宜，结合农村实际，建设产业带动型、新村建设型、旧村整治型、传统村落型、历史文化保护型、生态宜居型、乡村旅游型等形式多样、风格不同的住宅小区，增强村镇承载力和竞争力。新罗区大池镇北溪住宅小区、永定区陈东乡岩太住宅小区、连城县罗坊乡上罗村青岩住宅小区、漳平市新桥镇新埔住宅小区等4个小区列入第二十批省级村镇住宅小区建设试点。64个小区被列为省级村镇建设试点，其中15个小区被列为省级村镇住宅优秀小区，涌现出如洋畲、培斜、黄地、培田、益坑等美丽乡村建设典型。

【农村家园清洁行动】 2018年，龙岩市实施农村家园清洁三年行动。安排财政资金1215.1万元，对农村生活垃圾治理工作进行奖补。完成532个行政村的常态化机制建设工作，实现全市所有行政村生活垃圾常态化机制建设全覆盖。积极探索偏远乡镇、村庄垃圾就近处理模式，在新罗区白沙镇南卓村、雁石镇益坑村等村庄开展农村阳光垃圾堆肥房建设。

（市住房和城乡建设局）

城市管理

【创建文明城市成果巩固提升】 2018年，龙岩市圆满完成韭菜园马路市场搬迁至东城二级批发市场任务，永久性解决倍受百姓关注、饱受市民诟病的历史遗留问题。东城夜市排档疏导点投入使用。累计投入使用便民摊车393部，街面流摊得到有效疏导。先后开展市容专项整治20余次，完成中心城区29处邮政报刊亭集中清理工作，累计下达《责令限期改正违法（章）行为通知书》240余份，立案查处市容违法案件508起。积极宣传贯彻《龙岩市文明行为促进条例》，印发各类宣传材料13万余份，发送宣传短信370余万条，各类新闻媒体报道城市管理工作动态报道87次。完成“数字城管”软硬件平台改造升级，并与“e龙岩”及12345服务平台有效对接，累计立案 11.11 万件，按期处置率 97.17%，结案率 99.93%。每月统计分析数字城管各职能部门案件处置情况，考评结果纳入年度市级部门绩效考核范围及文明单位评先评优内容，有效助推市、区、镇街加强市容环境管理，提升文明城市创建水平。

【“两违”治理】 2018 年，龙岩市城市管理局积极响应市委新时代新担当新作为“大督查大落实”工作，坚决打击项目红线范围内趋利性抢建，打好项目落地攻坚战。2018 年，配合各大片区交地 95 次、保护性施工 139 次，派出队员 7300 余人次，涉及土地征收面积约 120 公顷，房屋征收面积约 29 万平方米，顺利完成龙津湖、东城滨河绿地等项目内的强制征迁交地工作。严格落实“两违”治理安全生产工作责任，全市共排查存在安全隐患的“两违”建筑及城市农村危旧房地质灾害易发区住房 254 处，面积 11.8 万平方米；拆除、整改 227 处，面积 10.7 万平方米。2018 年，全市录入“两违”调查摸底面积 1138.1 万平方米，综合治理“两违”面积 1115.09 万平方米，完成年度目标任务的 309.75%，全省排名第二；拆后腾出土地面积 1019.69 万平方米，总利用面积 965.37 万平方米，全省排名第二；总利用率 94.67%，全省排名第三。

【宜居宜商城市环境打造】 2018 年，龙岩市完成火车站北站房周边沿街立面(店招)统一改造和佳宝商圈户外广告专项整治工作，全年共清理整治各类违规户外广告 501 处，面积 1.4 万平方米。落实户外广告专项规划，完成莲花灯控、九一路、北二环隧道口新型广告牌建设。承接市渣土办日常工作，推进渣土管理服务平台和建筑垃圾消纳场建设，银宝形消纳场正式投入使用。会同交警、交通等部门开展常态化整治，查处渣土领域违法违规行为 155 起，罚款 127.415 万元。会同住建、规划等部门出台《关于全市既有住宅增设电梯的指导意见》，规范既有住宅小区建设电梯审批流程。健全完善城市管理部门联动机制，全年共启动部门联动措施 145 次，涉及违法相对人 500 多人次。

【数字化城市管理】 2018 年，龙岩数字城管建有国家标准九大核心业务系统和六大拓展应用子系统，涵盖 47 个城市管理相关职能部门，覆盖中心城区 39 平方千米区域，普查建库 17 万余个城市部件，涵盖公用设施、道路交通、园林绿化、市容环境等城市基础设施。数字城管与“e 龙岩”平台进行对接，统一接入、统一分派，24 小时接收和处理“e 龙岩”随手拍转办事项，将市民反映的有关城市管理方面问题及时转派城市管理相关职能部门处置。2018 年，数字城管平台共立案 13.9 万条案件，结案 13.88 万件，按期处置率 97.66%,结案率达 99.99%。其中：受理“e 龙岩”转办件 7112 件，应结案、已结案均为 7084 件，结案率 100%，群众满意度 97%以上。

【园林绿化】 2018 年，龙岩市完成东山湿地公园一期 EF 地块、龙岩洞公园 A 地块、龙岩大道南段带状公园、东风桥—森宝绿道带状公园建设，累计建成绿地面积 18.22 公顷，完成投资 6430 万元。实施莲花山低腰东环段沿路、莲西路滨河绿地、龙岩北入城道路、景冠小区南侧地块等绿化提升改造项目，完成投资 1203 万元。有序推进龙腾南路二期、犀牛路四期等 7 条主次干道绿化建设项目，新增绿地面积 7.2 公顷，道路绿化里程 11 千米，完成投资 2000 万元。做好龙岩中心城市公园广场、市区绿地零星修缮工作，完成投资 800 万元；加强中心城市公园广场及公共绿地日常养护管理，完成投资 2323 万元。顺利迎接国家园林城市省级普查，成功举办第六届菊花展，取得良好社会效益。

【市容环境卫生保护】 2018 年，龙岩市推进环卫一体化服务，“公厕助手”小程序上线运行，新增公共厕所 8 座、垃圾转运站 3 座。市生活垃圾焚烧发电厂获得“AA 级垃圾焚烧发电厂”称号，通过中国质量认证中心 ISO “三体系”认证，全年处理总量 25.9 万吨，发电量 8725 万千瓦时，生活垃圾无害化处理率 100%。大件垃圾破拆厂建成投入使用，龙岩市餐厨垃圾处理厂投入试运营，全市共签约收运单位 255 家。在中心城区选取 23 个小区和 54 家单位开展生活垃圾分类试点，积极推进生活垃圾分类工作。

【市政设施维护】 2018 年，龙岩市城市管理局加强道路、人行道及道路排水设施的巡查维护管理，修补人行道 3.6 万平方米，修复沥青路面 4.5 万平方米、砼路面 0.5 万平方米、路缘石 0.36 万平方米，清理淤泥 0.55 万立方米。完成曹溪路与莲南路、龙腾路与曲潭路交叉口改造工程，有效缓解重要节点交通拥堵问题。健全完善城区 49 座桥梁运行、养护、维修管理机制，坚持路灯巡查制度，严格道路占用挖掘审批制度，加强中心城市道路检查井管养，全年共更换井盖 615 套，各类灯具 5800 多盏。完成犀牛路四期、罗龙西路等 7 条路段路灯建设，共计架设路灯 261 柱、高压钠灯 848 盏，隧道 LED 路灯 485 盏。

（市城市管理局）

环境治理

【生态环保攻坚战役】 2018 年，龙岩市生态环境局牵头制定《龙岩市 2018 年生态环境保护攻坚战役实施意见》，第三年将生态环保作为“三大战役”之一，持续把生态环境保护摆上更加重要和突出的位置，举全市之力攻坚克难；出台《龙岩市党政领导生态环境保护目标责任书及生态环境保护攻坚战役考核办法》，将生态环境保护攻坚战役工作任务，分解落实到各级各有关部门，年终纳入市对县(市、区)和市直部门绩效考评，作为党政领导班子综合评价的重要依据。同时将生态环保工作列入“大督查大落实”考评的重要内容，全面落实生态环保“党政同责”“一岗双责”；围绕绿水翻身仗、蓝天巩固仗、净土保卫仗、青山修复仗四大重点，以项目为抓手，将生态环保突出问题项目化，重点实施生态环保攻坚项目 235 个，完成投资 94.14 亿元，完成计划投资(76.72 亿元)的 122.71%。形成以治理带动项目建设，以项目促进污染治理机制，从而实现环境质量改善。

【中央和省环保督察反馈问题整改】 2018 年，龙岩市生态环境局建立交账销号、“三合一”调度督查等制度，结合“大督查大落实”常态长效抓好中央和省级环保督察组反馈问题整改，督促责任单位举一反三、全面梳理、立行立改，取得明显成效。中央环保督察反馈问题中涉及龙岩的 15 个问题已按进度完成整改 7 个，还有 8 个正在积极推进；省环保督察向龙岩反馈的 50 个问题已完成整改 44 个，基本整改完成 6 个，已完成和基本完成占总任务数的 100%。

【水污染防治】 2018 年，龙岩市全面落实河湖长制，深入实施水污染防治行动计划，针对九龙江、汀江、闽江流域突出水环境问题，对水质仍为劣Ⅴ类或水质出现反弹恶化的小流域，以问题为导向，坚持“一河一档”，制定整治提升方案，形成精准治理项目清单，并列入 2018 年生态环保攻坚任务，下大力气抓源头、抓支流、抓小流域整治。

强化资金使用，完成为民办实事项目有效投资 6.49 亿元，占年度投资任务的 160%；推进汀江流域水环境综合整治，完成投资 12.3 亿元，占年度计划投资 8.9 亿元的 138.2%。

推行小溪河流域综合治理新模式。形成“两调查、三清单、四体系”的小溪河流域综合治理新模式并加以推广复制引入其他小流域治理，落实全市小流域水环境的常态化治理。

加强小流域治理。落实“四有机制”，结合实施省委、省政府为民办实事和投资工程包，持之以恒推进小流域水环境综合整治。2018 年，共实施 34 条重点小流域水质提升工程，对 16 条劣五类水质小流域建立挂号销号制度。9 月、11 月，全市 82 条小流域均已全部消除劣五类水质。永定富岭溪、新罗大吉溪等 16 条全省挂号的劣Ⅴ类小流域于 12 月 13 日全部正式销号。

加强饮用水水源保护。出台《龙岩市饮用水水源保护条例》，持续开展饮用水水源地环境保护专项行动，完成 21 个地市级、16 个县级饮用水水源地环境问题整治，督促推进 48 处千吨万人农村集中式供水工程划定水源地保护区，市、县两级集中式生活水源地水质达标率为 100%。

强化重点乡镇水质的管控。对 41 个重点乡镇 53 个考核断面水质现状及主要污染物指标变化情况进行考核，对水质类别达到考核要求、水质提升的县(市、区)予以奖励，对措施不力，敷衍塞责，履职不到位的，影响工作推进的单位或个人进行通报批评，情节严重的，对相关责任领导和主要负责人进行约谈、告诫、问责。2018 年，约谈重点乡镇领导 14 人次，责成新罗区和武平县效能问责 5 人。同时积极配合市人大启动市县乡三级人大联动监督 16 条劣Ⅴ类小流域整治提升工作，配合市委组织部将 2017 年水质为劣Ⅴ类的 16 条小流域及 2018 年水质恶化的 5 条小流域生态环境整治重点工作列入一线干部考核，进一步强化治理工作和巩固治理成效。

加强水环境监管执法。持续开展全省“清水蓝天”、小流域水环境污染源排查与执法等专项行动。同时，针对生猪养殖业污染开展全方位的、突出重点流域和区域的“夏季雷霆”专项执法检查行动，加大对涉河涉水环境违法行为的查处和打击力度。

【大气污染防治】 2018 年，龙岩市对标更高空气质量标准，强化源头治理，持续减少主要大气污染物排放总量，进一步提升环境空气质量。

积极应对轻微污染天气。印发《轻微污染天气应对工作方案》，制订中心城区应对轻微污染天气具体工作流程，明确各单位职责和具体经办人，建立微信工作群。

强化臭氧污染防治。落实好《福建省臭氧污染防控指南》，实施挥发性有机物整治工程，加强臭氧和 PM2.5 协同控制，对火电、水泥等高排放行业和国控、省控重点企业脱硝设施运行实施针对性管控。龙净环保、新龙马等 5 家重点企业挥发性有机物(VOCs)治理设施已建成并投入运行。

从严整治“散乱污”企业。出台《龙岩市涉 VOCs“散乱污”企业整治工作方案》，加强对涂料、家具、汽修、印刷、制鞋等行业进行拉网式排查和清单式、台账式管理，对能耗、环保、质量、技术达不到标准、生产不合格产品、属于淘汰类产能的，坚决做到“两断三清”。2018 年，共摸排污染大气的“散乱污”企业 29 家，取缔（淘汰）19 家，关停整治 10 家。

严格控制城市扬尘。持续开展扬尘整治工作，在中心城区建设项目施工现场安装 130 个扬尘在线监测设备，通报 12 个监测不达标项目，阻止 105 起扬尘污染行为，责令整改问题 188 个，从源头上管控扬尘污染。同时，全面强化道路保洁，每天对城区主干道、重点路段进行循环洒水降尘，控制道路扬尘污染。

【土壤污染防治】 2018 年，龙岩市坚持预防为主、保护优先、风险管控，加快构建完善土壤污染防治体系。

全面推进土壤污染状况详查。确定

调查点位 2010 个，采集农用地土壤样品数据 3199 个，完成省下达的年度采样任务。

强化土壤污染风险防控。建立全口径涉重金属重点行业企业清单，开展重点行业企业用地调查工作，梳理筛查有色金属矿采选、有色金属冶炼、石油加工、化工、电镀、制革、铅酸蓄电池、危废经营等重点行业企业，暂定停产及关闭搬迁企业名单 164 家。结合企业分布和污染排放情况，筛选土壤环境重点监管企业 42 家并签订土壤污染防治责任书，其中 22 家完成年度自行监测。建立 18 个疑似污染地块名单，录入土壤环境管理信息系统，完成 17 个地块的初步调查评估报告并向社会公开。在上杭土壤风险防控试点的基础上，进一步扩大试点范围，形成一批土壤污染源头预防、风险管控方面的典型案例，逐步改善区域土壤环境质量。

推进危险废物综合处置。推进 2018 年度危险废物污染防治工程包建设，龙麟水泥协同处置危险废物项目、龙岩市危险废物处置中心及填埋场项目已取得危废经营许可证并已投运。

推进城市垃圾规范化管理。加快垃圾处理设施建设，龙岩市、上杭县垃圾处理设施项目已完成扩容建设。加快存量垃圾治理，新罗区雁石洋城、武平县文溪等 2 处非正规垃圾堆放场已完成整治及县级验收，其余 6 处非正规垃圾堆放场均已完成风险评估及整改方案制定。

【流域综合治理经验探索】 2018 年，龙岩市以小溪河为试点，从污染源头管理和问题治理入手，实行“市级河长挂帅、属地管理、分级负责、分片包干与部门职责相结合”工作推进机制，创新流域沿河企业“一企一档”分类造册管控方法，改变污染源管理无序、排污失控、追责无据等问题。治理后小溪河流域功能达标率 100%。

【生态环境治理模式探索】 2018 年，龙岩市探索公益诉讼诉前会议圆桌模式，创新推进环境公益诉讼“1+N”工作机制。深入实施河(湖)长制，在全省率先建立河长制信息化市级平台，完善市县乡村四级河长体系，建立联动执法机制。深化汀江—韩江流域补偿机制，继续推进用能权有偿使用和生态环境损害赔偿制度改革。

环境管理

【环保垂管改革】 2018 年，龙岩市出台环保管理体制改革系列文件，明确市、县环保部门职责，扎实推进环保机构和队伍建设；每个县(市、区)抽调一名审批业务骨干到市局集中办公，将现由县级环保部门组织实施的建设项目环境影响报告书审批等 5 项行政许可事项上收，由市环保局统一组织实施，各县(市、区)环保分局仍保留驻在本行政区域的行政服务中心服务窗口，全面落实环保行政许可办件“一趟不用跑”“最多跑一趟”承诺；全面完成 54 名市环境监测站人员及退休人员整体上划工作；出台《龙岩市环保机构监测监察执法垂直管理制度改革人员划转工作方案》，做好县(市、区)环保机构监测监察执法人员划转工作，全面完成各县(市、区)322 名环保局人员上划、人事档案调转、工资核增、人员入编等工作。

【深化放管服改革】 2018 年，龙岩市生态环境局全面落实“三集中、三到位”要求，所有事项入驻行政服务中心办理，实行一个窗口对外、一个科室办理、一个领导签批；持续减少优化审批环节、申报材料和办件时长，17 个审批与服务事项全部压缩到三个环节以内，即办事项比例达 30%；梳理公布 15 个“最多跑一趟”或“一趟不用跑”事项清单，所有事项均可实现网上提交、网上办理、网上查询，占比 88.2%。全市共审批报告书项目 68 件，报告表项目 433 件，登记表网上备案 1800 件。报告书、报告表审批均在承诺时限内办结，提速率达 70.32%以上。

【环保执法监管】 2018 年，龙岩市出动执法人员 14585 多人次，检查环保设施 6450 台套，共办理“e 龙岩”、12369 环保热线举报和平台转办件及市环保局转办的信访件等共计 1692 件，立案处罚并下达行政处罚决定书 412 件，罚款金额 1755.66 万元，实施行政拘留 35 起，查封扣押 164 起，限产、停产 16 起，按日计罚 1 起，办理环境污染犯罪案件 21 起，为推动全市环境质量持续改善提供良好的执法保障。针对龙岩市中心城区群众通过“e 龙岩”反复投诉反映强烈的企业夜间偷排臭气等环境违法行为，市、区环境执法人员开展为期 7 天的大气污染企业专项整治“夜鹰行动”，成效明显。

【环境研判】 2018 年，龙岩市生态环境局坚持月、季、半年、年度召开环境质量会商会议，及时分析研判环境质量状况和变化趋势。扎实完成纳入省对市综治考评的网格化环保监管、开展高(中)考期间噪声整治监督检查等各项保障工作，落实社会稳定风险评估，加强矛盾纠纷排查调处，妥善应对永定、新罗等地的外来疑似危废倾倒事件，查明 15 名犯罪嫌疑人，及时处置 7759.5 吨疑似危废，有效防范二次污染防患突发环境污染事故。

(市生态环境局)

责任编辑　游友荣

综　　述

【概况】 2018年，龙岩市农林牧渔业总产值421.35亿元，比上年增长3.6%。其中，农业产值154.81亿元，比上年增长4.6%；林业产值57.66亿元，比上年增长4.8%；牧业产值188.68亿元，比上年增长2.1%；渔业产值10.64亿元，比上年增长7.6%；农林牧渔服务业产值9.56亿元，比上年增长5.8%。

全市农村居民人均可支配收入17154元，比上年增长9.3%。其中工资性收入6743.3元，比上年增长9.5%；家庭经营净收入8273.9元，比上年增长8.4%；财产净收入209.5元，比上年增长11.5%；转移净收入1924.3元，比上年增长12.3%。

粮食产量82万吨，比上年增产0.1%；蔬菜产量141.37万吨，比上年增产5.8%；茶叶产量2.2万吨，比上年增产4.7%；水果产量37.62万吨，比上年增产10.9%；食用菌产量4.67万吨，比上年增产6.5%。生猪出栏435.29万头，比上年减少3.3%；家禽出笼16895.84万羽，比上年增产8.3%；肉兔出栏371.09万只，比上年增产12.9%。水产品产量5.73万吨，比上年增产7.6%。

【特色农业】 2018年，市级财政继续安排1000万元专项资金，扶持培育茶叶、水果、蔬菜、薯业、畜禽、林竹、花卉苗木七大优势特色产业和闽西“八大珍”“八大鲜”等名特优产品产业发展。2018年，茶叶、水果、蔬菜、薯业、畜禽、林竹、花卉苗木七大特色产业全产业链产值突破700亿元，其中，茶叶产业33.8亿元、蔬菜产业70.8亿元、水果产业29.4亿元、畜禽产业254.9亿元、薯业40.3亿元。“八大珍鲜”特色产品实现产值40.02亿元。

【生态农业】 2018年，龙岩市开展生猪养殖业污染治理。严控生猪养殖总量，优化养殖布局，2018年，全市生猪出栏435.29万头，比省政府下达的年出栏460万头的控制线低5.4%。落实关闭拆除扫尾工作，全市关闭拆除不达标生猪养殖场1559户（其中反弹复养821户），削减生猪29.88万头。对全市保留的2947户生猪养殖场全面完成改造并移交环保部门，纳入日常监管。

实施化肥使用量零增长减量化行动。2018年，全市推广测土配方施肥技术16.92万公顷次，完成省下达任务103.2%。建立绿肥种植示范片37个，示范片面积331公顷，示范推广面积1.17万公顷；商品有机肥推广示范片26片，示范片面积319.67公顷，示范推广面积3686.67公顷，辐射带动面积1.56万公顷。全年化肥施用量（折纯）107376吨，比上年减少5.21%。

实施农药使用量零增长减量化行动。全市绿色防控核心示范面积2666.67公顷，推广应用面积36.78万公顷次；完成水稻、蔬菜、水果等病虫害统防统治面积25.62万公顷次。全年农药使用量5054吨，比上年度减少4.57%。

推进农作物秸秆综合利用。全市产出秸秆124.6万吨，可收集量99.24万吨，利用量84.5万吨，秸秆综合利用率85.1%。通过财政补贴的方式，鼓励种植大户、家庭农场和农民合作社等新型农业经营主体实施秸秆还田。2018年，全市秸秆还田面积18.8万公顷，其中稻草机械收割秸秆粉碎还田面积3.03万公顷。

做好农膜和农药包装物回收工作。全市建立农膜100%回收利用示范片46个，示范面积5846.67公顷，带动面积2.2万公顷，废弃农膜回收率76.2%。开展农药包装物试点回收工作，全市4个试点乡镇农药包装废弃物回收率80%，全市农药包装废弃物回收数量21.6吨。

【绿色农业】 2018年，龙岩市开展标准化基地建设。市农业局做好农业标准的制定修订、宣传推广、使用指导和转化落地工作，完成创建水果、茶叶、蔬菜三种类型省级园艺作物标准园14个，面积287.13公顷；建设市级农业标准化生产基地509个（果树35个、茶叶27个、蔬菜43个、食用菌4个、畜禽400个），建设水产标准养殖基地600公顷。

农产品质量安全监管。推进"一品一码"全过程追溯体系和农资监管平台建设，全市纳入农资监管平台的农资企业有1963家（其中，农药941家、兽药384家，肥料626家，种子12家），完成规模以上农产品生产主体备案2041家，纳入"一品一码"平台追溯管理的企业1937家。强化农产品质量安全监测，2018年省、市抽检合格率均达98%以上。

三品一标认证。新获绿色食品认证产品数8个，有机农产品4个，地理标志产品1个。至年底，全市"三品一标"产品有效认证数329个，其中，无公害农产品253个，绿色食品43个，有机农产品19个，地理标志产品14个（位居全省第二）。3月21日，5月，福建漳平台品樱花茶园"全国绿色一二三产业融合发展示范园"项目获农业农村部绿色食品发展中心颁证授牌，成为全国八家示范园之一。

【数字农业】 2018年，龙岩市委、市政府制定下发《龙岩市数字农业实施方案》，投资313万元，建设7个市级农业物联网示范点，共建设28套环境监测系统、210套视频监控系统、30套信息采集传输系统、7个物联网中控中心，为企业配备3套微喷灌系统、4套广播系统。新罗区绿鲜山农业发展有限公司等5个企业被省厅列为省级物联网示范基地。加快信息进村入户建设，新增上杭武平两个省级示范县。至年底，全市累计4个省级示范县，建设891个益农信息站并开展便民服务，便民服务人数0.98万人次，便民服务金额1210万元，电子商务成交额3359万元，其中，农产品上行842万元，农业生产资料下行986万元，工业品下行1531万元。加快发展农产品电子商务，全市从事农产品电子商务5393人，培训农产品电商2675人次，开展与涉农电商平台对接活动32场次，农产品电子商务交易额26亿元。加强"12316"信息服务，开发推广小程序，拓展平台功能，接受咨询服务3542人次，科技下乡2908人次。

【富硒农业】 2018年，连城、新罗、永定3个省级富硒农业产业开发重点县（全省共10个），着力打造富硒粮油、蔬菜、水果、茶叶、食用菌、中药材、畜禽等产业，3个县均开展富硒土壤、富硒农产品分布调查及检测工作，制定富硒农业产业发展规划。2018年，省厅下达龙岩市富硒农业发展资金200万元，其中，连城100万元、新罗和永定各50万元，连城富硒水稻、连城富硒山苦瓜、永定富硒茶叶、新罗富硒水稻等4个富硒农产品标准化种植基地建设有序推进。

【三产融合】 2018年，龙岩市农产品加工业较快发展。印发《关于促进农产品加工业发展的实施意见》，实施农产品加工企业固定资产投资补助和农产品产地初加工补助政策，下达农产品加工企业固定资产投资补助资金270.22万元，农产品产地初加工补助850万元。2018年全市新开工企业（项目）14家，扩建企业4家，完成投资21402万元。新竣工企业（项目）13家，完成固定资产投资32962万元。全市规模以上农产品加工企业发展到322家，其中亿元以上企业132家，10亿元以上企业4家（木村、福建正大、龙岩正大、容和盛）。2018年，全市实现农产品加工业产值184.78亿元，增长10.3%。休闲农业发展加快。积极开展2018年度全国、全省休闲农业和乡村旅游精品推荐活动，新罗区小池镇培斜村被农业农村部评为2018年度中国美丽休闲乡村，新增上杭县湖洋镇文光村百果园、武平县萝斗坑生态休闲农庄、连城县虾公泉家庭农场等3个福建省级休闲农业示范点，新增长汀县童坊镇马罗村、新罗区苏坂镇黄地村等2个福建最美休闲乡村，推荐休闲农业和乡村旅游农事节庆活动1个（连城培田春耕节）、休闲农业和乡村旅游精品品牌2个（新罗小池培斜村、上杭观音井百果园），报送旅游精品路线8条。

全市休闲农业经营主体发展到845个（其中农家乐511家、休闲观光农庄334家），从业人数18010人，全年接待游客853.59万人次，营业收入11.1亿元。

【农业项目建设】 2018年，龙岩市有农业领域项目会战项目36个，计划完成投资339200万元，实际完成投资381604万元，占计划的112.5%。计划新开工项目4个，实际开工4个。计划建成项目3个，实际建成4个。

现代农业重点项目。省厅2018年下达龙岩市建设项目任务数30个，新增年度投资9亿元。全年全市实施重点项目41个（建成25个，在建16个），占年度任务数的136.67%；累计完成投资14.85亿元，占年度任务数的164.98%，位居全省前列。

设施农业项目。省级下达补贴资金2397万元，建设设施大棚项目14个，建成大棚面积33.75公顷。实施设施渔业项目8个，完成投资1082.74万元，获省级补助资金347.3万元。

【龙台农业合作交流】 2018年，龙岩市新批办台资农业企业12家，总投资10825.08万美元，注册资金7295.37万美元，实际利用台资6104.15万美元。加强闽台农业合作项目扶持，漳平台创园等10家台资农业企业获农业部海峡两岸合作项目贴息资金138.96万元，比上年增长5.3%。加强龙台农业交流，组织参加第十届海峡论坛·两岸特色乡镇交流暨"双新双创"发展对接交流会，龙岩市参会人员30人，其中，邀请台湾嘉宾 20 人。5 月 15 日，台湾 30 余家台湾媒体组成的记者团首站抵达漳平台创园核心区永福镇，并举行启动仪式，开启为期五天的“清新福建行”；6 月，举行台湾青年·邻里园区参访体验行；8 月 4—7 日，台湾大学园艺暨景观系教授陈右人带领台湾大学（农业茶业专业）师生一行 32 人到漳平台创园开展校外教学实践活动；9 月 9 日，举办两岸农民共庆丰收节——走进漳平“大陆阿里山”，两岸同胞共庆丰收佳节；9 月 7—11 日，台湾中华农业创新学会理事长徐进发带领台湾苗栗县三湾铜镜小区、花莲县富兴小区参访团一行 13 人到漳平台创园参访交流。全年接待到访台湾客商 21 批次 310 多人次，赴台交流考察 5 批次 25 人次，进一步深化两地农业交流合作。落实惠台政策，帮助台资企业落实茶叶生产加工用电优惠政策，用电价格按所在电网销售电价 7 折执行，每年为台资企业节省电费 40 万元。漳平台湾农民创业园工作持续领先，在全国台创园建设发展第三方综合评价中连续两年蝉联第一。

【农业综合执法】 2018 年，龙岩市印发宣传资料 11.3 万份，出动执法人员 13805 人次，检查农作物种子、农药、肥料、兽药等农资市场 625 个次；检查农资经营企业 5883 个次，农资产品质量执法抽检 470 个样品，11 个样品不合格；受理举报案件 10 起，查获假冒伪劣等违法农资 1992 公斤，查处农资案件 80 件，为群众挽回直接经济损失 47.11 万元。

【农业安全生产】 2018 年，龙岩市重点开展渔业、饲料、沼气等行业安全监管。市、县两级全年开展执法检查、专项治理行动 173 次，其中登临检查渔船 233 艘，发现并督促整改渔业船舶安全隐患 17 个；市级检查饲料企业 33 家次，排查落实整改一般隐患 36 处；开展排查大中型沼气工程 51 次，排查户用沼气 13010 户，发现并整改到位安全隐患 3 处。全年没有发生农(渔)业安全生产重大事故。

【首个“中国农民丰收节”】 2018 年，龙岩市举办 20 多场次特色鲜明、形式活泼的“中国农民丰收节”(2018 年 9 月 23 日)庆祝活动，5 万多名群众参加庆祝活动。其中，在漳平市举办的国家级两岸农民丰收节，是全国唯一两岸农民参与共庆丰收的主题活动。

（杨建新）

2018 年 9 月 9 日，两岸农民共庆丰收节——走进漳平“大陆阿里山”在漳平举办
（漳平市委史志室　供图）

种植业

【主要农产品面积与产量】 2018 年，龙岩市农作物播种面积 20.82 万公顷，比上年增长 0.7%。其中粮食播种面积 12.76 万公顷，比上年下降 1.3%；每公顷产量 6420 公斤，比上年增长 1.4%；总产 82 万吨，比上年增长 0.1%。蔬菜面积 5.47 万公顷，比上年增长 5.1%；产量 141.37 万吨，比上年增长 5.8%。茶叶种植面积 1.21 万公顷，比上年减少 3.4%；产量 2.20 万吨，比上年增长 4.7%。水果种植面积 2.94 万公顷，比上年增长 7.9%，产量 34.81 万吨，比上年增长 13.4%。烟叶产量 2.97 万吨，比上年减少 0.6%。食用菌产量 4.67 万吨，比上年增长 6.5%。

【落实惠农扶粮政策】 2018 年，龙岩市耕地地力保护每亩补贴标准 61.81 元，龙岩市发放补贴 15477 万元，做到应发尽发。持续推进水稻种植保险，每亩收取保费 12 元，最高理赔金每亩 400 元；水稻制种每亩收取保费 84 元，最高理赔保金每亩 1200 元。全年全市水稻种植与制种保险共收取保费 2751.14 万元，投保面积 14.25 万公顷，支出理赔金 931.3 万元。

【水稻绿色高质高效创建及全程社会化服务试点县项目】 2018 年，上杭、长汀两县继续实施农业部水稻绿色高质高效整建制创建项目，每县安排资金 400 万元，项目创建区共建立 15 个水稻绿色高质高效示范区，示范总面积 1.39 万公顷，平均每公顷产量 7500 公斤以上，产量较非创建区高 5.0%以上；耕种收综合机械化率 75%以上，较非创建区高 5 个百分点以上。武平、上杭两县继续实施全程社会化服务试点县项目，新建工厂化育供秧服务中心7个，水稻烘干储藏中心7个、新增600吨机械烘干能力，设立5333.33公顷全程社会化服务示范片，全面开展水稻机械播种、工厂化育秧、机械插秧、病虫害统防统治、机械收割运输、机械烘干仓储等生产环节的社会化服务，耕种收综合机械化水平70%以上，较上年提高5个百分点以上，平均每公顷节本增收1800元以上。

【福建省粮食产能区增产模式攻关与推广项目】 2018年，除新罗区外，全市有6个县(市、区)继续实施福建省粮食产能区增产模式攻关与推广项目，新建成工厂化机插育秧示范点16个，工厂化机插育秧示范点实现播种、育秧全程机械化，培育一批种粮大户，示范推广塑盘暗化育秧技术；新建产能区面积5593.33公顷，全面推广统一品种、统一育秧、统一技术、统一施肥、统一病虫防治、耕种收综合机械化等措施，实现良种良法、主推技术、测土配方施肥、病虫害综合防治全覆盖，产能区平均每公顷产量7457.4公斤，比全省平均每公顷产量增加750公斤以上，比同等田块每公顷增加530.4公斤，新增粮食3218.52吨，新增产值933.37万元；建立高档优质稻示范片40个，面积760公顷；扶持粮食类规模经营主体69家。

【粮食生产“五新”技术推广】 2018年，龙岩市推广超级稻3.97万公顷，优质稻10.07万公顷，再生稻1166.67公顷，机插秧2.14万公顷，集中育秧533.33公顷，测土配方施肥16.92万公顷次，脱毒马铃薯1273.33公顷，脱毒甘薯2186.67公顷，甘薯标准化栽培4686.67公顷，特种玉米1133.33公顷，病虫害统防统治7.67万公顷次。其中超级稻、特种玉米面积比上年有所扩大，分别增加6766.67公顷和220公顷。

【植保统防统治服务】 2018年，龙岩市专业化统防统治服务组织34个，农作物病虫害统防统治智能植保无人机59台套。全年完成专业化统防统治示范面积3.33929万公顷次，其中水稻1.17万公顷次，蔬菜4580公顷次，果树5920公顷次，茶叶824公顷次，其他作物1.04156万公顷次，统防统治辐射推广面积9.7万公顷次，统防统治总面积12.906万公顷次，超额完成省厅下达的12.67万公顷次任务。统防统治实施区比常规防治区每季减少用药1—2次，减少农药使用量20%以上，每公顷节约农药成本约375元—450元。

【蔬菜产业】 2018年，龙岩市突出发展设施蔬菜、精细蔬菜和高山蔬菜，调优品种结构，引进丝瓜、芥菜、黄秋葵等新品种试验推广，开发富硒蔬菜，加快提升蔬菜产品品质。结合“菜篮子”工程建设，在全市举办蔬菜优质栽培、嫁接、特色蔬菜设施栽培技术及植物微生态制剂等各类型培训会8场，培训600多人次。完成43家蔬菜标准化生产示范基地、5家省级园艺作物(蔬菜)标准园建设。2018年，全年蔬菜面积比上年扩大2666.67公顷，产量增加7.8万吨，蔬菜一产产值52.2亿元，增长5.8%，全产业链产值70.8亿元。

【水果产业】 2018年，龙岩市制定《加快水果产业发展的实施意见》，突出发展特早熟蜜柑、杂交柑、蓝莓、百香果等特色果类，调优果树品种和熟期结构，新植脐橙、特早熟蜜柑、蜜柚、红美人、芙蓉李、双华李、蜜雪梨、葡萄、杨梅等果树1320公顷；种植百香果3700公顷，品种以福建百香果1号、福建百香果2号、福建百香果3号为主。2018年，全市水果面积比上年扩大2153.33公顷，产量增加4.11万吨，水果一产产值12.8亿元，增长7.6%，全产业链产值29.4亿元。

【茶产业】 2018年，龙岩市制定《加快茶产业发展的实施意见》，围绕生态、质量、品牌、市场等要素，建设一批标准化生态茶园，发展具有龙岩市特色的茶叶产品，打造“海西绿色生态茶区”。全市新植茶叶160公顷，主要以漳平水仙、武平绿茶、龙岩斜背茶为主，主栽品种为水仙、梅占、乌牛早、龙井43。2018年，全市茶叶产量2.2万吨，比去年增加1000吨，茶叶一产产值15.2亿元，增长4.7%，全产业链产值33.8亿元。

【食用菌产业】 2018年，龙岩市食用菌生产规模30503.4万袋，床栽93万平方米，鲜菇总产21.56万吨，实现产值14.12亿元。省级下达食用菌标准化示范基地指标任务4个，创建省级食用菌标准化示范基地5个，超额完成省级下达的指标任务。建立GAP栽培模式示范基地2个，真姬菇质量可追溯体系示范基地1个。开展“五新技术推广”，结合新型职业农民培训和扶贫开发技术帮扶培训，举办各类食用菌培训班28期，培训2306人次，发放技术资料12000多份(册)。引进羊肚菌、黑皮鸡枞等新品种反季节蘑菇新技术，以“公司+农户”的生产模式，形成一种新的产业发展模式。大力发展林下经济，建立仿野生栽培模式。在长汀四都镇、红山乡，在永定湖山、灌洋等乡(镇)，在上杭太拔镇罗坑村、兰溪镇载厚村等地开展灵芝林下仿野生栽培，示范推广面积400多公顷。

【中药材产业】 2018年，龙岩市以发展地方特色中药材为主，推广新型实用的无公害标准化栽培技术，逐步建立道地中药材GAP生产基地。全市中药材新植面积622.6公顷，连片百亩以上的17个，面积370.67公顷，种植品种以仙草、绞股蓝、溪黄草、黄栀子等传统品种为主，新植面积以林下种植为主。2018年，全市中药材面积5000公顷，产值4亿元。

【经济作物标准化生产与“五新”技术推广】 2018年，龙岩市制定《龙岩市推进种植业标准化生产实施方案》和《关于推进我市绿色发展质量兴茶的实施方案》，全市建设完成生态茶园7200公顷。建立果树、茶叶标准化示范区62个，面积1220公顷，示范带动7090户，带动1.44万公顷。其中建立果树标准化示范区35个，面积696.53公顷，示范带动6034户，面积1.19万公顷；建立茶叶标准化示范区27个，面积524.67公顷，示范带动1056户，面积2533.33公顷。建立省级果树标准园4个、茶叶标准园5个。完善果茶园基础设施，对果茶园机耕道施行拓宽硬化、安装喷灌设施。在“五新”技术推广方面，引进示范推广“赣南早”、红美人、“金秋砂糖桔”、黄金百香果、太秋甜柿等新品种10多个；针对百香果发展快的特色，重点示范推广百香果大苗定植、整形修剪、病虫害防治、越冬防冻、水肥一体化等栽培技术；推广标准化生态果茶园建设技术，名优茶加工和新产品开发技术；推广以虫治虫，黄板诱虫，杀虫灯杀虫，采用高效低毒的生物杀菌杀虫剂等技术，降低农药对产品质量安全的危害。

【农业赛事活动】 2018年，龙岩市围绕特色产业发展开展多种赛事活动。4月下旬，在武平县举办首届中国客家绿茶茶王大赛暨茶旅融合体验活动推介仪式；6月，在新罗区江山镇举办龙岩斜背茶第三届茶王赛；9月，协助龙岩市人社局、龙岩市总工会举办龙岩市2018年“水仙茶”评茶员职业技能竞赛和福建省评茶员职业技能竞赛龙岩选拔赛；9月下旬，协助省农业厅在武平、新罗拍摄《福建百香果》专题片，并在中央电视台7套《每日农经》栏目播出；9月下旬(首个农民丰收节期间)，在武平县举办第二届百香果果王大赛暨采摘体验活动，开展百香果产品品鉴展销、百香果采摘体验、百香果产业发展专题讲座等活动；11月，协助龙岩电视台举办2018年漳平水仙茶秋季茶王赛和2018年“永福杯”海峡两岸高山茶茶王赛；11月8—10日，在第九届海峡两岸机械产业博览会暨第十一届中国龙岩投资项目洽谈会设立茶艺馆，组织具有龙岩市特色的8家企业参展，并组织漳平水仙茶艺表演队表演水仙茶艺；11月16—18日，组织参加第十一届海峡两岸茶业博览会，设展位7个，组织漳平、武平、永定等县(市、区)的7家企业参展，具有龙岩市特色的漳平水仙、武平绿茶、保健茶等受到与会者的青睐。

（杨建新）

林　业

【概况】 2018年，龙岩市林业用地面积157.8万公顷，占土地面积的82.8%，其中有林地面积150.33万公顷。全市森林覆盖率78.93%，居福建省首位、全国前列；活立木蓄积量1.27亿立方米，居全省第三位。人均森林面积0.49公顷，是全省的2.2倍、全国的3.7倍。现有生态公益林47.47万公顷，天然商品林50.2万公顷；人工林44.93万公顷，天然林104.27万公顷。2018年，全市实现林业产业总产值409.1亿元，比上年增长16.3%。

2018年，市林业局争取到位林业各类资金5.55亿元，占全省的19.2%，争取资金为历年来最多，在市直单位中排名第五。进一步深化“放管服”改革，通过简化行政审批程序、压缩办理时限、开展“减证便民”行动，全面实现审批事项“一趟不用跑”。出台服务重点项目用林保障实施意见，成立市、县两级用林保障工作领导小组，实行“每月一通报、每季一推进、半年一督查”的工作机制，有效服务万安溪引水工程、漳平红狮矿山生态皮带长廊等一批重点项目的建设。全市审核同意使用林地项目482个、面积1345公顷，比上年增长63.4%和59.5%。同时，针对《福建省生态公益林条例》实施后重大政策调整，各地及时进行宣传指导、沟通协调、核实上报，使所有涉及生态公益林经营性项目在停办前均能获批。

【林权制度改革】 2018年，龙岩市加快推进武平国家集体林业综合改革试验示范区和捷文村“乡村振兴·美丽捷文”示范点建设。在“惠林卡”林业金融服务取得阶段性成效的基础上，市林业局、财政局等六部门进一步细化惠农政策，有效解决林农贷款难、融资难问题，“惠林卡”林业金融创新经验作为福建省国家生态文明试验区第一批成果向全国推广。2018年，全市完成19家省级新型林业经营主体标准化单位建设，3家专业合作社被评为国家农民专业合作社示范社；森林保险引入市场竞争机制，实现保险全覆盖；国有林场改革通过省级验收，市管国有林场“双增”任务取得突破，其中，森林面积增加0.55万公顷，增量完成进度居全省首位。

【林业生态】 2018年，龙岩市森林覆盖率78.93%，连续40年居全省首位；森林蓄积量1.27亿立方米，继续保持全省第三，提前实现“十三五”森林资源保护发展约束性指标。全市林业部门继续坚持以森林质量精准提升、珍贵用材树种造林和生物防火林带建设为重点，抓好中心城区“一环二沿六出口”景观绿化改造、森林经营项目建设和县城、乡村景观林建设，共争取造林绿化补助资金1.5亿元，完成植树造林1.1万公顷，占任务的143.2%。长汀河田、上杭古田、漳平永福被评为“福建省森林城镇”，全市26个村入选“福建省森林村庄”。

【森林资源保护】 2018年，龙岩市加快推进生态建设，创建国家现代林业科技示范园区建设通过国家林草局组织的专家评审，汀江源国家级自然保护区基建项目可研报告获批，梅花山国家公园前期规划工作有序开展，完成上杭红豆杉生态园林地赎买工作，全省首条国家森林步道——武夷山国家森林步道武平捷文段正式对外开放。林业灾害有效防控，森林火灾继续控制在低位、松材线虫病蔓延势头得到遏制，特别是松材线虫病防控工作得到市委、市政府主要领导的高度重视，各地确保疫情可防、可控。强化依法治林，市林业局联合市中级法院、检察院等部门建立林业执法工作联席会议制度，针对执法中遇到的6个具体问题提出解决意见，汇编生态资源保护典型案例手册指导司法实践；各地结合涉林扫黑除恶专项斗争，积极开展涉林违法犯罪专项整治行动。加强资源管护，落实森林资源保护发展目标责任制，长汀县率先全面推行县、乡(镇)、村三级“林长制”，分级设立林长、警长，由县委书记、县长担任第一总林长和总林长，建立涉及25个部门的协作机制和联席会议制度；武平县出台改革方案，对护林员管理体制进行改革，将生态公益林和天然商品林统一进行管护。

【林业产业】 2018年，龙岩市实现林业产业总产值409.1亿元、比上年增长16.3%，其中，林下经济产值90.4亿元，比上年增长11.4%；花卉苗木产值68.6亿元，比上年增长14.3%；森林旅游产值38.6亿元，比上年增长14%；林业工业产值207.4亿元，比上年增长4%。林业一产增加值增长4.8%，居全省第三，超额完成市政府下达3.6%的目标任务。林下经济产业方面，长汀县经过多年培育，形成林下经济“一村一品”。花卉苗木产业方面，连城县实施兰花一条街建设，通过构建兰花产业“两带一中心”发展格局打造“世界兰花之乡”生产基地；漳平市通过淘宝、微信等网络载体拓展花卉产品销售渠道。森林旅游方面，市林业局、旅发委、武平县政府在梁野山云礤村举办2018龙岩森林旅游节，武平县被评为“全国森林旅游示范县”。林业工业方面，全力推进永定鑫竹海竹缠绕复合管生产、长汀闽赣竹制品精深加工等7个重点产业项目建设，漳平市成功举办第三届中国绿色木业大会，漳平户外木竹制品产业示范园入选全国首批15个国家林业产业示范园。

【精准扶贫】 2018年，龙岩市各地通过生态补偿、生产扶持、科技帮扶等扶贫形式均取得实效。2016—2018年，全市建档立卡贫困户中，有186人被聘为生态护林员实现脱贫，有773户获营林生产补助、累计167.8万元，有1964户获林下经济补助、累计282.7万元，有1.55万户获生态林补助、累计824.5万元。市林业局下发《关于进一步支持发展壮大村级集体经济的意见》，明确加快发展林下经济、加强林业金融支持服务等10项具体措施，结合乡村振兴战略，重点扶强做大村级集体涉林产业，加快消除集体经济“空壳村”。2018年，全市1810个行政村集体经济林业总收入7665.6万元，其中5万元以上的行政村个数328个，占全市的18.2%。

（市林业局）

畜牧业

【畜禽产品产量】 2018年，龙岩市生猪存栏233.39万头，比上年减少11.1%，出栏435.29万头，比上年减少3.3%；能繁母猪存栏量22.98万头，比上年减少13.8%；家禽存栏2718.67万羽，比上年减少3.5%，出栏16896.95万羽，比上年增长8.3%；兔存栏178.97万只，比上年增长10.6%，出栏371.09万只，比上年增长12.9%；牛存栏6.27万头，比上年减少6.9%，出栏3.87万头，比上年增长15.5%；羊存栏13.29万头，比上年增长16.9%，出栏16.28万头，比上年增长24.2%。实现肉类产量60.85万吨，比上年增长0.7%；禽蛋产量4.20万吨，比上年增长2.6%；奶类产量2019吨，比上年增长10.8%。

【地方特色畜禽产业】 2018年，龙岩市有槐猪、河田鸡、连城白鸭三种地方畜禽优良品种列入国家级畜禽遗传资源保护名录，槐猪、官庄花猪、河田鸡、象洞鸡、龙岩山麻鸭、连城白鸭、闽西南黑兔、福建白兔等8个地方品种列入省级畜禽遗传资源保护名录，占全省29个品种的27.6%。积极推进地方品种资源保护和开发利用，至年底，除官庄花猪没有建立保种场外，其他7个品种分别建立保种场，并确保在种质资源不退化、不杂化的前提下合理进行开发利用，进行产业化生产。2018年，河田鸡出栏700万羽，比上年增长14.4%；连城白鸭出栏382万羽，比上年增长20.9%；象洞鸡出栏300万羽，比上年增长66.7%；闽西南黑兔出栏58万只，比上年增长5.5%。

【畜禽粪污资源化利用】 2018年，龙岩市推进畜禽粪污资源化利用，投资8658万元，购置畜禽粪污资源化利用相关设施设备。全市新增贮液池90554立方米、灌溉管网铺设433.4千米、沼气池体积37080立方米、沼液灌溉面积1436.47公顷、资源化利用设备227台套，新建有机肥厂6家、产能15万吨，全市畜禽粪污综合利用率80%以上。申报国家级资源化利用整县推进试点，新罗区列入首批试点，获国家补助资金3700万元。

【畜禽产品加工】 2018年，龙岩市畜禽产品加工产值32亿元。其中，规模较大的有国家级农业产业化龙头企业森宝公司，年加工肉鸡4000万羽；总投资4亿元、年生产线加工200万头的容和盛猪肉制品加工企业，日均屠宰1500头左右，产品销往北京、上海等一线城市，年加工销售产值近10亿元。

【重大动物疫病防控】 2018年，龙岩市产地检疫生猪349.18万头、牛羊6.67万头、家禽4114.65万羽，检出染疫病猪259头、病禽数4.81万羽。屠宰检疫生猪71.97万头、牛羊3.64万头、家禽4107.37万羽，检出病害猪570头、病禽数5.86万羽。不合格产品均作无害化处理。组织全市218支防疫专业队共1796名村级动物防疫员对散养畜禽进行“拉网式”防疫，免疫家禽禽流感5902万羽，免疫牲畜口蹄疫539.13万头，免疫小反刍兽疫7.32万头，重大动物疫病应免免疫密度100%，抗体合格率基本达80%以上。

【非洲猪瘟防控】 2018年11月6日起，龙岩市启动重大动物疫情Ⅱ级应急响应，并按Ⅰ级应急响应预案制定工作方案，制定加强非洲猪瘟防控“十条措施”，实行市领导挂钩责任制、县（市、区）党政领导包乡镇工作责任制等，至12月底，对725个高风险的养猪场进行扑杀，扑杀生猪5028头，检查调运生猪车辆3168车次，立案查处违法调运生猪案件59件。通过扑杀高风险养猪场、加强生猪调运和监管、开展疫情排查和野猪监管、做好应急值班、加强餐厨剩余物监管等措施，防控工作取得较好成效，全市未发生非洲猪瘟疫情。

【生猪屠宰监管“扫雷行动”】 2018年，龙岩市强化部门协作，严厉打击私屠滥宰、防止宰杀病死猪及对牲畜注入其他物质等行为，防止重大肉品安全事故发生。2018年，全市累计开展“扫雷行动”执法检查1950次，出动执法人员12055人次，办理7件生猪屠宰执法案件（新罗3件、连城2件、长汀1件、上杭1件），其中新罗区1件移送公安部门立案查处，捣毁31个私屠滥宰窝点（新罗16个、长汀6个、永定3个、漳平2个、连城2个、上杭1个、武平1个）。

【畜牧业保险】 2018年，龙岩市开展生猪保险业务，全年收取生猪保费4245.5万元，赔款3687.4万元，赔付率86.9%。宣传推广肉牛、肉兔、蛋鸡等险种，市级出台文件，市、县（市、区）共配套20%财政补助。

（杨建新）

水产业

【渔业养殖面积与产量】 2018年，龙岩市淡水渔业养殖面积0.92万公顷，其中池塘面积2883公顷，工厂化养殖水体48.9万立方公顷。全市水产品总产量5.73万吨，比上年增长7.61%，其中养殖产量4.9万吨，比上年增长8.8%；捕捞产量0.83万吨，比上年增长1.4%。

【水产品质量安全监管】 2018年，龙岩市加快推进“一品一码”全过程追溯工作。全市完成水产品质量安全追溯体系建设的企业17家，完成水产品安全“一品一码”全过程追溯生产主体登记备案187家。强化水产品快检和监督抽检，完成水产品中禁用药物残留快速检测样品467个，检测结果全部合格。配合开展国家级和省级产地水产品质量安全监督抽查，共抽取水产品（淡水鱼）样品64批次，合格率100%，抽取淡水水样7批次，合格率100%；抽检渔用投入品5个，其中渔用兽药3个、非药品2个，合格率100%。开展4次水产品质量安全市场例行监测（风险监测），完成监测样品60个，其中，水产批发市场36个、超市12个、农贸市场12个，检测结果合格率100%。

【扁圆吻鲴科技项目实施】 2018年，龙岩市继续实施龙岩市“连城扁圆吻鲴资源调查与种质检测研究”项目，委托农业农村部淡水鱼类种质监督检验测试中心检验扁圆吻鲴种质，并取得检测报告。组织调查组对连城全县主要水域的扁圆吻鲴野生资源进行试捕、走访调查，形成调查报告。及时开展扁圆吻鲴混养效果测产，分析混养结果。按计划完成省“扁圆吻鲴(连城)保种繁育与增养殖技术示范”项目的年度研究工作，完成4批次的苗种试验性繁育，产夏花苗种580万尾，增殖放流270万尾。

【水生生物增殖放流】 2018年，龙岩市投入资金130余万元，开展增殖放流活动20次，放流各类苗种500余万只（尾），主要品种为扁圆吻鲴、鲢鱼、鳙鱼、大刺鳅等。除漳平市外，各地均完成年度任务，全市完成任务比率85%。

【病害防控应急体系建设】 2018年，龙岩市全面完成“龙岩市渔业病害防治中心”项目建设，建成水温可控的疫病观察、治疗水族系统，添置诊断器材，实现实验室暂养、药敏试验等病防基础目标。完善病害防控应急体系，全市设36个监测点（其中省定30个），监测养殖面积193.15公顷，包含网箱养殖4920平方米、工厂化养殖12.1公顷。监测品种8个，分别为草鱼、鳗鲡、倒刺鲃、青鱼、鲢鱼、鳙鱼、鲤鱼、鲫鱼，涵盖龙岩市的主要养殖品种，要求完成病害测报9期。继续公开编发《龙岩市水产病害监测与预报》（彩印版），向社会公布水生动物疫病预报，提出防控意见，普及防病知识。利用“省水技短信平台”向市内的2000余名渔民发送预报短信10次，受益渔民20000多人次。

【重点渔业水域环境监测预警】 2018年，龙岩市协调组织新罗区、永定区、上杭县辖区内监测站从4月起，继续在万安、白沙和棉花滩水库设置17个监测站点开展环境监测工作，每月10日各开展1次监测工作，其中，4月、9月各增加一次趋势性监测，完成4—9月工作，并撰写第一、第二季度的环境监测通报。针对2018年气温偏高的情况，组织人员对万安、白沙水库水环境进行现场检测调研，编写网箱养殖防范水华发生宣传材料分发养殖户，并协调新罗区对万安、白沙水库开展4次应急监测。

【养殖网箱整治与牛蛙养殖场清退】2018年，龙岩市结合“水十条”、河长制及九龙江—厦门湾污染物排海总量控制试点等工作年度计划，督促推进辖区内超规划养殖网箱整治清退。全年计划清退养殖网箱22306平方米，截至12月底，全市清退养殖网箱37580平方米。清退牛蛙养殖场469家，共计面积151.935公顷。

【汀江大刺鳅国家级水产种质资源保护区执法】2018年，龙岩市加大宣传、执法力度，在保护区内发放渔业资源保护资料1000余份；组织出动渔政执法人员执法、巡查310人次，制止、查处电鱼违法、无证捕捞等行为19起，缴获电鱼机13架，收缴网具11张，销毁鱼笼12个。

【打击渔业违法捕捞行为】2018年，龙岩市突出重点时段、重点水域的执法监管，重点打击临水作业不穿着救生衣、安全生产设施配备不齐、从事电、毒、炸鱼等非法捕捞、查处涉渔“三无”船舶违法从事捕捞生产等行为。2018年，全市开展各项执法检查、专项行动共214次，出动执法人员670人次，出动执法车辆210辆次，出动执法船艇82艘次，登临检查渔船233艘，查处案件6起，缴获电鱼机22架，拆除销毁非法网具190余具，捕捞工具60余套，查扣违法船舶2艘，罚款0.64万元。

（杨建新）

水　利

【概况】2018年，省水利厅下达龙岩市水利投资计划40.93亿元，其中重大水利项目28.05亿元，面上水利项目12.88亿元。重大水利项目包括万里安全生态水系、防洪工程和城市内涝防治工程等84个重点项目和面上水利工程。至年底，全市累计完成投资41.12亿元，占年度投资的100.5%。其中，重大水利完成投资28.19亿元，占年度计划的100.5%；面上水利工程完成12.93亿元，占年度计划的100.4%。

全市续建安全生态水系建设项目11个，新开工建设8个项目，累计完成年度投资任务1.02亿元，完成投资108.5%，9个项目已完工验收。防洪工程和中小河流治理完成投资3.67亿元，占任务的100.2%。12条中小河流治理项目全部开工建设。蓄水工程完成投资6.09亿元，占年度任务的100.5%。中型水库方面，长汀县荣丰水库大坝封顶，进入工程扫尾阶段；新罗区坪坑水库主体工程全面开工，开展大坝基础开挖和填筑；连城县福地水库全面开工；龙岩市富溪一级水库，基本通过省水利厅审查。烟草水源方面，全市共有19个烟草援建水源工程项目，完工11个项目（永定淑雅溪、上杭下都和连城八军坑等）。引调水工程完成投资5.93亿元，占年度任务5.65亿元的100.5%。重点项目龙岩市万安溪引水工程于7月10日开工建设，至年底，完成下穿南三龙铁路涵管部分的施工。流域综合整治完成投资10.6亿元，占年度任务11.55亿元的91.89%。常态化水库除险加固完成武平县李坊常态化病险水库除险加固任务，完成投资149.36万元。2018年，省重点项目，汀江防洪工程和九龙江防洪工程（龙岩段）一二期工程均按年度计划推进，全面完成年度投资任务。全市完成12个中小河流治理工程项目，完成投资2.23亿元。中小河流治理重点县，续建长汀县中小河流治理重点县项目，完成投资3.0亿元，治理河道长度3千米，完成1020万元。

【漳平市综合水试验县建设】2018年，漳平综合水试验县建设永福赤水溪颖水段、双羊溪和春段安全生态水系等，年度投资0.78亿元，全面完成年度建设任务。

【节水灌溉】2018年，省厅下达高标准农田节水灌溉1666.67公顷，项目总投资0.34亿元，全面完成年度建设任务。完成高效节水灌溉项目1533.33公顷（水利部门1266.67公顷），涉及永定、上杭、长汀及漳平四个县（市、区），项目总投资0.5亿元，其中，中央补助资金0.37亿元，地方自筹0.13亿元。

【农村饮水安全巩固提升工程】2018年，龙岩市农村饮水安全巩固提升工程（中央预算内），完成漳平市吾祠乡实施农村饮水安全巩固提升工程，工程总投资410万，中央补助资金331万元，受益人口0.2万人（含国定建档立卡贫困人口905人）。农村饮水安全巩固提升工程（省级专项资金），完成投资2602.5万元，解决农村饮水不安全人口5.5万人（含国定建档立卡贫困人口4647人）。

【水资源管理】2018年，龙岩市全面落实最严格水资源管理制度，严守“三条红线”指标。2018年度水资源管理（错年值）的用水总量、万元GDP用水量及万元工业增加值用水量指标均达省级划定的目标值。对各县（市、区）落实最严格水资源管理制度进行考核，考核结果均达到优良。加强全市水功能区的监测、监督工作，逐步增加监测点和次数，监测点数由2017年的85个增加到88个，超过省对市下达任务目标。全力加强河道采砂管理工作。全市累计派出执法人员2404人次，发现并取缔非法采砂点94处，拆除非法采砂船舶6艘，取缔非法堆砂场44处，行政处罚13起（件），罚没金额14.9万元，实现河道非法采砂取缔率100%。切实加强水源地保护管理工作。将黄岗水库、富溪三级水库、上杭金山水库等10座县级以上水库列入建设名单。同时，全市水利部门结合大督查大落实工作要求，在新罗、永定区开展集中饮用水水源地环境保护专项督查，细化整治任务和部门职责分工，制定任务计划，确保完成年度工作任务。全面开展河湖“清四乱”专项行动（对乱占、乱采、乱堆、乱建等河湖管理保护突出问题开展专项清理整治行动）。全市排查发现89处问题。包括34处乱占（其中8处乱占建筑被拆除并销号），其余26处清理整治接近尾声。

【河（湖）长制工作】 2018年，龙岩市全面开展劣Ⅴ类小流域和黑臭水体整治行动。发挥各流域河长的牵头作用，推进“小流域综合治理”和黑臭水体治理，根据8月环境监测数据显示，劣Ⅴ类小流域仅剩下适中溪，黑臭水体整治成果得以巩固。联合水利、环保、住建等部门推进入河排污口调查摸底和整治专项工作，全市入河排污口调查摸底完成重点清单核查数1723个，加强入河排污口监督检查和监督性监测。结合生态环保攻坚战役、党政领导生态环境保护目标责任书和省委省政府环保督查发现问题，全面落实生态下泄流量工作，完成全市5万千瓦以下水电站共计1175座生态下泄流量的核定工作。全面开展清河行动等水环境综合整治。至年底，全市拆除涉河违章建筑26316.5平方米，清除弃土弃渣192598.77立方米，打捞河漂垃圾275527.6立方米，取缔非法采砂点175处。协调推进养殖业污染治理、城镇污水治理和农村污水、垃圾治理。促进河长履职尽责。建立月暗访督查制度，市河长办共组织对7个县（市、区）、46个乡（镇、街）、50个行政村进行抽查暗访21次，发现大小问题66个，下发10份“问题整改清单”，通过动态跟踪督导，建立问题清单和销号制度促进落实问题整改。

【水土保持】 2018年，龙岩市进一步贯彻落实习近平总书记的两次重要批示精神，深化提升和拓展水土流失治理“长汀经验”各项改革工作。10月30—31日，总结长汀经验的《南方典型花岗岩区水土流失阻控与生态修复的关键技术创新及应用》获得福建省科技进步二等奖。2018年，全市完成水土流失综合治理面积3.1万公顷，占省下达任务的116%；完成投资32525万元，占年度投资计划的101%。

（郑春生）

农业机械

【概况】 2018年，龙岩市完成水稻机耕面积11.21万公顷，机插面积2.87万公顷，机收面积9.49万公顷，水稻耕种收综合机械化水平71.36%，比上年提高10.7个百分点。全市主要农作物（水稻、玉米、大豆、油菜、花生、马铃薯）耕种收综合机械化水平67.7%，比上年提高13.21个百分点。

【农机购置补贴】 2018年，龙岩市使用农机购置补贴资金1762.64万元，补贴机具9488台/套，受益农户6661户，分别比上年增长30.19%、42.61%、29.77%，新增微耕机4527台，起垄机577台，联合收割机165台，水稻插秧机26台，植保无人飞机49架。

【农机化项目实施】 2018年，龙岩市组织5个农机专业合作社承担省级水稻和旱地作物机械化试验示范建设项目，项目补助资金共计190万元，5个示范点共购置农机具原值460万元，完成水稻全程机械化示范面积173.33公顷。

【农机化技术培训】 2018年，龙岩市培训各类农机人员2294人。其中，新型职业农民培训580人（水稻生产全程机械化培训400人、收割机驾驶员180人），拖拉机驾驶员培训14人，农机操作手培训1700人。

【农机安全监理】 2018年，龙岩市派出检查组280个，检查人员988人次，检查拖拉机驾驶培训机构、农机维修点、农机专业合作社等农机作业经营场所，排查驾驶证逾期未换证、安全生产制度不健全、维修设备、消防器材配备不规范等一般隐患24处，完成整改24处。农机部门参与联合执法行动22次，参加检查人员88人次，查处拖拉机违法载人、逾期未检等拖拉机违法违章8起，查处达到报废拖拉机、联合收割机4台，查处驾驶人违章违法4人次。

（杨建新）

农村保障

【城乡低保标准一体化】 2018年，龙岩市加强城乡低保统筹发展，全面实行城乡低保标准一体化。从2018年1月起提高龙岩市农村低保标准和补助水平，新罗区农村低保标准提高到家庭年人均收入7560元（630元/月），人均月补助提高到不低于280元；永定区、上杭县、漳平市农村低保标准提高到家庭年人均收入6960元（580元/月），人均月补助提高到不低于260元；武平县、长汀县、连城县农村低保标准提高到家庭年人均收入6456元（538元/月），人均月补助提高到不低于245元。

【“扶贫保”农业保险项目】 2018年11月开始，龙岩市面向全市建档立卡贫困户及贫困人口推出“扶贫保”农业保险项目，从产业、财产、人身三个维度，推出种养综合险、光伏设备财产综合险、农村小额家庭财产险、农村小额意外险，涵盖全市范围贫困户的人身、财产、生产、生活等领域，人保财险龙岩市分公司从2018年至2020年，每年累计提供风险保障近30亿元。龙岩市各级为

“扶贫保”农业保险项目提供政策优惠，贫困户不需要承担保险项目保费，所有保费由市专项扶贫资金及各级财政补贴承担，三年预计补贴资金1900万元，其中预计专项扶贫资金1350万元；商业保险公司不收取运营成本费用。至年底，全市7186.67公顷种植业、11万棒食用菌和563.62万头(只)养殖业累计获得6059.41万元种养综合保险风险保障。

农村改革

【农村集体产权制度改革】 2018年，根据中央和省委统一安排部署，漳平市为第二批全国试点县，新罗区、永定区为全国第三批试点县，武平县为省级试点县。全市7个县(市、区)、133个乡(镇)均成立由县(市、区)、乡(镇)党委书记为组长的改革工作领导小组，印发改革实施方案；全市预算安排专项工作经费3899万元；抽调588名干部集体办公，全市各级共发放改革宣传资料79.3万份。截至2018年12月底，全市1834村居集体资产清产核资工作全面完成，清查核实集体资产总额112.38亿元，村均资产612.76万元；核实集体土地总面积181.09万公顷，其中农用地面积170.64万公顷，基本摸清龙岩市农村集体资产家底。全面完成4个试点县(市、区)、6个试点乡(镇)共1030个村居的成员身份确认工作，确认成员身份人数151.88万人。全市有104个村居集体经营性资产开展股份合作制改革，实现农民变“股民”，量化资产总额8161.34万元。漳平市基本完成农村集体资产改革工作，80个有经营性资产村居进行股份合作制改革，量化资产总额5510.34万元，2018年实现股金分红总额89.96万元。

【农村土地确权登记颁证工作全面完成】 至2018年12月，龙岩市完成承包地确权乡(镇)127个，确权村(居)1769个，完成率100%；实测承包地块365.36万块，确权承包地面积12.41万公顷，确权登记承包农户53.2万户，签订完善家庭承包合同53.2万份，完成率均为100%；发放权证52.69万份，完成率99.1%。

【农垦改革完成】 2018年，龙岩市农垦国有土地总面积910.6公顷。截至2018年12月，完成农垦国有土地使用权确权登记发证工作任务，登记发证面积910.6公顷，占总面积的100%，完成省下达的目标任务。全部完成农垦农场办社会职能改革，是全省提早完成该项任务的设区市。全面完成农垦企业职工基本养老保险。

【新型农业经营主体培育】 2018年，龙岩市持续做大农业龙头企业。实施“双培育”行动计划，结合产业发展项目建设年活动，重点培育带动性强的龙头企业。新认定市级龙头企业9家、示范企业8家。市财政安排资金对新认定市级龙头企业、示范企业补助10万元。现有国家级龙头企业2家、省级龙头企业46家、市级龙头企业147家，上市公司5家。

家庭农场加快发展。至年底，全市家庭农场总数11647家，劳动力总数28895人，经营土地面积4.25万公顷。继续评选省、市级家庭农场示范场，新增市级示范家庭农场45家，总数达194家；新增省级示范场20家，总数达68家。

农民合作社持续壮大。开展国家级、省级合作社示范社监测，推荐评定2018年省级示范社24家；争取省级农民合作社发展建设项目11个，项目资金110万元；争取中央财政农民合作社发展项目16个，项目资金480万元；新增注册农民合作社联合社17家，市级示范社39家，县级示范社64家，争取市级两财政扶持资金241万元。至2018年底，全市累计注册农民合作社3848家。入社成员14.74万户，带动农民26.20万户，累计培育合作社联社78家，省级示范社191家，市级示范社329家，县级示范社674家。

【推进适度规模经营】 2018年，龙岩市贯彻落实《中共中央办公厅、国务院办公厅关于完善农村土地所有权承包权经营权分置办法的意见》及《龙岩市人民政府关于进一步引导农村土地经营权有序流转发展农业适度规模经营的实施意见》，鼓励承包地经管权有序流转，发展适度规模经营。至年底，全市耕地流转面积5.83万公顷，流转比例46.1%；涉及农户29.1万户，占农户总数47.2%。连片流转耕地在10亩以上的有3.48万公顷，占耕地流转总面积的60.5%；全市7个县(市、区)、133个乡(镇)均成立土地流转服务中心，1792个村成立土地流转服务站，分别占总数的100%、97.7%。

【土地承包经营纠纷调处】 2018年，龙岩市7个县(市、区)均成立调解仲裁委员会及仲裁庭，聘请仲裁员170个；133个乡(镇)成立调解委员会，1654个村(居)成立调解小组。2018年，全市共受理土地承包纠纷43件，调处纠纷43件，其中，乡村调解数31件，仲裁委受理纠纷数12件，调解数11件，裁决1件，案件结案率100%。

【林权制度改革】 参见“生态建设”类“武平集体林权制度改革”。

（杨建新）

库区移民开发

【水库移民后期扶持项目】 2018年，龙岩市通过挂牌督办、对单销号、排名通报、拉练评查等措施，推进全市32座大中型水库、449座小型水库，涉及7

个县(市、区)116 个乡(镇)460 个村移民的后期扶持扶助项目实施。通过开展移民创业贴息贷款、实施光伏发电项目、购置商业店面、建设移民幼儿园、建设蜜柚基地和水仙茶园等措施，做大做强库区移民集体资产，扎实推进库区移民特色产业。

【库区移民美丽乡村建设】 2018 年，龙岩市以绿、亮、美和长效管护为重点，提升巩固永定区峰市镇河头村等 21 个大中型水库移民环境综合整治示范村，重点打造上杭县临江镇东南居委会菖蒲塘等 14 个美丽库区移民示范村，改善漳平市南阳镇梧溪村等 10 个具备开展环境综合整治条件的移民行政村或自然村。

【库区移民脱贫攻坚】 2018 年，龙岩市对 2017 年已脱贫的建档立卡大中型水库贫困移民实施持续跟踪帮扶。落实帮扶资金，对 2018 年大中型水库移民建档立卡的贫困移民实施帮扶解困，至年底，该类贫困移民全部脱贫。持续推进武平县大中型水库移民避险解困搬迁安置试点工作。

【库区移民安置】 2018 年，龙岩市从移民安置点选址和规划设计等方面，指导长汀县开展荣丰水库移民安置工作，完成已签订搬迁安置协议的移民户的搬迁安置。有序推进新罗坪坑水库移民安置工作。完成连城福地水库移民安置规划编制、淹没实物调查、安置点征地、移民安置规划审查审批以及导（截）流阶段移民安置验收的相关工作。办理公共服务事项 5 件(其中水库移民安置规划审查 1 件，水库移民安置验收 4 件)。

【库区移民矛盾纠纷调处】 2018 年，龙岩市深化平安库区建设，实现市领导信访接待日和福建省信访信息系统平台零上访、“12345”政务平台零投诉。通过建设视频监控、饮水改造、环境整治等项目，做好铁山镇溪西村结对共建平安村工作。

（市库区移民开发局）

农村人力资源开发

【新型职业农民培训】 2018 年，龙岩市培训新型职业农民 3408 人，完成总任务 3250 人的 104.9%，颁证认定 2667 人，累计颁证 9938 人。引导扶持 105 名大中专生回乡从事农业创业，扶持 216 名农业“五新”示范户“传帮带”2177 人，评选大中专生返乡创业与农业“五新”示范典型各 10 名，培育 7 个大中专生返乡农业创业示范基地。选送 228 名新型职业农民免费参加大专学历教育，选调 252 人参加省级示范培育班学习。

【新型职业农民政策扶持】 2018 年，龙岩市级财政安排 300 万元专项资金，用于激励各县(市、区)出台扶持政策。全市组建农业规模经营担保基金 7053 万元，为 875 名新型职业农民担保贷款 8991.7 万元，为 681 名新型职业农民贴息 220.1 万元。2500 余位持证农民获农业银行“金穗快农贷”免担保贷款 2.3 亿元。

【农村六大员队伍建设】 2018 年，龙岩市将农村“六大员”队伍(农民技术员、综治协管员、计生社保协管员、国土规划环保协管员、文化与食安协管员和乡村医生)建设改革列入全市特色改革项目，出台《关于加强新时期农村“六大员”队伍建设的指导意见》，在永定区、上杭县开展村级服务队伍建设改革试点工作。连城县在全县所有乡(镇)开展试点工作，其他 4 个县(市、区)结合村级换届工作，分别选择 2—3 个乡(镇)开展试点工作。各县(市、区)按照实施方案稳步推进试点工作，基本完成新一届农村“六大员”选聘工作。

【农村实用人才培养】 2018 年，龙岩市完成农业部下达的 2018 年度农村实用人才带头人和大学生村官示范培训任务。全市选派大学生村官 39 名、农村实用人才 19 名培训对象，先后于 4 月 23 日、8 月 4 日，分别赴福建兰田村、江苏华西村、安徽小岗村等培训基地参加培训。做好省级人才遴选推荐工作，推荐的 4 名人选入选福建省第三批农村实用人才，累计 10 人入选。推荐连城县兰花公司饶春荣参加全国“十佳农民”评选。

（杨建新）

老区扶建

【革命基点村建设】 2018 年，龙岩市落实好“全市不搬迁的革命基点村未硬化道路按 4.5 米宽标准完成硬化，市财政给予每千米 5 万元额外补助”。革命基点村造福工程扶贫搬迁群众在享受中央、省补助政策的基础上，享受市、县叠加补助政策，叠加补助标准从原有的 1000 元/人提高到 1500 元/人。继续实施革命基点村毛竹丰产示范工程，安排革命基点村竹业发展专项资金 100 万元。市民政局、交通运输局、财政局联合组建核验组，对全市 2017 年实施的 29 个革命基点村硬化道路 65.471 千米进行抽查核验。下发 2018 年第一批“四号农村路”(革命基点村道路)市级财政补助资金 327.355 万元。市民政局、农业局、财政局联合对全市 2017 年革命基点村搬迁建房对象 1427 人下发市级叠加补助资金 107.025 万元。

【老区扶建资金】 2018 年，中央财政老区专项扶贫发展资金 645 万元(其中，新罗区 80 万元、长汀县 110 万元、永定区 105 万元、上杭县 110 万元、武平县 90 万元、漳平市 60 万元、连城县 90 万元)，省级老区扶建资金 230 万元(其中，长汀县 25 万元、永定区 15 万元、上杭县45万元、武平县55万元、漳平市45万元、连城县45万元)，均及时落实到具体项目，加快老区乡村基础设施建设，推动老区乡村加快发展。

【省人大执法检查】 2018年6月，福建省人大执法检查组到龙岩开展《福建省促进革命老区发展条例》执法检查。在座谈会上，市老促会汇报贯彻《福建省促进革命老区发展条例》工作情况，并提出“应加强和完善市县老区机构的建设”“针对社团规范清理中应保证老促会组织自身健康发展和老区建设促进作用的发挥”等建议。市民政局对《福建省促进革命老区发展条例》实施近6年来的做法和成效进行总结，结合乡村振兴战略进行课题研究，形成《龙岩市革命基点村发展状况及对策思考》。

【革命基点村决胜全面小康调研】 2018年4月，市、县(市、区)老促会，市、县(市、区)民政局(老区办)联合启动革命基点村决胜全面小康调研。调研组先行到新罗区江山镇前村、科山、上塘3个革命基点村和漳平市永福镇新坑、洪坑2个革命基点村，通过现场走访察看和召开座谈会，详细了解各村经济发展、主导产业、基础设施、住房安全、脱贫攻坚、社会事业发展等情况，能否实现建成全面小康目标，不能建成的主要原因、问题、困难是什么，以及思路、对策和建议等。永定区、连城县老促会分别组织力量深入革命基点村调研。

长汀县古城镇黄泥坪村蜂之恋专业合作社发展林下经济蜜蜂养殖，至2018年6月，有养殖基地35个，900群土蜂，户均年收入8万多元，其中30多户贫困户全部脱贫

【脱贫攻坚和乡村振兴调研】 2018年10月，北京闽西老促会会长上官世盘带领调研组深入新罗区、漳平市、上杭县、长汀县、永定区等12个乡(镇)的18个老区村和革命基点村，现场考察、与村民座谈，详细了解脱贫攻坚情况、乡村振兴情况及存在困难问题，形成《关于龙岩市脱贫攻坚及乡村振兴调研报告》，提出将龙岩市纳入中央单位对口支援范围比照《关于支持赣南原中央苏区振兴发展若干意见》执行、原中央苏区县的上市企业参照贫困县政策执行、国家加大对苏区红色旅游产业的扶持力度等建议，呈送国家发改委农村经济司、农业农村部乡村发展司等。

【老区民生服务】 2018年，龙岩市老促会发放福建省黄仲咸教育基金会奖学金94万元，奖励学生940人；对贫困学生给予重点关注，受奖贫困生占比93%。市老促会争取市财政扶持革命基点村困难补助资金35万元，帮扶7个联系点村进行道路建设、路面硬化、特色产业发展、红色遗址维护开发等。8月，市老促会与市关工委、市茶业协会联合，在武平县举办第5期新型职业农民研修班，全市近70名职业茶农参加为期2天的现场教学和专家讲座。

(唐道容)

责任编辑　饶晓艳

综　　述

【概况】 2018年，全市实现全部工业增加值891.67亿元，比上年同期增长8.8%，对全市GDP增长的贡献率48.05%。全市规上工业增加值增速9.0%，比上年提升0.9个百分点，比全省增速低0.1个百分点，与福州并列全省第五位。全市产值超亿元企业比上年净增32家，达474家，共实现产值2391.2亿元，比上年同期增长22.6%。1—12月，全市37个工业行业大类有28个行业工业增加值实现正增长，增长面达75.7%。经济效益综合指数达407.14%，比上年同期上升50.2个百分点，比全省高82.74个百分点，连续19个月居全省第一位。

【重点工业项目】 推动项目落地，落实领导挂钩"重中之重"产业项目和"一月一协调、一季一督查"推进机制，细化节点目标任务，做好项目跟踪服务。30个"重中之重"产业项目完成投资121.2亿元，完成年度投资目标的119.4%；100个市重点技改项目完成投资108.5亿元；220个工业科技项目累计完成投资320亿元，占年度计划122.4%。落实民企对接行动计划，建立民企对接工作督查、情况通报和信息通报机制。通过民企产业对接会、洽谈会、机博会等重大活动积极开展项目对接，全市新增民企对接项目237个，计划总投资712亿元。

【军民融合】 成功创建国家级军民融合新型工业化产业示范基地，初步形成"部队+军工集团+革命老区"的军民融合发展"龙岩模式"。建立市级军民融合项目管理平台，把军民融合纳入市对县绩效考评，授牌37家"龙岩市军民融合企业"。举办"福建省军民融合项目对接活动"，签约项目数、总投资位列全省第一。推动民品参军持续发展，累计16家企业办理21本军工"四证"(国军标认证保密认证、许可证认证、名录认证)、25家企业进入军用物资供应商库。成立龙岩市融合发展促进会，联合中国电科举办"长汀稀土及应用产业发展研讨会"，依托"山塘兵工厂"红色资源优势和兵器装备集团共同打造军工央企党性教育培训基地。

【龙岩入列国家军民融合特色产业示范基地】 2018年1月，工业和信息化部公布国家新型工业化产业示范基地(第八批)名单，龙岩以军民融合(机械制造)入选该名单"特色"系列，跻身全国产业集聚集群特色城市行列。龙岩再添国家级"金字名片"。

龙岩是我国军民融合的重要发源地。以"新古田会议"为新契机，龙岩市积极创建省级、国家级军民融合特色产业示范基地，促进传统产业转型升级、培育新的经济增长点。创建工作以龙岩经济技术开发区(高新区)为载体和抓手，通过探索建立军民深度融合发展的体制机制、军民兼容的产业体系以及全要素、多领域的融合发展模式，强化规划引导和政策指引，深化项目对接，拓展合作领域，初步建设成具有军民融合特色的高技术产业集聚区。

2015年以后，闽西人民和部队、军工集团保持良好互动，"军转民"技术转化顺畅，"民参军"企业热情高涨。全市共与部队、军工企业签约158个项目、总投资585.6亿元，其中军民融合项目已开工建设37个，技术合作项目已实施31个；共有46家企业的产品供应部队、军工企业，专用车、机械配件、贵重金属、新材料、光电产品、纺织品、药品、农副产品等八个方面实现民品参军，累计销售额34.2亿元。

【创新转型发展】 助力智造创新，引导企业创新提升，加大新产品研制力度。新获认定3家省级智能制造试点示范企业，4家省级企业技术中心；新增6个省内首台套重大技术装备。促进工业与信息化融合，举办产业数字化转型发展论坛、企业上云惠企等系列活动。18家企业通过两化融合管理体系贯标评定，新认定市级两化融合示范企业8家。推动制造业与服务业融合，龙合智能、畅丰专汽、瑞森新材料等3家企业获认定省级服务型制造示范企业。组织企业参加“海峡杯”工业设计大赛。畅丰专汽获认定为省级工业设计中心。推动工业绿色发展，指导推动塔牌水泥成功申报国家绿色工厂。全市新获认定工信部绿色设计产品10个。蛟洋工业区被列为省级循环化改造重点支持园区。有序完成中央环保督察反馈问题整改任务，完成建成区10吨以下燃煤锅炉淘汰任务。

重点产业

机械产业

【概况】 2018年全市机械装备制造业规上工业企业228家，工业增加值比上年同期增长12.5%，实现主营业务收入399.07亿元，比上年同期增长12.56%，实现利润总额31.47亿元，比上年同期增长70.54%，实现税金总额7.55亿元，比上年同期增长-9.87%。

【特色集群】 汽车产业。全市拥有整车企业1家、公告内专用车生产企业14家(其中2018年以后新增4家)，配件企业100多家，是省内主要汽车产业基地之一。产品包括多用途乘用车、客车、专用车和载货汽车产品，以及发动机、变速箱、车桥、轴承、皮带轮等200多种零部件产品。环保装备产业。全市有环保装备制造及配套企业50多家。基本形成以龙净环保、龙马环卫为龙头的大气污染治理环保装备和环卫装备制造产业雏形，在除尘、干法脱硫、环卫装备等方面的生产技术居国内领先地位，成功地开发出一系列具有国际水平的拳头产品，产品销量连续多年名列全国同行业前茅。龙净环保龙岩本部销售收入、年度盈利等经营业绩再创新高。工程机械产业。全市拥有工程机械整机及关键配套企业30余家。产品涵盖挖掘机、装载机、叉车、矿山机械、农用机械等整机，以及车桥、变速箱、轮胎、液压油缸、齿轮泵阀、精密铸锻件等零部件，是全国重要的工程机械生产基地之一，龙工装载机产销量稳居同行业首位。2018年龙工龙岩基地销售收入、税收、利润等主要经营指标也都实现快速增长。

【国家专用车与应急产业生产示范基地建设】 专用车产业。2018年3月，为进一步加快专用车产业发展，提升产业发展质量和效益，建设“中国专用汽车名城”，龙岩市政府出台《关于支持专用车产业加快发展八条措施的通知》。2018年以后，易工、环创、龙驰、闽鸿顺等4个专用车项目陆续通过国家工信部专用车生产企业准入。全市现拥有整车企业1家、专用车企业14家，在用产品公告近千种，据中国汽车技术研究中心汉阳专用汽车研究所统计，按地级市分，龙岩市专用车企业数排在全国地级市第四位，有9款产品位居行业细分车型前三甲，14款产品进入行业细分排名前六名。6月5日，中国机械工业联合会正式授予龙岩市“中国专用汽车名城”称号，并于11月8日举行授牌仪式。应急装备产业。为加快培育和发展新罗区应急产业，更好地发挥国家应急产业示范基地的示范作用，推动新罗区工业稳健发展，2月新罗区政府出台《新罗区加快应急产业发展实施意见》。

【智能制造】 积极引导企业实施智能制造，推动全市产业升级。龙合智能装备制造有限公司、福建省漳平木村林产有限公司、福建钰辰微电子有限公司等3家企业被省经信委认定为2018年省级智能制造试点示范企业。此外，龙工(福建)挖掘机有限公司“挖掘机智能制造车间”、龙工(福建)桥箱有限公司“变速箱柔性生产线”、福建坤孚股份有限公司“镁合金新材料产品研发及产业化项目”等20个项目被省经信委列入2018年省级智能制造重点项目。

【首台(套)重大技术装备】 积极组织引导企业开发首台(套)重大技术装备，2018年12月，福建龙净环保股份有限公司、龙合智能装备制造有限公司、福建龙马环卫装备股份有限公司、龙岩亿丰机械科技有限公司、福建固尔特矿用汽车有限公司、龙岩畅丰专用汽车有限公司等6家企业的装备被省工信厅认定为省内首台(套)重大技术装备。

【新能源汽车】 落实《福建省人民政府办公厅关于加快全省新能源汽车推广应用促进产业发展的实施意见》，2018年全市推广各类新能源汽车共952辆。

【龙头企业项目】 中国龙工。2018年龙工(福建)挖掘机公司“年产3000台挖掘机产能回归”项目实现投产，并当年达产。龙净环保。国家环境保护电力工业烟尘治理工程技术中心项目承担“十三五”国家重点研发计划与省部级重大科技计划课题多项，并圆满完成建设期预定的任务与目标。经省环保厅审核同意后报国家生态环境部申请验收。VOCs治理研发车间主体工程建设基本完工，进入外架拆除、外墙油漆施工、窗扇安装、水电安装等阶段。环保输送装备及智能制造项目成功竞拍原亿隆家具厂房，用于管带输送环保装备智能制造项目用地，前期手续立项、环评、规划控规指标已经完成，施工图开始设计。陶瓷复合滤筒项目，龙净科瑞公司第一条生产线建立基本完工，设备进入调试阶段。龙马环卫扩建项目，龙马环卫装备股份有限公司环卫专用车辆和环卫装备扩建项目建成投产，并与龙岩经开区(高新区)管委会签订高端环卫装备和车辆智造项目《项目投资合同书》。

有色金属产业

【概况】 2018年，全市有色金属产业完成产值746亿元，比上年同期增长24%。其中，金铜产业完成产值645亿元，比上年同期增长23.3%；稀土产业完成产值101亿元，比上年同期增长26.2%。全市规模以上有色金属企业33家，产值亿元以上企业18家，年产值超过100亿元企业2家（紫金铜业有限公司、黄金冶炼有限公司），50亿至100亿元企业1家（金龙稀土有限公司），10亿至100亿元企业4家，5亿至10亿元企业2家。

【主要产品产量】 黄金134.4吨，比上年同期增长36.3%；精炼铜33万吨，比上年同期增长4.8%；稀土氧化物3948吨，比上年同期增长49.0%；稀土金属2192吨，比上年同期增长-9.3%。

【龙头带动作用】 有色金属产业重点培育紫金铜业有限公司、紫金黄金冶炼有限公司、紫金山金铜矿、太阳铜业有限公司、金龙稀土有限公司等5家百亿企业。2018年5家龙头企业共实现产值667.11亿元，约占有色金属产业的89.4%，龙头带动作用明显。

【兑现“一企一策”企业奖励金】 支持长汀金龙稀土有限公司、上杭太阳铜业有限公司发展壮大，加快龙岩市有色金属产业发展，龙岩市政府、上杭县政府、长汀县政府分别与太阳铜业、金龙稀土签订“一企一策”备忘录，从生产用电奖励、项目技改补助、精深加工奖励、上市奖励等几个方面促进有色金属产业加快发展。

【项目建设】 全年新签约项目8个：5G通信电缆及物联网终端天线、军工电缆组件生产项目、智能家居线束及安防工程电缆生产项目、年产3500吨含氟电子化学品项目、网络、光纤及通讯光缆项目、比路电子智能音圈马达及其配套项目、贝思科钛酸钡粉体项目（二期）、卓尔科技钐钴永磁材料项目（二期）、陇和催化剂配套原料项目；新开工项目11个：志裕铜资源综合利用项目、泰山石膏二期扩建年产800万平方米装饰石膏板生产项目、福建紫金铜业高性能铜合金与节能技术改造项目、泰伦新材料功能性薄膜生产项目、智能家居线束及安防工程电缆生产项目、5G通信电缆及物联网终端天线、军工电缆组件生产项目、卓尔科技钐钴永磁材料（一期）生产项目、比路电子智能音圈马达生产项目、雷生科技机关及闪烁晶体生产项目、鸣友热转印稀土新材料生产项目；竣工项目7个：泰山石膏二期扩建年产800万平方米装饰石膏板生产项目、年产22万吨连铸连轧铜杆生产项目、国威电子航天特种线缆生产项目、福建紫金铜业高性能铜合金与节能技术改造项目、贝思科钛酸钡粉体项目（一期）、卓尔科技钐钴永磁材料项目（一期）、比路电子智能音圈马达项目（一期）。

【太阳铜业“手拉手”活动】 贯彻落实市委、市政府“大督察大落实”工作安排、落实“双培育”行动计划，推进支柱产业、龙头企业的发展，龙岩市工信局和上杭县政府联合主办金铜产业推介会暨太阳铜业“手拉手”活动。省、市、县各级领导及国内知名铜产业链企业家代表等160多人应邀参会。中船重工、中能电气、大通机电等八家企业与太阳铜业、太阳电缆签订采购合同，合计签约达成15万吨铜产品购销合同，活动成效显著。

烟草产业

【概况】 2018年，龙岩烟草产业增加值同比增长4.6%，比上年同期增长0.8%；实现主营业务收入138亿元，比上年同期增长3.8%；税金总额103亿元，比上年同期增长4.9%。

【收入和税利】 2018年，龙岩烟草工业公司各项经营指标保持稳定增长的良好态势。实现工业总产值140亿元，比上年同期增长6.48%；工业增加值116.59亿元，比上年同期增长6.06%；共生产卷烟90.1万箱，比上年同期增长2.04%；销售卷烟89.88万箱，实现销售收入137.32亿元，比上年同期增长4.16%；可实现入库税金106.95亿元，比上年同期增长3.5%。

【重点项目】 2018年1月，龙烟公司红坊片烟醇化库建设项目正式开工。该项目计划投资4.2亿元，规划建筑面积78519平方米，主要包含片烟醇化库及其附属配套设施建设。该项目建成启用后，将为龙烟公司的片烟存放与醇化提供专业标准库房，并为烟草行业提供新型片烟贮存养护技术的应用推广平台，有效保障生产原料的仓储安全与质量稳定，有助于卷烟产品的品质和价值提升。2018年完成投资额7700万元，超额完成计划10%。主要完成土方开挖、外运，场地平整，高边坡施工，周边道路，排洪沟施工，完成609根桩基施工，占78%桩基工程量。

【品牌培育】 2018年，龙烟公司新培育上市古田（金中支）、土楼1575（金中支）等牌号。其中，“古田”品牌卷烟全年销售增长200%；实现销售额增长224%。

能源精化产业

【概况】 2018年，能源精化产业增加值比上年同期增长3%，共有213家规上企业。其中，能源产业规上企业数90家，比2017年少13家，主要是煤炭行业开展去过剩产能工作关闭部分企业。化工产业规上企业123家，企业家数比上年下降7家。

【电力生产】 截至2018年12月,全市电力装机容量342.3万千瓦,全年发电量91.5亿千瓦时。其中,水电站约1048座,装机容量182万千瓦,全年发电量33.4亿千瓦时;火电厂16座,火电装机137.6万千瓦,全年发电量55.2亿千瓦时;光伏装机容量12.7万千瓦,全年发电量1.13亿千瓦时;风电装机容量8.8万千瓦,全年发电量0.89亿千瓦时;其他能源电厂1.2万千瓦,全年发电量0.88亿千瓦时。

【电力供应】 2018年,全市全社会用电量累计129.18亿千瓦时,比上年同期增长6.66%,增速比上年同期上年同期回升0.3个百分点。其中,一、二、三产业和居民用电量分别为1.45、84.07、15.7和28亿千瓦时,分别比上年同期增长24.24%、5.26%、13.61%和6.49%,一产、三产、居民用电增速比上年同期回升6.1、3.75、1.7个百分点,二产用电增速比上年同期下降0.9个百分点。

加强有序用电工作,强化电力设施保护工作,完善电力应急预案制定工作,全年电力供应平稳有序,实现不拉闸、不限电的目标。

【电网建设】 2018年,完成电网建设投资11.38亿元,投产110千伏及以上线路143.2千米、变电容量71.2万千伏安,新开工220千伏永定双溪输变电等18项工程,建成投运220千伏星邦输变电、南三龙铁路福建龙岩外部供电等29项输变电工程。完成长汀小康用电示范县建设。

全市供电网络形成以500千伏卓然变电站为中心,220千伏网络环绕市中心城区辐射东部(漳平)、环绕西北部(长汀、上杭、连城)和西南部(武平、上杭、永定)的"一个中心三个环网"的坚强电网格局;通过4回220千伏线路与漳州220千伏电网联系,2回220千伏线路与三明220千伏电网联系。

【能源结构调整】 发展新能源。继续建设风电、光伏发电等项目,提高新能源发电比例。到2018年底,全市风电、光伏发电容量占全部发电容量的比例为6.3%,比2017年提高3.7个百分点。积极推进水电站落实生态下泄流量工作,到2018年底,完成全部水电站生态流量"一站一策"制定工作。基本完成华电漳平能源公司(原名漳平火电厂)热电联产改造工程,基本具备供热条件。

【煤矿安全监管】 2018年,全市煤矿发生2起生产安全事故,死亡7人(其中一起为瓦斯窒息事故,6人死亡,另一起为顶板事故,1人死亡),死亡人数突破市政府下达的安全指标,安全生产形势较为严峻。按照国家煤矿安全监察局及福建煤监局要求,全力推进煤矿安全标准化工作。全市严格现场考评制度,加大惩处力度,对未定级标准化的生产矿井实施停产整改,对列入建设项目的矿井按新标准的要求进行监管。7家煤矿定级为二级标矿,14家定级为三级标矿。

【化解煤炭过剩产能】 及时将省下达龙岩市的目标任务分解下达到产煤县(市、区),并根据关闭政策,确定2018年全市关闭12家煤矿,其中新罗区9家,永定区3家,淘汰落后产能75万吨。12家煤矿中,6万吨/年的11家;9万吨/年煤矿1家(属于长期停产类型)。2018年列入关闭的12家煤矿(合计产能75万吨/年)已完成省、市、县三级关闭验收,完成省下达的当年关闭淘汰落后煤矿的任务。全年全市煤炭产量349.83万吨,比上年同期下降37.01%;产值23.95亿元,比上年同期下降37.24%。

【危险化学品生产企业搬迁工程】 出台《龙岩市城镇人口密集区危险化学品生产企业搬迁改造实施方案》,成立龙岩市推进危险化学品生产企业搬迁改造专项工作小组,进一步摸清全市城市人口密集区危险化学品生产企业情况,通过定量风险评估,确定关闭、转产和搬迁企业名单。经调查,全市9家企业涉及人口密集区搬迁改造,两家已关闭、三家停产、两家整改完成(换发安全许可证)、两家拟搬迁至江西会昌。根据实施方案要求,市推进危险化学品生产企业搬迁改造专项工作小组推进搬迁改造工作,按照"一企一策一案"要求,制定企业搬迁改造具体实施方案。

纺织产业

【概况】 2018年,全市纺织产业增速回落较大,规模以上工业主营业务收入118亿元,增幅收窄,增加值比上年同期下降4.4%,比上年同期下降4.3%;全市纺织行业企业实现利润7.9亿元,税金总额3.2亿元。主要产品产量:纱21万吨,服装5853万件。其中,长汀纺织产业全年完成产值90.1亿元,比上年同期增长13.5%。漳平市全年实现规模工业产值45.6亿元,比上年同期增长8%。

【重点项目】 长汀县,金怡丰二期项目,完成3栋厂房建设,部分设备到位;亿来纺织二期10万纱锭项目,完成施工图设计、立项、规划报批,正在进行施工、消防等其他手续报批;荣耀万吨涤棉色纺竹节纱项目,1月意大利进口设备80台(套)到位并开始安装调试,3月,完成安装调试,3月28日,部分投产;华平5万纱锭重建生产项目,1月投产,新上5万纱锭生态纺织品高端用纱项目的厂房建设规划许可证已办理,施工许可证、环评正在办理中,正在进行设备预订;天守文兴经编加弹技改项目,1月从德国进口3台套加弹机、5台整经机、20台经编机并安装使用,计划新建4栋厂房,完成图纸设计,图审;南祥针织技改项目，新购买45台全自动电脑横机并投入使用；承东纺织项目，新增64台喷水织机并投入使用；卡鑫隆针织技改项目，2月购买100台全自动电脑横机并已投入使用。由于智能化程度高，减少大量用工。漳平市，天守（福建）超纤科技股份有限公司期正在进行设备安装；三达无纺布，新建一条化纤生产线，正在进行厂房基础建设；协龙高新化纤项目色纱生产线厂房已建好，设备正在安装调试。

【品牌质量】 注重品牌培育工作，提升品牌知名度。喜鹊、佳丽斯获得中国纺织工业联合会颁发的"全国重点跟踪培育纺织服装自主品牌企业"和中国质量协会颁发的"用户满意产品"称号，荣获"龙岩老字号"和"新罗老字号"称号。其中，2018年，佳丽斯公司顺利通过"两化融合管理体系"的评定；陶勇强获得"改革开放家纺行业突出贡献人物"奖；郑羡获得"福建省服装纺织工匠"荣誉称号，提升品牌知名度和美誉度。全年共66个设计作品进行版权登记，并荣获"福建省版权示范企业"。女王、fine home、居家等三个系列的包装获得外观设计专利，另申请的四个实用新型专利正在审核中。喜鹊公司获得"发明"专利一项和"实用新型"专利五项。公司注重高质量发展，加强质量管理、创新、标准和品牌建设，推进先进的质量管理方法，有效降低成本、提高质量，取得较好绩，获得福建省质量协会颁发的"福建省质量管理优秀单位"荣誉

【军民融合】 喜鹊毛巾再次在军方后勤保障部华北局的集中采购中中标，成为龙岩市第一家在后勤保障部集中采购中连续2年中标的企业。荣获"龙岩市军民融合企业"称号。

【市场开拓】 佳丽斯加强市场基础管理，提升市场运营能力。通过创新管理方式，紧跟平台趋势，尝试内容营销，提升市场和电商业绩。在市场环境比较困难的情况下，重庆、福州、泉州、南昌、贵阳、西安等6个市场实现销售回笼比上年同期增长。

建材产业

【概况】 2018年，全市水泥行业价格比上年同期上涨，环比平稳，水泥需求小幅增长。全年行业税利突破历史高位。全年水泥价格价差比上年同期基本保持在50元至100元，2018年1月，水泥价格起点较高，保持在350元/吨，进入6月至7月份价格持续走高，虽然9月价格有所回落，但10月开始价格一路上扬突破400元/吨。2018年，建材行业实现工业总产值294.14亿元，比上年同期增长10.6%。全市现有水泥企业19家，其中新型干法水泥企业12家，水泥粉磨站7家，共20条水泥熟料生产线。2018年，水泥产量3662万吨，比上年同期减少2.9%。

【主要经济指标】 2018年，非金属采选业主营业务收入35.3亿元，比上年同期增长17.4%，利润3.3亿元，比上年同期增长9.5%，利税2.84亿元，比上年同期增长6.9%；非金属矿物制品主营业务收入258.83亿元，比上年同期增长22.0%，利润30.9亿元，比上年同期增长148.7%，利税9.62亿元，比上年同期增长58.2%。

【重点项目】 龙麟集团水泥窑协同处理垃圾项目，6月初开始正式投产运营。福建春驰新丰水泥有限公司利用2500吨/天水泥窑技改协同处置危废项目建成，但未开始运营。福建省永定兴鑫水泥有限公司（原闽福建材）异地技改日产5000吨生产线项目正在实施建设。福建龙麟环境工程有限公司有限公司三线4500吨/天水泥窑年协同处置危废10万吨项目、福建蓝田水泥有限公司利用2500吨/天水泥窑技改协同处置危废项目正在稳步推进。永定洪山石材产业园区8家石材加工企业已入驻园区，开始室内装修。

【水泥企业错峰生产】 贯彻落实国务院办公厅《关于促进建材工业稳增长调结构增效益的指导意见》（国办发）及工信部、环保部《关于进一步做好水泥错峰生产的通知》文件精神，根据省建材协会制定的错峰生产行动方案，全市12家新型干法水泥20条生产线均严格执行错峰生产规定。

【石材行业整顿】 从2016年12月19日起，龙岩市要求辖区内所有石材加工企业实施停产停电措施。按照石材加工整治工作要求，全市从2017年1月份开始，永定、上杭共91家石材加工企业全部处于停产停电状态。永定石材循环产业园区建设既与石材产业发展息息相关又与水环境整治等环保督查紧密相连。永定区已做好第一批搬迁入园企业的进驻工作。

光电与新材料产业

【概况】 2018年，龙岩市光电与新材料产业继续加快发展，已形成一定发展规模。光电产业现有规模以上企业36家，企业主要分布在连城、武平、永定、龙岩高新区等地，主要产品有手机、平板等智能终端产品、液晶电视、电容触摸屏、导光板、扩散片等背光模组光学材料、人造蓝宝石、蓝宝石图形化衬底、LED等；新材料产业现有规模以上企业29家，企业主要分布在长汀、上杭、连城、新罗等地，主要产品有稀土新材料、锂电新材料、氟化工新材料、硬质合金材料、保温隔热材料等，稀土新材料产业在新材料产业中起主导作用，产值占整个新材料产业的70%左右。1—12月，全市光电与新材料产业增加值比上年同期增长19.8%，增速在全市九大工业产业中排名第一。

【企业培育】 龙头企业培育发展壮大。冠睿电子、正德光电等3家光电企业列入市"双培育"工业龙头企业,完成产值29.9亿元。金龙稀土、清景铜箔等5家新材料企业列入市"双培育"工业龙头企业。重点成长型中小微企业发展加速。合信创展、德煜照明、中晶科技等7家光电企业列入重点成长型中小微企业培育计划,年度计划产值10.35亿元,完成产值11.24亿元,比上年同期增长48.3%。协龙高新化纤、坤孚股份等12家新材料企业列入重点成长型中小微企业培育计划,年度计划产值12.43亿元,完成产值14.29亿元,比上年同期增长52.3%。

【项目建设】 2018年,全市共安排科普特电子、中触电子、长汀轨道交通新型防水材料、金龙稀土等11个市级光电与新材料产业技改投资项目,年度计划投资9.05亿元,完成投资13.65亿元,完成全年目标任务的150.8%。

稀土产业

【概况】 2018年,稀土产业完成产值101亿元,比上年同期增长26.2%,其中龙头企业金龙稀土有限公司完成产值比上年同期增长30.4%。全市分离稀土氧化物3948吨,生产稀土金属2192吨、钕铁硼永磁材料8566吨。

【项目建设】 签约项目4个,分别为比路电子智能音圈马达、贝思科钛酸钡粉体(二期)、卓尔科技钐钴永磁材料项目(二期)、陇和催化剂配套原料项目;开工项目4个,分别为卓尔科技钐钴永磁材料(一期)、比路电子智能音圈马达、雷生科技机关及闪烁晶体、鸣友热转印稀土新材料项目;建成项目3个,即:贝思科钛酸钡粉体(一期)、卓尔科技钐钴永磁材料(一期)、比路电子智能音圈马达(一期)。

【产业发展】 2018年,工信部分配给龙岩市稀土分离指标比2017年增加1300吨,占全国离子型稀土增加指标的83%。8月,工信部一行到龙岩调研稀土产业发展情况,充分肯定龙岩市稀土资源的管理模式、精深加工工艺水平、废水处理等方面的做法与成效。

(市工信局)

物流产业

(参见"物流业")

重点企业

紫金矿业集团股份有限公司

【紫金矿业居福布斯2000强第九百四十七位】 6月6日,福布斯发布"2018全球企业2000强"榜单,紫金矿业进入第九百四十七位,较上年前进253位。并在上榜的全球37家有色企业和6家黄金企业中,分别居第十四位和第二位,居中国有色企业第三位和黄金企业第一位。福布斯是采用营业收入、利润、资产和市值4项指标,以相同权重对企业进行综合排名的,其中榜单中市值由2018年5月11日的收盘价计算获得。就榜上的有色企业单项指标而言,紫金矿业营业收入居第十位,国内第三位;利润居第二十三位,国内第三位;总资产居第二十七位,国内第五位;市值居第十六位,国内第二位。2017年,紫金矿业实现归属母公司净利润35.08亿元,比上年同期增长90.66%,盈利水平回归到2008年A股上市后"黄金五年"的历史高位区间,市值、资产总额、营业收入则均逼近千亿元大关。沪港两地股市表现强劲,A股股票价格从2016年末的3.34元/股上涨37%至4.59元/股,H股股票价格从2.50港元/股上涨18%至2.95港元/股。紫金矿业除黄金产量继续领跑国内上市黄金企业外,矿产铜、矿产锌产量也快速增长,已成为国内最重要的矿产铜和矿产锌生产企业之一。

【紫金矿业两家企业获国家科学技术大奖】 2018年,紫金矿业权属企业内蒙古巴彦淖尔紫金有色金属有限公司、湖南省赛恩斯环保股份有限公司各有1项科技成果获得2018年度国家科学技术进步二等奖、国家技术发明奖二等奖。巴彦淖尔紫金有色金属有限公司与北京矿冶科技集团有限公司等单位联合完成的"锌清洁冶炼与高效利用关键技术和装备"项目,聚焦锌冶炼清洁生产与高效利用的共性需求,从源头减排、全过程优化和装备升级三个方面,以"最小化学反应量原理"为指导,开发系列锌冶炼清洁生产及稀散金属综合回收新技术及智能化大型装备。项目成果在紫金矿业、中金岭南、西部矿业、江西铜业等多家知名有色企业推广应用,经济效益显著。紫金矿业作为第二大股东的赛恩斯环保股份有限公司是国家重金属污染防治工程技术研究中心产业化基地。该公司联合中南大学完成"冶炼多金属废酸资源化治理关键技术"项目技术研发,聚焦资源最大化、污染最小化,创新形成废酸资源化治理整体工艺;该技术在国际上首次实现废酸中多金属高效分离,铜锌铋铼等回收率大于96%,危废削减90%以上,在中国十多家冶炼企业得到应用,并列入《国家鼓励发展的重大环保技术装备目录》,实现废酸治理的绿色变革,应用前景广阔。

【紫金矿业居"中国企业500强"第一百七十七位】 9月2日,"2018年中国企业500强"揭晓。凭借2017年约945亿的营业收入,紫金矿业集团位列排行榜第一百七十七位,较上年上升15位。

"中国企业500强"榜单由中国企业联合会、中国企业家协会发布,已连续发布17年。根据这份最新榜单,共有

33家有色企业和5家黄金企业上榜，福建省共有10家企业上榜。“中国企业500强”榜单根据营业收入这一单项指标对各个公司进行排名。当年榜单入围门槛是营业收入306.89亿元，首次突破300亿元大关，实现16连升。入围的500强企业营业总收入首次跃上70万亿元大关，较上年增长11.20%。

【紫金矿业居2018福建企业100强第七位】 11月，福建省企业与企业家联合会向社会公布2018年福建企业百强榜单。紫金矿业凭借2017年营业收入945.49亿元位列第七名。排名参照中国企业联合会、中国企业家协会每年发布中国企业500强的做法，以营业收入作为排序基准，综合参考净利润、资产总额、所有者权益、所有者权益、纳税总额、研发费用、员工总数等指标。该次名单入围门槛为49.03亿元。其中，2017年营业收入为1000亿元以上的有6家，500亿—1000亿元的有6家，100亿—500亿元的有48家，49.03亿—100亿元的有40家；主要分布在制造业、建筑业、服务业、零售业、采掘业等领域，龙岩有三家企业上榜。

【紫金矿业收购塞尔维亚国有铜业公司】 9月17日，紫金矿业与塞尔维亚共和国在北京签订协议，将投资3.5亿美元以获得塞尔维亚铜矿开采及冶炼企业是塞尔维亚国有铜业公司，曾经是该国的核心工业项目，控制4个矿山和1个冶炼厂，是该国唯一的铜矿在产项目。截至2017年底，目标公司在塞尔维亚资源储量委员会备案的矿石总资源储量为25.56亿吨，其中，铜金属量1029万吨，平均品位0.403%。该项目为低品位斑岩铜矿，与紫金山金铜矿矿床类型相近，紫金矿业在低品位难处理方面有丰富经验。协议中，紫金矿业还同意在项目交割之日起6年内投入约12.6亿美元(含上述3.5亿美元)，用于旗下4个矿山和1个冶炼厂的技改扩建或新建等。一期项目完成后，矿山年产铜精矿含铜8.2万吨，冶炼厂年生产阴极铜8万吨。二期项目完成后(含一期)，矿山年产铜精矿含铜12万吨，冶炼厂年生产阴极铜约15万吨。目标公司现有的4个矿山均为斑岩型铜金银类型矿床，其下属矿山位于著名的欧亚成矿带上，成矿远景好，找矿潜力大。

【塞尔维亚RTB BOR铜矿完成交割】 12月18日，塞尔维亚RTB BOR铜矿项目在贝尔格莱德举行交割仪式，紫金矿业以3.5亿美元取得该项目63%股权，是中国对塞投资的最大项目。据了解，RTB BOR铜矿曾是塞尔维亚的核心工业项目，控制4个矿山和1个冶炼厂，是该国唯一的铜矿在产项目。截至2017年底，RTB BOR铜矿在塞尔维亚资源储量委员会备案的矿石总资源储量为25.56亿吨，其中，铜金属量1029万吨，平均品位0.403%。根据协议约定，紫金矿业还同意在项目交割之日起6年内投入约12.6亿美元（含上述3.5亿美元)的资金用于旗下矿山和冶炼厂的技改扩建或新建等。

（龙岩市委党史和地方志研究室）

福建龙净环保股份有限公司

【概况】 2018年，龙净环保公司面对传统煤电市场大幅萎缩、非电烟气治理市场爆发、钢材连续涨价、生产成本持续增加，以及工业废水、VOCs治理、土壤修复等新业务艰难起步等机遇和挑战，攻坚克难，奋力前行。非电烟气治理业务异军突起，再现抢收抢种繁忙景象；传统业务优势进一步提升和巩固，国际化发展步伐持续推进；工业废水、VOCs治理、污泥干化、土壤修复、生态保护等新领域市场开拓取得实质突破，拉开向全环保领域进军序幕。公司各业务团队奋勇拼搏，公共平台支撑给力，服务保障到位，各块表现亮点纷呈。全年新增合同增长30%。

【干法脱硫】 2018年，龙净环保公司干法团队紧抓钢铁烧结超低排放市场机遇，顺势飞扬，实现净利3亿元，全年新增合同43亿元，比上年同期增长2.6倍。充分发挥干法超净技术优势，运用独到的营销战法，深耕细作，稳扎稳打，中标首钢京唐2台500平方米烧结和2台400万吨球团项目，合同总计7.66亿元。取得唐钢集团、中铁装备、文丰钢铁等十几家钢铁烧结超低排放合同近15亿元。以较好价格在石油催化裂化、玻璃窑炉、焦化脱硫脱硝等非电领域超低排放项目实现业绩突破。自主研发的干法脱硫集成气相COA、干法脱硫集成SCR钢铁烧结超低排放工艺技术，实现规模性成功投运。初步构建稳定的干法脱硫灰综合处置体系，有效促进干法市场竞争力提升。设计、生产采购、工程施工、高精制造、质量等全流程能力得到提升。

【电除尘与脱硝】 2018年，电除尘与脱硝工作面对传统火电烟气治理市场大幅萎缩，市场竞争更加激烈的不利局面，克服钢材连续涨价、生产成本大幅增加等困难，砥砺奋进，全年取得净利3亿元、新增合同15.4亿元。中标河源、蓬莱百万项目，全力巩固和提升煤电传统和延伸市场优势。加大力度开拓国际市场和一带一路市场，业绩突出，中标麦寮大电6台66万机组MGGH+WEP改造、孟加拉出口成套66万电除尘等项目。工业废水治理、VOCs治理、烟气消白等新业务拓展迎难而上，实现突破，中标恒兴消白、台化福欣不锈钢废水处理、浙江吉利VOCs等项目。坚持“货款回笼高于一切”原则，齐心协力，实现回款17.7亿元。VOCs拓展高效展开，积极探索省内园区治理新模式。烟气消白具备浆液冷却、氟塑料、钛钢管间接换热三项技术能力并取得市场突破；污泥干化技术调研及技术合作与交流有效开展，取得华润南沙污泥干化项目突破，新领域业务打开局面。

【电袋与管带】 2018年，实现净利1亿元、新增合同11亿元。面对传统电袋市场大幅萎缩和材料涨价等困难，积极应对，进一步巩固和提升公司电袋业务优势，持续保持在大机组的市场竞争优势，中标10台以上30万机组项目。重点加强非电领域技术开发和市场拓展力度，高温超净电袋研发成功，在山西铝厂、魏桥氧化铝等氧化铝、冶金冶炼等非电领域市场取得突破，并获得规模性工工程应用，成为公司在非电领域烟气治理又一项重要技术和产品。加强市场力量，全面介入全行业管带皮带项目拓展，中标商丘管带、靖西管带等4个亿合同，管带生产线正式开始建设，积极推进管带业务布局，加快培育管带业务发展。针对原材料上涨、停建缓建等因素，多渠道推进合同加价，取得进展。加强项目执行重要节点把控，多部门协同推进回款工作，全年回款12.9亿元，比上年同期增加3亿。

【电控业务】 全年实现净利4483万元、新增合同2.86亿元，继续稳固公司中雄地位。他们抢抓市场机会，中标牡丹江热电等一批项目。重点推进非电领域市场工作，非电行业新增合同快速增长，约占全年的三分之二。新业务拓展迈出步伐，低温臭氧脱硝推广工作全面展开，中标福建青拓镍业和金新化工臭氧脱硝项目。扎实推进新技术研发，智能变频电源、烟气治理岛集控系统研发项目顺利通过公司验收；氧气源10kg/h臭氧发生器开发项目进展顺利；E系列新低压系统投入项目实际运用。研发设计人员加班加点，发挥技术支撑作用，电控厂合理排产，各项工作稳定运行。

【冶金工作】 全年实现净利2449万元，新增合同7.23亿元，创历史新高。大力开拓冶金钢铁环保市场，中标乐亭钢铁、河北龙凤山、萍钢等项目。成功策划玻璃行业尘硝硫一体化技术推广会，取得良好反响。《尘硝一体化复合陶瓷超净过滤器开发》完成验收、冶金SCR系统实现全流程自主设计，投入使用。《高温复合滤筒尘硝协同脱除装备》成功入选工信部联合科技部重大环保技术装备目录。

【物料输送】 全年实现净利2062万元、新增合同3.12亿元，创历史新高。立足气力输送、物料抑尘和物料净化业务，提前布局，积极拓展电力行业改造、灰库长距离外送以及钢铁行业项目，取得显著成效。坚持“技高一筹”，顺利完成省煤器结焦破碎装置、智能化气力输送系统开发实验、无尘料斗落料实验等一系列实验研究。项目设计、工程实施等其他工作有序开展。

【武汉龙净环保科技有限公司】 2018年，武汉除尘实现净利1973万元、全年新增合同5.14亿元，创历史新高。面对火电市场萎缩，及时调整工作重心，深入非电行业，甄选优质客户及项目，扩充行业信息渠道，整合团队资源，加强营销策划，各项工作稳中有进，积极引进人才，储备后续发展。

【工业炉窑】 全年实现净利2078万元、新增合同2.05亿元。面对中小锅炉市场竞争惨烈，低价竞标的不利局面，充分发挥市场和技术人员积极性，有效识别用户资信，中标托克逊水泥脱硫、中石油吉林石化脱硝等项目，配合上海龙净成功中标齐化土壤修复项目，助力公司新业务拓展。加强成本优化和控制，自主设计和工程执行能力稳步提升。

（龙净公司）

福建龙马环卫装备股份有限公司

【概况】 2018年度，公司实现营业收入34.44亿元（合并口径，下同），比上年同期增长11.63%，实现归属于母公司股东的净利润2.36亿元，比上年同期下降9.12%。截至2018年，公司资产总额41.33亿元，比上年同期增长7.04%，归属上市公司股东的净资产23.11亿元，比上年同期增长8.00%。

公司主营业务收入34.07亿元，比上年同期增长11.94%，其中环卫清洁装备收入14.89亿元，比上年同期下降4.09%，占公司年度主营业务收入的43.71%；垃圾收转装备收入7.99亿元，比上年同期增长13.99%，占公司年度主营业务收入的23.45%；新能源及清洁能源环卫装备收入0.50亿元，比上年同期下降63.94%，占公司年度主营业务收入的1.47%；环卫服务领域收入10.43亿元，比上年同期增长70.49%，占公司年度主营业务收入的30.61%；其他主营收入0.25亿元，比上年同期下降35.39%，占公司年度主营业务收入的0.73%。

公司环卫装备总产量为8405台/套，比上年同期增长11.95%；销量为8060台/套，比上年同期增长1.04%；库存量为1236台/套，比上年同期增长38.72%。公司市场占有率6.67%，公司环卫创新产品和中高端作业车型在同类市场的占有率为14.27%，保持行业前三水平。公司新增中标的环卫服务项目30个，新签合同年化合同金额6.42亿元，新签合同总金额40.67亿元，截至2018年，公司在履行的环卫服务合同年化合同金额14.68亿元，合同总金额143.57亿元，其中根据“环境司南”数据监测显示：公司中标2018年度开标的环卫服务项目合同总金额在全行业排名第十四。

【研发定制化产品】 2018年，面对环卫装备市场化大趋势，结合公司发展战略，围绕环卫装备“电动化、智能化、网联化”发展趋势，重点开展新能源产品开发、产品降成本设计和环卫装备智能车联网系统研发项目。公司的科技创新能力保证公司持续发展，全年完成各类研发及改进项目1,074个，研发项目总数增加181个，完成54个新产品申报公告，其中新能源产品16个，完成85项专利（其中发明专利32项）申报、53项专利（其中发明专利4项）授权工作，发明专利年度申请量占比由上年的28.42%上升为37.64%。公司油电动力解耦单发洗扫车获得第三届中国设计智造大奖赛的创智奖，全天候洗扫车通过福建省首台套重大技术装备认定，智能环卫车联网系统研发项目完成智能网联终端的定制开发和平台服务器软硬件环境的安装配置，与国家平台联调检测成功并取得《平台符合性报告》。

【探索产业链延伸】 2018年度，公司在固废处置技术方面进行重点研发，取得一定成果；积极研发初步完成有机废弃物处理设备和渗滤液处理设备等固废处置类设备的调试和试运营，成功中标黑龙江省五常市垃圾渗滤液处理设备采购项目，探索固废处置项目的运营模式。

【完善精益化生产】 公司成立成本控制小组，全年完成10余项成本优化项目；通过优化业务模块，形成采购闭环管理格局，加大分散采购实施力度，强化外协质量管理，提高全年供货的合格率和交货的及时率；完成整车检测线搭建、调试及运行工作，组织编制2018年度生产一致性控制计划和执行报告；针对环卫装备扩建项目的新设备进行安装调试及工艺改进，保证新厂区顺利高效投产。

【创新营销模式】 2018年，随着市场环境的变化，公司及时调整环卫装备和环卫服务业务的营销模式。实施大区管理制，转变工作模式，优化人员配置，优化流程制度实现营销体制改革转型；加强市场分析、竞争分析、客户分析，充分运用好政策利好催化，制定针对性的市场规划和市场竞争策略；积极探索环卫服务市场化进程加速下的装备营销政策改革和区域管理新模式。逐步形成依托重点区域辐射周边区域进行项目扩张的点线面结合的工作格局，并形成以区域为单位，后勤部门联合互补，以“项目落地”为核心的全员营销服务拓展模式。

（龙马环卫　供稿）

国网龙岩供电公司

【概况】 国网龙岩供电公司是国网福建省电力有限公司直属的国有大Ⅱ型企业，下辖7个县公司，共有员工4816人（包括县公司）。公司经营区域涵盖全市7个县（市、区）区域，供电用户129万户。2018年，完成售电量113.96亿千瓦时、比上年同期增加8.12%。

【全社会用电】 2018年，龙岩市全社会累计用电129.18亿千瓦时，居全省第八位，比上年同期增长6.66%，增幅低于全省2.86个百分点，增长率居全省第七位。工业用电82.27亿千瓦时，居全省第八位，比上年同期增长5.26%，增幅低于全省4.94个百分点，增长率居全省第八位。第一产业、第二产业、第三产业、城乡居民生活用电量用电量比上年同期增18.14%、6.16%、9.86%、4.79%。长汀县、连城县、武平县、上杭县、新罗区、漳平市、永定区全社会用电量比上年同期分别增长19.15%、18.08%、2.71%、1.42%、4.59%、8.13%、8.38%。

【工业用电】 2018年，龙岩市工业用电82.27亿千瓦时，居全省第八位，比上年同期增长5.26%。全市50家主要存量工业用电客户全年累计用电52.93亿千瓦时，累计比上年同期增长10.8%，拉动全市工业增长6.58个百分点。全年工业用电累计情况，长汀县、连城县、漳平市、永定县、新罗区、武平县工业用电量比上年同期增长分别为30%、24.4%、8.07%、7.71%、1.46%、0.19%，仅上杭县工业用电量比上年同期下降1.04%。

【电网建设】 2018年，国网龙岩供电公司深入研究国家支持福建、支持闽西苏区加快发展的政策，积极向省公司争取最大限度的电网建设资金支持，充分发挥电网基础设施投资的带动作用。“十三五”期间，公司规划电网投资56亿元，比上年同期增长24.44%，电网发展进入新一轮增长期。截至2018年底，龙岩电网共有500千伏变电站1座、220千伏变电站15座、110千伏变电站67座、35千伏变电站95座。以500千伏卓然变电站为中心，220千伏网络环绕市中心城区辐射东部（漳平）、环绕西北部（长汀、上杭、连城）和西南部（武平、上杭、永定）的“一个中心三个环网”的坚强电网格局基本形成，110千伏及以上的电网基本实现不停电，2018年龙岩电网供电可靠率99.842%。

全年按计划完成投资11.11亿元，按期开工建设220千伏永定双溪输变电工程等5项输变电工程，建成投运220千伏星邦输变电、南三龙铁路福建龙岩外部供电等23项输变电工程，全力提升主干电网的供电可靠性。加快配电网建设，完成配网资金5.6亿元，有效解决高故障线路及低电压用户问题。

【打好生态环保战役】 2018年，国网龙岩供电公司，大力推进能源供给侧的清洁替代、消费侧的电能替代，多措并举服务新能源发展，2018年实现分布式光伏发电等新能源并网3308个，发电容量12.14万千瓦。大力支持公共建筑、城市公共照明节能改造和燃煤锅炉清洁化改造，建成漳平市、长汀县、永定区、武平县“智能型电烤烟”示范区；龙岩中心城区餐饮业推广“绿色厨房”电能替代，学校和机关食堂基本实现电气化，2018年实施电能替代项目139个，实现替代电量6.27亿千瓦时。加强水土流失区“以电代材”保护生态环境，促成长汀县政府出台“以电代材”电补政策。积极支持发展绿色交通，加快电动汽车充电设施布局建设，投运充电站57座381个桩，基本实现公共充电网络在市内高速公路服务区、所有县城和主要景区的全覆盖，保障全市1906辆电动汽车“城市内畅行无阻，城市间出行无忧”。加快乡村电气化建设，完成长汀小康用电示范县建设，打造县域现代城市电网建设样板。落实市政府关于电力环网柜美化的要求，结合市政“三桥一路”改造工程，对罗桥至街心沿途的配电箱、环网柜进行彩绘美化，使其同周边环境融为一体，助力龙岩文明城市再提升。

【服务人民用电】 2018年，国网龙岩供电公司深化“放管服”改革，提升营商环境实施细则的工作要求，发布《提升电力营商环境行动方案》，明确24项工作措施。成立业扩联合服务中心，推行“一站式”服务，实现客户办电只进“一扇门”；落实简化办电手续，推行全业务线上办理、“一码办电”，19项常规业务“一次不用跑”、8项业务“最多跑一次”；优化办电环节，高、低压客户用电报装环节分别压减至4个和3个。主动对接省市重点项目，开辟用电报装“绿色通道”，实行“重中之重”领导挂钩制、大客户经理“一对一”服务机制，有力促进会展中心、党校等重点项目早投产、早用电。

【助力脱贫攻坚和乡村振兴发展】 2018年，国网龙岩供电公司坚持“人民电业为人民”的企业宗旨，争取落实帮扶资金115.25万元，先后结对帮扶11个贫困村，选派4名优秀干部驻村担任第一支部书记；184名干部挂钩帮扶260户贫困户，累计开展走访2880次，发放生产扶持资金及春节慰问金共计14.45万元，为全市五保、低保户补贴电费250万元。积极探索长期稳定受益、可复制推广的电力扶贫模式，大力开展光伏定点扶贫，发动全体员工捐款建成武平下坝乡贫困村——美溪村155千瓦光伏扶贫项目，2018年创造效益22万余元，全部用于村财收入和贫困户的生活补助。创新开展“让电传递爱”电力爱心公益项目，发动员工和爱心人士捐赠电费20余万元，为山区220户贫困户发放首批“爱心电费”，帮助困难家庭用上电、用好电。持续推动农网改造及电网升级改造，全面完成贫困村“村村通动力电”改造工程；提前3个月打赢新一轮农网改造升级“两年攻坚战”，显著改善农村生产生活条件，惠及农村居民8.4万户，获国家电网公司新一轮农网改造升级“两年攻坚战”先进集体。

（国网龙岩供电公司）

福建正大食品有限公司

【概况】 2018年，福建正大建立包括饲料生产、种鸡繁殖、肉鸡饲养、肉鸡屠宰加工、熟食产品生产、生物工程为一体的完整产业链，成为畜牧业发展与农产品精深加工的“排头兵”，建立起与农户“精准扶贫”的联结机制，带动农户脱贫致富，努力走以特色效益农产品精深加工为核心的农业现代化路子。

福建正大食品有限公司，产品涵盖冷冻鸡肉、冰鲜鸡肉、洋快餐加工、腌渍调理品、熟食产品等多个系列130多种产品，是肯德基、麦当劳、德克士等国内外知名企业长期稳定的供应商；产品先后荣获“中国名牌农产品”“中国无公害农产品”“中国国际农业博览会名牌产品”“福建省名牌产品”“龙岩市政府质量奖”“福建省著名商标”等荣誉。

2018年，福建正大食品肉鸡产业实现工业总产值23.9亿元；加工冻鸡肉产量12.85万吨，比上年同期增长23%，生产饲料16万吨，实现利润5313万元，年纳税额900万元。

【项目建设】 2018年，福建正大食品有限公司启动“龙岩正大提升产能技改项目”，对原屠宰分割生产线基础上进行升级技术改造，购置白羽肉鸡自动分割、掏膛、称重、剔骨成套设备，技改后，产能提高至年宰肉鸡7200万羽。已完成设备的安装调试生产。同时，公司又投资3000万元，进行“龙岩正大屠宰线技改项目”，进行蒸汽改造工程、红水预冷工程，购置物料转接线成套设备来配套进口自动分割线，物料转接线完成安装生产，红水预冷及蒸汽改造在逐步进行中。在长汀县上修坊计划投资5000多万元，新建一个种鸡场，实现种蛋、鸡苗全部自主供给，统一把控肉鸡源头管理，降低疫病疫情风险，降低管理成本。

（正大食品）

责任编辑　上官克盈

龙岩经济技术开发区（高新区）

【概况】 2018年，龙岩经济技术开发区（高新区）围绕“双融入、双培育、双驱动、双补齐”发展规划，继续按照“产城融合、二三并举，创新创业、招商引智，体制优化、精简高效”发展定位，全力抓产业、扶企业、上项目、优服务，经济运行总体保持平稳增长的态势。在国家级经开区综合发展水平考核中排名第一百四十一位，较上年提升三十六位。成功创建国家新型工业化产业示范基地（军民融合）。全年实现规模工业总产值261.1亿元、比上年同期增长9.5%；规模以上工业增加值比上年同期增长9.1%；财政总收入完成10.3亿元、比上年同期增长8.7%，其中地方级财政收入完成5.8亿元、比上年同期增长7.1%；500万元及以上固定资产投资完成44.5亿元、比上年同期增长6.7%；限上商品销售额完成138.1亿元、比上年同期增长36.6%。

【项目落地】 2018年，龙岩经开区（高新区）全面完成市下达“五个一批”目标任务，成效位居全市前列，其中谋划、签约、开工、投产、增资分别完成21个、65个、17个、14个、9.5亿元，完成目标任务的161.5%、282.6%、170%、350%、273.8%；3个“重中之重”项目、14个省市重点项目分别完成投资19.91亿元、43.91亿元，占年度计划的120%、113.8%；实现90个开竣工项目，总投资298亿元。龙马环卫扩建项目一期建成投产，产能总体提升50%；龙工年产3000台履带式挖掘机、龙岩建筑工业化生产基地、越秀冷链物流项目投产。

【产业发展】 2018年，龙岩经开区（高新区）深入实施机械产业、龙头企业“双培育”行动计划，推动新罗区主导产业加快发展。工程机械、专用车、环境科技三大主导产业累计实现产值209.9亿元、比上年同期增长14.6%。100亿元培育企业4家（龙净环保、龙马环卫、龙工集团、新龙马）实现产值164.9亿元、比上年同期增长23.3%；10亿—50亿元培育企业2家（宸华电池、环海环保）实现产值16亿元、比上年同期增长28.7%。产值超亿元企业达40家，实现产值249.7亿元、比上年同期增长23.4%。新增规模工业企业2家。3家市级、7家区级“一企一策”培育企业分别完成产值150.7亿元、25亿元、比上年同期增长22.2%、25.4%。列入培育对象的24家成长型中小微企业完成产值40.5亿元，完成目标任务的140.6%，其中14家重点培育的成长型中小微企业完成产值36.8亿元，完成目标任务的144.5%。成功培育规模以上服务业8家、限上商贸企业3家、培育服务业龙头企业4家，珠江大厦总部经济入驻企业22家。组织中农批交易城项目申报省级服务业后备集聚示范区，龙合智能装备制造、畅丰专用汽车等2家企业获评2018年省级服务型制造示范企业。

【招商引资】 2018年，龙岩经开区（高新区）充分利用中国海峡项目成果交易会、中国国际投资贸易洽谈会、海峡两岸机械产业博览会等平台，签约项目65个，总投资约150亿元，其中10亿元以上项目4个、5亿—10亿元项目10个，完成目标任务数的282.6%，新签约项目开工53个，落地转化率81.5%，签约完成率、转化率均排名全市第二。今日头条内容审核中心、龙捷物流顺利落地。组织20余家企业参加中国进出口商品交易会、3家企业参加中国食品博览会。积极探索全民招商、委托招商、产业园招商等招商方式，与上海克莱登商务、深圳华盈城市信息签署委托招商协议。持续开展“腾笼换鸟”盘活闲置厂房，完成登记闲置厂房29家，总面积约30万平方米，实现引进入驻企业41家，二次利用厂房约21万平方米。

【创新驱动】 2018年，龙岩经开区(高新区)大力培育"单项冠军""专精特新"企业，龙净环保、龙马环卫入选"2018中国环境企业50强"，龙净环保获评"国家级制造业单项冠军企业"，龙马环卫、卫东环保获评"省级制造业单项冠军企业（产品）"、固尔特矿用车获评2018年省级"专精特新"中小企业，新增10家省级科技小巨人领军企业。钰辰微电子、龙新三维阵列获省创新创业大赛决赛和全国行业总决赛"优秀企业"称号。成功申报"打造特色载体推动中小企业创新创业升级"工作，首批2500万元资金已到位，与龙岩学院签订共建规模600万元的奇迈科技创新、专用车工程研发中心基金合作协议。全力推进专利申报工作，专利申请总量549件、比上年同期增长26.7%，为33家企业申请经费补助190万元。

【要素服务】 2018年，龙岩经开区(高新区)落实市工业"十五条""二十一条"等系列惠企政策，组织29家企业申报省专项、市工业"十五条""一企一策"等奖励资金4479万元，落实企业研发经费补助资金2413万元。持续完善与两区征地拆迁工作协作机制，完成房屋拆除179户7.73万平方米，市委"大督查大落实"1号督查令龙马环卫扩建项目二期提前3天全面完成征收任务。扎实开展"两违"专项整治行动，清理闲置土地24.8公顷，出让用地14.4公顷，拆除各类违建13.38万平方米，完成年度拆违任务的334.4%。推进依法行政、建设法治政府工作，无偿收回原凯鲍闲置土地，完成方明彩钢地块过户。实行党政班子成员挂钩7个大片区，实现72家规模企业干部挂钩全覆盖，收到企业反应的困难问题116个，已办结111项，长期跟踪服务5项(招工、融资等持续性问题)。启用珠江大厦企业服务中心(行政服务中心)大厅，开设税务、商务、国土、规划等业务工作窗口，对企业进行"一站式服务"。12345便民服务平台("e龙岩")接收诉求件286件，及时回复率、满意率均为100%。

【基础设施】 2018年，龙岩经开区(高新区)全面启动高陂片区控制性详细规划编制工作，龙岩实验学校、平在3号路实现开工建设，加快高新区实验小学、富鑫标准厂房、上洋西路、龙溪邦西路等项目前期工作，北环路加快扫尾攻坚，平在片区交通路网、污水管网基本建成。

（开发区）

厦门龙岩山海协作经济区

【理顺机制体制】 2018年3月，龙岩市人民政府副市长蔡蔚获带队赴广东深汕特别合作区，开展学习考察区域协调发展思路和园区开发建设先进经验和做法，合作区结合当前实际，直面亟须破解的难点问题，就进一步提升完善合作区体制机制向两市提出工作建议。

合作区现状与深汕特别合作区曾经的发展模式和历程十分相似，其成功经验具有较高的借鉴作用。

【落实两市党政联席会议定事项】 2018年，厦龙山海协作经济区（下称"合作区"）认真贯彻落实两市党政联席会议精神，进一步推动决策和议事机制完善，形成按照分层面解决问题的机制体制成为常态化。8月20日，两市常务副市长工作会议在厦门召开，会议进一步对合作区机制体制等问题进行研究，会议议定由厦门住宅集团作为合作区开发运营主体，并尽快提出合作区具体开发方案，报两市市政府参考决策。11月27日，市委书记许维泽在合作区召开专题调研座谈会，并在会上就进一步理顺机制体制、招商引资、基础配套、园区规划等重点工作做出部署，推动合作区开发建设。

【招商引资】 2018年，厦龙山海协作经济区统筹招商力量，成立招商工作领导小组，抽调干部充实到招商第一线，编写招商政策汇编，制定年度招商计划、项目评审和重大项目一事一议制度，进一步夯实招商工作基础。实行全员招商，将招商任务分解到部门和干部，强调全员参与招商。每月由分管领导带领精干招商人员，奔赴各地开展项目推介和考察交流活动。深圳英威腾制造基地、厦门理工学院红色孵化器等项目签约落户合作区，与厦门鑫东森公司洽谈总投资100亿元、2万台织机纺纤项目。探索委托招商模式，搭建更大招商平台，充分利用深圳市公共服务设施维护协会、厦门市海沧区委托社会化招商的招商合作机制，积极联系对接一批"有共识、有实力、有意向、有潜力"的优质企业到厦龙合作区投资兴业，通过委托招商、平台推动，完成"闽商回归"、深汕特别合作区考察等工作任务。

【项目建设】 2018年，合作区重抓招商引资、合同签约、开工建设等关键环节，进一步完善项目管理和推进机制，研究制定合作区项目落地攻坚战役实施方案，狠抓任务分解落实。完成谋划项目5个，分别为投资11.8亿元的公共安全与反恐领域机器人及无人机产业化项目、投资5.2亿元的年产2万吨生物质燃料丁醇项目、投资5.7亿元的纳米功能纤维生产项目，投资6.1亿元的食品、医药灌(包)装特种设备生产项目，投资2.8亿元的轨道牵引系统产业化基地建设项目。签约项目8个，分别为投资2亿元的阳光三环公共服务设施产业园保洁清运及设备生产一体化项目、投资6亿元的深圳阳光三环公共服务设施产业园粪污净化资源利用及设备生产一体化项目、投资13.7亿元的深圳阳光三环公共服务设施产业园基础设施建设项目、投资0.3亿元的厦门理工学院红色孵化器项目、投资2亿元的英威腾牵引系统产业化基地建设项目、投资1亿元的厦门卓成日用化工设备生产基地项目、投资0.5亿元的龙岩昆润雁石LNG气化站项目、投资0.5亿元的龙岩昆润白沙苏坂LNG气化站项目。2018年，合作区完成固定资产投资2077万元；新增注册企业数2家；欣博电子、朗净检测、全国首个红色孵化器（厦门理工学院红色孵化器）等项目实现入驻，其中，欣博电子项目9月投产。

【土地供应】 2018年，合作区完善土地收储管理工作，对雁石启动区2.67公顷未报批土地启动报批，推进雁安东路污水管建设用地的报批建设。

【入驻企业环保审核】 2018年，合作区将绿色发展理念贯穿于项目招引全过程，杜绝污染项目落地，督促指导入驻企业做好环境影响评价工作，对入驻园区的欣博电子项目，针对排放的污染物提出处理措施。

【财政运转】 2018年，合作区规范财政资金申请拨付流程，加强合作区税收入库，收回所属合作区财政收入29.9万元；主动对接省人行，积极筹备合作区金库的设立，涉及金库设立的财政体制、国地税机构设置等问题已解决；创新投融资机制，优化雁石片区130.53公顷项目及白沙—苏坂启动组团项目的测算和投资方案；与两市商业银行、政策性银行及各地的基金公司等对接，共同探讨融资开发方案的可行性。

（厦龙合作区）

漳平（永福）台湾农民创业园

【概况】 2018年，漳平（永福）台湾农民创业园继2017后又在全国台创园建设发展第三方综合评价中获第一名。园区被授予国家级“海峡两岸青年就业创业基地”。“大陆阿里山景区”被评为国家AAA级旅游景区，荣登人民网“2018踏青赏花特色小镇排行榜”榜首，台品樱花茶园被评为首批“全国绿色食品一二三产业融合发展示范园”，“台品高山茶”入榜全国一村一品示范村镇监测合格名单，鸿鼎农场“现代农业智慧园项目”通过省级验收。

【产业融合】 2018年，漳平（永福）台湾农民创业园区接待游客100万人次，旅游收入3亿元。实施永福高山茶“品种、品质、品牌”提升工程，鼓励引导台企改造提升低产老茶园，引进茶叶新品种，推动高优生态茶园建设；以赛促质，举办“永福杯”海峡两岸茶王赛，组织台农参加中国（上海）国际茶业博览会、鹿谷乡高级冻顶春茶展售会等海峡两岸茶事茶赛活动。截至2018年，建设台品樱花茶园、鸿鼎观光工厂、岳山茶事人文休闲茶园等20个“一企一特色”项目，形成观光休闲农业、健康养生养老、乡村旅游等多业态发展。休闲旅游带来的人流，拉动茶叶、花卉等销售，促进当地餐饮、住宿等三产发展。

【台青创业】 2018年，漳平（永福）台湾农民创业园组织中国台湾青年参加“农业部台湾青年农业创业创新研习班”“农产品电子商务研习班”“闽台智慧农业合作交流培训班”等活动，推进青创团队辅导培养，提升台湾青年创业能力。园区2位台湾青年获福建省“101台湾青年创业扶持计划”暨台湾青年“创业之星”荣誉称号，2位台湾青年嘉获“福建省青年岗位创业能手”荣誉称号。实施两岸青年智慧创业园（台湾青年创业中心）项目，建设独立两层办公室21栋，形成集会议培训、农产品展示、电子商务于一体的智慧创业平台。依托创业平台，打造岳山、九德、来福、御山晨露、勇福等一批台湾青年创业示范营（点、场）。举办海峡两岸青年联谊交友会、台湾青年制茶技艺交流等活动，推动台湾青年在台商联谊会、闽台缘高山茶合作社中担任职务，落实台农子女就学、医疗保障、生病慰问等机制，推动台农扎根园区创业发展。

【两岸交流】 2018年，漳平（永福）台湾农民创业园举办首届“两岸农民共庆丰收节—走进福建漳平‘大陆阿里山’”、海峡两岸茶事·美食嘉年华、台湾青年·邻里园区参访体验行、台湾高校学生园区校外教学实践活动等两岸交流活动；邀请中国台湾社团15批次、200人次到园区参访考察、体验交流。全年新增入驻台企7家，注册资本金1.4亿元；在第十届海峡论坛·两岸特色乡镇交流暨促进“双新双创”发展对接会、中国国际投资贸易洽谈会和两岸企业家峰会年会等活动中，签约项目8个。

【管理与服务】 2018年，漳平（永福）台湾农民创业园开展“台商台胞服务年”“台商台企大走访”等活动，解决台商在农业发展中遇到的困难问题。落实园区台企农产品加工享受农业用电优惠政策，每年节省成本80万元以上；争取台二代申领林权不动产证书，推动台企继承发展；加强政银企对接，2018年，园区10家台资农业企业实现贷款4075万元，争取贷款贴息资金221万元。助推永福高山茶打品牌拓销路，启动“永福高山茶”千人茶文化·茶艺培训推广计划，与本来生活网联合举办“永福高山茶”寻茶之旅活动，推动与中国网库集团、小罐茶等建立战略合作伙伴关系，组织台商台企参加第二届中国国际茶叶博览会、第十六届中国·海峡项目成果交易会、第十六届中国国际农产品交易会等各类展会活动，实施高山茶线上线下平台建设，拓宽台商台农茶叶销售渠道，扩大“永福高山茶”品牌知名度和影响力。举办全国首个台创园区集体协商会议，惠及园区48家制茶企业5000名采茶工；落实园区台商子女及其企业高管子女享受本地居民子女入学同等待遇，健全台商台农、台青医疗保障、生病慰问、节日联谊等常态机制。争取农业农村部海峡两岸农业合作项目、省级台创园建设专项资金、闽台农业合作示范项目、省级农业综合开发台创园优势特色产业农业示范园等1100万元项目资金支持，用于推动茶厂（农场、茶园）改造升级、产业融合、完善基础设施等；建成连接园区核心区永福镇至龙岩中心城市的快速通道通车，推进"大陆阿里山"景区基础设施、后盂水库供水工程等项目的建设。

（台创园）

福建龙州工业园区

【概况】 2018年，福建龙州工业园围绕"2+3"产业发展布局，以发展壮大应急产业为核心动力，推动园区产业向智能化、集成化、数字化发展，加快产业转型升级。当年有入园企业415家，其中投产企业348家，规模企业215家。全年实现工业总产值356.3亿元，比上年增长14.2%，其中规模工业总产值342.12亿元，比上年增长13.6%；实现税收6.68亿元，比上年增长31.8%。产值超亿元企业82家，纳税百万元以上企业66家。完成工业增加值83亿元，出口额1.36亿美元。园区主要经济指标继续领跑全市工业园区，经济总体呈现平稳较快发展，规模企业带动效益较为突出。继全市首个产值突破100亿元、200亿元、300亿元、350亿元的工业园区后，园区正跨步向产值突破400亿元的发展新台阶挺进。

【品牌效益】 2018年，福建龙州工业园区以转型升级为目标，推动企业打造技术创新平台，鼓励企业加快品牌提升建设。当年，园区拥有各类型上市公司9家，博士后科研工作站5个，国家级高新技术企业33家，国家级企业技术中心1个，中国名牌产品1个，中国驰名商标2个，省知识产权试点企业4家，省级企业技术中心7个，省名牌产品14个，省著名商标32个。

【产业布局】 2018年，福建龙州工业园区规划总面积12.1平方千米，由核心区、高新区、东宝工业集中区、龙池工业集中区、龙丰新型建材产业园、龙泰新材料产业园等组成，为"一园多区"格局。核心区着力发展应急装备产业，加快推进专用车及应急装备产业园建设，初步发展成为工程机械、运输机械、环保设备及硬质合金加工组成的机械制造产业特色园区。按照"一基地两园区"的产业发展布局，以成功创建国家应急产业示范基地为契机，在做大做强高端机械装备制造业的同时，打造生物医药产业园和数字经济产业园，抓好生物医药产业园、数字经济产业园的扩能增效，发挥产业园区聚集企业、高效发展的平台作用。

【项目建设】 2018年，福建龙州工业园区全年累计收回沃科诺、协锐、长天节能照明等9个项目共计16.46公顷用地、厂房面积约10万平方米。推进林地报批和土地报批工作，满足龙达标准厂房、格兰尼二期、一阳生等项目用地需求；完成15宗土地招拍挂共计约52.67公顷，满足易力特、威士忌、亿瑞电力等项目建设需求；对接协调街道完成征地拆迁约16.67公顷用地，满足龙达标房、威士忌、卓越等项目建设需求。重点推进龙泰新能源项目、龙净陶瓷滤筒项目、卓越新能源二期项目、格兰尼生物二期、中信重工特种机器人等当年新项目建设。指导、配合、督促国资集团加快实施龙达标准厂房一期、二期建设。对新建项目办理各项手续时，安排专人跟踪服务，确保一阳生生物酵素、龙工锻件、格兰尼生物三期、灵升机械、环创科技等项目如期开工建设。启动生物医药产业园污水处理厂规划建设，为打造生物医药产业奠定基础。加快创业园C幢的续建工程，进一步提升园区整体投资环境。

（新罗区委党史和地方志研究室）

海西龙门物流园区

【概况】 2018年，海西龙门物流园区以龙岩公路港、卡车大世界等重大项目为抓手，培育壮大汽贸销售行业，拓展发展商贸物流、旅游休闲等服务产业，完善园区物流功能配套建设，强化招商引资，盘活闲置地块，有序推进项目建设。全年园区累计投资15771万元，全年园区销售额123.57亿元。其中，限上规模企业73家，实现新车销售额达114.01亿元，比上年增长5.1%，二手车过户交易25040辆，交易额9.56亿元。

【龙岩卡车大世界项目】 2018年，龙岩卡车大世界项目位于319国道龙门镇朝前路段，总投资2.3亿元，规划用地8.2公顷，总建筑面积3.8万平方米，以中重卡、工程机械类销售为主。6月29日，该项目一期开工，用地规模2.43公顷，由福建雁翔实业发展集团有限公司规划建设。

【龙岩公路港物流园项目】 龙岩公路港物流园项目是2017年省重点预备项目，由福建龙洲运输股份有限公司下属的龙岩龙兴公路港物流有限公司投资建设。该项目选址于红坊镇紫安村，总投资5亿元，占地21.57公顷，规划年货物吞吐约400万吨，电商物流中心（A地块3.93公顷）、快递物流中心（B地块3.44公顷）、物流集散基地（C地块3.67公顷）、零担物流中心（D地块3.93公顷）、农产品仓储物流中心（E地块3.45公顷）、冷链仓储物流中心（F地块3.13公顷）等六大功能区，是一个集传统仓储货运、现代电子商务、信息化交易平台、区域配送分拨为一体的综合性物流园区。2018年底，项目ABCDEF地块获福建省政府批复，征地拆迁和杆线迁移进入扫尾工作阶段，正着手土地公开出让。

（新罗区委党史和地方志研究室）

永定工业园区

【概况】 永定工业园区地处永定城区西南3千米，总体规划用地面积13.68平方千米，属省级工业园区。其中，一期规划6.32平方千米，分A、B、C三个组团，用地面积约633.33公顷，可利用土地存量约133.33公顷；二期规划7.36平方千米，是永定城区西拓及永定“三区两园”管理体制调整后工业再造的主要承载平台。园区规划定位以高科技型、环保型、劳动密集型及轻工业为主，按照“以产促城、以城兴产、产城融合”思路建设新型园区，重点发展光电信息、新材料和生物制药等产业。其中，光电信息产业园是工业园区重点打造的产业平台之一，项目总投资4.93亿元，规划用地10.15公顷，规划建设16.58万平方米，包括建设14万平方米的标准工业厂房、研发中心和2.72万平方米的企业职工服务中心。项目分两期建设，第一期16幢标准厂房和2幢商住办公楼已全面竣工并投入使用；二期工程由温州置信集团投资建设，总建筑面积8.89万平方米，完成平整，四周市政道路建成，具备基本建设条件。

【基础设施】 2018年，永定工业园区水、电、路等基础设施和各项公共配套设施日臻完善，综合实力明显增强，省内外企业争相入驻，园区产业集聚效应逐渐显现，成为永定工业再造的新平台、乡贤回归的新舞台、产城融合的新起点。园区企业总数43家（入驻光电信息产业园企业21家），其中工业企业41家（光电行业企业19家），投产企业30家，规模以上工业企业8家。

【项目建设】 2018年，永定工业园区实施重点项目16个，其中工业项目13个，基础设施项目3个；新开工工业项目13个，竣工项目11个。兄弟光缆、浩瀚芯电子等11个项目实现当年开工当年竣工投产。落户工业企业7家（光电信息企业6家）总投资近10亿元，全部竣工投产，租赁标准厂房面积约2万平方米；洽谈储备项目10个，签约落户园区项目3个。

【营商环境】 2018年，永定工业园区盘活利用存量土地。园区收回土地面积约46.67公顷、建筑面积约6万平方米；报批林地46公顷、土地11.3公顷；完成土地场地平整面积近40公顷。营商环境不断优化。园区建立干部联系服务项目的长效机制，将“保姆式”的服务贯穿于项目招引、落地、达产、政策兑现及持续发展的全过程中。配套设施日臻完善。园区公共实训基地、职工文体活动中心、警务室、医疗卫生室、职工食堂等全面投入使用，给职工创造良好的工作生活环境。

（刘荣阶）

上杭南岗工业园区

【概况】 2018年，南岗工业园区（以下简称工业园区）有落户企业81家，其中规模以上企业29家，实现工业总产值400亿元。全年新开工项目有宏拓机械制造、绿科建筑实训基地、紫金顺安物流、柯宁环保、紫盈珠宝、润发电子、锐美家等7个项目。新竣工项目有锐美家、宏拓机械、紫盈珠宝、润发电子、永谦电子、福建微波通通信技术、鑫昌龙新材料、太阳铜业8个项目。其中太阳铜业年鉴22万吨连铸连扎项目成为龙岩市首个百亿车间。全年完成各项工程用地12.71万平方米交地工作，迁移32座坟墓，完成黄竹村汀江绿道九仙湖沙场、杭永高速南互通、黄竹村等16户房屋等建（构）筑物拆迁补偿工作。

【创业创新】 2018年，南岗工业园区加快推进申报省级高新技术产业园区工作。加大园区科技创新扶持力度，提高人才、技术、资本等综合创业服务能力，加快推进鑫昌龙尾矿综合利用研究实验基地项目建设。探索企业自主创新发展的有效路径。加快完善科创园建设，充分发挥“筑巢引凤”作用，为广大创新创业者提供良好的工作空间、网络空间、社交空间，提供办公配套、研发支持等服务。已入孵企业13家，其中入驻科创园综合大楼的企业有8家，对具备研发能力企业提供孵化服务并签订孵化服务合同5家。其中金山锂科新材料已毕业落地；汉晶新材料项目已成功孵化，年产2万吨硅钛白粉项目已通过联审，即将落地生产；金谷生物公司被确定为福建农林大学植物保护学院专家服务站和实验基地；通图飞行学院AOPA无人机驾驶员培训点。2018年入驻企业争取人才补助资金约700万元。

【安全生产】 2018年，南岗工业园区以重要节假日、“安全生产月”“质量月”“安全生产法宣传周”等活动为契机，以观看警示教育片、安全生产知识竞赛、标语、广播、专栏等多种形式开展宣传活动，集中宣传相关安全生产法律法规，组织企业负责人、安全管理人员和从业人员依法进行安全生产培训。同时园区严把新上项目环境准入门槛，对不符合产业政策和环境保护要求的，一律不予准入，持续提升空气环境质量，加强固体废物处理处置与污水监管，完善环保网格化监管体系，确保不出现环保安全问题。

蛟洋工业园区

【概况】 2018年，蛟洋工业园区实现工业总产值273亿元，税收5亿元，利润8.5亿元。入园企业全年完成工业固定资产投资4亿元,基础设施投入资金1.5亿元。全年新联审入园AHF配套年产5万吨硅酸盐(钠、铝)联产5千吨氟化钠项目、利用磷石膏年产45万吨磷石膏粉项目、2万吨/年无水氟化氢生产线建设、年产15万吨半导体湿法电子化学品项目(年产36万吨半导体级电子材料项目)、年产100万平方米透水砖及200万平方米新型墙体材料建设项目、年产4万吨磷酸三丁酯、磷酸三(异)丁酯和磷酸三乙酯生产线项目、年产15万吨废旧锂电池资源化利用及10万吨锂电池三元前驱体生产项目、年产5万吨磷酸二氢钾项目年产4万吨食品级焦磷酸钾(三聚氰酸钾、磷酸氢二钾)项目、年产10万吨新型水处理净化剂(废酸利用)建设项目10个。新开工御研纳米生物肥及农用微生物制剂生产项目、铜冶炼资源综合利用及无害化处置工程、龙氟化工无水氟化氢生产扩建项目、瓮福紫金磷石膏综合利用项目4个。新竣工项目瓮福紫金PPA扩能项目、多级粉煤灰项目2个。

【基础设施】 2018年,蛟洋工业区完成市政维护和零星作业项目,上杭县蛟洋工业区瓮福紫金厂区路段停车场工程,上杭县坪埔保障性住房安防监控工程,上杭县蛟洋工业区智慧园区(一期)工程,紫金铜业厂区扩建西侧边坡支护工程,上杭县天然气(坪埔)储配站挡墙及边坡治理等工程,总投资3500万元。总投资7200万元的公共环境应急池已完成应急池主体及管网建设,并投入试运行。全长约7千米,总投资约6亿元的蛟洋工业区21号循环路已明确项目建设方案,由县交通局牵头负责建设。配合蛟洋镇政府完成下道湖整村109户428人的搬迁工作,正在进行安置地的建设。

【生活配套设施】 至2018年底,向蛟洋工业园区企业出租保障房267套,为企业员工提供生活保障;创办蛟龙创业园,延伸配套产业,孵化出益民家政服务、幼儿托管中心,带动就业,为园区企业职工和当地群众提供优质便捷的配套服务。2018年,先后开展“蛟洋工业区新春招聘会”、“高校毕业生暨精准扶贫专场招聘会”等人才招聘会,为园区企业解决人才需求。

【用地报批及土地征控】 2018年,蛟洋工业区完成土地报批85.67公顷,林地报批52.87公顷。完成8家企业的土地挂牌出让工作,共计37.91公顷。

【获评省级园区循环化改造重点支持园区】 2018年5月,蛟洋工业园区完成省级园区循环化改造重点支持备选园区的申报(福建省重点推荐申报国家级循环经济园区),2018年7月,被确认为省级园区循环化改造重点支持园区,并下达1000万元财政扶持资金。年底,启动申报省级绿色园区的前期工作。

【大数据平台建设】 2018年10月,蛟洋工业区新建一个总投资570万元的智慧园区大数据平台,在指挥中心安装12块高清大屏,接入园区企业综治安全监控600多路、园区道路监控26路、安监危险化学品重大危险源在线监管信息采集企业5家、企业消防信息采集企业20家、县医院120急救车辆10辆、水利防汛采集点5个、环保污染源信息采集企业30家,平台实现园区企业人员、生产、管理可视化。

【安全环保工作】 2018年,蛟洋工业区按照“党政同责、一岗双责、失职追责”要求,全力抓好园区安全环保工作,开展安全环保巡查、检查和隐患整改工作,整改率100%;健全环保会商制度,建立“一企一档”,配合开展专项执法检查工作,促进企业废水、废气达标排放和废渣的有效处置。

(上杭县委党史和地方志研究室)

武平工业园区

【概况】 2018年,武平工业园区实现总产值61.09亿元,比上年同期增长3.85%;规模以上企业产值59.29亿元,比上年同期增长3.97%;税收8784.65万元,比上年同期增长66.98%;固定资产投资完成2.15亿元。其中,以不锈钢加工为重点的机械制造产业实现产值35.41亿元,比上年同期增长15.07%。

【项目落地】 2018年,武平工业园区新签约落户项目8个(晋博装配、象洞鸡屠宰冷链物流、伊万通、凝聚力、燚塑光电、山普科技、拓岩密封件、充电桩)、新开工项目7个(华衡、山普、星之谷、百香果出口基地、凝聚力照明、拓岩密封件、象洞鸡屠宰冷链物流),新竣工项目5个(福思科技、华衡、淘钢城、孵化器、金鲨),在建项目4个(媄洁、凝聚力、燚塑光电、山普科技)。金鲨、嘉喜、福思科技3个市“重中之重”项目实现投产,园区17个重点项目中,建成10个,在建4个,进行前期工作3个。

【科技创新】 2018年,喜浪米业院士工作站正式落户武平工业园区,钢泓科技与龙岩学院共建实习交流平台,福思科技激光显示应用场景解决方案创新荣获中国创新创业大赛(福建赛区)初创组一等奖,新增省级小巨人领军企业1家(龙兴木业),众森、龙兴木业、吉美等3家企业列入2018省重点上市后备企业,龙兴科技被评定为省知识产权优势企业。

【园区建设】 2018年,武平工业园区科技孵化器一期完成2.3万平方米孵化厂房改造,创业楼、运动场所等配套设施建成并投入使用,人才公寓、职工食堂、实训基地基本完成建设,完成土方平整约10万立方米;不锈钢产业园基础设施项目全面完成竣工验收,基础设施投入约8500万元。加强8家涉水企业污染源环境监管,消除环境污染隐患,实行污水管网接入及废水排放巡查监管，督促企业安装在线监测设施。6月中旬,完成园区企业全国环境污染源普查清查工作。12月底,第三附小(武平县集文小学)开工建设。

【安全生产】 2018年，武平工业园区开展安全生产专项整治和安全生产大检查6次，排查隐患112条，整改112条。通过安全生产“服务外包”工作模式,委托龙岩市桓安安全技术服务有限公司为企业进行2轮隐患排查,共发现隐患380条,整改380条。围绕深化平安武平和平安园区创建,开展扫黑除恶专项斗争工作。全年出宣传栏12期,印发材料500余份，举办法律培训3期，走访企业48家192次，调查核对流动人口6387人次。

武平高新技术产业园区

【概况】 2018年，武平高新区实现产值79.08亿元、比上年同期增长14.4%，缴交税收3.54亿元、比上年同期增长44.2%，累计固定资产投资4.42亿元，入园企业达85家，其中规模以上工业企业48家,亿元产值企业22家,百万税收企业21家,员工近5200人。

【平台建设】 2018年，武平高新区投资2100多万元,完成路网、绿化、亮化、人行道、排污、排水、粮库附属工程、项目用地平整等工程建设,启动国道205线至十方园区公路改建工程、园区污水管网接入集镇污水管网工程建设,增强园区承载能力。坚持靠发展环境引项目、靠功能配套留人才,按照同步规划、同步建设、同步交付使用的原则,加快完善学校、运动场、研发基地、行政金融服务中心、医院、影剧院、休闲公园、高管宿舍、人才小区、商贸综合服务等功能配套规划，完善综合服务功能。

【营商环境】 2018年，武平高新区开展赶超发展“项目服务年”活动,转变理念,提升服务意识,优化服务方式,提高服务效率,着力在项目全过程服务上提升,实行全流程跟踪服务,不断优化营商环境。在招商项目洽谈阶段提供高效优质服务,以此吸引客商、感动客商,力促项目落地。在项目建设阶段提供“保姆式”服务,指派专人负责跟踪服务,积极协助企业办理工商注册、立项备案、土地招拍挂、建设许可、施工许可、环评等手续办理。在项目生产阶段提供全方位服务,协助企业解决难题,帮助企业完成消防验收、建设手续历史遗留问题、自来水问题、子女入学问题等;帮企业招工，广泛宣传招用工激励措施,采取以工招工、校企合作、省市外设点招工等方式,积极配合县人社局到各乡镇招工,帮助对接“校企”合作,大力破解企业的用工瓶颈;强化金融服务,积极为企业牵线搭桥,帮助企业拓宽融资渠道,搭建政银企信息沟通平台,先后有工商银行、建设银行、农业银行、邮政储蓄银行、泉州银行、武平县信用合作联社等金融机构来园与企业对接,发放企业贷款约2.8亿元。同时,与中国邮政储蓄银行武平支行签订支持中小企业发展战略合作协议,切实帮助解决企业“融资难”问题。

【产业集聚发展】 2018年，武平高新区围绕高新区主导产业开展产业招商、产业链招商、精准招商,建立主要领导带头定期外出招商工作机制,紧紧抓住重大招商平台,坚持“引进来”与“走出去”并重,主动融入粤港澳大湾区、闽西南协同发展区,深化厦门思明区山海协作，引进福建耐德力新材料等项目6个,总投资8.13亿元;新开工安兴罐头食品等项目5个;新竣工金汇莱电子等项目8个;完成策划项目3个,并全部获准评审。武平高新区全力抓好12个重点项目建设，福建耐德力新材料、鑫晟包装等项目加快建设，驰达电子、金汇莱电子、力菲克实现竣工投产,正德光电成为韩国LG等国际大企业供应商。实施“双培育”“双倍增”行动计划,积极引导和鼓励企业创新创优、升级管理、拓展市场,推动企业转型升级、增产增效,实现效益规模双倍增,提质增效、做大做强。新增2家规模以上工业企业;合信创展公司新上两条扩散板生产线,自身实现上游联结,新增投资2000多万元;飞天电子、金时裕等企业成功实现技改升级。

【科技创新】 2018年，武平高新区新增高新技术企业1家,新获批省级企业技术中心1个,新培育大岩电子、金时裕、金典电子、力菲克等5家为高新技术企业后备企业,新培育正德、坤孚、合信、星河等4家企业省级科技小巨人企业，新获授权专利28个，新申报专利108项;正德、合信、星河与中电科14所建立科研合作关系。坤孚股份、合信创展荣获第七届创新创业大赛(福建赛区)优胜奖。启动申报新型工业化产业示范基地(新型显示产业)。

(武平县委党史和地方志研究室)

晋江(长汀)工业园区

【概况】 2018年,晋江(长汀)工业园区按照”2+1“产业定位,即高端纺织产业、农副产品深加工产业+生物与新医药产业,持续推进山海协作共建园区健康、快速发展。全年园区实现规模产值12.5亿元,比上年增长25%;完成固定资产投资9.5亿元，完成税收4200万元,比上年增长5%。园区征迁土地10多公顷,征迁房屋5户1100平方米,迁移坟墓248座。完成13.18公顷农转土地报批。完成重大项目策划2个,入市库项目2个(薄膜晶管液晶显示器偏光生产项目和有色纤维纺纱生产项目)。福建省金怡丰工贸有限公司和福建钜铖汽车配件有限公司获龙岩市科技小巨人领军企业、省科技小巨人领军企业、"工人先锋号"等称号,汀红木业获"2017 年省著名商标"荣誉称号。

【项目建设】 2018 年,晋江(长汀)工业园区通过沟通衔接、深化前期,争取支持,突破项目建设瓶颈。1 月,福建省荣泰农业发展有限公司槟榔芋制品加工及农产品精深加工生产项目建设开工,完成两栋厂房建设。福建文铭实业股份有限公司物流仓储 (水泥分包)中心建设项目完成三通一平、杆线迁移、排洪沟及挡土墙建设,进行主体工程建设。9 月,福建省绿宝再生资源有限公司 PET 瓶片、造粒生产项目建成并开始生产。福建亿来实业有限公司 3 号、4 号厂房 10 万纱锭生产线建设项目完成增资 5.1 亿多元。福建经纬集团亿来实业有限公司纺织生产项目项目二期 10 万纱锭项目完成各项手续报批,于 9 月开始上部结构施工。油茶种植加工一体化建设项目实施三通一平。文铭实业物流仓储(水泥分包)建设项目完成三通一平、杆线迁移、排洪沟及挡土墙建设,正进行主体建设。育庆槟榔芋生产加工项目、远航农业发展有限公司、裕福农产品加工项目和远山启煌农副产品加工正常生产,新增荣泰农业及世臻诚肉类加工两家农副产品加工企业。

【安全环保】 2018 年,晋江(长汀)工业园区聘请福建省明正安全技术服务有限公司为第三方安全生产检查机构,代表园区对企业进行安全生产检查及宣传。6 月 29 日,晋江(长汀)工业园区管委会联合长汀县地震办、河田镇公安、消防、卫生等部门开展 2018 年第十七个安全生产月应急演练活动。全年累计开展安全生产隐患排查 32 次,排查出隐患 35 条,完成整改 35 条,整改率 100%。制定环保目标责任书,加强对排污企业的监管工作,促进企业达标放,探索建立期限第三方治理机制。完成园区 5 家企业燃煤锅炉的调查摸底、建立档案工作。制定《晋江(长汀)工业园区循环化改造工作方案》。督促园区 4 家企业按照建设与技改时间节点做好节能降耗建设。强化园区生态环保网格化监管体系,5 个环保网格员每月开展巡查 4 次、案件上报 1 次,发现问题及时处理或上报上级环保执法部门处理。继续完善污水处理设施建设,完成 10.2 千米河田污水处理管网建设。

福建(龙岩)稀土工业园区

【概况】 2018 年,长汀稀土工业局(稀土工业园区管委会)围绕打造"全国稀土产业基地"目标,践行"绿水青山就是金山银山"发展理念,加快园区开发建设,全力打好项目落地攻坚战,积极推动产业集聚发展。全年稀土产业完成产值 101 亿元,比上年增长 26.2%,拉动规模工业增加值增长 10.7 个百分点,贡献率 58.1%,成为长汀县首个产值过亿产业。

【项目建设】 2018 年,福建(龙岩)稀土工业园完成谋划项目 4 个,其中 2 个转化为落地项目;签约项目 4 个,分别为比路智能音圈马达及其配套项目、高性能纳米钛酸钡粉体产业化项目、年产 1000 吨高性能烧结钐钴稀土永磁材料项目 (二期)、催化剂配套原料项目。1 月,福建省卓尔科技股份有限公司的钐钴永磁材料项目(一期)开工;3 月,项目投产。3 月中旬,长汀比路电子有限公司的智能微型音圈马达项目部分完成开工建设并投产(2 条生产线)。3 月,福建贝思科电子材料股份有限公司高性能纳米钛酸钡粉体项目(一期)进行试生产。4 月,长汀雷生科技有限公司的激光及闪烁晶体项目和福建鸣友新材料有限公司热转印稀土新材料生产项目开工。福建省长汀金龙稀土有限公司年产 3000 吨稀土永磁材料二期生产线项目其中 1 条年产 1500 吨的设备正在安装,部分设备开始试生产。

【招商引资】 2018 年,福建(龙岩)稀土工业园紧盯军民融合深度发展契机,积极争取军工企业支持,由县主要领导带队协调推进。2 月 7 日,中国电科十一所闪烁(激光)晶体生产线项目在稀土工业园区开工奠基,是首家入驻龙岩军工企业的投资性生产项目。稀土产业专业招商工作组加强与中石油、中车、中电科、河北欣意电缆等企业的沟通对接,相关项目正有序推进中。从产业链的上下游关系入手,充分发挥入园企业在技术、人才、项目、资金等方面的优势及品牌号召力,拓展延伸产业链,带动下游应用项目的进驻,实现"链条式"招商。通过厦门钨业子公司——厦门欧斯拓公司的牵线搭桥,引进上海比路电子智能音圈马达及配套生产线项目。注重"三维"项目招商,针对重点地区、重点企业搜寻投资信息,及时策划储备项目。

【平台建设】 2018 年 5 月,稀土工业园中心大道道路工程 A 段动工,累计完成工程投资额 2410 万元。完成南湖小区 27 号、28 号楼二次装修工程、稀土大厦北面二三层装修,及其配套食堂装修、厨房设备采购等,累计投资 373 万元。中石油长汀催化剂项目配套一般工业固体废物处置场工程,办好林地审核同意书及林地采伐许可证和土地农转,开始土地招拍挂。全面摸排园区僵尸企业,完成重组嫁接 1 家。协调配合,为入驻企业做好水、电、路、通讯等配套设施衔接工作。启动晋江(长汀)工业园区压覆工程稀土资源的抢救回收工作,正在推进中坊稀土矿开采工作和杨梅坑稀土采矿证权整合工作。协调县征迁办制定出台《福建龙岩稀土工业园中心大道道路 A 段建设项目(策武镇策田策星村）土地及附属物征收补偿标准》等文件，有序推进园区征地拆迁及项目供地工作。全年征收耕地、林地计 7.33 公顷、坟墓迁移 170 只，报批农转 6.39 公顷、供地 8.46 公顷。园区累计完成征地 477.93 公顷、农转审批 300.27 公顷、供地 127.31 公顷。

【“2018 福建·长汀稀土及应用产业发展”研讨会在长汀举行】 2018 年 11 月 27 日，由龙岩市人民政府、中国电子科技集团有限公司、中国电子材料行业协会、中国电子元件行业协会微特电机与组件分会、厦门钨业股份有限公司共同主办的“2018 福建·长汀稀土及应用产业发展”研讨会在长汀举行。

研讨会上，围绕“创新应用·融合发展”主题，中国电科 11 所北京雷生强式科技公司总经理徐学珍，中国电科 9 所、中国电子材料行业协会磁性材料分会秘书长张明，厦门钨业股份有限公司董事长黄长庚分别围绕稀土人工晶体（激光和闪烁晶体）产业发展、稀土永磁材料发展、厦门钨业稀土产业发展作主旨报告，与会人员围绕会议主题进行交流发言。

长汀县还分别与中国电科 10 所、厦门钨业欧斯拓科有限公司、兰州三叶化学公司进行健康智能终端生产线、年产 1000 吨钐钴永磁材料生产线和催化剂配套原料等项目签约。

福建龙岩高新区长汀产业园区

【概况】 2018 年，长汀产业园区实现产值 232.6 亿元，增加工业产值 30.3 亿元，比增 15%。其中，规模以上工业企业实现产值 220.7 亿元，增加工业产值 3.3 亿元，比上年增长 18.1%；规模以下工业企业实现产值 11.9 亿元，增加工业产值 0.9 亿元，比增 8.5%。其中，纺织产业实现产值 95.2 亿元，机械电子产业实现产值 15.1 亿元，稀土深加工产业实现产值 96.6 亿元；农副产品加工产业实现产值 22.7 亿元；其他行业产业实现产值 2.8 亿元。园区规模以上工业企业占全县规模以上工业企业产值 95.3%，拉动全县规模以上工业企业增长 17.9%，贡献率 97.7%截止 12 月底，园区共有规模以上工业企业 109 家，亿元企业 32 家。全年完成签约项目 5 个，谋划项目 4 个，开竣工项目 3 个，建成项目 1 个；增资项目完成 7.74 亿元。2018 年 7 月，长汀盼盼食品有限公司被选为第一批福建省非公企业党建工作实训基地。

【项目落地】 2018 年，长汀产业园区以项目建设为着力点，提高服务水平，全年完成 7.638 亿元，占全任务的 231%。省市重点项目按计划顺利进行。其中，盼盼食品完成投资 1.9 亿元，一期工程 1 号车间、成品仓库、原料仓库准备验收，综合楼主体验收完成，外墙幕墙石材安装完成 80%，二期工程 3# 车间 A 区主体结构基本完成，B 区一层梁板模板安装完成；华平纺织完成投资 1.5 亿元，完成厂房装修、车间改造装修、设备采购；谊美吉斯项目完成投资 6966 万元，完成厂房车间改造及设备安装。

【基础设施】 2018 年，长汀产业园区为腾飞区和工业新区新入企业平整工业用地约 33.33 公顷，规划实施长约 500 米排污管网工程，改建企业用地内村民灌溉水渠 50 米，修建改建排水沟约 200 米；修整锦逸电子与医疗园间规划道路路基，为利圣辉项目新建港华至利圣辉道路，为汀旺木业、利圣辉项目修建可利达至利圣辉公司道路及排污排水管网工程；新建天乐公司后围墙 AB 段及汀州大道至陈坊村水泥路面。维修盼盼公司、安踏公司三岔路口路面，达盛针织公司、南山工业园区、华平原大门外排水排污管，天乐公司二厂修建排水沟约 120 米长解决围墙隐患安全。园区范围内检查更换、修理雨水管网的井盖，消除员工行人安全隐患。

【工业用地改变用途和“僵尸”企业清理整治】 2018 年，长汀产业园区开展工业用地改变用途和“僵尸”企业清理整治工作，助推产业转型升级。深入企业摸底调查，统计园区内“僵尸”企业和改变工业用地用途企业具体情况。配合县政府组织相关部门召开专题研究会议，制定清理整治工作方案，明确分工部署。通过收储嫁接，积极实施“腾笼换鸟”工程，盘活有限资源。全年成功嫁接天源服饰、汀州酿造和智高玩具 3 家企业，完成正唯纺织和巍扬体育宿舍收储，闽兴汽车、康佳味食品 2 家企业进行评估；华平纺织、龙翔半导体、中触电子、奔速体育用品、欣龙服饰等企业正在进行洽谈。

（陈李萍）

福建连城工业园区

【概况】 2018 年，连城工业园区实现产值 145.53 亿元，比上年增长 35.29%；税收（不含免抵调库）7027.93 万元，比上年增长 18.38%；固投 228939 万元。

新签约入园项目 18 个：总投资 12 亿元的菲尔姆锂电池膜产业化项目；总投资 5000 万元的世波光电玻璃盖板生产项目；总投资 2.8 亿元的徐氏新能源方型锂电池生产项目；总投资 6800 万元的绿能生物质能气碳联产项目；总投资 5000 万元的朝晖光电膜片深加工项目；总投资 3.5 亿元的冠盛软包锂电池生产项目；总投资 1 亿元的欧瑞得蓝宝石玻璃成品加工项目；总投资 4 亿元的巨利年产 1 万吨锰酸锂生产项目；总投资 7000 万元的弘鑫新能源锂电池钢壳及盖帽生产项目；总投资 5000 万元的地瓜干加工项目；总投资 10 亿元的苍南财富通地瓜干产业园项目；爱的二期

4亿元的直流电机项目；白鸭石斛精滴丸项目；总投资4亿元扣式、针式电池项目；总投资1亿元的触摸屏生产线项目，总投资18亿元的年产5万吨锰镁合金生产项目，总投资10亿元的手机智能终端配套项目(柔性线路板及指纹识别、人脸识别模组等)；总投资3.6亿元的手机电池生产项目。

新开工项目22个：国冠新能源锂电池生产项目，中成钨钢棒生产项目，弘伟星辰新能源电子元器件生产项目，欧瑞得蓝宝石玻璃成品加工项目，胜球海峡声光科技示范基地项目，徐氏新能源方型锂电池生产项目，巨利年产1万吨锰酸锂生产项目，弘鑫新能源锂电池钢壳及盖帽生产项目，朝晖光电膜片深加工项目，福建省世波光电屏玻璃盖板生产项目，菲尔牡锂电池膜产业化项目，冠盛新能源年产3000万块软包锂电池项目，爱的二期项目，博文新材项目，景兴食品项目，绿园食品项目，连城地瓜干产业集团项目，宝佳食品(地瓜干)项目，总投资6800万元的绿能生物质能气碳联产项目，总投资4亿元扣式、针式电池项目，触摸屏生产线项目，锰镁合金生产项目。

新建成项目14个：国冠新能源锂电池生产项目，中成钨钢棒生产项目，弘伟星辰新能源电子元器件生产项目，胜球海峡声光科技示范基地项目，弘鑫新能源有限公司锂电池钢壳及盖帽生产项目，徐氏年产1亿只单体新能源方型锂电池生产项目，福建省世波光电屏玻璃盖板生产项目，欧瑞得蓝宝石玻璃深度加工项目，龙岩泰尔新材料生产项目，福农食品项目，中塑科技公司的手机配件项目，年产50000吨玻璃纤维的博文新材项目，总投资4亿元的巨利年产1万吨锰酸锂生产项目，朝晖光电膜片深加工项目。

在谈项目11个：总投资2亿元的OLED模组、小尺寸TPT-LGM和TP全贴合生产线项目，总投资1.5亿元的手机玻璃盖板项目，食品加工项目，智能门锁项目，总投资1.5亿元的车载机箱、汽车配件项目，总投资2.5亿元的小动力锂电池项目，年产5万平方米的真空玻璃项目，总投资1.5亿元的铝壳电池生产项目，总投资5亿元的锂电池隔膜生产线项目，总投资2亿元的大尺寸触摸显示屏项目，总投资3.6亿元的小动力电池、高倍率电池项目。

【项目进展】 2018年，连城工业园区赛特新材料产业项目一期300万平真空绝热板生产线正常生产；二期4条干法芯材生产线已投入使用，其中一条还在组装调试；冷链冷藏保温生产线设备逐步完善，模具发泡生产设备调试完毕，已经开始量产。

允升复合管材项目。已完成厂区道路基础，1号厂房已完成竣工验收，准备采购设备进场并安装。7号研发楼和8号办公楼已封顶，进入装修阶段。

菲尔姆锂电池膜项目。进行厂房地基施工，承台已完成浇筑。

中触二期项目。大尺寸玻璃盖板项目9月底竣工试产。二楼厂房(2000平方米)配套项目龙岩朝辉电子器件制品有限公司建设光电膜片深加工项目，12月初投产。

国冠新能源锂电池生产项目。一期已建成投产，完成投资1.6亿元，建成5条生产线。有工人130余人，缺工10人。日产锂电池8万只。11月启动二期建设，设备已订购，二期达产后可日产锂电池15万只。

爱的电器年产200万台高性能直流水泵项目。拍得的桑杏硅业地块于7月15日完成交地，原桑杏车间已改造完成，已新订购10台注塑机，皮划艇组装车间搬至桑杏硅业原厂房，二幢新厂房钢构已完成，进入装修阶段。

力传生物中药饮片生产及天然植物提取加工项目。大门及附属用房、中试试验楼、综合车间一、二、办公楼已动工，钢构提取车间桩基基层施工已完成。一个提取车间和一个仓库已经开始使用，厂区道路已完成。原料基地已开始种植。

达米拉新型显示器智能化生产项目。1号厂房和办公楼框架均已封顶，1号厂房外墙和砌体工程已装修好，部分设备已订购。

冠睿电子项目。10条生产线已全部建成，包装线4条，目前8条生产线正常生产。

冠盛新能源年产3000万块软包锂电池项目。9月份，厂房装修完毕，11月底投产。

巨利锰酸锂生产项目。进行设备安装调试，10月正式投产。

中国·连城国际物流商贸城。已完成投资约5.8亿元，项目已完成5670平方米商贸展厅(营销中心)，一期21栋商铺已完成主体混凝土封顶工作，进行砌体施工，二期14栋商铺已完成三层主体建设，物流仓储6栋进行主体框架施工，年底完成钢结构封顶，高层27号楼完成7层结构，28号楼完成地下室顶板混凝土浇筑。

【产业特色】 2018年，连城工业园区在县培育百亿级光电新材料产业中，着力做大做强新能源锂电池产业链，引进锂电池生产企业9家，产业链日趋完善。对“僵尸企业”、闲置低效用地采取协议租赁、转让嫁接、以商招商、产业链招商等方式，进行清理和盘活，共收回土地10余万平方米。弘鑫、徐氏、巨利公司于兼并重组鑫晟大科技有限公司，建设锂电池钢壳及盖帽、方形锂电池、锰酸锂等三个项目，大大缩短项目建设周期。按照逐步完善锂电池产业链的思路，着力引进上、中、下游配套企业，引进上游原材料(兴龙新能高纯度硫酸锰项目)、中游正级材料(巨利新能源锰酸锂项目)、电解液(科得亿新能源锂离子电解液项目)，下游配套材料(弘鑫新能源锂电池钢壳及盖帽、菲尔姆锂电池铝塑膜项目)、锂电池整装(国冠新能源圆柱形锂电池、徐氏新能源方形锂电池、冠盛新能源软包锂电池等生产项目），为园区内冠睿电子、万乘智慧光电等关联企业生产手机、平板电脑、太阳能储能电池等产品提供货源，做到锂电池产业从无中生有到产业链延伸裂变。福建省兴龙新能材料有限公司年产3万吨高纯度硫酸锰项目竣工投产。10家落户"一园两区"的锂电池企业中，已投产5家。

【政策兑现】 2018年，连城工业园区全年兑现各类补助14521.368万元（含亚琦物流园基础设施建设进度建奖励资金7968万元），总共47笔，其中已兑现设备搬迁补助和厂房装修补助资金共23笔，设备购置补助6笔，厂房租金补助4笔，基础设施建设进度建奖励资金2笔，基础设施建设补助1笔，税费1笔，研发平台建设资金1笔，契税、印花税补助1笔，企业扶持发展资金1笔，高新企业技术奖励1笔，兼并重组前期费用、并购贷款利息和房屋改造补助1笔，物流和产品补贴1笔，厂房建设补助1笔，盘活低效厂房及限定时间内实现项目竣工投产奖励1笔，创新基金1笔，项目建设补助资金1笔。

【基础设施】 2018年，连城光电产业园的交通、环境卫生、围墙已完成，生活的便利店、餐饮、公交车已投入使用，完善园区的道路、绿化、路灯、夜景及海峡光电产业园职工活动中心等配套设施。加大对园区及园区企业的宣传，动员园区做好各企业的形象宣传，树品牌标志以及在莲冠大道两侧树部分重点企业的宣传牌，完善企业服务中心展厅工程和绿化亮化工程。

（连城县委党史和地方志研究室）

漳平工业园区（台商投资区）

【概况】 2018年，漳平工业园区有规模以上工业企业86家，企业用工人数7496人（其中2018年新增1610人），全年完成产值133.16亿元，比上年同期增长14.5%；园区企业入库税收2.24亿元，比上年同期增长24.14%；园区企业用电总量18064.96万千瓦时，比上年同期增长18.9%，占漳平市工业用电量20.8%；签约项目11个，总投资约14.4亿元，竣工项目11个。在省级以上开发区综合评价中，漳平工业园区位列31位，位次比上年前移21位，位居龙岩市省级以上开发区中第二名。木竹孵化园被国家林业和草原局认定命名为"国家漳平户外木竹制品产业示范园区"。

【平台建设】 2018年，漳平工业园区设立华寮化工集中区、新材料产业园、新桥工业集中区产业发展平台。木竹孵化园建设部分建成投产。完成投资1.5亿元，竣工验收3栋钢结构厂房并交付瑞宏家居投入使用。工贸新区标准化厂房完成投资2327.78万元，完成1幢钢构厂房主体结构和装修工程，交付弗仕德公司投入使用。完成园区道路建设1020米（登安路340米、登兴路350米、和安支39路330米），平整土地23.78公顷，林地报批362.93公顷，土地报批14.29公顷。

采取鼓励企业兼并重组、政府回购收储建设标准化厂房、园区租赁企业闲置厂房、通过司法拍卖引入新项目等4种方式盘活闲置低效工业用地，全年盘活闲置用地29.11公顷。

【科技创新】 2018年，漳平工业园区继续实施高新技术企业成长助推计划。截至2018年，木村林产、青晨竹业、正盛无机、瑞森新材料、天守超纤、三达节能、立邦滤清器、溢泰科技、新佳鑫、国强建材、汇创科技、德诺林业、九鼎氟化工、金德橡胶、金绿源等15家企业被列入国家高新技术企业。木村林产、瑞森新材料2家企业被列入省创新型企业。建立技术研发中心18个，其中德诺林业与中国科学院合肥物质科学研究院建立中科德诺技术研究中心，木村林产与福建农林大学成立博士后工作站。至2018年，有省级科技小巨人领军企业13家，省级服务型制造企业和省级智能制造试点示范企业各1家，专利1065件（发明33件、实用新型749件，外观设计283件）。

【生态环保】 2018年，漳平工业园区投入75.7万元，建设长1262米污水管网，将原和安片区企业污水接入城市污水处理厂；投入100多万元，将富山片区700米雨污管网进行分离改造，将污水接入城市污水处理厂。工贸新区污水处理站2018年7月1日完工并投入试运行，并完成大洋南路、登安路、登兴路1635米污水管道工程建设。

【管理与服务】 2018年，漳平工业园区制定出台《关于进一步加强和改进园区干部工作作风的若干意见》和《漳平工业园区内部服务管理细则》，进一步加强工作作风制度建设。通过各种新媒体加大《关于进一步加强企业用工服务十九条措施》优惠政策宣传力度，新增用工1000多人。落实各项优惠政策，帮助202名企业员工随迁子女申报2018年秋季入学；落实2017年度大专中学历人才就业补贴政策申报工作，19人次（大专8人次，本科11人次）申请7.56万元；落实64家企业的346个员工子女城区小学免费的午间托管服务。

（陈龙林　陈波秀）

责任编辑　上官克盈

综　述

【交通基础设施】 公路方面。2018年，龙岩市公路里程14561千米，公路密度76.5千米/百平方千米。公路等级：高速公路673.4千米；一级公路49.4千米；二级公路1646.8千米；三级公路1264.4千米；四级公路9111千米；等外公路1816千米。

水路方面。龙岩市水路内河航道10条，588.16千米，七级以下航道376.8千米。

全市乡镇通客车率100%、建制村通车率93.8%、符合安全通行条件的建制村通车率100%，基本实现“县县通高速、乡乡通干线、村村通客车”，公路交通基本实现“1369”目标(15分钟县城可上高速，30分钟主要乡镇、工业集中区上干线公路，60分钟中心城市到达各县市，90分钟通达周边地市)，全市以“二纵二横二联”高速公路网和“四纵四横三联”国省干线公路网为主骨架、以辐射城乡的农村路网为补充的交通公路网不断织密延伸，初步构建起以公路、铁路为主，以水运和民航为补充的现代化立体交通网络，与全省、珠三角、长三角两大经济区交通主干线全面对接。

【交通基础建设】 2018年，龙岩市共完成交通建设投资101.3亿元，占年度计划96.5亿元的105%。

高速公路完成投资46.4亿元，占年度计划46.2亿元的100.4%。其中，厦蓉线漳州天宝至龙岩蛟洋扩容工程完成14.7亿元，古武高速公路永定至上杭段完成投资15.5亿元，龙岩高速东环线完成投资11.1亿元，漳武线永定高头至城区段完成投资4.1亿元，厦蓉线漳州天宝至龙岩蛟洋高速公路新增小池互通工程完成投资1亿元。

普通公路完成投资43.9亿元，占年度计划43亿元的102.1%。其中：国省道建设与改造9.5亿元、国省道路面改造1.8亿元、农村路网工程建设16.3亿元、危桥改造1.2亿元、社会投资15.1亿元。

站场建设及其他投资完成11亿元。

公　路

【厦蓉线漳州天宝至龙岩蛟洋扩容工程】 2018年，龙岩市完成投资14.7亿元，占年度计划投资14.7亿元的100%，累计完成投资87.5，占项目总概算87.57亿元的99.9%。

【古武高速公路永定至上杭段】 2018年完成投资15.5亿元，占年度投资计划13.5亿元的114.8%，累计完成投资37.6亿元，占项目总投资56.13亿元的66.99%。

【龙岩高速公路东环线】 2018年完成投资11.1亿元，占年度计划投资10亿元的111%，累计完成投资17.1亿元，占项目总概算63.2亿元的27.1%。

【漳武线永定城区至高头段】 2018年完成投资4.1亿元，占年度计划投资8亿元的51.25%，累计完成投资4.4亿元，占项目总概算49.9亿元的8.8%。

【厦蓉线漳州天宝至龙岩蛟洋高速公路】 2018年，新增小池互通工程全年完成投资1亿元，占年度计划投资1亿元的100%，累计完成投资1.26亿元，占项目总概算2.29亿元的55%。

【农村公路】 2018年，根据福建省交通运输厅确定，龙岩市交通部门管养农村公路里程为12543千米，其中：县道2541千米、乡道6216千米、村道3786千米。

【“四好”农村路】 2018年1月，7个县(市、区)县、乡两级路长办公室全部挂牌成立，在全省率先实现“路长制”全覆盖；3月，7个县（市、区）人民政府“四好农村路”建设实施方案全部出台，全市352名乡村道专管员全部正式上岗，标志着县、乡镇、村三级路长组织体系建设完成，形成长效工作机制。建成连接上杭、长汀、连城3个县116千米的“四好农村路”示范路，新罗、长汀被评选为“四好农村路”省级示范县。

【运力结构】 至2018年底，龙岩市拥有营运货车17223辆，264681吨位，营运客车1025辆，26839座位（不含出租车）；旅游客车209辆，总座位数8725座；公交车辆616辆；出租车515辆；危货运输车747辆。

【运输服务】 2018年，龙岩市公路客运班线399条，其中跨省线路35条，跨地（市）线路75条，跨县线路114条，县内线路215条。全市农村客运班线215条，通达乡（镇）127个，通达率100%，通行政村1790个，通达率97.4%。全市道路客运企业26家，其中100辆以上企业1家，50—99辆企业8家，10—49辆企业18家。道路货运经营企业375家，其中普通货运375家（无车承运人试点企业1家）、危货运输23家。道路运输站、场1家。货运相关服务业户300家。全市拥有客运站98个，一级站3个、二级站5个、四级站1个、五级站56个，一、二类港湾站112个。客运站平均日发3954班次，平均日旅客发送量69742人次（其中一级站30995人次，二级站31458人次）。全市机动车维修企业446户，其中，一类机动车维修43户，二类机动车维修108户，三类机动车维修295户。A级综合性能检测站8家。

【驾驶培训】 至2018年底，龙岩市拥有机动车驾驶培训机构58家，其中，摩托车培训机构6家、汽车培训机构52家（含兼营摩托培训机构9家）。具体分布为：新罗区16家、永定县5家、上杭县6家、武平县6家、长汀县7家、连城县6家、漳平市6家。有汽车类教学车辆2438辆，其中大型客车7辆、中型客车2辆、半挂车4辆、大型货车29辆、小型汽车2394辆、残疾人专用小型自动档汽车2辆。另有摩托车教学车辆282辆。有汽车教练员5260名，其中，理论教练员299名、实操教练员4961名。驾培机构布局基本合理，基本可以满足社会各类机动车驾驶培训的需要。全年全市驾培机构共培训大小车学员59264人（其中残疾人学员49人），培训摩托车学员17775人。

【中心城市公共交通】 2018年，龙岩市有城市公交企业7家、公交线路76条、公交车辆616辆（其中纯电动车426辆，占比69.16%）。2018年，新开通中心城市公交线路2条，中心城市共有公交车455辆（含400辆纯电动公交车），公交线路达43条，线路总长度595.5千米，日发公交4900余班次，年客运量7389.8万人次。

【道路运输管理】 至2018年底，全市县内班线585辆、县际班线70辆、市际班线80辆、省际班线50辆。同时，全市264辆旅游客车全部实行公车公营，全市515辆出租汽车公车公营全部实行。积极发展农村客运，提高建制村通客车率。农村客运站、候车亭建设任务全面落实。截至2018年底，完成农村客运站点建设投资2100万元，其中新建一类港湾式客运站8个，新建、改造提升乡镇综合服务站共38个。农村客运网络拓展延伸。至2018年底，全市共开通农村客运班线215条（不含预约），有车辆585辆，通达乡（镇）127个，通达率100%，通行政村1790个，通达率97.4%。租赁企业9家，租赁车辆97辆。

大力发展旅游客运。至2018年底，全市拥有8家专业旅游客运企业，中高级旅游客运车辆204辆，总座位数7883座。

全面开展运输企业质量信誉考核。在全市道路客、货运输企业、维修企业及驾培机构进行质量信誉考核工作。评出AAA级客运企业23家、货运企业20家、维修企业63家。

（市交通局）

铁　路

【概况】 2018年，南三龙铁路建成通车，龙岩至龙川铁路龙岩至武平段可研获批，浦梅铁路连城段加快建设，龙厦高铁规划研究扎实推进，全年完成投资14亿元（南龙6.2亿元、浦梅7.8亿元），占年度计划12.2亿元的115%，圆满完成年度铁路建设各项目标任务。截至2018年底，全市铁路通车里程达744千米（其中快速铁路290千米），占福建省铁路通车里程3616千米的20.6%，铁路通车里程和铁路网密度位居全省前列，进一步凸显龙岩在闽粤赣边区域性铁路交通枢纽地位。

【南三龙铁路建成通车】 2018年12月29日，南三龙铁路顺利实现开通运营，境内沿线龙岩、雁石南、漳平西、双洋等4个站房地方配套项目同步投入使用。其中，1月19日“网红高铁站”龙岩站转场施工演绎“中国速度”，受到海内外高度关注，受到铁路部门的高度肯定。南三龙铁路是国家杭（州）广（州）高铁通道和福建省“三纵六横九环”铁路网的重要组成部分，建成通车意义重大，漳平、永安等地进入动车时代，省内实现动车环绕八闽的规划，成功打通龙岩市通往东部沿海、华中、华北、西北地区主要城市群之间的交通大动脉，大大缩短闽西老区至全国主要城市群之间的时空距离。南三龙铁路被评为福建省2016—2018年度重点建设优胜项目。

【龙岩至龙川铁路龙岩至武平段可研获批】 2018年12月27日，中国铁路总公司与福建省人民政府联合批复龙岩至龙川铁路龙岩至武平段可研报告，这标志着项目正式落地，开工建设进入倒计时。

龙岩至龙川铁路已列入国家中长期铁路网规划和“十三五”规划，是杭(州)广(州)高铁通道的重要组成部分，对填补上杭县、武平县铁路空白，促进闽西革命老区、原中央苏区振兴发展，实现龙岩市县县通铁路的历史跨越等方面具有重要意义。

根据批复，该项目主要技术标准为高速铁路，双线、速度目标值为250千米/小时，总投资85.6亿元，建设工期4年。龙岩至古田会址段利用既有赣龙铁路，新建线路自赣龙铁路古田会址站引出，经上杭县至武平县，全长约92.6千米，新建正线长64.4千米，正线桥隧比为82.6%。全线设龙岩、古田会址、上杭北、武平4座车站。

【浦梅铁路建宁至冠豸山段建设】 2018年，建宁至冠豸山段铁路建设征迁工作序时推进，建设用地基本实现净地交付；全力配合参建单位形成施工热潮，截至2018年底，全线路基完成设计的53%，桥梁完成设计的59%，涵洞完成设计的73%，隧道完成设计的68%，实现“工期过半、任务过半”的目标要求。其中，岐山隧道、连城隧道等控制性工程顺利贯通。5月，连城站顺利通过初设审查，11月初设正式获批。

【赣龙厦高铁规划研究】 2018年4月、9月，龙岩市铁办分别组织召开项目规划研究征求意见会，规划研究已完成送审稿。其中，龙厦高铁已完成预可研报告。市领导多次带队赴北京与国家有关部委沟通对接，并加强与漳州、赣州等沿线地市沟通联络，积极推动多方形成共识，争取早日将项目列入国家相关铁路网规划。

【地方涉铁项目协调】 2018年初，市铁办牵头对全市地方涉铁项目进行全面梳理，并完成龙岩中心城区地方涉铁项目编制工作。主动加强与铁路部门、市有关单位沟通对接，全力做好协调服务工作。高效解决万安溪引水工程涉铁问题，确保在南三龙铁路联调联试前完成全部涉铁工程，受到市领导批示肯定。全力配合做好龙岩大桥涉铁施工问题，为2020年建成通车创造有利条件。此外，全力配合做好漳平钢铁和蛟洋油库铁路专用线、龙岩洞公园等涉铁问题。

【动车开行对数增多】 2018年，龙岩站每日办理客车68对（动车59对、普速车9对），比上年同期增加21对，其中龙岩市开行了至北京、上海、南京、杭州、南昌、深圳、成都等全国大中城市的动车，闽西老区人民出行更加便捷，满足人民日益增长的美好生活对铁路的需求。全年累计完成旅客发送量约650万人次，比上年同期增长20万人次。

（市铁办）

【龙岩车务段概况】 龙岩车务段成立于2007年1月，为南昌局集团有限公司管理的一级运营机构，机关位于龙岩市新罗区人民西路166号，主要负责管理铁路车站行车组织并提供各类客货运输服务，2018年末，在册职工859人，国铁固定资产1.16亿元。该段于2018年完成公司制改革，正式更名为“中国铁路南昌局集团有限公司龙岩车务段”，现管辖赣龙线、漳龙线、龙漳线、赣瑞龙线、南龙线(12月29日开通)和龙东支线上共计32个车站(二等站3个、三等站3个、四等站13个、五等站13个）和4个线路所，运营里程654.771千米（赣龙159.491千米、赣瑞龙129.019千米、漳龙136.277千米、龙漳102.786千米、南龙105.832千米、龙东支线3.958千米、铁山洋联络线15.065千米、龙岩西北联络线2.343千米)，图定开行客货列车106.5对，全年实现运输收入74599.7万元，其中客运收入完成56038.04万元，占比75.1%，货运收入完成18561.64万元，占比24.9%。全年，该段发送旅客697.68万人（日均1.91万人），其中动车组发送614.9万人，占比88.1%。

2018年，以行车、施工、旅客运输、货物运输、调车作业为重点，扎实推进人防、物防、技防“三位一体”安全保障体系建设，突出抓好各项季节性安全管理，认真落实安全风险管控和隐患排查治理双重预防机制，及时消除存在的问题，确保运输安全持续稳定。截至2018年底，该段实现运输安全2453天。

客运方面。深入推进客运供给侧结构性改革，不断创新和丰富便民利民措施，旅客出行服务水平和能力得到进一步提高。2018年，累计安全发送旅客697.68万人(日均1.91万人)，其中动车组发送614.9万人，占比88.1%。

货运方面。以“提高铁路货运市场份额，提高铁路货运经营效益，降低社会物流成本”(“两提高一降低”）为目标，大力开发货运市场，深入实施货运票据电子化、安检查危、货场环境、安全红线管理等标准化建设，推进铁路现代物流发展。全年累计发送货物45593车/226.7万吨，货运收入18561.64万元。

经营开发方面。积极推进车站资产资源的盘活利用，通过广告传媒、车站商铺开发等方式，着力构建竞争优势明显、经营机制高效、产业结构转型升级、人力资源协同发展的资产经营开发体系，全年其他业务收入实现993万元。

在春节、清明、端午、国庆等国家法定节假日时期，合理安排人员力量，确保客流高峰期车站运输组织的稳定有序。同时，高质量完成重点时期的车站安保任务十余次，督促相关车站严格落实“专区候车，二次安检”工作要求，确保进入重点地区旅客及携带物品安全。

（龙岩车务段）

水 路

【概况】 2018年，龙岩市有水路客运企业3家，年旅游客运量约51.8万人次；农村渡口6个，年约渡运5万人次；登记在册船舶602艘（含渔业船舶229艘）。2018年，水路旅客运输完成51.8万人次，周转量565.1万人千米，比上年同期分别增长1.19%和1.26%。农村渡口安全渡运5.3万人次。

【推动出台内河船舶防污染相关制度】 2018年，龙岩市推动出台《龙岩市内河船舶污染物接收、转运及处置设施建设方案》（龙政办〔2018〕7号）、《龙岩市人民政府办公室关于印发龙岩市内河船舶污染物接收、转运及处置联单制度的通知》（龙政办〔2018〕9号）和《龙岩市人民政府办公室关于印发龙岩市内河船舶污染物接收、转运及处置联合监管机制的通知》（龙政办〔2018〕10号），使内河船舶防污染处置有法可依。

【全面落实河长制工作要求】 2018年，龙岩市加强内河船舶检验巡查工作，重点加强船舶防污和船舶生活垃圾处理等方面的检验检查工作。要求船主及航运企业根据检验规范要求配备必要的油水分离器、船舶垃圾桶等防污设施，杜绝船舶运营中产生的船舶垃圾倾倒到库区水域，污染环境。优化航运企业结构，督促航运企业及时更换老旧船舶以减少对河道的污染。经过宣传与督促，2018年，漳平市九鹏溪船舶运输有限公司已申请报废老旧船舶2艘，更新电瓶游船1艘；永定龙湖航运有限公司更新快艇4艘。

【河道采砂专项整治】 2018年，龙岩市认真贯彻落实中央督导组和省委省政府、市委市政府的一系列指示精神，推进龙岩市河道采砂专项整治行动。与市水利局等六部门召开联席会议，开展联合执法行动，严厉打击河道非法采砂领域的黑恶势力及河道非法采砂行为，依法规范采砂市场秩序，确保河道通航安全、水生态安全。

【完成“厕所革命”建设目标任务】 2018年，根据省交通运输厅关于《推进福建交通运输“厕所革命”三年行动工作方案》及绩效考评有关要求，永定区背头坑渡口完成“厕所革命”标准化示范点建设。

【水上安全知识进校园】 2018年，在7个县（市、区）开展水上安全知识进校园活动。宣传水上交通安全知识，开展现场教学演练，手把手教会全体师生怎样正确使用救生圈、正确穿救生衣、套救生圈等；开展实地乘坐船舶，现场讲解渡运安全知识、乘船注意事项、预防溺水、意外落水的应急措施及水上交通事故逃生等安全常识等方式，提升广大师生水上安全意识，提高全社会参与度。

机 场

【概况】 2018年，冠豸山机场不断完善航线网络布局，新增并加密北京、佛山直飞航线。冠豸山机场在飞航线共有4条，通航城市7个，初步形成对接首都（北京），连接长三角（上海、南京）、珠三角（佛山），覆盖西南（成都、昆明）、中南（桂林）地区的扇形航线网络布局，为闽西旅游产业的发展、提升城市知名度、培育新的经济增长点起到重要的支撑和带动作用。

2018年，龙岩冠豸山机场共保障安全飞行1944次，比上年增长21.20%，完成计划的101.94%，其中运输起降1880架次，比上年增长19.59%，完成计划的104.04%；旅客吞吐量突破20万人次，达20.74万人次，比上年增长43.50%，完成计划的103.50%，完成货邮吞吐量377.34吨，比上年增长54.81%，完成计划的94.34%。

【突破机场发展瓶颈】 2018年冬春航季，机场计划加密上海航线、北京航线至一排，同时恢复佛山航段。根据民航华东地区管理局总量管控原则，龙岩机场属非时刻协调机场，增长总量最多不超过30%。针对夏秋航季连城机场38个周时刻空量情况，换季后最多增加至周50个时刻，无法满足航线加密需求。经过沟通协调，龙岩机场近年发展得到民航华东地区管理局领导肯定，同时，支持龙岩机场在50万吞吐量内发展不受时刻总量限制，突破未来机场发展的瓶颈。

（市交通局）

责任编辑　上官克盈

大数据和政务服务

【概况】 2018年，数字龙岩建设按照“构建大平台、开发大系统、推进大整合、建设大数据、强化大支撑、营造大环境”的思路，加大全市统筹力度，努力构建高效便捷的在线政府，逐步形成线上线下一体化和跨部门、跨区域、跨层级信息共享和业务协同的新型政务工作模式。数据基础设施建设。建成全市统一的政务数据中心和容灾备份中心，形成“一地两中心”的数据集中存储备份格局，共部署158个标准机柜、物理服务器184台、虚拟服务器241台、存储378T，承载93个单位139个应用。政务网络建设。加强政务网络横向接入，统一互联网出口。市直单位共52个单位2600终端统一互联网接入，电子政务外网接入单位50个，政务信息网接入单位280个。

【龙岩市大数据和政务服务管理局成立】 2018年12月28日，龙岩市大数据和政务服务管理局挂牌成立。根据《龙岩市机构改革实施方案》，市大数据局将市网上公共服务平台（“e龙岩”）建设工作领导小组有关职责和市“数字龙岩”建设领导小组行政管理职责整合，作为市政府工作部门，加挂市“数字龙岩”建设领导小组办公室牌子。主要职责是：贯彻落实国家、省有关信息化的政策和法律法规，拟订并组织实施龙岩市信息化的政策；贯彻落实国家、省有关于加快公共服务体系建设，推进电子政务发展、实施“互联网+政务服务”战略等决策部署，统筹领导和协调推动全市网上公共服务体系建设工作；具体统筹龙岩市信息化工作，促进政务信息资源共享协同应用，打破信息孤岛，实现数据共享；统筹规划和协调推进重大信息化基础设施和公共平台建设，研究部署“e龙岩”建设推进工作；组织编制“数字龙岩”建设投资计划，负责相关项目管理；负责龙岩市互联网经济牵头抓总、宏观指导、统筹协调和组织推进相关工作等。

【信息系统整合共享】 2018年，龙岩市制定《龙岩市政务信息系统整合共享实施方案》，积极推进政务云平台建设，推动各部门业务系统上云，推进系统整合、应用融合，促进系统之间对接和互联互通。

建设政务云平台，积极推进部门业务系统上云，改变信息资源分散建设现象，避免形成新的“信息孤岛”。36个重要应用部署在政务云平台上，包括协同办公系统、不动产登记系统、数字城管系统、政府网站统一技术平台等等。

推进应用整合。统一用户认证和权限管理，实现网上办事系统、协同办公系统等多系统统一单点登录、统一服务入口。统一消息服务。申请专门政务服务短信号，构建政务短信平台，为协同办公、行政审批提供短信服务，累计发送短信通知1246万条；在政务信息网上建设即时通信系统，注册用户23494个，建立工作群组163个。统一接口管理，推进标准接口开放调用，包括开放消息系统和短信标准接口等。统一业务流程管理。统一流程引擎，实现业务审批系统与全流程网上办事、电子证照生成系统等业务流程贯通。

【大数据开发和应用】 2018年，龙岩市政务数据汇聚共享平台完成基础汇聚平台的建设，开发包括平台门户、数据服务、数据管理、数据工场、平台管理、我的工作和消息服务等7个主要功能模块。组织37个市直部门开展信息资源目录编制和数据汇聚工作，完成7个县（市、区）不动产登记数据和房屋备案信息的汇聚，实现与各市直部门共73个系统对接，累计汇聚291家部门共计2.1亿条数据，累计共享201家部门共计7537万条数据，其中累计汇聚电子证照数据473万条，共享电子证照数据79万条。初步形成县级数据资源池和法人库、人口库两大基础数据库，提供自然人对象档案、法人对象档案、企业关系图谱三个应用。完成市直部门的业务数据库建设及基础数据库的建设，建设包括城建住房、交通运输、爱心献血等12个主题数据库。市汇聚平台实现与省级政务数据汇聚共享平台之间目录、接口、数据和流程的互通，省市平台建立实时的数据回流机制。开发跨网数据交换，实现政务信息网和电子政务外网的数据交换。

市汇聚共享平台大力推进“互联网+政务”服务，重点解决网上办事工作中数据共享的难题，进一步协助“网上政府”建设。同时，完善各部门间的数据共享机制，实现“e龙岩”行政审批流程共享，为“e龙岩”中小学报名、公积金提取业务、保障性住房管理系统、不动产登记业务等重要业务提供数据支持。协助文旅局、残联、自然资源局解决二次录入问题，协助多家部门电子证照的生成提供数据采集和数据推送服务，辅助生成电子证照。促进人口、法人、电子证照、社会信用等基础信息库和业务信息库的联通，切实打通政府部门之间的信息壁垒和信息孤岛，确保实现“一趟不用跑”“最多跑一趟”的政务服务模式。

【网上公共服务平台“e龙岩”】到2018年底，“e龙岩”注册用户突破56万人，达56.5万人，其中实名认证用户53.8万人，成为群众爱用的掌中宝，“有事找政府、就上“e龙岩””观念深入人心，有效增强市民的认同感、获得感和主人翁意识。

2018年，“e龙岩”平台升级扩容、性能提升和应用开发，共进行9次版本更新，创新推出“手机亮证”便民服务，配套制订在公共服务领域、行政执法领域推广使用电子证照的措施，龙岩市范围内用“e龙岩”出示这些证照与实体证照一样使用。在全省率先实现个人数字证书全面免费发放并在网上审批应用。通过政府购买服务方式免费向“e龙岩”用户发放个人数字证书(E手签)，审批服务过程中可以使用个人数字证书进行电子签名，助力网上办事“一趟不用跑”；公积金办事领域在全省率先实现单位法人可通过电子签名，授权给经办人在手机上办理单位公积金业务，真正实现全流程网办；推出交通违法线上预约和处理、体检报告查询、找车位、医保缴费、昆润燃气缴费、商品房合同查询、电子健康证等民生服务。开发建设“两单”管理信息平台，以信息化手段促进“大督查、大落实”。

2018年10月，中央政治局委员、中央书记处书记、中央宣传部部长黄坤明对“e龙岩”作出重要批示，省委书记于伟国先后4次对“e龙岩”作出重要指示、批示，要求在全省大力推广“e龙岩”做法，打造成福建工作品牌。新华社对“e龙岩”作了多次报道。“e龙岩”还获得国家版权局颁发的原创类国家计算机软件著作权证书，在中国政府信息化大会上荣获“2018年中国政府信息化管理创新奖”，在“推进机制活　建设新福建”全省机关体制机制创新优秀案例征集评选活动中荣获一等奖并作交流发言。

【全流程网上办事平台】2018年，龙岩市全流程网上办事平台主要分为前端的龙岩市网上公共服务平台（“e龙岩”）及后端的通用审批系统，入驻全市494家单位，事项27629项，承诺时限全部控制在法定时限的50%以内。与市电子证照管理系统对接，实现全部事项在办理过程中复用电子证照，4110个事项可同步在线生成电子证照。2018年，累计办件64.4万件，其中互联网申报172174件，当日办结率98.64%。

【政府门户网站建设】2018年，龙岩市推进政府网站整合与集约化建设。按照智慧型集约化门户网站理念重新构建政府网站架构体系，制订完善政府网站开设上线、栏目设置规范和网站信息审核发布规范；完成市级统一技术平台扩容改造，实现统一基础安全防护；建立全平台统一信息资源库，对来自平台各类政务信息资源统一管理；网站平台数据实时推送给龙岩市政务数据汇聚共享平台。完成市政府门户网站第九次全面改版，开发部署智能推送、智能搜索和智能问答等智能化服务功能，网站与“e龙岩”PC端和手机app端、福建省全流程网上办事大厅深度融合，实现内容共享共用；全面完成全市政府网站的整合，全市永久下线政府网站132家。县级政府门户网站统一利用市级平台开发建设，于10月底完成迁移并全部上线。组建统一运维团队，负责全市政府网站开发设计、日常运维和监测工作。龙岩市人民政府网站在第三方机构绩效评估中，获得“中国政务网站领先奖”。

【龙岩市协同办公系统】2018年，龙岩市大力开展协同办公系统（二期）项目，在各县(市、区)的建设，做好县(市、区)和乡(镇、街道)协同办公系统的部署工作，到2018年年底，协同办公系统用户数达27463人次，接入单位数1328家，其中市直用户数8976人，接入单位343家；新罗区用户数3984人，接入单位144家；永定区用户数2360人，接入单位156家；上杭县用户数3323人，接入单位146家；武平县用户数2862人，接入单位154家；连城县用户数2480人，接入单位135家；长汀县用户数2029人，接入单位149家；漳平市用户数1449人，接入单位101家，远超过一期、二期项目合计280家单位的接入要求，超额完成1048家单位接入工作，基本完成全市各县(市、区)协同办公系统的接入工作。

【信息安全】2018年，龙岩市建设网站统一网络安全管控平台，为政府网站、公共服务平台(“e龙岩”)等重要信息系统提供安全防护；与网安配合做好“两会”以及“金砖”会议期间网站安全和重要信息系统保障工作。构建容灾备份平台，做好数据安全工作；全力做好全市应急视频会商指挥系统、政务网视频会议系统的管理维护和支撑保障工作。

（市大数据局）

通信业

中国电信股份有限公司龙岩分公司

【概况】 2018年，中国电信股份有限公司龙岩分公司深化改革创新，努力提高市场份额，加快规模发展，全面推进企业高质量经营。截至2018年底，全年主营业务收入6.3亿元，总用户规模数162万，为“e龙岩”建设、平安城市、智慧民生、乡村振兴、脱贫攻坚等政府工作提供重要支撑。

【共建面向5G光网络城市】 2018年，电信龙岩分公司持续贯彻落实“当日装、当日修、慢必赔”三项服务承诺，开展金牌宽带服务能力提升工作，实施“5G智能全光网”工程，加快建设面向5G的光网络城市，全市共新建FTTH端口12.3万个。以“普遍服务”为抓手，推进光网络建设，城区集镇基本实现全光覆盖，行政村FTTH覆盖率达到99%；全市FTTB小区基本实现FTTH能力全覆盖，全市共完成约3.5万FTTB用户光改，加快农村宽带网络设施升级改造。

【落实提速降费工作部署】 2018年，电信龙岩分公司通过提速不提价、流量不清零、取消语言通话长途和漫游费、取消流量漫游费用、继续下调单位流量资费等举措，践行流量和宽带资费降幅30%以上的承诺，并继续推动家庭宽带、企业宽带、专线资费的下降。严格按规范做好资费定价、资费宣传、保障用户资费选择权、资费“清单式”公示、简化资费结构等改革工作，做到“诚信服务、放心消费”。

【打造精品天翼网络】 2018年，中国电信龙岩分公司以建设无线宽带城市为目标，致力于打造天翼精品网络。在4G网络已较好覆盖大部分行政村的基础上，推动高校、高速、高铁、人流高密度等重点区域进行网络提升工作，建设南龙高铁专用网络，实现龙岩市区、县城、乡镇、农村地区LTE网络基本连续覆盖，具备支撑VoLTE和NB-IoT基础网络能力。

【龙岩智慧城市建设】 2018年，电信龙岩分公司依托建设12345平台、政务公共服务云两大项目，全力服务龙岩市政府政务云建设需求，创新龙岩智慧民生公共服务模式。以“互联网+”助力政法行业科技法庭等信息化建设，充分满足远程提讯、远程质证需求。借力云物融合优势打造龙净环保上云标杆，借力云安全树立连城住建局上云标杆，借力翼商云优势中标古田红军小镇wifi。建设公共安全视频监控、危险化学品应急指挥、智慧消防物联网、跨部门大数据共享四大平台，打造工业园区管理新模式的标杆项目，为智慧城市提供良好的基础应用平台。

【翼支付民生类金融支付品牌建设】 2018年，中国电信翼支付在龙岩全市范围内，针对不同行业领域开展各类民生优惠工程。包括龙岩电信菜篮子工程、翼支付缴物业费享9折、翼支付加油中石油95折、中石化96折、普通商户消费周一至周四随机立减、周末95折及一年一度针对全网用户开展的5月25日当天消费5折优惠等活动，成效显著。全年常态化优惠活动累计向用户返利近400万元，仅加油返利单项全年累计返利金额超29万元。菜篮子工程优惠活动获得强烈反响，单月参与市民最高超过3万人次，全年户均月返利金额近30元。同时，翼支付在各区县积极与电力、水务部门开展合作，进行水电缴费接入，实现全市范围电网缴费接入及连城、上杭水费接入。

【“爱有天翼”志愿服务】 2018年，电信龙岩分公司以“爱有天翼”为志愿服务活动品牌，策划开展“爱有天翼—交通文明我先行”交通志愿服务、“爱有天翼—传承雷锋精神”学雷锋志愿服务、“爱有天翼—文明进社区”业务宣传志愿服务、“爱有天翼—春运暖冬”火车站志愿服务、“爱有天翼—青春健跑”大美龙岩志愿服务、“爱有天翼—献血志愿服务”“爱有天翼—高考志愿服务”等系列活动。坚持把志愿服务活动与企业中心工作结合起来，广泛动员、积极参与，开展“扶贫助困”“无偿献血”“文明出行”“关爱老人”“应急保障”等形式多样的志愿服务。全市开展志愿服务活动70次。

【网络与信息安全】 2018年，电信龙岩分公司积极开展扫黄打非、防范打击通信信息诈骗、网站备案、网络安全宣传等专项工作，取得良好社会宣传效果。尤其在防范打击通信网络新型违法犯罪工作、工信部“12321”手机号码投诉量、举报号码处置及时率100%，号码被举报率、实名制合规率等方面均在全省排名靠前。在全市营业厅进行播放防范诈骗视频及宣传标语，发送防诈骗公益宣传短信53万条。建立起与兄弟省市电信公司、龙岩公安部门形成的警企协作机制，每日通过微信群将涉诈号码即时推送到各省电信公司进行关停、拓展核查，加大对涉嫌诈骗号码的及时限服和溯源工作，加大对外省涉诈卡的归属省公司的管控考核力度，有效控制外省漫游至龙岩的涉诈电话卡。2018年，配合公安机关查处涉案号码139批次3万多个，配合联席办对适中等高发地域实施信号减弱措施，配合公安机关查询涉案电话、IP地址、宽带落地、基站等1469人次，向市公安局反诈骗中心提交外地漫游龙岩的通话清单超过900万条。

（童莉萍）

中国移动通信集团福建有限公司龙岩分公司

【概况】 2018年，中国移动龙岩分公司认真落实市政府与省移动公司签署的战略合作协议，以产业创新和区域发展为己任，全力推进"数字龙岩"建设。公司持续保持良好发展势头，客户规模超183万户，年运营收入超13亿元，是龙岩网络规模、客户规模、收入规模、纳税规模最大的通信运营商，并获得"全国'安康杯'竞赛优胜单位""第八届省级文明行业""龙岩五四红旗团委"等荣誉。

【通信网络再升级】 2018年，龙岩移动分公司深化有线无线"智能网"融合，提升基础平台能力，为全市工业、农业、服务业等各应用领域"智慧升级"提供保障。有线网络方面，宽带端口总数超78万个，城区乡镇全面实现100M宽带接入，所有行政村100%实现宽带覆盖，开发区、工业园区、大型工矿企业及中小企业优先实现1000M宽带接入能力。在固网宽带领域，移动已实现从无到有、从有到优的快速突破，全面颠覆宽带市场格局。无线网络方面，累计建设超8700个4G站点，实现城区及农村区域全面覆盖、所有高速高铁无缝覆盖、城市和重要场景深度覆盖、有条件自然村延伸覆盖，并实现全市乡镇以上区域NB-IoT网络连续覆盖，同时加强能力资源储备，加速5G商用进程。圆满完成各类重大活动和灾害天气应急通信保障工作。

【开启万物互联新时代】 2018年5月，龙岩移动分公司与龙岩学院签署合作协议，联合成立"物联网产业研究中心"，搭建教育科研单位和物联网相关产业企业之间的纽带桥梁，在物联技术应用、物联网联合实验室、物联网项目孵化与推进等多方面进行产学研深度融合。11月，龙岩市物联网行业协会正式成立，中国移动龙岩分公司当选为会长单位，标志着龙岩市物联网行业从自行发展步入到"组织化、专业化、集群化"的新阶段。在"11·8"机博投洽会上，牵头会员单位现场展示行业"黑科技"，并设立智慧城市、车联网、工业物联网3个"移动专区"，为与会嘉宾和观众勾画精彩物联生活。

【信息化服务】 2018年，龙岩移动分公司充分发挥自身网络、资源、技术、人才优势，以云计算、大数据、物联网等技术为依托，为各行各业提供优质信息化服务，合作推进电子政务、平安城市、生态环保、智慧交通、智慧校园等信息化项目落地，润泽社会，惠及民生。助力武平、永定等地方政府部门开发路长制APP，为各条道路的"大管家们"提供全路段可视化管理、巡检任务派发查收、灾毁保险便捷对接等服务，让道路管理变得更加智能；助力长汀汀州镇政府"政务上云"，实现指定时间地点电子签到、随时随地OA办公、行政执法实时上传等功能，基层政府工作人员只要手机在手，以往耗时费力的事情统统都能轻松搞定；11月26日，台湾海峡发生6.2级地震，龙岩出现震感，中国移动"地震预警信息发布终端"向上百家签约单位及时发布预警信息、地震速报信息、地震强度预报信息等。

【打造智慧家庭新生活】 2018年，龙岩移动分公司推出"不卡不顿不转圈、能看能玩能购物"的移动宽带电视"魔百和"，为市民带来丰富多彩的家庭视听娱乐新体验。它整合未来、百视通、芒果TV等资源，提供超50万小时在线时长的视频内容，完整收录小、初、高教育名师课程及知名早教幼儿品牌节目，还有八闽戏曲、NBA、英超、HBO美剧、萌宠等特色频道，更有和家相册、多屏互动、电视购物等上百种新奇功能加持，极大地满足家庭不同成员的需求。还推出"会看家"的和目摄像头、"会说话"的语音遥控器、"能说会道"的和家固话、"能玩能看"的体感摄像头、"能玩会唱"的音箱机顶盒等产品，让万千家庭畅享舒适安全、高效便捷、充满关爱的智慧新生活。

【履行社会责任】 2018年，龙岩移动分公司打击治理电信网络诈骗犯罪。在夯实前期工作成效的基础上，与公安机关深度合作，创新技术打击方案推动该工作向智能化方向发展，全年智能识别并及时限制多个异常号码，实现7×24小时全天候、高频次打击。提速降费，宽带用户持续向高速率迁移，4G客户普及率超70%，7月1日起取消手机流量"漫游费"。12月21日，中国移动"全球通"品牌焕新出发，从资费、服务、积分等多维度打造产品权益体系，顺应时代特色和客户需求，推动权益可转赠、可分享的新消费模式。志愿服务，开展"关爱老人""关爱留守儿童""助力创城""无偿献血"等系列志愿服务活动，大力弘扬"奉献、友爱、互助、进步"的志愿服务精神，被龙岩市青年志愿者协会及龙岩义工协会评为"2018年度爱心企业"。

（林莫汐）

中国联合网络通信有限公司龙岩分公司

【概况】 2018年，中国联通龙岩市分公司贯彻新发展理念，深化实施聚集创新合作战略，积极推进全面互联网化运营，大力践行国有企业责任，“五新”联通建设及高质量发展迈出重要步伐，全年实现主营收入2.69亿元，增幅全省排名第一，实现混改元年的良好开局。

2018年4月19日，漳平市党建云平台暨漳平红云手机APP发布仪式

（龙岩联通　供图）

【提速降费】　2018年，龙岩联通分公司坚决贯彻落实党中央国务院关于提速降费、精准脱贫等工作部署，大力践行国有企业责任。7月起，统一全国和本地手机流量计费方式，将用户的本地流量、省内流量全面升级为全国流量。深入各县挂钩贫困村开展扶贫调研，制定帮扶措施，不折不扣推进脱贫攻坚政治任务。认真落实国务院大督查专项治理工作部署，开展“大反思、大检查、大整治”，对81项个案28类重点问题建立台账，明确责任单位，细化整改措施。坚决落实打击治理电信网络新型违法犯罪工作，进一步落实、探索、创新技术反制办法，多维度管控实名风险，积极配合公安机关联动执法。

【网络运营能力提升】　2018年，中国联通龙岩市分公司积极响应市场需求，持续推进通信基础设施精准建设及差异化扩容，不断优化网络运营能力。全年新建4G基站99个，3G基站111个；开通南三龙高铁UL站点126个，实现南三龙高铁3/4G全面覆盖。在固网建设方面，聚焦国标小区建设、开展OLT扁平化改造及PON+LAN立项改造等，2018年新增1.29万个宽带端口，实现全市固网宽带端口中FTTH端口渗透率达到97%。聚焦网络质量和客户感知持续提升，全年深入开展网优大会战，4G网络的MR良好率有效保持。

2018年12月15日，“工业智联　云光慧企”产业数字化转型发展论坛在龙岩举办

（龙岩联通　供图）

【参与数字龙岩建设】　2018年，中国联通龙岩市分公司深入落实聚焦创新合作战略，顺应互联网+发展新趋势，着力增强创新发展新动能，积极参与数字龙岩建设，全年投入4000余万元，成功建设全市河长制、武平智慧城市、闽大智慧校园、漳平雪亮工程、龙岩市/新罗区/长汀县明厨亮灶、连城农业电商、上杭路长制、漳平智慧党建、新罗智慧交通、上杭指挥中心改造等重点项目，实现城市管理、公检法、消防、交通、林业、旅游等15个重点行业的创新覆盖。

1月12日，与漳平市委组织部成功签约龙岩首个县级“智慧党建”项目—“漳平红云”。4月19日，“漳平红云”党建云平台上线，该云平台开设“龙江潮声”“基层党建”“组织生活”“党员教育管理”等6个专栏，30多个二级栏目，推动基层党建由“管理”向“服务”的转变，让党员少跑腿，让数据多跑路，打通基层党组织联系服务党员和群众的“最后一千米”。

10月25日，与上杭县路长办签约，在全市率先采用路长制信息化管理平台—“智慧路长”。平台实现农村公路信息化管理县、乡、村三级全覆盖，协同推进农村公路养护、应急处置、路政管理等工作，促进农村公路监管网格化、信息化，成为道路建设、管理、养护和运营等有效抓手，福建电视台经视频道、龙岩市交通系统内部媒体对“智慧路长”打造四好公路的做法进行全面报道。

11 月 12 日，与闽西职业技术学院成功签约“智慧校园”项目，该项目从资源整合规模、服务人数、系统使用程度、资金规模、人员投入、制度保障等多方面建成福建省内职业内院校领先的智慧校园应用体系。

【“工业智联　云光慧企”发展论坛】 2018 年 12 月 5 日，由龙岩市经济和信息化委员会指导，中国联通龙岩市分公司与福建广电网络集团股份有限公司龙岩分公司共同主办的2018 年龙岩市产业数字化转型发展论坛“工业智联　云光慧企”在龙岩万达嘉华酒店召开。论坛围绕着如何贯彻落实省政府《关于深化“互联网+先进制造业”发展工业互联网的实施意见》，共同探讨产业数字化转型之路，通过加快工业互联网创新发展，“上云上平台”来推动企业数字化转型升级，促进企业降本增效，提升企业竞争力，实现各企业管理改进、能力提升和业务创新，助力龙岩市工业互联网的快速发展。

（冯静瑜）

邮政业

【概况】 2018 年，龙岩市有提供邮政普遍服务的邮政营业场所 141 处，网点法定业务开办率 100%，1783 个行政村实现直接通邮。共有邮筒（箱）645 个，邮政专用标志车辆 179 辆，其中龙岩市邮政分公司 66 辆（含机要通信专用投递车辆 7 辆），中国邮政速递物流股份有限公司龙岩市分公司 113 辆。共有 17 个快递品牌在龙岩设有分支机构或加盟商，其中，独立法人快递企业 41 家，市级分支机构 11 个，县级分支机构 136 个，快递网点乡镇覆盖率达 100%，带动就业 3600 人以上。

2018 年，全市邮政业业务总量完成 10.77 亿元，比上年同期增长 11.52%；业务收入完成 7.33 亿元（不含邮政储蓄银行直接营业收入），比上年同期增长 9.13%。其中，快递业务量完成 3972.74 万件，比上年同期增长 8.88%；业务收入完成 4.22 亿元，比上年同期增长 16.12%。

【优化发展环境】 2018 年，市政府出台《龙岩市推进电子商务与快递物流协同发展实施方案》，市邮政管理局与市住建局联合印发《关于在龙岩市新建城镇居民住宅楼推广建设智能信报箱的通知》。推动《关于加快现代服务业发展十五条政策措施的通知》落地实施，引导符合条件的快递企业申报资金补助，武平三通、龙岩到呗等企业获得地方政府 180 余万元的资金补助。抓好邮政业“十三五”规划中期评估，推动项目落地实施。

【落实安全属地责任】 2018 年，龙岩市邮政局与七个县（市、区）交通运输局续签行政执法委托书，协调市交通运输局将寄递渠道安全监管列入全市交通系统年度绩效管理考评指标体系。永定区政府下发《关于加强寄递安全管理工作的通知》，在全省率先把寄递业监管的力量向乡镇（街道）延伸；连城县创新监管方式，在全市率先实施智能化安防监控，协调人民银行将快递企业法人和从业人员信用纳入征信体系，对寄递企业实行 12 分制积分管理度。

【健全三级服务体系】 2018 年，龙岩公路港快递物流园项目建设进展顺利，预计 2019 年下半年快递服务区将建成投入使用，主要品牌快递企业与项目业主单位签订意向合同。各县级园区建设入驻进度加快，武平县快递企业入驻国家“十三五”货运枢纽项目龙洲物流园区，长汀县快递企业入驻“福建省现代服务集聚示范区（B 类）”汀州电商物流城，并享受用地优惠政策，连城县电商快递园已建成并投入使用，上杭、漳平两县电商快递园区正在建设之中，全市“1+6+N”三级快递服务网络体系已现雏形。

【完善末端服务网络】 2018 年，龙岩市邮政局推动形成“入户+智能快件箱+公共服务站”投递相结合的末端投递服务网络。龙岩中心城区快递综合服务站点 42 个，布设智能快件箱 191 处近 2 万个格口，2 所高校均设立校内快递服务中心，在漳平试点规范“中学快递”服务。加快末端资源整合，提升乡镇网点标准化水平和服务能力，建成农村快递综合服务站点超 100 个。

【推动行业融合发展】 2018 年，龙岩市邮政局支持引导快递企业整合各种资源，开展快快、供快合作，企业整体实力明显增强。2018 年，全市快递企业对快件处理新增投资额 975 万元，新增分拨场所面积约 1 万平方米，更新流水线超 600 米，新增爬坡机或伸缩机 14 台。大力培育龙岩花生、地瓜干、百香果、泡鸭爪、花卉苗木等“快递+农业”项目。2018 年，全市共完成农特产品寄递 572.09 万件。继续抓好“一市一品”邮政服务农特产品进城示范项目，提升邮政服务农村电商的能力。

【规范市场运行秩序】 2018 年，龙岩市邮政局开展《邮政普遍服务标准》《福建省邮政普遍服务保障办法》达标检查，实行分级监管，开展邮政机要通信保密安全专项检查、邮票发行销售监督检查、无着邮件和邮政专用标志车辆监管。坚持“市县共管、上下联动”，加强快递市场监管，开展快递市场清理整顿，按照“企业授权，管局授牌，备案管理，及时变更”的要求，以“四有”标准开展末端网点备案工作。对“快递超市”类网点实行“一网点一备案”,全市436个存量网点全部完成备案工作。2018年,共开展行政执法检查3126人次,检查快递企业859家、邮政企业营业场所73个、机要网点22个、报刊亭11个,下达责令改正通知39起,下达行政处罚决定29起,罚款21.4万元。

【行业服务质量提升】 2018年,龙岩市邮政局健全建制村通邮台账,“双随机”抽查91个行政村通邮情况。委托市场调查服务公司对全市城镇居民楼信报箱设置及使用情况进行调查。配合完成2018年度《人民日报》见报情况监测和全国邮件传递时限监测工作。加强对邮政普遍服务基础设施建设的监督检查。落实监管信息通报制度,完善消费者申诉和市场监管衔接联动机制,根据申诉情况,约谈企业6家,办理服务质量类案件7起。加强“不着地、不抛扔、不摆地摊”专项治理,主要分拨场所均已铺设托盘,市县两级“四通一达”分拨场所全部配置流水线和自动称重扫描仪,末端网点全部配置货架或分拣筐。

【部门联动】 2018年,龙岩市邮政局落实寄递安全综合治理联合机制,开展安全生产大检查、寄递渠道涉枪涉爆隐患集中整治、危险化学品综合治理等专项行动,切实做好寄递渠道禁毒、反恐、扫黄打非、非洲猪瘟疫情防控等工作。完善信息通报、案件移送、联合执法等协作机制,2018年共开展各类联合督导检查7次,与国安部门联合实地核查3次,配合烟草部门查获各类涉烟违法案件22起。联合各部门开展警示教育、禁毒、反恐等主题培训,联合市快递行业协会举办“平安寄递,你我共创”寄递安全技能竞赛。

【行业安全保障平稳】 2018年,龙岩市邮政局规范企业安全生产管理机构和应急管理机构设置,建立安全管理员履职报告制度。在各县分别培育1家安全生产示范企业,发挥头雁效应。督促企业严格执行三项制度,强化禁限寄知识培训,规范收寄流程,落实收寄、安检岗位责任制,执行验视卡、临时管控、安检机上线、安检台账记录等制度,推动安检设备与省局安检平台联网对接。修订邮政行业突发事件应急预案,开展消防应急演练,保障中非合作论坛等重大活动期间,全市寄递渠道安全平稳运行。

【构建行业信用体系】 2018年,龙岩市加强快递从业人员管理“六个一”(一个档案、一个编号、一个平台、一个资质、一个考核和一个制度)措施,建立从业人员实名档案,对从业人员实行统一编号管理,统一录入“快递到家”平台,强化培训和考核,健全重点岗位人员安全生产从业资质、背景审查和“黑名单”制度,进一步完善从业人员信用档案。强化与公安、国安部门信用档案信息互联,积极推动行业协会自律自治。制定信用体系建设方案,成立信用评定委员会,构建行业诚信建设软环境。

【提升绿色发展水平】 2018年,龙岩市邮政局引导快递企业开展集约经营,共享资源,实现节能减排。推广使用电动汽车和快递电动三轮车减少排放,截至2018年,全市拥有电动汽车33辆,快递电动三轮车157辆。倡导适度包装,邮政企业启用新标准包装箱,应用可降解胶带等环保产品;提高包装重复利用率,顺丰、申通、圆通等多家快递企业使用环保建包袋逐步替代一次性编织袋。提高企业电子面单使用率,“四通一达”、顺丰等主要品牌快递企业电子面单使用率基本实现100%。

【关爱快递从业人员】 2018年,龙岩市邮政局鼓励企业加大投入,引进先进分拣处理设备,降低快递从业人员劳动强度。推动企业规范内部管理,加强人文关怀,武平供快合作企业为67名员工购买工伤险。2018年初,推荐1名身残志坚的快递业务员作为行业优秀人员参加“最美快递员”活动。

(陶诗洋)

【龙岩市邮政分公司经营概况】 2018年,全市邮政累计实现业务收入28977万元,比增8.8%,总体经济运行平稳。

【服务管理】 2018年,龙岩市邮政分公司认真执行普遍服务工作标准,规范服务环节,全市141个普服网点及119个投递部均已达到普服标准要求。同时抓好质量管控,通过多方面协调,从7月11日开始,实现《人民日报》在全市县级以上党委、人大、政府、政协机关当日见报要求,得到国家邮政局的充分肯定。

【能力提升】 2018年,龙岩市邮政分公司调整邮路,增加龙岩到厦门往返四条邮路,开通龙岩到福州的出口邮路,市到各县(市、区)也实现两频次邮路,大大加快邮件传递速度。优化作业组织,全面完成“县域转运、分拣、投递三合一”作业流程优化。加大建设投入,完成网运中心分拣设备改造,投入装卸皮带机、爬坡机等,提高邮件处理速度。新增6辆5吨车,满足区内运能需求。

【税邮合作】 2018年,龙岩市邮政公司充分发挥营业网点多、服务覆盖面遍布城乡和无节假日全天候服务的优势,使税务部门办税服务厅纳税服务功能拓展到街道、社区、乡镇,通过对纳税人的服务在空间和时间上得到延伸,有效缓解纳税人办理代开税票业务跑远路、排长队的问题,降低纳税人的办税成本;同时也减轻办税服务厅的工作压力,实现税务、邮政、纳税人多方共赢。截至2018年12月31日,全市邮政64个邮政营业网点开办代开税票业务,开办率100%。

【举办《戊戌年》特种邮票首发式】 2018年1月5日上午，龙岩市邮政分公司举办《戊戌年》特种邮票首发式暨生肖专题集邮展览，并现场提供免费加盖生肖纪念邮戳服务。《戊戌年》特种邮票1套2枚，小本票1本。该套票延续第四轮生肖票“合家欢”的设计理念，展示中华田园犬的形象。同时，在印刷上延续第四轮生肖邮票胶雕套印的工艺。

【开展贫困村邮乐购电商精准脱贫工程】 2018年，新罗区邮政分公司与新罗区商务局、和新罗区电子商务产业协会联合开展贫困村邮乐购电商精准脱贫工程。根据《新罗区“贫困村邮乐购”电商精准脱贫工程实施方案》，按照“政府引导、企业主导、市场运作、共享共赢”的原则，对龙岩新罗区42个贫困村实施“邮乐购”实体店开展扶贫站点建设，形成邮政扶贫规模化效应。

（龙岩市邮政分公司）

无线电管理

【概况】 截至2018年底，龙岩市台站数据库中共约3.4万个台站，与上年同期相比新增台站约8500个，比上年同期增长31.5%。共办理行政许可审批事项27份，到期换照3350份。

全年共计开展无线电日常监测和频段占用度测试时间约62100小时，其中固定监测约61420小时，移动监测约680小时，编制及上报《龙岩市无线电频谱监测统计报告》12份。对龙津花园监测铁塔、大锦山监测铁塔和漳平博物馆监测桅杆进行安全整治，完成大锦山固定监测站道路维护。

全年开展监督检查48次出动127人次，检查无线电发射设备销售商46家，完成“双随机一公开”监督检查工作。办结2起违规设置使用对讲机案件。组织完成高考、公务员录用、法律资格等18场重要考试防无线电作弊保障。完成春运期间、“两会”期间、数字峰会等重要时期无线电安全保障。加强南龙铁路龙岩段的无线电干扰排查和协调。

【频率使用率评价】 2018年，龙岩市成立局频率使用率评价工作领导小组，对全市具体工作进行统一部署和安排。制定并印发《2018年频率使用率评价工作实施方案》，明确各科站任务分工及相关工作完成时限。定期召开科站协调会，沟通交流频率使用率评价工作进展情况。监测分站在全市范围内对798—960兆赫兹重点频段进行固定和移动监测，启用15个固定站，共监测约500小时，采集数据约26G，移动监测行程约845千米，采集数据约55G。

【5G频率中频段清理核查】 2018年，龙岩市无线电管理局按要求筛选出龙岩区域内的4个收发地球站及1个单收地球站，指导有关设台单位填报表格并要求6月30日前限期完成，同时，抽调人员对相关台站进行实地核查，建立需要干扰保护的无线电台(站)清单。

【“放管服”改革】 2018年，龙岩市无线电管理局做细做实“一趟不用跑”和“最多跑一趟”活动，5个行政许可事项及1个公共服务事项均已实现“最多跑一趟”，结合邮递服务可以实现“一趟不用跑”。推进“互联网+”行政审批工作，通过“e龙岩”系统可以实现手机端在线申报，进一步提升用户体验和审批服务效率。及时公开行政许可信息，保障用户知情权。按要求推进证明事项清理工作，加强综合窗口人员无线电常用业务知识培训，严格按照程序办理，持续提升无线电行政审批服务质量。

【服务项目建设】 2018年，龙岩市无线电管理局助力紫金山金铜矿智慧矿山项目。积极沟通，指导用户按要求准备好相关频率申请材料，并向上级转报，帮助用户协调频率资源。主动作为，第一时间指导用户准备台站设置相关申请材料，快速审批通过后及时入库发照，实现用户设台“最多跑一趟”。做好事后监管保障，监测分站加强保护性监测。经过实地调研，该TD-LTE专网系统稳定运行，为紫金公司矿山开采智能调度系统提供良好通信保障，确保矿山安全生产，进一步减少成本，提升效率。服务南龙铁路重点项目。组织在建重点车站及铁路沿线重点区域电磁环境移动监测工作和台站实地核查。督促三家电信运营商完成南龙铁路沿线基站自查自纠，调整部分基站的频点，完成15个站点功率调整和加装滤波器，消除干扰隐患。

【无线电干扰查处】 受理2起，查处2起。配合排查欧洲空间局1400—1427兆赫兹频段SMOS卫星受干扰案件，在武平、连城分别找到一个干扰信号源，并采取措施消除干扰隐患。10月底，省福平铁路有限责任公司向我局书面投诉红梅隧道和矮坡隧道附近GSM-R通信频段存在异常信号，局协调电信、移动和联通三家公司立即对附近GSM和CDMA基站进行自查并消除干扰隐患。

【打击“黑广播”专项行动】 会同市公安局、龙岩市文化广电新闻出版局、市文化综合执法支队等多部门在全市范围开展打击治理“黑广播”专项行动，从技术上、源头上对“黑广播”进行整治，切实维护电波秩序。11月27日，在新罗区排查定位一起“黑广播”案件，已移交公安部门处理。

（陈少华）

责任编辑　游友荣

商业贸易

【概况】 2018年,龙岩市实现社会消费品零售总额907.42亿元，增长11.6%，居全省第三位；批发业销售额1234亿元,增长21.2%,居全省第四位;零售业销售额904亿元,增长10.9%,居全省第三位；住宿业营业额13亿元，增长25.4%,居全省第一位;餐饮业营业额88亿元,增长6.7%,居全省第五位。

【限上商贸企业】 2018年，全市新上限上企业77家,其中,批发业40家、零售业26家、住宿业3家、餐饮业8家；全市退出限上企业118家,其中,批发业54家、零售业52家、餐饮业12家。至2018年底，全市限上企业2141家，其中,批发业934家、零售业949家、住宿业61家、餐饮业197家。

【项目建设】 2018年，全市商贸领域项目建设有序推进,省、市重点项目方面,中国(龙岩)农产品物流交易城项目南区A地块(蔬菜、水产)于8月18日正式开始试营业。连城国际物流商贸城是连城首个大型一站式综合性物流商贸批发城,计划建设集物流仓储、商品交易市场及相关配套为一体,2017年9月启动征迁,2018年一期实现开盘销售。市委、市政府为民办实事方面,新罗雁石农贸市场、武平城厢东云农贸市场、新罗东肖农贸市场、连城中堡市场等市场全部按计划完成建设或改造。

【主要副食品基地】 2018年,根据《福建省商务厅关于公布2018—2020年省级城市副食品调控基地名单并下达指导性生产计划的通知》(闽商务市场〔2018〕22号),龙岩市签订42家省级城市副食品基地(包括14家生猪、5家蛋禽、5家肉禽、18家蔬菜基地)，确认86家市级城市副食品调控基地（包括35家生猪、12家蛋鸡、39家蔬菜基地)。2018年省级城市副食品调控基地生猪上市量22万头、蔬菜产量2.65万吨、禽蛋产量0.31万吨，保障全市“菜篮子”产品的稳定供应,同时基地都通过无公害基地产地或产品认证，提高“菜篮子”产品安全水平。

【“龙岩老字号”评选】 2018年,为弘扬龙岩传统文化,留住龙岩乡愁,打造龙岩名片，提升商贸服务业发展水平，龙岩市商务局开展首批“龙岩老字号”评选活动,经龙岩市商务局筛选、社会公众网络投票、市内专家和省级老字号专家评审等4个流程,并报请龙岩市政府审定，最终认定评选出13家老字号企业。

表7 龙岩老字号名单

序号	属地	申报主体名称	字号名称
1	新罗	福建龙岩喜鹊纺织有限公司	“喜鹊”
2	新罗	福建佳丽斯家纺有限公司	“佳丽斯”
3	永定	龙岩市永定区金谷土楼食品有限公司	“土楼”永定菜干
4	永定	福建金丰酿酒有限公司	“金丰”
5	上杭	上杭县三高青梅开发有限公司	“三裕”上杭乌梅
6	武平	武平县如金茶叶有限公司	“亦蘭香”武平绿茶
7	武平	武平县平川猪胆干厂	“平川”猪胆干
8	连城	连城美玉堂连史纸文化有限公司	“美玉堂”连城宣纸
9	连城	连城县广大食品厂	“广大园”连城地瓜干
10	漳平	福建陈泰昌茶业发展有限公司	“陈泰昌”
11	漳平	漳平市邓大沿茶厂	“邓大沿”
12	新罗	龙岩沉缸酒业有限公司	“沉缸酒”
13	永定	永定采善堂制药有限公司	“采善堂”

【绿色商场创建】 2018年，龙岩市商务局为践行新发展理念，倡导绿色消费，推动商贸流通企业建设绿色供应链、实施绿色服务、引导绿色消费、推动资源循环利用，提高绿色流通水平，按照《福建省商务厅福建省财政厅关于开展绿色流通先进单位（商场、超市）项目申报工作的通知》要求，全市积极组织企业申报。龙岩新华都购物广场有限公司美食城店、福建省米兰春天量贩有限公司米兰春天体育中心店被评选为2018年度福建省“绿色流通先进单位（商场、超市）”。

【参展办会活动】 2018年，龙岩市商务局推动商贸流通，促进“闽西八大干、八大珍、八大鲜”等系列名优特产品、老字号产品走出去，扩大影响力，进一步扩大龙岩地产品的市场占有率，一方面积极组织企业参加福建省商务厅组织的闽货华夏行、厦门食博会、武汉食品展等系列展销活动；另一方面积极引导企业在龙岩本地自行举办或参加各种促销展会，如“五一”和“国庆”房车展、11月7—11日“龙岩老字号馆”、12月7—9日“家装家电家居博览会暨第七届龙岩家电博览会”等。

【行业监管】 2018年，根据《中华人民共和国拍卖法》《拍卖管理办法》《福建省商务厅关于做好拍卖管理事项衔接工作的通知》等规定，龙岩市商务局对全市范围内依法设立、领取拍卖经营批准证书的32家拍卖企业及拍卖企业分公司开展上年度年度核查工作，并及时为福建省宏途科技有限公司设立、龙岩市拍卖行有限公司注册资本变更和北京中拓国际拍卖有限公司龙岩分公司注销等提供便利服务。根据福建省商务厅、公安厅、环保厅、工商行政管理局《福建省报废汽车回收拆解专项整治实施方案》，继续开展报废汽车回收拆解专项整治工作，并按照省商务厅的工作部署，对报废汽车回收企业资格认定书开展到期换证工作，通过资格认定书到期换证强化对企业的监管。

（沈觉钰）

【成品油经营】 2018年，中石化森美龙岩分公司（以下简称“龙岩分公司”）认真贯彻落实总部的战略部署和经营决策，牢牢把握“安全、稳定、有进步、可持续”的发展目标，持续深入开展机制体制改革，聚焦提质增效、转型升级，保安全、防风险，推改革、增活力，打造中国石化品牌，不断做强做优做大，公司安全、经营及管理等各项工作均取得较好成绩。至2018年底，中石化在全市各分支机构拥有在营加油站126座、在营油库1座、拟建油库1座，共有员工1100余人。2018年，全年经营总量40余万吨，比上年同期下降0.19%；全年缴纳各种税费4709余万元。

【品牌建设】 2018年，中石化森美龙岩分公司持续开展“为民服务创先争优”“青年驿站”“优质服务月”“开展移动发卡进社区、企事业单位”等活动，提升加油站服务水平，努力使客户满意、政府满意、社会满意。主要措施是：延长IC卡网点营业时间，利用移动办卡设备，在人流量大的超市、社区等开展加油卡业务，尽量满足客户需求；设立服务小推车，公开便民服务项目；大力宣传“每一滴油都是承诺”活动，向社会宣传中石化品牌责任和服务意识，受到社会及政府的高度认可。2018年1月，罗桥加油站被龙岩市总工会授予“2017年龙岩市工人先锋号”称号；2018年4月，漳平分公司经理林瑞被龙岩市委、市政府授予2017年度“服务业发展竞赛突出贡献企业个人”称号；2018年8月，刘天荣被共青团福建省委授予2017年度“福建省（杰出）青年岗位能手”称号。

IC卡网点覆盖面不断拓宽，市区、国省道及部分乡镇站有条件的均有设立发卡充值网点，为客户提供快捷周到的办卡充值服务，客户持卡消费明显增加。加油IC卡具备业务管理功能，协助客户跟踪管理用油情况，更能享受“油中感谢”积分增值服务。

在市区、国省道加油站与易自助公司合作不断新建洗车点，并对加油站原有洗车设备进行升级改造，让客户在加油站加完油后即可享受到洗车服务。同时，还与银行、保险等各行业开展相关合作，使中石化加油站由单一的提供油品销售服务向提供多种服务的综合服务商转型，为龙岩市民提供更加方便、快捷的增值服务。

【安全生产】 2018年，中石化森美龙岩分公司始终把企业的安全生产摆在各项工作的首位，通过加强制度建设，强化安全管理，为公司健康可持续发展提供坚强保障。认真贯彻落实党中央、国务院关于安全生产指示精神，严格遵守《中华人民共和国安全生产法》等相关法律、法规，全面落实中石化集团公司、销售公司、总部HSSE（健康、安全、公共安全、环境）工作总体部署，坚守“发展决不能以牺牲人的生命为代价”这一条红线。不断强化主体责任，筑牢安全防线，认真贯彻执行中国石油化工集团公司安全生产“十大禁令”和中国石化销售企业“八大纪律”，积极推进HSSE管理体系建设，严格落实安全环保责任制，细化安全管理目标，层层签订安全生产责任状。持续加大安全考核力度，积极主动与地方政府密切配合，落实好企业安全主体责任，全面开展“我要安全”“我为安全做诊断”等活动和“平安单位”建设工作，营造浓厚的安全生产氛围。

加强安全管理，进一步提高全员危害识别能力和风险防范意识，落实安全防范措施和应急预案演练，加大隐患排查、整改、治理力度，坚决杜绝“三违”（违章作业、违章指挥、违反劳动纪律）现象，确保油品进、销、存各个环节的安全。大力推进中石化“双百”基层建设，漳平综合站和连城江坊站分别获得“中国石化销售公司2018年度优秀安全班组和绿色基层单位”称号，漳平综合站和连城江坊站站长朱龙权、黄经航分别获得“中国石化销售公司2018年度优秀安全班组长和绿色基层先进个人”称号。积极践行“绿水青山就是金山银山”的生态理念，持续加大环保投入，共创碧水蓝天。按照国家环保要求，积极开展加油站防渗漏改造，把加油站单层油罐更换成双层油罐，有效避免油品泄露；所有在营加油站均有安装液位仪，对加油站储油罐进行实时监测，有效避免油品渗漏；不断完善加油站油水分离池建设，防止油品外流；有效维护二次油气回收系统设备，对卸油及加油过程中产生的油气进行回收，确保安全的同时避免环境污染；持续加大吸油毡等应急物资配备投入，增强一线环保处置能力。同时，每年组织员工开展职业健康体检，确保员工身心健康。

【油品数质量管理】　2018年，龙岩分公司遵循“源头把关，过程监控，应急到位”的原则，狠抓加油站油品数质量管理工作，做好油品“进、销、存”，严把进出油验收关，加强加油机计量精度的检测，确保数量精确达标，严密监控油罐库存管理。在每月做好加油机自检的同时，接受各级政府技术监督局（计量所）的监督。2018年，在国家和地方技术监督部门开展检查中，油品质量和数量两项指标都100%达标。龙岩分公司始终秉持“质量是企业的生命”的经营宗旨，坚持“质量永远领先一步”的质量方针，实施全员、全方位、全过程的质量管理，确保油品质量安全。

（罗锦权）

食盐经营

【概况】　2018年，福建省龙岩盐业有限责任公司（以下简称“龙岩盐业”）销区全年食盐销售总量16904.3吨。其中，小包装食盐销售8533.75吨，食品加工用盐6838.7吨，饲料用盐921.2吨，小工业盐610.65吨。2018年是《盐业体制改革方案》实施盐改过渡期的第二年，是食盐市场监管职能移交至龙岩市食品药品监督管理局、实现政企分开的第一年，也是企业经营转型的关键年。龙岩盐业持续抓经营、强管理，在做大做强主业、深化内部改革、加强食盐宣传、强化市场监督等方面下足功夫，全力保障食盐市场安全稳定供应，发挥福建省主渠道供应商作用。

【储备管理】　2018年，龙岩盐业以龙岩（雁石）省级食盐储备库建成使用为契机，在全省食盐储备综合运营效率提高基础上加大全市食盐流通经营库的管理，省级储备量达2000吨，流通储备量达1300吨，并通过福建省食药局换证审核，取得新的食盐批发许可证。

【转变营销模式】　2018年，龙岩盐业坚持以市场为导向、以客户为中心的现代营销观念，主动适应环境，以促进企业改革发展。采取一系列措施，提升企业市场竞争力。公司积极深化内部改革，抓好精细化管理；强化营销与盐政配合工作模式，巩固保障食盐市场；加强完善内控制度。提高企业运行决策效率。

【渠道建设】　2018年，龙岩盐业继续主动作为，加强与大型商超、重要客户沟通协调，对销售渠道梳理管控，强化终端配送服务，逐步形成以终端配送、批发销售共存的销售网络，尽可能地避免市场出现恶性竞争情况，较好地稳定食盐市场经营秩序。同时，注重服务化管理，为后期进一步成熟终端配送业务奠定基础。

【品牌建设】　2018年，龙岩盐业积极开展企业产品品牌，食盐安全和盐改政策的宣传推广。以圩天摆摊设点、社区宣传、超市导购等常态化宣传为基础，以市政府组织的“3·15消费者权益日”、食品安全周活动为平台，以入户走访市场宣传为辅助，大力拓宽宣传面，维护品牌形象和市场稳定，让福建海盐绿色健康入人心，宣传取得较好成效。泉港“碳九”事件舆论爆发期间，全员加班投入宣传，最大力度降低社会恐慌，协助做好社会维稳工作。

（游青青）

粮食储备与供应

【概况】　2018年，龙岩市粮食产量82万吨，全年粮食消费179万吨，省市外购进（调进）粮食152万吨，全年销往（调出）省市外粮食58万吨；全年完成市、县（市、区）两级储备粮轮出5.09万吨、轮入5.09万吨，国有粮食企业订单收购4.45万吨；全年完成粮食工业（包括饲料）总产值31.94亿元、利润总额6184万元，全市国有粮食购销企业实现利润199.64万元、连续16年实现盈利。

【储备粮管理】　2018年，龙岩市全面建成市、县两级现代化中心粮库，新增现代化仓容20.5万吨；争取资金投入1700万元，整市推进并基本完成粮库信息化建设，实现市县中心粮库互联互通、在线监测，得到国家和省主管部门的充分肯定。全市安全储粮、特色储粮水平大幅提升。完成全年储备粮轮换任务5.1万吨。全年完成省市县三级储备粮订单收购任务4.45万吨，向售粮农民兑付粮食直补资金1069万元，有效调动种粮农民积极性，保障种粮农民利益。

【粮食应急保障】　2018年，龙岩市应急大米储备管理到位；粮食流通统计分析和预警监测不断加强；粮食价格测报、应急加工、应急供应等应急机制和应急供应网络进一步完善；粮食产销协作进一步巩固和加强，2018年全年引粮入岩100多万吨。

【粮食质量监管】 2018年，龙岩市粮食和物资储备局深入实施治理“餐桌污染”，建设“食品放心工程”；认真开展粮油质量监测检验，开展军粮供应、政府储备、粮食收购等环节质量安全抽查，抽检样品97批次，合格率100%。扎实推进“一品一码”原粮追溯体系建设，全市30家涉粮企业在原粮追溯平台注册建立电子档案，初步实现原粮从收购入库到加工环节的源头可溯、去向可查。

（市粮食和物资储备局）

餐饮服务业

【概况】 2018年，龙岩市规模以上服务业营业收入108.01亿元，突破百亿元，比上年增长13.4%。在龙岩市规模以上服务业十个行业门类中，营业收入增速“九升一降”，好于上年的“八升两降”，其中科学研究和技术服务业营业收入增速较上年实现正增长。28个行业大类中，23个行业大类的营业收入实现正增长，增长面82.1%。

【企业税负】 2018年，龙岩市规模以上服务业企业税收负担有所减轻，全市362家企业三项税金合计支出3.91亿元，比上年减少0.26亿元，下降6.3%；每百元营收税负为3.6元，比上年减少0.8元。

【就业薪酬】 2018年，龙岩市规模以上服务业平均从业人员为3.67万人，比上年增加0.21万人，增长5.9%。职工薪酬比上年增长13.8%，高于平均从业人员增速7.9个百分点，职工薪酬稳步提高。

【餐饮业】 2018年，龙岩市餐饮业营业额88.3亿元，比上年增长6.7%，比全省的8.5%低1.8个百分点，增速居全省第5位；比市定目标15%低8.3个百分点。

【举办行业赛事】 2018年，市商务局联合市人力资源和社会保障局、市总工会举办2018年龙岩市烹饪职业技能竞赛暨福建省烹饪职业技能竞赛龙岩选拔赛。比赛共推选出60名选手参加，总共制作出120道色味俱佳的热菜作品和60份造型精美的雕刻作品。决出一等奖1名，二等奖4名，三等奖6名；金奖24名，银奖18名，铜奖18名；同时评选出具有本地特色的“龙岩名菜”20道。选拔出来的5名选手参与省赛，获得四金一银的佳绩。同时，龙岩市烹饪协会荣获优秀组织奖。此外，闽菜大师、龙岩市连城县福满楼美食坊总厨饶鑫程获得“闽菜走出去宣传推广先进人物”称号。

2018年9月9日，龙岩市烹饪职业技能竞赛

【餐饮业规范化管理】 2018年，市商务局引导餐饮行业标准化、科学化、现代化发展，鼓励一批龙头骨干餐饮企业开展以“整理到位、责任到位、执行到位、培训到位”为主体内容的4D现场管理体系建设。已经完成武平唐香楼餐饮公司、龙岩华美达酒店、福建客家大院（独一处）餐饮管理有限公司三家企业引入4D管理。

（市商务局）

物流业

【概况】 2018年，龙岩市物流业适应经济发展新常态，逐步由传统物流向现代物流转型升级，规模总量逐渐扩大，企业实力逐步增加。制定《2018年物流园区提升工程包具体实施方案》，把全年6.6亿元投资目标分解到有关县（市、区）和龙岩经开区，细化落实到6个物流园区项目（分别为龙岩公路港物流园、武平龙洲物流园、长汀汀州电商物流城、上杭紫金顺安综合物流园、连城国际物流商贸城、中外运龙岩陆地港物流中心），至2018年底，累计完成投资13.5亿元，完成年度目标205%，物流园区项目建设有序推进。

【物流行业规模】 至2018年底，全市经工商注册登记及相关配送企业380多家。引进央企中国供销农产品批发市场有限公司、中外运福建有限公司等大型企业，培育形成以龙岩市龙洲物流配送有限公司、龙岩市闽盛物流有限公司、福建信运冷藏物流有限公司等为龙头的公路运输物流和冷链物流企业，在省内外具有一定的知名度。此外，全市已评定国家A级物流企业20家，其中，AAAA级2家（2018年实现零突破），AAA级15家、AA级3家。全年新培育

5家物流企业上规模，龙岩陆地港物流园区被列为省级示范物流园区。

【扶持政策制定出台】 2018年，市政府分别出台《加快现代服务业发展十五条政策措施》《修改服务业十五条的通知》和《龙岩市现代物流业三年行动计划(2017—2019年)》，重点在现代物流业设施建设、物流公共信息平台建设、制造业与物流业联动发展、大中型物流企业的培育发展方面给以政策支持。

（市工信局）

供销合作

【概况】 2018年，龙岩市供销社认真贯彻落实党中央国务院、省委省政府、市委市政府关于深化供销合作社综合改革文件精神，坚持服务“三农”办社宗旨，紧紧围绕省社下达的目标任务和市委市政府各项中心工作，深化综合改革，加快事业发展，强化服务功能，提升服务水平，各项工作取得新进展。获全省设区市供销社综合业绩2018年度考核第一名。至2018年底，全市供销系统完成销售总额437亿元，比上年增长40.79%，完成计划的121.37%，其中，生活消费品零售额229亿元，比上年增长39.51%，完成计划的118.23%；农业生产资料销售额24亿元，比上年增长2.17%，完成计划101.17%；连锁销售额96亿元，比上年增长37.55%，完成计划的114.61%；农产品市场交易额47亿元，比上年增长41.91%，完成计划的118.26%；农产品购进额172亿元，比上年增长40.69%，完成计划的122.34%；再生资源购进额17亿元，比上年增长34.86%，完成计划的116.25%。全市供销系统实现利润11125.15万元，比上年增加2378.38万元，增长27%。

【供销社综合改革】 2018年，全市供销系统均建立健全代表大会、理事会、监事会“三会”制度，召开代表大会，完成新一届理事会和监事会选举工作，进一步健全完善全市供销合作组织体系。加快推进基层社分类改造、领办创办农民合作社和联合社、创新农资服务方式、发展农村电子商务等综合改革经验的推广复制工作以及强化基层社合作经济组织属性专项试点工作，并取得初步成效。龙岩市供销社制定出台并组织实施《关于构建“三位一体”农村新型合作体系的实施意见》和《助力乡村振兴实施方案》，各县(市、区)供销社持续深化综合改革，进一步健全完善供销社为农服务体制机制，在推进扶贫攻坚和助力乡村振兴方面取得新成效。长汀县社强化基层社合作经济组织属性试点工作基本完成，实现基层社乡镇全覆盖，与农民联系更加紧密，为农服务功能逐步增强。市供销社完成推进供销合作快递物流服务提质增效、推进强化基层社合作经济组织属性试点工作两个重点课题调研，调研成果在《龙岩改革情况》和《龙岩发展研究》上刊发。

【农业社会化服务】 2018年，全市供销系统依托土地流转和托管农民专业合作社、农民专业合作社联合社积极开展农村土地流转和托管，为农户提供产前、产中、产后全流程服务。2018年，全市供销系统土地流转面积5666.67公顷，土地托管面积5066.67公顷。新罗区社在挂钩扶贫的雁石镇上营村和下营村建立农业示范基地，流转土地6.67公顷，投入建设资金27万余元。长汀融万家农民合作社联合社流转土地666.67公顷，托管土地400公顷。永定区社建立永定供销土地流转及社会化服务公司，并相应成立乡镇级的社会化服务项目部。连城县社以县供销农机专业合作社联合社为主干，组织带动15家专业合作社开展土地流转服务。武平县社组建12家土地托管合作社，流转托管土地面积1806.67公顷。

【农村合作快递物流】 2018年，全市供销系统积极整合各地“三通一达”快递物流企业资源，采取“供快合作、股权投资”的方式，实行“五统一”“五整合”“五提升”运营服务机制，重构农村快递物流服务网络，2018年新建县级供销快递物流公司2家，累计组建县级和中心城市快递物流服务企业6家，新建快递物流服务配送网点116个，逐步解决农产品营销“最初一千米”和工业品下乡“最后一千米”问题，有效带动全市特色农产品的生产销售。2018年，全市供销系统通世达物流公司营业收入1.3亿元，比上年增长58.7%，实现利润317万元、比上年增长112.3%。

【农村合作金融服务】 2018年，龙岩市供销系统积极创新与金融机构合作机制，打造农村合作金融服务平台，开展供销助农信贷增信服务和农民合作社内部资金互助试点，破解新型农业经营主体和农户发展规模经营“融资难”问题。全市供销系统组建农业服务公司7家，设立7支“供销助农信贷增信基金”共计5260万元，2018年，新增助农贷款1121笔，金额1.54亿元。全市供销系统共培育发展农民资金互助社6家，2018年共为151户成员(其中31户为贫困户)提供619万元的生产性互助资金。

【基层组织建设】 2018年，龙岩市供销系统总结推广长汀县供销社强化基层社合作经济组织属性的经验做法，通过共同出资、共创品牌、共享利益等方式，强化基层社与农民在组织上、经济上和服务上的联结，持续推进基层社分类改造和规范提升。2018年，全市系统恢复新建基层社7家、改造提升基层社10家。积极探索“三位一体”的经营服务模式，建立“为农利社富民”利益联结机制，积极推动县级社、社有企业、基层社和主管行业协会等牵头成立专业型、区域型、综合型的农民合作社和联合社，充分发挥农民合作社和联合社带动农户脱贫致富的作用。2018年，全市新发展农民合作社302个，累计发展农民专业合作社3776个，全市供销系统新发展农民合作社联合社25家，累计发展联合社83家。培育市级示范农民专业合作社39家，精准扶贫示范社18家。

【农村现代流通】 2018年，龙岩市供销系统持续加强“新网工程”建设，组织实施14个“新网工程”建设项目，进一步增强农产品流通服务功能。积极培育发展电商主体，加快构建市县乡三级电子商务服务网络，2018年，新建县级电子商务运营服务中心3个，乡镇电子商务服务中心10个。积极拓宽农产品经营服务领域，开展与福建海峡粮仓米业发展有限公司和厦门见福连锁管理有限公司及夏商百货等知名商超对接合作，2018年与合作方共推销“八大珍”“八大鲜”等农产品6000多万元。加强农产品展示展销，积极组织参加中国海峡项目成果交易会暨粮食洽谈会和“11·8”机博会和市农博会，大力推介“八大珍”“八大鲜”等闽西特色产品。2018年，全市系统通过线上线下销售农产品6.5亿元。

【创新供销综合服务模式】 2018年，市供销社创新服务“三农”工作机制，与厦门见福连锁管理公司、电商快递企业、金融保险部门等开展联合合作，构建集“生产合作、供销合作、信用合作”服务功能为一体的新型城乡综合服务体系，为城乡居民提供日用品和农产品销售、电商代销代购、物流快递收发、合作金融业务代办、农业保险代理、水电通讯费代办、农情信息和农产品信息服务等多样化的服务，同时把闽西特色农特产品通过1500多家见福连锁经营网点逐步推向全省全国市场。2018年，全市开办“红古田”新型城乡综合服务社示范社10家。

【农资技物服务】 2018年，龙岩市供销系统积极开展农资商品质量自查自纠和质量安全监管，确保农资服务质量。全年全市各级供销社共抽调810人次，开展农资质量自查自纠102次，检查经营场所607个，整改农资质量安全隐患75处，整顿规范加盟经营网点82个，签订《农资质量责任书》430份。坚持实行明码标价，诚信经营，严格规范价格行为，接受农民群众监督。积极开展化肥农药“零增长”行动，推广使用有机肥和高效低毒低残留的农药。连城供销社创办智能化肥微工厂，创办半年来生产销售配方肥160余吨，有机肥400吨，开辟出测土配肥服务新渠道。各地供销社积极开展农资科技下乡活动，为贫困户、种植大户和农户免费派送价值17.8万元的新肥新药、蔬菜种子等，印发科学使用农资宣传单1.4万份，引导农民合理用药，科学施肥。

【市供销社获评全国供销系统先进集体】 2018年1月15日，在全国供销合作社系统先进集体、劳动模范和先进工作者表彰大会上，龙岩市供销社获评全国供销系统先进集体。

龙岩市供销社从2014年被省供销社确定为全省供销系统综合改革试点以来，深入贯彻落实中央11号文件精神，开拓创新，锐意改革。积极培育农业社会化服务主体，大力发展农民合作社和联合社，到2017年底，全市供销系统共创办领办农民专业合作社1179家、联合社58家。大力发展农产品电子商务，全面完成“淘宝·特色中国”龙岩馆建设，组建供销电子商务公司11家和乡镇电商服务中心50家，构建覆盖市县乡三级的农村电子商务服务网络。稳妥发展农村合作金融服务，组建市县两级供销农业服务公司7家，实现助农信贷2.33亿元。深化社有企业改革，组建供销农产品营销公司2家，农村快递物流公司3家，积极破解农村现代流通最后一公里问题，助力乡村振兴。升级改造传统的农资经营服务企业，新建11家新型庄稼医院。该社2017年被评为全国供销社综合改革试点工作先进单位。

【社有企业改革与发展】 2018年，龙岩市供销系统坚持以提高社有企业营运质量和效益为核心，围绕加快社有企业转型升级、推进联合合作、强化服务功能、完善管理体制、培养企业家队伍等5个重点，不断深化社有企业体制改革和机制创新。组建服务“三农”社有企业。各县级社基本上都组建农资公司、农业服务公司、供销通世达公司、电子商务公司和农产品经营企业，在服务“三农”、振兴供销合作事业方面发挥积极作用。如市供销百农汇科技公司，积极开展闽西特色农产品产销对接，有效促进闽西特色农产品的流通销售。积极稳妥发展混合所有制企业，增强为农服务实力。加强与国有企业、民营企业联合合作，共组建9家混合所有制企业，融合各方优势，激发供销社企业的体制机制活力。如长汀福建供销一家电商公司与台商合作，发展台湾肥姜和河田鸡产业，2018年，实现出口创汇600万美元，产值约1.5亿元，助农增收3000万元。加强对社有企业的管理，健全完善企业制度，落实股东会、董事会、监事会、经营层的职权职责，加强对社有企业改革发展的规划指导和运营管理，健全各项工作管理制度，形成各司其职、各负其责、协调运转、有效制衡的法人治理结构，确保企业规范高效运转。

（李思庚　黄彬梅）

责任编辑　陈　芬

利用外资

【概况】 截至2018年底，龙岩市批准外商投资企业1537家，总投资118.51亿美元，合同外资61.89亿美元，实际到资37.33亿美元。截至年底，存活的外商投资企业374家。其中，制造业187家，占全市外商投资企业数的50%；农、林、牧、渔业75家，占全市外商投资企业数的20.1%；电力、燃气的生产和供应业28家，占全市外商投资企业数的7.5%；其他行业84家，占22.5%。

2018年，全市1—12月新设外商投资企业54家，累计总投资49910万美元。合同利用外资23462万美元(其中新设25085万美元，增资6053万美元，减资、股权转让共7676万美元)，比上年下降23%。实际到资29775万元，完成年度目标44%。除漳平市完成186%、长汀县完成67%、永定区完成62%外，其他县、区完成进度均不足25%。

【招商引资】 2018年9月8—11日，龙岩市组成以市委书记许维泽任顾问，市长林兴禄任团长，市委副书记、新罗区委书记何明华、市委常委、永定区委书记王金福、市政府副市长王建生任副团长，市直有关单位为成员的市代表团参加第十二届中国国际投资贸易洽谈会。9月7日，龙岩市在厦门举办“龙岩市重点产业项目推介会暨项目签约仪式”。推介会主要邀请有签约项目、有投资意向及有在谈项目的来自美国、加拿大、泰国、菲律宾等国家和地区客商220余名。投洽会期间，龙岩市签约项目44个，总投资214亿元，其中签约外资合同项目24个，总投资12亿美元，利用外资5.2亿美元，利用外资金额完成省团目标任务104%，主要涉及有色金属、机械制造、纺织、光电与新材料、生物医药等行业，总投资154亿元人民币。

【第九届机博会暨第十一届龙岩投洽会】 2018年11月8日，第九届海峡两岸机械产业博览会暨第十一届中国龙岩投资项目洽谈会在龙岩会展中心开幕。全市上台签约项目35个，总投资190亿元，拟利用客方资金182亿元。总投资20亿以上项目1个，总投资10亿–20亿元项目6个，总投资5亿–10亿元项目10个，总投资1亿–5亿元项目18个。签约项目中生产性项目27个，总投资148亿元，分别占比77%、78%。投资规模最大的项目是连城县的有机硅单体生产项目，总投资23亿元。

进出口贸易

【概况】 2018年，龙岩市进出口总额283亿元，比上年增长9.5%，增幅居全省第五。其中出口额167.9亿元，比上年增长6.4%，增幅居全省第七；进口额115.2亿元，增长14.5%，增幅居全省第四。连续八年入围全国外贸百强城市。

从企业性质看，“三资”企业出口额30.0亿元，占全市出口总额的17%；内资企业出口额142.6亿元，占全市出口总额的83%。从企业类型看，流通企业出口额77.7亿元，比上年下降1%，占全市出口总额的45%；生产企业出口额94.9亿元，增长19%，占全市出口总额的55%。

从贸易方式看，一般贸易出口额136.2亿元，比上年增长8%；加工贸易出口额36.4亿元，增长16%；其他贸易出口额0.02亿元，下降80%。

从产品结构看，贱金属及其制品出口额48.6亿元，比上年增长23%；机电产品出口额34.4亿元，下降12.9%；化学工业出口额30.9亿元，比上年增长90%；纺织原料及其制品出口额16.7亿元，比上年增长13%；以家具、寝具为主的杂项制品出口额 14.9 亿元，下降 24%；矿物材料制品、陶瓷品出口额 12.6 亿元，下降 5%；木及制品出口额 6.1 亿元，比上年增长 22%；高新技术产品出口额 4.8 亿元，下降 8%；鞋伞帽出口额 3.7 亿元，下降 40%。

从出口市场看，对韩国出口额 5.1 亿元，比上年增长 21%；对日本出口额 12.6 亿元，增长 77%；对美国出口额 15.6 亿元，增长 6%；对非洲出口额 15.8 亿元，增长 73%；对拉美地区出口额 7.3 亿元，下降 45%；对欧盟出口额 23.4 亿元，增长 28%；对“一带一路”沿线国家出口额 51 亿元，下降 1%，其中对东盟出口额 30.3 亿元，下降 8%；对南亚出口额 5.1 亿元，增长 5%；对中亚出口额 0.3 亿元，增长 148%。

【重点企业出口】 2018 年，龙岩市出口超亿元生产及一般纳税人流通企业 12 家，合计出口额 73.3 亿元，占全市出口总额的 43.7%。其中，紫金铜业出口额 30 亿元，比上年增长 12%；紫金矿业物流出口额 8.1 亿元，增长 6.97 倍；卓越新能源出口额 6.5 亿元，增长 41%；龙工控股出口额 6.0 亿元，下降 11%；信越科技出口 5.6 亿元，增长 13%；漳平木村出口额 4.4 亿元，增长 34%；长汀金龙稀土额 3.3 亿元，增长 92%；金鑫钨业出口额 2.4 亿元，增长 17%；龙净环保出口额 2.2 亿元，增长 98%；赛特新材出口额 2.1 亿元，增长 59%。

对港澳台贸易

【概况】 2018 年，市有港澳台资企业 293 家，其中香港企业 164 家、台湾企业 117 家、澳门企业 12 家。2018 年，对香港出口 12.2 亿元，比上年下降 15%。

【参访推介】 2018 年 3 月下旬，龙岩市副市长王建生一行参访台北市电脑商业同业公会、新竹市经贸及科技产业交流协会、台湾丽胜集团、南良集团等，推介龙岩市机械装备、有色金属、文旅康养等三大主导产业发展情况。

【市政府出台举措支持龙台经贸合作】 2018 年 10 月，龙岩市政府颁布出台《龙岩市深化龙台经济文化交流合作实施意见(试行)》(以下简称《实施意见》)。《实施意见》为在龙岩台湾同胞学习、就业、创业、生活提供与大陆同胞同等待遇，以及促进龙台经济、文化等各领域交流合作推出 46 条具体贯彻落实措施。扩大龙台经贸合作方面，对认定为福建省首台(套)重大技术装备的企业，龙岩市将给予市级配套补助；对获国家级、省级智能制造试点示范企业给予奖励；新设立的在龙岩台资企业自营业执照颁发之日起两年内到资 50 万美元以上的给予奖励；在龙岩台资企业经认定为技术先进型服务企业的按规定享受减按 15%税率征收企业所得税；在龙岩台资企业实行更加灵活的供地方式；可灵活设定 10 年到 50 年的在龙岩台资企业工业用地出让年限；对集约用地的鼓励类台商投资工业项目优先供应土地；对新出让的工业用地，可分期缴纳土地出让金；鼓励台湾科研机构、高等院校、企业到龙岩设立技术转移机构等等。

（龙岩市商务局）

口岸管理

【概况】 2018 年，龙岩海关累计报关单 2540 份，比上年同期增长 4.79%，其中进口报关单 559 份(实际进口报关单 333 份，形式结转报关单 226 份)；出口报关单 1840 份(实际出口报关单 1723 份，形式结转报关单 117 份)。征收税款 9.5147 亿元人民币，比上年同期增长 98.01%，其中关税 1685.55 万元人民币，增值税 9.3462 亿元人民币。新增企业注册 158 家，比上年同期增长 19.69%；加工贸易合同备案 85 份，比上年同期增加 14.86%，备案金额 25.7 亿美元，比上年同期增加 67.97%；核销手册 88 本；减免税审批 13 份，审批货值为 686.9 万美元，减免关税 303.08 万元人民币，比上年同期增加 389.15%；减免增值税为 124.14 万元人民币，比上年同期减少64.36%。

检验检疫出入境货物 5937 批，货值 24427 万美元，比上年同期减少 24.21%、26.47%。其中，检验检疫入境货物 27 批，货值 691 万美元，比上年同期减少 78.74%、83.83%；检验检疫出境货物 5910 批，货值 23736 万美元，比上年同期减少 23.31%、18.01%。

【贯彻落实中央决策部署】 2018 年，龙岩海关对中央各项重大决策部署，力求“第一时间”抓好贯彻落实。严禁“洋垃圾”进境，注销 5 家固体废物原料国内收货人资质证书，积极配合缉私部门开展第四轮打击固废专项行动。防控非洲猪瘟疫情，开展应急演练，配齐设施药品，全面排查辖区出口猪肉生产企业及备案养殖场，并派员参加地方专项行动，确保辖区猪肉及其制品零进出境。提升贸易便利化水平，无纸化申报率 99%，单一窗口申报率 100%，进出口 24 小时通关率 100%；进口货物海关平均作业时间 6.02 小时，出口货物海关平均作业时间 0.3 小时，居厦门关区前列，也优于全国平均水平。

【服务外向型经济发展】 2018 年，龙岩海关推进“加贸挖潜”计划，年内新增加贸企业 2 家，手册备案 86 份，增长 16.2%，备案金额 24.98 亿元，增长 70.7%；加贸进出口值 17.69 亿美元，增长 36.2%。释放政策红利，成功培育 2 家高级认证企业，帮扶 1 家企业获龙岩首张进境水生动物检疫许可证，首批进境 160 万尾美洲鳗鱼苗顺利完成隔离检疫；签发各类原产地证书 3380 份，总金额达 2.49 亿美元，比上年同期分别增长 17.5%、30.4%，可为企业减免进口国关税约 1245 万美元。推进“一县一工程”，帮扶建成茶叶、蔬菜、百香果出口种植基地 11 个、面积 200 多公顷，百香果首次销往香港；帮扶连城国兰品牌入选全国进出境种苗花卉品牌创建名录，国兰示范区销售总额为 4.25 亿元，比上年同期增长 11.2%。

【关检融合】 自 4 月 20 日起，原龙岩出入境检验检疫局以海关名义对外开展工作，一线执法的公务员统一着海关制服、佩戴关衔。根据厦门海关 8 月 31 日印发的《原福建出入境检验检疫局所属泉州局、龙岩局、东山局三个分支机构转隶厦门海关工作方案》（厦关办发〔2018〕151 号），原龙岩出入境检验检疫局正式划入厦门海关管辖并统一以龙岩海关名义对外开展工作，统一以龙岩海关名义行文，统一加盖龙岩海关印章。龙岩海关下设科级机构 9 个：办公室（党委办公室）、人事政工科（党委组织宣传部）、法律事务科、口岸监督科、综合业务科、稽查科、产品监管科、陆地港监管科、古田监管科。人员编制 52 名，处级领导职数 3 名，科级领导职数 9 正 9 副。

（龙岩海关）

经济技术协作

【内联引资】 2018 年，龙岩市签订内联项目 122 个，项目总投资 351.16 亿元，合同利用市外资金 339.65 亿元，实际利用市外资金（含结转，下同）249.91 亿元，比上年增长 8.36%，完成年度任务 101.27%。全市七个县（市、区）全部完成时序进度，最高的上杭县完成 103.59%，最低的漳平市完成 100.23%。全年实到客资总投资 1 亿元以上项目到资比例增大。总投资 1 亿元以上的项目 125 个，比上年增加 19 个，占总数的 62.81%。客方实际到资 220 亿元，占总数的 88.04%，比上年增加 8.48 个百分点。产业结构上，三次产业投资的比例为 7.63:54.05:39.3。第二产业客方实际到资 132.64 亿元，占总数的 54.05%。

【闽粤赣十三市区域合作】 2018 年 11 月 21 日，以“携手并进，推进生态环境建设大发展”为主题的闽粤赣十三市党政领导第二十二次联席会议在江西省鹰潭市召开。龙岩市副市长蔡蔚获率领发改、经信、商务、环保等部门领导参会，并围绕“携手并进，推进生态环境建设大发展”会议主题作发言。审议通过《闽粤赣十三市区域合作工作报告》和《闽粤赣十三市党政领导第二十二次联席会议会议纪要》，发布《促进闽粤赣十三市生态环境建设协同发展若干意见》。

协作成果。协作区经贸往来更加密切，重大活动密集开展，招商引资成效显著；区域交通网络更加快速便捷，基本形成“五纵五横”和若干连接线高速公路优化路网结构，实现区域铁路、机场、港口、物流运输发展新跨越；深化改革促进产业转型升级，推进“互联网+”和国家大数据战略，建设制造业创新平台，促进新动能快速成长，对接“一带一路”建设，扩大对外开放。产业园区共建发展迅速，推进闽粤经济合作区、赣闽产业合作示范区、赣闽产业园、厦门龙岩山海协作经济区、厦门泉州（安溪）经济合作区、晋江（长汀）工业园区等共建工作，抓重点项目，取得新突破；培育旅游文化新优势，共同推介旅游产品及路线，建立完善联动机制，规范市场秩序，联合打造闽粤赣旅游品牌；深化城市群建设，推进闽西南协同发展区、潮汕揭同城化和闽粤赣边三市六县合作，抱团发展成为区域合作新常态；围绕生态环境建设，开展区域内大气、水流域等污染防治联防联控工作，建设生态安全屏障，保障可持续发展。

2018 年，龙岩市签订闽粤赣十三市区域合作项目 52 个，项目总投资 147.92 亿元，合同利用市外资金 145.41 亿元，实际利用市外资金（含结转）106.6 亿元。

【闽西南协同发展区建设】 2018 年，龙岩市重视闽西南协同发展区建设工作，建立以市委书记、市长为召集人，分管市领导、市直有关部门负责人、各县（市、区）党政主要负责人为成员的联席会议制度，负责统筹推进闽西南协同发展区建设各项工作，协调解决重大问题。联席会议办公室下设综合组、经济协作（山海协作）组、农业协作组、基础设施组、项目工作组和招商引资组等六个组。同时，围绕主要协作领域，建立工信、交通、教育等 17 个对口部门对接机制。出台《龙岩市推进闽西南协同发展区建设工作方案》，明确工业产业协作、文化旅游康养产业协作、军民融合协同发展、基础设施互联互通、教育医疗协作等 15 个方面重点任务。同时，拓展结对共建。

【闽西南产业协作】 2018 年，龙岩市加快推进闽西南协同发展区建设重大项目台账建立，共梳理 111 个，总投资 2852 亿元的重点项目，其中有 14 个列入福建省闽西南协同发展区重大项目第一批台账，包含：古武高速公路永定至上杭段、龙岩经梅州至龙川铁路、龙岩新机场等重大项目 11 个，海西天然气管网二期工程等跨地市项目 3 个，总投资 1466 亿元。健全项目策划生成机制，龙岩市 14 个项目初步纳入第二批闽西南协同发展区重大项目（第二批 14 个重大项目总投资 400.5 亿元，年度计划投资 37.9 亿元）。基础设施建设项目上，推进厦渝通道厦龙高铁、漳武线永定至上杭延伸至南靖高速公路段等项目建设；产业项目上，新罗鑫鹭钨冶炼、连城福建冠睿电子科技等项目顺利实施；医疗项目上，与厦门妇幼保健院进行技术合作的连城县微创治疗中心综合楼完成主体工程建设；教育项目上，推进龙岩北大附属实验学校国际校区等民生项目落地。协作园区建设加快。厦门龙岩山海协作经济区完成固定资产投资2077万元；新增注册企业2家。晋江（长汀）工业园区年内开工项目2个，建成项目1个，增资项目1个。武平县山海协作共建产业园区（思明高新园区）入园企业58家，拥有国家级高新技术企业4家，高成长企业3家，省级科技型企业3家，省级科技小巨人企业4家，省级企业技术中心1个。2018年，签订闽西南协调发展区合作项目51个，项目总投资147.02亿元，合同利用市外资金144.51亿元，实际利用市外资金105.83亿元。

【闽西南交通互联】 2018年，厦蓉线漳州天宝至龙岩蛟洋扩容工程，完成投资14亿元，累计完成投资86亿元；漳州天宝至适中、红坊至蛟洋段先后建成通车；永定至上杭高速公路，2018年度完成投资20.7亿元，路基工程基本完成；龙岩高速公路东联络线，2018年度完成投资11.1亿元；漳武线永定至上杭高速公路高头至城区段，2018年度完成投资4.1亿元；厦蓉线新增小池互通工程，2018年度完成投资1.01亿元。厦蓉高速上杭蛟洋至长汀古城（闽赣界）改扩建工程，完成项目工可（技术方案）编制。铁路方面，南三龙铁路于2018年12月29日开通运营。双龙铁路龙岩至武平段可研报告于2018年12月27日获批。浦梅铁路建宁至冠豸山段征迁工作序时推进，建设用地基本实现净地交付。开展赣龙厦高铁规划研究，其中龙厦高铁完成预可研报告。

【闽西南公共服务协作】 2018年，分别从武平县、连城县、长汀县各选派10人（共30人）到泉州市相关学校跟岗学习，厦门市选派5名在职教师赴长汀县支教。漳平一中与泉州一中、泉港一中、龙海二中等开展“四地六校”协作，开展形式多样的教研活动。厦门大学附属中山医院派驻14名医生帮扶武平县医院、漳平市医院，厦门市中医院派驻6名医生帮扶武平县中医院、上杭县中医院。推进优质医疗资源合作共享。开展办学合作。厦门大学在龙岩学院设立龙岩产教融合研究院。依托漳州卫生职业技术学院和厦门医学院帮助龙岩市培养大专、本科层次本土化医学人才。漳平职专与漳州卫生职业技术学院开展护理、口腔、助产等卫生专业合作办学。龙岩技师学院牵头召开龙岩漳州泉州三地技工院校高技能人才培养交流座谈会，组建“龙漳泉高技能人才培养联盟”。厦门部分中学校长（五缘湾实验学校校长等）、三明列东中学校长、漳州教研室教研员、泉州教科院教研员到龙岩讲学。漳平二中、永福中学与泉州养正中学缔结“友好学校”。

【闽西南文旅合作】 2018年，龙岩市组团参加文化产业交流，组织各县（市、区）充分挖掘自身优势文化资源，全力以赴策划生成一批文化产业招商项目，参加第十一届海峡两岸（厦门）文化产业博览交易会等招商活动，设立“唱响红古田，建设新龙岩”主题展馆，组织国珍（漳平）玉雕艺术品有限公司、福建良亚工艺品有限公司等14家文创企业参展。组织参加第十四届海峡旅游博览会、2018中国国际旅游交易会等展会。

【厦门龙岩山海协作】 2018年1月19日，厦门龙岩两市政府签订《关于开展新时期厦门龙岩山海协作对口帮扶的备忘录》，开展交通、环保、体育、侨务、教育、农产品、口岸、宣传、科技、档案、异地补充耕地、对口帮扶、区县结对、组织领导等方面协作帮扶工作。2017、2018两年获得厦门市级山海协作帮扶资金600万元，对龙岩市的42个项目进行资金帮扶，开展人才培训880人。

教育部门山海协作蓬勃开展。4月20日，两市教育局签署《厦门市教育局龙岩市教育局新时期教育山海协作协议》，从交流、干部培养、教学教研、教育治理、组织领导等方面加强协作，共同促进两市教育事业发展。龙岩市组织教师参加厦门一中高中“聚焦核心素养，优化教学方式”教研活动。聘请厦门的部分名师为龙岩特聘督学，定期开展活动。龙岩一中组织30名高一学生参加2018年厦门参加中学生心理拓展夏令营。厦门集美职业技术学校结对帮扶武平职业中专学校、漳平职业中专学校主动对接山海协作学校厦门集美职业技术学校，以“一对一帮扶”“山海协作”为平台，促进县级职业教育发展。厦门市部分中小学与新罗区部分中小学开展结对交流。

翔安区与永定区、同安区与上杭县、思明区与武平县、海沧区与长汀县、湖里区与连城县、集美区与漳平市、火炬高新区与厦门龙岩山海协作经济区分别签订有关山海协作备忘录、协议，2017年度、2018年度，厦门龙岩山海协作项目资金均到位，开展项目帮扶。

（陈　育）

责任编辑　游友荣

教 育

综 述

【概况】 2018年,龙岩市有各级各类全日制学校（不含技工学校)1245所,比上年增加27所。在校生52.31万人,比上年增加0.94万人;教职工4.41万人,比上年增加0.17万人。

【学前教育】 2018年,龙岩市有幼儿园654所,比上年增加20所;招生62574人,比上年减少432人;在园幼儿156380人,比上年增加2219人;教职工12720人,比上年增加1397人,其中专任教师7537人,比上年增加537人。16所幼儿园获批为“第二批福建省保教改革建设幼儿园”,全市有20所省级保教改革建设幼儿园。龙岩市直机关幼儿园莲东分园、武平县第二实验幼儿园、长汀县河田中心幼儿园、漳平市第二实验幼儿园等4所幼儿园被确认为龙岩市示范性幼儿园。连城实验幼儿园被确认为省级示范性幼儿园。

【小学教育】 2018年,龙岩市有完全小学400所,比上年增加6所;教学点397个,比上年减少10个;招生44054人,比上年增加8430人;在校生207710人,比上年增加14782人;适龄儿童毛入学率100.53%;教职工13918人,比上年增加192人,其中专任教师13041人,比上年增加308人。

【特殊教育】 2018年,龙岩市有特殊教育学校7所;招生480人(含普通学校随班就读学生),比上年减少64人;在校生3519人（含普通学校随班就读学生),比上年增加181人;特殊教育学校教职工246人,比上年增加6人,其中专任教师215人。

【普通中学教育】 2018年,龙岩市有初中学校128所,比上年增加2所;招生28609人,比上年增加227人;在校生83662人,比上年增加3103人;专任教师8365人,比上年增加122人。普通高中学校43所;招生15068人,比上年增加390人;在校生45721人,比上年减少547人;专任教师4315人,比上年减少10人。3所高中学校入选省示范性普通高中建设学校,3所高中学校入选省普通高中课程改革基地建设学校。

【职业教育】 2018年,龙岩市有中等职业学校(不含技工学校)11所,比上年减少1所;招生6678人,比上年减少942人;在校生20099人,比上年减少1372人;教职工1429人,比上年减少15人,其中专任教师1238人,比上年减少1人。在上杭职业中专学校开展以“加强教学诊断,提升职教内涵”为主题的龙岩市第三届“中职学校开放周”活动。在福建省2018年职业院校技能大赛中,闽西职业技术学院获一等奖6个、二等奖11个、三等奖23个,在全省高职组中积分排名第六;全市中职组获得一等奖12个、二等奖26个、三等奖46个,全省积分排名第五。龙岩华侨职业中专学校团体总分191分,创历史新高,获全省中职组团体优胜奖。在2018年全国职业院校技能大赛中,龙岩市选手获一等奖1个、二等奖7个、三等奖9个,闽西职业技术学院“智能电梯装调与维护”项目获一等奖,实现历史性突破。在2018年全省中职学校班主任基本功大赛中,龙岩市派出5名选手参赛,获一等奖1个、获二等奖4个。在2018年全省中职学校教师教学技能竞赛中,龙岩市选手获一等奖2个、二等奖7个、三等奖5个。在2018年福建省职业院校信息化教学大赛中,闽西职业技术学院获高职组三等奖2个;全市中职学校获一等奖2个、二等奖5个、三等奖6个。闽西职业技术学院的机电一体化技术、应用化工技术、食品营养与检测、电梯工程技术、建筑装饰工程技术等5个项目被确定为福建省2018年

“二元制”技术技能人才培养模式改革试点项目。闽西职业技术学院的健康服务、现代商贸，长汀职专的现代服务，龙岩农校的现代农业机械，龙岩卫校的医护共5个专业群入选2018年福建省职业院校服务产业特色专业群重点建设项目。闽西职业技术学院的健康服务专业群实训基地，上杭职专的制造专业群实训基地入选2018年专业群实训基地培育项目。闽西职业技术学院的电子信息工程技术、上杭职专的建筑工程施工专业入选2018年福建省产教融合示范专业点培育项目。由闽西职业技术学院、福建省环境保护行业职业教育指导委员会牵头，厦门海洋职业技术学院、集美工业学校合作的环境工程技术（环境监测技术）入选2018年第三批中高职衔接专业指导性人才培养方案开发项目。闽西职业技术学院的导游业务、建筑CAD与BIM基础入选2018年第三批精品在线开放课程建设项目。上杭职专的建筑工程施工入选2018年第三批专业教学资源库建设项目。龙岩市体育运动学校通过省级达标验收。

【高等教育】 2018年，龙岩市有全日制高等教育学校2所（龙岩学院、闽西职业技术学院），招生6221人，比上年增加1441人；在校生18486人，比上年增加1173人；教职工1480人，比上年增加37人，其中专任教师977人，比上年增加22人。设立龙岩学院大学科技园、创新创业基地，并由厦门大学、龙岩市政府、龙岩学院三方共同设立厦门大学龙岩产教融合研究院。

【终身教育】 2018年，福建工程学院龙岩市新罗区建龙培训中心函授站入选2018年福建省继续教育示范教学站点；龙岩学院的“古诗词赏析”，龙岩市社区大学的“毒品预防教育系列”“客家美食系列”“客家文化系列”“龙岩特色农业系列”，龙岩农校的“养猪生产”，福建广播电视大学上杭工作站的“高一新生家庭教育误区及应对办法”“做智慧型父母、顺利实现初小衔接”等8个课程入选继续教育网络课程。

【教育党建】 2018年，龙岩市开展市直教育系统“基层党建工作质量年”活动。出台《市委教育工委、市教育局党组关于贯彻落实全面从严治党主体责任实施意见》。出台《龙岩市属中小学校领导人员管理办法（试行）》，推行职级管理制度，并进行首次职级制评审工作。组织全市中小学校党建工作督查调研，开展市属学校党组织书记抓基层党建工作述职评议。确定“龙岩一中高三支部”等4个市级基层党建示范点培育项目，探索支部建在年段上的基层组织设置模式。支持建设龙岩学院“产业服务博士党员工作室”、龙岩高级中学“党员名师工作室”等5个市级“红土先锋党员工作室”。龙岩市委教育工委新发展党员584名。

【教育督导】 2018年，龙岩市开展对县“两项督导”工作，武平、永定、漳平市、连城县、长汀等5个县（市）以三类县优秀成绩通过市级核查。推动县（市、区）教育督导机构常态化开展中小学校综合督导工作，建立健全县（市、区）中小学校督导评估年度报告制度。开展2018年省级义务教育质量监测工作。开展2018年春、秋季开学工作、义务教育阶段适龄学生就读情况、城乡义务教育一体化改革发展等专项督导。聘任市政府第二届督学、特约督学共88名，特聘督学11名。在北京师范大学组织举办首次龙岩市督学高级研修班。

【基础教育均衡发展】 2018年，龙岩市实施“名校带动工程”，中心城区成立17个教育组团，参与学校46所。深化城区义务教育“小片区”管理，全市小学参与实施片区31个，参与学校64所，片区内教师交流170人。在古田干部学院召开2018年龙岩市小学教育质量提升工作会议。总结提升农村薄弱学校“委托管理”。全市小学参与学校30所、学生9387人、教师862人，双方交流教师126人。市级评估“义务教育管理标准化学校”56所（其中小学40所，中学16所），通过省级评估53所（其中小学38所，中学15所）。龙岩市“阳光招生”工作被列入反腐倡廉蓝皮书《中国反腐倡廉建设报告》（2018年版）。

【学校德育工作】 2018年，龙岩市持续推进习近平新时代中国特色社会主义思想进校园、进课堂、进学生头脑的“三进”工作。在全市学校建设学习贯彻新思想和中共十九大精神“百个示范课堂”363个，开展“新思想”大宣讲153场，受众师生13.9万人次以上。开展“学习新思想·贯彻十九大”市属学校闽西红色故事演讲比赛，组队参加龙岩市“红古田杯”红色故事演讲比赛，1名教师选手获一等奖第一名，20名学生选手分获一、二、三等奖及龙岩市“红色故事优秀宣讲员”荣誉称号。落实立德树人，积极培育和践行社会主义核心价值观，开展系列德育主题活动。开展争当“新时代红土地文明好少年”主题教育实践活动，推荐8名中小学生参加福建省“新时代文明好少年”评选。开展2018年全市优秀童谣征集推广传唱、网上网下祭奠献花、签名寄语的“清明祭英烈”“扣好人生第一粒扣子”“少年传承中华传统美德”“圆梦蒲公英”暑期社会实践等文明实践活动。利用传统节庆日、重大纪念日和升旗仪式、入团（队）仪式、毕业典礼等持续开展爱国主义、国防教育。开展“9·30”烈士纪念日敬献花篮、“10·1”向国旗敬礼，礼敬先烈先辈，讲好闽西红色故事，培养爱国爱乡情感等活动。持续开展“少年传承中华优秀传统美德”系列教育活动。持续开展“我是河小禹”“种下一棵树，圆我美丽梦”为主题的关爱山川河流、保护生态环境的学雷锋志愿服务活动，开展“闽西红·生态美”中小学生创新作文大赛。评选2018年龙岩市中小学生“诚信之星”24名。印发《龙岩市市属中小学班主任考评奖励实施办法（试行）》，完善班主任考评奖励制度。全市创建福建省第三批心理健康特色校10所，福建省首批中小学校心健名师工作室2个。深化文明校园建设，印发《龙岩市教育系统关于建立健全文明城市建设常态长效机制的实施意见》。联合市委文明办评出110所龙岩市文明校园。全市有1名学生、1名教师、2个集体分别获“全国优秀少先队员”“全国优秀少先队辅导员”“全国优秀少先队集体”荣誉称号。全市新增7所全国中小学国防教育示范校。

【研学实践教育】 2018年，龙岩市设立龙岩市中小学生研学实践教育中心。出台《龙岩市中小学生研学实践教育实施意见》。龙岩市示范性综合实践基地成功申报创建“全国中小学生研学实践教育营地”(十三五期间，福建省仅2个)，4个单位入选“福建省中小学生研学实践教育基地”，与龙岩市旅发委联合评选首批市级中小学生研学实践教育基地36个。

【体育美育活动】 2018年，龙岩市出台《龙岩市高中体育特长生招生工作意见》。全市新增12所全国校园足球特色学校。举办中等教育学校学生运动会系列赛事，举办龙岩市中心城区首届小学生校园体育联盟篮球联赛、龙岩中心城区小学生“三对三”篮球联赛、全市中职学生篮球联赛、中小学生足球联赛、中学生篮球联赛、中学生排球联赛和全市中学和中职学生田径联赛，以及全市中学生啦啦操联赛。选派24支代表队参加省级中小学生体育联赛、6所学校组队参加省足球夏令营(其中2名学生被省厅选拔参加全国校园足球夏令营第八营)。组队参加全省教育系统机关干部气排球比赛。举办2018年龙岩市直教育系统教师节文艺晚会、全市中职学生文艺会演、2018年全市中小学生小型舞蹈比赛、全市中小幼儿师生美术作品展评活动。举办全市中小学生规范汉字书写比赛。长汀县启动“国家三类城市”语言文字工作达标创建工作。

【科技教育】 2018年，龙岩市教育局会同龙岩市科协开展青少年科技创新大赛、青少年机器人竞赛、中小学生电脑制作、青少年科学调查体验等活动。在第33届福建省青少年科技创新大赛中，龙岩市选手获得一等奖项目6个、二等奖项目18个，其中有10个项目（作品）被推荐参加第三十三届全国青少年科技创新大赛，并获一等奖1个、二等奖4个、三等奖3个，学生优秀创意奖1个。举行第二届龙岩市青少年机器人竞赛，评出一等奖6队、二等奖12队、三等奖34队。组织20名学生参加2018年福建省青少年高校科学营福建农大科学营活动。举办龙岩市暨连城县全国科普日主场活动。在“2018年追梦自强全省残疾人书画、文创集市公益联展”活动中，龙岩市特教学校和上杭县特教学校学生作品分获学生组一等奖、三等奖。

【教学研究指导】 2018年，龙岩市组建各学段各学科专家团队。成立高中一级学校联盟和二级(含大型二中)联盟。组建市级“名师工作室”，开通“龙岩教研网”，建设“e龙岩”教育板块，开辟“名师辅导课堂”、名师“微课堂”。出台《龙岩市基础教育课题管理办法》《龙岩市高中学科竞赛工作的意见(试行)》。全市获福建省优秀教学成果奖8个，其中一等奖2个、二等奖6个。在省第六届艺术节展演中，龙岩市有8篇案例获中小学美育优秀案例。

【教师队伍建设】 2018年，龙岩市有2位教师获“省杰出人民教师”称号，17名教师获省特级教师称号，14名教师获福建省实事助学基金杰出教师奖。启动“不忘初心、牢记使命，争做新时代‘四有’好老师”活动。优秀教育人才纳入市委“千名人才引进计划”。启动实施新一届市级名师、名校长工程，评选市级名师315名、名校长28名。组织龙岩市优秀教师、优秀校长与省级名师、名校长开展师徒结对。选送10名高中学校管理干部到省内名校挂职。创新教师编制管理，龙岩市编委下发《关于加强全市基础教育学校教师编制统筹管理的通知》。龙岩市委编委会批准设立龙岩一中锦山学校、市教科院附属小学和龙岩实验学校。组织实施“万人培训计划”，与部属师范院校合作开展校长教师培训，省教育厅在上杭县古田镇设立福建省教师培训基地，成立龙岩学院师范教育学院和基础教育研究院，启动龙岩市教育科学研究院建设。

【教育为民办实事项目】 2018年，龙岩市继续实施公办幼儿园建设工程。开工建设公办幼儿园18所，总投资2.66亿元，进一步改善公办幼儿园办学条件。继续实施全面改善薄弱学校办学条件工程。全年开工建设校舍77911平方米、室外运动场139200平方米，购置生活设施1200台件套和计算机、教学仪器等设备24981台件套。实施基础教育提升工程。实施城镇中小学项目25个，开工建设22个，提高学位供给能力；实施中心城区基础教育“名校带动工程”，扩大优质教育资源。加强教育教学质量管理，完善教学质量监测评价体系，提高教育质量。实施青少年校园足球场地新建改扩建工程。全市完成足球场地建设21片任务（省为民办实事项目），其中11人制足球场4片、8人制足球场4片、5人制足球场13片，专项建设资金1450万元。

【教育精准扶贫】 2018年，龙岩市发放各类奖助资金2.47亿元，惠及家庭经济困难学生24万人次。学前教育阶段，资助家庭经济困难幼儿12942人次，发放政府助学金 1493.67 万元。义务教育阶段，营养改善计划补助学生 33620 人次，补助金额 3362 万元；寄宿生生活补助资助学生 3367 人次，补助金额213.69 万元；发放免费教科书、新华字典 492.3 万册，投入资金 3405.3 万元，惠及学生 53684 人次；市属义务教育学校免费作业本 45.36 万册，金额 35.6 万元，受益学生 2.34 万人。普通高中阶段，资助家庭经济困难学生 8458 人次，发放国家助学金 938.98 万元。高中免学费惠及 16131 人，补助资金 1883.18 万元。中等职业教育阶段，中职学校国家助学金发放 9662 人次，资助金额 245.58 万元，免学费惠及 57490 人次，补助金额 4250.79 万元。高等教育阶段，国家助学金资助 4186 人次，资助金额 871.76 万元；国家奖学金资助 23 人次，资助金额 14 万元；国家励志奖学金资助 803 人次，资助金额 305 万元；全市建档立卡贫困户大学生学费资助 4088 人次，发放金额 475.65 万元。少数民族国家助学金资助人数 658 人次，资助金额 32.9 万元。申请生源地助学贷款贫困大学生 9239 人，发放贷款 6799.64 万元。社会捐资助学受助学生 2249 人次，受助金额 373.45 万元。继续抓好"朱镕基实事助学基金"援助长汀项目工作，在全市范围内开展课间营养餐试点拓展工作，累计投入资金 632.5 万元，受益学生 8250 人次。

【课后服务活动】 龙岩中心城区 2017 年启动小学 1—2 年级"课后服务活动"试点工作，2018 年新罗区属小学继续保留 25 所学校开展课后服务，市直 4 所小学由原来服务对象一、二年级率先扩大为 1—6 年级。漳平市为就读城区 9 所小学的工业园区进城务工人员随迁子女提供免费午餐及午间托管服务。武平县、长汀县、连城县、上杭县、永定区推进实施"课后服务活动"。龙岩市的中小学课后服务活动工作经验被省教育厅向全省推介。

【校园安全管理】 2018 年，利用龙岩市学校安全教育平台开展预防溺水、消防、交通等安全教育教学及专题教育活动，全市学校利用平台完成 4.4 万课时教学任务，训练学生 169 万人次。开展第二十三个全国中小学生安全教育日和第十一个福建省学校安全教育周、"5·12"全国防灾减灾日、安全生产月及"11·9" 消防安全进校园系列安全教育活动。组织参加第三届全国学生"学宪法讲宪法活动"，龙岩初级中学学生罗歆迪获得福建赛区初中组一等奖，并获得全国初中组个人演讲三等奖；龙岩实验小学的邱依蕾、闽西职业技术学院的张雅惠、漳平市实验小学的罗飞扬获省优秀奖。开展教育系统扫黑除恶专项斗争。开展新一轮"平安校园创建"工作。加强青少年毒品预防教育工作，全力打造"无毒校园"，开展龙岩市禁毒骨干培训、建好禁毒宣教室、"红土四小员"等"七个一"系列宣传教育活动，全市获得全国禁毒宣传教育"6·27"工程优秀教师 15 名、优秀校外辅导员 30 名，1 所学校成为全国青少年毒品预防教育"6·27"工程示范学校。龙岩市教育局被福建省教育厅评为 "2018 年度学校综治安全目标管理优秀单位"，2018 年度龙岩市级"平安单位"(一类单位一档)。

【教育统一考试】 2018 年，龙岩市普通高考(含高职单招)报名考生 18937 人(其中，高职入学考试 3768 人、普通高考 15169 人)，比上年增加 1316 人。全国硕士研究生入学统一考试报名考生 1213 人，比上年增加 190 人。中考报名考生 52554 人，比上年增加 1348 人。高中学业基础会考报名考生 65238 人次，比上年减少 338 人次，其中，1 月报考 49224 人次、6 月报考 16014 人次。成人高校招生入学考试报名考生 4108 人，比上年增加 1031 人。纳入自考运作范畴的各类考试 14 场次，有 69420 人次报考，比上年增加 19704 人次。

（王墉忠）

龙岩学院

【概况】 2018 年，龙岩学院有 13 个二级学院、2 个研究院；41 个本科专业，所设专业涵盖文学、理学、工学、经济学、管理学、教育学、农学、艺术学共八大学科门类；全日制在校生近 1.2 万人；教职工 947 人，专任教师 613 人(专任教师中具有副高以上职称人员 255 人、具有博士学位人员 140 人；专任教师中硕博士占比 80.59%)。学校总占地面积约 78.97 万平方米，校舍建筑总面积约 37 万平方米，教学科研仪器设备总值 1.73 亿元；图书馆馆藏电子图书 152 万册、纸质图书 102 万册、纸质报刊近 1500 种，拥有现代化检索系统和镜像站点，是闽西最大的文献信息中心。学校是福建省示范性应用型本科高校、福建省硕士学位授予培育单位立项建设高校、福建省第一届省级文明校园。

【庆祝建校 60 周年】 2018 年，龙岩学院以"学术交流、服务发展"为主题，举办庆祝建校 60 周年系列活动。成立龙岩学院校友会，出版《龙岩学院发展纪事》，举办校庆学术论坛、文艺晚会、庆祝大会等活动。

【学科专业调整】 2018 年，龙岩学院进一步深化与省内高水平大学研究生培养合作，新增 21 名研究生导师，联培硕士研究生 35 名。完成 4 个省级应用型学科建设方案论证。材料科学与工程、软件工程等 2 个专业通过 IEET 工程及科技教育认证。围绕"保障度、生存度、融合度"参照评价体系，完成专业调整自查工作，制定专业结构调整思路和方案，拟停招 4 个专业、新增 2 个专业、改造 2 个专业、并将 15 个专业按 8 个大类招生，进一步优化学校专业结构，提升专业与地方发展需求的匹配度。

【教育教学改革】 2018年，龙岩学院完成教育部本科教学工作审核评估迎评工作。完成2018版本科专业人才培养方案的修订工作。启动以“学生评价、同行评价、督导评价、教学资料评价、教研评价”为内容的“五位一体”教师教学评价体系，出台《龙岩学院教学评价与优秀奖评选办法(试行)》等制度，开展“教学优秀奖”评选活动。依托“生物科技与健康养殖专业群”，牵头组建“福建省应用型本科生物食科类专业教学联盟”。学校获得省教育教学成果奖4项，其中一等奖1项、二等奖3项，获奖数量位居同类高校前列；4个项目获教育部产学合作协同育人项目立项；2个项目获得省级虚拟仿真实验教学中心培育项目。学生学科竞赛成绩突出，获省级以上奖项382项（国际级17项），其中，龙岩学院代表队在第四届“互联网+”大学生创新创业大赛福建省总决赛中获1枚金牌、2枚银牌、1枚铜牌，在第四届中国“互联网+”大学生创新创业大赛中获铜奖1项，龙岩学院被大赛组委会授予“优秀组织奖”；在福建省第16届运动会田径项目上，龙岩学院代表队获大学生部团体总分第一、金牌总数第二的历史最佳成绩。

【人事制度改革】 2018年，龙岩学院制订《龙岩学院科技创新团队建设管理办法（试行）》《龙岩学院师资队伍培育提升计划实施办法（2018—2020年）》《龙岩学院“奇迈学者”支持计划管理办法》《龙岩学院新进教师培养管理规定》《龙岩学院在职教师进修管理办法》，全面构建教学科研队伍良性发展的培育体系。修订《龙岩学院岗位聘任与考核管理办法》《龙岩学院专业技术职务评聘管理办法》等文件，实行工作量化管理，建立契合应用型定位的评价机制。修订《龙岩学院绩效评价与绩效工资实施办法》《龙岩学院教师年度考核管理办法》，加强教职员工年度考核和绩效管理。2018年，教授人数增至82位、博士人数大幅增至140位，8名教师入选2018年度福建省高校“新世纪”和“杰青”人才计划，新增3个省级本科教学团队。

【科学研究】 2018年，龙岩学院获科研立项319项，科研经费总量4486.2万元，比上年提升67.5%。其中，4项课题获国家社科基金资助，立项数量在全省同类院校中名列前茅；2项课题获得国家自然科学基金资助；获中央引导地方科技发展专项、教育部人文社科基金各1项；首次获得省社科重大项目1项。5个科技创新平台获省级主管部门立项建设，其中，中央苏区研究院成为学校首个省高校特色新型智库。生猪健康养殖团队获福建省高等学校科技创新团队立项建设。《龙岩学院学报》被评为第五届全国地方高校精品期刊，“标准语·方言·文字”栏目被评为第五届全国地方高校学报特色栏目。

【服务社会】 2018年，龙岩学院推动建立龙岩学院产教融合联席会议制度，构建区域产教融合统筹发展的新格局。与厦门大学、龙岩市政府共建厦门大学龙岩产教融合研究院，是全省首家政校企联合产教融合研究院。与龙岩市各县(市、区)、经开区共建8个研发中心，合同建设资金4800万元。与广东德兴股份有限公司、龙马环卫装备股份公司、福建农林大学等企事业单位合作共建8个科研平台，合同建设资金2970万元。推进“奇迈科技创新基金”建设工作，与全市7个县(市、区)及龙岩经开区签订奇迈科技创新基金协议，资金总量5800万元。在经济技术开发区、漳平市等地持续开展“百名教授博士进基层”活动，推动学校与各县(市、区)在技术创新成果和人才智力方面深度合作；组织教师参加“中国·海峡项目成果交易会”“海峡两岸机械产业博览会”等展会，选送近80项优秀成果项目参展。

龙岩学院创新创业(园)基地园区服务面积扩展至7000平方米，入驻企业(团队)40家，创业人数160余人，成功孵化5家企业(团队)。龙岩学院大学科技园开园，9家企业签约入驻。

（邱华锋）

闽西职业技术学院

【概况】 2018年，闽西职业技术学院设有信息与制造学院、城乡建筑学院、文旅创意学院、财经商贸学院、医学护理学院、教育系、环境工程系5个学院2个系39个专业，全日制在校生7060人。学校有教职工601人(在编521人，聘用80人)，其中正高级技术职称8人，副高级技术职称156人，中级技术职称209人，初级技术职称112人，硕士学位以上239人，“双师型”教师191人，聘任客座教授48人，外聘兼职教师184人。学校占地面积36.67公顷，规划用地46公顷，校舍建筑面积22.8万平方米，教学、科研仪器设备总值8448万元，馆藏纸质文献63万册，电子图书44万册。

【福建省示范性现代职业院校建设】 2018年，学院根据区域产业、行业发展对技术技能人才需求变化编制《福建省示范性现代职业院校建设工程项目建设规划》和《福建省示范性现代职业院校建设工程项目任务书》，100%完成168个任务点的建设任务，实际投入资金2048万元，各项指标与建设前相比增量明显，实现预期目标。5月，学校被省教育厅、省财政厅确定为“福建省示范性现代职业院校建设工程”A类培育项目院校。

【招生工作】 2018年，学院高职招考计划1357人，夏季高考计划2045人(省内1720人、省外325人)。实际录取3246人，比上年增加1249人，计划完成率从2017年的71.42%提高至90.48%，录取成绩也大幅提升，招生工作创该校办学以来最好成绩。2018 年二元制录取 120 人，五年专录取 531 人，转轨 48 人。

【人才培养】 2018 年，学院拥有国家级教改试点专业 1 个、省级精品专业 7 个、省级示范专业 9 个、省级职业院校服务产业特色专业群 4 个、省级现代学徒制试点专业 3 个、省级创新创业改革试点专业 2 个、省级“二元制”改革试点专业 5 个、省级职业院校产教融合示范专业点 2 个，形成与地方产业发展紧密对接的专业及专业群体系。建有校内实训室 148 个、生产性实训基地 12 个，校外实训基地 263 个，其中，中央、省级财政支持的实训基地 4 个。

2018 年，根据社会需求新开设老年健康与管理、早期教育、药品质量与安全 3 个新专业。机电一体化专业率先通过 IEET 认证。健康服务、现代商贸 2 个专业群被立项为省级服务产业特色专业群建设项目；健康服务专业群实训基地被确定为省级专业群实训基地培育项目；电子信息工程技术专业被确定为省级产教融合示范专业点培育项目；学前教育专业现代学徒制试点项目被确定为福建省第四批现代学徒制试点项目；环境工程技术专业被确定为福建省第三批中高职衔接专业指导性人才培养方案开发项目。学院成为福建省环境保护行业职业教育指导委员会主任单位，学前教育、物流、VR/AR、医药卫生等 6 个省行业职业教育指导委员会成员单位，学前教育、机械制造龙岩市职业教育指导委员会主任委员单位。

学生参加全国、省职业院校技能大赛，获国家一等奖 1 项、二等奖 3 项、三等奖 3 项，省一等奖 6 项、二等奖 12 项、三等奖 23 项，总成绩名列全省第五名，在全国职业技能大赛（常规赛项）高职组排名第 23 名，创历史最好成绩。258 人通过专升本进入本科院校深造。2018 届毕业生就业率 93.17%，专业对口度 70.32%，用人单位满意度 96%，毕业生留在龙岩就业率 30%以上，排在全省山区地市首位。

【师资队伍建设】 2018 年，学院晋升教授职称 3 名，晋升副高技术职称 13 名，新认定“双师型”教师 6 名，选派 7 名教师参加国（境）外研修培训学习，1 名教师出国攻读博士学位，180 名教师参加国内培训，139 名教师下企业参与实践锻炼。1 位教师入选福建省 2018 年职业院校名校长，3 位教师被确定为省级专业带头人培养对象，4 位教师被评为龙岩市教坛新秀。学校拥有省级优秀教学团队 3 个，省、市级教学名师 18 名，省优秀教师 3 名，省“千百万”人才 1 名，“黄炎培杰出教师奖”教师 2 名，市杰出人民教师 2 名。

【产教融合】 2018 年，由市政府牵头出台闽西职业技术学院产教融合联席会议制度，市长作为总召集人，召开第一次联席会议，龙岩各县（市、区）政府负责人、市直各部门负责人、行业企业代表参加会议，深入推动高职教育的产教融合工作。全年学校与各类企业签订校企合作协议 65 项，校企在科研、技术服务、人才培养等方面进行全方位合作。与厚溥教育科技有限公司共建厚溥 IT 学院，招生 65 人。与厦门大拇哥动漫股份有限公司签订校企合作混合所有制办学协议，着手建立“大拇哥产业学院”。与龙岩市电梯协会、龙岩市水泥同业商会、福建龙麟集团等行业企业开展二元制人才培养合作，招生 120 人。

【社会服务】 2018 年，学院持续为龙岩企事业单位开展技术咨询、指导及研发等社会服务 586 项，环境检测中心开展环境检测服务 294 项，专业教师参与市、县（市、区）各级新策划生成项目评审工作累计 240 人次，完成培训、技能鉴定 29658 人次，承接社会考试 19737 人次。持续推进闽台交流合作，台湾明新科技大学校长、博士林启瑞等到校交流访问。召集龙岩市职业院校联盟第一次会议，推动联盟各个学校共享实训资源、建立实训体系、创新实训方式，推动建设具有龙岩特色的职业教育专业集群。

【科研工作】 2018 年，学院获市级及以上课题 30 项，其中，福建省教育厅中青年教师教育科研课题立项 25 项，福建省教育科学“十三五”规划课题立项 2 项，福建省职业教育教学改革研究课题立项 1 项，龙岩市科技局课题 2 项。学校向国家知识产权局申请发明专利和实用新型专利 7 项，获授权专利 10 项。教职员工在各类学术期刊上公开发表学术论文 118 篇。学校负责的市政府系统重点调研课题——基于产业集群的职业教育专业体系建设研究如期开题；“职业教育集团化办学的实践探索——以龙岩市医药卫生职业教育有限责任公司为例”“产业结构调整与高职专业建设发展的研究与实践”2 个项目结题。

【校园文化】 2018 年，学院将红色文化融入教育教学全过程和校园景观建设，推动红色基因与工匠精神培育的有机融通，开发《传承红色基因，培育工匠精神》《闽西红色金融》《苏区建筑红色印象》《追随红医的脚步》等“课程思政”教育系列校本教材，开展职业教育活动周、“五个一”主题教育活动。2018 年，《传承红色基因，培育红色工匠——“三位一体”红色基因特质的工匠精神培育》入选第三批福建省大学生思想政治教育创新项目。《让“信仰之旅”相伴青春——大学生“重走红军路”红土实践育人项目》入选 2018 年福建省高校辅导员工作精品项目，成功申报全国职业院校学生管理 50 强案例、“龙岩市 2017 年青少年毒品预防教育示范学校”项目、教育厅“三全育人”综合改革试点高校项目。学校通过市级文明校园的评估工作，被命名为龙岩市第一届市级文明校园。

【校园建设】 2018年，学院基建投资1.6亿元，以龙岩市职业教育公共实训基地(学校扩建项目)为重点，加快完善基础设施建设。委托院士程泰宁领衔的设计团队对学校扩建项目进行规划设计，新征用地4.07公顷，3幢高标准学生公寓如期建成；教工食堂、校史馆从无到有；槟龙球场实现重建；“大匠堂”综合馆投入使用。

投资2100多万元提升教育信息化水平。建设智慧校园大数据中心，完成教学、支付、后勤管理等方面的业务融合；推进集教学管理、专业资源库、网络教学平台、移动教学终端为一体的智慧教学云平台的建设；新建全景虚拟演播室、智慧教室、VR虚拟仿真实训室等信息化应用终端；进一步完善校园网主干、移动图书馆、网络安全保障、教学质量保障等平台的建设。

【庆祝建校40周年】 2018年，学院开展校史馆开馆、校友代表座谈会、龙岩市职业院校联盟会议、新高考与高职教育研讨会、“最美时光”大型广场群文活动、建校40周年庆祝大会、“槟龙球场”重建落成剪彩等活动。回顾总结40年办学历史，编辑完成《最美时光40周年(学校发展记事)》和《团结渠上(师生回忆录)》。“最美时光”大型广场群文活动网络平台直播收看人数216万人次。

(杜　磊)

福建广播电视大学龙岩分校

【概况】 2018年，福建广播电视大学龙岩分校开放教育招生1072名，网络教育招生30人，全市开放教育在校生6234人，分校本部各类在读学生共3364人(其中开放教育3161人)，网络教育170人，在职研究生人数33人；正式编制教师26人(其中高级职称9人，中级职称10人)，硕(博)士研究生8人，外聘兼职教师38人，均为中级职称以上的高校专业教师；开设14个专科专业、10个本科专业，所设专业涵盖文学、理学、工学、管理学、教育学、法学、经济学等七大类学科。

2018年，继续投入资金用于添置现代远程开放教育所需教学仪器、设备和设施，进一步完善教学设备和教学管理系统；投入3.1万元加强安全设施设备添置、周边安全整改修缮工作；更新完善学生“学习在线平台”，开设班主任信箱，实施银行平台缴交学费等。通过2017—2018学年度龙岩市市属学校、校长绩效考核工作，获得“双优秀”。与龙岩新华都购物广场有限公司签订校企合作协议，共同探索校企合作新模式。坚持学历教育与非学历教育协调发展，注重多元化办学。与江西理工大学、福建师范大学、西北工业大学、东北大学合作办学，学历教育形成“大专、本科、研究生”完整体系。全年有13名学生获得国家开放大学奖学金，40名学生被评为省级电大优秀学员，32名学生被评为省级电大优秀学生干部，10名学生被评为省级电大优秀毕业生。

【师资培养培训】 2018年，龙岩电大安排6位教师赴北京参加国家开放大学办学组织体系骨干教师高级研修班学习，2位教师参加全省电大开放教育公共英语教学改革研讨会，1位教师参加国家数字化学习资源中心分中心工作研讨；组织全体教职工参加2018年度市直单位公职人员学法考试，参加《创新能力培养与提高》继续教育公共课培训，参加教师信息技术应用能力培训(4场)，参与率和合格率均100%；开展法学、汉语言文学、行政管理和社会工作等4个本科(专科起点)专业毕业论文答辩主持人网络认证培训，1人取得中央电大法学专业答辩主持人资格，至年底，累计5位教师取得答辩主持人认证资格；安排7位教师参加国家开放教育和社区教育专题研讨会。

【非学历教育和社区教育】 2018年，龙岩电大加强与政府部门、行业系统、企事业单位合作，努力做大做强已有的非学历继续教育项目，发挥龙岩市毒品预防教育师资培训基地、公务员培训基地和继续教育基地等功能，开展现代青年农场主培训、专业技术人员公共课培训、异地红色教育培训项目。继续开设满足市民需求的各级各类培训，如太极拳、形体健身和摄影课程；深入社区开展活动，在排头村设立教学点，开展各类培训，走进莲东开展公益讲座；与龙岩市图书馆联合打造《闽西文化大讲坛》、与中央苏区(闽西)历史博物馆开展红色文化宣传系列活动、与龙岩市总工会开展文明宣传活动；完成全市农药技术知识培训工作，培训655人；完成龙岩市毒品预防教育师资培训，221名中小学教师参加；完成全市专业技术人员公共课培训，2133人次参与。

【社会辐射】 2018年，龙岩电大响应中央、省、市乡村振兴战略实施计划，做大做强“一村一名大学生计划、退役士兵免费就读、农民工‘求学圆梦行动’计划、涉农职业教育培训工程”等项目，与市工会联合实施农民工‘求学圆梦行动’，计划招收近1000名学生；与新罗区委组织部、区民政局、区农业农村局联合下文实施乡村振兴战略人才学历和素质提升计划；落实市委提出的“落实新思想，唱响红古田”，开展红色体验和党性锤炼培训班，福建省电大、四川德阳电大、成都市公共资源交易服务中心、中国教育发展战略学会终身学习专业委员会等单位百余人到龙岩接受红色教育。

(福建广播电视大学龙岩分校)

龙岩技师学院

【概况】 2018年，龙岩技师学院占地9.47公顷，建筑面积10.2万平方米，在建的第二校区建设面积29.45公顷，总建筑面积30.3万平方米。有教职工348人，其中高级职称107人，技师、高级技师84人；注册新生3265人，在校学生共7160人。学院设置机械工程、电气工程、交通工程、现代服务、传媒艺术与轻工及经贸与管理6个专业系，开设模具、数控、汽车、船舶驾驶、飞机维修、工业产品设计(3D打印)、电气自动化、工业机器人、电子商务、家政服务、烹饪等38个专业，拥有6000多万元的机械、电气、汽车、光电、烹饪等现代化技能实习实训设备，与省内外100多家大中型企业建立校企合作关系，全面试行企业新型学徒制，实现学院培养和企业需求的零距离对接，年培养高技能人才2000人以上，毕业生就业率保持在99%以上，84.5%以上毕业生服务当地企业。

【技能竞赛】 2018年，龙岩技师学院被人社部确定为第45届世界技能大赛中国集训基地，承办第45届世界技能大赛福建省选拔赛、福建省职业院校数控综合应用技术技能大赛等省市各级各类职业技能竞赛，全年50多人次在省级以上各类技能大赛中取得优异成绩。美容美发专业学生陈晓燕进入第45届世界技能大赛国家集训队，实现福建技能竞赛历史性突破。

【国际交流合作】 2018年，学院主动融入国家“一带一路”建设，与哥斯达黎加国家技术研究中心等国外职业院校签订合作协议，深化国际交流合作。来自斐济、斯里兰卡、南非等9个发展中国家的菌草技术官员到学院学习中式烹调技艺，实地交流创新成果。

（龙岩技师学院）

科　技

综　述

【概况】 2018年，龙岩市高新技术企业近千家，有科技机构的企业135家，工程技术研究中心31家，省级重点实验室6家。全市有中国驰名商标17件，地理标志商标42件，国家地理标志保护产品6个。1978—2018年，全市累计获得国家、省、市科学技术奖953项，其中获国家奖1项，省(部)级奖136项，获地(市)级奖755项。2008—2018年，全市累计取得省部级以上应用科技成果606项，市级科技成果293项。这些科技成果中，达到国际先进水平56项，达到国内先进水平以上475项。

完成技术合同登记34份，合同成交总金额2941万元，其中技术交易额1911万元。

【科技项目】 2018年，龙岩市争取省级以上科技经费10238.1万元，其中，科技部创新创业特色载体建设经费2500万元，省级以上科技计划资助经费2252万元(立项46项)、企业研发经费分段补助2290.09万元(省级承担部分)、省级高新技术企业培育奖励825.98万元、科技小巨人加计扣除奖励848.7万元。安排市级科技计划项目152项及奖励性支出5145.37万元，其中，市级科技计划项目经费1671.08万元、企业研发经费分段补助2290.09万元(市级承担部分)、国家高新技术企业奖励530万元、省级高新技术企业培育奖励631.28万元、市级众创空间孵化用房补助22.92万元。推进科技创新工程包建设，9个项目完成投资额2.418亿元，占年度计划的145.25%。实施“智造”工程，制定《龙岩市智能制造科技创新行动计划(2018—2020年)》，设立“智能制造科技创新示范项目”专项，安排示范项目5个，资助金额250万元。引导龙净环保、龙马环卫等从事智能制造领域具有省内乃至国内领先优势的企业申报省智能制造重大专项，龙净环保提交的《燃煤烟气治理环保岛大数据智能应用关键技术开发与示范》入选2019年省科技重大专项专题选题。

【科技支撑产业转型升级】 2018年，龙岩市全社会研究与试验发展(R&D)经费投入32.4亿元，占GDP的1.51%，居全省第三位。龙岩高新区科技资源支撑型创新创业特色载体获得科技部支持建设。国家创新型城市获科技部、国家发改委批准建设（全国第二批仅17个地市获批）。推荐龙岩市产品质量检验所、紫荆创新研究院申报省级重点实验室(学科类)，易动力、南环检测入选第三批省级新型研发机构。武平工业园、龙岩大学科技园通过省级科技企业孵化器备案，蚁人之家、中经、杭川、上杭县供销农产品双创孵化园获批省级众创空间，连城兰花获批省级星创天地。推荐上杭县创建国家创新型县和省级高新技术产业园。2018年，新增国家高新技术企业34家，累计142家；新增省级科技小巨人领军企业38家，累计99家；新增省级高新技术企业53家；新入库科技型中小企业129家。38家科技型企业获省创新券补助214.4万元，18家省级科技小巨人领军企业获加计扣除奖励848.7万元。全市享受2017年度研发费用加计扣除的企业112家，比上年增长96.5%；享受加计扣除金额4.05亿元，比上年增长106.6%。46家高新技术企业享受所得税优惠政策减免所得税共2.17亿元，比上年增长72.2%。129家企业申报2017年度企业研发经费分段补助，21家企业申报2018年度预补助，补助金额8203万元(省级补助2633万元)。

【国家知识产权试点城市建设】 2018年，龙岩市专利申请7178件，比上年增长 8.74%，其中发明专利 891 件，比上年增长 32.79%。获授权专利 4576 件，比上年增长 32.37%，其中实用新型 3610 件，比上年增长 44.98%。全市拥有有效发明专利 1080 件，每万人口发明专利拥有量 4.09 件，比上年增长 9.64%。高质量专利创历史新高，3 个专利项目获中国专利优秀奖。龙岩市国家知识产权试点城市通过验收，进入知识产权示范城市培育期。上杭县被评定为福建省知识产权强县。天守超纤被评定为国家知识产权优势企业，畅丰专用汽车等 4 家企业被评定为省知识产权优势企业，全市各类知识产权示范(优势、试点)企业总计 152 家。实施“1+10”专利导航产业发展创新计划，龙净环保等 10 家企业开展产业专利导航。推进“知识产权+金融”服务，18 家企业办理专利权质押贷款，授信额度 2.24 亿元，累计 11.15 亿元。加大知识产权保护，开展联合执法行动 8 次，查处假冒专利案件 150 件。

2018 年龙岩市获中国专利优秀奖名单

表 8

序号	专利名称(专利号)	专利权人	获奖等次	市配套奖金
1	一种复式卧式湿式电除尘器 ZL201310113386.2	福建龙净环保股份有限公司	中国专利优秀奖	10 万元
2	一种含铜氧化金矿氨氰选择性提金的方法 ZL201410274430.2	紫金矿业集团股份有限公司	中国专利优秀奖	10 万元
3	一种履带泵站 ZL201510226256.9	福建侨龙应急装备有限公司	中国专利优秀奖	10 万元

【大型仪器设备共享平台】 2018 年，龙岩市推进大型仪器设备共享平台建设，全额非财政资金购置的大型科研仪器向全社会开放服务工作省级试点落户龙岩，试点奖励扶助资金 246 万元。至年底，可提供开放共享的单台(套)原值 30 万元以上的仪器设备 222 台套、总原值1.27 亿元，涉及 26 家企事业单位，仪器设备主要有分析、计量、工艺实验设备、物理性能测试仪器等类别，涵盖化学、材料科学、食品科学、农学、力学、环境科学及资源科学、药学、生物学、色谱光谱等学科领域。

【第六届福建省创新创业大赛】 2018 年，龙岩市承办第七届中国创新创业大赛(福建赛区)暨第六届福建省创新创业大赛，龙岩市 85 家初创型和成长型企业参赛，项目涵盖生物医药、电子信息、互联网、新能源及节能环保、新材料、先进制造等领域，16 家参赛企业获奖，获奖数量排全省第二位。其中，获省赛一等奖 1 家、三等奖 4 家、优胜奖 11 家；5 家企业晋级全国行业总决赛，其中 2 家获优秀企业奖。

【科技交流与合作】 2018 年，龙岩市征集“6·18”展示项目 7 项、技术需求 9 项，组织侨龙、宏贯路桥等 16 家军民融合企业参加军民融合项目成果专场推介会，组织业通开发、望诚电子等 15 家企业参加 2018 海丝科技创新合作暨人工智能推介专场。新认定省级技术转移机构 1 家(龙岩市科技开发中心)，累计 3 家。融入闽西南协同发展区，加强与中科院海西研究院、厦门理工学院等科研院所的合作。常态化联系海西院福建物构所、泉州装备制造研究所、厦门城市环境研究所到龙岩市紫金矿业、龙合智能等 30 余家企业(单位)实地调研对接技术需求，申报省级 STS 等科技项目获得多个专项资金支持。在厦龙山海协作经济区与厦门理工学院共建全国首个高校红色孵化器，“一类医疗器械研发生产”等 10 个项目入驻孵化器孵化，申报省、市科技计划项目 40 项，获科技项目补助经费 500 余万元。

【人才队伍建设】 2018 年，龙岩市推荐苏太育等 4 人申报科技部“2018 年创新人才推进计划暨国家‘万人计划’科技创业领军人才”、1 个团队申报科技部“重点领域创新团队”。举办首期“科技创新与科技金融培训班”，聘请中国软银执行董事潘政荣、厦门理隆科技有限公司总经理李育春等专家作项目策划、投融资、股权结构设计等专题讲座。分两批（次）选送 120 位国家高新技术企业、省级科技小巨人领军企业高管参加在北京大学举办的“龙岩市企业家科技创新能力提升专题研修班”学习。

【气象科技】 2018 年，龙岩市完成龙岩风廓线雷达建设，与连城、武平风廓线雷达组成非常规监测网，进一步提升灾害性天气监测能力；“雷达组网监测林火”科研成果向国家知识产权局申报技术发明专利并通过公示；主动融入便民服务平台“e龙岩”，及时发布预警预报，使公共气象信息覆盖到社会各个阶层。

由龙岩市气象局和龙岩市第一中学联合建设的校园气象站获得“全国气象科普教育基地——示范校园气象站”称号，龙岩市第一中学成为福建省首家被中国气象局、中国气象学会授予气象科普教育基地的重点中学。多次开展的全国科普日活动受中国科协表彰，示范站建设及科普活动开展有效促进气象科普知识的普及和宣传。

打造气象科技专业技术人才队伍，1人获“全国三八红旗手”，2人入选第三批福建省气象部门业务科技骨干人才，11人入选省局业务科技一线优秀专门人才。

（邱孝聪　赖巧珍　市统计局）

农业科技

【概况】 2018年，龙岩市组织申报省、市各类项目16项，获立项项目14个，争取项目资金320万元。申报省科技奖1项，申报专利3项，授权发明专利1项(超净工作台脚踏点火灭菌一体装置获国家发明专利授权)。组织实施省级以上涉农科技计划项目16项，争取省级科技经费335万元；组织实施市级科技计划项目19项，安排市级科技经费435万元。“生猪健康养殖与粪污资源化利用关键技术的集成与应用研究”等8个省项目通过验收，“航天蔬菜优良品种的引进、种植及产品保鲜储藏和精深加工”等16个市项目通过验收。“抗肿瘤药材——细梗香草的品种选育及GAP示范基地建设”项目参加2018年度省百万职工五小创新大赛获一等奖；“龙薯35号”“龙薯36号”“龙薯34号”“龙紫12号”“龙紫4号”等5个甘薯新品种被评为2018年度甘薯食味品质十佳好品种。

【甘薯育种研究】 2018年，龙岩市农科所持续做好甘薯杂交育种、新品种(系)比较筛选试验，完成福建省甘薯新品种区域试验4个，新申报获立项1个。推荐“龙薯36号”“龙紫11号”“龙紫12号”3个甘薯新品种参加福建省甘薯新品种联合区试；在田间种植546份、温室大棚保存586份甘薯品种资源；开展甘薯新品种选育和脱毒组培工作；“龙薯9号”甘薯品种通过国家、省鉴定审定，并取得登记证书。1个省科技厅星火项目和1个市专利技术实施与产业化项目准备项目验收；1个市科技计划项目按计划如期开展。

做好国家甘薯产业体系龙岩综合试验站工作。主要开展缓解甘薯连作障碍研究，甘薯绿色高效栽培技术研究，鲜食及食品加工用甘薯筛选评价鉴定，甘薯健康种薯种苗快速繁育关键技术研究，淀粉型甘薯筛选评价鉴定，甘薯抗逆、抗病基因发掘和特异材料的创制，甘薯薯瘟病病虫害抗性材料筛选与小象甲致害流行机制研究。进行龙系甘薯品种综合评价试验，筛选。在连城县等地建立示范片4个。总结“龙薯28号”健康种苗水培快繁技术。

【花生育种研究】 2018年，龙岩市农科所开展花生杂交育种、新品种(系)比较试验和选种工作，推荐“龙花166”和“龙花138“参加省多点区域试验。稳步实施省科技厅2个项目；与福建好年景食品有限公司合作的福建省科技厅区域发展项目完成中期验收。

【水稻育种研究】 2018年春南繁育种，市农科所派出科研骨干3人，聘请科研助手1人，租用农户耕地1.47公顷，实施10个科研课题，育成4个新恢复系，选育出“福龙两优125”等14个强优势新组合，引进三系不育系5个、测交配组新组合2206个，对航天育种、辐射育种和人工杂交的4—8代恢复系中间材料和高代材料进行加代选择，对自主选育的杂交稻亲本进行繁殖提纯，加大特种功能稻新种质材料创制和加代定向系统选育力度，开展优质稻选育与国家试验站的品种资源的收集和整理种植工作。9月28日，在沙县优质稻品比中名列10个优质稻之一。经中国水稻所米质化验选育出一级优质稻2个，二级优质稻3个，三级优质稻5个。实施省2项星火计划项目；抗病育种工作取得实效，筛选出表现中抗以上的强优势新组合3个、恢复系高代材料5个、光温敏核不育系5个、特种功能稻材料2个；永定县坎市镇等7个地方开展5项试验和推广工作。开展水稻遗传育种研究，出圃1个稳定品系。

【果蔬研究】 2018年，龙岩市农科所开展省科技项目2个，申报并立项省科技厅2018年支持设区市农科院所定向项目1个，申报并审核通过2018年省农业引导性(重点)项目1个，开展市科技项目和市科技计划项目各1个。在斜背茶原产地背洋村建立百亩新生态茶园，建设面积200平方米的茶叶加工厂房，进行标准化无公害栽培管理、统一加工，提高茶品质，打造同一品牌。引进栽培红粉佳人、圣诞树、聚龙、安娜等20余个蝴蝶兰新品种，对各品种的栽培适应性、抗病性、开花特性等进行栽培观察与筛选。开展“一种新型花草植杯”和“一种改进蝴蝶兰花梗功能的药剂配方及其制备方法”2项专利的研究与申报工作。

【高新技术研究】 2018年，龙岩市农科所主持开展省级项目4个，市科技局项目1个；参与科研项目3个。中药材铁皮石斛研究持续深入，省级花卉苗木品种引进与研发创新项目“福建省观赏药用铁皮石斛资源调查评价与杂交育种研究”课题组收集铁皮石斛资源37份；开展高产优质栽培试验；新配制杂交组合10个，采集果荚52个。做好市科技局“铁皮石斛精深加工研究”。开展马铃薯育种与栽培技术研究，筛选出苗头品系5个。承担福建省马铃薯新品种区域试验龙岩点、国家早熟中南组马铃薯新品种区域试验龙岩点工作。生物组培脱毒技术应用不断拓展，承担福建省科技厅农业引导性项目“马铃薯闽薯1号茎尖脱毒及快速繁殖”，开展马铃薯茎尖脱毒技术研究，建立马铃薯无菌繁殖体系；对适于马铃薯“闽薯1号”生长的培养基配方进行试验研究，对引进的马铃薯新品种“同薯1号”等5个品种开展脱毒试验研究。做好甘薯、马铃薯、六月红芋脱毒技术研究应用工作和百香果茎尖组培脱毒技术研究，研究探索诱导分化、增殖、壮苗的培养基配方。

【植保技术研究】 2018年，龙岩市农科所配合所部进行福建省发改委农业“五新工程”项目（“高淀粉甘薯新品种‘龙薯24号’繁育示范推广及其利用”）的建设工作；主持开展福建省星火项目“甘薯新品种‘龙薯24号’示范推广”研究，通过省科技厅验收审核。“甘薯新品种‘龙薯24号’选育”项目继续申报2018年度省科学技术进步奖。继续围绕细梗香草项目开展工作。龙岩市科技项“花生药害诊治与机理研究”于7月进行现场测产验收。设区市保障性项目“金龟子绿僵菌与生物杀虫剂对黄曲条跳甲的协同作用研究”获得省科技厅立项，进入实施阶段。部分科技工作人员参与甘薯特用品种的选育、栽培与病虫害防控技术研究；参与甘薯、马铃薯、铁皮石斛、烟草等方面6个项目研究工作；参加马铃薯茎尖脱毒组培、百香果组培初步试验研究工作。

【农业“五新”技术推广】 2018年，龙岩市加大农业“五新”技术推广力度，提高成果转化能力，促进农业产业结构进一步优化，助推“三农”发展。全年累计推广甘薯、水稻、花生、蔬菜等新品种、新技术3万多公顷。

【农业科技成果转化】 2018年，福龙两优系列以省级总代理的方式推广销售，累积销量4万公斤，种植面积1800公顷，累积粮食产量2000多万斤。甘薯新品种“龙薯28号”“龙紫4号”“龙紫9号”“龙薯34号”等在惠安、平潭、连城等县（市）展示、示范种植，在永定、上杭、随州等省内外多地进行试种、示范。加大引种力度，引进荷兰瑞克斯旺、先正达等国内外的番茄等8种瓜果蔬菜新品种32个，在大池等8个地方试种筛选。初步筛选出甘蓝等新品种3个，并示范种植新品种400多公顷。对近两年筛选出的甘蓝等5种蔬菜新品种示范推广十万亩（6666.67公顷）以上。结合蔬菜新品种的示范推广，在全市推广番茄等3种瓜果类蔬菜嫁接技术五万亩（3333.33公顷）以上。大力宣传推广有机养分资源替代部分化肥，推广以物理诱控、生物防控等为主的绿色植保技术。

【科技服务】 2018年，市农科所作为市菜篮子工程的技术依托单位，为龙岩市大棚蔬菜绿色生产布局和技术并进行滴喷灌及水肥一体化施肥设施设备进行推广，做好菜篮子工程的技术服务工作。在市内外开展甘薯、瓜果蔬菜、茶叶、铁皮石斛栽培等各类培训30余场次，培训1870人次，发放技术资料200份。挂钩龙头蔬菜百香果、茶叶等企业、合作社、家庭农场、大农户30户。长期为新罗区江山、苏坂，长汀县、武平县等地的农民专业合作社提供细梗香草相关技术支撑。深入田间地头为农民提供细梗香草、果蔬种植、有机栽培等各项技术咨询70余次。

【科技扶贫】 开展2018年度省级科技特派员认定工作，全市认定256名省级科技特派员、3家法人科技特派员和4家团队科技特派员，12个项目获省厅立项补助经费185万元。选派49名科技人员与连城、长汀、武平三个省级扶贫开发工作重点县45家企业（单位）对接，提供技术服务与技术培训，协助解决发展中存在的技术问题。出台《2018年脱贫攻坚科技帮扶工作方案》，实施科技精准帮扶到户，建立9个县级科技帮扶示范基地和31个科技扶贫示范点，举办12场农业技术培训，培训2000余人，提高贫困户种养殖水平。

【科技支撑生态环保】 2018年，龙岩市把环境治理与生态修复技术、水资源保护、水生态修复技术研究与示范、大气防治关键技术及其成套设备研发等与生态环保有关内容列入2018年科技项目支持重点。组织实施“含铜酸性水循环利用与资源化处理关键技术研究”“HF生产废气、废水综合治理关键技术研发”等一批省市科技项目，立项支持“燃煤烟气高温除尘脱硝超低排放一体化技术与装备的研发及应用”“新型生活污水脱氮技术研究与应用”等一批省市科技项目。通过省市科技项目的实施，促进生态环境修复，环境污染治理以及绿色产业发展。

（邱孝聪　刘添峰）

责任编辑　饶晓艳

文化

综述

【概况】 2018年，龙岩市有艺术表演团体7个，影剧院17个，群众艺术馆(文化馆)8个，公共图书馆7个，图书藏量196万册，博物馆14个。文化系统各类艺术表演团体艺术演出687场，观众57万人次；实现村村通广播电视，数字电视进龙岩。全市广播综合人口覆盖率98.06%；电视人口综合覆盖率98.88%。

【公共文化服务体系建设】 2018年，龙岩市完善文化基础配套。推进龙岩市艺术学校迁建项目工作。完成25个乡村传习所建设，争取23个全省基层文化服务中心示范点建设奖补名额。在中心城区开设18家城市“趣读吧”。龙岩市非遗展示馆建成并对外开放。完成7个乡(镇)综合文化站重点治理工作。图书馆文化馆总分馆制试点稳步推进，“e龙岩”数字图书馆发布电子图书156册，推广应用个人电子借书证。争取龙岩美术馆中央财政免费开放经费补助政策。龙岩图书馆、上杭县图书馆晋升“国家一级公共图书馆”。实现县（市、区）数字影院建设全覆盖，完成农村电影放映21384场。推进广播电视节目无线数字化覆盖工程建设，组建干线总长度400千米的双向数字微波网，连城割科山发射台顺利开播，市发射台红尖山机房完成主体工程建设。龙岩电视台全媒体中心建成并投入使用，闽西广播电视报顺利改版为《闽西广播电视·红色文化周刊》。

【文艺精品】 福建省第七届艺术节暨第二十七届戏剧会演中，闽西汉剧《伯公灯》获剧目、导演一等奖等九项大奖，《羊角花》代表福建省参加首届全国采茶戏会演，情景剧《胜利从古田开始》参加汇演；大型红色歌舞剧《松毛岭之恋》入选第三届中国歌剧节并在全国巡演；评书《甘罗拜相》获全省群众曲艺会演三等奖并入围第十八届全国群星奖；54件书画作品参加“第七届福建艺术节·庆祝改革开放40周年福建省美术书法作品展”，国画《南江春水长》等15件作品被评为“庆祝改革开放40周年”福建省美术书法作品展优秀作品，《客家走古事》等18幅美术书法作品入选参展，4件作品被省美术馆收藏。在“八闽丹

2018年12月，第二十七届戏剧会演奖项揭晓，《伯公灯》获剧目、导演一等奖等九项大奖。图为《伯公灯》剧照 （市文化和旅游局　供图）

青奖”书画双年展中，龙岩市画家刘瑞儿、张锦华获金奖提名；书法家赖坤文获金奖，范泰和获金奖提名。完成电影《松毛岭战役》剧本创作，并授权福建电影制片厂使用该剧本。由武平县选送的林志杰戏剧作品《林海涛声》(后更名为《林海山风》）获福建省重点扶持剧本，选送的王保卫话剧作品《土楼九品官》获入围作品。组织改编20首红色和客家题材的广场舞曲，并在龙岩人民广播电台和“舞动岩城”广场舞大赛中向全市推广。

【文艺活动】 2018年，龙岩市组织实施“文化龙岩2018群文十大活动”，举办“一带一路·水韵华彩映万象”首届国际当代水彩画名家邀请展、央视《美丽中国乡村行》“两岸农民共庆丰收节·走进大陆阿里山”大型演出、首届中国汉乐、十番音乐大赛、“龙津大家唱”等活动。选送的“旗袍秀采茶灯”广场舞节目获全省比赛金奖并推荐参加全国广场舞大赛会演。注重“互联网+文化”，举办“唱响新时代·青年有态度”网易云音乐大赛及“大美龙岩·青承匠心”传统工艺青年传承人评选活动。组建“红色文艺轻骑兵”队伍223支，开展“百镇千村”宣讲巡演活动158场次。原生态歌谣步云梨岭村木桐号子入选张艺谋执导的全新观念演出《对话·寓言2047》第二季，作为其中一个演出节目，名称为《号子·染》，并于6月12日在国家大剧院首演。开展“全民阅读·书香龙岩”系列活动24场。各县(市、区)组织文化惠民群文活动120余场。春节期间(正月初二晚)央视七套《乡村大世界》集中展示龙岩市5个客家县(区)的民俗文化。

【文化交流】 2018年，龙岩市推荐上杭《木偶茶艺》节目参加福建省“海丝茶道”对外文化传播活动，赴南非演出。武平闽粤赣边客家戏剧联盟赴广东大埔、江西瑞金等地开展戏剧展演，培训交流6场次。与中国戏曲学院合作设立汉剧传习教学实践基地并正式授牌。“闽甕烟岚·霓裳璇彩——艺术时尚雅集梁明艺术展暨梁明画苑”在厦门复文美术馆揭牌。开展“千里客家文化长廊”全球华文媒体联合采访活动，吸引25家境内外华文媒体齐聚龙岩。

编辑出版《环球客家》4期1.6万册，入台交流4000册。举办2018年台湾学者(子)客家文化体验营交流、第三届“祖地寻源”海峡两岸客家青年学生重走客家先民迁徙路等活动。持续制作客家美食互动节目《美食美客》在台北、台中、桃园、新竹、苗栗等地播出；推动电台节目《两岸客家》在宝岛客家广播电台、大汉之音广播电台等电台播出。

2018年8月8日，海峡两岸客家青年学生在上杭县参观客家族谱博物馆，找寻姓氏来源　　　　（市文化和旅游局　供图）

【文化产业发展】 2018年，龙岩市制定出台《龙岩市培育文旅康养产业三年行动计划（2018—2020年)》，4月出台《龙岩市文化产业发展实施方案》，9月出台《加快红色文化产业发展的若干措施》。延伸产业推介平台。自6月起，在准星楼每月举办1次，举办7期龙岩文创市集，展销手工艺品、旅游纪念品等文创产品。8月至10月底举办龙岩市“红古田”杯红色文化创意产品评选大赛，收到近300件参赛作品，12月举办优秀作品专题展览。11月2—5日组织14家文创企业参加第十一届海峡两岸(厦门)文化产业博览交易会，唱响“红古田”品牌。推进“三比一看”(比服务业企业培育、比服务业项目建设、比服务业行业发展，看服务业增速)，全面落实“双培育”(培育支柱产业和龙头企业)行动，扶持培育12家龙头文化企业，全市培育文化产业规模以上企业23家，全市有规模以上文化及相关企业188家。推进重点项目建设。向省文化旅游厅推荐16个文化产业项目参加福建省文化产业精品项目对接会。抓好特色文化文物示范村镇建设项目，长汀县中复村入选全省“十大特色文化文物示范村镇”建设项目。9月28日，开工建设龙岩洞文化创意产业园项目。全市文化产业实现产值226亿元。

【图书报纸发行】 2018年，龙岩市有印刷企业106家，通过年审合格的印刷企业100家，其中省检企业13家(出版物、数字经营、外商投资)，市检企业87家（包装装潢37家、其他印刷品50家)；未年检印刷企业6家，注销7家。全市印刷企业资产总额160437.79万元，销售收入95506.64万元，利润8219.84万元，从业2690人。通过年检合格的出版物发行单位207家(其中出版物批发单位 10 家，出版物零售单位 197 家）。全市出版物发行单位销售收入 13215.72 万元，营业收入 14612.16 万元，资产 15970.07 万元，利润 1156.39 万元，从业 1162 人。出版图书 198 种，总印数 35.217 万册，报纸 9 种，总印数 2766.8471 万份，期刊 6 种，总印数 4.18 万册。

【文化新闻出版市场监管】 2018 年，龙岩市在重大节假日、全国“两会”等重要时间节点，提前备战、加强值守，实现安全播出零事故、零停播目标。全面开展文化新闻出版广电市场专项整治、印刷复制发行单位专项检查、打击网络侵权盗版“剑网 2018”专项行动、“扫黄打非”五大专项行动及旅游市场“利剑行动”。全年出动执法人员 9428 人次，检查场所（企业）2817 家次，收缴非法出版物 4741 册，处置网络有害信息 347 条，销毁各类非法出版物 1.5 万多册，办结案 43 件。

【扫黄打非】 2018 年，龙岩市加强对印刷业、娱乐业的监管，深入开展“清源、净网、秋风、护苗、固边”专项行动。在“扫黄打非”专项行动中，出动警力 605 人次，车辆 253 台次，检查出版物市场、店档、摊点 512 个（家），印刷复制企业 364 家次，行业场所、沿街商铺、零售书店 718 间次，网吧 483 家次，寄递业 596 家次；收缴淫秽物品 105 件，其他非法出版物 169 件；查处网络传播淫秽物品案件 8 起，抓获网络传播淫秽视频、网络淫秽色情表演犯罪嫌疑人 21 人。

【广播影视】 2018 年，将闽西广播电视报社、闽西电视制作中心委托龙岩电视台管理，实现业务共同研究部署、对外招商步调一致、人力资源相互支持、设施设备相互合作等目标。举办“书香悦读——海峡两岸乡愁朗读大会”以及“重走客家迁徙路　共话两岸血脉情”2018 闽台客家青少年广播电视夏令营活动。大型红色史诗电影《古田军号》杀青；红色交通线题材系列纪录片《永恒的血脉》、纪念才溪乡调查 85 周年献礼片《毛泽东在才溪》、央视普法栏目剧《落花》《泪痕》开拍。

（谢耀莹　市统计局）

【文博工作概况】 2018 年，龙岩市实施《龙岩市红色文化遗存保护条例》《龙岩市革命旧址保护规划》，争取国家、省级文物保护专项经费 10971 万元（涉及项目 157 个），其中革命旧址保护专项经费 7642 万元（涉及项目 120 个），资金总额连续八年列全省设区市首位。开展第八批国保遴选申报工作，选取申报对象 39 处（75 个点），新增第九批省级文物保护单位 48 处、新增县级文物保护单位 37 处。全市有省级文物保护单位 128 处（234 个点），县级文物保护单位 385 处（389 个点）。《龙岩市中央苏区红色交通线革命旧址保护规划》通过省文物局专家评审，完成全市红军标语调查。龙岩市博物馆、毛泽东才溪乡调查纪念馆晋升国家二级博物馆，福建土楼博物馆、上杭县客家族谱博物馆、连城县博物馆晋升国家三级博物馆。龙岩市文物局获“全国文物系统先进集体”荣誉称号。开展龙岩市“红古田”杯红色故事演讲比赛和龙岩市博物馆讲解员培训班暨“革命文物”故事讲解比赛。推荐 3 位优秀讲解员代表福建省参加全国红色故事讲解员大赛，分别获“全国专业优秀讲解员”和“全国志愿优秀讲解员”称号。龙岩电视台红土地视频网、龙岩人民广播电台分别新辟“红色交通线”、《传承红色文化　弘扬爱国精神》等专栏，持续唱响“红古田”。

【非物质文化遗产传承保护】 完成 2018 年国家级非遗保护专项资金申报工作，下达龙岩市专项保护经费 80 万元。完成 2018 年省级非遗保护专项资金申报工作，下达非遗专项保护经费 165 万元。新增 182 个第六批市级非遗代表性项目，新增第四批省级非遗传承人 12 人。伍银莲被评为全国非遗保护先进个人。组织推荐福建省非遗生产性保护传承重点单位，全省 25 家，掌握永定万应茶制作工艺的龙岩市永定区福山万应茶厂、掌握连城宣纸制作技艺的连城美玉堂连史纸文化有限公司为其中两家获批单位。

（谢耀莹）

古田会议纪念馆

【社会交流】 2018 年，古田会议纪念馆开展古田会议精神“三进”（进军营、进社区、进学校）活动，宣讲爱国主义和革命传统教育。打造古田全国大中小学生寒暑假特色教育实践基地，加强爱国主义教育馆校互助结对，与清华大学、福州大学等数十所高校签订共建爱国主义教育基地协议，其中，与闽南师范大学合作建立的是“福建省马克思主义理论研究生教育创新基地”。与省内外 80 多家兄弟单位保持业务交流和联系，是驻闽海、陆、空部队共建教育基地。2018 年，国务院国资委等单位在古田设立教学基地，至年底，累计 140 家单位在古田会议纪念馆设立教育教学基地。

【宣传展览】 2018 年，古田会议纪念馆完成陈列馆第九、十展厅的改版提升。第九展厅增加 2014 年全军政治工作会议和中共十九大相关内容，第十展厅增加“魂铸闽西　风展红旗”闽西红色历史专题展。启动古田会议人物周年系列展，推出周恩来、谢维俊等人物生平事迹展。推进“古田会议精神万里行”巡回展，加大“走出去”步伐，让古田会议精神走向全国各地，先后在江南大学以及浙江金华、江苏无锡、江西金溪、西藏昌都等驻军单位举办古田会议精神巡展活动。成立一支 204 人的义务讲解队，队伍不断壮大。加强现场教学点的专题教学研究，全年接待讲解党性教育培训班近2000批次。抓好重要接待服务，做好讲解、引导等工作，完成中央、省、市各级各部门安排的讲解接待263批次7654多人，其中省部军级以上29批次525人。

【文物资料收集整理】 2018年，古田会议纪念馆全年征集老干部、艺术家捐赠的文物藏品资料25件，红色革命文物藏品数量在全省同类纪念馆中位居首位。启动馆藏文物预防性保护项目和濒危纸质文物抢救性保护工程。对馆藏文物重新建档，完成馆藏二级文物档案的整理工作。利用中央、省、市电视台以及东南网、苏红网、中红网、红土地视频网等媒体推进红色资源共享，央视《国宝档案》节目组摄录古田会议纪念馆《墙板诗》等数件珍贵文物藏品。

【红色史料研究】 2018年，古田会议纪念馆完成《走进古田会议》撰写和样书设计工作。参与市委宣传部古田精神系列丛书编辑，初步完成《闽西中央苏区文献资料丛编》之土地革命时期(1927—1934年)相关内容的编辑工作以及《闽西红色故事100篇》的收集整理。新出版2期《古田军号》，制作完成《红古田》《星星之火 可以燎原》《古田会议决议》《古田会议——党和军队建设史上的里程碑》等宣传册以及《星星之火 可以燎原》短视频。在《刊授党校》《闽西红色周刊》等期刊发表数十篇古田会议研究方面的最新成果。成立4个课题调研组，撰写10余篇调研报告及课题论文。

【旧址保护管理】 2018年，鸿玉堂、吉兴堂、笃厚堂等7处县级文物保护单位入选福建省第九批文物保护单位，省级文物保护单位增至8处。加大旧址保护力度，以“留空、留白、留旧、留文、留魂、留绿”为工作思路，加强对古田整体自然环境、空间格局、传统风貌建筑的保护，重视原汁原味保持古田风貌，杜绝与红色主题相悖的项目进入核心区。根据革命旧址维修与保护三年行动计划，完成古田会址、政治部、司令部等12处革命旧址的修缮和环境整治。陈列馆修缮顺利竣工。

（丘袁峰）

中央苏区(闽西)历史博物馆

【概况】 2018年，中央苏区(闽西)历史博物馆举办“从一大到十九大——中国共产党全国代表大会主题展”“红土思源——吴升辉书法捐赠展”“铭记历史——红军北上抗日先遣队在福建图片摄影展”“烽火传奇——龙岩、三明红色故事精品展”“新中国从这里走来”“弘扬西柏坡精神 实现中华民族伟大复兴”“胜利从这里启航”“红土骄子 功立千秋——纪念十一位闽西籍开国功臣诞辰百年联展”“春华秋实谱芳菲——中央苏区(闽西)历史博物馆建馆三十周年成果展”等9次临时展。编辑出版《八闽军旗红——福建省纪念建军90周年革命文物精品图集》和4期《红色文化》。开展六进(进校园、进社区、进军营、进乡镇、进机关、进企业)，“大手牵小手走进博物馆”和“小小讲解员”等社教活动。11月，中央苏区(闽西)历史博物馆“红军斗笠与红军精神”社会实践课程被中国博物馆学会评为2015—2017年度中国博物馆青少年教育课程优秀案例推介展示活动“优秀”教学设计。

【“留住老红军风采”活动】 2018年，博物馆持续开展“留住老红军风采”活动，赴上海、南京、北京、广州等地拜访80多位将军、部级干部及其子女，征集文物资料700多件(套)。完成近三年新征集6000多件文物的鉴定工作，经鉴定，三级以上文物150件。

【《三江回影——闽西红军标语精品图集》编辑】 2018年，博物馆完成闽西红军标语的拍摄、收集、整理、挖掘工作，编辑《三江回影——闽西红军标语精品图集》初稿；赴各县市区查找抗战时期闽西文献史料，对查找到的200多条目录进行汇总、整理、研究。

（杨春霞）

《闽西日报》

【概况】 2018年，闽西日报社总收入4100万元，略有盈余。策划组织“年度房车总评榜”“五一”房车展、“11·8”机博会房车总评榜等活动，广告经营额1728万元。《闽西日报》全年收订数6.9万份，报纸印刷质量在全省地市报印刷质量评比中继续保持前三名。在福建新闻奖评选中，6件作品获奖，其中，一等奖1篇、二等奖2篇、三等奖3篇。在中国地市报研究会开展的2017年度“新时代、新气象、新作为”新闻作品评选中，22件作品获奖，其中，一等奖7篇。

【宣传新思想】 2018年，报社继续以学习宣传贯彻习近平新时代中国特色社会主义思想为首要政治任务，全面及时完成中央重大时政报道的刊载，开设“在习近平新时代中国特色社会主义思想指引下——新时代新作为新篇章”等栏目，推出100多期，刊登相关文章400多篇。运用报、网、微、端等媒体平台，刊载习近平出席的重要会议和重要讲话以及其他相关文章。刊载《滴水穿石30年——福建宁德脱贫纪事》《习近平同志在福建宁德工作时反腐倡廉的生动实践》《习近平同志推动厦门经济特区建设发展的探索与实践》《敢为天下先 爱拼才会赢——“晋江经验”启示录》《习近平总书记关心关怀青年和青年工作纪实》等新华社稿件。

【报道新作为】 2018年，报社抓好市委五届七次全会宣传报道，组织社论《在新时代伟大征程上奋力建设新龙岩》，刊登全会决议、《新时代新龙岩建设的鲜明主线和根本战略》等4篇系列评论员文章；开设“坚持高质量发展落实赶超”专栏，重点报道各地积极推进九大行动，积极实施双融入、双培育、双引领、双补齐，坚持高质量发展落实赶超。组织推进“大督查、大落实”宣传报道，8月，开设“新时代新担当新作为·大督查大落实”专栏，编发《在龙岩高质量发展赶超发展中建功立业》等4篇贯彻落实全市“大督查大落实”工作动员电视会议的评论员文章；刊登《我市大督查大落实全面展开》《我市12345便民服务平台工作经验在全省推广》等系列报道；10月开始，组织县市区委书记专访；与市大督查大落实办公室共同报道基层涌现出来的先进典型，刊登相关稿件(图片)100多篇(幅)；贯彻落实10月17日全市项目征地拆迁工作大会宣传报道，重点组织《全市征拆工作会议后第一炮打响　龙津湖安置地项目依法拆除违法建筑2600平方米》等60多篇报道。

【宣传改革潮】 2018年5月，《闽西日报》在要闻版开设“壮阔东方潮、奋进新时代——庆祝改革开放40周年”栏目，转载中央及省重要稿件《福建林改》《“全国林改第一县”武平——敢为人先绿色崛起》等；开设“中国改革开放40周年全球故事”栏目，全面展示改革开放新成就。推出“全力实施双培育行动计划　致力打造三城一基地”栏目，刊登《上杭建设百亿超级大车间打造千亿金铜产业》等数十篇重头稿件。10月，要闻版开设“将改革开放进行到底·改革开放的龙岩故事”栏目，推出《沿着习近平总书记指引的道路前进——长汀县落实“绿水青山就是金山银山”的生动实践》《美丽中国建设的县城样本——全国林改第一县武平的生动实践》等报道，宣传龙岩改革开放成就。举办纪念改革开放40年征文活动。经济版同期开设《将改革开放进行到底》栏目；副刊部开设《改革开放的龙岩故事》。发挥网络宣传阵地的作用做好改革开放成就报道。

【民生报道】 2018年，专副刊版面侧重群众视角，组织一大批民生热点新闻。群工部配合中心工作积极做好舆论监督，有效引导关注社会热点；政文经济部深耕法治、教育、消费、三农等版面，围绕百姓关注的民生热点话题进行专题策划；副刊部突出宣传红色文化、客家文化；生活专刊部定位受众需求，增强民生报道；摄影部精编各类专题新闻图片；记者部继续努力在“走转改”“三贴近”上下功夫；登高记者站承担主要时政活动，采写重大时政活动，做精领导点题任务和重大策划。

【全媒体新闻矩阵建设】 2018年1月1日，“龙岩全媒体新闻中心在闽西日报社挂牌运行，承担“e龙岩”(包括2个微博、1个微信、1个客户端)的新闻资讯发布工作，做好“e龙岩”微信、微博、APP的新闻更新任务。参与龙岩全媒体新闻中心提升工程建设。做好闽西新闻网创建国家一类新闻网站工作，《闽西日报》微博粉丝数量超10万，《闽西日报》微信公众号粉丝超5万。年初，首批50台室内电子阅报栏投入使用，建设第二批50台室内电子阅报栏，闽西日报社构建的纸质媒体、网站媒体、移动媒体、户外媒体等全媒体新闻矩阵日趋完善。健全媒体融合相关机制，新媒体、融媒体宣传产品纳入好稿评选范围。依托设立在报社的龙岩全媒体新闻中心，设立三个融媒体值班组长，改“夜班轮值”为“日夜班轮值”，改“负责日报”为“负责全媒体”，强化融媒体策划、实施。推出移风易俗系列、“e龙岩”系列、小溪河系列等全媒体产品50多个，制作H5产品16个。其中，反映2018年1月19日南三龙铁路龙岩站老站到新站“大转场”的《“中国速度”的8小时揭秘——龙岩火车站“大转场”施工纪实》及其H5产品，通过网络传播在国内外产生较大影响。组织好机博投洽会、创城宣传线下活动、房车展等重大活动宣传报道，办好高招咨询会等公益活动。

（王仰华）

地方志工作

【《中国影像志·福建名镇名村影像志》拍摄】 2018年2月25日，由省方志委与省广播影视集团联合制作的《中国影像志·福建名镇名村影像志》大型高清纪录片在上杭古田正式开拍。《中国影像志·福建名镇名村影像志》以影像形式展现福建名镇名村“名”“特”风采，利用现代影像技术，再现历史情景，讲述福建名镇名村的鲜活历史故事。该纪录片第一季拍摄上杭县古田镇、蕉城区霍童镇、平和县九峰镇、尤溪县桂峰村、连城县培田村、福安市廉村等6个国家级历史文化名镇名村，每个镇村1集，每集25分钟。上杭县古田镇为第一集，从地名篇、革命篇、经济篇、文化篇、特产篇以及后记等6个部分全方位展示古田及周边区域风采。4月15日，省方志委在连城县培田村举办《摄影家眼中的方志》暨《中国影像志·福建培田篇》开拍仪式。《中国影像志·上杭古田篇》5月31日在福建综合频道播出、6月2日在东南卫视重播，《中国影像志·福建培田》10月31日在福建综合频道播出。

【《漳平市志(1991—2005)》首发式】 2018年8月7日，漳平市举行《漳平市志(1991—2005)》首发式，市领导陈论生、吴伯理、陈晓兰、李小飞、李月娥参加首发式。《漳平市志(1991—2005)》于2005年启动编著，全书设33篇，158.6万字，记录漳平撤县设市15年经济社会发展历程和成果。

【特色志书及部门志编修】 2018年，《闽西生态建设志》完成总纂，进入送审阶段。新罗区完成《新罗名产志》的初稿编纂。永定区在完成《永定姓氏文化志》初稿撰写的基础上，继续做好源流、分布、播迁等修订和完善。上杭县实现全县22个乡(镇)全部开编志书。武平县启动《武平林改志》编纂工作。长汀县开编《长汀林业志》，编纂《名人在汀州》。连城县推进《培田村志》编纂工作。漳平市联合政协启动《漳平名人》编纂工作。

【旧志保护整理】 2018年，新罗区完成明嘉靖版《龙岩县志》校注。上杭县重新点校出版民国版《上杭县志》，并启动乾隆二十三年《上杭县志》点校工作。武平县启动《武平县志》(民国版)校注工作。长汀县开展修复清光绪版《长汀县志》，点校清道光五年《临汀汇考》工作。

【年鉴编纂工作】 2018年，持续打造《龙岩年鉴(2018)》精品工程，巩固县(市、区)“一年一鉴，公开出版”成果。市、县(市、区)2017卷年鉴全部出版，2018卷年鉴进入总纂、审稿、送审阶段。《龙岩新罗年鉴(2015)》被省方志委评为福建省优秀年鉴。《上杭年鉴(2018)》被省方志确定为2018年福建省精品工程候选项目。在2018年全省年鉴质量评比中，《上杭年鉴(2017)》获一等奖、《龙岩年鉴(2017)》获二等奖、《新罗年鉴(2017)》获三等奖、《长汀年鉴(2017)》获优秀奖。

【《龙岩年鉴(2017卷)》出版发行】 2018年1月，《龙岩年鉴(2017卷)》(总第二十五卷)，由方志出版社出版发行。《龙岩年鉴(2017卷)》集中展示龙岩2016年度发展概况，突出中央苏区建设、生态建设、客家文化、新农村建设、重点产业园区、商会等时代主题。全书设37个类目、199个分目、57个子分目、1660个条目，共90.9万字。

2018年7月12—14日，福建省年鉴精品工程候选项目内容点评会在上杭召开，图为点评会现场 （龙岩市委党史和地方志研究室 供图）

【省年鉴精品工程点评会在上杭召开】 2018年7月12—14日，由省方志委主办、龙岩市方志委协办、上杭县方志委承办的2018年福建省年鉴精品工程候选项目内容点评会在上杭召开。泉州市、三明市、台江区、上杭县方志委(办)等10家申报单位的分管领导和责任编辑，省方志委年鉴工作处业务人员及广州市年鉴社原社长阳晓儒等专家30人参加会议。年鉴工作处业务人员及专家就《上杭年鉴(2018)》等参评年鉴的“外事、侨务、港澳台”等内容，分别逐一展开点评、讨论、互动，并分别对10部参评年鉴做全面点评。

【省年鉴编辑培训班在长汀举办】 2018年8月22—23日，由省方志委主办、龙岩市方志委协办、长汀县方志委承办的2018年福建省地方综合年鉴编辑培训班在长汀举办。省方志委领导、省方志委年鉴工作处相关人员，全省各设区市方志委(办)、平潭综合实验区党史方志研究中心领导、年鉴编辑，各县(市、区)综合年鉴编辑等110多人参加培训。江西省方志办副主任周慧、厦门市方志办原主任葛向勇、南京年鉴社编辑部原主任刘小凡、新疆维吾尔自治区方志委年鉴处处长吴佩昀分别授课。

【龙岩市、县年鉴点评会召开】 2018年5月30日，龙岩市方志委在闽西宾馆会议室举办龙岩市、县(市、区)年鉴点评交流会暨年鉴编纂业务培训会。市直部分年鉴承编部门主笔，各县(市、区)方志委(办)主任、年鉴主笔，连城《朋口镇志》《培田村志》，上杭《庐丰畲族乡志》《紫金矿业年鉴》等基层修志单位主笔，市及新罗区方志全体干部职工共计50余人参加会议。与会人员听取市方志委领导、专家讲解如何提升年鉴采稿、用稿数量以及提高年鉴组稿、供稿质量等年鉴编纂基础知识，并交流讨论。

【“数字方志”建设】 2018年，市方志委加强“数字方志”建设，实施市、县(市、区)网站信息共享共编制度。中国龙岩地情网·闽粤赣互动发展区视窗全年发布文稿586篇，图片787张，发布地方志书18部2100多万字；至年底，网站访问量累计19.46万人次。“龙岩地情”微信公众号累计发布各类文稿258条。为“e龙岩”提供“数字方志”和地方史服务，收集报送《龙岩地区志》《龙岩市志》《龙岩年鉴》等 31 套、34 册、约3337 万字地方志文献。

【龙岩方志馆建设】 2018 年 7 月，市方志委争取到 4 间（使用面积约 64 平方米）办公用房用于扩建龙岩方志馆。12 月，完成密集柜 18.5 立方米的安装。至年底，龙岩方志馆累计收集中央苏区、革命老区地方志书(年鉴)839 种，17675 册。坚持每周三向社会开放方志馆，全年接待国内外来人、来信、来函、来电咨询 120 余人次(件)。

【侨乡特色建筑保护利用调研】 2018 年 8 月，根据市委宣传部通知要求拟定《关于做好龙岩市地方志史料收集整理、传统古村落保护发掘和华侨历史文化保护利用工作的实施意见》。11 月，组织调研组到新罗、永定区调研侨乡特色建筑保护利用工作，并撰写《关于新罗区、永定区侨乡特色建筑保护利用工作的调研报告》提交市委宣传部。

（龙岩市委党史和地方志研究室）

档案工作

【概况】 2018 年，市档案局(馆)承担的行政职责划入市委办公室，加挂档案局牌子，并划转 3 名财政核拨事业编制及工作人员至市电子政务认证分中心，专项用于配备协助承担档案行政管理日常事务工作。

市、县两级国家综合档案馆共接收文书、诉讼、退休职工人事档案、婚姻登记等各类到期档案资料 92780 卷(册)。市、县两级档案部门接待查档利用 11200 多人次，调阅档案资料 21580 多卷(册)，接收政府公开信息 7681 份，及时上架、提供利用。抓好跨馆利用有关工作机制落实，实现资源共享，及时建立跟踪回访工作台账，办理跨馆利用服务 4 件。永定、武平、长汀、漳平、上杭、连城新馆全部搬迁投入使用。

【李明华到龙岩调研】 2018 年 11 月，国家档案局局长、中央档案馆馆长李明华到龙岩调研。省档案局副局长黄建峰、市政协副主席赖双奇等陪同调研。李明华充分肯定龙岩市档案工作，要求进一步加强党对档案工作的领导，完善档案工作体制机制，加大对档案工作的支持保障力度，加强档案系统干部队伍建设，各级为档案干部学习培训创造条件，关心档案干部的成长与引进；推进档案信息的开发与利用，结合龙岩红色文化底蕴深厚、客家文化历史悠久等优势和特点，充分挖掘档案资源的现实和历史价值。

【服务大局】 2018 年，龙岩市档案局深入 7 个县(市、区)确权办、14 个乡(镇)、42 个村开展全市农村土地承包经营权确权登记颁证档案的检查指导；重点抓好市属国有企业集团档案业务监督指导，主动为企业上门“送服务”；制定下发《关于开展全市机构改革档案处置工作专项检查的通知》，深入市人社局、市农业局、市民政局等 6 家市直机关单位开展机构改革档案处置工作专项检查，督促做好档案整理移交。新罗区档案局分 4 组深入各单位督促指导档案收集和整理工作，武平县档案局组织人员指导各乡镇做好脱贫档案规范建档工作。

【服务民生】 2018 年 11 月，市档案局与市委组织部、市人社局联合印发《关于规范整理并向档案馆移交机关事业单位退休职工人事档案的通知》，在全市部署开展退休(死亡)职工档案向市、县(市、区)档案馆移交工作；下发《关于开展全市国有改制企业档案移交工作专项检查的通知》，对龙岩市林产工业公司等 30 余家市属国有改制留守企业档案移交工作开展专项检查，实地指导市属国有改制留守企业档案整理和移交进馆工作。市档案局全年接收 12 个国有改制企业和退休职工人事档案 4931 卷/袋。上杭县档案局联合县民政、农业等部门印发《关于贯彻村级档案管理办法的实施意见》。

【行政审批改革】 2018 年，市档案局推进档案行政审批“放管服”改革工作，着力在精简办事提交材料、推进“互联网+政务服务”、优化“双随机一公开”抽查监管工作方式等方面下功夫，提升监管实效和档案治理水平。督促指导市行政服务中心受理窗口的工作人员认真履职，按期办结行政审批和公共服务事项，按时受理办结 31 件。

【档案法制文化宣传】 2018 年，市、县两级档案部门开展“6·9”国际档案日、“12·4”国家宪法日法制宣传教育活动，以档案法律法规和红色档案宣传为主题，利用现场宣传、现场设置档案法律法规、红色档案、馆藏珍贵档案等宣传展板和发放宣传材料等载体，开展档案“走进企业、走进社区、走进农村、走进校园、走进机关、走进单位”系列宣传活动。利用 LED 显示屏、“龙岩档案”“新罗档案”微信公众号、新罗新闻等新兴媒体阵地，向广大群众开展档案法制知识宣传，发放《中华人民共和国宪法》《中华人民共和国监察法》《中华人民共和国档案法》《福建省档案条例》等 20 多种档案普法宣传资料 5000 多份。

【档案行政执法检查】 2018 年，市档案局部署开展各县(市、区)、市直机关企事业单位档案工作“双随机”检查工作情况回头看专项督查工作，对要求责令整改的 68 家单位进行专项督查；深入开展“双随机”档案依法接收与移交执法检查工作，检查 38 个市直单位、3 个档案馆、7 个县(市、区)直单位、2 个乡(镇、街道)、2 个档案服务机构，发出责令改正通知书 5 份；印发档案行政执法全过程记录制度等 10 项制度，公布档案违法违纪举报电话，建立完善档案违法违纪通报制度，查处档案违法违纪案件和应诉行政诉讼案件各1件；开展破产关闭企业档案工作情况和机构改革档案处置工作专项检查，部署全市档案安全保密专项督查，加大执法监督力度。新罗区档案局深入各单位督促指导档案收集和整理工作；武平县档案局组织人员指导各乡（镇）做好脱贫档案规范建档工作；上杭县档案局联合县民政、农业等部门印发《关于贯彻村级档案管理办法的实施意见》。

【档案征集】 2018年，市档案馆先后征集习近平等党和国家领导人到龙岩视察的相关资料以及《廖氏族谱》《杭川风雅集》《闽台关系档案汇编》等各类闽西特色档案资料。新罗区档案局征集党和国家领导人在新罗区活动及新罗区籍知名人士、先进人物、劳动模范、优秀企业家的关怀等珍贵照片50多张。长汀县档案局征集《梦回万里，卫黄保华——漫忆父亲刘少奇与国防、军事、军队》《长征出发地》《客家风华之汀州记忆》等一批反映红色文化、客家文化、历史文化、生态文化等特色档案资料。漳平档案局征集《漳平味道》《闽西中央苏区简明读本》《漳平明清民国史话》等特色图书资料73册。

【档案编研】 2018年，市档案局与有关部门联合举办“闽西籍开国将星生平档案图片展”，并出版展览画册；编印《抗日烽火中的闽西儿女》等画册3000册。上杭县档案局编纂出版《上杭红色记忆——上杭革命历史档案选粹》画册；漳平市档案局编纂出版《漳平记忆》《红四军出击闽中》画册，举办“漳平记忆·老照片”图片巡回展；新罗区档案局举办“档案见证改革开放”档案图片展。

【档案信息化建设】 推进行政审批电子档案管理系统项目建设工作。做好行政审批电子档案管理软件开发建设工作，至年底，落实项目总投资概算485万元，其中，项目工程费441万元，系统集成与培训、工程监理、系统测试与安全测评费等44万元；完成系统项目需求分析、技术方案设计和论证、可行性研究报告暨初步设计方案编制评审等工作，进入项目招投标程序。

加快馆藏档案全文扫描步伐。市档案局完成馆藏档案全文扫描30多万页；建立学籍档案、专技人员职称专题目录数据库。新罗区档案局完成馆藏婚姻登记、文书档案全文扫描200多万页和目录校核工作。武平县档案局完成馆藏档案全文扫描121万页。漳平市档案局持续开展数字化扫描工作，共扫描婚姻、土地档案6.56万页，补录文件级目录6.5万条。

【业务培训】 加强档案人员的业务素质和操作技能培训力度，2018年7月，受省档案学会委托，市档案学会承办2018年度档案人员基础业务培训班，360多人参加。先后安排3人到省档案局跟班学习各3个月。举办档案业务论坛和全市档案人员基础业务培训，组织档案执法人员参加行政执法法规知识教育与培训。

（范少强）

图书发行

【概况】 2018年，龙岩新华图书发行系统销售图书1192万册，比上年增长3.41%；销售码洋15970万元，比上年增长3.88%；实现利润958.03万元，比上年增长14.3%，人均购书额60余元，其中一般图书人均额14元，各项经济指标名列山区书店前茅。武平分公司被全国青少年爱国主义读书教育活动组委会授予第二十五届全国青少年爱国主义读书教育活动“发行先进奖”；永定分公司土楼读客书屋被中国书刊发行业协会授予“特色书店”；武平分公司被福建省委、省政府授予第十三届（2015—2017）“文明单位”。福建新华发行集团授予漳平分公司“2018年度经营管理先进单位”“2018年度一般图书发行先进单位”，授予永定分公司“2018年度财务管理先进单位”，授予龙岩分公司、永定分公司、武平分公司“2018年度教学用书发行先进单位”，授予龙岩分公司“2018年度大中专教材发行先进单位”。龙岩分公司、长汀分公司、漳平分公司被龙岩市委、龙岩市政府授予第十三届（2015—2017年度）“文明单位”称号；龙岩分公司被市政府授予“龙岩市全民阅读活动基地”；龙岩分公司、漳平分公司、连城分公司被龙岩市文化广电新闻出版局、龙岩市出版业协会评为2015—2017年度“诚信书店”。龙岩分公司被新罗区教育局授予“新罗区学校校外阅读实践基地”。

【教材发行】 2018年，龙岩新华图书发行系统销售教材教辅1027.61万册，比上年增长17.87%；销售码洋11490.37万元，比上年增长11.4%。

【一般书及音像电子产品发行】 2018年，龙岩新华图书发行系统一般书销售112.37万册，比上年减少56.65%；销售码洋2907.56万元，比上年减少22.25%；音像电子产品发行52.02万册，比上年增长140.83%；销售码洋1572.08万元，比上年增长19.12%。

【重点图书发行】 2018年，龙岩新华图书发行系统发行《习近平新时代中国特色社会主义思想三十讲》91881册、2664698元；《新时代面对面（2018理论热点面对面）》14489册、304269元；《习近平谈治国理政》第1卷2918册、233440元；《习近平谈治国理政》第2卷11784册、942720元；《中国共产党章程》15765册、63045元；《习近平扶贫论述摘编》11865册、322805元；《中国共产党纪律处分条例》11566册、69960

元；《共产党宣言》1636 册、57101 元；《梁家河》1280 册、46080 元；《习近平的七年知青岁月》556 册、41914 元；《教师读专著》4683 册、151549 元；《中华人民共和国宪法》5235 册 26747 元；《中国共产党支部工作条例（试行）》3086 册、15209 元；《领航（从一大到十九大）》283 册、19224 元；《朗读者》413 册、21249 元。

【青少年爱国教育用书发行】 2018 年，龙岩市开展第二十五届全国青少年读书教育活动，开展“时刻听党话 永远跟党走”青少年爱国主义读书教育活动用书征订发行工作，全市发行《红旗飘飘引我成长》图书 52551 册、630612 元。

2018 年全市新华书店经营情况统计

表 9

项　目	龙岩	永定	上杭	漳平	武平	连城	长汀	合计
销售册数（万册）	398.82	115.54	166.09	125.24	123.38	55.48	207.45	1192.00
销售金额（万元）	5353.68	2211.66	1887.60	1826.22	1641.71	983.59	2065.55	15970.01
利润总额（万元）	202.72	113.31	101.41	145.20	121.08	56.58	217.73	958.03
税收总额（万元）	44.94	62.17	17.82	13.02	15.21	6.70	18.10	177.96
固定资产总额（万元）	2579.20	1572.87	881.84	591.65	614.82	496.10	524.57	7261.05

【卖场升级改造】 2018 年，龙岩分公司扩大网点布局，加大卖场改造步伐，与龙岩图书馆共同出资 500 余万元，利用图书馆大楼一层 1500 平方米店面，建成“新华城市书吧”，1 月 29 日开业。投入 700 余万元升级改造“闽西图书城”卖场，9 月 16 日开业。“新华城市书吧”“闽西图书城”不再是功能单一的图书零售商店，而是能满足读者多元需求的体验式文化休闲场所。“闽西图书城”重装开业之际，承办龙岩市第十二届“书香龙岩”全民读书月活动启动仪式，被龙岩市政府授予“龙岩市全民阅读活动基地”。

【阅读推广】 2018 年，龙岩新华图书发行系统开展多种形式的群众性读书活动，参与政府部门、行业协会组织的重点图书展会、读书节等全民阅读活动。结合“4·23”世界读书日龙岩分公司与龙岩图书馆联合开展“淘书会友·共享阅读”第二期活动，辖区各分公司与教育局、出版社联合开展“暑期读一本好书”活动，营造书香校园文化氛围。依托平台“龙岩市全民阅读活动基地”“新罗区学校校外阅读实践基地”，龙岩分公司邀请著名学者、作家、节目主持人等在基地现场作“爱上阅读”“岩声有约”“新华朗诵沙龙”“观影时光”“诗词大比拼”“绘本分享故事会”“小主持人活动”“同读一本书”等 85 场次阅读文化推广活动。

【“暑假读一本好书”活动】 2018 年，市新华书店与教育局联合开展“暑假读一本好书”活动，全市发行图书 86112 册 1945121 元。漳平分公司、永定分公司分别被福建新华发行（集团）有限责任公司、福建少年儿童出版社有限责任公司、福建科学技术出版社有限责任公司、福建鹭江出版社有限责任公司授予“优秀进步奖”“优秀组织奖”。

（谢龙宾）

旅游业

综　述

【概况】 2018 年，龙岩市坚持以旅游供给侧结构性改革为主线，围绕“放心游福建·首选到龙岩——2018 年优质旅游年”主题，着力实施“七大工程”。接待国内外游客 4607.76 万人次，比上年增长 21.8%；实现旅游总收入 453.81 亿元，比上年增长 36.4%。旅游总人数、总收入两项指标增速均高于全省平均水平。

至年底，龙岩市有 1 个世界文化遗产地，2 个国家 AAAAA 级旅游景区，11 个国家 AAAA 级旅游景区，32 个国家 AAA 级旅游景区，3 个国家 AA 级旅游景区，15 个国家 A 级红色旅游景区，3 个国家全域旅游示范区，2 个国家级生态旅游示范区，7 个省级生态旅游示范区，1 个国家级风景名胜区，1 个国家工业旅游示范点，1 个国家农业旅游示范点，3 个国家水利风景区，1 个国家矿山地质公园，1 个国家历史文化名城，3 个国家历史文化名乡（镇），7 个国家历史文化名村，4 个国家森林公园，2 个国家自然保护区、6 个全国特色景观名镇（村），3 个全国休闲农业与乡村旅游示范县，2 个全国休闲农业与乡村旅游示范点，13 处（39 个点）国家重点文物保护单位，4 个中国乡村旅游模范村，40 个中国乡村旅游金牌农家乐，11 个福建省乡村旅游休闲集镇，94 个福建省乡村旅游特色村，4 个优秀旅游县，2 个省级智慧旅游试点县，5 个观光工厂。福建旅游十大品牌中，龙岩占 2 个，即“神秘的客家土楼”和“光辉的古田会址”。

全市有旅行社37家(其中,具有出境组团资质旅行社5家,具有赴台游资质旅行社1家);星级饭店30家(其中,五星级1家,四星级17家,三星级12家)。

【龙岩市旅游景区协会成立】 2018年6月,在龙岩市集散中心召开龙岩市旅游景区协会成立暨第一届会员大会,大会表决通过选举办法草案、协会章程草案;通过会费收取标准和使用管理办法草案;选举出理事会成员7人,监事会成员3人;李文标当选为第一届协会会长(法定代表人);钟德阳当选为第一届协会监事长;廖碧红当选为第一届协会秘书长。至年底,协会完成所有成立登记手续。

【旅游精准扶贫】 2018年,龙岩市评定旅游扶贫示范户120家、旅游扶贫示范合作社14个。引导旅游企业通过就业安置、项目开发、培训指导等多种方式开展村企对接帮扶。拨付4个省级旅游扶贫重点村每个村20万元,用于编制旅游扶贫规划,扶持基础设施、公共服务设施建设。

【旅游安全】 2018年,龙岩市及时下发旅游安全生产目标责任状。进一步奖优罚劣,全市旅行社、星级饭店全员岗位安全生产责任落实走在全省前列,被列为福建省试点。2018年,全市旅游系统组织检查72批次,参加检查人员216人次,落实大小隐患整改275个,整改率100%。全市旅行社安全生产风险分级管控工作标准化、制度化和对旅游用车的专项整治被省旅发委推广。强化应急演练,全年7个县(市、区)旅游局(委)组织旅游安全培训暨演练活动9次,相关旅游企业组织旅游安全培训暨演练活动181次。8月31日,市旅发委主办龙岩城区食物中毒应急演练观摩活动,为全省首次星级饭店以食物中毒作为演练主体。

【旅游便民服务】 2018年,龙岩市推进简政放权放管结合优化服务改革,编制权责清单,并承接好省旅发委、市审改办的纵向权力清单。2018年,行政审批和公共服务事项办理243件。其中电子导游证核发与变更199件,旅行社业务经营许可证核发(设立、变更、注销)24件,国家AAA级旅游景区评定18件,国家AAAA—AAAAA级旅游景区推荐1件,三星级旅游饭店评定1件。

旅游开发

【旅游品牌创建】 2018年新评AAA级景区18家[连城兰花博览园、连城松毛岭战地遗址红色景区、连城豸下莲乡文旅度假区、武平平桥翠柳城市森林公园景区、古田(吴地)红军小镇景区、漳平大陆阿里山景区、永定福建省土楼自然博物馆、永定牛牯扑红色旅游景区、永定燕子岩旅游风景区、永定南华山旅游风景区、永定客家古镇文化旅游区、永定土楼南江景区、永定西陂天后宫文化旅游景区、永定泽东楼景区、永定坤雅农业生态观光园、永定客家博览园景区、新罗七彩蓝田生态农业休闲观光园、上杭观音井百果园景区]。上杭县古田镇成功创建四星级旅游休闲集镇;新罗区培斜村和武平县云礤村成功创建四星级旅游村。连城县新泉镇、长汀县汀州镇成功创建三星级休闲集镇、永定区湖坑镇南江村等4个村成功创建三星级乡村旅游村;新罗区白沙镇官洋村等21个村被列入省级乡村旅游特色村。连城天一温泉度假村露营公园、龙岩七彩蓝田生态农业休闲观光园露营公园、龙岩梁野山景区露营公园入选省级露营公园;永定天子生态旅游区、龙岩通宝客家本草小镇入选省级养生旅游休闲基地;漳平永福大陆阿里山景区入选省级体育旅游休闲基地。

【旅游项目建设】 2018年,列入2018年全省旅游重点推进项目的26个项目全年计划投资32.19亿元,完成投资50.89亿元,占年度计划投资的158.09%;永定区全域旅游优选项目建设、武平县全域旅游示范区建设、连城县全域旅游示范区建设等3个省级全域旅游重大项目与基础设施投资工程包全年计划投资3.8亿元,完成投资14.259亿元,占年度计划投资的375.2%;全市7个红色旅游投资工程包全年计划投资2.68亿元,完成投资12.9185亿元,占年度计划投资的482.03%。

2018年,龙岩市申报省级旅游产业发展资金174项,金额1859万元。其中,景区提升项目4个,自驾车露营地项目1个,区域标志性项目2个,旅游厕所项目119个,乡村旅游提升工程3个,休闲集镇2个,乡村旅游特色村项目28个,旅游扶贫项目资金4个,红色旅游项目14个。

【旅游市场秩序规范】 强化执法检查。开展旅游市场“利剑行动”整治、全市涉企跨部门“双随机、一公开”检查、“不合理低价游”检查、暑期旅游市场秩序联合整治等一系列的市场检查活动,从“严打低价产品、严查合同签订、严管购物场所”等三方面入手,打击旅行社恶性竞争,查处以不合理的低价组织旅游活动,通过安排购物或另付费项目获取回扣以及其他侵害旅游者合法权益的违法行为。建立健全相关机制,出台《旅游行政执法与刑事司法衔接工作机制(试行)》《关于建立行政执法公开制度的实施方案》《关于下发龙岩市旅游行业诚信“红黑名单”管理制度(试行)的通知》《旅游安全生产监管执法人员履行法定职责制度(试行)》等十余份规范执法文件。加强与市政府其他行政执法机关、公安机关、检察机关、审判机关的沟通联系,形成联合执法的快速反应机制。

运用现代手段加强行业监管。组建“龙岩市星级饭店统计调查微信群”“龙岩市旅行社信息系统填报微信群”“龙岩市出境社文明旅游微信群”和“龙岩市旅游监管服务平台填报群”，落实各项监管工作。依托“全国旅游监管服务平台”，实现“旅游主管部门—导游—游客”新管理模式，加大对导游的管理力度；编印《旅游相关法律法规选编》指导业务开展。汇编《旅游相关法律法规选编》，收入《地方党政领导干部安全生产责任制规定》《中华人民安全生产法》《旅游安全管理办法》等相关内容，是近5年来全省旅游系统第一部就有关安全、市场秩序、文明旅游等方面的汇编书籍。落实社会信用体系建设工作，与中级人民法院联合开展失信联合惩戒工作，印发《关于加快推进对失信被执行人实施联合惩戒的若干规定》，对“失信被执行人”“限制消费人员”限制住宿四星级以上旅游饭店，限制出境旅游。2018年，全市高星级旅游饭店拒绝“失信被执行人”“限制消费人员” 高消费1410人次。

强化投诉处理，发挥各县（市、区）旅游局（委）属地管理的主体作用，与24家综合监管相关部门通力协作，形成快速处理旅游投诉机制。2018年，受理投诉49件，其中“12315”平台转接投诉35件，“12301”平台转接投诉13件，其他渠道接到投诉1件，办结率100%。

【旅游统一营销】 2018年，龙岩市完成第十四届海峡旅游博览会参展工作。龙岩馆被第十四届海峡旅游博览会执委会授予最佳展台奖和最佳组织奖。参与2018“清新福建”国内旅游推介会，在北京推介会上，原福建省委书记项南女儿项小米推介龙岩冠豸山、古田等旅游资源；2018年福建旅游生活展，龙岩馆被组委会授予2018年福建旅游生活展最佳创意奖；会同厦门、漳州、泉州、三明、金门六地旅游主管部门联合主办“清新福建·山海闽西南”旅游推介营销活动，通过线上线下途径宣传吸引500万名当地市民的关注。联合厦门、漳州、泉州、三明在中国台湾台北和高雄设立闽西南旅游形象店，推广厦漳泉龙三等五地市旅游资源和产品，共同打造闽西南旅游品牌，吸引台湾及岛内外100多万人关注。组织各县（市、区）旅游企业参加新疆亚欧博览会旅游体育产业展、内蒙古首届旅游产业博览会、广州旅游产业博览会、中国国际旅游交易会等各大展会，通过走出去的方式，让更多人了解龙岩自然生态、旅游产品和区域文化特色。

【旅游事件营销】 2018年，龙岩市举办2018“中国旅游日”·福建分会场活动。面向世界游客推介福建及龙岩旅游资源，发布“2018中国旅游日”福建旅游惠民措施、“放心游福建”标志、清新福建·十全十美名单，以及“纪念福建土楼列入《世界遗产名录》十周年”——永定土楼珍藏邮折；及时发布2018龙岩市暑期旅游主题产品。全市推出红色研学之旅、探秘世遗之旅、温泉康养之旅、亲子山水之旅、乡村避暑之旅、多彩夏令之旅六大类暑期旅游主题产品和50条旅游线路在活动现场及官方线上平台同步发布。暑期全市旅游营销吸引100多万市内外大中学生参与旅游。举办“‘暑’我龙岩最清凉·万人游龙岩”广州珠三角区域宣传推介活动，推出龙岩旅游招商项目和优惠政策，吸引广州及周边区域旅游主管部门、旅游企业、媒体记者和嘉宾200多人参与，吸引广州200多万名市民关注。8月底，举行“万名老广游龙岩”武平首发团活动。永定区、连城县与广州当地旅行社对接，推出景区优惠政策、特色旅游线路，推进与广州金马旅游集团等重点旅游企业的合作。

【网络新媒体营销】 2018年，深化与美团点评的对接合作。推动龙岩美团旅游目的地馆上线，邀请奥运冠军何雯娜、张湘祥为家乡旅游代言，担任旅游形象大使，为10个美团旅游达人颁章。组织奥运冠军和美团旅游达人深入土楼、古田等景区开展宣传采风，撰写旅游攻略，微博推荐阅读量突破30万人次。深化与今日头条的对接合作。打造抖音创作基地，拍摄创意短视频，组织抖音达人深入景区开展创新旅游营销推广活动，通过抖音小助手发起“跟着抖音游龙岩”话题，实现近3亿人次的点击量。开展“千里客家文化长廊”全球华文媒体联合采访活动，境内外25家华文媒体齐聚龙岩进行采访报道，宣传龙岩客家文化，打造客家文化旅游品牌，在世界范围内打造“客家文化长廊”旅游名片。

游游景区

【七彩蓝田生态农业休闲观光园景区】 国家AAA级旅游景区，位于福建历史文化名城——新罗区适中镇，距龙岩市城区25分钟车程，占地404公顷，平均海拔800米；是集“生态文化、科普文化、养生文化、闽台文化”为一体的旅游休闲特色村。七彩蓝田之所以被称为“七彩”，源自园内7个小园，即红色文化农业园、蓝色水乡休闲（湖）园、绿色养生药材园、黄色欢乐体验园、紫色珍稀苗木园、橙色水果生态园、青色有机高山茶园，分别代表景区内，即台湾元素文化、孝德文化、谢安文化、红色文化、科普文化、养生文化、演艺文化等7种文化。

【武平平桥翠柳城市森林公园景区】 国家AAA级旅游景区，位于平川镇红东村北门岭与七坊村交界处，在武平古八景“平桥翠柳”的基础上改造而成。景区设置平桥翠柳区、李灿文化区，森林故事区等，供游客进行与森林生态过程相和谐的休闲、娱乐、健身、游览、生态体验等。

【永定客家博览园】 国家AAA级旅游景区，位于永定区城东，占地105.07公顷，总投资10.5亿元，由一条800米长主轴线连接中原汉人南迁纪念坛、太极坛、福建土楼博物馆、客家姓氏碑廊、客家文化书法碑廊、客家文化研究中心、客家民俗演艺中心、客家文化广场、对景观景台、客家商业购物街、客家文化长廊、大槐树观景台、观音寺、福建土楼梦幻剧场等，是一座集休闲、文化、旅游、观光为一体的、生态园林式的客家文化旅游主题公园。

永定牛牯扑红色旅游景区　　（市文化和旅游局　供图）

【福建省土楼自然博物馆】 国家AAA级旅游景区，位于世界文化遗产地、国家5A级旅游景区·永定客家土楼民俗文化村，是福建省内规模最大的自然博物馆，也是唯一一座地宫自然博物馆。博物馆占地0.87公顷，馆藏展品4万多件，设古生物化石标本展区、钟乳石溶洞奇观、矿物晶体天然奇石展区、生物标本展区、客家民俗文化古街、客家土楼建筑技艺展示、4D油画互动区以及根雕艺术长廊等八大展区。

【客家古镇文化旅游区】 国家AAA级旅游景区，位于永定北部新城西溪河畔，是国家旅游优选项目、省市重点文化旅游项目、永定区旅游集散服务中心。旅游区总规划用地面积约28.33公顷，总建筑面积31.9万平方米，有客家大道、客家广场、客家美食街、城门楼、书院、景观河道等文化旅游景点。

【永定土楼·南江景区】 国家AAA级旅游景区，位于湖坑镇南溪"土楼沟"（两山夹一沟的河谷盆地），面积5.5平方千米，有保存完好的明清建筑30多座，包括民居、学堂、书屋等。南江村主要土楼有23座，建筑形态有正方楼、长方楼、圆形楼、八卦楼和土箕形楼。南江村先后获"中国传统村落""全国宜居村庄示范村""全国生态文化村""全国文明村"等称号。

【永定南华山旅游景区】 国家AAA级旅游景区，坐落于永定区古竹乡，占地面积20公顷，建筑面积8800平方米，集佛教圣地、生态观光、度假休闲、福利颐养中心为一体。南华山寺始建于宋代（距今800余年），曾被誉为"东南第一寺"。

【永定牛牯扑红色旅游景区】 国家AAA级旅游景区，位于永定区岐岭乡下山村，距永定城区24千米。景区主要有毛主席纪念亭、饶丰书房、警卫亭以及瞭望台、避险洞、毛主席藏手稿处等红色革命遗存遗址。

西陂天后宫文化景区　　（市文化和旅游局　供图）

【西陂天后宫文化景区】 国家AAA级旅游景区，位于永定区高陂镇，距龙岩主城区约25千米。景区以国家级文物保护单位"西陂天后宫"为核心，向东南辐射上洋遗经楼、裕隆楼（五凤楼）、关帝庙、高陂桥等，向北辐射太平区苏维埃红色旧址群。西陂天后宫始建于明嘉靖二十一年（1542年），清乾隆二十五年（1760年）落成，是一座塔式天后宫，砖木结构，坐南朝北，占地面积10173.6

平方米，建筑面积2726平方米。西陂天后宫文化景区是爱国主义教育基地，有13处县级以上重点文物保护单位，3处省级文物保护单位（双寿堂、培荆堂、林氏大宗祠）。2006年5月25日，西陂天后宫作为明至清古建筑，被国务院批准列入第六批全国重点文物保护单位名录，2018年获评为龙岩城市新八景之一。

【燕子岩风景区】 国家AAA级旅游景区，位于永定区培丰镇孔夫村西山侧，有狮宝岩、象子峰、狮宝岩庵、灵岩洞庵、燕子深宫、仙人洞、天灯洞、龙宫洞等景点。

【永定泽东楼景区】 国家AAA级旅游景区，地处抚市镇五湖村上寨革命基点村，是抚市镇、湖雷镇、陈东乡三个乡（镇）的结合部，海拔900米，属地面积1.5平方千米。景区内主要有红色景点泽东楼（省文保）、领袖歇息地（荷凹头伯公凹）、游击队住址、红军操练坪、游击队哨位（烽火台）、荷凹头突围战旧址（胜利亭）、望红台、氧吧长廊（3千米）、仙人洞、百年红豆杉（主席歇息地）、望月亭、财神庙等。

【永定坤雅农业生态观光园】 国家AAA级旅游景区，坐落于永定区下洋镇上川村，毗邻世界文化遗产、国家AAAAA级旅游景区——福建永定景区·初溪土楼群。景区占地36.67公顷，是集智能无土温室栽培，火龙果、提子、柠檬等水果自助采摘区，农产品购买区，水上多功能会议室、餐饮区、住宿区等为一体的综合型休闲度假观光园。

【古田（吴地）红军小镇】 国家AAA级旅游景区，原名“吴地村”，位于古田镇北侧，距集镇7千米（约15分钟车程），是一个有着近两千年历史的古村落。景区规划面积25.6平方千米，建设有红军哨所、映山红花堂、铸魂路、红军阅兵台、铸魂广场、红军食堂、党性教育讲坛、初心谷、胜利路、战地黄花（真人CS）等，是接受革命传统教育和体验当年红军生活的特色景区。

【上杭观音井百果园景区】 国家AAA级旅游景区，坐落在上杭县湖洋镇文光村，距上杭县城7千米。景区内有观音古井、观音庙遗址、观音卧像、观音圣手、知青农场、全省单体最大梅园、千年闽粤赣古商道等旅游资源。景区属缓坡丘陵，海拔225—300米，开发种植标准化果园1160余公顷，果树品种有脐橙、蜜桔、蜜柚、蜜雪梨、杭梅等50多种，是省级乌梅药材GAP研究及标准化栽培示范基地。

上杭观音井百果园景区　　（市文化和旅游局　供图）

【连城兰花博览园景区】 国家AAA级旅游景区，位于连城县朋口镇，占地26.67公顷，是“全国首批国家花卉种质资源库”“国家重点花文化基地”“全国青少年科普示范基地”“市级中小学生研学实践教育基地”。

【连城松毛岭景区】 国家AAA级旅游景区。松毛岭是闽西连城与长汀两县交界的一座大山，在松毛岭区域，先后发生过“朋口战役”“温（文）坊战斗”和“松毛岭阻击战”。松毛岭保留有战役期间的红军指挥所、战壕、碉堡、营房、医院、伙房等遗址。景区建成松毛岭红军墓、红军广场、纪念碑、瞭望台等，修复部分红军战壕、小道等设施。

【连城豸下莲乡景区】 国家AAA级旅游景区，位于连城县东北部的塘前乡塘前村，距离县城13千米，森林覆盖率91%，风景秀丽，空气清新，素有冠豸山“后花园”之美誉。

【大陆阿里山景区】 全国休闲农业与乡村旅游示范点、国家AAA级旅游景区。景区位于漳平市西南部，土地面积535.5平方千米，平均海拔780米，年平均气温17.3℃，森林覆盖率83.9%，具有“高山花园”和“小庐山”之美誉。景区由台品观光茶园、永福樱花园、十里花街、西山美丽乡村、长青楼、上林水库等几大板块组成，旅游活动项目主要包括游茶园、赏樱花、品茗论道、茶事体验、乡村旅游、妈祖文化体验等。

（谢耀莹）

责任编辑　饶晓艳

卫　生

综　述

【概况】　2018年，龙岩市有各级各类医疗卫生机构(含门诊部、卫生所、医务室、诊所和计划生育技术服务机构)3000个，其中：医院46个，卫生院115个，社区卫生服务中心(站)30个。市第一医院为三级甲等综合医院，市第二医院、龙岩人民医院为三级乙等综合医院，市中医院为三级乙等中医医院，市第三医院为三级乙等专科医院。全市医疗卫生机构床位数18324张(其中医院和卫生院床位16932张)，每千人拥有医疗机构床位6.94张；全市卫生技术人员19143人，其中执业医师(含助理)6364人、注册护士8943人，每千人均医生数2.41人，每千人均注册护士数3.39人(以上数据均按常住人员计算)。2018年，医疗机构完成诊疗1713.8万人次，住院手术9.78万台次，出院病人56.24万人次。

【公立医院综合改革】　2018年，龙岩市逐步建立现代医院管理制度；实施院长目标年薪制和医院工资总额管理制度；推进世界银行贷款医改促进项目，完成世界银行对2018年医改支付关联指标验证；管控医药费用增长，医院收入结构更加合理，全市公立医院医疗服务收入占比29.87%。2018年，龙岩市代表福建省接受国家公立医院综合改革考评获全国第一名，获中央奖励资金200万元。

【基层医疗卫生体制改革】　2018年，基层医药卫生体制改革十五条措施成效逐步显现，推动各地完善基层医疗卫生机构运行、内部分配机制改革相关配套政策和医管委(办)实质性运作，县域内就诊率、基层诊疗量占比、家庭医生签约率等重要指标持续向好，基层医改“龙岩模式”初步形成。全市县域就诊率(不含市辖区，以常住人口计算)78.09%。12月，在长汀县召开世行贷款医改促进项目现场会，考察部分基层医疗卫生机构，对龙岩市基层医改经验予以肯定。

【建立分级诊疗体系】　2018年，龙岩市持续推进各类医联体建设，漳平市、长汀县、连城县、武平县县域医疗共同体建设试点工作进展顺利。全市构建各级各类医联体16个，覆盖医疗机构总数66个，三级公立医院100%参与医联体建设。“互联网+分级诊疗”项目运行以来，共开展远程会诊3.16万多人次。该项目代表龙岩市在首届“数字中国”峰会参展，以全省科技惠民项目评审第一名的成绩，被列入科技部科技惠民项目。

【医疗服务能力】　2018年，龙岩市开展医疗“创双高”工作，推进高水平医院及高水平临床重点专科建设，全年新增省级临床重点专科4个，市级临床重点专科5个，省级中医临床重点专科1个。市第一医院、市第二医院共开展新技术新项目98项，Ⅲ、Ⅳ级手术比上年提高6.12%

【县级医院服务水平】　2018年，龙岩市贯彻落实《县级医院临床专科能力提升建设实施方案》，加快县域医疗技术平台建设，加强县级医院临床核心专科和薄弱学科建设，重点提升微创手术、复杂疾病诊断和三级医院下转患者接续治疗3个方面，强化县医院在县域医疗服务体系中的龙头地位。

【基层医疗卫生服务】　2018年，龙岩市开展基层医疗卫生机构补短板工作，全市投入1500多万元，推进8家基层医疗卫生机构改扩建和7家乡(镇)卫生院添置医疗设备。推进基层医疗卫生机构基础设施、基本设备双达标建设，以开展“优质服务基层行”活动为抓手，提升乡镇卫生院和社区卫生服务中心医疗服务能力。2018年，全市基层医疗卫生机构门（急）诊500多万人次，比上年增长7.6%。

【中医药事业】 2018年，龙岩市新增基层“中医馆”16个；新增省级名中医2个，名中医传承工作室2个；完成第四轮中医“三名”工程评选工作，新增市级“名中医”4个，“名中医科”5个。

【社会办医】 2018年，龙岩市鼓励支持社会力量提供多层次多样化医疗服务，初步形成社会办医多元化格局。2018年，全市社会办医新达成合作意向3个，投入资金1.1亿元。全市民营医院开放床位数3188张，占全市医疗机构床位数的17.2%。

【医疗人才队伍建设】 2018年，龙岩市继续实施人才引进战略，组织市属公立医院赴国内一流医科大学开展高校现场招聘，全市柔性引进医疗专家15名，新签约优秀毕业生16人。定向县级医院培养本科学历临床医学专业40人，定向乡（镇）卫生院培养大专学历临床医学专业5人。

【基本公共卫生服务】 2018年，龙岩市人均基本公共卫生服务经费提高至55元。出台《龙岩市级专业公共卫生（医疗）机构履行基本公共卫生服务项目工作职责考评办法》，提高市级专业公共卫生（医疗）机构履职水平。7个县（市、区）全面启动2型糖尿病一体化管理试点工作，连城县启动基层高血压防治管理试点工作。

【疾病防控】 2018年，龙岩市甲乙类传染病发病率控制在较低水平，未发生甲类传染病。国家免疫规划疫苗报告接种率保持在95%以上，有序处置长春长生疫苗事件，完成30家示范性和标准化预防接种门诊建设项目。结核病分级诊疗和综合服务防治模式国家试点工作有8项指标高出试点工作要求，建立全省首个地市级结核病专科医联体。

【综合监督执法】 2018年，龙岩市医疗卫生、公共场所卫生、学校卫生、饮用水卫生等专项监管成效明显，全面完成国家“双随机”检查任务，公共卫生许可实现网上办理，监管信息公示有序推进。全年办理处罚案件225件，没收违法所得29.52万元，处罚金额200.45万元。全面开展卫生健康系统扫黑除恶专项斗争工作，排查报送线索37条。

【妇女儿童健康保障】 2018年，龙岩市妇幼重大公共卫生服务项目完成率100%，孕产妇死亡率、新生儿死亡率均控制在较低水平，孕产妇死亡率连续7年持续下降，龙岩市第一医院被列入第一批国家级母婴安全优质服务单位。出生缺陷（遗传代谢病）救助项目有效落实，出生缺陷（遗传代谢病）实际救助人数全省第一，龙岩市妇幼保健院（龙岩市第一医院分院）被评为全国优秀项目实施单位。

【爱国卫生活动】 2018年，龙岩市超额完成“厕所革命”农户改厕工作，改造10074户，占任务数100.74%，创建省级卫生镇（村、社区）18个。

【卫生应急】 2018年，龙岩市卫健委参加各种应急演练9次，有序组织处置“12·25”重大公共事件等一系列紧急医疗救援，完成各类重大活动卫生保障20余次。

【计划生育服务管理】 2018年，龙岩市确定1个单列、2个黄牌、4个预警告计生工作管理单位。在2018年村级换届选举工作中，全市计生审核把关30791人，否决641人。严格兑现计生家庭奖励扶助，兑现各类计生奖励扶助7.33万人次，405.87万元。流动人口动态监测质量连续10年居全国前列。

（邱洪贤）

【龙岩市第一医院】 2018年，龙岩市第一医院门诊诊疗211万人次，比上年增长4%，出院病人数7.39万人次，1.5%。职工2206人，其中护理1150人，医师665人（正高76人、副高144人），其他卫技人员198人，其他专业技术人员150人，工勤人员43人。有国家级基地及中心5个，分别为国家卫计委脑卒中筛查与防治基地（高级脑卒中中心）、中国妇幼保健协会母婴友好医院、中华中医药学会闽粤赣边蛇伤救治基地、中国人民解放军总医院远程医学中心龙岩市第一医院分中心、国家临床医学研究中心协同网络成员单位；省级重点学科建设专科4个，分别为心血管内科、血液内科、神经外科、医学影像科（包括放射科、超声科、核医学科）；市级重点专科17个，市级重点培育学科3个；市级诊疗中心8个，市级研究所3个，市级质控中心17个。2018年，龙岩市第一医院跻身“全国地市级医院百强”“福建省省域医院前十名，获评“全国改善医疗服务行动优质示范医院”“福建省卫生计生先进集体”“2018中国心脏重症基层优秀工作团队”。与省妇幼保健院建立帮扶协作关系，辅助生殖中心通过国家卫健委专家评审，取得夫精人工授精技术许可。

泌尿外科主治医师钟德文在全国泌尿外科会议“中国泌尿外科手术及男科手术视频大赛”中获“女性下尿路疾病及盆底功能障碍性疾病专家联盟”手术视频大赛一等奖；手足显微外科主治医师陈立获第四届中华创新技术病例华南地区优胜奖；护士林璐在全国急诊护理“强质量　重内涵”急救技能比赛中，获“单人心肺复苏+AED技术”比赛二等奖。

社会服务。全年派出5名医务人员参加援疆、援藏、援夏等医疗援助任务，派出2名医务人员援助博茨瓦纳医疗服务。完成9起重大抢救事件，处理患者51人次(其中“12·25”重大公共事件11人)。

教学工作。市第一医院是福建医科大学非行政隶属附属医院及福建中医药大学、赣南医学院等医学院校教学医院。有国家级住院医师规范化培训基地15个，分别为内科、外科、外科(神经外科方向)、外科(泌尿外科方向)、骨科、妇产科、儿科、耳鼻咽喉科、眼科、神经内科、康复医学科、麻醉科、急诊科、全科医学科、放射科；省级住院医师规范化培训基地12个，分别为内科、外科、妇产科、儿科、神经内科、全科、康复科、麻醉科、耳鼻喉科、眼科、急诊科、影像科；省级专科护士规范化培训基地2个，分别为重镇监护护理专科、手术室护理专科。全年接收住院医师规培56人，全科规培生11人，见习、实习生814人，进修生131人，临床本科毕业生213人。

科研工作。2018年获各级各类科研立项21项，其中，福建省自然基金11项，获各类课题经费118.45万元，获福建医学科技奖1项。论文层级及影响因子均有提升，全年发表省级以上刊物论文185篇，其中，SCI论文20篇，CSCD文章11篇，平均影响因子2.28。全年举办学术活动125场次，其中，省级继续教育项目23项。派出89名医护人员到国内知名医疗机构进修，派出860人次医护人员参加各类学术交流及培训。推动出国研修人才培养计划，3名医生前往国外知名医疗机构及院所进修深造，2名管理人员参加国际性管理培训。

(市第一医院)

【龙岩市第二医院】 2018年，龙岩市第二医院有开放床位1500多张，设有临床和医技科室50个；在职职工1536人，其中，专业技术人员1415人，医学博士、硕士研究生77人；是龙岩市2018年唯一入选国家首批肿瘤(消化系统)多学科诊疗试点医院。全年开展新技术、新项目、新疗法共50多项。其中，腔镜食管癌手术细管胃代食管、低领切口保留颈丛神经甲状腺癌联合根治术、经皮肝胆道支架植入术等多种项目达省(市)级先进水平。胃肠外科主任何洪生在中华结直肠腔镜外科学院2018年达人赛全国总决赛中获“实力达人”称号；内分泌科医师钟方在“中国医学论坛报”举办的2018年“内有乾坤—内分泌疑难病例临床思维训练营”全国总决赛中获“优秀奖”。

社会服务。全年入院病人数49863人次，比上年增长5.13%；出院病人数49819人次，比上年增长5.23%，门诊、急诊706874人次，比上年增长13.9%。病床使用率98.3%，比上年增长4.91%；派出4名医务人员参加援外、援藏、援疆等医疗援助任务，其中，1名医务人员援助博茨瓦纳，2名医务人员援藏，1名医务人员援疆；派出12人次医务人员参加漳平市医院、连城县医院、上杭县医院等对口帮扶任务；组织19次重大交通事故和群体性食物中毒抢救事件，妥善处理患者79人次。与上杭县医院、连城县医院成立医学专科联盟及建立医疗联合体。完成包括全市征兵体检工作等省市各部门委托指令的各类卫生保健任务数十起。开展社区“家庭医师签约”行动，在龙岩率先开展2型糖尿病一体化管理试点工作。履行市政府“三无人员”就医定点医院职责，救治城市生活无着落人员85人次。响应突发公共卫生事件应急救治管理要求，建立医院应急救援系统，开展4次省级紧急医学救援拉练活动。

科研工作。全年获批科研立项8项，其中，省科技厅自然科学基金项目1项，省卫生健康青年科研课题1项，市科技项目6项，获科研经费34万元。全年发表省级以上刊物论文177篇，其中SCI论文2篇。2014年获批立项的福建省引进重大研发机构“第二军医大学全军消化内科研究所龙岩分所”经省科技厅组织的专家评审组评审，通过验收。

教学工作。有住院医师规范化培训基地7个(内科、外科、妇产科、儿科、麻醉科、放射科、全科医学科)；近200位师资兼职规培、实习、进修等学员的培训与带教教学工作。全年培训住院医师规培学员41人，助理全科规培学员6人，全科转岗培训医师10人；接收福建中医药大学、莆田学院等医学院校各类实习、见习生300余人；接收全市各县级及以下医疗单位进修人员约60人。

继续教育。2018年，获批主办消化道肿瘤早期内镜诊断与治疗学习班、危重患者内环境管理学习班、泌尿系结石治疗新进展学习班等国家级继续医学教育项目3项，省级继续医学教育项目2项。全年组织举办各级各类学术活动40余次。

(市第二医院)

疾病预防控制

【概况】 2018年，龙岩市疾病预防控制中心编制115名，设12个科室。2018年有正式职工105人(男56人、女49人)，其中，专业技术人员89人，占职工总数的84.8%。在专业技术人员中，高级职称29人，中级职称38人，初级职称22人。

【传染病发病率】 2018年，传染病发病率保持较低水平。全市无甲类传染病报告，乙类、丙类传染病共报告13787例，总发病率522.24/10万，其中乙类传染病4490例，发病率170.08/10万；丙类传染病9297例，发病率为352.16/10万。法定传染病报告总例数比上年下降22.72%，其中乙类发病数比上年上升3.19%，丙类发病数比上年下降31.08%。发病前三位的传染病种为手足口病6073例(44.05%)，病毒性肝炎1464例(10.62%)，其他感染性腹泻

2129 例(15.44%)。

【艾滋病防治】 2018 年，龙岩市新检出艾滋病 165 例，其中艾滋病病毒感染者 100 例、艾滋病病例 65 例；男 125 例、女 40 例。全市累计报告艾滋病 797 例，死亡 250 例，年终存活 547 例。2018 年，新治疗 147 例，累计治疗 578 例，在治 465 例，跟踪随访管理 543 例、管理率99.3%。

全年各类人群艾滋病筛查294510 人次，中心完成 CD4 检测 13 批次 542 人份，完成率 93.6%；病毒载量检测 412 人份，完成率 91.4%。中心艾滋病确证实验室参加国家实验室能力验证考核结果为优秀；有 36 家筛查实验室，经年度质量考评均合格。

新设连城县医院、彰平市医院 2 个抗病毒治疗点，全市各县(市、区)艾滋病抗病毒治疗点设立全覆盖，方便当地艾滋病感染者的治疗，提高患者治疗依从性。

【结核病防治】 2018 年，龙岩市结防门诊可疑肺结核就诊人数 6228 人，初诊病人就诊率 2.37‰。查痰人数 6152 人（其中查 3 次痰 6051 人），查痰率 98.8%。登记活动性肺结核病人 1078 例，其中病原学阳性患者 528 人，病原学阴性患者 501 人，无病原学结果者 1 人，结核性胸膜炎 48 例。涂阳患者治疗满二个月痰菌转阴率 70.3%，活动性患者一年转归治疗成功率 78.3%，系统管理率 86.6%。市级对各县(市、区)进行结核病控制项目工作督导 28 个县次、51 个乡(镇)次，访视病人 52 例，参与督导工作人员 157 人次。各县(市、区)对 125 个乡(镇)督导 724 乡(镇)次，访视患者 1338 人次。

长汀县全国耐药监测点纳入病例 87 例，其中，初治涂阳 69 例，复治 18 例；武平县省级耐药监测点纳入涂阳病例 42 例，其中，初治涂阳 40 例，复治 2 例。

落实结核病试点工作任务指标，全面建立结核病分级诊疗制度，提高患者发现和规范管理水平，规范肺结核诊疗服务，落实肺结核患者医疗保障制度，全面推广新诊断技术应用。

【手足口病防治】 2018 年，龙岩市累计报告手足口病 6073 例，重症 1 例，死亡 0 例。报告病例数、重症数和死亡数报告均低于 2017 年（2017 年报告 10635 例，重症 3 例，死亡 179 例），但手足口病报告病例数仍居全市法定传染病报告病例数之首，占报告总数的 44.05%。市疾控中心加强疫情态势分析评估工作，疫报人员每日汇总、审核和分析辖区疫情报告情况，定期撰写上报手足口病疫情阶段分析报告，组织专业人员开展专题风险评估，根据风险评估结果及时调整防控措施。根据监测方案要求，哨点医院及时采集送检手足口病监测病例标本，各县(市、区)疾控中心做好聚集性疫情、重症病例和死亡病例的标本采集送检工作。全年中心实验室收到手足口病病例标本 649 人份，经检测 EV71 阳性 12 人份、CoxA16 阳性 221 人份、CoxA6 阳性 184 人份、其他肠道病毒阳性 75 人份。

举办“2018 年龙岩市突发公共卫生事件监测信息报告质量管理研讨班”，对基层相关业务进行专题培训，提高基层疾控人员防控水平。组织 16 批次的专业人员深入全市医疗机构、学校、托幼机构督导，针对发现问题提出整改意见，并跟踪落实。全年无手足口病达级事件报告，无死亡病例报告。

【登革热防治】 2018 年，按照传染病报告工作规范和登革热监测方案，各县(市、区)开展登革热疫情监测和病例报告工作。11 月上旬发现由菲律宾归国长汀籍登革热患者后，市、县二级疾控及时开展病例个案、同行人员和密切接触者调查及相关区域媒介调查和消杀灭工作，疫情得到及时有效处置，没有发生二代病例。4—11 月，市疾控中心在中心城区设立 4 个监测点开展登革热媒介伊蚊监测，BI 指数 6.82—17.32 之间，平均 BI 指数 10.26，基本掌握龙岩市登革热媒介伊蚊幼虫的滋生地分布、种群密度及季节消长规律。

【流感禽流感监测】 2018 年，完成 2018 年流感样病例监测工作，全市报告流感病例 697 例，其中实验室诊断 388 例，无死亡病例，报告发病率为 26.40/10 万，报告发病数比上年上升 103.21%。全年报告流感样病例聚集事件 9 起；采集市第一医院、第二医院流感监测哨点医院及其他综合医院流感样病例样本 2293 份，经检测，甲型通用阳性 258 份（包括甲型 H1N1 型 254 份、甲 3 亚型 4 份），乙型通用阳性 112 份，其中，Yamagata 型 96 份，Victoria 型 16 份。MDCK 细胞培养检出疑似阳性毒株 91 株，其中，新甲 H1N1 型 48 株，Yamagata 型 41 株，Victoria 型 2 株。鸡胚培养检出 20 株，其中，新甲 H1N1 型 19 株，Yamagata 型 1 株。

开展禽流感外环境病原监测。1—4 月，分别采集各县(市、区)农贸市场禽类集散区域采集禽类粪便等样本 140 份，检出甲型流感病毒通用引物阳性 114 份（81.4%），其中，H5 检出 76 份(54.3%)，H7 检出 4 例(2.9%)，H9 检出 93 例(66.4%)。

【霍乱鼠疫监测】 2018 年，作为霍乱省级监测点，市疾控中心做好霍乱防制相关物资储备更新，按时启动开展肠道门诊腹泻病例和外环境水体及相关海(水)产品污染监测，5—10 月，采集 396 人份肠道门诊腹泻病人标本、300 份海(水)产品、181 份水产品养殖水体及中心城区排污河道水样进行霍乱弧菌分离培养，均未检出霍乱弧菌。

上杭县、漳平市、永定区被确定为 2018 年省级鼠疫监测点，按时启动鼠疫监测工作。家栖鼠平均鼠密度为 4.62%，其中褐家鼠占 56.05%、黄胸鼠占 25.81%、小家鼠占 5.65%、臭鼩鼱占

12.50%，褐家鼠为优势种群；野栖鼠平均鼠密度0.52%，其中，黄毛鼠占64.29%、青毛鼠占21.43%、针毛鼠占14.26%，黄毛鼠为优势种群。家栖鼠总染蚤率16.52%，其中，黄胸鼠染蚤率15.56%，褐家鼠18.44%，小家鼠染蚤率14.29%，野栖鼠类均未检集蚤类；所检集蚤类中印鼠客蚤占79.78%、缓慢细蚤占20.22%。三个监测点共采集鼠体血清574份、肝脾414份，经实验室进行间接血凝试验，结果均为阴性；各监测点按省CDC要求如期完成鼠疫血清学质控样检测考核工作，按时提交盲样考核检测结果，检测结果合格。

【免疫规划预防接种】 2018年，龙岩市科学开展控制乙肝、消除麻疹、维持无脊灰等重点传染病防控工作。加强适龄儿童预防接种管理，规范疫苗和冷链管理，加强免疫规划疫苗针对疾病监测和疫情处置工作，做好入托、入学儿童预防接种证查验工作。全年累计为全市38.6万余名0—6岁儿童免费接种免疫规划疫苗，以县(市、区)、乡(镇)为单位统计，国家免疫规划疫苗各单苗接种率均达95%以上；疫苗针对传染病控制在历史最低水平，连续24年未发现脊灰野病毒病例，连续32年未发生白喉病例，连续10年麻疹发病率控制在1/100万以下，5岁以下儿童乙肝表面抗原携带率降至1%以下。

【碘缺乏病监测】 2018年，在龙岩市开展碘缺乏病病情监测工作，抽取35个乡(镇)35个小学的8—10周岁学生1474名和不同孕期孕妇726名，开展8—10岁儿童身高、体重和甲状腺B超检查，以及8—10岁儿童和孕妇尿碘、家中食用盐碘含量监测等工作。全市监测学生家中食用盐1474份，其中碘盐1468份，碘盐覆盖率99.59%；合格碘盐(含碘量在18—33毫克/千克)1457份，碘盐合格率99.25%，合格碘盐食用率98.85%，盐碘中位数23.8毫克/千克；检测学生尿样1474份，尿碘中位数215.1微克/升，其中，尿碘低于50微克/升水平的有40份，占2.71%，儿童碘营养处于理想水平。测量1474位学生甲状腺容积，甲状腺肿大人数为40，肿大率2.71%。全市监测孕妇家中食用盐726份，其中碘盐726份，碘盐覆盖率100.00%；合格碘盐(含碘量在18—33毫克/千克)720份，碘盐合格率99.17%，合格碘盐食用率99.17%；盐碘中位数23.8毫克/千克。检测孕妇尿样726份，尿碘中位数137.7微克/升。

【碘营养监测】 2018年，继续在新罗区西陂街道条围居委会、漳平市双洋镇员当村和城内村开展居民碘营养监测工作。在新罗区西陂街道条围居委会和漳平市双洋镇员当村分别采集2份生活饮用水水样送省疾控中心检测；两个监测点随机抽取72份居民户食用盐样(新罗42份、漳平30份)，盐碘中位数24.4毫克/千克，碘盐覆盖率、碘盐合格率及合格碘盐食用率均为100%；采集20—50岁成人尿样126份，尿碘中位数172.2微克/升；孕妇尿样100份，尿碘中位数144.6微克/升；哺乳期妇女尿样102份，中位数为110.1微克/升；8—10岁儿童尿样212份，尿碘中位数188.4微克/升。

【新标准碘盐试点项目】 2018年，继续在漳平市永福镇和新桥镇开展新标准碘盐试点项目观察工作。2个镇共抽取8—10岁学生477名和孕妇101名，开展尿样及其家中盐样检测工作。采集儿童家中食用盐盐样477份，碘盐覆盖率99.4%，碘盐合格率99.2%，合格碘盐食用率98.5%，盐碘均数24.0毫克/千克，采集孕妇盐样101份，碘盐覆盖率100%，碘盐合格率100%，合格碘盐食用率100%；盐碘均数25.0毫克/千克。采集儿童尿样477份，尿碘中位数224.7微克/升，小于50微克/升所占比例为3.8%，碘营养处于理想水平；采集孕妇尿样101份，尿碘中位数139.9微克/升。

【饮水型地方性氟中毒监测】 2018年，龙岩市组织有氟病区的5个县(市、区)开展地方性氟中毒监测工作。5个有氟病区的县(市、区)无新竣工的改水工程，所有病区均完成改水，累计完成改水工程10个，受益人口2.85万人。全年监测改水工程10个，其中大型工程3个，小型工程7个，水氟含量合格率100%，工程运转全部正常。在11个监测村检查8—12岁儿童709人，检出氟斑牙患者7例，氟斑牙检出率0.99%，氟斑牙指数为0.04。其中可疑病例46例，占全部受检儿童的6.49%；极轻度6例，占全部受检儿童的0.85%；轻度1例，占全部受检儿童的0.14%；未发现中、重度病例。

【地方病现症病人调查】 2018年8月，组织7个碘缺乏病病区和5个地氟病病区县开展现症病人调查，将调查结果及时上报省疾控中心。Ⅱ度以上甲状腺肿摸底数70例，疑似患者23例；亚临床克汀病摸底数3例，疑似患者3例；氟骨症患者摸底数11例，疑似患者9例，其中轻度7例、中度和重度各1例。

【全人群死因监测】 2018年，龙岩市报告户籍死亡17145例，报告死亡率540.30/10万；婴儿死亡率1.75‰，诊断不明占总死亡的比例为1.90%；各县(市、区)报告户籍死亡率在492.75/10万—596.02/10万之间。前10位死因依次为恶性肿瘤、脑血管病、心脏病、呼吸系统疾病、损伤中毒、消化系统疾病、内分泌营养代谢疾病、神经系统疾病、泌尿生殖系统疾病和传染病，占总死亡数的94.45%。组织新罗区和永定区开展2015—2017年度死因监测调查工作，漏报率分别为0.45%和2.00%。

【肿瘤病例报告】 2018年1—9月，全市通过FTP累计报告肿瘤病例6080例，报告病例数居前三位的分别是龙岩市第二医院、龙岩市第一医院和上杭县医院，分别占总数的33.8%、23.1%、7.1%。10月，肿瘤病例报告启用福建省肿瘤登记信息直报平台，10—12月，平台上报病例5612例。

【成人慢病与营养监测】 2018年，作为国家监测点，新罗、永定开展成人慢性与营养监测工作。永定完成297份家庭问卷，入选调查对象661人，完成629份个人问卷，599人份血样，600人份尿样，其中1份是因为对象特殊情况未抽到血样标本。新罗完成287份家庭问卷，入选调查对象601人，完成601份个人问卷，采集601人份血样和597人份尿样。

【慢性病综合防控示范区建设】 2018年，市疾控中心成立慢性病综合防控示范区建设技术指导小组，开展示范区建设督导工作，推进龙岩市慢性病综合防控示范区建设。在市卫计委下达的2018年建设任务的4个县(区)中，除新罗外，上杭、武平、永定组建示范区建设领导小组、印发工作方案，召开启动会。4个县均开展心脑血管事件报告工作。

【寄生虫病调查】 2018年，长汀县开展人体土源性线虫感染省级监测点工作。选择5个调查乡(镇)，采集1040人份大众人群粪便样本、100人份儿童蛲虫样本，检出美洲钩虫阳性2人份、鞭虫阳性3人份，蛲虫阳性13人份，大众人群阳性率0.48%，儿童蛲虫阳性13.0%。

【公共卫生监测】 食品安全风险监测。市疾控中心制定年度监测工作方案和具体的采样实施方案，在全市开展食品化学性污染物与食源性致病菌监测、食源性疾病监测。全年采集食品样品883份，微生物指标超标9份，理化指标超标26份，超标率3.96%。全年上报食源性疾病病例2757例，病例完成率135.15%，上报食源性疾病暴发事件17起。

饮食业、食堂餐(饮)具消毒效果监测。监测餐饮单位11家，监测餐具230份，合格230份，合格率100%。

公共场所卫生监测。公共场所卫生监测65家，合格61家，合格率93.85%。共计监测2618项(次)，合格2558项次，合格率97.71%。

市政饮用水卫生监测。建立城市饮用水水质卫生监测网，对龙岩市城区市政饮用水水质进行卫生监测。对8个自来水厂的出厂水进行4次检测，检测出厂水32份，合格32份，合格率100%。4次对8个自来水厂的35个末梢点的末梢水进行检测，共抽检140份，合格140份，合格率100%。自建集中式供水抽检4次，共检测12份，合格10份，合格率83.33%。

一次性卫生用品卫生监测。检测5家一次性卫生用品生产企业，检测抽纸66份，检测合格率100%。对5家生产企业车间环境进行检测，其中车间空气检测12份、工作台表面检测24份，均合格；工人手表面检测10人次，1人次不合格，合格率90%。

【公共场所抽检】 2018年6—7月，市疾控中心会同市监督所重点监督抽检人工游泳池水、公共场所集中空调通风系统，以及住宿场所、沐浴场所、美容美发场所、商场(含超市)、影剧院、体育场馆、候车(机、船)室、饭馆等。抽检公共场所34家，合格20家，合格率58.82%。

【职业病防治】 2018年，完成职业健康检查1379人，其中199人申请职业病诊断(不包括8491国防建设工程支前民兵和退伍铁道兵)。诊断尘肺病新病例100例，尘肺病晋级6例，职业性手臂振动病2例，职业性噪声聋8例，职业性高原心脏病1例。接诊“8491”国防建设工程支前民兵434人、退役铁道兵1人，诊断为矽肺116例，矽肺晋级1例。

开展职业病防治法宣传周和安全生产月活动，围绕主题布置宣传展板，发放宣传资料200余份。

【放射卫生检测和评价】 2018年，完成2项B类建设项目职业病危害放射防护预评价，3项B类建设项目职业病危害放射防护控制效果评价；完成15台放射诊疗设备的影像质量控制检测和17座机房辐射水平检测；完成全市72家放射诊疗单位296名放射工作人员的外照射个人剂量监测工作。

【突发公共卫生事件应急】 2018年，龙岩市报告各级各类突发公共卫生事件及其相关信息22起，其中传染病类19起、食物中毒类3起，无环境因素、群体性不明原因疾病等其他公共卫生事件报告。根据事件分级标准确定较大级事件1起（食物中毒事件），一般级事件3起，其余18起均属未分级事件。各县（市、区）事件监测报告敏感度100%，各事件均得到及时规范有效处置。

【全民健康行动】 2018年9月29日，市疾控中心联合新罗区疾控中心承办龙岩市和新罗区全民健康生活方式第二阶段启动仪式。武平、连城、漳平、长汀4个县(市)也开展多部门参加的第二阶段启动仪式。上杭和长汀县疾控中心组织专业技术人员，深入学校开展“三减三健”核心知识宣传。中心结合各种宣传日、宣传周，深入街道、社区开展6次慢性病防治知识宣传活动。组织武平参加全国第三届“万步有约”职业人群健走激励大奖赛，获得全国优秀健走示范区和省内优秀健走示范区，武平县疾控中心获示范区优秀组织奖。

【健康支持性环境建设】 2018年，市疾控中心指导各县(市、区)开展健康单位、健康社区、健康食堂、健康小屋、健康一条街和健康主题公园等健康支持性环境的建设，对已创建的健康支持性环境维护和动态管理加强督导。7月，市疾控中心结合半年慢性病防控督导，对2017和2018年建成的健康支持性环境项目开展复核和评估。

【健康教育宣传】 2018年，强化与大众媒体、市主流媒体的合作，围绕辖区居民主要健康问题、卫生工作重点、疾病防控健康素养等相关知识加强对公众宣传。利用新媒体开展宣传，通过“龙岩健康教育”微信公众号，推送24条健康资讯，转发540多次，浏览阅读8828人次。

【健康素养】 2018年，龙岩市推动龙岩市健康素养促进行动项目工作，持续推进健康中国行——全民健康素养促进活动，实施“将健康融入所有政策”策略，稳步落实龙岩市《全民健康素养促进行动规划(2014—2020)》目标任务。2018年，龙岩市健康素养促进行动项目工作（2018年1月至2019年12月）主要有漳平市创建健康促进试点县工作。中心继续督导各县(市、区)开展健康素养监测，推动社区开展调查，辖区健康素养水平21.55%。

【控烟履约】 2018年，龙岩市开展第31个“世界无烟日”宣传活动，利用媒体扩大控烟宣传。结合烟草流行监测、基本公共卫生服务、县级以上医疗机构公共卫生任务书工作考评等，推进龙岩市无烟卫生计生系统创建工作。2018年，龙岩市获省卫健委控烟暗访地市级综合得分第4名。做好烟草流行监测项目督导与数据分析工作，对漳平监测点开展工作督导和数据分析。

【科研培训】 2018年，市疾控中心在研的地厅级科研项目6项(含当年7月结题的1项)，其中，福建省卫生厅青年科研课题3项，福建省卫计委医药卫生科研人才培养项目1项，福建省卫生计生科研人才培养项目——医学创新课题1项，龙岩市科技局立项科研课题1项。专业技术人员在省级以上公开刊物发表论文36篇。市疾控中心举办“龙岩市艾滋病性病防治与抗病毒治疗研讨班”等15个培训班，其中2个为省级Ⅰ类学分培训班，培训基层专业技术人员983人次，办理继续医学教育Ⅰ类学分216分，Ⅱ类学分1459分；举办“实验室生物安全应急体系与意外事故应对”等23次业务讲座。80位专业技术人员报名参加“好医生网”远程继续医学教育培训；167人次外出参加上级举办的各类培训班；1位专业技术人员到福建省疾病预防控制中心进修学习结核病实验室操作规范(结核分枝杆菌药敏试验、线性探针、PCR操作规程等)；4位专业技术人员参加高等院校函授学习。经PulseNetchina工作和技术委员会评审，中心实验室通过PulseNetchina网络实验室认可，成为福建区域这些实验室所属的网络实验室成员。

（陈　昕）

卫生计生监督

【概况】 2018年，龙岩市卫生计生监督机构持续推进卫生计生综合监督示范乡镇和“三无”村(居)创建，4月27日，全省卫计综合监督体系建设现场会在龙岩召开，龙岩市“四位一体”卫计综合监督体系建设做法得到肯定。开展各项卫生计生监督执法工作，重点开展打击“三非”执法检查，开展公共卫生、医疗卫生、传染病防治、消毒产品、餐饮具集中消毒服务单位国家监督抽检和“双随机”监督检查，开展医疗机构依法执业专项监督检查和医疗服务驻点监督，加强职业健康检查机构、放射诊疗机构和学校的卫生监督，做好节日和重大活动卫生安全保障和突发公共卫生事件的应急处置。2018年，全市卫生计生监督机构查处卫生计生违法案件225件，罚没金额229.97万元。参加全国卫生计生监督执法案例评比，选送的1件案例获评全国优秀典型案例。2月，市卫生监督所被市委、市政府评为“2013—2016年度社会治安综合治理工作成绩突出集体”。

【节庆卫生保障专项监督】 2018年，龙岩市卫生监督机构从9月5日开始，组织执法人员对全市公共卫生单位和医疗机构开展2018年中秋、国庆卫生保障专项监督行动。专项监督检查以保障节假日期间公共卫生安全和就医环境安全为目的，对公共场所、医疗机构等单位的传染病防控措施落实情况开展监督检查和指导。专项监督行动出动执法车辆362辆次，出动860人次，对260余家公共场所、42家饮用水经营单位、217家学校和110余家医疗机构进行监督检查，出具监督意见书80份，立案查处卫生违法行为22家。通过广播、报刊、电视、微信、网站等各种媒体宣传“两节”期间卫生监督检查活动，发布各类宣传报道12篇。

【驻点监督检查】 2018年，龙岩市开展医疗机构驻点监督监管模式创新试点工作。10月30日，省卫生计生监督所和市卫生监督所联合对龙岩市第二医院开展驻点监督检查，随机选派卫生监督员组成监督组进驻市第二医院开展监督。通过现场检查、资质核对、病案检查方式，对医院机构执业管理、人员执业管理、医疗服务、传染病防治、妇幼计生、放射防护和职业卫生等方面开展全面监督检查，经过半个月左右的督查，排查医疗执业过程中可能存在的违法违规行为。对发现的违法违规行为，视情节轻重依法依规处置。

（市卫生计生监督所）

医疗保障

【完善医疗保障体系】 2018年，龙岩市出台《龙岩市城乡医疗救助体系实施办法》，统一全市城乡医疗救助标准，加大医疗救助力度，对救助对象、救助方式和标准、救助服务、基金管理等方面进行规范。扎实推进、落细落实龙岩市医疗救助政策，坚持做到“三个不”（一户不漏、一人不漏、一项不漏），让每一个贫困户都享受到应有的医疗扶贫政策优惠。2018年，城镇职工基本医疗保险参保428404人，城乡居民基本医疗保险参保2394912人，医疗救助对象173380人，精准扶贫对象127752人。

【公立医院药品货款结算】 2018年，龙岩市定点公立医疗机构全部分步列入药品货款统一结算支付范围。全市157所医保定点公立医疗机构、34家配送企业全部实施药品货款统一结算，覆盖率100%。中心定时通报各定点医疗机构药品采购结算情况，促进医疗机构及时整改，按时结算。根据药品结算平台算监测数据，全市医保定点公立医疗机构入库药品135552.74万元，医保经办部门审核后代为结算支付90727.35万元，结算率66.93%，完成省对市绩效考评指标(60%)任务。

【医疗保障水平提高】 2018年，龙岩市基本医疗保障基金总体运行良好，全市城镇职工统筹基金实际结余14131.68万元，城乡居民基金实际结余2897.13万元，收支基本持平。逐步提升医疗保障待遇。10月，将17种抗癌药品纳入龙岩市医保药品目录，提高2017年36个国家谈判药品中抗癌药的报销比例；城乡居民大病保险报销封顶线从20万元提高到25万元。落实医疗保障扶贫三年行动计划。出台《龙岩市医疗保障扶贫三年行动实施方案(2018—2020年)》，全面实施精准扶贫医疗叠加保险制度，2018年享受叠加保险报销人数14964人，平均报销比例86.66%。其中，针对13种重特大疾病的“第二道”补助，报销比例97.35%。对建档立卡贫困人口城乡居民大病保险起付线降低50%，报销比例再提高5%。11月，出台健康扶贫保险政策，对建档立卡贫困人口最终个人承担目录内费用超过2980元以上部分予以100%报销，实现精准帮扶。

【打造便民服务品牌模式】 2018年，对接“e龙岩”平台建设，落实和创新便民服务各项举措，龙岩市在全省率先实现医保便民服务“五个一”，成为全省机关体制机制创新优秀案例。以信息系统改造为基础，推进“一张网”管理、“一卡通”就医、“一站式”结算、“一平台”缴费、“一窗口”前移，整合全市参保人员医保信息管理，逐步实现医保服务全流程网上办事，真正让群众“一趟不用跑、最多跑一趟”。全年医保窗口进驻行政服务中心办件326135件，其中全程网办238380件，窗口前台直接受理87755件，评价满意率99.99%。

【医疗机构年度考核】 2018年，龙岩市完成2017年医疗保险费用年度考核工作。全市市定点医疗机构年度考核扣款城镇职工924.49万元，城乡居民1604.38万元。其中市本级、新罗区定点医疗机构城镇职工扣款453.95万元，城乡居民扣款163.27万元；漳平管理部定点医疗机构城镇职工扣款165.12万元，城乡居民扣款286.9万元；长汀管理部定点医疗机构城镇职工扣款97.36万元，城乡居民扣款500.94万元；连城管理部定点医疗机构城镇职工扣款22.06万元，城乡居民扣款82.74万元；武平管理部定点医疗机构城镇职工扣款81.99万元，城乡居民扣款246.78万元；上杭管理部定点医疗机构城镇职工扣款30万元，城乡居民扣款237.03万元；永定管理部定点医疗机构城镇职工扣款74.01万元，城乡居民扣款86.72万元。

【医保基金全程监管】 创新实行医保定点单位监管全覆盖。2018年4月，在全省率先出台《关于开展我市医保定点单位监管工作全覆盖的通知》，将全市660家医保协议单位分配至每个工作人员。开展打击欺诈骗取医保基金专项行动并开展“回头看”。全市追缴医保基金1160.18万元。其中线上稽核125家定点医疗机构，现场专项稽核医疗机构72家，约谈限期整改46家，通报批评13家，暂停医保服务协议1家，约谈医师6人，通报批评医师3人，暂停医师医保处方权5人；现场稽核医药机构179家，约谈限期整改100家，暂停6家医药机构医保刷卡业务。发现参保人违规报销3例，追回医保基金2.28万元。打击欺诈骗保专项行动成果位居全省前列。推行药品采购监督提醒函制度。全年向医疗机构发出提醒函22份，其中，药品采购提醒函15份，医疗器械采购提醒函6份，特殊门诊提醒函1份；约谈医疗机构1家。

【便民找药和自助售药机服务】 2018年，在“e龙岩”平台增设“医疗保障”热点服务专栏，率先在全国推出以药品为索引的线上找药服务，市民可以通过“e龙岩”微信公众号、APP的“医疗保障”菜单便捷查药，查询药品在售药店信息，为市民提供买药前的指导服务，提高市民日常用药便捷性，破解“买药难”的问题。在全市定点零售药店分批投放200台自助售药机，解决夜间无处买药的难题，确保药店24小时不间断提供服务的能力，方便市民夜间购买常用药。

【推进按病种收付费政策】 2018年，龙岩市出台《关于在龙岩市公立医院推行按病种收付费有关问题的通知》。从8月1日起，在二级以上公立医疗机构开展305个病种按病种收付费改革。明确病种收费标准和医保支付政策，建立对医疗服务行为的监管机制，让患者“明码标价”就医。

【推广医保智能审核】 6月，在龙岩市城区三甲医院完成医保智能审核系统升级改造，利用网络信息智能化监控手段，对医疗机构的门诊、住院诊疗行为和医保报销单据进行智能审核，做到“事前提醒、事中监控、事后审核”，实现全程智能监控。全市上线智能审核系统的定点医疗机构160家，通过线上智能审核结合线下现场稽核的方式，终审扣款745万元。　（许友琼）

体　育

【概况】 2018年，龙岩市新建15个城市社区多功能运动场、6个室内健身房、6个笼式足球场、4个门球场，在符合条件的乡镇社区，安装32套健身路径。中心城区和各县(市、区)加快推进百万千米步道建设布局，龙岩城区建成约41千米主干河道滨河绿网；上杭县建成汀江绿道近38千米，其他县(市、区)也陆续建成多条绿道连接城乡。

全市培训社会体育指导员255人，其中推荐国家级2人，一级15人，二级238人；新增二级运动员47人。龙岩体育运动学校新校区和海峡两岸（龙岩）体育交流基地落成。

全市体育彩票销售153853万元，完成全年任务(67697万元)的227.27%，比上年增长13.88%。

【全民健身活动】 2018年，龙岩市举办全民健身赛事活动近300项次，参与近40万人次。各县(市、区)围绕绿色生态核心，打造区域性亮点赛事，新罗区举办首届区运动会、海峡两岸(新罗)青年龙舟赛、全国红色体育五人制足球赛；永定区举办永定环土楼国际马拉松赛、汽车越野、国际摩托车挑战赛、福建省“全民健身百村行”(永定站)活动、第33届“金龙杯”篮球赛；上杭县举办片区农民文化体育节；连城县举办环冠豸山国际自行车大赛及骑游活动、首届冠豸山国际半程马拉松、福建省钓王系列赛连城分站赛；武平县举办首届全球华人半程马拉松及环梁野山骑行赛；漳平市举办(永福)乡村半程马拉松赛等。市政府出台《龙岩中心城区学校体育场馆设施向社会开放实施办法》，中心城区35所学校体育场馆向社会开放，市、县(市、区)两级公共体育场馆及健身设施免费或低收费对外开放，全年接纳锻炼人群200万人次以上，武平县在全市率先实现城区中小学体育运动场所免费对外开放，全民健身场地不足的问题得到缓解。

2018年11月10日，首届连城冠豸山国际半程马拉松在连城县客家文化公园举行　（市体育局　供图）

【第五届羽毛球文化节】 2018年8—12月，龙岩市体育局、龙岩市体育总会联合主办第五届“美伦生态城”杯羽毛球文化节，前期先后举行多场团体赛、选拔赛为文化节预热；各县(市、区)结合社区特色文化开展羽毛球文化节主题系列活动。12月14—16日，举办龙岩市第五届羽毛球文化节总决赛，福建省羽协及广东梅州、江西赣州、广东深圳宝安区羽协、山东济南羽协、四川成都、浙江台州7个代表队，以及包括除福州以外的全省8个设区市代表队，共计200多名羽毛球选手参加总决赛。比赛角逐出特邀组、夫妻组、亲子组、女子双打、混合双打、男子双打、男子单打7个组别冠军。

【海峡两岸青年龙舟赛】 2018年6月10日，市政府在龙新罗区举行举办以“两岸同根、闽台一家”为主题的第十届海峡论坛·海峡两岸(新罗)青年龙舟文化节暨海峡两岸青年龙舟赛，台北市立大学、台北海洋科技大学、台湾彰化体育休闲协会等3支代表队约70名运动员，以及龙岩漳平市，新罗区白沙、苏坂及万安镇5支代表队约100人参加比赛,参赛人数近180人。

【参加国内外大赛】 2018年，龙岩市组成536名运动员的代表团参加福建省第十六届运动会青少部23个大项的角逐，获64金52银75铜，水上项目包揽49金中的24金；足球项目、高尔夫项目取得历史性突破，女足获乙组第三名，男足获甲组第四名，高尔夫项目获男子团体银牌；打破3项省少年甲组记录；涌现出郑宇城、林心怡、艾金瑶、廖桂芳等一批优秀运动员；获得“体育道德风尚奖”。组成180人的代表队参加第十六届省运会羽毛球、乒乓球等8个群众组项目比赛，获13个一等奖、14个二等奖、19个三等奖，承办省运会群众组健身气功比赛。2018年，龙岩市运动员获得世界冠军1个，全国冠军30个，向省体工队输送运动员8人，向省体校输送运动员24人，国家队集训人数7人，省体校、省体工队集训人数近300人。

【全国击剑冠军赛第三站】 2018年6月2—11日，2017—2018赛季全国击剑冠军赛第三站（龙岩）在龙岩举行，比赛由中国击剑协会、福建省体育局、龙岩市人民政府主办，福建省重竞技运动管理中心、龙岩市体育局承办。比赛设成年男、女花剑、重剑、佩剑个人赛和团体赛及青年男、女花剑、重剑、佩剑个人赛共18个小项比赛。来自北京、广东、江苏、云南、上海、福建等全国34支代表队、1000多名运动员参赛，其中，有5名龙岩籍运动员分别代表不同代表队参赛。赛事免费向市民开放。

【龙岩体育运动学校落成】 2018年9月1日，位于新罗区曹溪镇坪尾村的龙岩体育运动学校新校区如期招生并开学。11月30日，龙岩体育运动学校海峡两岸（龙岩）体育交流基地举行揭牌仪式。

龙岩体育运动学校和海峡两岸（龙岩）体育交流基地总投资4.5亿，规划用地面积10公顷，总建筑面积97446平方米。龙岩体育运动学校新校区设有小学部、初中部及中专部，学生人数500余人，有13个项目运动队。海峡两岸（龙岩）体育交流基地是一个集体育科技、体育交流、运动训练、承办国内外体育赛事和开展全民健身活动设施完备的项目，拥有综合训练馆、全民健身服务中心、全民健身培训基地等多个运动场所，是龙岩市与港澳台体育交流的一个重要平台。

【体育产业发展】 2018年，龙岩市争取到各类体育产业资金3682万元，保障群众体育、竞技体育、体育产业的协调可持续发展。重点项目建设加快推进，全市下达体育工程包项目2.7亿元投资任务，全年共投资5.15亿元，完成190.7%；省体育局下达1.32亿元投资任务，全年投资3.14亿元，完成237.8%。社会资本投资体育产业的积极性增强，逐步建立以市场为主的办赛机制，实现以“赛”育“市”，以“市”促“赛”的产业发展模式，以马拉松、越野、骑游等形式为主的体育+旅游赛事持续升温，体育旅游业呈现积极向上的发展态势。龙岩体育运动学校新校区交付使用；龙岩市体操综合训练馆交付使用；永定区体育中心田径场改造完毕交付使用；连城县全民健身中心交付使用；施工建设体育中心室内游泳馆主体工程，上杭县体育中心综合体育场、体育馆，水上运动中心二期跳水馆及室外配套工程项目，上杭汀江摩托艇运动项目，连城冠豸山标准化热气球项目。

【拓宽产业发展渠道】 2018年，市政府出台《龙岩市培育文旅康养产业三年行动计划（2018—2020）》；成立龙岩市体育产业项目评审委员会，加强对体育产业项目补助的管理；扩大招商引资，完成爱尔眼科医院集团股份有限公司项目招商，洽谈法国迪卡侬体育品牌的引进；策划16个招商项目和吴地红军小镇体育拓展基地项目；与龙岩学院联合举办龙岩市体育产业发展沙龙；与福建省力菲克药业有限公司签订战略合作协议，为龙岩市运动员参加省运会提供物质保障；与河南建业集团洽谈足球小镇项目建设事宜。

龙岩体育学校新校区　　（市体育局　供图）

2018年龙岩市运动员参加国际及国家级重大比赛成绩统计

表10

县(市、区)及市直单位	项目	姓名	比赛名称	比赛小项	名次
连城	武术套路	童心	2018年全国武术套路冠军赛	女子太极拳	3
	武术套路	童心	2018年全国武术套路锦标赛	团体	1
	武术套路	童心	2018年全国武术套路锦标赛	女子双人孙式太极拳	7
	武术套路	童心	2018年全国武术套路锦标赛	女子孙式太极拳	1
	武术套路	童心	2018年全国武术套路锦标赛	女子自选太极拳	3
	武术套路	童心	2018年全国武术套路锦标赛	混合双人太极拳	1
	武术套路	向佳楠	2018年全国武术套路锦标赛	男子武式太极拳	2
	武术套路	向佳楠	2018年全国武术套路锦标赛暨第18届亚运会武术比赛选拔赛	混合双人太极拳	3
	武术套路	向佳楠	2018年全国武术套路锦标赛	男子双人杨式太极拳	6
	武术套路	向佳楠	2018年全国武术套路锦标赛	男子杨式太极拳	5
	武术套路	向佳楠	2018年全国武术套路锦标赛	混合双人太极拳	3
龙岩市水上训练基地	激流回旋	刘煜	全国皮划艇激流回旋冠军赛	男女混合双人划艇	8
	激流回旋	刘煜	2018年全国皮划艇激流回旋U23及青少年锦标赛	U23男子单人皮艇	5
	激流回旋	刘煜	2018年全国皮划艇激流回旋锦标赛	男子单人皮艇团体(跨项)	2
	激流回旋	梁卢健	全国皮划艇激流回旋青年锦标赛暨全国青少年U系列总决赛	U16男子皮划艇个人全能赛	1
	激流回旋	梁卢健	全国皮划艇激流回旋青年锦标赛暨全国青少年U系列总决赛	U16男子单人划艇全能赛	2
	激流回旋	梁卢健	全国皮划艇激流回旋青年锦标赛暨全国青少年U系列总决赛	U16男子单人皮艇全能赛	6
	激流回旋	梁卢健	2018年全国皮划艇激流回旋U23及青少年锦标赛	U16男子单人皮艇全能赛	6
	激流回旋	梁卢健	2018年全国皮划艇激流回旋U23及青少年锦标赛	U16男子皮划艇个人全能赛	1
	激流回旋	梁卢健	2018年全国皮划艇激流回旋U23及青少年锦标赛	U16男子单人划艇全能赛	2
	激流回旋	梁卢健	2018年全国皮艇球冠军赛	男子组	7
	激流回旋	钟梓进	2018年“东钱湖杯”全国皮艇球锦标赛	男子组	6
	激流回旋	钟梓进	2018年全国皮划艇激流回旋U23及青少年锦标赛	U16男子单人皮艇全能赛	2
	激流回旋	钟梓进	全国皮划艇激流回旋青年锦标赛暨全国青少年U系列总决赛	U16男子单人皮艇全能赛	2

续表 10

县(市、区)及市直单位	项目	姓名	比赛名称	比赛小项	名次
龙岩市水上训练基地	激流回旋	张凤乾	全国皮划艇激流回旋青年锦标赛暨全国青少年U系列总决赛	U16男子单人划艇全能赛	5
	激流回旋	张凤乾	2018年全国皮划艇激流回旋U23及青少年锦标赛	U16男子单人皮艇全能赛	5
	激流回旋	刘彬	2018年全国皮划艇激流回旋U23及青少年锦标赛	U18男子划艇	6
	激流回旋	王立权	2018年全国皮艇球冠军赛	男子组	7
	激流回旋	王立权	2018年“东钱湖杯”全国皮艇球锦标赛	男子组	6
	激流回旋	黄大秦	2018年“东钱湖杯”全国皮艇球锦标赛	男子组	6
	皮划艇	温桂馨	全国皮划艇(静水)青年(U23)锦标赛	500米女子单人皮艇	5
	皮划艇	温桂馨	全国皮划艇(静水)青年(U23)锦标赛	1000米女子单人皮艇	8
	皮划艇	艾尼尔	全国皮划艇(静水)青年(U23)锦标赛	500米男子四人皮艇	6
	皮划艇	艾尼尔	全国皮划艇(静水)锦标赛	200米男子双人皮艇	6
	皮划艇	王晨露	2018年全国皮划艇静水青年(U23、U18)锦标赛	500米女子单人划艇(U18)	2
	皮划艇	王晨露	2018年全国皮划艇静水青年(U23、U18)锦标赛	1000米女子单人划艇(U18)	2
	皮划艇	王晨露	2018年全国皮划艇静水青年(U23、U18)锦标赛	5000米女子单人划艇(U18)	3
	皮划艇	王晨露	2018年全国皮划艇静水青年(U23、U18)锦标赛	500米女子双人划艇(U18)	1
	皮划艇	王晨露	2018年全国皮划艇静水青年(U23、U18)锦标赛	1000米女子双人划艇(U18)	1
	皮划艇	林夏莲	2018年全国皮划艇静水锦标赛	200米女子单人划艇	3
	皮划艇	林夏莲	2018年全国皮划艇静水锦标赛	500米女子单人划艇	4
	皮划艇	林夏莲	2018年全国皮划艇静水锦标赛	1000米女子单人皮艇	4
	赛艇	谢鹏	全国赛艇锦标赛	2000米男子八人单桨有舵手	6
	赛艇	林亚楠	全国赛艇锦标赛	2000米男子八人单桨有舵手	6
	赛艇	李雨晗	全国赛艇锦标赛	2000米男子八人单桨有舵手	6
	赛艇	赖玮娟	2018年全国赛艇锦标赛	2000米女子轻量级测功仪竞速	7
	赛艇	赖玮娟	2018年全国赛艇锦标赛	2000米女子双人双桨	7
上杭	蹦床	林隆彪	全国蹦床冠军赛	男子网上团体	7
	蹦床	林隆彪	全国蹦床冠军赛	男子网上个人	8

续表 10

县(市、区)及市直单位	项目	姓名	比赛名称	比赛小项	名次
上杭	羽毛球	范梦艳	2018 年威克多杯全国羽毛球冠军赛	女子单打	1
	羽毛球	范梦艳	2018 年威克多杯全国羽毛球团体锦标赛	女子团体	3
	羽毛球	范梦艳	2018 年威克多杯全国羽毛球冠军赛	混合团体	2
	羽毛球	黄琼慧	2018 年威克多杯全国羽毛球团体锦标赛	女子团体	3
	羽毛球	黄琼慧	2019 年威克多杯全国羽毛球团体冠军赛	混合团体	2
	羽毛球	沈雅冰	2018 年威克多杯全国羽毛球冠军赛	混合团体	2
	羽毛球	沈雅冰	2018 年威克多杯全国羽毛球团体锦标赛	女子团体	3
	击剑	徐甜	全国击剑冠军赛	女子重剑个人	7
	击剑	徐甜	全国青年击剑锦标赛	女子重剑团体	4
市体校	射击	林月美	第 52 届世界射击锦标赛	女子运动手枪团体	1
	射击	林月美	第 18 届亚运会射击比赛	女子运动手枪个人	4
	射击	林月美	全国射击冠军赛	女子 25 米手枪	3
	射击	林月美	全国射击个人、团体锦标赛暨国家射击队国际比赛选拔赛	女子 10 米气手枪	1
	射击	林月美	全国射击个人、团体锦标赛暨国家射击队国际比赛选拔赛	女子 10 米气手枪团体	2
	射击	林月美	全国射击个人、团体锦标赛暨国家射击队国际比赛选拔赛	女子 25 米手枪团体	4
	射击	林月美	全国射击个人、团体锦标赛暨国家射击队国际比赛选拔赛	女子 25 米手枪	4
	射击	林峰	全国射击个人、团体锦标赛暨国家射击队国际比赛选拔赛	男子 10 米气步枪团体	6
	射击	林峰	全国射击个人、团体锦标赛暨国家射击队国际比赛选拔赛	男子 50 米步枪 3 种姿势团体	8
	水球	张婧	第 18 届亚运会水球比赛	女子水球	1
	水球	张婧	全国女子水球冠军赛	女子水球	1
	水球	张婧	全国女子水球锦标赛	女子水球	4
	水球	江美婷	全国女子水球冠军赛	女子水球	5
	水球	江美婷	全国青少年水球冠军赛	女子水球	2
	水球	江美婷	全国青少年水球锦标赛	水球	4
	水球	江美婷	全国女子水球锦标赛	女子水球	4

续表 10

县(市、区)及市直单位	项目	姓名	比赛名称	比赛小项	名次
市体校	水球	陈施淇	全国青少年水球冠军赛	女子水球	2
	水球	陈施淇	全国女子水球锦标赛	女子水球	4
	水球	陈施淇	全国女子水球冠军赛	女子水球	5
	水球	李琴娜	全国青少年水球锦标赛(女子少年组)	水球	3
	游泳	陈慈	2018 年全国马拉松游泳冠军赛	女子 10000 米团体	5
	游泳	陈慈	2018 年全国马拉松游泳冠军赛	女子 5000 米团体赛	7
	游泳	陈慈	2018 年全国马拉松游泳锦标赛	女子 10000 米团体	7
	帆板	林志伟	全国帆船帆板锦标赛	男子 RS:X 级长距离赛	5
	帆板	林志伟	全国帆板冠军赛	男子 RS:X 级场地赛	2
	帆板	林志伟	全国帆板冠军赛	男子 RS:X 级长距离赛	2
	帆板	林志伟	全国帆板冠军赛	男子 RS:X 级障碍赛	4
	帆板	林志伟	全国翻波板锦标赛	男子 RS:X 级场地赛	3
	帆板	林志伟	全国翻波板锦标赛	男子 RS:X 级长距离	4
	帆板	林志伟	全国帆板锦标赛	男子 RS:X 级长距离	1
	帆板	林志伟	全国帆板锦标赛	男子 RS:X 级障碍赛	1
	帆板	林志伟	全国帆板锦标赛	男子 RS:X 级场地赛	7
	帆板	杨敏海	全国帆板冠军赛	男子 RS:X 级障碍赛	7
	帆板	叶露垣	全国翻波板锦标赛	男子 RS:X 级长距离	8
	帆船	邱钰龙	全国帆船冠军赛	男子激光级场地赛	6
	帆船	邱钰龙	全国帆船锦标赛(激光级)	男子场地赛团体	2
	帆船	邱钰龙	全国帆船锦标赛	男子激光级长距离赛	1
	帆船	邱钰龙	全国帆船锦标赛	男子激光级场地赛	2
	帆船	邱钰龙	第十七届亚洲帆船锦标赛	激光级	7
	帆船	邱钰龙	第 18 届亚运会帆船比赛	激光级	6
	帆船	陈榕	全国帆船锦标赛(激光级)	男子激光雷迪尔级长距离赛	2

续表 10

县(市、区)及市直单位	项目	姓名	比赛名称	比赛小项	名次
市体校	帆船	陈榕	全国帆船锦标赛(激光级)	男子场地赛团体	3
	帆船	陈榕	全国青年帆船锦标赛	男子激光级长距离	2
	帆船	陈榕	全国帆船锦标赛(激光级)	男子激光雷迪尔级场地赛	1
	帆船	曹亮伟	全国帆船锦标赛(激光级)	男子场地赛团体	5
	帆船	王俊龙	全国青年帆船锦标赛	男子激光级长距离	1
	帆船	王俊龙	全国青年帆船锦标赛	男子激光级场地赛	2
	帆船	元昱倩	全国帆船锦标赛	女子 49er 级场地赛	6
	帆船	元昱倩	全国帆船锦标赛	女子 49er 级长距离赛	5
	帆船	李　洁	全国帆船锦标赛	女子 49er 级长距离赛	5
	帆船	李　洁	全国帆船锦标赛	49er 级场地赛	6
	帆船	李　洁	全国青年帆船锦标赛	女子 470 级长距离	4
	帆船	李　洁	全国青年帆船锦标赛	女子 470 级场地赛	5
	赛艇	齐英立	全国赛艇锦标赛	2000 米男子八人单桨有舵手	6
	赛艇	武洪如	全国赛艇锦标赛	2000 米男子四人单桨	8
	赛艇	侯皓瀚	全国赛艇锦标赛	2000 米男子四人单桨	8
	赛艇	侯皓瀚	全国赛艇锦标赛	男子四人单桨(成年组)	3
	赛艇	侯皓瀚	全国赛艇锦标赛	男子四人单桨(U23 组)	4
	赛艇	侯皓瀚	全国赛艇冠军赛	男子四人双桨	3
	散打	童圣华	全国武术散打冠军赛	男子 60 公斤	5
	散打	童圣华	全国男子武术散打锦标赛暨第 18 届亚运会武术比赛选拔赛	男子 60 公斤	2
	散打	陈　诚	全国男子武术散打锦标赛暨第 18 届亚运会武术比赛选拔赛	男子 70 公斤	2
	田径	李美珍	全国田径锦标赛	女子 1500 千米	3
	田径	李美珍	全国 U20 田径锦标赛	5000 米	2
	田径	李美珍	全国 U20 田径锦标赛	1500 米	2
	蹦床	邓韵涵	2018 年全国 U 系列青少年蹦床锦标赛	女子丙组团体	2

续表 10

县(市、区)及市直单位	项目	姓名	比赛名称	比赛小项	名次
市体校	蹦床	邓韵涵	2018 年全国 U 系列青少年蹦床锦标赛	女子丙组个人	3
	蹦床	邓韵涵	2018 年全国青少年蹦床冠军赛	女子丙组团体	1
	蹦床	邓韵涵	2018 年全国青少年蹦床冠军赛	女子丙组个人	3
	蹦床	邓韵涵	2018 年全国青少年蹦床冠军赛	女子丙组双人同步	1
	举重	廖桂芳	2018 年全国青少年举重锦标 U17U18	女子 63 公斤级抓举	1
	举重	廖桂芳	2018 年全国青少年举重锦标 U17U18	挺举	2
	举重	廖桂芳	2018 年全国青少年举重锦标 U17U18	总成绩	1
	举重	廖桂芳	2018 年全国青年举重锦标	女子 63 公斤级抓举	2
	举重	廖桂芳	2018 年全国青年举重锦标	挺举	3
	举重	廖桂芳	2018 年全国青年举重锦标	总成绩	2
	举重	廖桂芳	2018 年全国 U17U18 举重冠军赛	女子 63 公斤级抓举	1
	举重	廖桂芳	2018 年全国 U17U18 举重冠军赛	挺举	1
	举重	廖桂芳	2018 年全国 U17U18 举重冠军赛	总成绩	1
	举重	廖桂芳	2018 全国女子举重冠军赛	64 公斤级抓举	4
	举重	黄海平	2018 年全国 U17U18 举重冠军赛	男子 52 公斤级抓举	3
	举重	黄海平	2018 年全国 U17U18 举重冠军赛	抓举	2
	举重	黄海平	2018 年全国 U17U18 举重冠军赛	总成绩	3
	举重	王　浩	2018 全国男子举重冠军赛 61 公斤级	抓举	4
	举重	王　浩	2018 全国男子举重冠军赛 61 公斤级	挺举	8
	举重	王　浩	2018 全国男子举重冠军赛 61 公斤级	总成绩	4
	举重	陈晓婷	2018 年全国女子冠军赛 55 公斤级	抓举	3
	举重	陈晓婷	2018 年全国女子冠军赛 55 公斤级	挺举	7
	举重	陈晓婷	2018 年全国女子冠军赛 55 公斤级	总成绩	4
	跆拳道	项启彰	2018 年全国青年跆拳道锦标系列赛	男子 63 公斤	5
	跆拳道	袁俊超	2018 年全国跆拳道冠军总决赛	男子 58 公斤	5
	跆拳道	吴镱超	2018 年全国跆拳道冠军总决赛	男子 58 公斤	3
	跆拳道	吴镱超	2018 年全国跆拳道锦标赛	男子 58 公斤	3

续表 10

县(市、区)及市直单位	项目	姓名	比赛名称	比赛小项	名次
武平	拳击	邓蓝萍	2018 全国少年拳击锦标赛	女子 48 公斤	1
	射箭	李　政	2018 年全国射箭 U17(青年)锦标赛	反曲弓团体淘汰赛	2
永定	羽毛球	刘泽润	2018 年全国羽毛球冠军赛	混合团体	2
	空手道	谢丽虹	全国青少年空手道总决赛	女子个人	5
漳平	游泳	许心怡	2018 年全国马拉松游泳冠军赛	女子 5000 米团体赛	7
	举重	黄羽杰	2018 年“体彩杯”全国 U13U14 举重锦标赛	U14 女子 58 公斤级抓举	1
	举重	黄羽杰	2018 年“体彩杯”全国 U13U14 举重锦标赛	U14 女子 58 公斤级挺举	1
	举重	黄羽杰	2018 年“体彩杯”全国 U13U14 举重锦标赛	U14 女子 58 公斤级总成绩	1
	举重	颜琦慧	2018 年全国 U11U12 举重锦标赛	U11 女子 40 公斤级抓举	1
	举重	颜琦慧	2018 年全国 U11U12 举重锦标赛	U11 女子 40 公斤级挺举	1
	举重	颜琦慧	2018 年全国 U11U12 举重锦标赛	U11 女子 40 公斤级总成绩	1
	举重	颜琦慧	全国 U14 举重锦标赛	U12 女子组	1
	举重	严佳媚	2018 年全国 U15U16 举重锦标赛	女子 15 岁组 48 公斤级抓举	1
	举重	严佳媚	2018 年全国 U15U16 举重锦标赛	女子 15 岁组 48 公斤级挺举	1
	举重	严佳媚	2018 年全国 U15U16 举重锦标赛	女子 15 岁组 48 公斤级总成绩	1
	举重	曾念谦	2018 年全国 U17U18 举重锦标赛	U18 男子 56 公斤级抓举	5
	举重	曾念谦	2018 年全国 U17U18 举重锦标赛	U18 男子 56 公斤级挺举	5
	举重	曾念谦	2018 年全国 U17U18 举重锦标赛	U18 男子 56 公斤级总成绩	5
	射箭	曾丽娟	2018 年全国青少年射箭锦标赛	团体赛	4
	射箭	林顺民	2018 年全国冠军赛	男子反曲弓团体 70 米第一轮赛	2
	射箭	林顺民	2018 年全国室外射箭锦标赛	团体 70 米第二轮赛	3
	射箭	林顺民	2018 年全国室外射箭锦标赛	团体淘汰赛	4
	摔跤	钟振瑞	2018 年全国男子自由式摔跤锦标赛	57 公斤级	3
	摔跤	耿兴城	2018 年全国男子自由式摔跤锦标赛	65 公斤级	5
长汀	羽毛球	王一帆	威克多杯全国青年羽毛球锦标赛	乙组男子团体	1
	羽毛球	吴凯安	威克多杯全国青年羽毛球锦标赛	乙组男子团体	1

（张靖隆）

责任编辑　饶晓艳

人力资源和社会保障

【概况】 2018年，龙岩市牵头制定《龙岩市人民政府办公室关于进一步做好促进就业工作的通知》《龙岩市就业补助资金使用管理实施细则（试行）》《龙岩市公益性岗位开发与管理暂行办法》等，政策覆盖范围更广，补贴标准更加明确。落实促进就业目标责任制。全市城镇登记失业率2.61%，城镇新增就业1.84万人，完成年度目标任务1.8万人的102.32%，其中城镇失业人员再就业1.35万人，完成年度目标任务的105.46%；城镇就业困难人员再就业0.42万人，完成年度目标任务的102.44%。举办招聘会145场，组织5200多家次企业参会，3.81万人通过招聘会实现就业。

【高校毕业生就业创业】 2018年，龙岩市制定下发《关于做好2018年普通高等学校毕业生就业创业工作的通知》，实施高校毕业生就业促进计划和创业引领计划，选派86名省级、139名市级“三支一扶”高校毕业生到基层工作，建立118名就业“红娘”队伍，新增16家（全市共60家）高校毕业生就业见习基地（单位），组织482名高校毕业生参加就业见习，发放就业见习补贴285.5万元；支持自主创业，将求职创业补贴范围扩大至技工院校符合条件学生，全年发放422人次84.4万元求职创业补贴。

【过剩产能企业职工安置】 2018年，龙岩市新增化解煤炭行业过剩产能企业12家（新罗区9家、永定区3家），认定的分流安置人数1936人，全部解除终止劳动关系。其中，实现单位就业265人，自主创业7人，灵活就业534人，返乡务农865人，失去联系265人。

【落实就业援助长效机制】 2018年“两节”期间，全市走访慰问1919名就业困难人员，发放慰问资金90.83万元。对灵活就业困难人员，按照其养老保险和医疗保险实际缴费额的1/2予以社会保险补贴。全市为2.5万人发放社会保险补贴4734.38万元。

【农民工群体返乡就业创业】 2018年，龙岩市多措并举推动农民工群体返乡就业创业，各县（市、区）相继出台吸引人才返乡就业创业政策，经验做法在全省就业创业工作座谈会上作交流。2018年，全市吸引9058名农民工等群体返乡创业，创办实体6244个，带动就业1.38万人。

【创业创新服务】 2018年，龙岩市实施创业人才推进计划，推荐5个项目获省级创业资助22万元、2名互联网优秀人才申报项目获省级扶持80万元，为3家初创企业发放创业带动就业补

2018年7月12日，龙岩市举行2018年省级“三支一扶”计划出征派遣仪式

（市人力资源和社会保障局　供图）

贴1.4万元，为50名创业者发放一次性创业补贴15.3万元。创建并授牌创业大本营8个，推荐龙腾新创众创空间参选省级创业孵化基地拟支持建设项目，获省级补助50万元。举办“中国创翼”创业创新大赛龙岩赛区选拔赛，征集参赛项目38个，其中3个项目参加省赛并获省赛创业组三等奖、创业组和创新组优胜奖。

2018年7月19日，第三届“中国创翼”创业创新大赛龙岩赛区选拔赛在福建省大学生创新创业基地(龙岩)举办　（市人力资源和社会保障局　供图）

【市外劳务协作】 2018年，龙岩市启动闽西南人社专题协作，前往厦门协商合作事宜，形成《闽西南协同发展区人力资源和社会保障工作对接机制方案》，共同举办“第一届闽西南协同发展区人才交流大会”“闽西南第一届校企合作对接会”，全市20家企业、3家职业院校参加交流大会、对接会，提供200多个工作岗位。与云南、贵州等地19家省外单位建立劳务协作关系，全年输入省外劳动力731人。

【社会保险覆盖面】 2018年，龙岩市全力推进全民参保扩面工作，完成13万人的扩面任务。城居保缴费率全省第一，获省城乡居民养老保险管理中心通报表扬。参加城镇基本养老保险人数38.29万人（不含退休），比上年增加1.29万人。参加城镇失业保险职工人数25.32万人；参加城镇工伤保险人数45.24万人；参加城镇基本医疗保险人数42.84万人，比上年增加1.96万人；参加城镇生育保险人数27.67万人，比上年增加1.53万人。参加城乡居民社会养老保险人数136.18万人，比上年增加3.84万人，参保率99.35%；续保缴费87.36万人，缴费率95.5%；机关保参保2231家8.28万人。

【养老金待遇水平提高】 2018年，龙岩市3.96万名机关事业单位退休人员月人均增加169.85元，7.02万名企业退休人员提高至月人均2415.18元、人均增加131.71元，城乡居民基本养老保险基础养老金提高至每人每月143元，惠及41.83万人，高于省定标准25元，位居全省前列。

【机关事业单位养老保险制度改革】 2018年，龙岩市全面开展改革后“中人”养老金新老制度核定工作，对“中人”进行档案重审，针对不同对象分批次开展核定工作。做好机关保社银直发系统调试工作，全面取消手工报盘，保证社保基金安全。逐步推动利用社保卡发放养老金工作，市直337个参保单位、6779名机关事业单位离退休人员可利用社保卡直接发放养老金。

【失业保险待遇落实】 2018年，龙岩市为9352名失业职工发放失业保险金5490.2万元。失业保险基金统一支付缴纳基本医疗保险费1351.14万元。为249名失业农民工发放一次性生活补助118.48万元。落实失业保险金标准与物价上涨挂钩联动机制，在3月消费价格指数(CPI)上涨达到启动联动机制时，为全市4632名在领失业金人员发放临时价格补贴19.45万元。

【工伤保险“同舟计划”】 2018年，龙岩市征收工伤保险费14327.74万元，比上年增长0.96%，全面推开铁路、公路、水运、水利等行业工程建设领域项目参加工伤保险工作，全市按项目参加工伤保险788个。成立工伤认定会审组，全市完成工伤认定2380件，其中市本级471件。

【和谐企业创建】 2018年，龙岩市开展工资集体协商“要约行动月”，组织旅游行业、漳平台湾农民创业园区等5个行业工资集体协商；深入开展劳动关系和谐企业、工业园区、街道、乡镇创建活动，评选确认28家市级劳动关系和谐企业、2个劳动关系和谐乡(镇)，龙洲运输永定分公司、紫金矿业集团获得“全国模范劳动关系和谐企业”称号。

【劳动保障执法监察】 2018年，龙岩市处理投诉举报案件86起，为272名劳动者追讨工资462.9万元，结案率100%；检查用人单位2660户，向公安机关移送涉嫌拒不支付劳动报酬罪案件7件涉及703人1000.5万元，行政处罚5件，行政处理2件。连续3年实现欠薪案件总数、涉及人数、涉及金额“三下降”。完善工资保证金制度。在全省率先在电力工程、交通工程、铁路施工项目出台工资保证金制度；率先实现建设施工领域工资保证金制度全覆盖；率先推行建筑施工企业以银行保函、保险保证和担保保函等第三方担保形式缴存工资保证金。至年底，全市收取工资保证金264笔约22918万元，其中，现金165笔约9318万元、银行保函3笔约613万元、保险保证96笔约12987万元。建立企业守法诚信和信用等级评价制度。全年评出诚信示范A级企业122家、一般失信B级企业3家，严重失信企业C级8家，向社会公布重大劳动保障违法行为9件(其中工资拖欠违法行为7件)，将2家用人单位列入拖欠工资“黑名单”，其中1家用人单位被人社部在全国范围通报。开展清理整顿人力资源市场秩序专项行动，被人社部办公厅、市场监管总局办公厅评为“2018年全国清理人力资源市场秩序专项行动突出成绩单位”。

【劳动争议调解仲裁】 2018年，龙岩市加强调解仲裁规范化和标准化建设，建设62平方米标准仲裁庭，印发《劳动人事争议调解委员会常用文书样本》、组织庭审观摩和庭审指导活动、启用“劳动人事仲裁专递”送达仲裁文书。创新仲裁服务方式，开展“流动仲裁庭”进园区服务。开展劳动法律法规“进园区、进企业、进项目、进校园”宣传活动，指导企业依法用工。

【电子社保卡】 2018年，龙岩市人社局在“e龙岩”“龙岩人社”微信公众号上线电子社保卡平台，多项功能在全国、全省率先落地见效。在全国率先实现电子社保卡支付购药功能，全市500多家医保定点药店均开通该功能，7月20日至12月31日，有1.6万笔144.61万交易额的电子社保卡支付购药消费记录。在全省率先推出扫码“社保电子证明”。群众前往教育、公安、住房公积金、保障房中心、经信等部门办事，可凭电子社保卡直接扫码获取社保缴费凭证，无须打印纸质凭证，至年底，累计生成电子凭证3.95万份。在全省各设区市率先实现“五险”手机端实时查询，通过电子社保卡可实时查询“养老保险、失业保险、工伤保险、医疗保险、生育保险”。依托电子社保卡实现“图书电子借阅证”“老年电子优待证”“残疾人电子证”“献血电子证”四大电子证照生成及开发工作，功能应用全国领先，可替代四大实体证件进行功能应用，享受相关优惠政策，扩展电子社保卡在其他政务领域应用。龙岩电子社保卡的经验做法得到人民网、新华网、《中国劳动保障报》《福建日报》、省政府办《今日快讯》等媒体关注报道，被人社部列为第二批试点。

【“人脸识别系统”认证】 2018年，龙岩市人社局全面推广使用手机APP或网页进行企业退休人员养老金领取“人脸识别认证”，针对辖区高龄、残疾等认证不便的居民，主动上门认证。至年底，完成认证7.04万人，占应认数的99.86%，其中，采用人脸识别认证5.32万人，占比75.57%。启用城乡居民养老保险智能缴费平台，全市有17269人通过智能缴费平台进行网上缴费，缴费金额281.76万元。

【行政审批模式创新】 2018年，龙岩市人社局在全市率先推行“综合柜员制”“一窗受理”联办，职称考试和执业资格考试实现全流程网办。2018年，将工伤认定职权下放至县级，承接省里委托、下放3项行政审批权限，进一步压缩19个事项的办事时限，压缩98个工作日，市人社局窗口47项办事事项承诺时限都压缩至法定时限的30%以内。完善社保卡一站式制卡平台，整合城镇职工居民与农村居民社保卡制发窗口，增加制发卡人员，减少制卡环节，日均办卡300余张，累计制卡353.08万张，发卡率99.3%。市人社局行政服务窗口全年11次被评为月度红旗窗口、16人次获评“服务标兵”。

【就业扶贫】 2018年，龙岩市举办“就业扶贫行动日”“春风行动”“乡镇巡回招聘会”等专场招聘会89场，提供就业岗位6万余个，帮助7392名贫困劳动力实现就业。出台《做好2018年度精准就业扶贫工作的通知》《龙岩市打赢人力资源和社会保障扶贫攻坚战三年行动方案》，扶贫政策更加系统完善。将就业专项资金向省级扶贫开发重点县倾斜，通过公益性岗位安置862名贫困劳动力，发放公益性岗位补贴221.8万元。

【技能扶贫】 2018年，龙岩市开展家政服务、农村种养、企业订单式等“短平快”培训，全年组织5781名贫困劳动力参加职业技能培训，发放职业技能培训补贴75.46万元，发放职业技能鉴定补贴7.4万元。

【社保扶贫】 2018年，各县(市、区)出台城乡居民基本养老保险扶贫政策，对建档立卡贫困户、低保对象、特困人员参加城居保给予补助，除武平补助100元/年·人外，其余各县均补助50元/年·人，全市补助2.05万人，减轻贫困人员缴费负担。

【人事人才扶贫】 2018年，龙岩市人社局举办2期“乡村振兴与脱贫攻坚”专题培训班，编制省级扶贫开发重点县《年度紧缺急需人才引进指导目录》，引进确认为省紧缺急需人才30名。对龙岩市省级扶贫开发重点县，放宽年龄、学历和专业等考录(招聘)条件，允许拿出一定数量的岗位面向本地户籍或生源考录(招聘)。

(市人社局)

民　政

【居家和社区养老服务设施建设】
2018年，龙岩市养老床位总数16733

张，护理型床位6164张，占36.84%，平均每千名老人床位数34.26张。累计建成48个居家社区养老服务照料中心（社区老年人日间照料中心），135个社区均建有居家社区养老服务站，其中有65个按三星级照料中心标准进行改造提升。累计建成农村居家社区养老服务站156个、农村幸福院589个，农村居家养老设施覆盖率63.1%。对21个乡镇敬老院按四星级照料中心标准进行改造，提升为农村社区养老服务中心。基本完成市、县养老服务设施布局专项规划编制。全市136家养老机构均完成评估，完成设立许可129所（其中乡镇敬老院103所，养老机构无法通过整改达标完成搬迁3所，设立许可关停7所）。

【居家和社区养老改革试点】 2018年，龙岩市全力推进居家和社区养老改革试点工作，中央财政下拨的3380万元试点补助资金分三批拨付至各县（市、区）。重点抓好连城县、长汀县革命老区养老服务改革试点。9月下旬，在民政部组织的改革试点中期评估中，龙岩市获评合格。

推进敬老院社会化运营改革，扩大服务范围、拓展服务功能、实行医养结合，提高床位使用率。全市投入运营的乡镇敬老院103所、床位4232张，入住2302人（其中，特困人员1457人、其他对象845人），平均床位使用率54.4%，床位使用率50%以上的敬老院76所；实行公建民营的敬老院33所，其中，上杭县16所乡镇敬老院实行连锁化运营。

新罗区以东城街道为试点，引入专业化组织青鸟三盛承接运营所有的已建成的照料中心和服务站，设置统一的标志，开展课程表式的老人健康活动，定期开展巡诊义诊，组织社工组织、慈善组织、党团组织进社区为孤寡困难老人服务。长汀县以新桥镇为试点，连城县以新泉镇为试点，引进专业化组织对乡村幸福院进行专业承接运营。10月，龙岩市居家社区养老服务改革试点工作通过民政部和财政部的考核。

【养生养老产业项目】 2018年，龙岩市民政局依托“6·18”海峡项目成果交易会、厦门“9·8”洽谈会等平台，参与养生养老产业项目的招商推介。龙岩红炭山健康养老基地项目、龙岩市新罗区天喜温泉养生养老基地项目成功签约，投资超过50亿元。策划筹备市福利中心二期项目、新罗区东肖奇迈健康小镇、洋畲森林康养特色小镇等，推动龙岩市“养生福地”建设。2018年，全市完成养生养老产值33.48亿元，超额完成目标任务。

【低保救助】 2018年，城市2764人享受到最低生活保障救助，比上年减少259人；农村4.14万人享受到最低生活保障救助，比上年增加0.39万人。

全面实行城乡低保标准一体化，扩大低保覆盖面。1月起，全市全面实行城乡低保标准一体化，其中，新罗区7560元/年（630元/月），永定区、上杭县、漳平市6960元/年（580元/月），武平县、长汀县、连城县6456元/年（538元/月）。开展农村低保“最后一千米”专项治理工作，落实重病重残、支出型贫困家庭低保政策，提高低保覆盖面。年底，全市城乡低保对象23009户、44198人，占全市户籍人口的1.4%。其中，城市低保对象1771户、2764人，全年发放城市低保金1413.3万元，人均月补差404.8元；农村低保对象21238户、41434人，当中建档立卡贫困人口10516户、22382人，全年发放农村低保金14425.1万元，人均月补差276.1元。

【城乡特困人员救助】 2018年，龙岩市提高城乡特困人员救助供养标准。落实城乡特困人员救助供养标准与低保标准、最低工资标准挂钩联动增长机制，1月起，提高城乡特困人员救助供养标准。分散供养的，基本生活标准699—819元/月，照料护理标准128—600元/月；集中供养的，基本生活标准839—983元/月，照料护理标准154—720元/月。年底，全市城乡特困人员9313人（其中，农村特困人员8985人、城市特困人员328人），全年发放特困救助供养金11075.8万元，人均月供养金976.6元。

【临时救助】 2018年，龙岩市筹集临时救助资金3306.2万元（其中，当年度筹集2220万元），实施救助20246人（户）次、2653.7万元，占当年筹集资金2220万元的119.5%，较好地解决城乡困难群众突发性、临时性生活困难。提高重度残疾人“两项补贴”标准。为全市33209名重度残疾人发放3532.69万元生活补贴，为41356名重度残疾人发放3532.75万元护理补贴。

【救助管理】 2018年，龙岩市救助生活无着的流浪乞讨人员和临时遇到困难的群众1031人次。其中，男性969人次、女性62人次，福建省籍244人次、外省籍739人次、地址不详48人次，流浪未成年人39人次、危重病人85人次、精神病人94人次、务工不着26人次、寻亲不遇17人次、遗失钱财19人次、被盗被抢21人次、被拐骗29人次、遭受家庭暴力侵害1人次、传销解救11人次，护送返乡77人次、机构托养8人次。

市救助管理站与公安等部门联合建立流浪乞讨人员身份快速查询机制、寻亲服务机制和滞留人员身份查询长效机制，对长期滞留人员全部报请公安部门采集DNA数据，及时录入全国救助寻亲网、今日头条、《闽西日报》等媒体开展寻亲。全年寻亲成功41例。做好长期滞留流浪乞讨人员的落户工作，通过公安机关走失人口库和信息管理系统进行数据比对、排查，确保登记身份信息准确性和唯一性，避免出现双重户籍和犯罪分子利用流浪乞讨身份逃避法律制裁，公安机关对全部材料逐一核实后，出具调查情况报告，对符合条件的滞留人员办理落户。至年底，市救助站为35名长期滞留流浪乞讨人员办理落户。对落户后的长期滞留人员，根据《龙岩市特困人员救助供养办法（暂行）》相关规定，按照特困人员供养待遇的认定程序，由安置机构市第三医院代为向户籍所在地乡（镇、街道）民政办提出申请，经法定程序审核审批后纳入特困人员供养范围。

【“寒冬送温暖，炎热送清凉”专项救助行动】 2018年，龙岩市成立3个街面巡查救助小组，以车站，繁华地段、桥梁涵洞等流浪乞讨人员集中活动和露宿区域为重点，加大巡查和救助力度，劝导流浪乞讨人员入站接受救助；对不愿到救助站的救助对象发放衣被、矿泉水、简单药品、食品等，并进行劝导救助或直接购票返乡；对老年人、残疾人、未成年人，护送到站及时安排救助；对危重病人、精神病人由公安等部门直接护送到定点医院救治和诊断；对职业乞讨人员则进行耐心细致劝说，劝导其放弃乞讨生活；为愿意返乡的职业乞讨人员提供乘车凭证，帮助他们返家。全年上街劝导救助256次，救助175人，发放衣服88件，棉被46床，食品102多份。

【双拥工作】 2018年，龙岩市加强双拥理论研究，编印出版《闽西中央苏区双拥工作史料汇编》。深化科技文化拥军活动，下发科技拥军专项经费，用于支持部队信息化建设、装（设）备革新及文化设施建设。开展对驻龙岩各部队走访调研活动，了解部队官兵在家属安置、子女入学等方面的需求和遇到的困难问题，努力为部队官兵“解决难事、办好实事、做成好事”。驻龙岩部队开展“助力闽西革命老区‘三大战役’”活动。5月，龙岩军分区组织召开拥政爱民工作座谈会，下发《关于开展助力闽西革命老区“三大战役”活动的实施意见》，积极开展“助力闽西革命老区‘三大战役’”活动。

【优抚安置】 2018年，龙岩市完成退役士兵接收安置任务，其中符合政府安排工作条件的退役士兵，全部安置在事业工勤岗位；动员退役士兵报名参加职业教育和技能培训；完成年度军休干部（退休士官）接收安置任务。龙岩、漳平军供站完成接待过往部队和入伍新兵任务；顺利完成各项军供保障任务，做好军供站各项建设。

按政策规定准时足额发放优抚对象抚恤补助金，落实自然增长机制政策，全市各类重点优抚对象抚恤补助标准自然增长率4%以上，全年中央下拨抚恤补助资金9046万元，市级下拨用于在乡老复员军人、带病回乡退伍军人、参战退役人员定期生活补助和农村籍退役士兵老年生活补助配套资金629.85万元。向1794户农村义务兵家庭发放优待金2814.44万元，平均每户优待1.57万元，达到上年农村人均纯收入的100%；向218户城镇义务兵家庭发放优待金283.23万元，平均每户优待1.30万元，达到上年城镇职工平均收入的40%。

全市重点优抚对象均享受“三重医疗保障”，即基本医疗保险、城乡医疗救助、重点优抚对象医疗补助。同时，各县（市、区）均设立定点医疗机构，确定减免项目范围。全年中央和省下拨医疗补助经费748万元、市财政下拨医疗补助经费72.25万元。全年发放重点优抚对象个人门诊资金108.32万元；有6018名重点优抚对象享受医疗补助，补助总金额636.53万元。对住房有困难的重点优抚对象，给予建房和修房补助，全年补助30户、62.5万元。对生活有困难的优先给予临时救助，符合条件的优先纳入低保。

全市7所光荣院都按规定落实优抚院民生活、医疗待遇，院民伙食费标准510元/月以上，省民政厅下拨院民生活补助费11.592万元。全市在春节和八一期间慰问6095名重点优抚对象，发放慰问金215万元。

9月30日，市、新罗区4套班子和龙岩军分区、区武装部在闽西革命烈士纪念碑举行烈士公祭活动，市、区机关干部职工代表1000余人参加。各县（市）参照市里的做法开展烈士公祭活动。闽西陵园接待观众80余万人次，闽西纪念馆接待观众10余万人次。

【抚恤补助标准提高】 从2018年8月1日起调整部分优抚对象等人员抚恤和生活补助标准。提高残疾军人（含伤残人民警察、伤残国家机关工作人员、伤残民兵民工）残疾抚恤金、烈属（含因公牺牲军人遗属、病故军人遗属）定期抚恤金、在乡红军失散人员和老复员军人定期生活补助金（标准见下文“残疾军人、伤残人民警察、伤残国家机关工作人员、残民兵民工残疾抚恤金标准”），调标所需经费由中央财政负担。提高带病回乡退伍军人的生活补助标准，每人每月增加50元，达到每人每月570元。此次调整补助标准中，中央财政负担20元，地方财政负担30元。地方财政负担经费，省、市、县三级按7:2:1的比例分担。提高部分参战退役人员生活补助标准，每人每月增加50元，达到每人每月695元。此次调整补助标准中，中央财政负担20元，地方财政负担30元。地方财政负担的经费，省、农村和城镇无工作单位、18周岁之前没有享受过定期抚恤金待遇且年满60周岁的烈士子女提高生活补助标准，每人每月增加50元，达到每人每月补助440元，调标所需经费由中央财政负担。对从1954年11月1日试行义务兵役制后至《退役士兵安置条例》实施前入伍、年龄在60周岁以上（含60周岁），未享受到国家定期抚恤补助的农村籍退役士兵提高老年生活补助标准，每服一年义务兵役每人每月提高5元，达到每服一年义务兵役每人每月补助 35 元，此次调整补助标准中，中央财政负担 2.5 元，地方财政负担 2.5 元。地方财政负担的经费，由省、市、县按 7:2:1 的比例分担。提高中共人民共和国成立前加入中国共产党的农村老党员和未享受离退休待遇的城镇老党员的生活补贴标准，每人每月增加 50 元，调整后的标准为，1937 年 7 月 6 日前入党的，每人每月 720 元；1937 年 7 月 7 日至 1945 年 9 月 2 日入党的，每人每月 660 元；1945 年 9 月 3 日至 1949 年 9 月 30 日入党的，每人每月 600 元。调标所需资金扣除中央负担的 25%外，其余部分继续按照《关于做好老党员生活补贴发放工作的通知》确定的分担比例，由省管党费承担 60%，省财政承担 40%。

残疾军人、伤残人民警察、伤残国家机关工作人员、伤残民兵民工抚恤金标准

表 11　　(从 2018 年 10 月 1 日起执行)　　单位:元/年

残疾等级	残疾性质	抚恤金标准	残疾等级	残疾性质	抚恤金标准
一级	因战	80140	五级	因公	35620
	因公	77610		因病	33080
	因病	75060	六级	因战	31830
二级	因战	72520		因公	30120
	因公	68710		因病	25440
	因病	66140	七级	因战	24190
三级	因战	63640		因公	21650
	因公	59800	八级	因战	15270
	因病	56010		因公	13980
四级	因战	52150	九级	因战	12680
	因公	47080		因公	10190
	因病	43260	十级	因战	8910
五级	因战	40740		因公	7620

福建省“三属”“两红”等优抚对象抚恤补助金标准

表 12　　（从 2018 年 10 月 1 日起执行）　　单位:元/月

对象名称		区域	现行标准	提高标准	新标准
“三属”定期抚恤金	烈 属		2034	193	2227
	因公牺牲军人遗属		1766	166	1932
	病故军人遗属		1668	156	1824
“两红”生活补助金	红军失散人员	城镇	2070	190	2260
		农村	2040	190	2230
复员军人生活补助金	抗日战争时期入伍		1190	100	1290
	解放战争时期入伍		1135	100	1235
	中华人民共和国成立后入伍		1100	100	1200
带病回乡退伍军人生活补助金			520	50	570
参战退役人员(含原 8023 部队退役人员)生活补助金			645	50	695
居住在农村和城镇无工作单位、18 周岁之前没有享受过定期抚恤金待遇且年满 60 周岁的烈士子女生活补助金			390	50	440
部分年龄在 60 周岁以上(含 60 周岁)、未享受到国家定期优抚补助的农村籍退役士兵,每服一年义务兵役补助标准			30	5	35

【“五老”人员慰问】 2018 年,龙岩市春节期间,采取集中慰问与重点慰问的方式,省办、省老促会、市委、市政府领导深入乡村慰问全市革命“五老”人员,发放慰问品、慰问金。各县(市、区)经常开展走访、慰问活动,尽力帮助协调解决“五老”人员的实际问题和困难,让革命“五老”人员老有所依、老有所养、老有所乐。

【“五老”人员定补】 2018 年,龙岩市继续落实好革命“五老”人员生活定补、医疗补助和增发 6 个月抚恤补助金作为丧葬补助费等政策。落实好革命“五老”人员定期生活补助标准同步增长机制,从 8 月 1 日起,及时提高革命“五老”人员定期生活补助标准,每人每月 1230 元。2018 年市级财政负担的革命“五老”人员生活定补资金 597.2 万元、医疗补助资金 52 万元以及提高定期生活补助标准市级补助资金 3.8 万元及时足额下达各县(市、区),保证革命“五老”人员老有所养、病有所医。

【“五老”人员管理】 2018 年,龙岩市抓好革命“五老”人员的登记、核查等管理工作。全市开展截至 5 月 31 日健在且领取定期生活补助的革命“五老”人员登记工作,填报《龙岩市健在革命“五老”人员领取定期生活补助登记表》,对全市领取定期生活补助的革命“五老”人员情况进行自查自纠。在市级自查的基础上,对截至 8 月健在且领取定期生活补助的革命“五老”人员进行再次登记,填报《健在革命“五老”人员信息表》。报送工作结束后,联合龙岩市纪委驻市人大机关纪检组深入各县(市、区)开展革命“五老”人员信息核查工作,督促各县(市、区)按照实事求是的原则,对省老区办反馈的《龙岩市 2018 年 8 月上报革命“五老”信息误差情况》和《龙岩市需要对上报的革命“五老”人员再次落实反馈的名单》中存在的问题,逐人、逐项核实,提供相关佐证材料并作专题报告。

（市民政局）

【殡葬领域整治】 至 2018 年 11 月,全市城乡公益性骨灰存放设施 1095 个,覆盖率 61.5%。全市火化率 100%,死亡 17165 人,选择节地安葬数量 13234 人,节地生态安葬率 77.1%。7 月,龙岩市启动为期 3 个月的殡葬领域突出问题整治专项行动,主要排查 2 个方面 8 个突出问题的具体问题。

【村（居）组织换届选举】 2018 年,龙岩市有村(居)委会 1926 个,其中村委会 1791 个、社区居委会 135 个。2018 年应换届的村委会 1790 个,社区居委会 126 个。截至 10 月 30 日,完成全部 1790 个村委会换届选举,选出主任 1787 个,平均年龄 45 岁,其中女主任 62 个,795 个村实现“一肩挑”,新一届村主任大专以上学历 385 个。新一届村委会成员平均年龄 43 岁,大专以上学历 704 人,其中 35 岁以下成员 1030 人。完成全部 126 个社区居委会的换届选举和 8 个新成立社区居委会的选举,选出 134 名居委会主任,平均年龄 43 岁,100 个居委会实现一肩挑,其中 35

岁以下26人，6人取得中级社工师资格、4人取得初级社工师资格。新一届居委会成员中，大专以上学历361人，35岁以下215人。

【扫黑除恶】 2018年，龙岩市将扫黑除恶专项斗争与村级组织换届选举同步开展。通过严把人选、资格审查和选举程序"三个关口"及时查处村(居)民委员会选举中的违法违纪行为，加强与政法委、组织、农业等部门的日常联系和信息沟通，完善监管制度措施。市民政局对2014年以来收到的信访件进行排查。排查107件信访件，排查出9条涉黑涉恶线索并报市民政局扫黑办，其中有1条线索经局扫黑办上报市扫黑办。汇总市级和7个县(市、区)的线索35条，排查出20条涉黑涉恶线索上报市扫黑办，并持续做好跟踪。

【服务社区高校毕业生考核】 2018年，龙岩市做好2018年服务社区高校毕业生年度考核和服务期满考核工作，确定2017年服务期满的28个中有9个优秀，其余合格，2017年年度考核的36个中有11个优秀，其余合格。

【台湾嘉宾参访龙岩社区】 2018年，民政部、省民政厅确定龙岩市为第五届海峡两岸社区治理论坛延伸参访单位，6月6—10日，78名台湾嘉宾参访新罗区、连城县、上杭县、永定区的部分城乡社区，参观新罗区西安社区、永定土楼民俗文化村、上杭客家族谱馆、古田会议会址和吴地村并进行互动；实地考察连城县培田村、石门湖农村社区，参观连城博物馆并与民间艺人互动。

【农村"幸福社区"申报工作】 2018年，市民政局组织做好全市农村"幸福社区"的申报工作。福建省分配龙岩市5个名额，其中，三星级1个、四星级2个、五星级2个。全市13个村进行申报。成立2个考评小组对申报的村进行实地考评，确定推荐名单，五星级2个，新罗区适中新祠村、永定区湖坑镇南江村；四星级2个，上杭县才溪镇溪北村、连城县莲峰镇鹧鸪村；三星级1个，漳平市新桥镇仓坂村。

【社会组织管理】 2018年，龙岩市贯彻落实《关于改革社会组织管理制度促进社会组织健康有序发展的意见》，对申请登记的社会组织，重点审核社会组织发起人和负责人的身份、年龄、是否被剥夺政治权利、是否失信被执行人，凡不规范、不符合条件的，坚决不予审批，确保登记质量。全市登记社会组织2397家(社会团体1670家、民办非企业单位716家、基金11家)，平均每千人拥有社会组织9.2‰。市级社会组织496家，其中社会团体327个，民办非企业单位166个，基金会3个。2018年，市级新增登记注册社会组织37家，其中，社会团体21家、民办非企业单位15家、基金会1家；注销登记社会组织57家，办理行政许可182件。压缩办事时限，推进行政审批标准化，简化各类证明材料，建立一次办结机制，加强行政服务监督，承诺件实际办理时间比承诺时间提前99.32%，比法定时间提前99.73%，当日办结率99.51%，电子证照生成率100%。

开展打击整治非法社会组织专项行动，全市查处非法社会组织21家，约谈6家，劝散15家。

开展2018年市级社会组织随机抽查工作，抽调市民政局有执法资格的9名干部，分成3组深入社会开展双随机抽查工作，随机抽查29家社会组织，列出问题清单并在网上通告。开展行业协会商会与行政机关脱钩第三批试点工作，确定69家行业协会商会脱钩名单。开展社会组织离任审计和注销清算审计工作，完成社会组织审计32家。举办全市社会组织负责人能力培训班，培训150人。

【发展城乡社区社会组织】 2018年，龙岩市134个街道、乡(镇)，建立城乡社区社会组织8568个，在民政部门登记1172个，在乡(镇、街道)或社区备案5038个，没有登记备案2358个。其中，城市社区128个，拥有社区社会组织1305个，平均10.2个/社区，农村社区1798个，拥有社区社会组织7263个，平均4个/社区。"互联网+社会组织"，官微使用总数2484个，官微覆盖度93%。开展慈善组织登记认定，全市认定慈善组织15家，公开募捐资格8家。

【社会组织年检】 2018年，有208家社团、64家民非和2家基金会完成年检工作，其中社团合格188家，基本合格20家；民非合格61家，基本合格3家；基金会合格2家。对市级登记的8家养老机构进行专项执法检查，对检查发现的问题进行通报提出整改意见。对于长期未年检和换届的162家社会组织，向21个业务主管单位发出《关于社会组织符合拟撤销行政处罚征求意见函》，向社会组织发出整改通知，分别给予撤销、注销、警告、行政约谈等处理。对2年以上未参加年检的135家社会组织列入活动异常名录并在网上通告。配合省委巡视组开展对龙岩市社会团体巡视工作，开展领导干部在社会团体兼职的清理规范工作，清理清退超龄兼职及超数量兼职领导干部，清退领导干部在社团违规取酬或领取补贴。

【社会组织党建】 2018年10月9日，龙岩市成立社会组织综合党委，配备党委书记、副书记。起草《关于推进市级社会组织党的组织和工作覆盖的通知》，召开市级社会组织和业务主管单位党建负责人会议，进一步明确党建目标要求、主要任务、基本职责、隶属关系。在社会组织成立、变更、换届、年检、章程中增加党建工作内容。至年底，市级社会组织成立党组织18个，筹备成立党组织16家。

【社会工作人才培养】 组织龙岩市社会工作者职业水平考试及培训。2018年,全市231人报名参加社会工作者职业水平考试,合格人数64人,全市累计有社会工作人才337人。争取市公务员局、市人力资源开发办公室发文同意市民政局直属事业单位开展社会工作专业岗位设置工作,明确一定比例的职数用于设置社会工作专业岗位。并在事业单位公开招考中要求部分岗位工作人员持有社工证书。社会工作类专业技术岗位的设置,为事业单位社工人才的培养和引进提供基础性保障。

【社工服务机构】 2018年,龙岩市有13家社工类社会组织(市级6家,县级7家)。方圆社工服务中心围绕重点青少年群体社工项目,开展共青团中央2018年禁毒防艾宣传教育项目、2018年“无毒青春·无悔人生”——龙岩市中等职业学校禁毒宣传社工项目,2018年“心回归”——社区五类重点青少年群体关爱服务项目等禁毒宣传、普法教育方面的工作,直接覆盖青少年500余人,间接服务青少年3000余人。7月,新罗区人民检察院将社工引入未成年人检察工作中,以共建形式介入未成年人刑事案件,通过司法社工的专业工作协助检察机关对涉罪未成年人开展社会化帮教,开展社会调查、跟踪帮教、心理矫治、就业指导等活动。引入社会工作专业人才,以弘扬专业理念、普及专业知识、推广专业方法为主要内容,以农村留守儿童和困境老年人为重点服务对象,开展涵盖家庭服务、生活照料、精神抚慰、能力提升、文化建设、社会支持网络修复等具有本地特色的专业化社工服务。

【志愿服务】 开展脱贫攻坚志愿服务活动。2018年,市民政局与市工商联、市文明办共同印发社会组织志愿服务精准扶贫行动方案,并联合举办“红土同心·民企帮村”精准扶贫行动启动仪式。启动仪式上,26家社会组织及企业与20个贫困村签订结对帮扶协议。各县(市、区)组织动员28个企业(社会组织)与20个村开展结对帮扶活动。至年底,市、县(市、区)两级组织动员96家企业(社会组织)与107个贫困村开展结对帮扶行动,投入帮扶资金1644万元,帮扶贫困人口3996人,资助贫户子女大学生4500名。

广泛开展志愿服务活动,与市、区两级团委联合开展禁毒志愿者、创城志愿者等培训工作3期,招募培训各类志愿者1000余名。发动闽西职业技术学院、龙岩学院师生在志愿福建系统注册成为志愿者。实施开展志愿者星级评定,将志愿服务记录与志愿者评选表彰、奖励保障等挂钩,在志愿者升学、就业、使用公共设施、接受社会服务等方面制定优惠政策。至年底,志愿服务记录平台上登记注册志愿者13万人。

【福利彩票发行销售】 2018年,龙岩市发行福利彩票14434.16万元,比上年减少571.82万元,减幅3.81%。全市电脑票销量10061.83万元,完成全年任务77.40%,比上年减少548.18万元,减幅5.17%。网点即开票销售386.07万元,比上年减少69.55万元,减幅15.26%,仅完成全年任务27.58%。中福在线发行3986.26万元,比上年增长46.01万元,增幅1.17%。从销量上看,除中福在线有小幅度增长外,其余票种发行量均有不同程度的减少,其中电脑票降幅较大,刮刮乐任务完成比率与任务目标存在较大差距。

2018年,各县(市、区)市福利彩票销量为市本级(新罗区)6668.76万元、新罗区乡镇245.07万元、漳平市829.25万元、上杭县2159.4万元、连城县620.37万元、长汀县2164.22万元、永定区811.71万元、武平县935.38万元,任务完成情况排名为市本级、上杭县、武平县、永定区、长汀县、连城县、漳平市、新罗区乡镇。与上年同期销量对比,全市各县(市、区)销量都出现明显的滞涨或下滑,其中市场基础较好、玩法结构健全的市本级、上杭县、长汀县销量较为稳定,而占市场份额较少的武平、漳平、连城仍然下滑明显。按进度任务上看,完成情况排名前三的是市本级、上杭县、武平县三个地方。从销售总量看,排名前三名的是市本级、长汀县、上杭县,其余依次是武平县、漳平市、永定区、连城县、新罗区(乡镇)。

(市民政局　市退役军人事务管理局)

残疾人事业

【市残联第五次代表大会】 2018年12月25日,龙岩市残疾人联合会第五次代表大会在闽西宾馆召开。会议总结过去六年全市残疾人事业发展成绩,提出未来五年奋斗目标;通报表扬龙岩市残疾人自强模范、残联系统工作成绩突出个人、扶残助残成绩突出集体和个人;选举产生市残联第五届主席团、市残联第五届执行理事会,选举郭丽珍为市残联第五届主席团主席,推举曾仲春为市残联第五届执行理事会理事长。市委书记许维泽,省残联党组书记、理事长邵旭到会并讲话。

【残疾人脱贫攻坚战】 2018年,市残联组织实施扶持农村困难残疾人就业创业和残疾人托养服务补助项目;全市有229名和604名建档立卡贫困残疾人分别获得就业创业补助和托养资助,发放补助资金238.9万元。开展精准康复扶贫行动,建档立卡户残疾人康复服务率100%。推进贫困残疾人家庭无障碍改造建设,全市完成571户农村残疾人家庭无障碍改造工作任务,下发补助资金37万元,年度任务完成率100%。对全市144名未脱贫建档立卡残疾人家庭享受的助残项目、政策开展检查,落实未脱贫建档立卡贫困残疾人家庭享受一项以上助残政策的帮扶。开展残疾人扶贫领域作风整治工作,成立扶贫领域作风问题专项治理工作领导小组,开展残联系统扶贫领域作风问题专项治理,对残联扶贫项目资金使用落实开展专项督查(自查)8次,整改问题3个。

【残疾人民生重点领域工作】 2018年,龙岩市推进“红土助残工程”项目,通过政府采购方式为10.16万名持有第二代残疾人证的残疾人投保意外伤害险。市残联与市民政局、财政局联合下发《关于做好对残疾人两项补贴提标工作的通知》,从2018年1月1日起,将全市困难残疾人生活补贴标准提高至每人每月90元(比省定标准高20元);一级重度残疾人护理补贴标准提高至每人每月110元,二级重度残疾人护理补贴标准提高至每人每月60元。10591名残疾人纳入农村最低生活保障,33183名困难残疾人享受每人每月90元的生活补贴,41349名重度残疾人每人每月领取60元或110元的护理补贴。

【残疾人就业创业】 2018年,龙岩市残联与市人社局等5家单位共同举办“海西招聘·春风行动”暨春季大中专毕业生大型人力资源现场招聘会,针对残疾人开放近200个就业岗位。开展2018年高校残疾人毕业生及2017年未就业残疾人毕业生就业需求摸底调查工作,为61名残疾人毕业生建立档案,推荐8名残疾人毕业生参加全省高校残疾人毕业生招聘会,残疾人大学生就业率80%以上。完成全市贫困残疾人培训821人,其中职业技能培训364人、农村实用技术培训457人;选送11位残疾人参加省残联举办的各类职业技能培训班;选送龙岩市残疾人互联网孵化基地负责人(代表福建省)参加国家级残疾人职业培训基地创业导师师资培训班。落实好扶持残疾人就业创业“1+6”政策,为分散超比例安置残疾人就业的11家单位(超比例安置34人),发放奖励23.74万元;为集中超比例安置残疾人就业的15家单位(超比例安置271人),发放奖励88.16万元;为自主就业创业残疾人发放社会保险补贴425.8万元。

【精准康复服务行动】 2018年,龙岩市有康复服务需求的残疾人20960人,其中20395人获得康复服务。康复服务率97.30%,辅助器具适配率94.48%,建档立卡贫困人口服务率100%,因病致(返)贫服务率98.90%,精神残疾人康复服务率94.02%。市残联与市卫计委联合成立残疾人精准康复服务行动专家技术指导组,开展技术指导和人员培训;实施残疾儿童康复救助项目,为1048名残疾儿童发放康复训练救助资金942.27万元;开展精神残疾人住院医疗补助,为299名住院康复的精神残疾人发放补助资金79.81万元,龙岩市对精神残疾人住院医疗进行补助的做法被省残联转发推广;做好聋儿“人工耳蜗”项目救助工作,为24名符合条件的聋儿申请人工耳蜗项目救助;推进辅具适配补贴工作,组织辅具服务机构深入边远山村提供上门免费评估服务,为全市1578名残疾人发放辅助器具适配补贴资金218万多元;加强残疾人辅具适配服务机构建设,组队参加全省辅助器具服务技能大赛,获第三名。

【残疾人教育】 2018年,龙岩市开展适龄残疾少儿入学调查摸底工作,推进残疾儿童少年学前至高中阶段15年免费教育。全市有在校残疾学生3338名,其中,在全市7所特校就读1048名,普通学校随班就读2290名。全市盲、聋、弱智儿童入学率分别为98%、98.5%和98.6%。实施“扶残助学”工程项目,为全市53名学龄前儿童发放补助资金15.9万元,为142名残疾学生和低保户残疾人在校子女发放助学金13.85万元,为武平、长汀、连城3个省级扶贫开发重点县73名残疾学生及低保户残疾人子女发放资助资金41.62万元。

【残疾人文体活动】 2018年,龙岩市残联组织残疾人参加全省残疾人书画、文创集市公益联展,获一等奖、三等奖各1名。组队代表福建省参加2018年全国残疾人象棋比赛暨第十届全国残疾人运动会,1名选手获得男子听力组第五名并入选参加第十届全国残疾人运动会象棋决赛;组队代表福建省参加全国第十届残疾人运动会暨第七届特奥会特奥足球比赛,获第二名;组团参加福建省第八届残疾人运动会,获7金5银6铜,获轮椅健身操团体第一名。

【残疾人维权工作】 2018年,龙岩市残联接待、办理残疾人来信来访来电等信访件1543人(件),群众满意度100%。为残疾人提供法律援助3件,为上访的残疾人协调其他政府部门帮助32次,回应残疾人的政策咨询1431人次。做好残疾人机动轮椅车管理和燃油补贴发放工作。经市残联协调,龙岩市质量技术监督局下发《关于公布龙岩市2018准予登记非机动车目录车型的通知》,市交警支队为13名购买标准型号机动轮椅车的残疾人免费挂牌,为持有残疾人机动轮椅车牌的残疾人发放燃油补贴3380元。开展残疾人机动轮椅车整治后续工作,积极联系有关部门,先后帮助25名交车改行的残疾人解决就业和代步车的挂牌问题。

【残疾人事业宣传】 2018年,龙岩市残联在微信公众号平台开通微信公众号“闽西残疾人康复服务”和“龙岩市残疾人福利基金会”,及时宣传残疾人工作动态,实时报道残疾人工作中的典型事迹。在各媒体发表稿件100多篇,营造全社会共同关心帮助残疾人的舆论氛围。

【残疾人职业技能竞赛】 2018年9月，举办龙岩市第三届残疾人职业技能竞赛，全市7支代表队82名选手参加9个竞赛项目，新罗区、永定区、长汀县分别获团体第一名、第二名、第三名。11月，组织24名选手参加福建省第六届残疾人职业技能竞赛，获得水彩绘画第一名、盲人保健按摩第二名、海报设计第三名。

【助残活动】 2018年，市盲人协会爱心志愿服务队赠送"爱心卡"。市聋人协会举办学习国家通用手语版《中华人民共和国国歌》活动。市肢体残疾人协会举办庆祝第27个国际残疾人日暨"长远营财之夜"慈善晚会。市智力残疾人及亲友协会开展"走进大自然，领略春光美""牵着蜗牛去散步"等社会公益活动。市精神残疾人及亲友协会举办"有你，我们不孤独——2018关注自闭症儿童公益活动""情暖冬至，长幼同乐"等爱心公益活动。市残疾人福利基金会开展"百万爱心·千人启明"等公益活动，为7000人次发放价值500多万元的善款善物。

【残疾人证核发管理】 2018年9月，完成全市1931个村（社区），10.2万名持有二代证残疾人基本服务状况和需求信息数据动态更新工作。加强残疾人证核发管理工作，分别为全市8家开展听力残疾评定的定点机构配齐听力检测设备，《龙岩市县级残疾评定机构配备听力检测设备实施方案》被省残联转发推广；与市卫健委、市民政局、市财政局联合制定《龙岩市开展集中核查整治第二代中华人民共和国残疾人证实施方案》，在全市范围内全面核查残疾人证，突出解决非残疾人持证、残疾人残疾程度和评定等级不符等问题。启动龙岩市第三代（智能化）残疾人证试点工作。

【县(市、区)残联新作为】 2018年，新罗区优化残疾人证办理程序，确保残疾人办证只跑一趟。永定区对建档立卡贫困残疾人优先安排助残项目和重点帮扶。上杭县残疾人信息化建设走在全省前列，"启能通"与县图书馆电子阅览室实现互联互通，与移动公司实现残疾人用户使用"启能通"免流量。武平县以"扶+奖"的帮扶形式，鼓励建档立卡贫困残疾人发展养蜂、养鸡产业。长汀县着力解决因残致贫家庭突出困难、助力建档立卡户残疾人精准脱贫。连城县在全市范围内率先开展二代证核查整治工作。漳平市针对享受残疾人就业创业补助的残疾人开展培训。

（林加坚）

老龄工作

【老年人权益保障执法检查】 2018年，市人大常委会开展老年人权益保障"一法一例"执法检查，对养老服务业发展情况进行专题询问。9月，市五届人大常委会第十一次会议听取和审议市人大常委会副主任邓振春所作的《关于检查〈中华人民共和国老年人权益保障法〉和〈福建省老年人权益保障条例〉实施情况的报告》和市政府《关于龙岩市养老服务业发展情况的报告》，对龙岩市养老服务业发展情况开展专题询问。市人大常委会向市政府发出审议意见。市老龄办加大贯彻"一法一例"的宣传力度，10月17日，《闽西日报》要闻版用2/3的版面刊登"热点关注·九九重阳·敬老爱老"专版，图文并茂宣传龙岩市老龄事业新成果；11月13日，《福建老年报》以"清新龙岩养生福地"为题，用一个整版报道龙岩市"十三五"老龄事业发展情况。

【实施老龄事业发展和养老体系建设规划】 至2018年6月，全市7个县(市、区)均出台《"十三五"老龄事业发展和养老体系建设规划》。开展中期评估自评工作。各县(市、区)和市老龄委各成员单位开展自评，推进规划实施。7月上旬初步完成自评工作，社会养老保障、老年健康支持、老年服务体系、老年社会参与等主要目标任务中期执行情况良好。8月，省老龄办"十三五"福建省老龄事业发展规划执行情况和重点工作进展情况调研组深入连城县和新罗区开展调研。

【落实高龄津贴制度】 2018年，龙岩市全面落实老年人高龄津贴制度，按时、准确发放老年人高龄津贴。新罗区制定高龄津贴申报、审批、发放的规范性文件，具有较强的可操作性，市老龄办及时转发推广。2018年，全市发放高龄津贴5371万元，惠及68242名老年人。加强百岁老人的申报审核工作，要求各县(市、区)老龄办百岁老人入户见面率100%。全市核定百岁老人246人，发放百岁老人长寿营养补贴和老年节慰问金137.76万元。

【老年优待工作】 2018年，龙岩市落实各项老年优待政策，办理老年优待证。全市各级老龄部门为13522位老年人办理福建省老年人优待证。

配合民政部门开展"银龄安康保险"，市民政局、财政局、老龄办、人寿保险龙岩分公司联合下发《关于开展2018年度"银龄安康保险"工作的通知》。继续由福彩公益金为户籍在龙岩市辖区的60—79岁的优抚对象、城乡特困人员和80周岁及以上的老年人（不含离退休人员）投保1份银龄安康险，全市为81666位老年人投保，保费163.33万元。扩大银龄安康保险的覆盖面，发动老人自费投保，按每人每年投保100元制定保险方案，全市累计自费投保6180人。全市"银龄安康保险"老年人参保率17.8%，比省下达的指导性目标高2.8个百分点。

创新老年优待工作，10月1日起，

市民政局、老龄办、“e龙岩”办推出的电子老年人优待证正式上线。龙岩市范围内,老年人在公共服务领域如医疗机构、旅游景点、车站、龙岩中心城区公共交通等通过“e龙岩”出示电子老年证,可通过机具识别或人工查验方式进行验证,视同实体老年人优待证享受优待政策。

【基层老龄工作】 推动基层老年协会规范化建设,市委、市政府2018年6月15日下发《关于进一步加强和完善城乡社区治理的实施意见》。6月27日,市老龄办会同民政局下发《龙岩市城乡社区老年协会三年建设实施方案(2018—2020)》。至年底,全市成立老年协会的城镇社区135个,占社区总数的100%;成立老年协会的村1588个,占建制村总数的88.8%。开展老年协会登记注册,全市登记村(居)老年协会5个(长汀县1个、上杭县4个)。推动基层老年协会备案,新罗区村(居)基层老年协会备案率98.5%。规范化基层老年协会619个,占全市村(居)老年协会总数的32.2%。

推进基层老年协会领域扫黑除恶专项斗争工作,开展基层老年协会领域调查摸底、涉黑涉恶线索摸排工作。

继续在全市社区开展“关爱空巢老人”活动。会同市民政局下发《关于在全市社区继续深入开展“关爱空巢老人”活动的通知》,制定方案,指导社区以社区居家养老服务站为依托,建立结对帮扶台账,落实帮扶措施,实现志愿服务的制度化、常态化。

【敬老活动】 2018年,龙岩市以“营造敬老爱老社会氛围、纪念改革开放40周年”为主题开展“敬老月”系列活动。副市长张朝阳看望新罗区南城、江山等街道(镇)百岁老人,给寿星送上“百岁寿星”匾和慰问金,全市共慰问百岁老人246人。上杭、武平两县书记、县长带头,县四套班子领导分别赴挂钩乡(镇)入户慰问百岁老人,做到县领导慰问百岁老人全覆盖。市老龄福利会慰问永定区培丰镇特困老人20名,每人慰问金500元。10月13日,新罗区成立桑榆志愿者服务队,160多名志愿者在街心花园开展形式多样的志愿服务活动。老年节当天,市老龄办通过移动信息平台发送10万条老年节祝福短信。“敬老月”期间,龙岩人民广播电台对龙岩市的百岁老人进行系列展播。

动员社会力量参与敬老活动,与团市委联合推动“青春之光”爱老计划,与团市委、龙岩邮政分公司联合开展“弘扬中华美德、践行敬老爱幼”主题活动,12月14日联合举办活动启动会,聘请邮政夕阳红形象大使,成立邮政“青春之光”志愿者服务队,为留守老人、留守儿童提供关爱服务。

【老龄课题调研】 2018年,市老龄办、市老年学学会开展全国老年学和老年医学学会“积极应对人口老龄化——新时代、新思路、新对策”征文专题调研,形成调研文章100余篇,向中国老年学和老年医学会“养老供给侧结构改革高峰论坛”和省老年学学会选送123篇,有74篇论文获“2017全国老年学和老年医学学术论坛优秀论文”,有7篇论文分获省学会学术研讨会一、二、三等奖。向省老龄办报送9篇调研论文。

【机构整合】 2018年,根据机构改革方案,组建市卫生健康委员会,由市民政局承担的市老龄工作委员会办公室的职责整合到市卫生健康委员会。保留市老龄工作委员会,日常工作由市卫生健康委员会承担。12月,市老龄办整体划转到市卫生健康委员会。

【百岁寿星】 2018年,龙岩市有百岁寿星246人(其中男49人、女197人),与上年持平;平均每十万人有百岁老人7.8人,比全省平均值高2人。年龄最大的是上杭县通贤乡岭头村的李细兰(女,1902年1月出生),116岁。

(市老龄工作委员会办公室)

民族　宗教

【少数民族脱贫攻坚】 2018年,龙岩市争取中央、省级少数民族发展资金567万元和市级民族补助款210万元,完善民族乡村基础设施建设,扶持2个民族乡发展烤烟和油茶特色优势产业促进增收。开展少数民族科技培训,举办2018年少数民族实用技术培训班,培训100余人。选送31名少数民族群众、村干部参加省民宗厅举办的科技培训班,提高致富技能。推进第四轮挂钩帮扶民族村工作,各帮扶单位共投入资金412万元,协调有关部门投入551万元,帮助民族村发展经济社会事业。推荐6个民族村列入第四批全省少数民族特色村寨保护与发展试点村。投入200多万元专项资金扶持现有8个试点村发展特色产业、建设特色民居、传承特色文化。上杭县苏家坡村在打造集民族文化、红色文化、绿色文化的“中国少数民族特色村寨”成效初显。

【民族社会事业】 2018年,龙岩市承办全省第五届少数民族文艺调演,全省400多名少数民族演职人员参加演出,2000多名观众观看演出。龙岩市选送的《叶儿青青畲乡乐》获表演二等奖、创作三等奖,《走在茶山间》《山羊山民的幸福生活》获表演三等奖。中华一家亲·2018海峡两岸各民族欢度“三月三”节暨福建省第七届“三月三”畲族文化节、第十一届海峡两岸少数民族丰收节在上杭县举办,海峡两岸近600名嘉宾和5万多少数民族群众参与。上杭县被国家民委、国台办授予“海峡两岸少数民族交流与合作基地”。总投资670万元,展厅800平方米的闽西畲族馆在上杭县客家缘文化中心落成。组团参加省第九届少数民族传统体育运动会,获1金

3银4铜和表演项目银奖。民族教育、卫生事业健康发展。安排40万元专项资金帮助民族乡卫生院、中小学改善基础设施建设。命名上杭县官庄民族中学、庐丰民族中学、湖洋中学和蓝田种玉文化发展有限公司为龙岩市少数民族传统体育项目板鞋竞速、高脚竞速、蹴球、陀螺和民族武术训练基地。争取2.7万元对9名家庭贫困品学兼优的少数民族本科大学新生给予每生3000元资助。官庄民族中学举行建校50周年庆祝活动，募集奖教奖学基金近150万元。

【民族团结进步】 2018年，龙岩市开展以“团结奋斗铸牢中华民族共同体意识”为主题的民族团结进步宣传月活动，群发宣传短信30万条；在龙岩电视台展播专题片《落实民族乡村扶持政策 促进民族乡村加快发展》；在市民宗局门户网站及微信公众号播发《扎根畲乡沃土 传承民间艺术》《主动融入美丽城市 为民族团结做贡献》等6个民族团结进步好故事；上杭县摄制51集大型电视专题系列片《走进畲村》、举办闽西（上杭）畲族服饰研讨会、开展2018上杭庐丰首届畲乡农民丰收节民族团结进步宣传月暨三红蜜柚采摘节活动；漳平市主办民族团结进步宣传月活动文艺晚会，桂林中心小学举办“中华民族一家亲·同心共筑中国梦”校园民族文化艺术节汇演。指导做好内地新疆班工作。做好全市2.22万少数民族流动人口服务管理工作，安排7万元专项资金支持全省少数民族流动人口服务管理工作联系点——新罗区曹溪街道龙钢社区添置设备，促进各民族交往交流交融。

【治理佛教道教商业化问题】 2018年，龙岩市下发《关于贯彻落实国家宗教事务局等十二部门〈关于进一步治理佛教道教商业化问题的若干意见〉的通知》，对佛教道教商业化问题进行全面排查整治，重点对佛教道教举办大型法会进行监管，预防商业化运作。

【宣传《宗教事务条例》】 2018年，龙岩市举办民族宗教政策法规培训班，市、县统战、民宗干部、各乡（镇）统战委员、民族村村主干200多人参加培训。举办全市宗教团体和主要宗教活动场所教职人员政策法规培训班，80多名教职人员参加培训，加大对新修订的《宗教事务条例》的培训解读力度。

【宗教场所规范化管理】 2018年，龙岩市开展以“学习”为主题的和谐寺观教堂创建活动，倡导在全市宗教活动场所举行升国旗仪式。完成全市361处宗教活动场所新版登记证换发工作。选派10名宗教活动场所财务会计人员参加省民宗厅举办业务培训。开展宗教活动场所安全检查和消防安全宣传教育。

【宗教教职队伍建设】 2018年，龙岩市民宗局推荐9名主要佛教寺庙负责人和龙岩市全省性宗教团体副秘书长人员参加省民宗厅举办的业务培训班学习。

【宗教团体建设】 2018年，龙岩市民宗局指导成立龙岩市道教协会，完成市佛教协会、市天主教爱国委员会换届工作。市本级将宗教团体和民间信仰工作经费纳入年度财政预算。宗教团体工作经费由原先每个团体2万元，增加到10万元，市佛教协会增加到15万元。

【宗教界慈善公益活动】 2018年，龙岩市基督教两会在上杭举行龙岩市基督教界扶贫济困公益慈善捐赠仪式，慰问低保户122户、困难户48户，发放食用油、大米等物资计人民币约2万元。新罗区莲山寺、上杭县民宗局及长汀县佛教协会开展资助贫困学生、慰问贫困老人等活动。

【行政执法监督检查】 2018年，龙岩市开展“双随机一公开”（在监管过程中随机抽取检查对象，随机选派执法检查人员，抽查情况及查处结果及时向社会公开）执法检查。组织执法人员赴各县（市、区）开展打击非法宗教出版物和佛教道教商业化治理随机抽查工作，随机抽查14处，发出整改通知书7份，全部整改到位。开展非法宗教出版物专项检查。联合市文广新局、市网信办等部门对非法宗教出版物共检查线下经营场所93处，线上监测网站14家。开展非法宗教出版物专项检查，检查全市范围内有影响力、规模较大场所36处，发现并现场销毁佛教类非法出版物800余册，佛教类光盘影像资料290张。

【宗教界助力脱贫攻坚战役】 2018年，龙岩市民宗局组织市天主教爱国委员会分别深入连城、新罗开展扶贫帮困送温暖活动，慰问贫困户12户7500元，发放物质计14000元。长汀县佛教慈善会被市脱贫攻坚战役指挥部授予“社会扶贫模范”称号。

（谢　键）

居民生活

【概况】 2018年，龙岩市居民人均可支配收入26247元，比上年增长8.9%。其中：全市城镇居民人均可支配收入35759元，增长8.3%；农村居民人均可支配收入17154元，增长9.3%。全市居民人均生活消费支出17873元，比上年增长8.3%。其中，城镇居民人均消费性支出23546元，增长8.7%；农村居民人均生活消费支出12450元，增长6.9%。城镇居民食品消费支出比重34.2%；农村居民食品支出占生活消费支出比重38.6%，农村居民恩格尔系数38.6%。

2018年末，城乡居民人民币储蓄存款余额883.24亿元。城镇居民人均居住面积52.6平方米；农村居民人均住房建筑面积69.3平方米。城乡固定电话总数64万户，固定电话普及率由24.2部/百人；移动电话用户283万户。

2018 年龙岩市城镇居民人均可支配收入情况

表 13　　　　单位:元

	一、可支配收入	(一)工资性收入	(二)经营净收入	(三)财产净收入	(四)转移净收入
全 市	35759	24636	4465	3809	2850
新 罗	40079	29357	3783	4273	2667
永 定	37313	23315	6692	6066	1240
漳 平	34082	24385	7205	1761	732
长 汀	25500	18455	3161	1863	2021
上 杭	38975	23361	4962	4503	6149
武 平	33664	25316	2735	3343	2270
连 城	30976	20692	3879	2974	3431

2018 年龙岩市农村居民人均可支配收入情况

表 14　　　　单位:元

	一、可支配收入	(一)工资性收入	(二)经营净收入	(三)财产净收入	(四)转移净收入
全 市	17154	6746	8274	210	1924
新 罗	20584	10074	8192	285	2033
永 定	18072	6975	8935	97	2065
漳 平	17349	5066	11103	226	954
长 汀	15348	5182	8249	89	1828
上 杭	16783	6499	7971	196	2117
武 平	16337	6819	7882	44	1592
连 城	15532	6399	6601	27	2505

2018 年龙岩市农村居民人均消费支出情况

表 15　　　　单位:元

	消费支出	一、食品烟酒	二、衣着	三、居住	四、生活用品及服务	五、交通通信	六、教育文化娱乐	七、医疗保健	八、其他用品和服务
全 市	12450	4810	514	2818	599	1531	1136	772	270
新 罗	14735	5334	786	2944	713	2265	1552	920	220
永 定	12437	4729	672	3190	771	1462	649	721	243
漳 平	11944	4539	621	2508	764	1517	1314	562	119
长 汀	11613	4645	415	2968	425	969	983	768	440
上 杭	12838	5002	565	3507	673	1431	856	589	215
武 平	11599	4683	366	2928	600	1154	971	692	205
连 城	11575	4653	568	2340	698	1249	1192	527	348

【城镇非私营单位职工工资】 2018年，龙岩市城镇非私营单位累计发放从业人员工资总额213.19亿元，比上年增长13.2%。其中，在岗职工(含劳务派遣人员，下同)工资总额204.28亿元，比上年增长13.9%。全市城镇非私营单位从业人员年平均工资66501元，比上年增长8.2%；其中在岗职工年平均工资70094元，比上年增长9.2%。

分单位类型看，事业单位在岗职工平均工资85732元，比上年增长18.1%，增幅较全市平均水平高8.9个百分点，增长较快；机关单位在岗职工平均工资93492元，比上年增长14.0%；企业单位在岗职工平均工资59465元，比上年增长4.2%。分国民经济行业门类看，在岗职工平均工资最高的三个行业分别是金融业141955元，信息传输、计算机服务和软件业98314元，科学研究、技术服务和地质勘查业94393元，分别比上年增长19.1%、10.6%、11.7%；在岗职工平均工资最低的3个行业分别是租赁和商务服务业39004元、住宿和餐饮业40697元、居民服务和其他服务业43452元，增长率分别为-5.4%、14.9%、2.2%。从各县（市、区)工资水平来看，新罗区、上杭县在岗职工平均工资超过全市平均水平，分别为81243元、73309元，比上年增长8.9%、8.1%，其他县(市、区)均低于全市平均水平，其中漳平市排名最末，为55969元。从增长速度来看，武平县在岗职工平均工资66142元，比上年增长17.3%，增速最快。

【社会消费品零售总额平稳增长】 2018年，龙岩市实现社会消费品零售总额907.42亿元，比上年增长11.6%，增幅比上年提升0.1个百分点。

从消费领域看，全市限额以上乡村市场实现零售额60.05亿元，比上年增长23.3%，城镇市场实现零售额524.04亿元，增长13.9%，乡村市场增幅高于城镇市场9.4个百分点。从消费形态看，全市社会消费品零售总额中商品零售额820.48亿元，比上年增长11.8%，增幅比上年提高0.2个百分点；餐饮收入86.94亿元，增长9.5%，增幅比上年回落1.9个百分点。商品零售额增幅高于餐饮收入2.3个百分点。从商品类值看，全市限额以上汽车类零售额比上年增长12.5%，粮油类增长29.1%，肉禽蛋类增长18.7%，服装类增长13.1%，日用品类增长3.3%，文化办公用品类增长21.6%，通信器材类增长16.3%，化妆品类增长23.5%，金银珠宝类下降0.4%，中西药品类增长53.4%，家用电器和音像器材类增长11.1%，家具类增长25.4%，建筑及装潢材料类增长25%。

【城乡收入差距缩小】 2018年，龙岩市城镇、农村常住居民人均可支配收入预计分别为35759和17154元，分别比上年增长8.3%和9.3%，城乡居民人均收入倍差为2.08，比上年缩小0.02。工业生产者出厂价格（PPI）比上年上涨3.9%，涨幅比上年收窄2个百分点。36个行业大类价格呈“29涨2平5降”态势。

【农村居民家庭每百户耐用消费品拥有量】 2018年，龙岩市每百户农村居民家庭平均拥有电冰箱109台、彩色电视机146台、洗衣机94台、热水器98台、移动电话298部，分别比2000年增加99台、81台、63台、84台、284部。

【脱贫攻坚】 2018年底，除当年新增或返贫的38户132人尚未脱贫外，全市所有建档立卡贫困户全部实现脱贫，2个省级扶贫开发重点县、27个市级扶贫开发重点乡镇、344个贫困村实现摘帽退出。

【城镇化进程】 2018年，龙岩市常住人口264万人，常住人口城镇化率57%，较2017年提升1.3个百分点，比全省平均水平高0.3个百分点，提升幅度居全省第2位，常住人口城镇化率由全省第八位上升至第七位。

（市统计局）

责任编辑　饶晓艳

新罗区

【概况】 2018年，新罗区实现地区生产总值(GDP)878.8亿元(现价，下同)，比上年增长8%(可比价，下同)。其中，第一产业增加值39.9亿元，增长3.4%；第二产业增加值479.2亿元，增长8.3%；第三产业增加值359.8亿元，增长8.1%。三次产业比重由上年的3.7:58.1:38.2调整为4.5:54.5:40.9。全年财政总收入36.3亿元，增长12.2%，其中地方财政收入24亿元，增长9.2%；财政支出40.9亿元，增长0.6%。年末金融机构人民币各项存款余额925.8亿元，下降1%。其中，人民币储蓄存款余额344.6亿元，下降1.5%。年末金融机构各项贷款余额1095.6亿元，增长10.4%。新罗区先后获得全国中小城市“绿色发展百强区”“科技创新百强区”“新型城镇化质量百强区”等称号，继续跻身“中国市辖区综合实力百强区”“最具投资潜力中小城市百强区”行列。

【农业和农村工作】 2018年，新罗区打造太湖农业产业园、原生蛋鸡产业园、大池花生产业园、适中薏米产业园、江山斜背茶产业园、铁山葡萄产业园、苏坂蜜柚产业园、岩山水蜜桃产业园等8个现代农业示范园区，加快龙池国家级特色农产品优势区建设，龙岩花生、笋竹等特色产业进一步壮大。全年农林牧渔业总产值51.4亿元，增长2.5%。其中，农业产值12.4亿元，林业产值5.3亿元，牧业产值30.7亿元，渔业产值1.9亿元，分别增长0.5%、6.6%、2.2%和10%。农林牧渔业产值结构比例由上年24.4:9.8:60.5:3.2:2调整为24.1:10.3:59.8:3.7:2.1。粮食播种面积1万公顷，比上年下降8.6%。其中，稻谷面积8260公顷，烟叶种植面积96.47公顷，油料种植面积797公顷，蔬菜种植面积8584公顷，分别下降10.4%、5.3%、1.7%和1.7%。粮食总产量62308吨，比上年减少5412吨，下降8%。其中，稻谷产量53807吨，比上年下降10%；蔬菜产量217873吨，比上年增加8吨。全年肉蛋奶总产量达124300吨，增长2.3%。其中，肉类总产量118043吨，禽蛋6145吨，分别增长0.9%和40.7%；奶类112吨，增长30.2%；生猪出栏98.1万头，下降10.1%；家禽出栏2583.4万只，增长12.2%。全年水产品总产量8344吨，比增10%，其中，淡水养殖产量7248吨，增长14.5%；淡水捕捞产量1096吨，下降12.4%。

新创省、市农业物联网示范企业4家，新增市级以上龙头企业2家，农民专业合作示范社9家。深化重点生态区位商品林赎买，完成27片合计666.7公顷山场的赎买、租赁。全面实施产业、就业、安居、保障、智力、竞争性、壮大村集体经济等“七大扶贫工程”，完成2个贫困镇、28个贫困村脱贫摘帽任务。突出贫困户增收脱贫典型示范户带动，培育创建先进典型170个；实现激励性扶贫项目全覆盖，培育典型项目210个，受益贫困人口6136人；审批发放扶贫小额贷款、贫困村村级担保互助基金贷款1.25亿元，带动帮扶2384户贫困户发展生产。

【工业和建筑业】 2018年，新罗区深化供给侧改革，切实帮助企业减费降税降成本；狠抓龙头企业，补强产业发展“全链条”，全面实施“三双”(亿元企业和小微企业“双培育”，工业企业产值和税收“双倍增”，工业项目促开工、促投产“双促进”)计划，龙工桥箱、卓越新能源、天泉药业等17家龙头企业发展壮大，机械制造、能源精化、建材、农产品加工等“四大”百亿产业产值分别增长23.2%、10.2%、15.9%、10.5%。年末有规模以上企业469家，全年实现规模以上工业总产值1020.2亿元，增长13%。实现规模以上工业增加值341.4亿元，增长8.7%。重点产业中，机械制造产业实现产值296.9亿元，增长23.2%；生物医药产业实现产值17亿元，增长18.9%；

光电与新材料产业实现产值12.5亿元，下降24.2%。六大传统产业实现产值625.2亿元，增长10.1%。其中，建材产业实现产值147.9亿元，增长15.9%；农副产品加工产业实现产值136.3亿元，增长10.5%；能源精化产业实现产值179.8亿元，增长10.2%；轻工纺织产业实现产值7.9亿元，下降23.5%；烟草产业实现产值140.2亿元，增长6.5%；有色金属产业实现产值13.2亿元，增长12.9%。从轻重工业看，轻工业完成产值323.2亿元，增长8.1%，重工业完成产值697亿元，增长15.4%。主要产品产量中，原煤、水泥产量、分别下降17.4%和6.9%，发电量增长29.6%。规模工业企业全年实现主营业务收入941.5亿元，增长11.7%；工业产品销售率97%，比上年下降2.4个百分点。龙州、龙雁两大园区产值分别实现348.7亿元、73.4亿元，分别增长15.9%、6.8%。

全年资质等级以上的总承包和专业承包建筑业企业完成建筑业总产值319.99亿元，增长13.7%。房屋施工面积1432.49万平方米，增长5.3%，房屋竣工面积393.69万平方米，增长11.1%。

【固定资产投资】 2018年，新罗区45个省市重点、53个“重中之重”“五个一批”等项目均超额完成任务，中信重工、格兰尼异地技改等一批项目开工建设，卓越二期、华众皮带轮等一批项目相继建成投产。全年征收土地100公顷、房屋20万平方米，龙津湖、龙岩洞公园等23个项目实现净地交付建设。全年固定资产投资增长12.4%。其中，第一产业投资下降75%；第二产业投资增长6.5%(其中工业增长13.7%)；第三产业投资，增长17.9%。房地产开发投资183.3亿元，增长35.9%。商品房施工面积1264.8万平方米，下降11.3%；竣工面积190.3万平方米，下降43.1%。商品房销售面积（含预售)232.5万平方米，增长21.8%，其中，住宅销售面积190.3万平方米，增长20.0%。全年商品房销售额211.5亿元，增长27.9%。

【国内贸易】 2018年，新罗区实现社会消费品零售总额390亿元，增长9.8%。新罗区(不含市经济开发区)全年实现社会消费品零售总额387.9亿元，增长10%。其中限额以上社会消费品零售额294.8亿元，增长10.8%；限额以下社会消费品零售额完成93亿元，增长6.2%。在限额以上企业商品零售类值中，汽车类零售额比上年增长12%，粮油类增长22%，肉禽蛋类下降4.9%，服装类增长11.5%，日用品类下降0.5%，文化办公用品类增长22%，通信器材类增长11.5%，化妆品类增长6.8%，金银珠宝类增长12.9%，中西药品类增长60%，家用电器和音像器材类下降2.9%，家具类增长39.5%，建筑及装潢材料类增长35.5%。限额以上批发和零售企业实现网上零售额6亿元，增长15.4%，“正统网”入驻电子商务企业13家。现代服务业加快发展，龙岩公路港、红炭山健康养老基地等项目建设稳步推进，龙岩登高东美食广场、准星楼1736文创园等项目建成投入运营，东城二级批发市场开张营业，成功解决韭菜园马路夜间市场长达30年占道经营问题。

【对外经济和旅游】 2018年，新罗区新签外商直接投资项目22项，利用外资合同金额5320万美元，外贸出口总额556432万元，实际利用外资782万元。旅游产业蓬勃发展，适中七彩蓝田成功创建国家AAA级旅游景区，小池培斜、江山村美成功创建省级旅游特色村，雁石镇云山村、白沙镇官洋村、孔党村、营边村，岩山镇玉宝村、苏坂镇美山村入选第五批中国传统村落。全年旅游营业收入116.91亿元，增长35.8%。共接待游客1155.65万人次，增长25.2%。其中，接待过夜游客496.93万人次，增长35.1%，接待乡村游游客470.09万人次，增长28.5%。

【交通和邮电】 2018年，新罗区交通运输仓储和邮政业实现增加值40.7亿元，增长2.8%。年末全区公路通车里程2199千米，其中高速公路里程142千米。年末铁路营业长度140千米。邮政业务总量5.7亿元。电信业务总量16.6亿元，年末固定及移动电话用户总数达246.3万户。其中，固定电话用户22.4

2018年6月27日，新罗区举行第二季度项目集中开竣工仪式

（新罗区委史志室　供图）

2018年9月，“新罗第一泉”景观恢复改造完成并正式开放

（新罗区委史志室　供图）

万户，移动电话用户100.3万户，互联网用户37.2万户，3G移动电话户数3.5万户，4G移动电话户数82.9万户。

【社会事业】　2018年，新罗区加大创新创业扶持力度，新认定省、市级科技小巨人领军企业15家、省级高新技术企业12家、省级创新平台1家，全区历年累计拥有国家、省知识产权优势企业14家。全年专利申请总量1681件，其中发明299件、实用新型1272件、外观设计110件；专利授权总数1000件，其中发明80件、实用新型850件、外观设计70件；有效发明专利404件，万人发明专利拥有量5.5件。新罗区入选“2017年度中国知识产权领域最具影响力县域50强”，位居第49位。9家企业申报参赛的9个发明专利项目均获“2017年度龙岩市专利奖”奖励。实施“阳光招生”政策，推进月山小学等15个重点应急教育项目建设，整治无证幼儿园及校外培训机构。当年辖区有高等学校2所，中等职业教育学校5所，普通中学28所，小学60所，特殊教育学校1所，幼儿园185所。高等学校招生6221人，在校生18486人，毕业生5036人。中等职业学校招生6678人，在校生20099人，毕业生6408人。普通高中班数230个，招生3974人，在校生11631人，毕业生3689人。初中班数472个，招生7936人，在校生22925人，毕业生6584人。小学班数1228个，招生12383人，在校生58995人，毕业生7797人。特殊教育班数29个，招生49人，在校生513人，毕业生69人。学前教育班数1527个，入园人数8109人，在园人数20749人，离园人数7703人。成功举办第十届海峡论坛两岸（新罗）青年龙舟文化节等3场全国性赛事活动及首届新罗区运动会，大型山歌戏《羊角花》入选年度省舞台艺术精品工程，18家趣读吧建成投入运营。全区拥有公共文化服务机构数28个，其中，一级公共图书馆1个，三级文化馆1个，三级博物馆1个，山歌戏传习中心1个，电影公司1个，影剧中心2个，县级农村有线广播应急预警系统联播联控中心1个，镇（街道）20个。新设医疗机构17家，标准化建设乡村卫生所60个。年末卫生医疗机构（包括门诊部、卫生所、医务室、诊所）566个，医疗床位6691张。卫生技术人员8214人，其中，医师（含助理）2956人，注册护师4089人，药师375人，技师455人（检验师332人），其他技术人员339人。

【城市建设与生态环境】　2018年，新罗区加快白沙镇、雁石镇2个新型城镇化建设，推进南石、北溪等19个村庄省“千村整治、百村示范”工程，实施竹贯、黄洋、黄地、培斜、南卓、益坑、老寨、紫阳8个区美丽乡村建设，完成裸房整治49栋、改厕800户。白沙、万安、苏坂等3个垃圾填埋场彻底停用，实现全区垃圾无害化处理。深化农村公路“路长制”，全年改造农村公路79千米、“四好”（建好、管好、护好、运营好）农村路示范路建设43千米。健全文明城市常态长效管理机制，中心城区878条背街小巷均达二级路段标准，环城森林景观美化、道路畅通等工程有序推进。全年关闭煤矿、非煤矿山17家，淘汰落后产能57万吨。突出养殖业污染整治，关闭拆除养猪场2043户、面积141万平方米，清栏生猪64.8万头，完成生猪养殖场标准化升级改造任务。加强河（湖）长制管理，加快河道“四乱”和黑臭水体治理，全面消除劣四类小流域，25条小流域水质全面提升。4个国、省控断面水质比上年提升25个百分点，6个中心城市生活饮用水源地水质达标率均为100%。全年完成水土流失治理2200公顷、植树造林733公顷，森林覆盖率79.2%。龙岩市危固废处置中心基本建成，中心城区空气质量天数优良比例99%，继续保持全省前列。

【安全生产与平安建设】　2018年，新罗区全区发生生产安全事故20起（其中营运性交通事故13起，死亡11人），死亡20人，受伤9人，分别下降23.08%、9.09%、43.75%，未发生较大及以上事故。强力整治“电信诈骗”“涉麻制毒”等治安突出问题。启动扫黑除恶专项斗争，打掉涉黑组织、恶势力犯罪集团、恶势力团伙9个，刑拘、抓获九类案件恶势力团伙成员157人。积极化解信访积案，矛盾纠纷稳控率达100%。物业管理、安全生产、食品药品及道路交通安全治理能力和监管水平有效提升，完成所有煤矿安全问题隐患整改任务，37处道路交通安全隐患路段整治全部完成。

【人口和人民生活】 2018年，新罗区常住人口73.5万人。户籍总人口55.1万人，比上年末增加17329人，增长3.2%。出生人口9668人，人口出生率17.54‰，比上年下降4.68个千分点；死亡人口1519人，死亡率2.76‰，比上年下降10.97个千分点；人口自然增长率14.79‰，比上年上升6.3个千分点。投入31亿元提升民生保障水平，保质保量完成26件为民办实事项目。全区居民人均可支配收入34328元，比上年增长9.1%。城镇居民人均可支配收入40079元，比上年增长9.1%；农村居民人均可支配收入20584元，增长8.8%。全市居民人均生活消费支出22378元，比上年增长8.7%；城镇居民人均消费性支出25379元，增长9.3%，其中，食品支出占城镇居民人均消费性支出32.3%；农村居民人均消费性支出14735元，增长6.4%，其中，食品支出占农村居民人均消费性支出36.2%。全年新就业8415人，城镇失业人员实现再就业5805人，其中就业困难人员1873人，新增农村富余劳动力转移2985人，登记失业率2.88%。为符合条件的5402人发放2018年灵活就业人员社保补贴1796万元。为2.19万名60周岁以上被征地农民发放养老补助金6473万元。全区城乡居民续保率96.8%，新增参保5036人，缴费10.23万人；全区企业职工基本养老保险参保11.34万人，征收养老保险费56582万元。新建成社区居家养老服务照料中心2个、农村幸福院51个。年末全区城镇社会福利机构21个。其中，公办养老机构6个，公建民营养老机构7个，民办养老机构8个；床位数共3608张，护理型床位占比49.78%（其中民营床位数2523张，政府运营床位数1085张）。全区城镇居民最低生活保障418户639人，农村居民最低生活保障1514户2661人。

【精准脱贫】 2018年，新罗区针对拟脱贫摘帽的重点镇、贫困村和贫困人口，全力摸排、查缺补漏，强化举措抓补短，年底2个扶贫开发重点镇、17个贫困村顺利脱贫摘帽。强化小额信贷，对贷款项目、资金用途进行跟踪，督促相关金融机构加快审贷、放贷速度，对符合放贷条件的贫困户实行应贷尽贷，全年完成扶贫小额信贷贷款存量4500万元。强化产业扶贫，重点持续推进激励性扶贫，实现全区有脱贫任务的镇（街）全覆盖、行政村覆盖面达50%、贫困户覆盖面达60%以上。强化村级互助担保，提高放贷数量，确保年底区村级互助担保贷款10存量4300万元以上。围绕“两不愁、三保障”要求，进一步加强医疗救助，确保家庭医生签约率、履约率双100%，贫困户因病住院目录内自付医疗费超过3000元以上的全额补助。加强教育资助，全面落实秋季建档立卡在册贫困户就学子女教育资助，资助覆盖率100%。加强住房保障，全面完成45户贫困户危房改造、49户造福工程搬迁户竣工入住。

【全力攻坚生态环保战役】 2018年，新罗区统筹推进治山、治水、治大气、治土壤，全年完成2200公顷水土流失治理、19.8公顷矿山生态恢复，国、省控断面水质优良比例达77.5%、持续消灭劣五类小流域，空气优良达标天数比例达98.8%，危险废物无害化处置率达97%。深化小流域治理，进一步落实“河（湖）长制”，扩大公检法、社会组织参与面，强化巡查、执法、考核，确保小流域水质稳定达标；深化养殖业污染治理，在已经禁养牛蛙红虫、限养生猪的基础上，关闭拆除面积达10万平方米，全区猪场总面积降至100万平方米以下，同时加大转产转岗、巡查监管、遗留污染物处置等力度，确保不发生复建复养问题，推进养殖业污染防治长效化。聚焦中央环保督察、省挂牌督办、“三合一”督察等8项整改任务，重点推进小流域对账销号、市级饮用水水源地整治、危固废处置中心项目建设、农村垃圾填埋场整治等整改工作，各项问题按序时得到有效整改。

【综合实力等五项指数入选全国百强榜单】 2018年10月，由中小城市经济发展委员会、中小城市发展战略研究院、中小城市发展指数研究所、中城国研智库等机构发布的“2018年中国中小城市科学发展指数研究成果”显示，新罗区综合实力等五项指数入选全国百强。其中，综合实力指数名列2018年全国综合实力百强区第59位，绿色发展指数名列全国绿色发展百强区第94位，投资潜力指数名列全国投资潜力百强区第44位，科技创新指数名列全国科技创新百强区第68位，新型城镇化质量指数名列全国新型城镇化质量百强区第81位。新罗区是福建省涵盖这全5项指标的5个县市区之一，其余4个县市区分别为晋江市、南安市、安溪县、鼓楼区。

【新罗区人均GDP首次超过厦门市】 近年来，新罗区机械、农副产品加工、建材产业产、第三产业、城市建设飞速发展，民生事业也大步前进，随着厦龙、赣瑞龙、南龙高铁和厦蓉高速改扩建工程的开通，新罗区作为闽粤赣边的交通枢纽地位牢固确立。2018年，新罗区实现国民生产总值878.8亿元，增长8%，按照常住人口实现人均国民生产总值超过119650元，增长7.3%，不仅稳居全市首位，而且首次超过厦门人均GDP为119500元水平，跻身全省人均产出第一阵营的位置。这是龙岩中心城区和闽西发展的里程碑式事件。

【龙池国家级特色农产品优势区示范基地建设】 2018年11月，由新罗区国资公司牵头开发拓展的龙池国家级特色农产品优势区示范基地项目在新罗大池镇正式开工。该基地项目总投资30768万元，项目规划20公顷百香果温室大棚标准种植基地，7.8公顷的深加工基地，包括不少于3万平方米的标准厂房建设，同时配套建设办公大楼、分拣中心、冻库、检测中心、商品化处理包装厂、百香果产品批发交易市场等。项目计划在新罗区大池镇建立20公顷现代化温室大棚标准基地作为核心示范区，以百香果为基础，带动葡萄等其他品种水果产业入驻、共同发展。项目将建立集育苗、品种展示、标准示范种植、休闲栽培为一体的现代农业示范园区、田间综合体。

【军民融合深化】 近年来，新罗区努力打造海西应急装备制造业集聚中心，初步规划占积66.67公顷的国家级应急产业示范基地，计划总投资56亿元、引进培育孵化应急产业规模以上企业100家。2018年，新罗区主动融入全市国家新型工业化产业示范基地(军民融合）建设，深化与中国兵器工业集团、兵器装备集团等对接，全年新签约建设项目5个、新开工项目3个、新投产项目2个，新促成5家企业进入全军物资采购网，民用品参加军销售额突破4亿元，力促兵装集团军民融合展示馆及射击馆、海德馨核防护车合作等项目落地。

【新罗区全国农村集体产权制度改革试点工作】 2018年4月，新罗区镇两级成立区镇党委书记为组长的改革工作领导小组，制定出台改革实施方案，并召开动员部署会。改革经费列入区级年度财政预算。同时，开展宣传培训，印发《给农民一封公开信》至各家各户。狠抓清产核资公示审核和成员身份认定工作，成立以区政府分管领导为组长的清产核资工作指导小组，印发清产核实施方案，并举办清产核资业务培训；各镇成立镇长为组长清产核资工作小组。5月，制作改革政策宣传光盘送至各村(居)，完成镇、村两级业务培训；6月，各村(居)设立改革工作宣传专栏，制定出台区级成员身份确认指导性意见。年底完成所有村(社区)农村集体资产清产核资和(社区)农村集体经济组织成员身份界定，并将相关数据向农业农村部门汇交。加强土地确权登记颁证扫尾工作，完成剩余的14个村农户承包合同签订工作。

(刘可明)

2018年5月，新罗区白沙镇农村集体产权制度改革成员身份界定部署会议

(白沙镇政府　供图)

永定区

【概况】 2018年，永定区实现地区生产总值235.5亿元、增长7.0%，其中第一产业增加值30.7亿元、增长3.6%，第二产业增加值97.7亿元、增长8.2%，第三产业增加值110.1亿元、增长6.1%。一般公共预算总收入16亿元、增长15.3%，其中地方一般公共预算收入10.4亿元、增长13.4%。规上工业增加值增长8.8%，固定资产投资增长19.7%，其中工业投资增长25.5%。实际利用外资4950万元，外贸出口总值11.2亿元。城镇居民人均可支配收入37313元、增长7.7%；农村居民人均可支配收入18072元、增长8.7%。银行业机构存款余额160亿元、增长4.7%；银行业机构贷款余额110.8亿元、增长12.1%。

【项目建设】 2018年，永定区全年引进招商项目102个、总投资65亿元，其中工业项目60个、占总数的58.8%。永定工业园区水电路等基础设施基本完善，园区承载力明显增强，入园企业45家、投产企业30家。光电信息产业园二期顺利开工、新材料产业园一期投入运营。“永定红”石材循环经济产业园建设取得重大进展，园区路网、环保设施基本完善，建设厂房13栋，签约入园企业33家。

【旅游产业】 2018年，永定区成功举办土楼列入《世界遗产名录》10周年系列活动，客家博览园、南江村等10处景点被评为国家AAA级旅游景区。新增古镇游览、峡谷漂流、民宿体验、红色研学等新业态，岩太土楼、南溪土楼沟漂流、中央红色交通线旧址成为旅游新去处，旅游产业链不断延伸，综合效益明显提升，全年旅游人数实现960万人次、增长14.6%，实现旅游收入109亿元、增长37%。

【产业结构改造】 2018年，永定区全力推动煤炭、电力、建材等传统产业改造升级，小坑井煤矿扩建工程竣工投产，华润湖坑风电全面并网发电，给新能源发展注入新动能；石材行业整合提升，完成“永定红”石材矿山整合开发，8家进园企业即将投产，竹缠绕复合管道配套项目相继引进，建材行业不断发展壮大。光电信息产业从无到有、从小到大，已引进企业21家，投产19家，规上工业总产值、增加值分别增长128%、173%。生物制药产业，全面完成采善堂制药公司收购工作，百年老字号迎来发展新机遇。

【现代农业】 2018年，永定区现代农业产业化“五统一”(指以区土楼农业公司为主体，以“客家土楼”品牌引领全区农业产业化，即统一公司名称、统一产品品牌、统一技术标准、统一定型包装、统一市场开发，打响“客家土楼”农业品牌）迈出实质性步伐，“公司+基地+农户”逐步延伸扩展，“客家土楼”农业品牌影响力逐步提升。健康养生方面，完成区老年公寓和湖雷、湖山敬老院公建民营，养老保障能力不断增强。

【城乡建设】 2018年，永定区礼田新区、寨下新区、南山片区、天子温泉片区建设形成规模，配套逐步完善。龙角至书院八千米长的沿河休闲栈道全线贯通，凤山公园环山栈道有序推进，百姓有了更多休闲健身场所。创业大道加快建设，老城区主干道路面基本实现“白改黑”。新建5处公共停车场、516个停车位，城区停车位增至2870个，缓解车辆乱停乱放现象。新增12部新能源公交车，织密了城市公共交通网。湖坑镇国家级特色小镇和高陂镇、下洋镇省市级特色小镇面貌明显改善，一批民生工程相继建成。15个乡镇污水处理厂完成主体工程、2个垃圾中转站完成建设。“四带六村”(“四带”指抚市抚溪至五湖、下洋陈正至思贤、城郊书岭至古一、南溪土楼沟美丽乡村景观带；“六村”指堂堡下村、高头高东、抚市抚溪、峰市信美、古竹瑶下、下洋中川)建设纵深推进，出台农村建房指导意见和统一通用图集，新房建设得到规范，拆除违法占地和违章建筑97.7万平方米，村庄治理成效明显。筹措15.6亿元投入交通建设，永杭高速完成主要控制性工程，永梅出省公路(除龙湖大桥外)路面工程基本完成，龙湖旅游客运港一期工程完成建设，城区至仙师路面完成重铺，靖永高速、岩太公路建设顺利推进。安全生态水系、汀江防洪工程(一期)永定段项目有序推进，永定河城区段景观提升工程基本完工，抚市等8个乡镇农村安全饮水工程开工建设。220千伏双溪输变电工程开工建设。

【民生保障】 2018年，永定区全年共投入24.75亿元发展民生事业，占一般公共预算支出的83.42%。注重激发贫困户内生动力，建档立卡贫困人口中66.5%参加激励性扶贫项目，37%享受扶贫小额信贷。基本解决贫困人口住房安全问题，省定42户贫困对象造福工程扶贫搬迁全面竣工，非贫困对象同步搬迁131户全部动工，完成全区575户农村危房改造任务。贫困人口就医实际平均报销比例达87.4%。全面完成年度各项脱贫工作任务。城区教育扩容工程“六校联建”拓展为“九校联建”，其中城东小学、城东幼儿园、金凤幼儿园2018年秋季实现招生，城南幼儿园基本建成，城南小学和教师进修学校附属小学开工建设。六所农村薄弱学校“委托管理”改革纵深推进，完成下洋镇、高头乡优质教育资源整合，农村学校“多、散、弱、小”现象得到改变。高考再创佳绩，培养出全市文科状元、单科状元。永定一中学生林鸿斌获得2018年全国中学生数学奥赛金牌。医疗资源布局持续优化，中医院整体迁建工程进展顺利，城郊卫生院即将投入使用。建立分级诊疗机制，区医院与乡镇中心卫生院建立远程会诊系统。公立医院综合改革评价获全省前五的好成绩。城乡居民、企业职工、机关事业单位养老保险稳步扩面。退休人员养老待遇、农村低保补助标准、特困人员救助供养标准、残疾人护理补贴标准、城乡居民医保人均统筹水

客家博览园　　（永定区委史志室　供图）

2018年10月，永定区体育中心竣工　　（永定区委史志室　供图）

平再次提高。文体事业蒸蒸日上。体育中心田径运动场、博览园演艺中心、万星影城等大型文体设施投入使用。成功举办第三届环土楼国际马拉松赛、摩托车越野赛、海峡两岸暨港澳地区篮球赛、筏钓巡回赛等重大体育赛事。竞技体育喜获丰收，全省运动会获得18枚金牌11枚银牌13枚铜牌的好成绩。全区24个乡镇(街道)、281个村(居)顺利完成村级组织选举，“一肩挑”比例52%，位居全市第一。深入推进扫黑除恶专项斗争，重拳打击电信诈骗、涉麻涉毒、农村地区赌博等违法犯罪行为，社会秩序平稳有序。

【生态环境】 2018年，永定区生态环境持续向好，强化流域管理，全面落实河(湖)长制，巩固生猪养殖业污染治理成果，完成牛蛙养殖整治，辖区水质明显改善，省控断面及棉花滩水库水质达到国家Ⅲ类水标准，全面消除小流域劣Ⅴ类水体。

【改革创新】 2018年，永定区新一轮政府机构改革基本完成，项目审批制度改革不断深化，“放管服”工作成效明显，“一趟不用跑、最多跑一趟”事项增至1097项，单项行政审批事项办理平均时限压缩率达60%以上。国地税征管体制改革全面完成，减税降负成效明显。完成土地确权登记颁证工作，农村集体产权制度改革稳步推进。聚焦重点项目开展征迁突破行动，32个项目实现净地交付，全年征地487公顷、拆迁16万平方米。发挥政府基金作用，为41家中小微企业办理贷款担保1.83亿元，为9家企业办理过桥应急资金2.56亿元，兑现各类政策扶持资金5124万元。出台招工优惠政策，帮助园区企业招聘工人752名。落实“大督查大落实”活动，深入开展机关作风整治，运用干部正向激励和逆向惩戒机制，全面落实机关事业单位二次绩效，干部攻坚突破和干事创业的精气神明显提振，形成“千斤重担众人挑，人人身上有指标”的良好工作局面，各项工作实现争先进位。

【南溪土楼沟漂流项目开漂】 2018年7月9日，由龙岩市、永定区两级文旅集团共同出资打造，位于永定区湖坑镇延绵10里的南溪“福建土楼第一漂”——南溪土楼沟漂流一期橡皮艇漂流项目正式开漂。该项目全长10千米，总投资5000万元，按照土楼差异化打造的理念，建设包括蓄水坝、橡皮艇漂流、亲水平台、竹筏漂流，游客服务中心和周边景观提升改造等。一期橡皮艇漂流项目建设用时仅70天，是2018年永定区投入最小、见效最快的永定土楼旅游项目，二期项目主要实施竹筏漂流以及周边景观提升改造工程。全部投入运营后，预计年接待游客约100万人次。

【海西生态肉牛产业化项目开工建设】

2018年8月29日，海西生态肉牛产业化项目(一期)在永定区虎岗镇开工建设。该项目是省、市重点项目，是永定区积极实施乡村振兴战略的重要举措，也是永定区深入推进“农业稳区”战略的重要抓手。项目以“引领高品位、有东方特色的新生活”为目标，选用国际良种利木赞改良当地的闽南黄牛培育海西黄牛，采取适合南方的生态养殖模式解决粗饲料供应及粪污问题，并采用“公司+基地+农户”的模式，发展集肉牛养殖、良种繁育、研发、加工、营销、生态旅游于一体的现代农业产业园。该项目由龙岩市小洋农场有限责任公司投资建设，总投资3.5亿元。分三期建设，一期工程投资约5820万元，规划占地约80公顷，建设2000头肉牛育肥场，配套建设生态草场、有机果林及蔬菜基地、生活设施等，预计2019年3月建成投产。二期工程为肉牛育肥场规模扩大至10000头，建设总部及研发中心、2000头良种繁育场、饲料厂、有机肥厂及配套环保设施；三期工程为建设屠宰加工厂、冷链物流及配套环保设施，发展生态观光旅游。项目建成投产后，正常年销售收入约为10.9亿元，缴纳税收约4700万元。

【永定城区新能源公交车投入运行】

2018年12月12日，12辆新能源公交车在永定城区投入营运，标志着永定公交事业从传统公交模式逐步进入到新能源绿色发展阶段。这次投入营运的

12 辆新能源公交车，每车核载 50 人，车辆由龙岩市宏安公共交通有限公司采购。这种由中汽宏远汽车有限公司生产的宏远 KMT6802GBEV3 型纯电动公交车客车，采用低地板、大容量、宽通道的车辆设计结构，车型美观漂亮，是节约能源、节能环保型的公交车，可消除燃油公交车尾气排放给城市带来的污染和对市民带来的噪音伤害，提升永定城市公共交通的整体装备水平。

【举办首届农民丰收节】 2018 年 9 月 23 日，永定区首届农民丰收节暨岩太高山土楼乡村旅游节活动在永定区陈东乡岩太村举行。来自全省各地 1000 多名自驾游客与当地农民一起庆丰收、享丰收。活动以“永定人民庆丰收，高山土楼展新颜”为主题，分成晒丰收、庆丰收、享丰收三大主要内容。晒丰收邀请 20 位龙岩市、永定区摄影协会会员参加活动，将岩太金秋美景定格在光影里。同时，邀请抖音达人参加活动，借助新媒体平台分享岩太丰收喜悦。庆丰收是活动的核心部分，游客和当地村民围绕割稻子、田间抓鱼、抓鸭子、田间拔河、岩太农特产品比拼等系列活动一同欢庆丰收。享丰收主要是品岩太特色八大碗美食、淘岩太旅游伴手礼和住岩太美宿。

（林添茂）

上杭县

【概况】 2018 年，上杭县实现地区生产总值 354.5 亿元，比上年增长 8.5%，增速排名龙岩市第一；财政总收入 36.8 亿元，比上年增长 10.6%，总量排名全市第一，其中地方级收入 26.3 亿元，比上年增长 4.5%；固定资产投资 312.1 亿元，比上年增长 21.3%；社会消费品零售总额 93.7 亿元，比上年增长 9.5%。城镇居民人均可支配收入 38975 元，比上年增长 8.3%；农村居民人均可支配收入16783 元，比上年增长 9.3%。三次产业比从上年 13.2:46.6:40.2 调整为 12.4:47.1:40.5。连续第三年被评为“福建经济实力十强县”；获评福建省首个农村金融信用县；被列为全国 50 个新时代文明实践中心试点县之一。

【工业经济】 2018 年，上杭县金铜产业持续壮大。开工志裕铜资源综合利用、泰山石膏二期扩建等 17 个项目，竣工投产紫金佳博键合金丝生产、国威电子航天特种线缆生产等 15 个项目；被列为福建省“互联网+金铜产业”区域化链条化工作试点。实现金铜产业产值 643 亿元，增长 23%。竣工投产龙岩市首个单体厂房产值超百亿元的年产 22 万吨连铸连轧铜杆生产项目。建筑业加快转型。成立福建省首个建筑专业社会化中级职称县级评审委员会；新成立建筑施工总承包企业 29 家，全县共有建筑施工资质企业 144 家。实现建筑业总产值 506.4 亿元，增长 14.7%，实现在地建筑业产值 183.2 亿元，增长 18.8%。

【农业经济】 2018 年，上杭县现代农业持续提升。农村集体产权制度改革扎实推进，基本完成农村土地承包经营权确权登记颁证工作。做好品牌培育，农业标准化生产力度持续加大，新增“三品一标”认证产品 27 个。落实科技特派员制度，华润五丰、优创农业、南阳擎荣、傲农槐猪等龙头企业发展壮大，柚子、脐橙、百香果、食用菌、养蜂等产业展现新活力，新增农民专业合作社 20 家、家庭农场 100 家、市级以上示范企业 2 家。实现粮食播种面积 2.45 万公顷，总产 16 万吨；收购烟叶 7.4 万担。做好非洲猪瘟防控各项工作，保障生猪产业特别是上杭县槐猪地标品种保育安全和市场供应稳定。获评国家级农产品质量安全县和国家级畜牧业绿色发展示范县。全县实现农林牧渔业总产值 74.7 亿元，增长 3.9%，林下经济实现产值 23.3 亿元，增长 8%。

【服务业】 2018 年，上杭县全面落实加快现代服务业发展二十八条政策措施，新增规模以上服务业企业 11 家，总数达 39 家；完成服务业投资 11.5 亿元。获评福建省外贸转型升级示范县。上杭县供销社被命名为“2017 年度全国供销合作社系统百强县级社”。上杭农商行荣获“中国普惠金融十佳县域银行”称号。旅游业加快发展。古田旅游区成功创建国家生态旅游示范区，获评中国旅游产业影响力红色旅游景区；古田（吴地）红军小镇和观音井百果园获评 AAA 级旅游景区，古田苏家陂民俗小镇和汀江绿道获评 AA 级旅游景区。全国最长的双驱动拐弯索道——梅花山步云索道正式投入运营。成功举办福建省首届梅花节。全县接待游客 700 万人次，增长 20.3%；旅游总收入 55 亿元，增长 22.2%。红色教育培训产业加速发展，全年承接对外培训 16 万人次以上，古田旅游区被评为全国中小学生研学实践教育基地。

【新兴产业】 2018 年，上杭县签约落地总投资 65.9 亿元的常青新能源前驱体材料生产项目和总投资 12.6 亿元的天甫电子半导体级电子材料项目，竣工投产龙德六氟磷酸锂、鑫昌龙石墨烯和改性 PE 新材料等项目，金山锂科锂电池正极材料等项目加快推进，以含氟材料、锂电池材料、电子化学材料为主要发展方向的新材料产业初见雏形，产值增速达 146.7%。

【项目建设】 2018 年，上杭县健全领导干部带头策划项目工作机制，建立企业策划落地项目竞赛机制，策划生成一批大项目、好项目。融入闽西南协同发展区、粤港澳大湾区，开展精准招商、定向招商、要素招商、合作招商。创新项目工作会商约谈、项目管理 APP 等机制，持续开展“一月一活动”，有效推进项目建设，“五个一批”项目加快推进，全年新增谋划项目 287 个、新签约项目 55

个、开工项目66个、投产项目45个、增资项目8个。

【“放管服”改革】 2018年，上杭县持续推动“放管服”改革，全面推进“互联网+行政审批”服务，1237个审批服务事项进驻网上办事大厅，承诺时限压缩至40%以内。开展“减证便民”专项行动，商事制度改革持续深化，全面推进“多证合一”和“证照分离”改革，企业开办时间压缩至3个工作日以内，全县新增市场主体5574户。政务信息资源整合工作有序推进。

【创新能力建设】 2018年，上杭县深化“人才强县”战略，新增省级以上高层次人才34名，带动一批新技术、新成果在上杭县落地转化。强化园区能力建设，蛟洋工业区被确定为2018年省级循环化改造重点支持园区；县工业园区创建省级高新技术产业园区工作扎实推进；县科技创业园通过省科技企业孵化器备案，入园孵化企业11家；供销社农产品双创孵化园、杭川众创空间被认定为省级众创空间。强化企业创新主体作用，新增国家级高新技术企业7家，新增省、市级科技小巨人领军企业2家。强化政银企校产学研合作，奇迈基金总额增至600万元；鼓励和支持企业技术改造，实施市重点技改项目15个，完成投资16.5亿元。研究与试验发展经费投入强度达2.61%，居全省前列，被评为福建省知识产权强县。

【“三资”运作】 2018年，上杭县规范国有企业业绩考核机制，推动国有企业加快发展，切实防范国有资产运作风险。成立县文旅公司和上杭金智汇招商服务公司。兴杭国投公司主体信用评级晋级为AAA级，融资成本有效降低。扎实开展国有资本运作，有效盘活3.2亿元的闲置资产，国有资产总量达472.38亿元。

【交流合作】 2018年，上杭县依托与海军装备部、中电科集团等合作共建平台，签订军民融合项目13个，新开工项目5个，实现民品参军销售收入6亿元。全县共有5家企业通过武器装备质量管理体系认证，2家企业取得保密资格证书，1家企业通过装备承制单位资格现场审查。成功举行第四届“两岸成年礼”活动。成功承办全省第七届“三月三”畲族文化节活动，被国家民委授予海峡两岸少数民族交流与合作基地。

【基础设施建设】 2018年，上杭县厦蓉高速（上杭段）扩容、永杭高速（上杭段）建设项目加快推进。建立县、乡（镇）、村三级路长制，农村公路管养进一步加强。基本完成古田梅花山路一期工程，启动金山电站至珊瑚乡公路路面重铺项目，稳步推进岩下山至古田(古蛟快速通道一期)、大中线（溪口段）等项目，“2345”交通圈加快形成。水利基础设施建设进一步完善。万里安全生态水系、旧县片区烟区水源工程、锦绣水库工程等项目加快推进，下都烟区供水工程、庐丰供水及灌区改造工程竣工验收，基本实现农村饮水安全工程水质检测全覆盖。新一轮农网升级改造项目进展顺利，全年完成投资1.37亿元。

【城市建设】 2018年，上杭县启动全国文明城市和国家园林县城“双城同创”工作。城市规划更加科学，规委会制度进一步完善，92个新建、续建城建项目完成投资19亿元。完成县城二环路等5条道路白改黑提升改造工程及城区6个主次干道交叉口改造提升工程，启动永杭高速上杭南互通接线工程、西环路二期等5条道路和城区背街小巷道路建设，汀江大桥及接线工程等项目扎实推进。完成罗星塔公园建设，实施江滨公园、紫金路等绿化美化景观提升工程，开展城区边角地、闲置地绿化美化工作；城区新增公共停车位1200个、公厕20座、公共自行车站点35个。开工建设体育中心综合体育场、水上运动中心二期等项目。实施城区主次干道与背街小巷环卫保洁一体化管理，城区环境卫生质量和城市管理水平显著提升。

【乡村振兴】 2018年，上杭县整合资金近4亿元，出台乡村振兴战略二十条措施，推进乡村振兴。发展壮大村级集体经济，消除116个集体经济收入1万元以下的“空壳村”。启动总投资5.4亿元的集镇改造提升、最美村落和农村停车场建设工程，实施20个“千村整治、百村示范”美丽乡村建设，新增农村停车位1010个。启动农村人居环境整治提升工程，试点村累计拆除危旧房3.8万平方米，才溪下王村被列为省级农房整治试点。启动殡葬管理专项整治工作，实施县级1个、乡镇11个公益性公墓和农村217座公益性骨灰堂建设。继续推进特色小镇建设，建成古田（吴地）红军小镇项目，古田红色小镇完成投资3.8亿元，通贤镇入选市级特色小镇。太拔镇坵辉村入选第五批中国传统村落。继续推进农村生活垃圾、污水治理工作，实现集镇及周边村庄专业保洁服务全覆盖。

【污染防治】 2018年，上杭县抓好中央、省环保督察“三合一”反馈问题的整改。全国第二次污染源普查工作扎实推进，完成生态保护红线划定工作。落实环保体制改革各项要求，网格化环保监管工作持续推进，环境监测监管应急能力不断提升。落实“河（湖）长制”，养殖业污染防治成果得到巩固，河流水质明显提升，国控、省控、市控断面水质达标率100%。开展重点区域大气污染综合治理，城区环境空气质量优良天数比例达99.6%。完成水土流失综合治理4947公顷，植树造林1733公顷，森林覆盖率77.3%。国家生态文明试验区建设稳步推进。

【脱贫攻坚】 2018年，上杭县实施造福工程易地扶贫搬迁和危房改造1092户，贫困户住房安全问题基本得到解决。215个行政村实施激励性产业扶贫项目222个，贫困人口覆盖率达72%。完成扶贫小额信贷任务，发放2314户8787.7万元。基本完成脱贫攻坚项目库建设，入库项目855个，资金规模3.3亿元。当年实现2个贫困乡镇和21个贫困村脱贫摘帽，脱贫7004户19528人。

【民生事业】 2018年，上杭县21项为民办实事项目基本完成。社会保障更加有力。新增城镇就业1800人，下岗失业人员再就业1300人。实行城乡低保标准一体化，新增低保2712人。完善社会救助制度，发放救助资金2226万元。养老服务水平持续提升，闽西古田光荣院、老年人日间照料中心、35个农村幸福院等项目有序推进。提高保障性住房覆盖面，配售（租）限价商品房242套、经济适用房312套。教育事业加快发展。持续发力补齐城乡教育短板，完成3所幼儿园和2所小学教学综合楼建设；完成10个中小学校舍安全长效机制项目和“全面改薄”项目。启动城区小学、公办幼儿园“课后服务”活动。继续实施普通高中免费教育，受益学生1.33万人次。实施“暖心工程”，落实好乡村教师生活补助，乡村教师待遇明显改善。安排2000万元用于教师教绩专项奖励、600万元作为班主任津贴，激励广大教师做好教育教学工作。人口计生事业平衡发展。医疗服务水平持续提升。医改工作扎实推进，4家县级医院与梅州市人民医院签订医联体、专科联盟协议；完成县妇幼保健院整体搬迁和县医院整体搬迁项目主体楼层框架建设，有序推进皮防院康复医养中心建设；完成庐丰、蓝溪、白砂、蛟洋、官庄等5个乡镇卫生院预防接种门诊设施改造。全国基层中医药工作先进单位通过省级复审。文体事业蓬勃发展。成功举办纪念毛泽东才溪乡调查85周年、蛟洋暴动90周年系列活动，大型革命历史题材电影《毛泽东在才溪》《古田军号》开机拍摄。完成30个薄弱村文体设施改造提升项目、11个社区“儿童之家”建设，毛泽东才溪乡调查纪念馆、客家族谱博物馆分别被评为国家二级、三级博物馆；闽西畲族馆和档案馆实现开馆。“群文十大活动”“月月有戏”“全民健身”等活动有序开展。成功创建“中华诗词之乡”。《上杭年鉴（2018）》入选首批福建省年鉴精品工程。

2018年6月25日，纪念蛟洋暴动90周年座谈会在上杭蛟洋镇举行

（上杭县委史志室　供图）

【社会综合治理】 2018年，上杭县完成村级组织换届选举，183个村实现村（社区）党支部书记、主任“一肩挑”，为加强基层治理提供了组织保障。“平安上杭”建设扎实推进，“七五”普法深入开展，“一村一法律顾问、一社区一法律诊所”日趋完善，“12345”便民服务热线管理中心稳步运行，“e龙岩”随手拍办件质量和群众满意率居龙岩市前列。全面开展扫黑除恶专项斗争，禁毒、打击电信网络诈骗、打击农村赌博等专项行动扎实开展，“警+N”社会治理模式不断完善，全县社会治安形势持续好转。建成食品安全“一品一码”全过程追溯体系，食品药品安全形势持续向好。深入推进安全生产领域改革，实现安全生产大检查常态化，全县安全生产形势稳定向好。民族工作和谐发展，宗教领域管理更加规范。获评第四批“全国法治县创建活动先进单位”。

【上杭县列为全国新时代文明实践中心试点县】 2018年8月，上杭县被中央确定为全国50个新时代文明实践中心建设试点县（市、区）之一（全省仅上杭县、福安市）。上杭县新时代文明实践中心成立于2018年10月29日，位于省重点项目——上杭县客家缘文化中心公共服务大厅二楼，总面积3400多平方米。实践中心以“凝聚民心、服务群众、传播文明、助力振兴”为宗旨，坚持以志愿者队伍为力量主体，以志愿服务活动为主要形式，并在全县22个乡镇，344个行政村（社区）分别建立新时代文明实践所、站。

上杭县新时代文明实践中心在县级成立以县委书记为总队长的志愿服务总队，下设50多支志愿服务支队和近千支志愿服务分队。同时，依托县义工协会、阳光公益协会等社会志愿队伍，广泛动员社会力量加入到新时代文

2018 年 10 月 29 日，上杭县新时代文明实践中心揭牌成立

（上杭县委史志室　供图）

明实践活动志愿服务队伍中。在此基础上，结合志愿服务实际需求和队伍特点，分类组建政策理论宣讲队、乡风文明倡导队、先进典型示范队、红色基因传承队、客家文化传播队、网络文明宣导队、文艺轻骑兵服务队等七支专业特色志愿服务队，合众化常态化开展志愿服务活动。

上杭县新时代文明实践中心统筹各类公共文化服务资源，用好用活行政服务中心、“12345”便民服务中心、民情处理中心、三农服务中心、市民服务中心、艺术中心等“六大中心”，全力打造理论宣讲、社会宣传、教育服务、文化服务、科技与科普服务、健身体育服务、暖心帮扶、乡风文明建设等“八大平台”，持续深入开展“百千万”志愿服务，健全“五个一”常态化工作机制。

成立以来，该中心共开展各类新时代文明实践志愿服务活动 885 场，其中，七支专业志愿服务队开展 55 场，各乡镇志愿服务队开展 650 场，县直单位及社会志愿服务队开展 180 场，参与活动的志愿者近 18000 人次，直接受益群众 12 万多人次。

【古田干部学院入选全国党员教育培训示范基地】 2018 年 6 月 13 日，古田干部学院被中央组织部遴选增补为第二批“全国党员教育培训示范基地”，全国仅 7 家单位入选。

古田干部学院于 2015 年 12 月开工建设，2017 年 12 月投用，可同时容纳至少 1300 名学员开展培训，设施规模达到全国同类院校前列，具备承接全国各类党员干部培训任务的能力。

古田干部学院以“铸魂育人”为办学宗旨，以理想信念教育为主要任务，以党性党风党纪教育为核心，以闽西革命精神教育为主线，积极对接“不忘初心、牢记使命”“传承红色基因　担当强军重任”主题教育，培养新时代好干部和革命军人。通过突出党性党风党纪教育，丰富优化党性教育教学模式，着力突出课程设计的闽西特色，挖掘闽西丰富的党性教育资源开发特色教材，以及构建专兼职一体的培训师资体系，坚持走开放办学的路子。学院已成为国防大学、国家行政学院等 129 家中直机关、部队单位、地方院校的教学基地(教学点)，学员培训覆盖全国 28 个省（市、自治区)，影响力迅速攀升，逐步成为独具特色和影响的全国党性教育基地。

2018 年，古田干部学院承办对外培训班 466 期，培训 2.73 万人次。

【太阳铜业 22 万吨连铸连轧铜杆项目投产】 2018 年 8 月 30 日，上杭县举行太阳铜业 22 万吨连铸连轧铜杆项目竣工投产仪式，标志着这个产值超过 100 亿元的项目正式竣工投产。

上杭太阳铜业年产 22 万吨连铸连轧铜杆生产项目总投资 5 亿元。项目达产后年产 22 万吨连铸连轧低氧铜杆，产值超过 100 亿元，也是上杭县铜加工产业链的第一个“百亿车间”。

太阳铜业 22 万吨连铸连轧铜杆项目投产后将满足福建周边市场对高性能铜导体的需求，为省内外电线电缆和电磁线漆包线行业的产品升级换代提供原材料保障；同时将带动当地金铜产业发展超细微铜丝、漆包线、安防工程线缆、汽车线束、通信线缆、线缆连接器、电感、电机等铜杆下游产业进一步延伸，助推金铜产业再上新台阶。

（上杭县委史志室）

武平县

【概况】 2018 年，武平县连续第三年跻身福建省县域经济发展十佳县。经济总量首次突破 200 亿元，全年实现地区生产总值 202.4 亿元，增长 7.4%，其中第一产业增加值 32 亿元、增长 3.9%，第二产业增加值 81.9 亿元、增长 8.9%，第三产业增加值 88.5 亿元、增长 7.3%；固定资产投资(不含农户)增长 9.7%；社会消费品零售总额 86.5 亿元，增长 14.2%；财政总收入 13.5 亿元，增长 15.4%，其中地方级财政收入 8.9 亿元，增长 12.5%；城镇居民人均可支配收入 33664 元、增长 8.5%，农村居民人均可支配收入 16337 元、增长 10%。

【“三大战役”】 2018 年，武平县投入扶贫资金 2.2 亿元，主要脱贫指标达到省级扶贫开发重点县摘帽退出标准，2个贫困乡、41个贫困村摘帽退出，2017年年底尚未脱贫的贫困户实现全面脱贫，贫困发生率下降至0.007%。为2181户贫困户发放小额扶贫贷款1.08亿元。实施激励性产业扶贫项目186个，贫困户覆盖率65%。建立全市首个县级贫困户农产品产销对接中心。2471户、4522个贫困劳动力通过创业技能培训实现就业。教育精准扶贫措施惠及贫困家庭学生2256人次。贫困户医疗叠加保险政策全面落实，建档立卡贫困人口参合参保率100%。完成238户建档立卡贫困户危房改造。贫困乡村道路提升工程持续推进，完成湘店镇店下至河口、民主乡民主至岭下公路改造。投入3595万元，支持58个贫困村、9个“空壳村”投资购买县信用社股份，拓宽村集体经济增收渠道。项目落地攻坚战役，强化领导带头和管行业必须管招商，集聚力量征战粤港澳大湾区招商引资主战场。首次在福州举办国企投资项目武平专场对接会。坚持依法征迁、和谐征迁，破解了老汽车站、原粮食直属库等一批征迁“老大难”问题，兴贤坊项目被表彰为全省和谐征收示范项目。全年完成土地征收442.67公顷、房屋征收8.2万平方米，获批项目建设用地51.07公顷、林地75.33公顷。优化营商环境，持续深化“放管服”改革，推进“互联网+政务服务”“一趟不用跑”和“最多跑一趟”事项达到审批事项97.9%，所有审批事项承诺时限压缩到法定时限的40%以内，其中工业园区入园项目审批时限压缩到20%以内。健全重点项目建设“六个一”工作机制。实施重点项目特派员制度。完善向上争取专项资金考核办法，共争取资金19.9亿元。全年新签约凝聚力照明产业园、耐德力建筑新材料、致宏金属新材料等39个项目，新开工山普无尘新材料、拓岩密封件等39个项目，新竣工福思科技激光显示、金鲨不锈钢冷轧等27个项目。新签约并开工军民融合项目5个，新投产项目2个。100个省、市、县重点项目完成投资85.5亿元，60个投资工程包项目完成投资49.4亿元，均超额完成年度投资计划。获得全省第一季度“五个一批”正向激励县（市、区）综合考评第九名、全市上半年“五个一批”项目综合考评第二名。生态环保攻坚战役，获评省级生态县。生态红线管控机制进一步完善。积极支持检察机关开展生态公益保护法律监督。河（湖）长制全面实施。制订实施中山河国家湿地公园保护管理办法。深化生猪养殖业污染防治，关闭拆除猪舍26.4万平方米，6年累计关闭拆除209.1万平方米。生猪养殖“四禁止”责任状得到较好落实。完成牛蛙退养工作。完成16个乡（镇）污水处理厂建设，6个乡镇试运行。查封环境违法企业10家，取缔环境违法加工窝点22家。全面消除县内流域劣Ⅴ类水体。完成植树造林2066.67公顷、水土流失治理3133.33公顷、矿山恢复治理4.2公顷。城区空气质量持续保持全省前列、全市第一。第二次全国污染源普查顺利开展。

2018年10月17日，武平县贫困户农产品产销对接中心揭牌

（武平县委史志室　供图）

【产业实力提升】　2018年，武平县认真实施重点产业发展“双培育”“双倍增”三年行动计划。不锈钢家居、新型显示、机械装备、矿产品精深加工、农林产品精深加工产业共实现产值186.2亿元，增长14.1%。不锈钢家居产业链条不断完善，金鲨不锈钢冷轧一期建成投产，钢泓科技“万格丽”不锈钢橱柜全国加盟商达到100家，淘钢城建成运营，初步形成从上游原料到终端产品的产业链条。新型显示产业加快集聚，福思科技激光显示项目激光触控机和教育会议一体机正式投产，正德光电获准成为韩国LG等国际大企业供应商，合信创展新上两条全自动扩散板生产线，凝聚力照明产业园、燚塑光电新材料等项目加快建设。机械装备产业平稳发展，闽鸿物流等企业申报专用车资质有序推进，坤孚镁合金物流车身实现试产，贝特智能装备制造项目产能扩大，世能科泰增效节能设备项目被评为省级智能制造示范项目，中恒通破产重整依法推进。矿业经济贡献突出，塔牌水泥产销两旺，武平紫金龙江亭铜矿资源接续工作有序推进，重点项目建设压覆稀土回收进展顺利，地质调查与矿产勘查工作进一步加强。电子商务快速发展，新引进易网购、去扶贫等电商运营平台，实现电商交易额53.7亿元，增长

30.8%。闽粤赣边物流枢纽建设取得较大进展，29家物流和快递企业入驻龙洲物流园区，新增AAA级物流企业1家，成功签约龙洲集团“无车承运人”项目，新开通五条零担物流专线，龙洲物流园公路港功能区开工建设。全域旅游异军突起，建成梁野山景区仙女湖、千鹭湖湿地公园一期、“四季田园·农旅小镇”等一批文旅项目，开工建设兴贤坊历史文化街区，新增狮岩景区获评AAAA级景区，成功举办全球华人马拉松赛（武平站）、第四届梁野山全国自行车爬坡赛、“四季田园”乡村音乐节等“旅游+”系列活动，引进厦门旅游集团合作发展旅游业。全年接待游客263万人次、增长27.1%，实现旅游收入27亿元、增长40.4%。建筑业保持高速发展，实现在地产值61.1亿元，增长42.1%，梁禹工程公司晋升为一级资质总承包建筑企业，总部经济开局良好。房地产业稳健发展，实现商品房销售27.7万平方米。市场主体明显增加。2018年，全县新增个体工商户4916户，增长32.1%，累计20209户；私营企业369户，增长14.6%，累计2898户。新增“四上企业”和房地产企业36家，累计537家；新增电商企业78家，累计361家。全县新增纳税户1200户，增长20.9%，累计6940户，其中年纳税超千万元企业增加9家，达到19家。产业生态更加良好。制订实施对规上工业企业试行用电增量补贴政策、服务重点企业招用工激励政策、扶持现代物流业和快递业加快发展“9+3”政策、支持电子商务产业发展政策、进一步扶持建筑业发展壮大八条实施意见、中小微企业应急保障资金使用管理办法等一系列政策措施。投入1.2亿元，完善省级工业园区、省级高新区基础设施，扎实推进武平思明产业园共建。新增国家级、省级高新技术企业各2家，省、市科技小巨人企业各5家。喜浪米业公司成立武平县第二家院士工作站。星河电路公司获批省级企业技术中心。新建成1家市级众创空间。在全市率先实施科技特派员制度。引进企业经营等各类人才83名，其中博士1名、硕士33名。帮助企业招用工2232人次。全县金融机构存款余额125.4亿元、增长11.2%，贷款余额104.8亿元、增长15.3%，不良贷款率0.75%。

【城乡建设】 2018年，武平县乡村振兴扎实推进。2018年，全县农林牧渔业实现总产值56.8亿元，增长3.8%。连续8年荣获全国产粮大县称号。特色现代农业加快发展。武平百香果种植733.33公顷，实现产值1.2亿元，被认定为福建百香果特色农产品优势区，在全省率先出口香港。武平百香果入选中央电视台国家品牌计划，在推介福建味道的同时传播着武平故事。武平绿茶荣获第十九届中国绿色食品博览会金奖。武平富贵籽入选福建2018年度十大农产品区域品牌名单。东留镇入选国家农业产业强镇。新增国家级农民专业合作社示范社1家、省级农民专业合作社示范社4家，省级示范家庭农场4家、市级示范家庭农场6家，绿色食品及无公害农产品认证企业各2家，市级农业产业化龙头企业3家。城厢、岩前、十方等特色小镇和环梁野山“五朵金花”建设有序推进。捷文、云礤、尧禄、上湖等24个市、县两级乡村振兴示范点建设全面启动。消除9个年村财收入1万元以下的“空壳村”。山水园林精品城市建设让生活更美好。环城东路、环城北路加快建设。北河西路建设、武安路改造二期、工业大道改造等项目实现竣工通车。平川河（彩虹桥—七坊桥段）两岸生态修复改造工程基本完成。开工建设平川河刚性驳岸及兴贤坊南北入口景观提升、烈士陵园提升工程。建成梁野大道、原民政局、七坊路等6个停车场，新增停车位452个。新增绿化面积1.2万平方米。完成文博园、武平大道等夜景灯光提升工程。新建城区供水管网5千米、污水管道15千米、燃气管网17千米。“智慧武平”管理服务平台不断升级，新开通随手拍等功能。智慧停车、实时公交、智慧小区试点等一批便民利民项目加快建设。拆除“两违”面积6629平方米。基础设施条件不断完善。双龙铁路龙岩至武平段和浦武高速武平段前期工作扎实推进。客都汇至梁野山景区专用通道、梁野山景区入口至云礤村路面改造、环梁野山“五朵金花”五村互通省道205线至尧禄段等项目建成通车。完成农村公路建设67.5千米、危桥改造9座、道安生命防护工程62千米。在全市率先

2018年，武平百香果入选央视国家品牌计划　　（武平县委史志室　供图）

实施农村客运公交改造试点。完成水利投资5亿元，云礤水库下闸蓄水，石径岭水库竣工验收。投入1.2亿元，建成110千伏岩前变电站2号主变等2个输变电工程，开工建设110千伏跃进变电站等5个工程。中山出米岩风力发电项目加快建设。

【县域发展活力增强】 2018年，武平县集体林权制度改革不断深化。完成生态公益林、天然商品林管护体制改革。累计发放林权抵押贷款4.1亿元。发放“惠林卡”2286张，授信1.9亿元。新增“森林人家”9家，累计70家，总数居全省首位。梁野山国家森林步道捷文段开工建设。新增林业专业合作社、家庭(股份)林场8家，累计106家。实现林下经济产值31亿元，增长12.2%。新组建退役军人事务局、自然资源局、应急管理局，调整组建农业农村局、文体旅游局、卫生健康局。教育改革持续深化。实验小学实行“一校二区”管理，平川幼儿园与碧水幼儿园、第二实幼与高新区幼儿园、文山幼儿园与梁野幼儿园实行集团化办学。整合城厢中学和东云小学，建立武平教师进修学校附属九年一贯制寄宿学校，扩建提升城郊中学为武平初级中学，均纳入城区学校管理。医疗卫生体制改革力度加大。实施世行贷款医改促进项目，县总医院挂牌成立，第二医院加快筹建。实施事业单位、国有企业公务用车改革。重组成立天泉水务投资集团。成立天睿商务服务有限公司，推进行政事业单位会计管理体制改革。实施乡镇财政管理体制改革，增强基本保障，激发增收动力。完成湘店、大禾、中赤3个乡撤乡设镇和平川撤镇设街。撤县设市有序启动。农村集体产权制度改革稳步推进，完成214个村清查核资和组织成员身份确认。基本完成农村土地承包经营权确权登记颁证和抵押贷款试点工作。全县新增外资企业4家，注册资本8883万美元；实际利用外资1568万元；实现外贸出口13.3亿元，增长36%。

【社会生活】 2018年，武平县高考取得近年来最好成绩，完成梁野幼儿园、高新区幼儿园和碧水幼儿园改造。实施县域医疗服务能力提升工程，县医院创建三级乙等综合性医院稳步推进，县中医院业务配套综合用房完成竣工验收，建成规范化村卫生所120所，培训乡村医生466名。红色旧址群维修保护工程深入推进，梁山书院等一批革命旧址完成修缮，春园别墅、德茂公祠动工修缮。成功举办第二届“元初客家欢”乡村春晚、首届客家戏剧艺术周、红色文化周等活动，参加央视“丰收中国”、城市“1对1”、农民新春联欢会等节目。武平成为全国县级融媒体中心试点县。武平运动员在省级以上赛事获金牌8枚。所有城区学校体育设施免费向社会开放。新增城镇就业1616人，农村转移就业2103人。城乡居民基础养老金提高至每人每月143元，惠及5.3万人。实行城乡低保一体化，实现农村低保应保尽保。落实各级优抚安置政策，发放优抚金1642万元。县医院医养中心完成主体工程，平川镇家园模式居家养老日间照料中心开工建设，新建26个村级幸福院。审核配租保障性住房5批次、297户。被授予全省法治先进县。扫黑除恶专项斗争纵深推进，铲除涉恶类犯罪集团2个、犯罪团伙7个，抓获涉恶类“九类典型案件”违法犯罪嫌疑人135人。公开宣判全市首例涉恶案件。

【习近平总书记对捷文村群众来信作出重要指示】 2018年1月15日，中共中央办公厅向福建省委办公厅转达习近平总书记对捷文村群众来信的重要指示：“希望大家继续埋头苦干，保护好绿水青山，发展好林下经济、乡村旅游，把村庄建设得更加美丽，让日子越过越红火”。

习近平总书记的重要指示给予40万武平老区人民巨大鼓舞，为武平发展注入强大动力。武平干群牢记总书记嘱托，持续发扬“敢为人先、接力奋斗”的武平林改首创精神，用实际行动自觉践行“绿水青山就是金山银山”的理念，扎实推进绿色发展、乡村振兴，把武平林改“金字招牌”越擦越亮，让“来武平·我氧你”成为武平最响亮的城市宣传口号。

【武平获评“全国森林旅游示范县”】 2018年11月，武平获评“全国森林旅游示范县”，成为2018年福建省唯一、龙岩市首个获此殊荣的县份。武平县森林资源丰富，森林覆盖率达79.7%，拥有各类森林旅游景区、景点54处，其中国家级2处，省级森林公园1处。依托良好的森林生态环境和自然生态村落，武平县结合梁野山国家自然保护区、中山河国家湿地公园景观资源，构建起生态旅游大框架。2018年，武平森林旅游人数达215万人次，森林旅游总收入达9.25亿元。

【县融媒体中心建设获中宣部重点支持推动】 2017年6月，武平在龙岩市率先成立县级融媒体中心(原名“武平县全媒体新闻中心”)。2018年9月，武平县融媒体中心建设获中宣部重点支持推动，列入县级融媒体中心建设全国试点。武平县融媒体中心投入建设资金近300万元，改造和完善硬件设施。同时，武平县融媒体中心对接运用福建日报新媒体中心采编管理平台和杭州凡闻科技公司的大数据平台，同步实施PC端、手机移动端“策、采、编、审、发、评”一体化生产流程，实现新闻“一次采集、多种生成、多元传播、全方位覆盖”，走出一条低投入高产出、先机制后平台的县级媒体深度融合之路。武平县融媒体中心注重创新新闻产品，推出图文、音视频、H5、VR、抖音、电视直播和网络直播等10余种新闻产品，并拓展自有渠道，以广播、电视、网站、APP、微博、微信、头条号、侨刊乡讯报、多媒体电视、抖音等10余个发布渠道，着力提升新闻宣传传播效率。2018年，“福建武平网”微信公众号推文总数和阅读总数在福建政务公众号中居首位，综合排名稳居全省前20名。

【双龙高铁设站武平】 2018年12月27日，中国铁路总公司、福建省人民政府批复，同意新建龙岩至龙川铁路龙岩至武平段。全线设11个车站，东起龙岩市，途径武平县进入广东省境内。双龙高铁设站武平，标志着武平即将进入高铁时代，成为贯通闽粤两省的交通枢纽。

【中山河国家湿地公园——千鹭湖湿地开园】 2015年12月，国家林业局批准试点建设武平中山河国家湿地公园。这是福建省唯一的跨省流域的山地河流型湿地公园，是武平重点生态建设项目。项目总面积1533.33公顷，其中湿地面积706.67公顷、湿地率为46.3%，以“两河三库”为主体（中山河、平川河，东留水库、卦坑水库和下坝水库），总体呈Y字形南北走向，南北长66.4千米。项目涉及6个乡镇27个村，岸线蜿蜒、水质良好，岸上天然阔叶林、竹林茂密，湿地生物多样性丰富。湿地公园内分布有维管束植物193科515属823种、野生脊椎动物32目86科254种。通过生态修复和环境营造，形成“湿地花香、竹林禅静、丹枫白鹭、水杉争雄、芦苇飞花、松海云梯、十里桃红、泛舟观荷、白鹭坠霜”等九大湿地景观，被誉为“林中湿地，白鹭天堂”。2018年7月，中山河国家湿地公园——千鹭湖湿地正式开园迎客。

【梁山书院重修开馆】 2018年3月30日，武平县梁山书院经过修缮后正式开馆。重修后的梁山书院布展含红色板块、书院板块和武平非遗文化板块等，既突显红色记忆，又充分体现书院“研究、藏书、教育”功能，同时开设文化讲坛，成为武平县干部群众传承红色基因、凝聚奋进合力的重要载体。

梁山书院位于武平县平川街道政协巷48号，建于清光绪十二年（1886年），由知县唐志燮在原“漳南道公馆”废址上募建而成。书院坐南朝北，整体布局为四合院式，二进院落，占地面积746平方米，建筑面积485平方米。1930年6月，红四军主力进入武平县城时，前敌委员会驻扎梁山书院，毛泽东住在书院的左后厅，指导开展一系列革命活动，把武平革命斗争推向新的高潮。

（武平县史志室）

长汀县

【概况】 2018年，长汀县完成地区生产总值232亿元，比上年增加7.2%，其中第一产业32亿元，比上年增长3.5%；第二产业103亿元，比上年增长8.4%；第三产业96亿元，比上年增长6.4%。财政总收入13.5亿元，比上年增长24.1%，其中地方公共财政收入9.0亿元，比上年增长24.5%。固定资产投资增长8.1%。规模工业增加值增长9.5%。社会消费品零售总额90.25亿元，比上年增长14.6%。外贸出口总值22.9亿元，比上年增长14.5%。实际利用外资5378万元，比上年增长16.5%。城镇居民人均可支配收入25500元，增长9.3%，高出全市1.0个百分点，位居全市第一位；农村居民人均可支配收入15348元，增长9.7%，高出全市0.4个百分点，位居全市第三位，全县经济社会呈现高质量发展的良好态势，蝉联“福建省县域经济发展十佳县”称号。

【农业经济】 2018年，长汀县实现农林牧渔业总产值56.69亿元，比上年增长3.5%。实现粮食总产16.67万吨，烟叶收购14.5万担。实现农副产品加工产值20.9亿元，比上年增长7.2%。河田鸡保种场开工建设，河田飞鸡登陆京东、网易严选和永辉超市、元初食品。建成林下经济示范基地26个，经营面积11.33万公顷，产值突破27亿元。流转土地9733公顷，新培育农民专业合作示范社20家、示范家庭农场17家，新增“三品一标”认证产品5个。

【工业经济】 2018年，长汀县开展“双培育”行动计划，精准实施“一企一策”，列入重点培育的31家工业龙头企业实现产值175亿元，增长27%。稀土产业实现产值101亿元，比上年增长26.2%，拉动规模工业增加值增长10.7个百分点，贡献率58.1%，成为该县首个产值过亿产业。中电科闪烁及激光晶体、卓尔钐钴永磁、贝思科钛酸钡粉体项目开工建设，比路电子竣工投产。纺织服装产业实现产值90亿元，比上年增长13.5%。天守纺织等4个技改项目

2018年7月，中山河国家湿地公园——千鹭湖湿地开园迎客

（武平县委史志室 供图）

2018年11月26-27日，长汀县承办第八届全国大学生红色旅游创意策划大赛决赛　　（长汀县委史志室　供图）

开工建设，荣耀纺织等5个技改项目竣工投产。医疗器械产业实现贸易额及产值10.4亿元，2家企业建成投产。新能源产业实现产值2.5亿元，比上年增长19.1%。

【第三产业】　2018年，长汀县开展服务业发展“三比一看”竞赛活动，新增限额以上商贸企业8家，入选省级服务业集聚示范区。成功承办第八届全国大学生红色旅游创意策划大赛决赛，接待游客346.8万人次，比上年增长20%；实现旅游收入35.5亿元，比上年增长28.3%。电商物流交易额81.3亿元，比上年增长101.7%，其中上行25.2亿元，比上年增长110%。建成居家养老服务照料中心5所，农村幸福院28所。销售商品房面积25.4万平方米，比上年增长26.6%。

【项目建设】　2018年，长汀县亿来纺织二期等77个项目开工，医疗器械产业园腾飞园区等26个项目竣工。“五个一批”项目超额完成目标任务，省重中之重项目3个，完成投资16.5亿元，占年度计划的101.9%；市重中之重项目3个，完成投资15.4亿元，占年度计划的102.9%；省市重点项目27个，完成投资67.8亿元，占年度计划的102%；投资工程包34个，完成投资42.6亿元，占年度计划的195%；“七大领域”重点项目49个，完成投资79亿元，占年度计划的180%。新签约项目86个，总投资140.5亿元，其中亿元以上项目36个。

【生态建设】　2018年，长汀县加快国家生态文明建设示范县和“绿水青山就是金山银山”实践创新基地建设，梳理绿水青山、生态廊道等6个方面48个项目，向上争取政策支持。9个中央和省环保督察反馈问题整改到位。实施“绿水、蓝天、净土、青山”环保行动，落实河长制，拆除生猪、牛蛙等养殖场1599户34.6万平方米，改造升级养殖场375家。完成水土流失治理9133公顷，植树造林1933.33公顷，分别占年度任务的125%、133.1%。县域断面水质达标率100%，饮用水源地水质达标率100%，空气质量优良天数比例99.3%。通过第一批全国水生态文明建设试点验收。

【城乡建设】　2018年，长汀县编制完成县城总体规划、历史文化名城保护提升规划、南部生态新城概念规划。八喜馆、观景楼、朝圣广场等项目投入使用。启动编制县域乡村振兴战略规划。河田鸡美食小镇、铁长客家本草小镇建设扎实推进。古城丁黄、濯田水头、四都汤屋被列为中国历史文化名村。全县19个村被列为2018年省级“千村整治、百村示范”美丽乡村建设工程。开展“一革命四行动”，深化“六清六美”环境综合整治，新建乡村公厕27座，建成17个乡（镇）垃圾中转站和17个集镇生活污水收集处理项目。建成农村公路80千米、安保工程100千米，完成危桥改造16座，新庄生态休闲旅游道路、莲花河大道、纵八线长汀县城关过境公路一期和县道中复—塘背公路、新桥—庵杰公路、涂坊—长桥公路投入使用。完成城区雨污分流改造工程11处、电网改造454千米、城乡污水管网99.3千米、天然气管道17.4千米、除险加固病险水库3座。

【社会事业】　2018年，长汀县因村因户施策，脱贫举措精准到位。实施激励性扶贫项目221个，带动4141户14781人增收；造福工程易地扶贫搬迁安置247户842人；为1133户贫困户发放小额扶贫贷款4693万元。39个贫困村实现摘帽退出，成为首批实现脱贫摘帽的省级扶贫开发工作重点县之一。公共财政用于各类民生支出27.4亿元，占地方公共预算支出的81.5%。10件为民办实事项目基本完成。新增农村劳动力转移就业7536人，新增城镇就业2372人，城镇登记失业率2.28%。城乡居民医保补助受益83万人次、增长5.7%，城乡居民养老保险续保率96.2%，企业基本养老保险、失业保险、工伤保险提前完成年度参保任务，农村低保标准提高到家庭年人均收入6456元，累计发放各类救助资金4686万元。受理公租房申请610户。出台加强基础教育十条措施，完成农村义务教育薄弱学校校舍改造1万平方米，开工建设中小学及公办幼儿园12所，新增学位3194个。投入4130万元用于提升县级医疗机构和乡镇卫生院医疗水平，妇幼保健院医技大楼封顶，羊牯卫生院投入使用，家庭医生签约率41.8%。竞技体育有新突破，在省级以上体育竞赛中获得13枚金牌。唢呐艺术(长汀公嫲吹)传承人刘秋林被列为第五批国家级非物质文化遗产代表性项目代表性传承人。长汀县图书馆被评为“国家二级公共图书馆”。成功摘掉国家禁毒委“重点关注地区”帽子。信访事项办结率100%，化解率97.5%。开展食品药品、交通、消防、危化品等重点行业领域安全生产执法和隐患整改清零专项行动，安全生产形势总体保持平稳。

【国家水生态文明城市建设试点通过验收】 2018年3月15日，水利部印发《水利部关于印发第一批通过全国水生态文明建设试点验收城市名单的通知》，公布通过验收的41个试点城市名单。其中，长汀县作为全国唯一列入试点建设的县级城市，顺利通过验收。

2013年7月，长汀县被水利部列为45个全国首批水生态文明城市建设试点之一。2014年2月20日，《长汀县水生态文明城市建设试点实施方案》通过水利部珠江委员会及福建省水利厅的专家审查。试点期为2014-2016年，试点建设项目总投资53.24亿元，试点期总投资22.47亿元，实际完成投资24.38亿元。试点期间，长汀县按照“坚持人水和谐、科学发展，坚持保护为主、防治结合，坚持统筹兼顾、合理安排，项目带动、典型示范和突出特色”的原则，以落实最严格水资源管理制度为核心，以水文化建设为媒介，以水生态修复为重点，围绕水资源的“配置、开发、保护”目标，实施“三区六带九大工程”。2017年8月18日，长汀县以91.5分成绩通过水利部珠江委珠江水利科学研究院技术评估组的技术评估。2017年12月28日，福建省水利厅受福建省政府委托，组织召开长汀县水生态文明城市建设试点行政验收会，珠江水利委员会、珠江水利科学院派员参加。会议成立行政验收工作小组，工作小组检查现场，查阅资料，听取长汀县试点工作情况和技术评估组意见的汇报。最后，行政工作小组一致同意长汀县水生态文明城市建设试点通过验收。

【GEF(全球环境基金)项目策划研讨会召开】 2018年6月18日，联合国计划署驻华代表处项目主任马超德在长汀县河田镇政府主持召开GEF(全球环境基金)项目策划研讨会，研讨GEF在河田镇开展“中国典型水土流失区退化天然林用地恢复与管理”项目的前期工作。水利部沙棘开发管理中心主任卢顺光，国家林草局天然林管理中心综合处处长张平，西南大学生命科学院教授、博士生导师李昌晓等参加研讨。

研讨会上，李昌晓代表项目起草组介绍GEF项目文本及涉及长汀县示范点的策划情况。与会专家对实施项目过程规划设计、技术、管理、政策法规、体制机制等问题进行分析研究，力求通过河田示范点的打造，总结出“中国典型水土流失区退化天然林用地恢复与管理”的中国经验，并在全球推广。

【梁云到长汀调研】 2018年4月20日，国家禁毒办常务副主任、公安部禁毒局局长梁云一行到长汀县开展禁毒工作调研活动。福建省禁毒委副主任、省公安厅副厅长薛祺安，龙岩市副市长、市公安局局长张斌等陪同调研。

梁云一行先后查看涂坊镇重点整治宣传牌、南山大田村原制毒拆除窝点现场，并在县禁毒大队查看长汀县禁毒成果展示和汀籍重点人员管控系统，详细了解长汀县基层禁毒工作的开展情况。随后，召开禁毒重点工作整治汇报会。梁云对长汀县在禁毒工作上取得的成绩给予充分肯定。

【长汀实现全省首批脱贫摘帽】 2018年12月18日，福建省委办公厅、省政府办公厅发布公告，同意长汀等5个县2017年度退出省级扶贫开发工作重点县。长汀是福建省23个省级扶贫开发工作重点县中首批实现脱贫摘帽之一。截至12月，长汀县贫困人口脱贫6216户20848名，建档立卡贫困村退出55个。

长汀县注重产业带动，发挥世界名鸡长汀河田鸡，以及槟榔芋、米粉等特色农业产业优势，推广“企业+基地+贫困户”“合作社+贫困户”等模式，鼓励农业龙头企业、家庭农场等新型经营主体，帮助贫困户增收脱贫。全县打造

2018年4月20日，国家禁毒办常务副主任、公安部禁毒局局长梁云(中)到长汀县公安局禁毒大队督导检查禁毒工作　　　　(长汀县委史志室　供图)

223个激励性产业扶贫项目覆盖100%的乡镇，带动4150户14826名贫困户增收脱贫，实现就业8359人。电商助推扶贫，共发展电商企业361家，75个村级服务点覆盖全县18个乡（镇），累计服务建档立卡贫困户约1.34万人次。抓小额信贷扶贫，2016年以来累计发放扶贫小额信贷12581.09万元，帮扶贫困户3207户。实施“干部挂钩帮扶”工程，市、县、乡（镇）三级共派出4562名扶贫干部挂钩帮扶建档立卡贫困户。组建脱贫攻坚工作队88支，78个贫困村累计建设帮扶项目392个，帮扶资金2378.3万元。全年募集资金950万元。开展家庭医生签约服务工作，家庭签约服务率100%。落实精准扶贫医疗叠加保险政策，实现“基本报销+大病保险+补充保险+民政救助”四位一体“一站式”服务。1—10月，扶贫对象享受待遇17221人次，实际发生医疗费用4651.7万元，医保政策范围内医疗费用4334.36万元，各类医疗保障政策报销金额合计3803.97万元，报销比例87.76%。落实住房保障，建成纯贫困户集中安置区，引导和帮助他们就近务工，实现贫困户“搬得出、稳得住、能就业、快致富”。至2018年底，全县累计完成15个省级、市级集中安置区，实施造福工程易地扶贫搬迁安置3326户11597人。坚持教育扶贫，积极推进中、高职“雨露计划”。强化政策兜底，保障标准由2016年的每人每年3210元提高到4560元。

【长汀获评2017年“四好农村路”省级示范县】 2018年7月上旬，福建省交通运输厅公布2017年度“四好农村路”省级示范县名单，5个县（市、区）入选，长汀县位列其中。

长汀县把“四好农村路”建设与乡村振兴战略相结合，畅通“主动脉”，疏通“毛细血管”，让产业发展有路，乡村振兴可期，大力推进县道和产业路、旅游路建设。建立三级联动路政机制和以理事会成员、村居干部、养护人员组成的路政信息联络员制度，将爱路护路工作纳入村规民约，作为评选“五好家庭、文明家庭、平安家庭、优秀共产党员”的重要内容及入党积极分子、人大代表、党代表提名的重要参考依据，促进路产路权保护全民参与。

【2017年省湿地保护管理会议召开】

2018年1月17—18日，2017年福建省湿地保护管理会议在长汀县召开。福建省林业厅副厅长欧阳德、国家林业局驻福州专员办副专员吴满元、省湿地中心主任龚玉启，省林业调查规划院、各设区市林业局、平潭综合实验区农发局，有关湿地自然保护区和湿地公园管理局、省野生动植物保护管理中心相关负责人等参加会议。

会议要求，当前及今后一段时期湿地保护工作要全面贯彻中共十九大精神，以习近平新时代中国特色社会主义思想为指导，以实现“生态美、百姓富”有机统一为总目标，以更好满足人民日益增长的优美生态环境需要为总任务，以《制度方案》为抓手，以湿地分级分类管理为基础，以湿地保护条例为保障，落实“强化湿地保护和修复”重大部署，强化重点区位湿地保护，推进重点区域湿地修复，确保湿地面积总量不减少，逐步提高湿地保护率，不断提高湿地保护管理水平，充分发挥湿地在“再上新台阶、建设新福建”和国家生态文明试验区建设中的重要作用，推进湿地保护事业不断取得新发展。

【2018年省综合年鉴编辑培训班举办】

2018年8月22日，由福建省方志委主办、龙岩市方志委协办、长汀县方志委承办的2018年福建省地方综合年鉴编辑培训班在长汀县举办。福建省方志委主任陈秋平、副主任林浩，龙岩市方志委主任蓝国华等出席开班仪式。全省各设区市方志委（办）、平潭综合实验区党史方志研究中心负责人、年鉴编辑，各县（市、区）综合年鉴编辑等110余人参加培训。

陈秋平强调，一要下大力气继续巩固“两全目标”成果；二要通过实施年鉴精品工程带动全省年鉴质量的稳步提升；三要促进福建省年鉴事业的转型升级，关键在建设一支稳定、专业的编纂队伍；四要开展有针对性的年鉴编辑培训班，就是抓好队伍建设的有效手段。

培训期间，江西省方志办副主任周慧、厦门市方志办原主任葛向勇、南京年鉴社编辑部原主任刘小凡、新疆自治区方志委年鉴处处长吴佩昀分别进行授课。

【世界客属第24次公祭客家母亲河大典举行】 2018年10月17日，寻根客家首府汀州暨世界客属第二十四次公祭客家母亲河大典在长汀举行，来自马来西亚、加拿大等国家，以及中国台湾、香港、河南、江西、广东、福建等79家客属社团、祭祖团共计2000余人参加。

公祭现场，献花篮、上香、诵读祭文、行鞠躬礼，客属乡亲面对高大宏伟的客家母亲塑像，共同缅怀先祖的恩德功绩。汀州客家联谊会向马来西亚居銮客家公会、加拿大多伦多客属联谊会、香港南源永芳集团有限公司等8家客属社团授予“客家荣耀”锦旗，参加祭典活动的海内外客属乡亲向客家母亲雕像敬献花篮、上香、诵读祭文、行鞠躬礼。海内外客属乡亲还朝圣汀州妈祖庙、品尝客家美食、欣赏客家风情文艺表演，参观店头街、古城墙等景点。

【长汀红山区域涉麻禁毒警务联动协作】 2018年6月9日，闽赣两省边界长汀红山区域涉麻禁毒警务联防联动协作启动仪式在长汀县红山乡举行。江西省瑞金市拔英乡派出所、会昌县富城乡派出所、武平县大禾乡派出所、武平县湘店乡派出所等近200余人参加此次活动。

活动中，地处闽赣边界的长汀县红山乡与周边乡镇共同签订禁毒联防工作机制协议。此次活动重在联手预防，相互协作，形成合力，有效打破区域限制，织密禁毒网络，压缩犯罪空间，提高禁毒震慑力，确保闽赣边界区域不出现涉麻制毒窝点，维护闽赣两省边界地区的和谐稳定，把闽赣边界打造成为安定和谐的“无毒净土”。

【全市首家中小学海洋生物科普馆在长汀开馆】 2018年6月18日，龙岩市首家中小学海洋生物科普馆在长汀县河田镇朱溪小学建成开馆。厦门市科协主席余兴光、原国家海洋局副局长陈连增、国家卫星海洋应用中心党委书记林明森、国家海洋局第三海洋研究所所长蔡锋、浙江大学海洋研究院院长张海生一行等出席开馆仪式。

该科普馆是全省第二家且规模最大的中小学海洋生物科普馆，由厦门市科学技术协会、厦门市水陆生物研究院、厦门大学生物博物馆捐建。首期场馆面积323平方米，设海洋生物标本展示厅、模型展示厅、电子展示厅、图书收藏室、培训交流室等。现馆藏海洋生物标本90余种100余件，展品中有中华白海豚等国家一、二级珍稀保护动物标本多件和南北极珍贵展品，海洋科普藏书1200册，模型6件，其他海洋意识宣传展品正陆续征集中。

（陈李萍）

连城县

【概况】 2018年，连城县实现生产总值204亿元，增长8.3%；规模以上工业增加值增长10.2%；城乡500万元以上固定资产投资增长24.2%；社会消费品零售总额69.4亿元，增长15.1%；财政总收入9.43亿元，地方级财政收入5.9亿元，分别增长27.4%和23.5%；城镇、农村居民人均可支配收入为30976元和15532元，分别增长7.9%和10.2%。三次产业结构比为16:43:41，获评全省县域经济发展十佳县、中国绿色生态农业先进县、中国电商示范百佳县。

【工业经济】 2018年，连城县规模以上工业产值突破200亿元，增长20%；光电新材料产业实现产值50亿元、增长60%，冠睿电子成为全县首个产值超20亿元企业。锂电池产业破题起步，新引进锂电池产业项目10个，其中当年竣工投产8个，初步形成以国冠为龙头的锂电池产业链。工业项目加速发力，开工建设项目53个，新引进项目建成投产19个。园区活力日益彰显，纳税超百万元企业达32家，其中超500万元企业12家，盘活11家僵尸企业，收回闲置低效用地13万平方米。

【现代农业优化升级】 2018年，连城县实现农林牧渔业总产值54.8亿元，增长3.8%；现代农业产值42.3亿元，增长8.8%。特色产业优势突显，制定完善特色农业产业扶持政策，地瓜产业实现产值33亿元，增长10%。林坊镇入选全国首批农业产业示范强镇；白鹜鸭产业实现产值4.6亿元，全年出栏380万羽，即食白鸭汤生产线项目建成投产；竹木加工产业实现产值35亿元，增长12%，3家企业成功申报省级笋竹精深加工示范项目。富硒品牌培育有力，富硒产业实现产值12.5亿元，增长126.9%，成功举办福建省富硒产业绿色发展研讨会，打响“中国客家硒都”地域品牌。产业融合效益提升，食品加工专业园区入驻企业18家，全县农产品加工实现产值85亿元、增长10.5%，农特产品电商上行销售额达7.6亿元。

【第三产业】 2018年，连城县实现第三产业增加值83亿元，增长8.5%，全年接待游客1093.6万人次，增长29.2%，入选“中国十佳避暑康养小城”。文旅融合有序发展，创建国家AAA级旅游景区3个，冠豸山联合申报世界地质公园列入推荐名单；完成石门湖路改造提升，建成冠豸山文化旅游综合体一期，县旅游集散服务中心投入运营；《中国影像方志·连城》在央视播出，举办培田春耕节、环冠豸山自行车赛和冠豸山国际半程马拉松赛。电子商务持续壮大，电商百佳示范县发展指数全国排名第30、全省排名第三，全年实现电商交易额50亿元，增长25%；实现网络零售9.5亿元，增长26%。房地产业健康发展，完成房地产开发投资13.5亿元，商品房销售面积25.5万平方米、销售额11.8亿元。

【“三大战役”】 项目落地。2018年，连城县“五个一批”均超额完成年度任务，30个省市重点项目、36个投资工程包

2018年12月，连城县举行“大督查大落实”项目集中开竣工仪式

（连城县委史志室　供图）

项目、10个“1820”项目分别完成投资67.1亿元、35.5亿元、27.6亿元，全年开工建设项目155个，建成投产项目82个，其中28个项目实现当年签约、当年竣工。全县银行业金融机构为重点项目建设提供贷款4亿元，县中小企业信用担保中心为61家企业提供贷款担保2.95亿元，为32家企业提供应急还贷资金1.26亿元。

脱贫攻坚。深化“九措到村到户”，有效巩固6265户14839人脱贫成果，32个贫困村和2个扶贫开发重点乡镇如期摘帽。全力推广“企业+基地+贫困户”模式，建立激励性扶贫项目249个，受益贫困户3881户。实施“春潮行动”“雨露计划”，发放小额扶贫贴息贷款2264户、1606.7万元。落实精准扶贫医疗叠加保险政策，为建档立卡贫困户报销各类医疗费用2743.9万元。落实教育助学资金253.2万元，惠及困难学生2372人次。

生态环保。23个生态环保攻坚项目完成投资10.8亿元，全县254家生猪养殖场标准化改造项目通过验收，食品加工专业园区污水处理厂一期、县污水处理厂二期等项目投入使用。河（湖）长制工作持续深化，3个国控断面Ⅰ—Ⅲ类水质达标率为100%，各乡镇交接断面水质明显改善。闽江流域山水林田湖草生态保护修复工程加快推进，文亨田心铁矿废弃矿山综合治理被列为省级试点项目。完成水土流失综合治理2553公顷，森林覆盖率提升至81.48%、稳居全省第2，全年空气质量优良天数比例达99.4%。

【民生事业】 2018年，连城县坚持为民办实事，基本完成十二项惠民工程。落实基础教育十条措施，教师队伍建设不断完善，教师待遇有所提高；县实验幼儿园通过“省示范性幼儿园”评估，连城一中入选省级普通高中课程改革基地建设学校名单，高考文理科本一上线率均位居全市第二；实施教育项目34个，完成投资3.2亿元，2所公办幼儿园投入使用，24所中小学教学综合楼基本建成。水南街和吴家巷被认定为省级历史文化街区，新增7处省级文物保护单位，8个村入选中国传统村落，璧洲获评中国历史文化名村；开展百场全民健身、群文活动，建成县广播电视高山发射台、全民健身活动中心，在省运会上获得金牌12枚，创历史新高。改造提升乡镇卫生院4个，基本完成妇幼保健院改扩建，医药卫生体制和分级诊疗机制改革稳步推进。养老事业加快发展，被民政部列为居家和社区养老服务改革试点县，建成农村幸福院27个、居家社区养老服务照料中心3个。

【社会保障】 2018年，连城县全年城镇新增就业1197人、失业人员再就业834人，农村劳动力转移就业2392人，城镇登记失业率为2.37%。全面实行城乡低保标准一体化，农村低保标准提高至家庭年人均收入6456元，惠及困难家庭2748户5610人。发放特困供养金1293万元、医疗救助金1146万元、残疾人两项补贴资金1088万元。城乡居民基本医疗保险参保率达98%、养老保险参保率为99%。打击治理电信网络新型犯罪，扫黑除恶取得阶段性成效，连续2年保持涉麻制毒“零窝点”“零发案”。食品药品安全形势稳定向好。

【精准招商】 2018年，连城县实施“莲商回归”“以企引企”“以商招商”工程，紧盯粤港澳大湾区、长三角等重点区域精准招商。全年新签约项目260个，其中亿元以上项目45个、10亿元以上项目5个，招商引资实现量质齐升。

【城市建设】 全面完成浦梅铁路连城段征迁工作，冠豸山机场复通“佛山—连城—北京”航线并加密至每天一班，旅客吞吐量突破20万人次。开工建设培田路、幸福北路，实施北大中路、步行街“白改黑”综合改造，基本打通梅花山路等断头路，实施莲北大道、西环路改扩建等项目，“两横四纵”路网基本贯通。完成文川河安全生态水系、百花小区沿河景观和滨江公园建设，建成莲中路人行天桥，新增停车位483个，新改建污水、供水管网45.2千米，新增绿地34万平方米，拆除“两违”面积99.6万平方米。

【乡村振兴】 2018年，连城县“一革命四行动”有序开展，建成农村公厕16座，新建改造农村三格化粪池13380户，101个村建立垃圾治理常态化机制，启动11个村级生活污水集中处理设施建设，改造农村危房1155户，拆除空心房、裸房3.9万平方米。农村基础设施日益完善，提级改造县道20.2千米、乡村道路89.8千米，建成农村公路安保工程170千米，创建“四好农村路”22千米，完成危桥改造14座；有序推进福地水库等水利项目建设，建成烟基工程项目34个，改造农村电网244.6千米，完成高标准农田建设1800公顷。实施5个“精品村”和曲溪美丽乡村“景观带”工程，完成16个省级“千村整治、百村示范”村建设。完成新型城镇化重点镇建设项目16个，部分集镇面貌明显改观。优化整合农村“六大员”服务队伍，圆满完成2018年村级组织换届选举，村主干“一肩挑”占比44%，培田获评全国民主法治示范村。移风易俗不断深入，遏制大操大办，减少烟花爆竹燃放，3个乡镇和4个村获评第十三届省级文明村镇。

【2018环冠豸山国际自行车大赛在连城举行】 2018年11月4日，中国骑都·2018环冠豸山国际自行车大赛4日在连城县举行。这是自2013年连城致力打造“中国骑都”品牌以来，第7次举办环冠豸山自行车大赛，来自福建、广东、上海、浙江、广西、江西等12个省份和香港，以及新西兰等地的1400余名国内外自行车选手、骑行爱好者齐聚

2018 年11 月 4 日，中国骑都·2018 环冠豸山国际自行车大赛在连城县举行

（连城县委史志室　供图）

连城，在长 42 千米的环冠豸山赛道上竞速骑游。

大赛由龙岩市体育局、龙岩市旅游发展委员会、中共连城县委、连城县人民政府、福建省自行车运动协会主办，由国际自行车大赛、“千人骑游，环冠豸山 42 千米美丽风景”“骑游女神·我为中国骑都代言”选拔大赛、中国骑都(连城)2018“冠豸之夜”骑友露营晚会等四个系列活动组成。

大赛分设男子山地精英组、男子山地福建组、男子山地中年组、女子山地组等 4 个组别，同时设立国际骑游组。上海选手丁勇获得男子山地精英组桂冠，肚子里有料车队的林炳雨夺得男子山地福建组冠军，浙江飞龙体育车队的金招伟夺得男子山地中年组冠军，江西巨星自行车队的王祥梅夺得女子山地组冠军。

【“三下乡”集中示范活动在塘前乡举行】 2018 年 1 月 25 日，2018 年龙岩市、连城县文化科技卫生“三下乡”集中示范活动在连城县塘前乡塘前村五方阁举行。中共龙岩市委常委、秘书长、宣传部长詹昌建出席启动仪式。活动由龙岩市委宣传部、市委文明办等 24 家市直单位主办，组织文艺演出、文化服务、法制宣传等小组、22 支咨询服务队，为农村群众提供政策法制宣传，义务书写春联，开展科技咨询服务，提供免费义诊和健康知识宣传，赠送农村种养殖书籍，开展禁毒、交通安全知识教育和文艺慰问演出等一系列活动。在启动仪式上，省“三下乡”组委会向塘前乡捐赠价值 18 万元的医疗巡诊车。

（江　东）

2018 年1 月 25 日，龙岩市、连城县文化科技卫生“三下乡”集中示范活动在连城县塘前乡塘前村举行

（连城县委史志室　供图）

漳平市

【概况】 2018 年，漳平市地区生产总值 255.74 亿元，比上年增长 7.5%；规模以上工业增加值增长 9.4%；固定资产投资增长 17%；农林牧渔业总产值 52.73 亿元、比上年增长 3.5%，增加值 32.71 亿，比上年增长 3.5%；社会消费品零售总额 78.91 亿元，增长 11.7%；财政总收入 12.90 亿元，增长 22.1%，地方一般预算收入 8.25 亿元，增长 21.2%；外贸出口总额 24.88 亿元，增长 4.9%；实际利用外资 1.49 亿元，增长 0%；城镇居民人均可支配收入 34082 元，增长 8.2%，农村居民人均可支配收入 17349 元，增长 9.1%。

【工业经济】 2018 年，漳平市工业固定资产投资 38.6 亿元，工业技改投资 22.6 亿元；规模工业效益指数 304.5，增长 52.5%；拥有国家级高新技术企业 15 家，省级科技小巨人领军企业 13 家、省级服务型制造业企业 1 家、省级智能制造试点示范企业 1 家、省级高成长型企业 3 家；工业用电量 8.6 亿千瓦时，增长 6.8%。红狮水泥、木村林产等 3 家省级龙头企业完成产值 48.5 亿元，增长 27%，天守超纤公司入选国家知识产权优势示范企业名单。23 家市本级重点新增长点企业新增产值 19 亿元。工贸新区污水处理站建成使用，盘活工业园区闲置低效用地 29.07 公顷，标准化厂房建设投资 2900 万元，“零地” 引进企业 5 家；完成新材料产业园总体发展规划、产业发展规划编制，规划环评通过龙岩市审查；钢铁产业园林地报批完成 350.27 公顷。

【农业经济】 2018年，漳平市农业总产值51.8亿元,增长4%。粮食作物播种面积1.33万公顷,产量7.8万吨,山垅田改造20公顷。吾祠鱼米获全国稻渔综合种养优质鱼米评比“绿色生态奖”。“木、竹、花、茶、菜”特色产业产值80亿元。成功举办第三届中国绿色木业大会暨第十一届中国木材保护工业大会,花卉协会获全国优秀农村专业技术协会称号,永福杜鹃花获第七届中国(福建)花王称号,漳平现代茶业产业园被列为省级现代农业产业园创建单位,秀雨农业牌乌龙茶获第十九届绿博会金奖,永福高山茶获第十六届中国国际农产品交易会参展农产品金奖,台品高山茶入榜全国一村一品示范村镇监测合格名单,在龙岩率先成立茶叶技能大师工作室。永福千亩花卉基地、绿源生态农业观光等项目开工建设。新建各类钢架大棚、配置节水灌溉设备119.47公顷,完成林下经济产值25.2亿元、示范面积66.67公顷。实施“培育农产品加工业三年行动计划”,规模以上农产品加工企业产值70亿元,增长14%。农业科技试验示范基地5个,“三品一标”企业12家、农产品17个,农产品质量抽检合格率97%以上。2018年新增龙岩市级以上农民专业合作示范社6家、家庭农场9家。

【第三产业】 2018年，漳平市第三产业增加值122.6亿元,增长10.5%,新增规模以上服务业企业22家、限额以上商贸业企业9家,服务业增加值占GDP比重达47.8%。公路客货运周转总量5.9亿吨千米,增长6.1%;金融机构人民币存贷款余额236.4亿元，增长19.9%。电子商务交易额53亿元,市级农村淘宝服务中心、供销益农电子商务运营中心建成投用。2018年,农村淘宝服务站增至43个。“大陆阿里山”文旅康养综合开发、北斗大数据应用中心等项目加快推进,“菁和源”医养康复中心项目开工建设,永福登人民网“2018踏青赏花特色小镇排行榜”榜首,全年接待游客372万人次、旅游总收入20.8亿元,分别增长20%、25%。

【城乡建设】 2018年，漳平市持续开展“城乡建设提升年”活动,加快补齐城区基础设施短板,30个城市建设项目完成投资10.5亿元，完成顶郊大桥改造、和平北路至木村C区给水管道改造等项目;建成漳平一中、漳平西站站前广场等3个停车场，新增停车位630个;城市公厕改造9座、新建4座;公交站点改造5座、新建18座,投放新能源公交车10辆、建成充电桩12个;实小、华龙等棚户区改造加快推进。持续推进“两违”整治,拆除违建面积100.1万平方米，腾出土地面积106.6万平方米。加快新型城镇化、美丽乡村建设,红尖山风电场、迎宾大道等项目建成使用。新桥工业集中区加快建设，康宝硅橡胶、钱坂至佳能电站三级路改造等项目建成使用。南洋被确定为市本级乡村振兴示范镇试点。赤水涵口水库完成主体工程建设。溪南东湖村、双洋西洋村等6个村入选第五批中国传统村落名录。灵地扶贫产业路顺坂至京口段开工建设。万里安全生态水系(黄祠溪、南洋溪、象湖溪)、中小河流域治理(新桥溪安仁段)完成主体工程。市本级20个美丽乡村加快建设、完成投资3.8亿元。农村集体产权制度改革基本完成。“四好农村路”投资2.1亿元,总里程90千米,53名乡村道路专管员全部上岗。新建村级污水处理设施80个，新建或改建成三格化粪池6258个、水冲式公厕20个,整治裸房43栋、“空心房”17.8万平方米,新增绿化面积5980平方米,农村家园清洁行动示范村增至68个。

【项目攻坚】 2018年，漳平市落实招商引资优惠政策和奖惩办法,采取“一把手”招商、全员招商、产业链招商、第三方招商和以商引商等方式，赴京津冀、长三角、珠三角及闽南金三角等地开展招商，市领导带头外出招商107次,签约项目30个,总投资20亿元,其中亿元以上项目8个；实际利用外资1.35亿元,增长82.7%;外贸出口总额24.6亿元，增长3%。军民融合加快发展,与中电科集团、中国航宇集团等建立对接联系，签订军民融合项目6个，新开工3个，带动投资3.2亿元。2018年，安排财政资金19.7亿元推进项目工作,生成产业发展、城乡基础和民生设施项目143个，推出投资工程包35个。国道235线漳平段公路、福建龙钢智能化工业4.0定制化生产基地等34个项目前期推进,和普新材、乔光电子等30个项目签约，和平中路立体停车场、城南小学及幼儿园、黑猫轮胎等54个项目开工建设，协龙色纱及特种丝、豪穗回弹泡沫高档床垫及枕头等48个项目竣工投产,二中改扩建、红狮静脉产业园等重大项目加快建设,湖库水系综合治理等基础设施项目进展顺利。优化营商环境，补办企业不动产权证68家，率先向台胞颁发林权不动产权证。解决企业用工2262人、市内农村劳动力进工业园区务工1275人；林地报批434.93公顷、土地报批21.67公顷,征地面积149.87公顷、房屋征收31万平方米。加大关键领域和薄弱环节补短板力度，争取各类专项补助资金6.9亿元、地方政府债券3.7亿元。

【生态攻坚】 2018年，漳平市抓好中央环保督察反馈问题整改,扎实推进生态环保“四大提升工程”建设,26个生态环保攻坚项目完成投资10.4亿元。完成年度节能减排任务,“农村治水、城区治气”成果得到巩固。纵深推进河(湖)长制,国、省控3个流域断面平均水质为Ⅲ类水,境内六大支流平均水质为Ⅱ类水,城区2个饮用水源地水质达标率始终保持100%。生猪养殖场关闭拆除85家、面积4.4万平方米,现有升级改造规模养殖场406家;牛蛙养殖场关闭拆除面积9.8公顷。植树造林

1133.33公顷，森林覆盖率达78.6%。水土流失综合治理4533.33公顷。燃煤锅炉提升改造或淘汰18台。

【脱贫攻坚】 2018年，漳平市60户213人脱贫，15个贫困村和2个扶贫开发重点乡镇摘帽。对符合建档立卡贫困户条件的对象及时调整纳入，新增贫困户13户44人。易地扶贫搬迁89户293人，住房修缮改造325户，贫困户贷款发放1817万元，新型经营主体带动贫困户脱贫增收1318户；实施201个激励性扶贫项目、7151人参与。

【社会民生】 2018年，漳平市10个为民办实事项目加快建设，完成投资6.7亿元。民生支出17.6亿元，占一般公共预算支出的81.3%。边远乡村小学试点课间营养餐、城区小学午间托管服务顺利实施，受益学生982人；“省级教育科研基地实验研究、“四园”建设全面开展，组建实验小学、进校附属小学教育集团；普惠性民办幼儿园增至7所。市医院通过二级甲等医院评审，市总医院挂牌运行，菁城社区卫生服务中心改造提升、和平卫生院、灵地卫生院以及92个村级卫生所等项目建成。建成菁城足球场及3个村（社区）多功能运动场；开展10项群文、12项文艺、18项全民健身赛事等活动，首届乡村半程马拉松赛在永福举办；新桥板凳花灯龙、永福妈祖文化节等25个项目入选龙岩市第六批非物质文化遗产代表性项目名录。第四次全国经济普查单位清查工作基本完成。城镇居民人均可支配收入34082元，增长8.2%；农村居民人均可支配收入17345元，增长9.1%。城镇新增就业1610人、农村劳动力转移3924人，城镇登记失业率2.2%。配租配售各类保障住房420套。社区居家养老服务照料中心增至5个、养老服务站增至10个，北郊社区居家养老服务照料中心被评为省五星级养老服务设施；农村幸福院增至63个，新桥仓坂村被评为省级三星级农村幸福社区。“平安漳平”“法治漳平”建设扎实开展，扫黑除恶专项斗争深入推进，涉麻制毒、缉枪治爆、农村赌博等专项治理取得明显成效，向电信网络新型违法犯罪发起新一轮打击行动，社会更加安定稳定。信访工作“四个三”、矛盾纠纷多元化解机制不断健全，市交调委获全国人民调解工作先进集体称号。村（居）换届选举顺利完成。设定安全隐患红、橙、黄、蓝四个级别，分类管理、精准整治，安全生产形势稳定向好。

2018年为民办实事项目——漳平东门溪整治。图为整治后的东门溪一隅
（漳平市报道组 供图）

【漳平城区内河东门溪整治攻坚战】 2018年，漳平东门溪整治列入省委、省政府2018年为民办实事小流域综合整治项目之一。市委、市政府把东门溪整治攻坚战作为重中之重工作。漳平市城区内河东门溪由黄厝坂溪、长北坑溪、铁路东溪、灯笼坑溪等4条支流汇聚而成。整个城市内河污染源涉及上游的和平镇及菁城街道全境，内河水系复杂、纵横交错，治理全长12.85千米，在穿过主城区后流入九龙江。市委、市政府提出围绕“引、截、分、治”四个字治理措施，在经过多次研究论证后制定《漳平市城区内河东门溪整治攻坚战工作方案》，2018年完成投资额22343万元，其中“引”方面完成投资额11435万元；“截”方面完成投资额3635万元；“分”方面完成投资额2935万元；“治”方面完成投资额4338万元。

2018年7月、8月、9月、10月、11月连续五个月达到V类水排放标准，提升东门溪水质。

【漳平永福至新罗红尖山隧道全面贯通】 2018年1月17日，永福至新罗中甲二级公路改建工程红尖山隧道全面贯通，这是继红尖山隧道右洞贯通后又取得的阶段性成果，标志着红尖山隧道全线实现贯通。国省道干线横九线漳平永福龙车至新罗中甲二级公路（新罗区）工程，红尖山隧道全长2614米，其中右洞2600米，左洞2627米，隧道地处地质复杂路段，施工难度大、技术要求高。

【举行中国·漳平（永福）首届乡村半程马拉松赛】 2018年3月18日，漳平首届乡村马拉松赛在“大陆阿里山”之称的永福镇举行，奥运冠军张湘祥、石智勇到场鸣枪领跑。此次比赛来自国内十几个省市及港澳台和非洲喀麦隆的运动爱好者们前来参加，比赛线路以台品樱花茶园停车场为起点，经由后盂村、翔园生态农场、茶博士茶园等一系列风景优美且独具花乡茶乡特色的线路，最后经由台品樱花茶园观花道返回停车场终点，全程共 21.0975 千米。

【木竹孵化园认定为“国家漳平户外木竹制品产业示范园区”】 2018 年 7 月，国家林业和草原局公布“2018 年认定命名国家林业产业示范园区名单”，漳平户外木竹制品产业示范园区上榜。这是漳平继获得中国花木之乡、中国杜鹃花之乡、天台国家森林公园、国家 AAAA 级九鹏溪景区、中国特色竹乡、南洋国家湿地公园（试点）之后有利于提升林产加工产业整体竞争力和林业在国民经济发展中地位的又一个国家级品牌。

漳平市政府集中规划 238.53 公顷用地作为户外木竹产业园建设。首期 10 万平方米标准化厂房的木竹制品孵化园已建设完成并投入生产使用。截至 2018 年底，国家漳平户外木竹制品产业示范园区入驻户外木竹加工规模企业 27 家，2018 年产值 2.39 亿元，实现税收 398.47 万元，从事户外木竹产业人数 6 万人。

2018 年 9 月 9 日，漳平市举办首个两岸农民共庆丰收节

（漳平市报道组　供图）

【举办首届“两岸农民共庆丰收节”】 2018 年 9 月 9 日，漳平市举办以“丰收中国、茶香两岸”为主题的“两岸农民共庆丰收节—走进福建漳平‘大陆阿里山’”活动，这是大陆唯一一场两岸农民参与共庆丰收的主题活动，邀请 2000 名两岸农民欢聚一堂，通过古朴与时尚、歌舞与小品、茶叶与美食等丰富多彩的表现形式，共庆农民首个中国农民丰收节。

活动由农业农村部对台湾农业事务办公室、国务院台湾事务办公室新闻局指导，福建省农业厅、福建省人民政府台湾事务办公室、龙岩市人民政府、中国农业电影电视中心联合主办，漳平市政府、漳平台湾农民创业园区管委会与 CCTV7《美丽中国乡村行》栏目组承办。中央电视台七频道中国农民丰收节特别节目《丰收中国–茶香两岸》栏目组专程来到被台商们称为“大陆阿里山”的福建省漳平市，结合台湾农民庆丰收习俗和当地农民的文化传统习惯，独具匠心，编排一台美轮美奂的视觉盛宴。

2018 年 12 月 29 日，首趟动车到达漳平西站　　（漳平市报道组　供图）

【漳平进入“动车时代”】 2018 年 12 月 29 日 7 时 37 分，随着首趟动车 D6538 次缓缓从龙岩站开出，南龙铁路正式开通运营。上午 8 时许，首趟动车到达漳平西站，漳平正式进入“动车时代”。上午 10 时，从福州站开来的 D6552 次动车也到达漳平西站。漳平市累计投入财政资金 4.3 亿元建成南龙铁路（漳平段）及其配套工程漳平西站、双洋站站前广场及通站道路。南龙铁路与合福高铁、杭深、龙厦铁路形成环形快速铁路通道，动车开通后，漳平到厦门、南平只需 1.5 小时，到福州只需 2 个多小时。

（陈龙林　陈波秀）

责任编辑　游友荣

先进人物

【李怀庆获福建省“见义勇为模范”称号】 2018年1月12日，福建省第二十四次见义勇为英雄模范表彰大会在福州召开，龙岩市永定区胡坑镇胡坑村村民李怀庆被授予福建省“见义勇为模范”称号。1月25日，龙岩市第十五次见义勇为表彰奖励大会在市公安局召开，李怀庆被授予龙岩市“见义勇为模范”称号，并作见义勇为模范事迹报告。

李怀庆，男，1975年10月3日生，中共党员，龙岩市永定区湖坑镇湖坑村村民。2016年8月13日上午10时20分左右，一辆载有23名乘客(其中，21名乘客为台湾籍游客)的大巴车在途经龙岩市永定区湖坑镇新南村时遇到突发的山体滑坡，大巴车被冲到公路下的河边，车上驾乘人员处于危险中。家住附近的李怀庆等村民第一时间报了警，并在等待医护救援的过程中，冒着次生灾害的危险，开展施救工作。李怀庆多次爬进侧翻大巴车内徒手挖开掩埋在受伤台胞身上的泥土，疏通会走的人，和当地的群众一起抬出不会走的伤员。当天在事故现场，先后有20多名村民自发参与救援，其中李怀庆、苏鸿发、苏元红等人发挥的作用尤为突出，为解救被困乘客、安置受伤人员提供及时、有效的帮助。

【邱熠枫入选“中国好人榜”】 2018年10月31日，中央文明办通过中国文明网发布10月“中国好人榜”，龙岩市邱熠枫入选“敬业奉献”中国好人。至此，龙岩市累计有39位“中国好人”。

邱熠枫是新罗区法院雁石法庭庭长。他审结的民商事案件，没有因处置不当而引发社会矛盾激化或群众上访，被群众称为穿行田间地头的“农民法官”。雁石法庭离龙岩中心城区20多千米，邱熠枫每天穿梭于城区与法庭之间，白天开庭办案，晚间进村与农民交朋友，在人民法庭设立“青年律师志愿服务岗”，整合村社干部、人民调解员、人民陪审员等多方力量，构建村社调解网络，完善诉调对接机制，参与基层社会治理。建立与乡镇党委、村社组织对接联系，帮助分析辖区群发事件和重大纠纷隐患，从法律层面为地方建设提供咨询意见。雁石法庭管辖全区6个乡镇，132个行政村，根据农村民事案件和当事人的工作生活特点，邱熠枫在坐庭办案的情况下，经常性开展巡回办案，让群众在便捷、省时，无成本的前提下接受司法服务。他在审判工作中注重了解当事人双方的案外情况，针对双方特点，尽最大努力让双方握手言欢。他还经常性地当起了住庭法官，利用夜间开庭审理简易民事纠纷，减轻群众诉累。3年来，他协助辖区政府处理疑难纠纷40余次，指导人民调解48余次。

除了调解、审判工作之外，他还注重了解群众疾苦，与贫困户结对子，2016年动员其挂钩贫困户户主陈玉兰与其他三户贫困户连片种植0.8公顷百香果，每户贫困户每年增加收入4000多元。邱熠枫先后获评“全市十佳法官”“龙岩市劳动模范”“福建省十佳法官”“福建省最美劳动者”“福建省先进工作者(省劳动模范)”等称号。

【全国最美志愿者余亿明】 2018年4月3日，中宣部、中央文明办在北京召开全国学雷锋志愿服务工作推进会，会上公布了2017年学雷锋志愿服务“四个100”先进典型名单，余亿明获“最美志愿者”称号。

2000年，刚上大学二年级的余亿明成为一名志愿者，他经常组织闽西文学院大中专文学总社成员到附近的养老院、社区居委会打扫卫生、为孤寡老人送生活用品、陪他们聊天散步。2006年，余亿明创办龙岩市关爱文化馆，成为专职志愿者。十几年来，余亿明组织策划了40多场次以“关爱留守儿童”“关爱贫困母亲”“关爱孤寡老人”“关爱助学”“关爱农民工子弟”“关爱白血病患儿”“关爱地震灾区大学生”“关爱贫困山村”等为主题的文艺演出，并通过这些文艺演出，牵线搭桥募集善款400多万元，资助370名贫困孩子、600余名孤寡老人和200余名弱势人群。他还自费编印10余万册科普宣传资料，深入全市112个边远山村开展志愿服务，为当地老百姓普及文化知识和科普知识，惠及群众近10万人次。

【2018年龙岩市获省、部级以上表彰先进人物】

2018年龙岩市获省、部级以上表彰先进人物

表16

姓名	性别	工作单位及职务	荣誉称号	授予机关	授予时间
林泽生	男	福建省连城邱家山国有林场　高级工	全国林业系统劳动模范	人力资源和社会保障部、国家林业局	2018年1月
冯晋勤	女	福建省龙岩市气象局　总工程师、气象台台长	全国三八红旗手	全国妇联	2018年2月
江媛英	女	龙岩市海德馨汽车有限公司　工会主席、党支部书记、总经理助理	全国五一劳动奖章	中华全国总工会	2018年4月
余亿明	男	龙岩市关爱文化馆　志愿者	学雷锋志愿服务“四个100”最美志愿者	中宣部、中央文明办	2018年4月
沈梓睿	女	连城县第一中学高二(2)班　学生	2017年度全国优秀共青团员	共青团中央	2018年4月
王庆彬	男	龙岩市青年志愿者协会　秘书长	2017年度全国优秀共青团员	共青团中央	2018年4月
杜东升	男	龙岩市永定区龙潭镇人民调解委员会　副主任	全国人民调解工作先进个人	司法部	2018年5月
蓝启芳	男	上杭县官庄乡人民调解委员会　副主任	全国人民调解工作先进个人	司法部	2018年5月
苏德才		龙岩市医患纠纷人民调解委员会　主任	全国人民调解工作先进个人	司法部	2018年5月
刘鸿奇	男	新罗区侨联　主席	全国归侨侨眷先进个人	国务院侨务办公室、中华全国归国华侨联合会	2018年8月
江伟华	女	永定区侨联　干部	全国归侨侨眷先进个人	国务院侨务办公室、中华全国归国华侨联合会	2018年8月
陈　红	女	武平县侨联　主席	全国归侨侨眷先进个人	国务院侨务办公室、中华全国归国华侨联合会	2018年8月
陈　梅	女	漳平市侨联　主席	全国归侨侨眷先进个人	国务院侨务办公室、中华全国归国华侨联合会	2018年8月

续表 16

姓名	性别	工作单位及职务	荣誉称号	授予机关	授予时间
胡丰林	男	龙岩市外事侨务办公室　副主任	全国归侨侨眷先进个人	国务院侨务办公室、中华全国归国华侨联合会	2018 年 8 月
李贵海	男	龙岩市侨联　秘书长	全国侨联系统先进个人	中华全国归国华侨联合会	2018 年 8 月
丘友青		龙岩技师学院　教师	国家技能人才培育突出贡献个人	人力资源和社会保障部	2018 年 11 月
姚木铭	男	龙岩市中医院　副主任医师	无偿献血促进奖先进个人	国家卫健委、中国红十字会总会	2018 年 12 月
林毅龙	男	龙岩市第一医院　副主任医师	全国援外医疗工作先进个人	国家卫健委	2018 年 12 月
张金良		龙岩市林业局　副局长(调研员)	全国绿化奖章	全国绿化委员会	2018 年
岳　辉		长汀县水土保持事业局　局长、高级工程师	全国绿化奖章	全国绿化委员会	2018 年
李祥凯		漳平五一国有林场	全国绿化奖章	全国绿化委员会	2018 年
童文钢	男	连城县森林病虫害防治检疫站　站长、高级工程师	全国十佳最美森林医生	国家林业和草原局林草防治总站	2018 年 12 月
廖小平	男	福建省格兰尼生物工程股份有限公司 行政部副经理	福建省劳动模范	福建省委、省人民政府	2018 年 4 月
叶活动	男	龙岩卓越新能源股份有限公司　董事长	福建省劳动模范	福建省委、省人民政府	2018 年 4 月
傅丽华	女	龙岩人民医院　产科主任	福建省劳动模范	福建省委、省人民政府	2018 年 4 月
华锦先	男	龙岩市新罗区小池镇培斜村民委员会 党支部书记	福建省劳动模范	福建省委、省人民政府	2018 年 4 月
苏强海	男	福建省永定闽福建材有限公司　生烧工段班长	福建省劳动模范	福建省委、省人民政府	2018 年 4 月
刘永良	男	龙岩市永定区新闻宣传与网络管理中心 采访股股长、报道组副组长	福建省劳动模范	福建省委、省人民政府	2018 年 4 月
张汀平	男	龙岩市永定区高陂镇北山村民委员会 党支部书记	福建省劳动模范	福建省委、省人民政府	2018 年 4 月
袁致忠	男	紫金矿业集团股份有限公司紫金山金铜矿 生产技术处副处长	福建省劳动模范	福建省委、省人民政府	2018 年 4 月
林建文	男	福建上杭太阳铜业有限公司　技术部经理	福建省劳动模范	福建省委、省人民政府	2018 年 4 月

续表 16

姓名	性别	工作单位及职务	荣誉称号	授予机关	授予时间
罗桂华	男	上杭县经济作物技术推广站　副站长	福建省劳动模范	福建省委、省人民政府	2018年4月
丘文山	男	上杭县通贤镇人民政府、县脱贫攻坚战役指挥部办公室　主任科员、县脱指办副主任	福建省劳动模范	福建省委、省人民政府	2018年4月
梁永英	女	上杭县聚胜家庭农场　农民	福建省劳动模范	福建省委、省人民政府	2018年4月
张秋萍	女	上杭县第一中学　教师	福建省劳动模范	福建省委、省人民政府	2018年4月
刘科星	男	福隆电子(龙岩)有限公司　管理部课长	福建省劳动模范	福建省委、省人民政府	2018年4月
陈伟光	男	武平县象洞中心学校　教师	福建省劳动模范	福建省委、省人民政府	2018年4月
李裕春	男	武平县人力资源和社会保障局　退休干部管理办公室主任	福建省劳动模范	福建省委、省人民政府	2018年4月
钟亮生	男	武平县梁野仙蜜养蜂农民专业合作社党支部书记	福建省劳动模范	福建省委、省人民政府	2018年4月
彭金荣	女	长汀县环境卫生管理处　环卫工组长	福建省劳动模范	福建省委、省人民政府	2018年4月
孙艳丽	女	福建省长汀盼盼食品有限公司　行政部经理	福建省劳动模范	福建省委、省人民政府	2018年4月
林玉件	男	福建省宏鑫纺织有限公司　董事长	福建省劳动模范	福建省委、省人民政府	2018年4月
赖小萍	女	福建省汀州医院　科室主任	福建省劳动模范	福建省委、省人民政府	2018年4月
易小贞	女	长汀县绿之梦家庭农场　负责人	福建省劳动模范	福建省委、省人民政府	2018年4月
林浩彪	男	龙岩市公路局连城分局　文亨道班班长	福建省劳动模范	福建省委、省人民政府	2018年4月
邱金妹	女	龙岩新奥生物科技有限公司　质检员	福建省劳动模范	福建省委、省人民政府	2018年4月
吴馥香	女	连城县教师进修学校　中学教研室副主任	福建省劳动模范	福建省委、省人民政府	2018年4月
李安洪	男	福建省连城县北团镇富民白鸭专业合作联社　理事长	福建省劳动模范	福建省委、省人民政府	2018年4月
林美丽	女	漳平市金富山制衣有限公司　设计师	福建省劳动模范	福建省委、省人民政府	2018年4月

续表 16

姓名	性别	工作单位及职务	荣誉称号	授予机关	授予时间
李　超	男	福建省漳平第一中学　教师	福建省劳动模范	福建省委、省人民政府	2018 年 4 月
曾佑太	男	漳平市新桥镇珍坂村　农民	福建省劳动模范	福建省委、省人民政府	2018 年 4 月
林小祥	男	龙工(福建)机械有限公司　总装工段副工段长	福建省劳动模范	福建省委、省人民政府	2018 年 4 月
张桂潮	男	福建龙马环卫装备股份有限公司　总经理	福建省劳动模范	福建省委、省人民政府	2018 年 4 月
戴寿传	男	国网龙岩供电公司　配电抢修班班长	福建省劳动模范	福建省委、省人民政府	2018 年 4 月
陈国强	男	福建龙岩喜鹊纺织有限公司织造分厂设备维修保养工	福建省劳动模范	福建省委、省人民政府	2018 年 4 月
郑国强	男	福建龙净环保股份有限公司　电控事业部副部长	福建省劳动模范	福建省委、省人民政府	2018 年 4 月
罗　伟	男	福建金磊律师事务所　律师	福建省劳动模范	福建省委、省人民政府	2018 年 4 月
孔　华	男	福建省龙岩市城市建设投资发展有限公司总经理助理	福建省劳动模范	福建省委、省人民政府	2018 年 4 月
江巧蓉	女	工商银行龙岩分行网络金融部　经理	福建省劳动模范	福建省委、省人民政府	2018 年 4 月
廖材河	男	龙岩烟草工业有限责任公司　党委书记	福建省劳动模范	福建省委、省人民政府	2018 年 4 月
黄家华	男	龙岩交警支队事故处理大队　副大队长	福建省劳动模范	福建省委、省人民政府	2018 年 4 月
陈国强	男	龙岩市第二医院　泌尿外科科主任	福建省劳动模范	福建省委、省人民政府	2018 年 4 月
邱熠枫	男	福建省龙岩市新罗区人民法院　雁石人民法庭庭长、二级法官	福建省劳动模范	福建省委、省人民政府	2018 年 4 月

正高级专业技术职务人员

【2018 年龙岩市获正高级专业技术职务人员】

2018 年龙岩市获正高级专业技术职务人员

表 17

姓　名	工作单位	专业及任职资格	任职资格确认时间
卢春英	龙岩市林业调查规划所	营林高工　享受教授、研究员待遇	2018 年 2 月 11 日
孙忠梅	紫金矿业集团股份有限公司	选矿工程高工　享受教授、研究员待遇	2018 年 2 月 11 日
吴振新	连城县农业技术推广站	农学　享受教授、研究员待遇	2018 年 2 月 11 日
卢锦荣	龙岩市永定区种子管理站	农学　享受教授、研究员待遇	2018 年 2 月 11 日
戴南火	长汀县农业技术推广站	农学　享受教授、研究员待遇	2018 年 2 月 11 日
罗水鑫	连城县经济作物技术推广站	经作　享受教授、研究员待遇	2018 年 2 月 11 日
危天进	武平县土壤肥料技术站	土肥　享受教授、研究员待遇	2018 年 2 月 11 日
蓝锡仁	上杭县畜牧技术推广站	畜牧　享受教授、研究员待遇	2018 年 2 月 11 日
邬良贤	龙岩市农产品质量安全检验检测中心	兽医　享受教授、研究员待遇	2018 年 2 月 11 日
胡和春	龙岩市教育科学研究院	中学正高级教师	2018 年 3 月 19 日
吕凤秀	福建龙岩第一中学	中学正高级教师	2018 年 3 月 19 日
方秦金	福建龙岩第一中学	中学正高级教师	2018 年 3 月 19 日
童其林	永定区城关中学	中学正高级教师	2018 年 3 月 19 日
赖增荣	上杭县第一中学	中学正高级教师	2018 年 3 月 19 日
邱宏桂	连城二中	中学正高级教师	2018 年 3 月 19 日
唐玉泰	上杭职业中专学校	正高级讲师德育	2018 年 7 月 13 日
白云龙	福建龙马环卫装备股份有限公司	机械高工　享受教授、研究员待遇	2018 年 6 月 28 日
何红勤	龙岩希特厨房设备成套有限公司	机电设备高工　享受教授、研究员待遇	2018 年 6 月 28 日
赖文燕	中央苏区（闽西）历史博物馆	文博研究馆员	2018 年 10 月 30 日
卢清平	福建省龙岩市第一医院	普通外科主任医师	2018 年 11 月 30 日
陈志勇	福建省龙岩市第一医院	肿瘤内科主任医师	2018 年 11 月 30 日
黄继续	福建省龙岩市第一医院	普通外科主任医师	2018 年 11 月 30 日
赖海银	福建省龙岩市第一医院	胸心外科主任医师	2018 年 11 月 30 日
钟晓春	福建省龙岩市第一医院	麻醉学主任医师	2018 年 11 月 30 日
王金永	福建省龙岩市第一医院	妇产科主任医师	2018 年 11 月 30 日
张百祥	福建省龙岩市第一医院	康复医学主任医师	2018 年 11 月 30 日
童远和	福建省龙岩市第一医院	放射肿瘤治疗学主任医师	2018 年 11 月 30 日

续表 17

姓　名	工作单位	专业及任职资格	任职资格确认时间
阙敢波	福建省龙岩市第二医院	麻醉学主任医师	2018 年 11 月 30 日
邱志刚	福建省龙岩市第二医院	口腔正畸主任医师	2018 年 11 月 30 日
詹金美	福建省龙岩市第二医院	传染病主任医师	2018 年 11 月 30 日
邱品生	福建省龙岩市第二医院	眼科主任医师	2018 年 11 月 30 日
李文英	福建省龙岩市第二医院	麻醉学主任医师	2018 年 11 月 30 日
卢筱蓉	福建省龙岩市第二医院	小儿内科主任医师	2018 年 11 月 30 日
范志泉	福建省龙岩市第二医院	神经外科主任医师	2018 年 11 月 30 日
李昌秀	福建省龙岩市第二医院	妇产科主任医师	2018 年 11 月 30 日
王东明	龙岩市第三医院	精神病学主任医师	2018 年 11 月 30 日
廖　英	龙岩市第三医院	精神病学主任医师	2018 年 11 月 30 日
陈　玲	龙岩市中医院	妇产科主任医师	2018 年 11 月 30 日
何春荣	龙岩市疾病预防控制中心	寄生虫病控制主任医师	2018 年 11 月 30 日
卢建敏	龙岩人民医院	内分泌主任医师	2018 年 11 月 30 日
张水江	龙岩人民医院	眼科主任医师	2018 年 11 月 30 日
赵庆淞	龙岩人民医院	骨科主任医师	2018 年 11 月 30 日
饶育梅	武平县医院	妇产科主任医师	2018 年 11 月 30 日
傅锡炎	连城县医院	放射医学主任医师	2018 年 11 月 30 日
王必佺	福建省汀州医院	呼吸内科主任医师	2018 年 11 月 30 日
陈春美	漳平市妇幼保健院	妇产科主任医师	2018 年 11 月 30 日
钟国伟	福建省龙岩市第二医院	中医内科主任医师	2018 年 11 月 30 日
谢　昆	龙岩市新罗区疾病预防控制中心门诊部	针灸科主任医师	2018 年 11 月 30 日
陈　宇	福建省漳平市医院	中医内科主任医师	2018 年 11 月 30 日
丘　懿	福建省龙岩市第一医院	医院药学主任药师	2018 年 11 月 30 日
罗茂玉	福建省龙岩市第一医院	中药学主任中药师	2018 年 11 月 30 日
杨汉华	龙岩人民医院	临床基础检验技术主任技师	2018 年 11 月 30 日
廖惠玲	龙岩市中医院	外科护理主任护师	2018 年 11 月 30 日
罗淑红	龙岩市中医院	外科护理主任护师	2018 年 11 月 30 日
邓卫红	龙岩人民医院	外科护理主任护师	2018 年 11 月 30 日

（市人社局）

先进集体

【赖仰周家庭获“最美家庭”称号】
2018年5月14日，2018年度全国“最美家庭”在北京揭晓，长汀县汀州镇西门社区的赖仰周家庭上榜。

赖仰周是全国首届“道德模范”、福建省“十大公益老人”，他发起的“福建省长汀县民间助学工程”，23年来筹集善款3000多万元，资助过2000多个特困生（其中博士研究生3人，硕士研究生30余人）。赖仰周家庭和睦，儿子、儿媳孝顺老人，对老人的助学善举大力支持，家里的事从不让老人操心。儿子、儿媳工作扎实、努力，多次在单位被评为先进工作者和优秀公务员。在赖仰周的带动下，全家都养成乐于助人、急公好义的品质，他们家在周末、假日成了受助孩子的乐园，经常有特困学生或家长来寻求帮助。他经常嘱咐受助学生，要写信给挂钩帮扶的人，告诉学习情况，表达感恩之情。2014年赖仰周被“福建省陈柏村慈善基金会”聘请担任执行会长。除了助学工程外，济困养老、慈善文化等多种公益活动随时可以看到他的身影。

【杨成钢、王咏燕家庭获“最美家庭”称号】 2018年5月14日，2018年度全国“最美家庭”在北京揭晓，新罗区曹溪街道天马社区的杨成钢、王咏燕家庭上榜。

杨成钢是龙岩市公安局新罗分局政工室副主任科员，爱人王咏燕是新罗分局刑侦大队情报研判一队队长，夫妻在工作岗位上勇挑重任，互相支持，争当先进。他们俩结婚二十年余年来志同道合，在工作岗位上勇挑重任，相濡以沫。杨成钢工作积极，为人谦逊正直，特别是任西陂派出所副所长的5年多里，冲锋在前，为维护西陂街道社会治安的稳定做出积极的贡献。2017年12月，因实战工作需要杨成钢转任政工科专管教育训练的副主任科员，用丰富的基层实战经验和较高的理论水平做到警务实战教学“源于实战，服务实战”。从警以来，杨成钢获个人三等功1次，嘉奖2次，被评为全省流口管理先进个人，全省流口服务管理工作优秀专职干部，上海世博会突出贡献奖等等。作为中国戏曲家协会的会员，三次参加省厅汇演荣获特等奖或一等奖、参加公安部小品大赛荣获银奖。王咏燕坚韧执着，勇于拼搏，从警23年来，获个人三等功1次，2次被市公安局、市妇联评为“十佳女警”，多次被嘉奖，多次被评为优秀公务员和优秀共产党员。

【2018年龙岩市获省、部级以上表彰先进单位】

2018年龙岩市获省、部级以上表彰先进单位

表18

获奖单位	荣誉称号	授予机关	授予时间
武平南坊国有林场	全国林业系统先进集体	人力资源和社会保障部、国家林业局	2018年1月
龙岩市供销社	全国供销系统先进集体	人力资源和社会保障部、中华全国供销合作总社	2018年1月
中共龙岩市委办公室总值班室	全国工人先锋号	中华全国总工会	2018年4月
福建龙马环卫装备股份有限公司技术中心	全国工人先锋号	中华全国总工会	2018年4月
龙岩市总工会	全国工会系统先进集体	人力资源和社会保障部、中华全国总工会	2018年4月
龙岩市小池镇培斜村团支部	2017年度全国五四红旗团委（团支部）	共青团中央	2018年4月
漳平市道路交通事故人民调解委员会	全国人民调解工作先进集体	司法部	2018年5月
龙岩市总工会	全国“安康杯”竞赛优秀组织单位	应急管理部、中华全国总工会	2018年6月

续表 18

获奖单位	荣誉称号	授予机关	授予时间
龙岩市文物局	全国文物系统先进集体	人力资源和社会保障部、国家文物局	2018 年 7 月
龙岩市妇幼保健院（龙岩市第一医院分院）	全国出生缺陷(遗传代谢病)救助项目优秀实施单位	国家卫健委和中国出生缺陷干预救助基金会	2018 年 7 月
龙岩市侨联	全国侨联系统先进组织	中华全国归国华侨联合会	2018 年 8 月
市森林公安局	集体二等功	国家森林公安局	2018 年 10 月
龙岩市交通运输局	2016—2017 年度全国交通运输行业精神文明建设先进集体	交通运输部	2018 年 11 月
龙洲运输股份有限公司龙岩汽车客运中心站	全国交通运输行业文明示范窗口	交通运输部	2018 年 11 月
龙岩市	全国无偿献血先进市	国家卫生健康委、中国红十字会总会	2018 年 12 月
龙岩学院	无偿献血促进奖先进单位	国家卫生健康委、中国红十字会总会	2018 年 12 月
龙洲运输股份有限公司永定分公司	全国模范劳动关系和谐企业	国家三方评审表彰工作办公室	2018 年 12 月
紫金矿业集团	全国模范劳动关系和谐企业	国家三方评审表彰工作办公室	2018 年 12 月
长汀县	全国绿化模范单位	全国绿化委员会	2018 年
龙岩市永定区	全国绿化模范单位	全国绿化委员会	2018 年

逝世人物

【张胜友】 福建省永定县人，1948年9月10日出生，汉族，中国共产党党员，1982年毕业于复旦大学中文系，文学学士。曾任光明日报记者、专刊主编，光明日报出版社总编辑，作家出版社社长兼总编辑，中国作家出版集团党委书记兼管委会主任，中国作家协会党组成员、书记处书记，中国作家协会第五、六届全国委员会委员，第七、八届主席团委员，中国期刊协会副会长，中国版权协会副理事长，中国笔会中心副会长，中国作家协会报告文学委员会主任。第十一届全国政协委员。2016年5月被聘为中央文史研究馆馆员，编审，享受国务院特殊津贴。

张胜友是享誉当代文坛的著名作家。他1972年开始发表作品，1984年加入中国作家协会。自20世纪80年代以来，张胜友撰写了大量的报告文学、散文等优秀作品，著有《阅西石榴红》《破冰之旅》《穿越历史隧道的中国》《中国潮》《世界大串连》（与人合作）《世纪回声》《张胜友语文教材作品集》等报告文学、散文集20部。他还以极大的热情创作了40多部电影、电视政论片，如《十年潮》《历史的抉择》《海南：中国大特区》《石狮之谜》《让浦东告诉世界》《风帆起珠江》《风从大海来》《闽商》《百年潮·中国梦》等，追踪、纪录、展示、阐述中国改革开放历史进程，播映后引发强烈社会反响，为改革开放做出了突出贡献。

张胜友是优秀的出版家。他任光明日报出版社总编辑期间，率领全社人员锐意改革，积极进取，成效显著。1995年调任作家出版社社长，2003年主持成立中国作家出版集团，并担任首任中国作家出版集团党委书记兼管委会主任。他认真贯彻党的文艺方针和宣传思想工作政策，积极推动作家出版社改革创新，大刀阔斧推出一系列改革措施为当时处于文化体制改革浪潮中的出版行业提供了实践范本。全国有200多家出版社前来考察和取经，新华社发通稿推广作家出版社改革成功经验。

张胜友对国家与时代怀着强烈的责任感、使命感和热爱之情，他始终坚守以人民为中心的创作导向，始终关注国家与民族的命运，自觉将自己的文学创作与民族复兴、改革伟业紧密相连，坚持与时代同行，创作出了多部为广大读者所喜爱的精品力作。他的作品着眼现实，面向未来，形成了立论高远、意境开阔、激情充沛、思想深邃的鲜明品格，在中国文学界具有广泛而深刻的影响。他的报告文学密切追踪改革开放新时代，努力充当大时代忠实的记录者和阐述者，不仅为人们提供了许多生动典型的历史细节，而且以充满激情与诗意的政论思辨风格，体现了大国家、大时代、大变革的精神风貌。他的电视政论片以饱满的政治热情，将目光和笔触投向改革开放的前沿地区，书写、记录和表现行进中的中国，有力拓展了报告文学的疆域和影响力，被评论界称为政论体报告文学。他的艺术语言极具个性又充满诗情，文风干净，文笔简洁，既惜墨如金又形象生动，常发惊涛拍岸般的雷鸣，字里行间饱含深沉的家国情怀和丰沛的文学激情，具有鲜明的思辨性和前瞻性。他曾荣获全国优秀报告文学奖、徐迟报告文学奖、“中国潮”报告文学征文一等奖、冰心散文奖、纪念改革开放30周年中国纪录片经典作品奖、电影电视星光奖等奖项，多篇作品入选大中学校语文教材，被翻译成多种外文版本。被授予“新中国60年百名优秀出版人物”称号。在他担任光明日报出版社总编辑、作家出版社社长期间，推出了一大批具有良好社会效益与经济效益的优秀图书，囊括了国家图书奖、中国图书奖、“五个一工程”图书奖、茅盾文学奖等百余项国家级和省部级图书奖项。

张胜友十分关心家乡文化建设，并为家乡文化事业发展和知名度的提升不遗余力。出任龙岩市作家协会名誉主席、龙岩学院闽台客家研究院名誉院长等职，先后为家乡创作了《闽西：山魂海恋》《闽西：神奇客家》《古田会议》《重返才溪乡》《闽西：红色记忆》《龙岩映像》等众多优秀电视片脚本，以及《土楼宣言》《石壁记》《百年学堂赋》著名的“客家三赋”等。2016年10月，张胜友文学馆在永定高陂北山张胜友老家开馆。

2018年11月6日，张胜友因病医治无效，在北京逝世，享年71岁。

（张胜本）

【2018年龙岩市去世厅级老干部】

2018年龙岩市去世厅级老干部

表19

序号	姓名	性别	籍贯	原工作单位及职务	出生时间	去世时间	享受待遇
1	吴兆先	男	龙岩永定	龙岩市黄斜劳改农场教导员	1921年2月	2018年5月1日	老红军
2	张　俊	男	广东大埔	龙岩地委宣传部副部长	1932年1月	2018年5月27日	副厅级
3	王乐三	男	山东日照	龙岩地区行署办调研员	1925年1月	2018年7月23日	副厅级

（章悦婷）

责任编辑　饶晓艳

统计资料

各时期龙岩市主要经济指标年平均增长速度

表 20　　单位:%

项目	"六五时期"	"七五时期"	"八五时期"	"九五时期"	"十五时期"	"十一五时期"	"十二五时期"
1. 地区生产总值(GDP)	10.8	11.3	14.2	11.2	10.1	14.6	10.9
第一产业	8.9	4.5	9.6	8.4	4.6	3.4	4.0
第二产业	14.7	8.7	19.4	11.9	11.7	18.1	13.6
第三产业	8.6	26.2	13.3	12.9	11.8	14.9	8.9
2. 财政总收入	15.4	17.3	23.4	16.7	15.8	23.0	10.6
3. 工农业总产值	9.1	10.1	16.3	13.2	11.3	20.0	11.8
工业总产值	15.2	13.3	19.5	14.7	13.8	24.4	14.1
农林牧渔业总产值	4.0	5.7	10.3	9.0	4.4	3.5	4.0
4. 全社会固定资产投资	28.2	8.2	55.4	7.1	12.8	36.4	28.4
# 国有经济	25.1	4.8	48.6	13.8	-10.0	42.7	28.8
5. 职工平均工资	8.9	13.7	18.9	13.1	12.2	13.6	12.4
城镇居民可支配收入	9.8	14.3	23.1	10.6	11.9	11.7	11.0
农民人均可支配收入		12.9	20.4	12.1	6.9	10.9	13.3
6. 社会消费品零售总额	16.1	18	24.4	10.4	12.2	19.1	15.4

1978—2018年龙岩市主要年份国民经济主要指标

表21

项目	单位	1978年	1980年	1985年	1990年	1995年	2000年	2005年	2010年	2015年	2017年	2018年
1. 地区生产总值(GDP)	亿元	5.18	6.99	14.81	37.85	124.73	209.51	399.59	990.90	1738.49	2153.13	2393.30
#第一产业	亿元	2.35	2.99	5.74	11.32	38.51	55.75	78.06	128.89	200.62	227.88	244.08
第二产业	亿元	1.78	2.42	5.85	12.87	47.68	78.90	175.11	527.69	914.82	1026.66	1147.27
第三产业	亿元	1.05	1.58	3.22	13.66	38.54	74.86	146.42	334.32	623.05	898.59	1001.95
人均地区生产总值	元	245	323	627	1451	4519	7782	15179	38795	66865	81713	90655
工农业总产值	亿元	7.97	9.22	19.25	48.90	170.34	285.37	520.79	1490.91	2324.39	2899.99	–
财政总收入	亿元	0.87	1.04	2.13	4.73	13.55	28.61	57.95	163.32	269.81	279.10	296.80
#地方财政收入	亿元					6.26	10.91	20.83	66.75	124.61	138.75	151.27
财政支出	亿元	0.77	0.89	1.98	4.17	10.71	17.63	31.65	110.81	257.97	299.81	301.53
年末金融机构人民币存款余额	亿元	1.63	2.04	6.29	17.23	65.55	140.68	295.88	784.76	1562.85	1844.45	1895.06
年末金融机构人民币贷款余额	亿元	2.04	2.23	6.12	18.74	57.36	106.82	211.02	723.39	1360.65	1642.10	1831.77
2. 年末总人口	万人	212.46	218.08	238.12	265.38	277.92	285.89	286.83	295.73	309.38	315.89	318.67
3. 城镇从业人员	万人	17.02	16.20	20.46	22.99	26.80	25.27	29.65	47.38	65.69	67.58	67.71
#职工	万人	17.02	16.20	19.67	21.45	23.01	19.83	20.17	29.28	28.44	28.83	30.52
4. 全社会固定资产投资	亿元	0.50	0.76	3.09	4.21	41.53	67.73	123.65	553.23	1934.21	2519.13	–
#国有经济	亿元	0.42	0.72	2.21	2.79	20.22	38.57	22.87	125.42	445.22	604.71	–
集体经济	亿元	0.08	0.03	0.40	0.56	4.41	12.87	7.61	11.08	150.22	116.65	–
5. 物价指数												
居民消费价格指数(上年=100)	%		104.6	110.4	98.1	114.8	101.9	103.4	103.9	101.6	101.0	101.4
6. 人民生活												
职工工资总额	亿元	0.84	1.17	2.08	4.44	11.2	18.59	32.26	86.61	154.26	179.31	204.28
职工平均工资	元	576	740	1098	2091	4962	9177	16309	30836	55438	64211	70094
城镇居民人均可支配收入	元	334	415	662	1291	3655	6048	10596	18406	28218	33022	35759
农民人均可支配收入	元	134	203	360	661	1671	2959	4125	6931	13274	15698	17154
城乡居民人民币储蓄存款余额	亿元	0.50	0.68	2.45	10.10	41.15	89.82	178.85	394.48	727.01	851.52	883.24
7. 农业总产值	亿元	4.14	4.43	8.00	17.27	59.14	88.26	126.30	210.48	331.28	395.46	421.35
主要农产品产量												
粮　食	万吨	74.53	75.89	85.52	97.80	112.23	116.86	96.06	87.77	85.12	81.93	82.00
烤　烟	万吨	0.28	0.43	2.13	2.28	2.68	3.13	3.24	3.53	3.89	2.99	2.97
茶　叶	吨	348	410	1461	1795	3268	4908	6362	13392	21702	21034	22028
水　果	万吨	0.21	0.31	1.11	3.04	11.31	21.60	38.56	33.79	43.96	33.93	37.62
肉类总产量	万吨	1.95	2.42	4.89	7.85	15.58	24.98	41.74	43.31	55.38	60.44	60.85
水产品	吨	468	840	3373	7247	20365	39484	41513	62115	75941	53254	57307

续表 21

项　目	单位	1978 年	1980 年	1985 年	1990 年	1995 年	2000 年	2005 年	2010 年	2015 年	2017 年	2018 年
8. 工业总产值	亿元	3.84	4.8	11.24	31.64	111.2	197.12	387.2	1278.60	1986.86	2504.53	—
主要工业产品产量												
黄　金	千克					91	4018	11480	24281	71235	98676	134505
卷　烟	万箱	10.06	10.68	21.7	31.01	34.22	48.5	61.5	87.45	99.83	88.31	90.1
布	万米	602	755	746	1335	1197	1335	1581	9824	27576	29458	27981
纱	吨		411	5787	4570	7963	11410	26172	91525	196905	22.32	21.3
机制纸及纸板	万吨	0.54	0.82	1.41	3.09	5.26	8.73	10.52	8.11	3.78	2.93	2.51
化肥(折纯)	万吨	1.42	2.42	3.46	5.61	7.26	7.02	8.05	8.44	22.20	11.34	16.9
水　泥	万吨	16.56	22.96	49.59	137.00	558.63	646.62	1200.28	2926	3591	3772	3662
环境污染防治专用设备	台(套)							235	2551	1959	7485	8927
发电量	亿千瓦时	4.28	3.22	5.18	17.92	36.55	44.14	68.91	100.81	85.07	75.59	84.30
9. 交通、邮电												
公路货运量	万吨	159	176	93	91	906	1573	3261	8889	10299	9293	8801
公路货物周转量	万吨千米	8593	10766	11533	9512	82300	123316	296923	796464	1151204	127.99	135.71
公路客运量	万人	483	716	1420	1372	1209	1658	2610	3881	2094	2034	1849
公路旅客周转量	万人千米	16457	25189	54777	62994	78562	108919	182169	213455	121861	12.01	10.94
移动电话用户数	万户					0.52	21.1	87.56	201.60	252.89	258.56	282.70
10. 社会消费品零售总额	亿元	2.20	3.11	6.56	14.99	44.68	73.25	130.41	312.17	639.58	813.19	907.42
11. 外贸出口总额	万美元				783	4605	4498	16439	131336	257708	232962	255535
实际利用外资	万美元			84	145	7978	4015	5161	16637	26000	29553	29775
12. 教育												
普通高校在校学生数	人	657	1168	1149	1282	1752	3820	11488	14100	17846	17313	18486
普通中学在校生数	万人	12.53	12.11	11.52	10.77	15.59	20.76	25.11	15.23	12.46	12.68	12.94
13. 医院数	个	123	132	134	143	155	157	156	150	157	158	161
卫生技术人员数	人	4470	4795	5488	7102	7348	7796	7260	12592	17858	18677	19143
医疗床位数	张	4452	4489	4982	6100	6199	8648	7928	11213	16601	17519	18324

说明：1.固定资产投资 2015 年及以前年份为全社会固定资产投资口径。2.农民人均可支配收入 2012 年及以前年份为农民人均纯收入。3.居民消费价格指数 2018 年为市辖区数据。4.2006 年以后部分农业指标已按第三次全国农业普查数据衔接

龙岩市国民经济和社会发展主要指标(一)

表 22

年 份	地区生产总值(GDP)(万元)					人均地区生产总值(元)	地区生产总值指数(1949 年=100)					人均地区生产总值指数(1949 年=100)
		第一产业	第二产业	工 业 增加值	第三产业			第一产业	第二产业	工业(1992 年=100)	第三产业	
1978	51751	23468	17775	16618	10508	245	493.1	284.3	2433.8		716.4	252.1
1979	57928	26409	19118	17485	12401	271	514.4	290.2	2581.9		774.1	259.4
1980	69918	29884	24208	22070	15826	323	591.1	307.7	3241.1		951.0	294.5
1981	79377	35575	24258	21514	19544	361	642.0	349.5	3203.9		1068.3	314.8
1982	86505	40343	26035	23473	20127	385	695.4	385.2	3333.8		1171.5	334.0
1983	90944	41106	29633	25934	20205	397	706.6	382.1	3661.3		1130.9	333.0
1984	116951	49313	44061	38816	23577	503	808.6	431.2	4470.5		1208.5	375.3
1985	148126	57355	58505	49839	32266	627	988.9	471.9	6426.8		1437.0	451.4
1986	173167	55611	70805	61336	46751	722	1074.3	434.0	7214.0		2025.0	483.0
1987	217530	64449	84369	74542	68712	892	1283.2	489.9	7802.3		2999.4	568.0
1988	289777	82945	114904	102656	91928	1166	1465.0	521.5	9130.0		3595.2	636.2
1989	353793	100455	127095	115862	126243	1395	1595.5	543.7	9756.3		4178.8	678.9
1990	378470	113171	128710	117824	136589	1451	1688.9	589.0	9741.3		4594.3	698.5
1991	432834	128338	147190	135317	157306	1618	1820.3	623.6	10479.0		5042.3	734.1
1992	534421	150854	202745	182054	180822	1974	2126.5	682.4	13633.6	100.0	5583.7	847.2
1993	765034	213791	319879	278768	231364	2813	2517.3	748.8	18171.8	132.3	6292.6	998.0
1994	1027499	304155	414802	359112	308542	3736	2920.1	821.0	22207.4	160.2	7249.2	1144.7
1995	1247299	385118	476832	400212	385349	4519	3278.2	930.5	23632.4	163.0	8582.5	1280.9
1996	1457545	466598	534402	452371	456545	5276	3694.3	1047.2	26519.4	185.9	9729.1	1442.3
1997	1639265	501862	617602	527812	519801	5972	4183.9	1203.7	29632.1	207.6	11030.6	1644.3
1998	1810418	520355	688583	570812	601480	6638	4674.9	1249.9	34040.6	232.9	12750.9	1849.8
1999	1970178	539877	768872	641349	661429	7270	5119.5	1339.1	37620.3	258.5	14075.6	2038.5
2000	2095075	557469	788966	651410	748640	7782	5582.1	1394.5	41461.6	285.0	15721.7	2238.2
2001	2239145	567078	828667	699528	843400	8360	5978.5	1436.4	44032.2	311.2	17451.1	2402.4
2002	2478046	583633	954450	805130	939963	9291	6540.4	1498.1	49444.4	349.2	19126.4	2639.4
2003	2847680	626717	1145860	968850	1075104	10721	7233.7	1567.1	56317.1	395.7	21287.7	2931.2
2004	3377387	741381	1403846	1196301	1232160	12771	7986.0	1665.8	63413.1	447.9	23586.8	3250.1
2005	3995920	780573	1751121	1496222	1464225	15179	8971.2	1749.9	72401.0	504.2	26949.6	3667.7
2006	4701935	812413	2165220	1874185	1724302	17946	10177.8	1807.6	84618.9	594.0	30888.8	4180.9
2007	5951577	972369	2829891	2462540	2149317	22831	11864.2	1850.4	103284.9	731.3	35984.5	4898.4
2008	7340601	1168909	3542642	3060042	2629050	28307	13656.9	1925.0	121023.0	852.5	42112.8	5668.1
2009	8248814	1149937	4140044	3522562	2958833	31981	15573.2	2001.4	139735.6	970.0	48766.6	6498.4
2010	9908973	1288944	5276855	4479874	3343173	38795	17736.3	2072.1	166568.6	1148.4	53868.8	7443.4
2011	12421544	1532368	7019718	5966019	3869457	48554	20048.2	2160.5	197002.3	1353.0	58259.0	8400.2
2012	13567808	1620012	7520686	6229485	4427110	52896	22454.0	2238.3	225764.6	1532.9	64376.2	9383.0
2013	14807098	1728525	7975376	6419976	5103198	57503	24964.3	2336.8	257721.4	1735.8	69691.0	10387.0
2014	16215793	1878045	8732618	6990503	5605130	62730	27375.5	2429.1	287520.8	1943.4	75254.0	11368.2
2015	17384902	2006152	9148205	7265673	6230545	66865	29811.9	2523.8	313397.7	2110.5	82929.9	12300.4
2016	18956670	2233892	9666661	7659500	7056117	72354	32226.7	2614.7	336589.1	2268.9	91637.6	13198.3
2017	21531257	2278768	10266631	8025905	8985858	81713	34869.3	2690.5	359477.2	2441.4	102450.8	14201.4
1979–2017 累计增长（倍）	69.72	8.46	146.70		142.01	55.33						
1979–2017 平均增长（%）	11.54	5.93	13.66		13.57	10.89						

龙岩市国民经济和社会发展主要指标(二)

表 23

年　份	年末户籍总人口(万人)	人　口出生率(‰)	人　口死亡率(‰)	人口自然增长率(‰)	年末常住人口(万人)	全社会从业人员(万人)	在岗职工人数	第一产业	第二产业	第三产业
1978	212.46	22.0	5.8	16.2		79.42	14.91	61.45	9.90	8.07
1979	215.29	20.5	6.0	14.5		81.06	15.74	62.83	10.04	8.19
1980	218.08	17.5	5.6	11.9		83.57	16.20	65.38	9.39	8.80
1981	222.12	24.2	5.8	18.4		87.47	16.78	68.52	9.13	9.82
1982	227.27	28.2	5.9	22.3	226.0	90.09	17.29	70.45	9.22	10.42
1983	230.76	20.1	6.1	14.0		94.06	17.67	72.80	10.70	10.56
1984	234.36	19.9	5.4	14.5		97.54	18.22	73.30	11.70	12.54
1985	238.12	19.0	5.4	13.6		101.61	19.67	72.22	13.51	15.88
1986	241.58	21.7	6.2	15.5		103.77	19.99	73.35	14.68	15.74
1987	245.92	21.0	5.4	15.7		108.85	20.85	75.79	16.54	16.52
1988	251.08	20.3	5.2	15.1		114.82	21.19	78.97	17.38	18.47
1989	256.31	20.6	5.0	15.6		119.30	21.58	81.58	18.01	19.71
1990	265.38	17.7	5.5	12.2	268.3	122.67	21.45	84.78	17.94	19.95
1991	269.15	18.3	4.9	13.4		130.09	21.86	88.61	19.50	21.98
1992	271.70	14.3	5.5	8.8		131.01	22.09	87.31	20.61	23.09
1993	273.59	11.6	5.4	6.2		134.80	22.54	86.68	21.85	26.27
1994	275.45	12.0	5.2	6.8		135.54	22.66	83.20	22.20	30.14
1995	277.92	13.7	5.5	8.2		136.07	23.01	81.79	22.96	31.32
1996	279.75	11.6	5.6	6.0		136.97	22.77	81.40	23.43	32.14
1997	281.39	11.6	5.3	6.3		138.64	22.99	81.58	23.71	33.35
1998	282.49	11.0	5.3	5.7		139.13	21.34	81.70	22.97	34.46
1999	283.93	10.6	5.2	5.4		141.15	20.79	81.60	23.57	35.98
2000	285.89	13.3	5.4	7.9	268.4	142.52	19.83	77.15	23.97	41.40
2001	286.51	9.6	4.9	4.7		143.06	18.77	77.44	23.76	41.86
2002	286.85	9.4	4.8	4.6		143.49	18.51	74.75	25.15	43.59
2003	286.72	9.8	4.9	4.9		149.96	18.63	71.69	29.09	49.18
2004	286.98	10.4	4.6	5.8		152.27	19.69	70.93	31.14	50.21
2005	286.83	10.1	4.5	5.5	264.9	154.98	20.17	68.64	34.13	52.21
2006	287.52	10.5	4.0	6.5		158.29	21.77	65.00	39.69	53.60
2007	289.20	12.4	4.5	7.9		159.62	23.75	60.65	44.52	54.46
2008	291.34	12.5	5.0	7.5		165.93	25.04	60.39	49.40	56.20
2009	293.35	12.0	5.2	6.8		170.57	26.81	58.79	51.60	60.21
2010	295.73	17.0	10.3	6.7	256.0	177.92	29.28	57.81	56.94	63.17
2011	295.08	12.5	12.5	0.0	256.0	185.85	32.95	58.15	61.43	66.27
2012	297.71	13.6	3.8	9.9	257.0	189.33	32.98	57.93	62.09	69.31
2013	302.55	22.3	5.2	17.1	258.0	192.53	32.87	58.03	60.45	74.05
2014	307.14	22.3	5.5	16.8	259.0	194.37	28.57	58.17	57.47	78.73
2015	309.38	16.5	4.9	11.6	261.0	200.71	28.44	57.16	58.01	85.54
2016	313.29	20.4	4.7	15.7	263.0	202.08	28.68	56.94	58.80	86.34
2017	315.89	24.6	11.9	12.7	264.0	203.03	28.83	56.28	59.28	87.47
1979–2017累计增长(倍)	0.49	0.12	1.05	–0.22		1.56	0.93	–0.08	4.99	9.84
1979–2017平均增长(%)	1.02	0.28	1.86	–0.63		2.44	1.70	–0.23	4.70	6.30

说明:常住人口 1990 年、2000 年、2010 年为人口普查数,其余年份为人口抽样调查数

龙岩市国民经济和社会发展主要指标(三)

表 24

年份	农林牧渔业总产值(万元)						农林牧渔业总产值指数(1949年=100)	粮食总产量(万吨)	烤烟产量(吨)	水果产量(吨)	油料产量(吨)	生猪出栏(万头)
		农业产值	林业产值	牧业产值	渔业产值	服务业产值						
1978	41374	32930	3859	4548	37		278.1	74.53	2825	2129	1605	36.47
1979	43228	33996	4052	5125	55		290.6	74.52	3902	2500	5149	40.59
1980	44253	32325	4740	7057	131		297.5	75.89	4298	3051	2753	41.05
1981	54756	39870	6683	7962	241		315.3	80.16	9056	4417	2852	40.59
1982	64026	46620	6925	10094	387		340.0	87.66	15661	5858	3024	42.29
1983	65452	47678	6029	11335	410		355.2	92.00	6572	6263	2606	47.00
1984	74442	52071	7956	13675	740		387.0	85.51	13796	9541	2523	50.31
1985	80044	51935	10120	17068	921		361.6	85.52	21288	11087	2639	55.24
1986	80354	47524	12430	19232	1168		364.0	78.33	14980	13327	3037	58.29
1987	95873	56584	14569	22949	1771		393.3	87.78	17154	13895	3625	62.55
1988	126340	70306	19955	33394	2685		425.3	90.66	20620	16040	3449	69.81
1989	152149	78536	20356	49711	3546		440.6	93.36	20668	22509	3823	74.62
1990	172687	94922	26171	47728	3866		478.5	97.80	22805	30360	4386	82.52
1991	192823	108068	29245	51679	3831		509.2	98.75	25133	41475	5975	90.06
1992	227050	129513	31661	61022	4854		550.4	103.85	35165	45147	6774	100.54
1993	319558	179498	47119	86210	6731		609.8	101.82	47894	63096	7623	115.13
1994	442283	239342	50876	138200	13865		677.4	107.77	29693	82073	10225	133.68
1995	591383	301750	63211	193752	32670		779.5	112.23	26845	113066	13078	165.52
1996	704928	356074	69633	230938	48283		867.6	114.36	29565	151403	14691	164.43
1997	785728	365115	78762	287824	54028		1022.0	118.69	42047	193907	15193	210.40
1998	810627	390948	77506	283277	58896		1061.8	122.72	27687	201804	15432	230.87
1999	851458	408743	84802	300141	57771		1144.6	125.44	28662	232562	19227	266.25
2000	882554	425814	83060	315282	58398		1199.5	116.86	31295	215995	24654	294.83
2001	903778	430870	84608	335420	52880		1241.6	112.97	36153	242711	25527	328.48
2002	963298	442264	92888	347063	54948	26335	1317.3	108.69	36573	271779	27119	363.04
2003	1015822	441237	114237	375349	53501	29518	1368.7	102.82	35148	291037	24090	407.41
2004	1194430	504026	122388	477838	57418	32760	1437.1	100.88	34102	315737	20275	468.19
2005	1262987	529142	138740	497427	62304	35374	1484.5	96.06	32403	385606	17852	462.86
2006	1315769	559961	153394	502325	61878	38211	1508.3	90.59	32326	381500	15250	460.11
2007	1597038	637713	174832	676233	65427	42833	1549.0	90.06	32932	397000	14686	424.03
2008	1939628	706220	208416	903078	74383	47531	1618.7	93.19	33268	400600	15934	490.71
2009	1896662	748763	224138	797426	77669	48666	1693.2	96.07	36571	410100	17531	514.78
2010	2123098	880849	271542	821353	96323	53031	1905.6	98.63	35344	337856	19433	510.86
2011	2528621	1000706	335236	1023447	110018	59213	1979.9	104.38	37994	389200	20006	510.97
2012	2657880	1120251	348708	1006062	119533	63326	2053.2	105.99	38508	402041	20943	518.02
2013	2906319	1266194	392682	1054399	125385	67660	2146.6	108.04	41951	409634	22317	524.78
2014	3138423	1424099	455940	1057109	129015	72260	2232.5	109.76	41088	421133	24145	499.50
2015	3375286	1489779	461322	1212840	133660	77686	2321.8	109.96	38859	439618	25209	489.71
2016	3738848	1378234	466180	1721841	89310	83283	2408.9	82.29	29565	279681	14606	499.18
2017	3954567	1454829	486777	1827469	96523	88970	2478.2	81.93	29918	339336	14946	450.23
1979–2017累计增长(倍)	7.91							0.10	9.59	158.39	8.31	11.35
1979–2017平均增长(%)	5.77	3.71	7.50	8.79	17.52			0.24	6.24	13.89	5.89	6.66

说明:2016 年及以后数据按第三次全国农业普查数据衔接

龙岩市国民经济和社会发展主要指标(四)

表 25

年　份	工　业总产值(万元)	# 规模以上工业总产值	工业总产值指数(1949 年=100)	规模以上工业总产值指数(1978 年=100)	水　泥产　量(万吨)	发 电 量(万千瓦时)	卷 烟(箱)	原 煤(万吨)
1978	38358	38358	2594.82	100.00	16.56	42827	100566	204.92
1979	42349	42349	2737.93	105.52	19.21	39062	98256	247.38
1980	47991	47991	2985.98	115.07	22.96	32185	106800	240.02
1981	52468	52468	3142.57	121.11	24.11	33901	113800	207.75
1982	59187	59187	3448.26	132.89	26.80	38444	131300	219.87
1983	61025	61025	3525.60	135.87	32.47	42457	139600	256.46
1984	78182	78182	4335.63	167.09	38.22	45002	192800	282.32
1985	112408	98760	6060.01	200.78	49.59	51787	217000	291.02
1986	140729	119717	6890.54	222.75	60.99	60633	245800	311.49
1987	194697	157792	8244.88	266.64	73.02	133360	265500	367.36
1988	252666	217224	9823.48	312.86	94.71	186165	279300	408.58
1989	303874	259498	10891.41	340.23	117.96	193317	292200	453.19
1990	316362	268002	11548.90	372.39	137.00	179215	310100	435.65
1991	374376	312782	13193.24	421.45	173.46	207121	320900	416.50
1992	490314	403079	16637.79	521.75	202.45	227001	352024	441.87
1993	790034	609484	22185.36	629.11	289.85	251257	354500	485.33
1994	1087710	773083	28940.38	746.49	419.16	312704	345592	489.62
1995	1111978	838635	27891.58	794.27	558.63	365511	342205	577.85
1996	1325022	931258	33399.78	861.53	528.77	463018	343302	590.25
1997	1557764	1004182	39484.18	958.20	507.10	383270	357300	398.10
1998	1687929	849007	44301.26	777.87	517.04	410628	363100	356.51
1999	1933186	937403	50474.41	870.75	648.36	456827	371300	290.47
2000	1971192	1009200	56475.82	957.03	646.62	441379	485000	230.08
2001	2170361	1111461	62140.34	1052.64	574.01	407489	503060	219.34
2002	2539508	1396408	70156.44	1220.31	677.46	501662	517480	267.51
2003	2628456	1625356	80820.22	1466.81	820.23	600854	532980	354.41
2004	3259552	2276052	93509.00	1768.97	917.85	574897	571794	548.21
2005	3872044	2945744	107628.90	2165.22	1200.28	689138	614987	779.55
2006	4833363	3884663	132598.80	2775.81	1501.99	939025	660085	1045.24
2007	6394869	5380269	173041.40	3758.45	2075.74	1009154	730111	1190.20
2008	8145244	7161244	209380.10	4626.65	2225.00	916440	765395	1421.56
2009	9476535	8456135	252093.60	5639.89	2775.50	658799	819545	1533.51
2010	12785998	11773398	320915.15	7292.37	2925.58	1008102	874543	1536.59
2011	17431002	16381102	384135.44	8765.44	3294.18	949690	923188	1548.86
2012	13732052	12665152	443213.35	10159.14	3093.94	811872	958188	939.00
2013	15966348	14884348	507156.98	11662.70	3555.39	1038872	995688	908.00
2014	18411144	16823143.8	571565.91	13155.52	3419.00	1020534	1028548	899.00
2015	19868589	18569089.3	621292.14	14313.21	3591.06	850691	998252	926.98
2016	22359703	20782113.9	668510.34	15386.68	3732.10	937955	882192	852.00
2017	25045288	23603861.5	721991.17	16648.39	3772.27	755887	883064	783.59
1979–2017累计增长(倍)	277.24	165.48			226.81	16.65	7.78	2.82
1979–2017平均增长(%)	15.53	14.01			14.93	7.64	5.73	3.50

龙岩市国民经济和社会发展主要指标(五)

表 26

年 份	社会消费品零售总额(万元)	固定资产投资(万元)			商品房屋销售面积(万平方米)	商品房屋销售额(万元)	资质建筑业总产值(万元)
			国有固定资产投资总额(万元)	房地产开发投资(万元)			
1978	21995	5029	4234				
1979	27023	6948	6844				
1980	31140	7567	7235				
1981	36058	13170	7923				
1982	41313	14480	9463				
1983	49285	16064	10855				
1984	51073	20485	13367				
1985	65555	30874	22115				
1986	82135	37830	28140				
1987	96701	42090	29853				
1988	126924	43331	29301				
1989	146853	40880	28418				
1990	149927	42102	27927				
1991	165769	52719	33118				
1992	196474	84743	57799				
1993	270158	197266	132958	8672			28721
1994	360931	284860	159100	12033	3.62	3325	66902
1995	446833	415261	202179	20218		8083	83367
1996	504921	441690	232393	16820	6.96	10575	83250
1997	553393	354916	195735	16417	7.64	7215	89209
1998	610393	465194	300274	15644	9.58	9737	95898
1999	667159	532093	332915	25389	8.79	10717	109913
2000	732541	585943	385651	48265	11.68	16563	116290
2001	801400	543190	324997	54095	22.21	32047	153380
2002	886348	594999	334431	63460	26.78	42436	159628
2003	986505	750373	319005	110509	48.83	81442	355275
2004	1134481	917770	253626	143121	70.42	108070	414379
2005	1304126	1236511	228722	191050	80.34	148800	494792
2006	1499261	1648509	324613	279460	158.06	384274	686831
2007	1747040	2486320	560727	390555	134.48	419465	1037608
2008	2200030	3226136	733279	401362	82.90	276098	1335177
2009	2619733	4339687	1093131	496510	213.98	861126	1760881
2010	3121663	5829542	1353410	808227	139.03	647153	2478701
2011	3743250	7786531	1721545	878315	122.53	640947	3320495
2012	4322830	10004530	2700793	1205318	154.96	934435	4141817
2013	4906412	12988738	3294020	1651264	237.35	1554177	4693413
2014	5599920	15899953	4060100	2120086	175.67	993649	5685523
2015	6395822	19342076	4452244	1933005	222.95	1256690	6653345
2016	7290015	21880416	6593292	1801018	277.21	1589713	7345433
2017	8131876	25191349	6047096	1850481	315.22	2277591	9080694
1979–2017 累计增长（倍）	368.71	5008.22	1427.22				
1979–2017 平均增长（%）	16.37	24.41	20.47				

说明：固定资产投资 2015 年及以前年份均为全社会固定资产投资

龙岩市国民经济和社会发展主要指标(六)

表 27

年　份	财　政总收入(万元)	# 地方财政收　入(万元)	地方财政支　出(万元)	年末金融机构人民币存款余额(万元)	城乡居民人民币储蓄存款余额(万元)	年末金融机构人民币贷款余额(万元)
1978	8714		7679	16261	4956	20410
1979	8428		7334	16761	5917	23185
1980	10421		8943	20404	6786	22337
1981	11723		9111	19718	7265	23825
1982	12584		9652	20357	8558	22666
1983	12137		10214	23332	10686	25681
1984	16026		12557	39334	17670	49420
1985	21340		19763	62887	24492	69362
1986	27469		25901	88690	33809	95625
1987	32953		30722	108192	46718	122281
1988	38968		37579	114066	53472	139897
1989	45403		40025	133638	73181	162870
1990	47291		41734	172306	101866	187440
1991	54877		47835	219910	133229	211151
1992	60799		60405	274984	176356	249491
1993	92857		88654	326159	216889	311916
1994	122082	49638	97400	426793	296427	403227
1995	135523	62594	107138	655453	411521	573620
1996	159633	76920	126380	825610	547752	686402
1997	178816	83890	135792	965661	646366	785128
1998	202510	87293	144269	1147119	768380	881280
1999	233629	97644	161106	1314562	869012	990468
2000	286148	109082	176268	1406797	898244	1068236
2001	334744	133260	203776	1525860	982855	1150044
2002	371594	126969	217754	1777600	1136604	1273457
2003	399464	143343	245075	2243792	1343087	1581000
2004	471617	169840	273167	2594667	1536037	1817328
2005	579501	208297	316547	2958839	1788484	2110189
2006	765026	284899	407017	3517059	1983865	2693151
2007	964682	366563	550826	4106959	2188164	3434295
2008	1184921	462810	682233	5206959	2828117	3937319
2009	1343811	543378	890415	6836421	3528848	5736550
2010	1633201	667481	1108134	7847614	3944782	7233897
2011	2064457	842832	1377312	9084257	4517663	8745487
2012	2373222	1015078	1649299	10939592	5249715	10389658
2013	2491400	1172067	1994163	12665488	6009552	11779620
2014	2616946	1198424	2060037	13766247	6551325	12919033
2015	2698106	1246063	2579654	15628488	7270055	13606547
2016	2660721	1314144	2742714	17537603	8093020	14341940
2017	2742354	1387501	2998149	18444494	8515222	16421013
1979-2017累计增长(倍)	313.71		389.43	1133.28	1717.16	803.56
1979-2017平均增长(%)	15.89		16.53	19.76	21.05	18.71

龙岩市国民经济和社会发展主要指标(七)

表 28

年 份	职工平均工资(元)	城镇居民人均可支配收入(元)	城镇居民人均消费性支出(元)	#食品支出	农民人均可支配(纯)收入(元)	农民人均生活消费支出(元)	#食品支出	居民消费价格指数(上年=100)
1978	576	334	264	193	134			
1979	615	375	306	222	167			102.1
1980	740	415	352	254	203			104.6
1981	745	418	355	257	247	197		103.0
1982	813	475	383	275	277	220		103.0
1983	884	496	401	287	294	256		100.6
1984	981	528	418	296	314	277		100.4
1985	1098	662	575	403	360	347		110.4
1986	1251	746	617	431	367	369		106.3
1987	1327	810	665	464	423	414		109.5
1988	1252	992	810	561	548	526		128.1
1989	1887	1115	825	567	624	599		123.1
1990	2091	1291	900	615	661	657		98.1
1991	2268	1525	1075	715	716	675		101.9
1992	2558	1780	1379	802	814	779		105.9
1993	3085	2189	1686	969	982	981		116.5
1994	4399	3111	2572	1482	1250	1417		123.5
1995	4962	3655	2989	1828	1671	1755		114.8
1996	5518	4224	3374	1947	2306	1958		106.2
1997	6436	4679	3697	1948	2632	2094		99.7
1998	7107	5050	3720	1896	2701	2006		98.0
1999	8194	5416	3812	1851	2832	2105		98.4
2000	9177	6048	4299	1821	2959	2196		101.9
2001	10982	6579	4600	1884	3078	2384	1164	99.2
2002	12467	8543	6134	2386	3206	2485	1100	99.9
2003	13442	8920	6301	2620	3374	2587	1110	101.7
2004	14744	10230	7808	2781	3769	2874	1386	105.0
2005	16309	10596	8020	3072	4125	3156	1488	103.4
2006	17863	11718	8826	3212	4491	3442	1586	100.9
2007	20574	14128	10155	3661	5086	3911	1812	105.9
2008	24053	15689	11928	4649	5775	4486	2161	104.8
2009	27638	16572	13262	4924	6252	4815	2245	98.7
2010	30836	18406	14483	5456	6931	5245	2403	103.9
2011	35557	21085	16337	6219	8234	6161	2833	105.2
2012	41168	23765	17651	6696	9396	6837	3105	102.5
2013	44776	23788	17057	6194	10842	8138	3403	102.4
2014	49541	26153	18552	6769	12054	9097	3747	101.9
2015	55438	28218	19626	6996	13274	9961	4076	101.6
2016	59329	30348	20784	7270	14429	10748	4279	101.5
2017	64211	33022	21656	7489	15698	11651	4539	101.0
1979–2017 累计增长(倍)	110.48	97.87	81.03	37.81	116.15			
1979–2017 平均增长(%)	12.85	12.50	11.96	9.84	12.99			

说明：1.1978 年–2012 年为农民人均纯收入，2013 年以后为农民人均可支配收入

2.2013 年以后城镇居民人均可支配收入为新口径数字，2013 年城镇居民人均可支配收入老口径数据为 26281 元

龙岩市国民经济和社会发展主要指标(八)

表 29

年　份	公路通车里程(千米)	公路客运周转量(万人千米)	公路货运周转量(万吨千米)	铁路通车里程(千米)	铁路客运周转量(万人千米)	铁路货运周转量(万吨千米)	民用车辆拥有量(辆)	固定电话用户数(万户)	移动电话用户数(万户)	互联网用户数(万户)
1978	3526	17048	8593							
1979	4026	20047	10140							
1980	3662	25189	10766							
1981	3668	27518	10805							
1982	3668	33348	10720							
1983	3698	37168	10737							
1984	3698	43203	11290							
1985	3750	54777	11533				5073			
1986	3788	53581	11578							
1987	3853	60092	11100							
1988	3909	69845	11310							
1989	4040	67129	10927							
1990	4141	62994	9512				9887			
1991	4218	63915	10805							
1992	4218	63215	8239							
1993	4592	38486	4125							
1994	4891	56158	150931							
1995	5243	78562	82300				11771			
1996	5243	83006	86954				12723			
1997	5227	87606	92307				13797			
1998	5253	91232	102211				14903			
1999	6900	95363	112107				15948			
2000	6950	108919	123316	229.6	7163	34341	16405	35.00	21.10	5.23
2001	8939	140531	165158	229.6	10068	40274	19591	44.00	39.93	9.67
2002	8970	140926	186365	229.6	13324	44824	24545	54.06	45.66	15.23
2003	9179	142772	211170	229.6	13398	57041	31695	63.40	58.14	19.20
2004	9916	154358	257239	229.6	16795	68362	37685	68.17	67.02	13.94
2005	10160	182169	296923	388.8	20638	89804	48581	73.51	87.56	16.77
2006	11470	226604	339707	388.8	29579	95594	61945	76.09	110.90	19.83
2007	11606	256349	441749	388.8	36686	101935	78276	76.13	130.07	20.76
2008	11954	270273	538819	388.8	43004	109908	102742	72.78	152.67	16.39
2009	11902	262080	649921	388.8	43449	133400	133272	63.37	189.60	20.67
2010	12161	213455	716464	388.8	47379	166104	164974	57.19	201.60	24.90
2011	12337	157638	718389	388.8	50329	170678	198418	55.50	252.17	34.27
2012	12620	118101	730294	374.2	80771	142387	233768	53.29	294.82	39.50
2013	13446	118337	844950	374.0	124305	132625	265729	49.93	288.60	42.52
2014	13627	123023	998853	374.0	121047	120809	298132	50.48	298.26	40.32
2015	14222	121861	1151204	509			316168	50.38	252.89	64.15
2016	14314	120771	1156497				345724	57.09	260.33	75.45
2017	14422	120067	1279857				386897	57.12	258.56	84.06
1979–2017累计增长(倍)	3.09	6.04	147.94							
1979–2017平均增长(%)	3.68	5.13	13.69							

说明:2015 年以后南昌铁路局不提供地市级铁路周转量数据

龙岩市国民经济和社会发展主要指标(九)

表 30

年 份	实际利用外资(万美元)	内联引资客方实际到资	外贸出口总值(万美元)	普通高校在校生数(人)	普通中学在校生数(万人)	小学在校学生数(万人)	卫生技术人员数(人)	医生	医疗病床位数(张)
1978				657	12.53	33.04	4470	1921	4452
1979				1553	11.55	33.31	4504	1795	4544
1980				1168	12.11	33.71	4795	1779	4489
1981				492	10.12	32.60	5019	1904	4787
1982				445	9.77	32.80	5220	1967	4849
1983				432	9.55	33.30	5425	2047	4911
1984				658	10.30	33.24	5500	2034	5098
1985	87			1149	11.52	33.04	5488	2662	4982
1986	40			1626	12.19	31.72	5566	2667	5265
1987	4			1334	12.46	30.35	5726	2705	5253
1988	131		409	1499	11.47	30.58	5919	2774	5897
1989	496		467	1540	10.49	31.77	6210	3167	6099
1990	145		783	1282	10.77	32.46	7102	3346	6100
1991	218		708	1264	11.40	33.35	7344	3451	6119
1992	1169		1185	1379	12.25	35.03	7558	3635	6103
1993	5368		2168	1550	12.67	35.88	7591	3661	6103
1994	9491		3661	1650	13.61	36.67	7652	3686	6119
1995	7978		4605	1752	15.59	37.25	7348	3866	6199
1996	8595		5384	1890	18.26	38.03	7673	3905	6896
1997	5027	36022	6730	2119	20.36	38.98	7780	3970	8024
1998	5260	30992	2317	2226	20.82	39.07	7822	4005	8084
1999	5632	62935	2864	3157	20.54	38.20	7784	3986	8616
2000	4015	114261	4498	3820	20.76	36.24	7796	3995	8648
2001	2249	88730	4512	4004	22.15	33.34	7589	3807	8668
2002	3039	134246	4832	6204	24.28	29.94	7099	3723	7390
2003	4639	206848	9715	7250	26.33	25.47	7127	3715	7763
2004	3109	231604	21097	9566	26.51	21.49	7122	3797	7779
2005	5161	339815	16439	11488	25.11	18.80	7260	3831	7928
2006	8157	480224	15609	12614	22.88	18.27	7511	3860	8030
2007	12672	590531	24432	13309	20.54	17.37	8087	4174	8164
2008	15350	920269	45924	13502	18.92	16.60	8915	4078	8853
2009	16199	1011055	59230	13434	16.92	16.27	10885	4259	10212
2010	16637	1114165	131336	14100	15.23	15.99	12592	4453	11213
2011	17297	1282931	185206	14443	13.89	16.36	13383	4471	12261
2012	19908	1418944	210855	15562	13.31	16.62	14418	4609	13580
2013	21500	1580586	211768	16588	12.88	16.48	16085	4880	15711
2014	24082	1786791	241552	17146	12.67	17.28	16765	5137	16156
2015	26000	1965340	257708	17846	12.46	17.92	17858	5660	16601
2016	27768	2134575	231778	18044	12.42	18.60	18275	5859	16955
2017	29553	2306287	232962	17313	12.68	19.29	18677	5995	17519
1979–2017累计增长(倍)				25.35	0.01	–0.42	3.18	2.12	2.94
1979–2017平均增长(%)				8.75	0.03	–1.37	3.73	2.96	3.58

说明:2004 年起实际利用外资为验资口径,2004 年以前的为报表口径

组织机构及负责人名单

【中共龙岩市委书记、副书记、常委、秘书长、副秘书长】

中共龙岩市委

书　记　许维泽(6月任)
副书记　林兴禄　何明华
常　委　李成荣　王金福
詹昌建　邓菊芳(女)
魏　东　毛高良
王　龙　张春秋
柳　军(5月任)
秘书长　詹昌建
副秘书长　苏炎洪　江勋善
范奎文
王德堂(12月免)

【中共龙岩市委所属机构、负责人名单】

市委办公室

主　任　苏炎洪
副主任　陈俊明　江敬荣
肖宝琴(女)　赖永刚
纪检组长　傅　闽

市委组织部

部　长　魏　东
副部长　曾繁光　陶以宁(女,兼)
李小平　陈文清
纪检组长　邱小洪

市委宣传部

部　长　詹昌建
副部长　吴福文(12月免)
苏碧莲(女)
纪检组长　杨鲜民(女)

市委统战部

部　长　邓菊芳(女)
副部长　卢敏云　朱彪仁
罗桥德(12月任)
曾光书
纪检组长　翁雪花(女)

市委政法委员会

书　记　毛高良
副书记　张斌(兼)　廖继清
黄永贵(12月任)
易秀荣　郑奕玲(女)
政治部主任　章江华

市委改革办（政研室）(12月机构改革成立)

主　任　苏炎洪(12月任)
副主任　江启文(12月任)
邱声农(12月任)
高营光(挂职,12月任)

市委网络和信息办公室（12月机构改革成立）

主　任　吴福文(12月任)
副主任　龚祖灿(12月任)

市委机构编制委员会办公室

主　任　张飞开
副主任　詹兴龙(8月免)
王启宏　赖胜兴

市委军民融合办公室（12月机构改革成立）

主　任　张丽华(女,12月任)

市委台港澳工作办公室（12月机构改革成立）

主　任　钟群妹(女,12月任)
副主任　周任昌(12月任)
兰增辉(12月任)
李永涛(12月任)

市委台湾工作办公室（12月机构改革撤销）

主　任　钟群妹(女,12月免)
副主任　周任昌(12月免)
兰增辉(12月免)
李永涛(12月免)

市委市直机关工作委员会

书　记　魏　东
副书记　邹方清(12月免)
卢象亨
纪工委书记　周兴文

市委巡察工作领导小组办公室

主　任　游　东
副主任　吕天双　李泉金
一组组长　黄华凤(女,10月任)
一组副组长　董文伦
二组组长　洪文林(10月任)
二组副组长　罗荣辉
三组组长　陈杭芹
三组副组长　刘开连(女)

市委老干局

局　长　陶以宁(女)
副局长　邓辉明　李志栋
王伟鸿(女)

市委文明办

主　任　王德堂
副主任　刘洪华　林树遥

市委党校

校　长　魏　东(兼)
副校长　曾汉辉　吴寿勤
陈耀华

市委党史研究室

主　任　苏俊才
副主任　吴升辉　高营光

闽西日报社

社长、党委书记　朱廷彬
总编辑　范启麟
副社长　范启麟　石飘芳
副总编辑　林　琳　陈燕棠
纪委书记　李吉湖

【各县(市、区)委领导人名单】

中共新罗区委

书　记　何明华(兼)
副书记　陈金龙　郑金国
钟有亮(挂职)
常　委　谢永华　陈庆日
张伟明　王信南
陈清俊　邱笑玲(女)
陈淮杰　张　海(挂职)
张　晖(10月任)

中共永定区委

书　记　王金福(兼)
副书记　陈荣水　姜林芬
常　委　曾佑繁　陈文操
黄华凤(女,10月免)
曹伯田(1月免)
王小庆　蓝富雁
江峻伟　阙洲荣
潘　登(挂职)
林建文(1月任)

中共上杭县委

书　记　傅藏荣

副书记　王　波
邱伟勤(10月任)
常　委　黄和芳　胡长松
杨　葵(10月免)
徐　峰　张毓章
罗小洪(女)
胡　滨(10月免)
张北阳
肖光喜(10月任)

中共武平县委

书　记　陈厦生
副书记　廖卓文
张丽华(女,12月免)
常　委　吴宇川　傅衍华
方　刚
董爱群(10月免)
丘善辉　蔡东阳
钟建生
饶　辉(12月免)
李峥嵘(4月任)
胡楚文(10月任)
余永胜(12月任)

中共长汀县委

书　记　廖深洪
副书记　马水清　李　强
常　委　吕金淼　江桂生
卓国志　丁俊峰
郭育坚(女)　刘演昌
吴　蓉(女)　兰思义
林宇海(挂职)
贾坤(挂职)

中共连城县委

书　记　钟勇强
副书记　詹崇仁(9月任)
吕素梅(女,9月免)
邱伟勤(10月免)
常　委　赖李林　张前茂
郑煌泰　王传龙
邹学伟　陈荣斌
陈清木
吴克辉(1月免)
周仁金(挂职)
喜国钦(1月任)

中共漳平市委

书　记　陈论生
副书记　马　勇
赖进益(12月免)
常　委　陈天彩　陈文东
吴伯理　黄佐清
张　锋　李建斌
林　艳(女)
金小平(1月任)
李　阜(挂职,6月任)

（市委组织部）

【龙岩市人大常委会主任、副主任、正副秘书长名单】

主　任　张天洲
副主任　廖德槐　张琼珊(女)
邓振春　冯添桂
阙朝阳　苏立波
秘书长　邱河清
副秘书长　罗秀文(女)　竭锦洲

【市人大财政经济委员会主要负责人名单】

主任委员　苏立波
副主任委员　陈永河

【市人大法制委员会主要负责人名单】

主任委员　邓振春
副主任委员　罗发信

【市人大常委会各委室主要负责人名单】

办公室

主　任　赖抡新

研究室

主　任　邱长青

人事代表联络委

主　任　张兰萍(女)

内司委

主　任　陈晓文(女)

财经工委

主　任　陈永河

教科文卫委

主　任　张华玉(女)

农经委

主　任　苏永全

民族宗教与外事侨台委

主　任　刘汉勤

城建环保委

主　任　林祝荣

法工委

主　任　罗发信

【各县(市、区)人大常委会主任、副主任名单】

新罗区

主　任　郭益健
副主任　张学强　黄　丽(女)
张咏兰(女)　邱健南

永定区

主　任　苏贤添
副主任　赖秀金(女)　熊　明
吕国文　孔晓荣

上杭县

主　任　梁八生
副主任　张跃龙　李维广
蔡永华　刘如才

武平县

主　任　王民发
副主任　刘苏平(女)　聂耀洪
修金华(女)　梁昌和

长汀县

主　任　蔡金旺
副主任　上官兵　杨俊东
修　华　温梅英(女)

连城县

主　任　江维民
副主任　邱振生　罗建新
周晓哲　罗积腾

漳平市

主　任　陈金文
副主任　黄建新　陈晓兰(女)
廖国联　吴美珍(女)

（市人大办）

【龙岩市人民政府市长、副市长、秘书长、副秘书长名单】

龙岩市人民政府

市　长　林兴禄
副市长　王　龙　柳军(5月任)

黄庆辉　郭丽珍(女)
蔡蔚荻(挂职,8月免)
张　斌　王建生
谢海波　张朝阳
秘书长　李达武
副秘书长　陈明生
钟永生(12月任)
兰如明(9月免)
温万章　张龙泉
刘铭文　林庆昌

【市人民政府所属正处级机构负责人名单】

市人民政府办公室
主　任　陈明生
副主任　刘永富　黄爱学
沈庆钟　严承龙
钟海峰
纪检组长　江庆南

市发展和改革委员会
主　任　林　旭
副主任　吕廷明
陈健生(11月免)
张少华　范启有
纪检组长　雷国勇

市教育局(市委教育工委)
局　长　罗初辉
副局长　温寿春　林小洪(女)
邱贞礼　王莉武(女)
纪检组长　叶鸿兴

市科学技术局
局　长　阮满昌
副局长　修仰旭　郭浠恒
谢军忠

市工业和信息局(12月机构改革新成立)
局　长　卢奇祥(12月任)
副局长　林　钦(12月任)
蓝　东(12月任)
蒋海鸿(12月任)
纪检组长　曾庆腾(12月任)

市经济和信息化委员会(12月机构改革撤销)
主　任　卢奇祥(12月免)
副主任　林　钦(12月免)
蓝　东(12月免)
蒋海鸿(12月免)
纪检组长　曾庆腾(12月免)

市民族与宗教事务局
局　长　张树淳
副局长　蓝建英(女)　兰尚信

市公安局
局　长　张　斌
副局长　孙崇雄　黄寿林
康小伟　黄德周
纪检组长　苏全藩
政治部主任　林有富

市民政局
局　长　张亮春
副局长　江茂生
林振铭(12月免)
兰瑞龙(12月免)
傅从亮(12月任)
饶祥林

市司法局
局　长　余德辉
副局长　吴德新(12月任)
罗培辉　郑　林
张炳明

市财政局
局　长　郑锦兴
副局长　邱思敏
陈益斌(10月任)
纪检组长　王秀玲(女)
总会计师　苏雄丰(12月免)

市人力资源和社会保障局
局　长　陈亚人
副局长　陈　健　卢桢模
吴小化　范伯群

市自然资源局(12月机构改革新成立)
书　记　陈学良(12月任)
局　长　温　勇(12月任)
副局长　陈学良(12月任)
袁伟天(12月任)
李新涛(12月任)
张辉雄(12月任)
林文勇(12月任)
苏文欣(12月任)
林培新(12月任)

市国土资源局(12月机构改革撤销)
局　长　陈学良(12月免)
副局长　李新涛(12月免)
张辉雄(12月免)
苏文欣(12月免)
林培新(12月免)

市城乡规划局(12月机构改革撤销)
书　记　苏汇敏(10月免)
局　长　温　永(12月免)
副局长　袁伟天(12月免)
林文勇(12月免)

市生态环境局(12月机构改革新成立)
局　长　陈达兴(12月任)
副局长　王伟林(12月任)
关　力(12月任)
总工程师　王　伟(12月任)

市环境保护局(12月机构改革撤销)
局　长　陈达兴(12月免)
副局长　游建华(10月免)
王伟林(12月免)
关　力(12月免)
总工程师　王　伟(12月免)

市住房和城乡建设局
局　长　郑　洪
副局长　钟有亮(12月免)
罗小波　吴红斌
总工程师　王　健
纪检组长　王焕安

市交通运输局
局　长　俞开建
副局长　林跃进(4月免)
陈清如　谭学平
李兆松(兼)
林炘能(12月任)
陈　懿(12月任)
纪检组长　范乔棠

市水利局
局　长　林旭
副局长　陈天琦　兰杭生
总工程师　杨　闽

市农业农村局(12月机构改革设立)
局　长　钟寿宁(12月任)
副局长　王培兰(12月任)
郑小兵(12月任)
张定照(12月任)

罗龙群(12月任)
温文学(12月任)
曾国强(兼,12月任)
纪检组长　林瑞碧(12月任)

市农业局(12月机构改革撤销)

局　长　廖汉铭(12月免)
副局长　蔡鼎辉(7月免)
王培兰(12月免)
陈　懿(12月免)
郑小兵(12月免)
张定照(12月免)
罗龙群(12月免)
温文学(12月免)
曾国强(兼,12月免)
纪检组长　林瑞碧(12月免)

市商务局

局　长　胡　滨(10月任)
副局长　黄锦泰　陈长帮
张继光

市文化和旅游局(12月机构改革设立)

书　记　王汝彬(12月任)
局　长　修　洪(12月任)
副局长　王汝彬(12月任)
王永忠(12月任)
游秋春(12月任)
李史明(12月任)
林学进(12月任)
陈金照(12月任)
陈太坤(12月任)

市文化广电新闻出版局（12月机构改革撤销)

局　长　王汝彬(12月免)
副局长　李史明(12月免)
林学进(12月免)
陈金照(12月免)

市旅游发展委员会(12月机构改革撤销)

主　任　徐建国(12月免)
副主任　王永忠(12月免)
游秋春(女,12月免)
陈太坤(12月免)

市卫生和健康委员会（12月机构改革设立)

主　任　蓝福元(12月任)
副主任　易小钧(12月任)
林国清(12月任)
谢国忠(12月任)
卢国伟(12月任)
张寿应(12月任)
陈宝洪(12月任)
林　莹(女,12月任)
纪检组长　徐明新(12月任)

市卫生和计划生育委员会（12月机构改革撤销)

主　任　蓝福元(12月免)
副主任　易小钧(12月免)
林国清(12月免)
谢国忠(12月免)
张寿应(12月免)
陈宝洪(12月免)
林　莹(女,12月免)
纪检组长　徐明新(12月免)

市退役军人事务局(12月机构改革设立)

局　长　邹方清(12月任)
副局长　张锦伟(12月任)
林振铭(12月任)

市应急管理局(12月机构改革设立)

局　长　赖进益(12月任)
副局长　李建木(12月任)
吕东兴(12月任)
兰瑞龙(12月任)
赖剑锋(12月任)
温文良(12月任)
总工程师　刘盛勤(12月任)

市安全生产监督局(12月机构改革撤销)

局　长　钟永生(12月免)
副局长　李建木(12月免)
赖剑锋(12月免)
总工程师　刘盛勤(12月免)

市审计局

局　长　郑贵豪
副局长　钟江泓　黄文安
王思水　陈振书
总审计师　赖日章

市国有资产监督管理委员会

主　任　阙明龙
副主任　章景淇　张翔华
纪检组长　杨旭华
政治部主任　陈文龙

市林业局

局　长　张田华
副局长　张金良　许志光
温文良(12月免)

市市场监督管理局(12月机构改革成立)

局　长　卢春平(12月任)
副局长　苏湘汉(12月任)
林新鸿(12月任)
黄远大(12月任)
吴开红(12月任)
刘如旺(12月任)
邱永华(12月任)
陈慧娟(12月任)
王维林(12月任)
陈建荣(12月任)
纪检组长　温伟华(12月任)

市工商行政管理局(12月机构改革撤销)

局　长　卢春平(12月免)
副局长　吴开红(12月免)
刘如旺(12月免)
纪检组长　温伟华(12月免)

市质量技术监督局(12月机构改革撤销)

党组书记　林新鸿(12月免)
局　长　修　洪(女,12月免)
副局长　王维林(12月免)
陈建荣(12月免)

市食品药品监督管理局（12月机构改革撤销)

局　长　苏湘汉(12月免)
副局长　黄远大(12月免)
邱永华(12月免)
陈慧娟(女,12月免)
食品安全总监　熊海清(12月免)
药品安全总监　谢永军(12月免)

市体育局

局　长　黄华祥
副局长　童作祯　施晓阳

市统计局

局　长　黄　明(女)
副局长　郑田基
总统计师　郑庆辉

市人民防空办公室

主　任　林联锦
副主任　吴滨德　赖森元

市医疗保障局

局　长　蔡宝鉴(12月任)

市地方金融监督管理局

局　长　苏雄丰(12月任)

副局长　王海东(挂职,12月任)

市城市管理局

局　长　钟有亮(12月任)

纪检组长　陈交华(12月任)

市大数据和政务管理局

局　长　陈明生(12月任)

市委、市政府信访局(12机构改革更名)

局　长　江勋善　(12月任)

副局长　丁荫豪(12月任)

张友生(12月任)

贾勇波(挂职,12月任)

市委、市政府信访局(12机构改革)

局　长　江勋善(10月任,12月免)

副局长　丁荫豪(12月免)

张友生(12月免)

吴文祥(12月免)

贾勇波(挂职,10月任,12月免)

市外事侨务办公室(12月机构改革撤销)

主　任　罗桥德(12月免)

副主任　饶华昌(12月免)

张树廷(兼,12月免)

胡丰林(12月免)

龙岩市行政服务中心管委会(12月机构改革设立)

主　任　钟永生(12月任)

副主任　黄爱勤(女,12月任)

刘增升(12月任)

龙岩行政服务中心(12月机构改革撤销)

主　任　钟寿宁(12月免)

副主任　黄爱勤(女,12月免)

刘增升(12月免)

龙岩经济技术开发区

书　记　李善昌

主　任　陈泽亮

副主任　陈家明　章　银

林从汉　林澄海

科技副主任　杨林栋(8月任)

纪委书记　包建生

档案局

局　长　陈俊明(兼,12月任)

副局长　刘公懿

市重点办

主　任　张少华

副主任　钟荣汉　陈学东

市铁路建设办公室

主　任

副主任　李祥才　李坤康

市供销合作社

主　任　刘广祥

副主任　姜乃煌

饶　辉(12月任)

市地震局

局　长　林　勇

副局长　王德福　刘景忠

市地方志编纂委员会

主　任　蓝国华(7月免)

闽西职业技术学院

党委书记　卢伟耀

院　长　郑志强

党委副书记　李贞鑫(12月任)

副院长　吴新业　刘路永

卢兆梅

纪委书记　李贞鑫(12月免)

温献荣(12月任)

【各县(市、区)人民政府领导人名单】

新罗区人民政府

区　长　陈金龙

副区长　陈淮杰　张　海(挂职)

童章平　张春艳(女)

黄新远(8月任)

林　晖　郑　涛(8月免)

陈　阵　江小胤

曾咏发(科技,9月免)

孙晓峰(挂职)

朱鑫(科技,8月任)

永定区人民政府

区　长　陈荣水

副区长　蓝富雁　阙洲荣

潘　登　詹萃芳(女)

陈　昌　卢文阶

张学滨　林寿杨

刘元刚(科技,9月免)

张慕智(科技,8月任)

上杭县人民政府

县　长　王　波

副县长　胡　滨(10月免)

林谷丰(挂职)

王尧华　袁　静(女)

阙生华　卢家荣

徐卫清

朱冠东(科技,9月免)

蓝玉华(女)

王海东(挂职)

郭谦斌(挂职)

武平县人民政府

县　长　廖卓文

副县长　蔡东阳

李峥嵘(挂职,4月任)

廖伟平　蔡铭泉

许仁贵　钟发贵

王秀金(女)　蔡　鹏

安瑞英(科技,9月免)

许　凡(挂职)

刘德龙(挂职)

长汀县人民政府

县　长　马水清

副县长　刘演昌　林宇海(挂职)

黄　剑　詹可聪

林楠荣　廖凤英(女)

吴　昊(1—8月科技副县长,8—12月副县长)

陈其民(7月任)

林　有(挂职)

周冬良(科技,9月免)

连城县人民政府

县　长　吕素梅(女,9月免)

詹崇仁(9月任)

副县长　邹学伟

周仁金(挂职,9月任)

罗丽琴(女)　连祥伟

罗晓波　陈俊雄

邱　毅

郑　翔(科技,9月免)

兰虎腾(挂职,9月免)

陈韧韧(科技,8月任)

漳平市人民政府

市　长　马　勇

副市长　张　锋
李　享(4月任)
朱彩泰　陈菲菲(女)
李小飞　张如春
陈良斌　张　辉(女)
欧阳钦从(科技,9月免)
韩　晋(挂职)
钟以流(挂职)
(市委组织部)

【龙岩市政协主席、副主席，正副秘书长名单】

主　席　黄福清
温锡浩(四届市政协主席)
副主席　赖招源　李新春
郑玉琳(女)　张子平
姚植华　陈晓东
邱玉燕(女)(四届市政协副主席)
刘友洪　赖双奇
秘书长　赖招源
副秘书长　章溧斌　吴小玲(女)

【龙岩市政协各委室主要负责人名单】

办公室
主任　章溧斌
委员工作室
主任　李红莲(女)
提案委员会
主任　罗裕清
经济委员会
主任　邱大武
人口资源环境委员会
主任　章惠阳
教科文卫体委员会
主任　苏增武
社会法制和民族宗教委员会
主任　邱　雨
港澳台侨委员会
主任　傅雪惠(女)
文史和学习委员会
主任　倪广城
机关党委
书记　吴奋强

【各县(市、区)政协主席、副主席名单】

新罗区政协
主　席　张志佳
副主席　刘　春　陈小萍(女)
林晟红(女)
黄美玲(女)
永定区政协
主　席　廖方顺
副主席　简连章　黄秀文(女)
阙启旺　翁海东(女)
上杭县政协
主　席　林英峰
副主席　阙春林　黄晓兰(女)
胡金祥
武平县政协
主　席　王云川
邓穗明(九届县政协主席、党组成员)
(2018年10月退休)
副主席　童跃华　石登峰
谢素英(女)　吴兆荣
长汀县政协
主　席　丘发添
副主席　袁跃华　马　骏(女)
黄　杭　林天荣
连城县政协
主　席　赖小香(女)
副主席　赖海英　吴　蓉(女)
傅锡发　华钦鑫
漳平市政协
主　席　于新远
副主席　郭志敏　朱华勤
李月娥(女)　楼向荣
(市政协办)

【龙岩市纪委、监委负责人名单】

市纪委
书　记　李成荣
副书记　邓伟斌　张金滨
罗　剑
常　委　石建新
洪文林(2018年11月免)
吕　莉(女)　陈　雷
秘书长　陈　雷
市监委
主　任　李成荣(2018年1月任)
副主任　邓伟斌(2018年1月任)
张金滨(2018年1月任)
罗　剑(2018年1月任)
委　员　石建新(2018年1月任)
洪文林(2018年1月任，2018年11月免)
吕　莉(2018年1月任)
卢朝晖(2018年1月任)
陈龙仁(2018年1月任)

【各县(市、区)纪委书记、监委主任名单】

新罗区纪委监委
书记(主任)　张伟明
永定区纪委监委
书记(主任)　陈文操
上杭县纪委监委
书记(主任)　胡长松
武平县纪委监委
书记(主任)　傅衍华
长汀县纪委监委
书记(主任)　郭育坚
连城县纪委监委
书记(主任)　张前茂
漳平市纪委监委
书记(主任)　黄佐清
(杨　璇　邱洧铭)
责任编辑　游友荣

重要文件目录

【中共龙岩市委重要文件目录】

1.《中共龙岩市委、龙岩市人民政府印发(关于推进安全生产领域改革发展的实施意见)的通知》(岩委发〔2018〕1号)

2.《中共龙岩市委、龙岩市人民政府关于印发〈加快红色文化产业发展的若干措施〉的通知》(岩委发〔2018〕3号)

3.《中共龙岩市委关于印发(中共龙岩市委巡察工作实施办法〉的通知》(岩委发〔2018〕4号)

4.《中共龙岩市委、龙岩市人民政府印发(关于稳步推进农村集体产权制度改革的实施意见)的通知》(岩委发〔2018〕5号)

5.《中共龙岩市委、龙岩市人民政府印发〈关于进一步加强和完善城乡社区治理的实施意见〉的通知》(岩委发〔2018〕7号)

6.《中共龙岩市委印发〈关于把党的政治建设摆在首位落深落细落实全面从严治党主体责任的实施意见〉的通知》(岩委发〔2018〕8号)

7.《中共龙岩市委、龙岩市人民政府关于印发〈龙岩市推进乡村振兴十条措施)的通知》(岩委发〔2018〕9号)

8.《中共龙岩市委关于深入贯彻习近平总书记重要指示精神坚持高质量发展落实赶超的意见》(岩委发〔2018〕12号)

9.《中共龙岩市委、龙岩市人民政府关于印发(龙岩市贯彻《福建省弘扬“马上就办、真抓实干”优良传统作风若干规定(试行)》的若干措施〉的通知》(岩委发〔2018〕13号)

10.《中共龙岩市委、龙岩市人民政府关于印发(2018年市委、市政府为民办实事工作项目)的通知》(岩委〔2018〕2号

11.《中共龙岩市委、龙岩市人民政府关于印发〈龙岩市2018年项目落地攻坚实施意见)的通知》(岩委〔2018〕9号)

12.《中共龙岩市委、龙岩市人民政府关于印发〈龙岩市2018年脱贫攻坚战役实施意见)的通知》(岩委〔2018〕10号)

13.《中共龙岩市委、龙岩市人民政府关于印发〈龙岩市2018年生态环境保护攻坚战役实施意见〉的通知》(岩委〔2018〕11号)

14.《中共龙岩市委、龙岩市人民政府关于印发(龙岩市开展新时代新担当新作为“大督查大落实”工作方案〉的通知》(岩委〔2018〕40号)

15.《中共龙岩市委、龙岩市人民政府关于印发(市属国有企业整合重组方案〉的通知》(岩委〔2018〕56号)

16.《中共龙岩市委办公室、龙岩市人民政府办公室关于印发龙岩市传统文化传承发展工程实施方案)的通知》(岩委办发〔2018〕3号)

17.《中共龙岩市委办公室、龙岩市人民政府办公室关于印发龙岩市全面推进湖长制实施方案〉) 的通知》(岩委办发〔2018〕16号)

18.《中共龙岩市委办公室、龙岩市人民政府办公室关于印发龙岩市推进闽西南协同发展区建设工作方案〉的通知》(岩委办发〔2018〕17号)

19.《中共龙岩市委办公室、龙岩市人民政府办公室关于加强乡镇政府服务能力建设十七条措施的通知》(岩委办发〔2018〕20号)

20.《中共龙岩市委办公室、龙岩市人民政府办公室关于印发龙岩市机构改革实施方案) 的通知》(岩委办发〔2018〕28号)

21.《中共龙岩市委办公室、龙岩市人民政府办公室关于认真落实省委巡视五组反馈意见整治“文山会海”的通知》(岩委办〔2018〕50号)

22.《中共龙岩市委办公室印发〈关于坚持高质量发展落实赶超进一步激励干部担当作为的若干措施》(岩委办〔2018〕63号)

（市委办）

【龙岩市人民政府重要文件目录】

1.《关于授予李怀庆同志“龙岩市见义勇为模范”荣誉称号的决定》(龙政综〔2018〕3号)

2.《关于同意2018年市级储备粮轮换计划的批复》(龙政综〔2018〕4号)

3.《关于取消一批行政许可事项的通知》(龙政综〔2018〕6号)

4.《关于取消20项市级行政审批中介服务和证明材料的通知》(龙政综〔2018〕7号)

5.《关于印发2018年重点项目年度计划目标安排及分级管理意见的通知》(龙政综〔2018〕10号)

6.《关于新罗区15个镇(街)土地利用总体规划(2006—2020年)调整方案的批复》(龙政综〔2018〕14号)

7.《关于永定区24个乡镇(街道)土地利用总体规划

(2006—2020 年)调整方案的批复》(龙政综〔2018〕15 号)

8.《关于上杭县 21 个乡镇土地利用总体规划(2006—2020 年)调整方案的批复》(龙政综〔2018〕16 号)

9.《关于武平县 17 个乡镇土地利用总体规划(2006—2020 年)调整方案的批复》(龙政综〔2018〕17 号)

10.《关于长汀县 18 个乡镇土地利用总体规划(2006—2020 年)调整方案的批复》(龙政综〔2018〕18 号)

11.《关于连城县 17 个乡镇土地利用总体规划(2006—2020 年)调整方案的批复》(龙政综〔2018〕19 号)

12.《关于漳平市 16 个乡镇（街道）土地利用总体规划(2006—2020 年)调整方案的批复》(龙政综〔2018〕20 号)

13.《关于同意龙岩大洋片区综合改造项目采用政府购买服务方式建设的通知》(龙政综〔2018〕23 号)

14.《关于印发龙岩中心城区餐厨垃圾管理暂行办法的通知》(龙政综〔2018〕25 号)

15.《关于同意调整各县(市、区)土地整治规划(2011—2020 年)部分指标的批复》(龙政综〔2018〕27 号)

16.《关于公布 2018 年农村最低生活保障标准的通知》(龙政综〔2018〕31 号)

17.《关于全面推进“四好农村路”的实施意见》(龙政综〔2018〕32 号)

18.《关于认定 2016—2017 年度龙岩市守合同重信用企业的决定》(龙政综〔2018〕34 号)

19.《关于表彰第三届(2016—2017 年)龙岩市政府质量奖的决定》(龙政综〔2018〕35 号)

20.《关于认定龙岩市知名商标的决定》(龙政综〔2018〕39 号)

21.《关于印发龙岩经济技术开发区(龙岩高新区)开展“证照分离”改革试点实施方案的通知》(龙政综〔2018〕40 号)

22.《关于给予市公安消防支队记集体三等功的决定》(龙政综〔2018〕44 号)

23.《关于印发龙岩市新罗区（市本级)2018 年度国有建设用地供应计划的通知》(龙政综〔2018〕45 号)

24.《关于支持专用车产业加快发展八条措施的通知》(龙政综〔2018〕49 号)

25.《关于 2017 年度龙岩市专利奖奖励的决定》(龙政综〔2018〕51 号)

26.《关于聘任吴启建等 8 位同志为特聘督学的通知》(龙政综〔2018〕52 号)

27.《关于补充聘任第二届市政府督学、特约督学的通知》(龙政综〔2018〕54 号)

28.《关于认真做好第四次全国经济普查工作的通知》(龙政综〔2018〕56 号)

29.《关于调整一批市级行政许可事项的通知》(龙政综〔2018〕58 号)

30.《关于公布龙岩市首届“龙岩工匠”名单的通知》(龙政综〔2018〕65 号)

31.《关于龙岩市水土保持规划(2016—2030 年)的批复》(龙政综〔2018〕66 号)

32.《关于公布涉及著名商标制度的规范性文件清理结果的通知》(龙政综〔2018〕67 号)

33.《关于做好第三次全国土地调查的通知》(龙政综〔2018〕69 号)

34.《关于龙岩经济技术开发区（龙岩高新技术产业园区）实施一批行政权力和公共服务事项的通知》(龙政综〔2018〕82 号)

35.《关于进一步加强中心城市道路开挖施工管理的实施意见(暂行)》(龙政综〔2018〕86 号)

36.《关于下达 2018 年度食品安全工作目标责任的通知》(龙政综〔2018〕88 号)

37.《关于市政府领导成员工作分工调整的通知》(龙政综〔2018〕92 号)

38.《关于印发龙岩中心城市建成区生活垃圾分类制度实施方案的通知》(龙政综〔2018〕94 号)

39.《关于金融支持工业企业加快发展十二条措施的通知》(龙政综〔2018〕96 号)

40.《关于印发龙岩市创新型城市建设三年行动计划(2018—2020 年)的通知》(龙政综〔2018〕100 号)

41.《关于下放、委托一批市级行政权力和公共服务事项的通知》(龙政综〔2018〕102 号)

42.《关于进一步深化“放管服”改革推进政府职能转变实施方案的通知》(龙政综〔2018〕113 号)

43.《关于大力发展装配式建筑的实施意见》(龙政综〔2018〕119 号)

44.《关于公布第六批市级非物质文化遗产代表性项目名录的通知》(龙政综〔2018〕120 号)

45.《关于做好 2018 年普通高等学校毕业生就业创业工

作的通知》(龙政综〔2018〕129号)

46.《关于印发龙岩中心城区学校体育场馆设施向社会开放实施办法的通知》(龙政综〔2018〕133号)

47.《关于2018年调整退休人员基本养老金的通知》(龙政综〔2018〕134号)

48.《关于公布龙岩市第二届名师、名校长名单的通知》(龙政综〔2018〕139号)

49.《关于印发龙岩市提升营商环境实施细则的通知》(龙政综〔2018〕141号)

50.《关于加强精准调控稳定房地产市场的实施意见》(龙政综〔2018〕142号)

51.《关于印发龙岩市统筹整合市本级涉农资金助推乡村振兴战略实施方案的通知》(龙政综〔2018〕146号)

52.《关于聘任任勇等3位同志为特聘督学的通知》(龙政综〔2018〕147号)

53.《关于废止（或宣布失效）一批规范性文件的通知》(龙政综〔2018〕150号)

54.《关于取消一批行政许可等事项的通知》(龙政综〔2018〕153号)

55.《关于龙岩市食品生产加工小作坊允许生产加工食品品种目录(第四批)的批复》(龙政综〔2018〕158号)

56.《关于同意设立龙岩市教育科学研究院附属小学和龙岩实验学校的批复》(龙政综〔2018〕173号)

57.《关于印发龙岩市矿产资源总体规划(2016—2020年)的通知》(龙政综〔2018〕178号)

58.《关于武平县湘店乡等行政区划调整的批复》(龙政综〔2018〕185号)

59.《关于印发上杭县古田镇中心区规划管理技术规定的通知》(龙政综〔2018〕186号)

60.《关于命名2018年“四好农村路”示范乡镇的通知》(龙政综〔2018〕188号)

61.《关于公布市本级规范性文件设定的证明事项清理结果的通知》(龙政综〔2018〕193号)

62.《关于进一步完善龙岩中心城市规划委员会制度的通知》(龙政综〔2018〕202号)

63.《关于印发龙岩市深入推行科技特派员制度实施办法的通知》(龙政综〔2018〕212号)

64.《关于承接落实省政府下放（委托)17项省级行政许可等事项的通知》(龙政综〔2018〕213号)

65.《关于印发龙岩市市级政府采购管理办法的通知》(龙政综〔2018〕214号)

66.《关于进一步加强和规范招标投标工作的意见》(龙政综〔2018〕215号)

(市政府办)

索　引

说　明

一、本索引采用主题分析索引法，按主题词首字的字母顺序排列；

二、索引后面用数字标明内容所在的页码，并用 a、b、c 分别表示在该页的左、中、右位置；

三、表格除了标明页码外，还括注“表”；

四、主题词中涉及本市的内容，一般省略“龙岩”二字；

五、特载、大事记、附录不做索引。

A

B

C

D

F

J

K

L

M

N

P

Q

R

S

Z